用心雕刻每一本......
http://site.douban.com/110283/
http://weibo.com/nccpub

用心字里行间　雕刻名著经典

理解社会研究

——批判性思维的利器

[美] 劳伦斯·纽　曼 著

胡军生　王伟平 译

人民邮电出版社

北　京

图书在版编目（CIP）数据

理解社会研究：批判性思维的利器 /（美）纽曼 著；胡军生 王伟平 译 .
-- 北京：人民邮电出版社，2015.3（2021.4 重印）
ISBN 978-7-115-37931-3
Ⅰ . ①理… Ⅱ . ①纽… ②胡… ③王… Ⅲ . ①社会学—研究 Ⅳ . ① C91
中国版本图书馆 CIP 数据核字（2015）第 016872 号

W. Lawrence Neuman
Understanding Research
ISBN 0-205-47153-6

理解社会研究——批判性思维的利器

◆ 著　　　[美] 劳伦斯 · 纽曼
译　　　胡军生　王伟平
策　划　刘　力　陆　瑜
责任编辑　王伟平　裴　萌
装帧设计　陶建胜
◆ 人民邮电出版社出版发行　北京市丰台区成寿寺路 11 号
邮编　100164　　电子邮件　315@ptpress.com.cn
网址　http://www.ptpress.com.cn
电话　（编辑部）010-84931398　　（市场部）010-84937152
（教师服务中心）010-84931276
三河市少明印务有限公司印刷
新华书店经销
◆ 开本：787 × 1092　1/16
印张：26.75
字数：585 千字　2015 年 3 月第 1 版　2021 年 4 月第 2 次印刷
著作权合同登记号　图字：01-2010-0680
ISBN 978-7-115-37931-3

定价：88.00 元
本书如有印装质量问题，请与本社联系　电话：（010）84937153

内容提要

《理解社会研究——批判性思维的利器》是介绍社会科学中所有行为学科研究方法的入门书。纽曼以自己学术生涯所涉及的多个学科领域为基础，以大量经典研究和最新实例为依托，阐明了社会研究的目的（探索、描述、解释、评价等）和准备工作（文献总结、制定抽样方案、选择测量方法等）。详细说明了社会研究中经常要用到的各种描述性方法：观察法、调查研究、行为的隐蔽测量；实验性方法：独立组设计、重复测量设计和复合设计；应用性研究：个案研究法和单被试设计、准实验设计和项目评估。详尽描述了实地研究、历史比较研究和跨文化研究的意义、方法和技巧，简单介绍了定量数据的含义和推论性统计的基础，提出了撰写研究方案和报告的简要指导原则，并强调了研究的伦理道德及批判性思维的重要性。

本书是社会学、心理学、传播学、政治学、教育学、管理学等所有行为科学专业的学生理解并开展研究的入门教科书，也是社会学研究方法的教师及社会科学领域的工作者的参考用书。更是帮助普通读者了解科学研究、培养科学精神、学会批判性思维并改善人生决策的重要工具书。

致中国读者

在我写的三本社会研究教科书中，《理解社会研究》是入门级的教材，对象是对社会科学不太了解的本科生。正如我在本书前言里说明的一样，我侧重三个观点：研究是一种过程；研究具有意义；你能理解研究，也可以做研究。

首先，你很快就会认识到，研究是一种动态的过程。人们“做”研究这一活动时，随着研究的进行，此过程能拓展人们的思维并积累知识。其次，研究结果和研究过程通常都非常有意义，能让我们洞悉世界，在家庭和社群中做出更好的个人决策。最后，你有能力从事研究。研究需要的只是好奇心、关注细节和耐心。

这本书将以世界上使用人数最多的语言出版，对此我非常欣喜。中文版将把书中的观点更广泛地介绍给中国的读者。我有幸数次访问中国，参观了十几所院校，并进行了讲学。我遇到了很多精力充沛、求知欲旺盛的大学师生。由于这本书最初是为美国读者而写，因此几乎所有的例子都取自美国，不过针对中国而把这些例子本土化应当不难，因为研究方法一样。几个月后，我将与一名华人同事共同讲授社会学课程《当代中国社会》，因而我注意到很多中国的相关例子。

我从未与中文版的译者和编辑会过面，也不懂中文，但我对本书中译本很有信心。裴萌在编辑过程中问了大量问题，展示了他对该主题的理解深度和对原文的细致推敲。

拉里·纽曼

威斯康星州麦迪逊

2014 年 9 月

简要目录

目 录

第一编 研究过程的筹备

第二编 定量数据的收集与分析

第三编 质性数据的收集与分析

第四编 研究报告的撰写

附 录

前　言

致学生

欢迎阅读《理解社会研究》。了解社会研究方法会给你带来很多乐趣，不过很多学生认为自己对此知之甚少，或者有畏难情绪。其实，你已经接触过许多种研究结果了。在求学生涯中你已经听说过研究结果，从教材或其他书籍也会读到很多研究发现。只要你打开大学本科教材，都会看到各种研究结果。报纸、互联网和新闻节目也经常会提到研究。许多行业组织在实践中都一直在应用各种研究结果。虽然你可能已经对此略知一二，但这本书会帮助你看清做研究的过程及其结果。

任何一本书都会表达很多观点。你读这本书时，请牢记社会研究的三个基本观点：

- 研究是一种过程。
- 研究具有意义。
- 你能理解研究，也可以做研究。

首先，我们说社会研究是一种过程，是指做研究是一种耗时而持续的活动。研究者要得到结果，就必须进行一系列的特定活动。研究不会自动发生；它不是静止的，就像你放在架子上逐渐落满灰尘的物品。研究并非被动的过程，研究者不能静坐一旁，观察它的发生。研究作为过程或活动，需要现实中的人采取行动，做出决定，承担风险，完成各种步骤，进行写作，以及严谨地思考当前的状况。研究程序的确立源自无数研究者的辛勤劳动，他们在数十年的工作中排除困难，找寻到了解社会世界新事物的最佳方法。随着你对研究过程的了解，你会进一步理解我们获取身边社会生活知识的过程。

其次，研究的过程和结果都具有意义。有时，某些研究结果意义模糊或深奥难懂，但绝大多数结果都具有非常现实的意义，与人们的日常生活息息相关，与人们作为公民、朋友、父母、专业人士、雇员或业主的身份有关。大多数研究于人都有现实的启示和实践意义，虽然这一点并不总是立刻显现。有时你可能必须思考一番，才能找出其中的关联，但大多数时候研究都具有意义。一些人由于无知，认为研究“不过是科研”或“仅仅是一项研究”，这是因为他们没有认识到研究与他们及身边之人的生活、组织及各种事件之间的关联。

最后，你能理解研究，也可以做研究。固然，许多研究都是由大学教授、科学家和一些受过多年高等教育和训练的人实施的，但不能说研究于你这样的大学新生就遥不可及。你有能力思考，搜集证据，寻找事物之间的关联和影响——这些正是做研究的前提条件。大学新生也许不能掌握或进行高度复杂的研究，但只要付出一定的时间和努力，就能学会基本的研究原理和程序，以及整个过程和启示。你一旦理解了研究过程的基本原理，很快就能着手进行小规模的研究。理解和从事科研工作可以为你开启一扇窗户，让你了解研究及其结果，获得新的见解。

致教师

无论你是讲授社会研究课程的新教师，还是有数十年经验的老教师，你都可能注意到很多学生怕上研究方法课程。但研究方法通常又是各专业的必修课，这会引起不必要的担忧和焦虑。之所以说“不必要”，是因为学习研究方法并非必然困难重重、让人不快和充满压力。做研究的过程实际上应该充满趣味，令人兴奋，因为学生可以探索和学习新事物，以新的方式考察社会生活的特征，并有能力发现新的研究结果和知识。虽然从事社会研究需要一定程度的自我意识、严谨态度和自我约束，但这些特征并不必然令人不快。只要对某项运动或业余爱好感兴趣，或对某个主题产生强烈的好奇心，学生就会认可和接纳对自我意识、严谨态度和自我约束的要求。

我讲授社会研究的热情和方法来源于我的教学经验。提到“热情”，因为看着学生学习,我真的非常喜悦,尤其是看着他们学习探索和创造知识,也就是被称为“社会研究”的过程。近三十年，我一直在为本科生和一些研究生讲授社会研究方法。这些年里，我并没有照本宣科地重复讲授，而是在不断反思、修正、学习并希望改进教学。另外，我的其他一些关于研究的教材已使用十多年了，这一本是在它们的基础上写成的。我从不试图用这些教材取悦别人，我只是写出了我认为重要的内容，并以学生容易掌握的方式来写作。为此，要把研究的核心观点和方法分解为基本要素，给学生提供简单的示例以及已发表的具体研究作为例证。我崇尚高效的教学法，但不喜欢跟风，从不模仿其他的作者。书中的内容我坚信都是最重要的，并力图以通俗易懂的方式呈现给学生。我希望学生不要仅为完成学业要求而学习研究课程，而要真正激发自己对研究过程的兴趣。

社会研究的主题非常宽泛。各行各业、应用和学术领域都会用到社会科学的方法和结果。我本人是社会学工作者，涉猎广泛，兼容并蓄。我的写作目标是把社会研究的原理、过程和步骤阐述得通俗易懂。为此，我希望避免“单一方法”的危害。科研界为进行社会科学研究运用了各种方法和技术。我认为固守一种研究方法是严重的错误，无论它是实验、调查、定量方法或质性的民族志研究。这样做既不利于我们拓展对这个复杂多变的社会世界的理解，也不利于我们向新生讲授研究方法。学术生涯中我一直恪守社会科学研究要博采众长的策略。三十多年来，我曾热火朝天地参与了社会科学之根基的哲学讨论，采用了本书介绍的诸多技术和方法开展研究，并且密切关注各个学科领域中运用不同方法的研究。我坚信,兼听则明,偏信则暗,不能只对某一种研究方法情有独钟，而对其他研究方法不闻不问，或者一头扎进最新研究技术的热潮里，而排斥传统的研究方法。

人们写书的理由有很多。有些人追求名望、财富和终身教职。这些都不是我的理由。

归根结底，我写这本书基于两条坚定的信念。首先，社会研究的原理、过程和结果的应用非常有价值，对于我们在日常生活和组织情境中所做出的选择和决策非常重要。最终，如果我们能开放式地理解社会研究的逻辑和结果，获得全面的信息，我们就很可能做出较优的选择和决策。其次，如果学生理解了研究过程，就能受益，改善自己和周边人的生活状况。由此可知，如果下一代人未能理解研究过程的原理，他们就可能落后于人，做出糟糕的决策，对自己和他人造成伤害。学习了社会研究，大多数学生并不会沿着这条路成为全职研究的科学家，但他们总会为人父母，交朋友，就业，作为公民投票并成为社团成员。理解研究的过程，体会研究对我们社会生活的意义，可以让他们更好地担负以上角色。总之，我个人坚信向学生讲授研究过程事关重大。

各章内容

本书每章的格式都类似，将研究的实际应用与做研究的基本原则和技术结合在一起。每章在简短的研究引言之后，就会介绍研究过程某方面的具体内容。全书各处都能见到研究材料的交叉引用，从而帮助学生看清研究过程各部分之间的相互联系。

第 1 章概述了社会研究的基本内容。阐述了理解研究过程有益于学生的原因。学生将了解，做研究要有批判性思维，谨慎而系统地运用特定技术来收集实证证据。他们会了解进行研究工作的步骤，做研究的若干目的。

第 2 章介绍了研究的起步。学生将了解学术期刊上的实证研究文献。本章的目的是让学生更好地理解研究结果，教会他们查阅文献的方法。他们将学习寻找与记录文献、准备文献综述的基本知识。此外，本章还要解释将宽泛的主题提炼为特定研究焦点问题的过程，并讨论理论与方法的联系。本章还会就研究计划的准备提出若干建议。在学生了解了社会研究过程的所有技术和组成部分后，最后一章会再次讨论研究计划。

第 3 章探讨了从事社会研究的伦理道德及其重要性。本章回顾了区分社会研究是否符合道德的原则，指出了有道德研究的前提条件。本章还介绍了社会研究历史中的一些道德争议。学生还将了解价值中立或者客观研究的思想，以及伴随受资助研究或研究界受外部压力而可能出现的难题或紧张关系。

第 4 章介绍了很多研究抽样的原因，以及从少量个案推广到较大总体的原则。学生将要学习随机抽样的逻辑、原因和技术。他们也会了解几种非随机抽样方法。本章既要探讨实践性问题，也要阐述一些较抽象的观念（如置信区间）。

第 5 章主要向学生讲授定量测量。测量的目的是突显社会生活，以备研究所需。本章简短地讨论了定量与质性两种测量方式，以强化贯穿全书的观点：定量与质性同样重要。学生要了解测量信度与测量效度，还要知道怎样计算系数。他们也要学习社会研究中创建量表的基础知识，并将看到一些应用广泛的社会科学量表示例。

第 6 章描述了如何进行调查。学生将了解怎样编写高质量的调查问题，安排问卷的结构以及进行调查访谈。他们要了解几种调查问题和调查形式。与其他章节类似，本章也注重理论结合实践，在介绍实施调查的动手实践时，结合讨论了调查研究的理论和方法学问题。

第 7 章介绍了实验研究的逻辑与方法。我把实验比喻为展示研究因果关系的“黄金标准”。实验本身不仅是一种严密的方法，其原则也为其他研究方法采用。故而，研究设计及审视结果中做比较的实验逻辑有着更广泛的意义。在第 3 章中首次讨论的研究道德问题在其他章节也会谈到，包括本章。

第 8 章探讨了一系列研究方法和定量数据的来源。本章介绍了研究技术（如内容分析），创造性地考察了无反应性的或无干扰性的研究证据。本章还要介绍不涉及直接证据收集的研究。学生会明白，查找和重新加工他人收集的数据也能解决研究问题。这类数据源有现有统计源（一般为政府或机构的文件）和二手数据源（如调查数据）。

第 9 章粗略地介绍了统计学知识。理解研究方法与统计知识关系的途径很多。有时学生在学习研究方法之前先接触了统计课程，有时则滞后，而有时则同时学习定量数据分析和研究方法。显然，这一章并不能替代完整的统计课程，而是强调理解定量数据分析的原理。本章为学习定量数据分析奠定了基础，并介绍了基本的统计思想，对于已经学过统计课程的学生权当复习，而将来再学的学生则可作为预备，而只学习本章统计知识的学生则是快速、实用和易懂的“速成课”。

第 10 章探讨了民族志的实践与原则。质性实地研究是我们洞悉社会生活的另一种方法，有别于前面各章的诸多定量技术。与其他章节类似，本章在介绍实施民族志研究的动手实践时，也结合探讨了质性实地研究的核心原则和方法学问题。此外，学生还要了解焦点小组研究。这种研究技术越来越普遍，并不是民族志或参与观察，其得出的数据是质性的，通常与实地笔记相仿。

第 11 章介绍了历史与比较研究，这类研究往往为方法类教材所忽略，但研究者在许多领域考察重要问题时都广泛地用到它。这种研究是我们探寻诸多宏观问题，获取知识的基础。正如需要高级统计训练的研究一样，鲜有学生具备在另一种文化进行研究所需的知识背景、时间或资源。尽管有些学生对涉及历史证据的问题感兴趣，但严谨的历史研究其实有别于就历史问题进行的社会研究。然而，历史与比较研究的原则、逻辑和过程通常对于社会研究具有重大的意义，这种研究有利于我们严谨而实证地考察社会事件这类问题，而其他研究技术做不到这一点。通过学习历史与比较研究，学生通常能理解社会研究的核心原则，了解学者着手处理和解答重大社会问题的方法，若没有严谨的研究这些问题根本无从解答，或者只能依据意识形态妄断。

第 12 章阐述了研究报告的准备及写作。本章还回顾了中学和大学英文课程中的写作基本知识，并将之运用到英文研究报告的写作之中。除了介绍写作基本知识和研究报告的结构安排之外，本章还探讨了申请研究基金的方法。

附 录

本书包含三部分附录。附录 A 包括两篇研究计划示例：一项定量调查研究及一项质性民族志研究，目的是向学生展示研究计划的概貌。附录 B 列举了多个学科的期刊和在线文献资源。附录 C 是期刊文章的节选，用以展示已发表研究报告的特征。

本书教学法上的特点

《理解社会研究》有很多教学法上的特点：将研究应用到学生所学的专业领域；将研究与过去的经典研究结合起来；解释各种日常现象，让学生了解研究的作用。从而让学生全方位地审视研究。

开篇应用：每章开篇都是研究话题，均选自各行各业。有些研究话题是针对儿童的快餐广告（第 1 章），测量老年人生活的质量（第 5 章）和需要“情绪努力”的行业（第 10 章）。

活学活用：这些专栏能让学生迅速浏览一下研究者的工具箱，因而他们能领会研究实践者如何在工作中运用研究方法。该专栏具有“快速起步”的向导作用，帮助学生自行开展自己的研究，或者努力理解他人的研究。例子有：利用文献搜索工具（第 2 章），改进不清楚的问题（第 6 章），记实地笔记的若干建议（第 10 章）。

研究示例：研究示例专栏以真实的研究为例来说明一些研究概念。该专栏的研究来自各个学科。专栏的主题包括：评价 D.A.R.E（第 1 章），社会距离和残疾人（第 5 章），杂志封面和文化信息（第 8 章），上门推销的大学生（第 10 章）。

要点回顾：全书每讲完一部分都会停下来，用列表或大纲为学生总结前面知识点。该专栏以提纲形式巩固之前几节的内容。专栏内容包括：合乎道德研究的基本原则（第 3 章），做实验的步骤（第 7 章），写作三步骤（第 12 章）。

以史为鉴：以史为鉴专栏引用重要的研究作为例子，这些研究被学界视为社会科学的基石。该专栏向学生说明，研究思想与既定理论紧密相连。这些研究包括：著名杂志《文摘》的抽样错误（第 4 章），谁是贫困者（第 5 章），高尔顿与泰勒的发现（第 11 章）。

聪明贴士：本书的一个重要主旨是认识到学生会经常用到研究，他们能以批判性的态度来理解研究。聪明贴士列出了学生在阅读研究时应思考的问题，从而消除常见的错误观点，鼓励深思熟虑地阅读研究结果。一些贴士内容是：利用互联网进行社会研究（第 2 章），谁为研究买单（第 3 章），请注意统计显著性（第 9 章）。

本章回顾：每章都会给出帮助学生复习的材料，并在各种不同的情境运用所学知识。每章的结尾部分包括

■ 学习收获——本章内容的总结

■ 学以致用——包含若干动手实践的活动，以帮助学生应用刚刚学过的知识。某些活动以练习手册的形式呈现，这样学生可以直接在书上记录。

补充材料

教师手册

俄克拉荷马科学与艺术大学（University of Science and Arts of Oklahoma）的斯蒂芬·坎德（Stephen Kandeh）编写的教师手册给出了本书每章的总结、大纲、学习目标、带有定义的关键术语、在线资源、推荐读物、课堂练习和活动以及视频资源。

测试题库

盖特维社区学院（Gateway Community College）的克里斯·威尔斯（Chris Wells）编写了测试题库，每章约有 70 道问题，包括选择题、是非题、简答题和论述题。所有问题的类型和难度都根据布鲁姆目标分类法（Bloom’s Taxonomy）划分。每道题都提供了正确答案。

数字化的测试题库

除纸质版测试题库外，也可通过培生的数字化测试系统 TestGen EQ 使用。该试题生成软件完全支持联网，可以在 Windows 和 Mac 版的光驱中读取。用户友好的界面能让你浏览、编辑和增加问题，将问题添加到题库中，还能以多种字体打印试题。搜索与分类功能让你能快速找到问题，并按任何你想要的顺序排列它们。

PPT幻灯片

圣地亚哥大学（University of San Diego）的安妮特·泰勒（Annette Taylor）专门为本书准备了 PPT 幻灯片。幻灯片主要展示每章的授课大纲，以及书中的许多图表和表格。

我的研究工具箱（www.myresearchkit.com）

这套在线附加资源由加利福尼亚州立大学诺斯里奇分校（California State University-Northridge）的多米尼克·利特尔（Dominic Little）制作，内容包括每章总结，选择题的模拟测试，用于学习术语表的单词卡，视频片段和动画，研究练习，SPSS 教程，撰写研究报告和记录参考文献来源的技巧，定期更新的“新闻中的研究”（Research in the News）博客，以及可检索学术文章的人文社科数据库入口。

致 谢

Ken Baker，Gardner-Webb University
Karen Benton，Urbana University
Nina Coppens，University of Massachusetts
Elizabeth Easter，University of Kentucky
Molly George，University of California，Santa Barbara
Phyllis Kuehn，California State University，Fresno
John Lewis，University of Southern Mississippi
Angus McCartney，Troy University
Andrew Supple，University of North Carolina, Greensboro
Annette Taylor，University of San Diego
我希望将此书献给戴安娜——感谢她的全部理解。

劳伦斯·纽曼

1

为什么做研究

你自己可能有小孩，有年幼的兄弟姐妹或者侄辈，抑或不久将生养孩子。为人父母者都会告诉你，儿童的饮食习惯是个大问题。在美国，儿童肥胖症和糖尿病激增，已经成为公众关注的健康问题。儿童很容易受广告的影响，并且所有针对儿童的广告有一半都是推销食品的。研究者（Gantz et al.，2007）发现，2~7 岁的儿童每天收看的电视食品广告平均有 12 条（每年 30 小时），而 8~12 岁的儿童每天则平均有 21 条（每年 50 小时）。研究者还发现大多数食品广告内容都是零食、糖果或者快餐。只有 4% 的食品广告为日常产品，1% 的食品广告涉及果汁，根本没有水果或者蔬菜的广告。或许这就是很多国家禁止针对儿童的广告的原因。有一家著名的快餐连锁店特别擅长运用品牌化（branding）的营销策略来吸引儿童（或者他们的父母）。“品牌化”是指公司或其他机构主动地将其名称（一般带有标识，即 logo）与其产品或者服务联系起来，并且大力向公众推销。这样就在潜在的顾客群内建立了强烈的心理和情感联系。截至 2007 年，麦当劳在 100 多个国家设立了 30 000 家快餐店，每天服务的顾客多达 5 000 万。研究者（Robinson et al.，2007）考察了麦当劳对幼儿（3~5 岁）选择食物的影响。他们在幼儿面前放置了两组不同的食物；一组食物（牛奶、薯条、汉堡包、鸡块和小胡萝卜）的外部有麦当劳的包装，另一组则没有。研究者问这些幼儿：“你能告诉我哪一个是从麦当劳买的吗？”从而确定幼儿能看到两组食物包装上的区别。随后请儿童品尝每一种食物，并告诉研究者这些食物是否一样，或者味道是否有差别。实际上，这些食物是完全一样的。研究者还询问了这些儿童的父母看电视的习惯和光顾快餐店的情况。结果（见图 1.1 和图 1.2）发现，更多的儿童认为所有带有

图 1.1 罗宾逊对儿童食品偏好研究的条形图

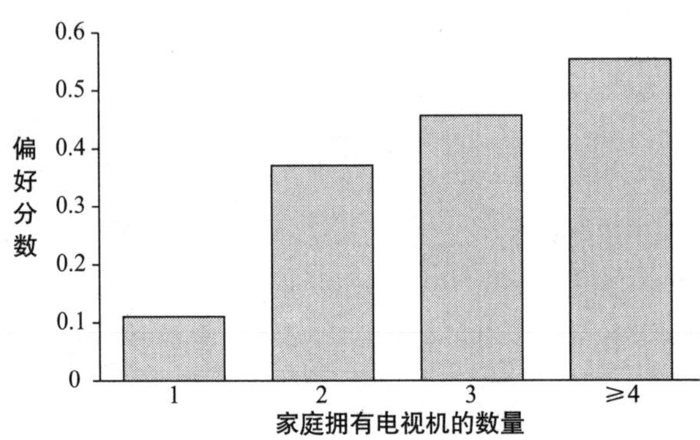

家庭电视机的数量作为食品偏好的调节变量。食品偏好总分的范围从 –1（喜欢两组食物中所有没有品牌的 5 种食物）到 1（喜欢两组食物中所有有麦当劳商标的食物）。

资料来源："Effects of Fast Food Branding on Young Children' s Taste Preferences." Thomas N. Robinson，MD，MPH；Dina L. G. Borzekowski，EdD；Donna M. Matheson，PhD，Helena C. Kraemer，PhD. *Archives of Pediatric and Adolescent Medicine* 2007；161 (8)：792–797.

麦当劳包装的 5 种食物味道更好。请注意在进行这项研究时，麦当劳还未销售小胡萝卜。此外，曾和家长去过麦当劳的儿童更有可能偏爱麦当劳的食物。研究者得出结论：5 岁的儿童已经把麦当劳的品牌内化（internalize）为可口食物的标志。上述两项研究能帮助我们理解美国幼童选择食物的过程。对于许多问题我们都能进行研究（例如儿童的食物选择），从而理解社会世界里发生的各种事件。研究结果并不一定能改善我们的日常生活或者促进社会的发展——这要采取社会政治行动。但通过了解研究者做研究的具体过程，你就能更好地为你自己、你的家庭和社区做出选择和决策。

决策的基础

我们每天都要做出数千次的选择和决策。大部分的选择和决策都很琐细，例如早餐吃点什么；什么时候给朋友打电话；购买粉红、素白还是蓝色的面巾纸；观看什么电视节目等等。也有一些决策很重要，对你的个人和家庭生活、你作为公民和社区成员的身份或者你的职业发展具有重大的意义。研究表明大多数人的决策依据综合了常识、朋友、家人和专家的建议、过去的经验、文化素养以及学校教育。也有些人做决策依据的是宗教信仰、个人偏见和价值观、占星术和幸运数字、主观臆测或民间传说。

你或许想知道，社会研究方法对于人们的决策有何助益？虽然社会研究并不能提供所有问题的答案，但它的确在以下方面对你有帮助：

图 1.2 罗宾逊对儿童食品偏好研究的条形图

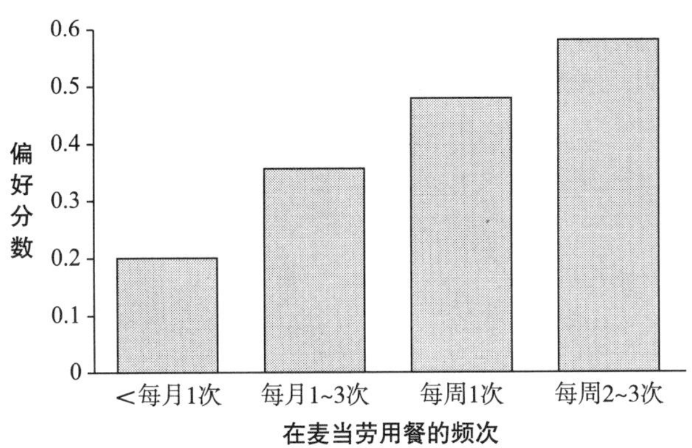

在麦当劳用餐的次数作为食品偏好的调节变量。食品偏好总分的范围从 –1（喜欢两组食物中所有没有品牌的 5 种食物）到 1（喜欢两组食物中所有有麦当劳商标的食物）。

资料来源："Effects of Fast Food Branding on Young Children' s Taste Preferences." Thomas N. Robinson，MD，MPH；Dina L. G. Borzekowski，EdD；Donna M. Matheson，PhD，Helena C. Kraemer，PhD. *Archives of Pediatric and Adolescent Medicine* 2007；161 (8)：792–797.

- 有利于你在日常生活中做出更好的决策（例如与什么样的人结婚？教养儿童最好的方法是什么？为什么许多人会离婚？）。
- 有利于你理解身边发生的社会事件（例如为什么会发生校园枪击案？毒品法庭[1]真的有作用吗？）。
- 有利于你决定职业问题（例如哪一种产品可能卖得最好？怎样考察雇员是否满意？哪一种儿童阅读计划最为有效？）。

研究是人们运用特定的原则和技术以创造新知识的过程。研究也指日积月累建立起来的知识本身（即信息、观点或者理论），它还是考虑信息、问题或议题的一种方法。你或许听说过有人在做研究，或者阅读了研究结果，抑或自己还做过研究。研究的各个部分相互之间存在关联。

1 毒品法庭是欧美国家负责处理吸毒者的特别法庭，它结合了所有的干预力量，包括监督、检测、治疗、社区等部门来帮助吸毒者戒绝毒瘾。与毒品法庭有关的干预人员包括法官、公诉人、辩护律师、治疗专家、缓刑监督官、执法人员、教育和医学专家、社区领导以及其他相关人等——译者注。

活学活用：审视“研究”一词

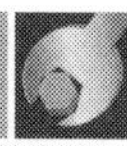

当你听说“研究”一词时想到了什么？

____ *有趣而又令人兴奋*。是的，通过研究你能运用你的创造力，发现一些新事物，这总是充满趣味。

____ *困难而又充满神秘感*。是的，有些研究难度很大，看起来很神秘，你只有学会了它们才能了然于胸，但研究的大部分内容很容易掌握。

____ *实用而又贴近生活*。是的，研究得出的结果，你可以加以运用并能改变实际生活。

____ *可贵而又有所回报*。这一点特别正确。正确进行的研究对你的生活决策、工作效率和职业发展有着巨大的回报。

____ *费时又费力*。不完全对。做研究的确需要一定的时间和精力，但如果实施得当，研究很少会造成社会资源的浪费。

____ *总是正确的*。不对，研究并非总是正确的，但研究结果比其他判断依据，例如传统观念、权威或者你自己的个人经验更可能正确。区分不同研究的优劣将十分有益。

我们如何知道我们知道

不依据研究知晓的方法

如前所述，大多数人在没有做研究、查看研究结果或者没有从研究取向的角度来考察问题的情况下就进行决策。大多时候这样做并无大碍，特别是在做琐细决策时。然而许多心理学研究表明很少有人是优秀的决策者。我们经常进行错误的判断或思考而不自知。这正是研究要解决的问题。通过研究我们能减少误判、偏见和不正确的思考。

研究能为我们提供有价值的信息，拓展我们对未知世界的了解，但它并非绝对正确，毫无差错。研究并不能确保每次都会有完美的结果或者发现“绝对真理”。然而，与其他决策依据相比，研究的优势非常明显。这就是为什么专业组织、受过高等教育的人以及大多数领导在做重大决策时都要依据研究的原因。数百年前，人们在做重大决策时要翻看神谕、察看杯底茶叶的分布或者观察星座的位置。今天，各行各业（医药、商务、教育、司法和公共政策等）的人却都依靠研究论文或学术发现来进行决策。

然而，要依据研究做出正确决策却并非总是如此简单。你或许在大众媒体上听说过许多关于健康、饮食的建议，这些建议以研究为基础，却又混淆不清、自相矛盾。你可能会问，如果存在这么多分歧，研究还有什么优势可言？事实上，很多时候大众媒体使用研究或科学这些术语时，却与科学研究根本无关。不幸的是，即使某一观点严格来说并无实际的研究支持，媒体使用研究一词也理直气壮。你听说的某些观点可能有研究依据，但却是选择性的或者并不全面，过度夸大甚至歪曲失真。媒体这台“噪音机器”把许多不同的观点混杂在一起，无怪乎许多人对研究充满怀疑。媒体对研究或者社会问题的歪曲容易使人产生混淆。你或许在大众媒体上听说过某个可怕的问题，但仔细检查和稍做研究就会发现事实被严重歪曲了（参见下文的“聪明贴士”）。

Ffoto Fictions/Taxi/Getty Images

作为本书的读者，你应该接受过多年的学校教育。这么多年你坐在教室里听课、完成家庭作业以及阅读教材，肯定听说过研究和科学。除非你的教师才华横溢、充满激情，否则你对研究的印象可能非常糟糕，甚至还会产生“研究恐惧症”。研究似乎就意味着充满怪异气味的科学实验室或者没有足够时间来准备的高难度的数学测验。许多学校只有 10% 的学生（学习尖子、书呆子、电脑迷或者怪人）才能真正进入科学研究领域。有的学生则认为研究与己无关或者最多是看看新鲜；有的学生甚至一想到科学研究就感到畏惧不安、高不可攀。当你听说“科学研究”时，或许头脑里就会浮现科幻故事或者恐怖电影里虚构的疯狂科学家的形象。

很多人认为只有大学教授、有医学或者博士学位的人和专职的科学家才能做研究。你可能在电视上看到过对某位著名研究者的访谈，或者翻看过充满难以理解的行话、统计材料和古怪公式的研究刊物。你可能认为科学研究遥不可及，与你的日常生活和工作毫不相干。然而，很多学生仅仅在学完一门做研究的课程之后，就能利用这些研究策略、洞察力和收集信息的技能来改善他们的决策。

本书的写作目的之一就是要证明实证的社会研究并非高不可攀、遥不可及，而是与我们密切相关。的确，做研究是项艰苦的工作，容不得半点马虎、疏懒、“心不在焉”和粗枝大叶。做研究需要集中精力、认真思考、严谨细致和自我约束。从这方面看，它和人类的其他活动并无二致。创作伟大的音乐或者艺术作品、烹调精美的食物、培育芬芳的花朵、开辟崭新的商务、提供优质的健康服务、成为出色的运动明星或者修理极度复杂的机械，都需要集中精力、认真思考、严谨细致和自我约束。做研究需要严谨细致，但它同时也是具有创造性、令人兴奋和充满趣味的活动。

如果研究比其他得到答案的方法都要好，例如请教朋友、依靠自命不凡的专家、猜测等，你或许会问：为什么没有更多的人学习做研究，并在生活中加以应用？答案其实很简单，就是人们对研究的无知。如果你根本不知道研究，遑论加以应用。然而，人们对研究方法和结果的排斥也可能并非源自无知，而是因为研究结果或得到结果的方式与人们根深蒂固的观念或传统的行事方式相矛盾，或者因为研究与同侪压力（peer pressure）或人人都知道的“常识”相悖。

有些人之所以背离研究，是因为它并不能一直 100% 地确保得出完美的答案。这些人误解了研究的一个重要特征：**研究是探索和迈向真理的持续进行的过程**。通过研究获取知识是一个旷日持久、缓慢积累的过程。虽然研究并不完美，但仍然要优于其他获取知识的方法。如果你想在现实生活中找到最佳答案，那么研究正是你所需要的。

聪明贴士：媒体的报道并非总是准确的

你在牛奶盒或者海报栏上看到过失踪孩童的照片吗？绝大多数人都非常关心被拐卖和失踪的儿童。他们认为这是个严重的社会问题，并且变得日益严峻。罗纳德·里根任美国总统时对这个问题的关注引起了美国公众的注意，并且根据统计数字：在美国有 150 万名儿童被拐卖，5 万名儿童从未找到，据此宣称这是美国最迫切、恐怖的社会问题。无数的电视新闻节目重复宣扬这一“事实”。电视节目《美国要犯通缉榜》[1] 再三重复这些数字，并声称“美国到处都是遭受身体伤害、斩首、强暴和扼杀的儿童”（Glassner，1999：p63）。然而事实的确如此吗？美国司法部的一份官方报告表明，1999 年看护儿童的成人（父母、监护人、保姆等等）认为失踪的儿童有 130 万，但他们向官方机构和警方报案的次数只有 80 万。在这 80 万次报案中，只有 115 次符合传统意义上由陌生人实施的绑架案件（Department of Justice，2002）。虽然 115 名儿童的失踪也是严重的社会问题，但这与号称有超过 100 万的失踪儿童却有着巨大的差异。媒体所传播的恐怖故事吸引了公众的注意力，唤起了人们强烈的情感共鸣。大多数人都认为这些恐怖故事是真实的，并据此决定他们的行为。很少有人冷静而谨慎地审视有研究支持的证据，从而了解实际真相。在你做出决策之前，先做一些独立的调查是非常明智的，这样就能判断媒体所宣扬的恐怖故事究竟是真是假。

PA / Topham/The Image Works

1 America's Most Wanted，是美国 20 世纪福克斯公司 1987 年开播的一档电视节目，主要目的是简介各种在逃的犯罪分子，以帮助司法部门缉捕。截至 2010 年 9 月 4 日，经由《美国要犯通缉榜》抓获的罪犯达到 1 128 名——译者注。

即使是在 21 世纪的美国，仍有许多人偏要相信那些研究一而再地证明为伪的事物[2]，例如以下事物：

- 飞碟（UFO）和超感知觉（ESP）
- 星相学和占星术
- 对地球年龄和基本自然力量的不科学的想法

2 参见哈里斯民意测验在 2005 年 11 月对 889 名美国人所做的调查，其网址为 http://www.harrisinteractive.com/harris_poll/index.asp?PID=618。

- 各种妖魔鬼怪、巫婆神汉

虽然公众教育的平均水平上升了，但许多人仍然愚昧地相信那些虚构的故事或神奇的传说。研究发现，社会大众的阅读理解水平、批判性思维技能、基本的社会及地理知识和对科学研究的理解近年来并未有多大的改善（Pew Research Center Report，2007）。为什么会这样？部分原因在于并非人人都会把在学校学会的知识、技能和思维，在以后的日常生活或工作抉择中加以实践和运用。另一部分原因就仅仅是个数量问题。假设有 25 000 名受过良好教育的人希望自己能做到见多识广、好谋善断。他们阅读了某位专家在某个问题上潜心 6 年研究而写的著作。同时有 100 万的人则只是有点懒惰，他们不愿意阅读科学著作，而是观看了一场针对同样问题的供人消遣娱乐、华丽时髦的电影。当然电影包含了错误和歪曲的信息。大多数人的观点和看法都是建立在电影中错误和歪曲的信息基础之上。只是因为大多数人相信某件事情为真，并不能证明它的确为真。如果你学习批判性思维和正确地进行研究，你就不会盲从那些大多数人都认可的错误观点。

培养批判性思维技能

英文“critical”通常有 3 种含义 ;（1）指非常重要，或者迫切需要的状态 ;（2）指极度的怀疑或敌对并寻找对方的缺点 ;（3）指非常明智警醒、谨慎判断并提出质疑，而不仅仅因为事物的出现就无条件地接受。批判性思维中的“批判性”指的是最后一种含义，虽然第一种也适合。**批判性思维**（critical thinking）是一种思考和审视事物的方法。心理学家和其他研究人类思维过程的学者归纳出许多常见的错误认识和逻辑谬误。正如我们容易受到凹凸镜的误导一样，有时我们会受到这些谬误的影响而不自知。下面举两个常见的谬误例子。

- 赌徒谬误——我们一般认为，如果我们期待的事情很久没有发生，那么不久就会真的出现了。实际上，如果你投掷硬币 6 次都是正面朝上，下一次投掷得到背面的可能性并不比正面大。
- 归因偏差——我们一般把产生不利结果的罪责归因于他人或者外部力量，但却认为自己是取得有利结果的功臣。

批判性思维能帮助我们避免常见的谬误，也能防止我们仓促地得出呆板、绝对和僵化的答案。许多人对不确定性和开放式的探查过程感到惶恐不安。他们希望马上就能得到绝对正确的答案。批判性思维提醒我们很少存在惟一快捷简单的正确答案。

批判性思维注重从多个视角来看待具体的问题、议题或证据。仅仅选择单一的观点或者视角常常会蒙蔽我们的双眼，看不到问题的其他重要方面。

批判性思维能引导我们揭示隐藏的假设。假设——即未阐明的前提或者未经验证的出发点——必不可少，我们一直会用到它。提出假设并无什么不妥。然而，假设常常使

活学活用：认清假设

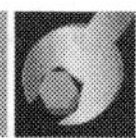

辩论和争议常常会陷入僵局，因为双方采用了不同的假设。揭示隐含的假设能改变讨论的方向，并且可能找到解决问题的方法，或者至少能阐明实质问题。例如，公司的两位管理人员马克和苏珊在开发甲产品还是乙产品上发生分歧。甲产品生产成本稍低，具有 3 年的生命期，每售出一件产品获利 10 美元。乙产品生产成本稍高但质量更好。能使用 6 年并且每件产品的盈利为 8 美元。马克赞成甲产品，他计划售出 1 万件产品，获取 10 万美元的总利润。苏珊则支持乙产品，她计划售出 15000 件产品，获取 12 万美元的总利润。他们的分歧并不在于成本或利润的高低，而是在投资的时间周期和顾客忠诚度上的差异。马克假定两年的投资周期，并认为保持老顾客和建立品牌忠诚度无关紧要。苏珊则假定更长的投资周期，并认为建立顾客对品牌的忠诚很重要。

再举一个例子：美国的某个学区创办了两所特许学校，[1] 两个学校的新校长都想创建高质量的学习环境。学校成立 10 年后，两所特许学校的 75% 的学生都进入了 4 年制的本科院校，并且两所学校的学生事业有成的人数也相同。然而，两所学校的校长招收新生的标准并不相同。甲校长认为只有学业成绩才重要，而乙校长则认为多样化的课堂、学生的合作技能和学业测试分数一样重要。甲校长以学业考试成绩作为招生的唯一标准，招收考分高的学生。乙校长以学习成绩为标准招收一半学生，以其他才能（艺术、体育、戏剧、音乐或者参与志愿者活动）或强烈的动机为标准招收另一半。甲校长的学校有 85% 的学生来自城市的富人区，那里的住户都是收入水平高、接受过良好教育的人。乙校长的学校只有 30% 的学生来自富人区；70% 的学生来自城市的其他地区。

1 Charter school，特许学校是美国带有实验性质的公立学校，招生对象为幼儿直到 12 年级的学生。特许学校的组织者都为教师、学生家长和社区的领导，其管理方式与美国的普通学校并不相同——译者注。

我们偏好从某些方面思考问题，却阻碍另一些方面。如果我们意识不到或者不去检验我们的假设就会引起各种问题。批判性思维告诉我们要注意各种假设，并且要明了假设会限制我们的选择。如果我们采纳了另外的假设，得出的结果可能迥然不同。我们来看一个简单的例子（见*活学活用：认清假设*）。

社会研究需要运用批判性思维和一种特殊形式的论证。这里论证（英文 argument 也有辩论、争吵之意）一词并不是指大声呼喝以压倒对方。而是指一整套逻辑连贯的陈述，立论简单直接，结语清晰明确，足以自圆其说。与人讨论时我们会用到两种形式的论证方式，从而描述客观事物的现状、社会事件或行为发生的原因，以方案可能产生的结果为基准找到解决问题或困难的最佳方案。一种论证方式是运用道德、宗教或者意识形态的说理方法，另一种方式是运用批判性思维和系统性的**实证证据**（empirical evidence）。

很多学生和一般大众都容易混淆这两种形式的论证方式。他们不能轻松地分辨两种论证方式的根本区别：研究式的论证非常注重系统性的实证证据，而建立在道德立场、宗教信条或意识形态价值观基础上的论证则忽视实证证据。请参考下文的*以史为鉴：宗教和科学研究*。

以史为鉴：宗教和科学研究

Mary Evans Picture Library/The Image Works

科学研究在与占星术、幸运数字或者迷信的较量中通常能占据上风，但有组织的宗教却是个相对敏感的问题。很多人(尤其是在美国)都承认对上帝的信仰，并皈依于特定的宗教(一般为犹太基督教)。科学研究和宗教可能有分歧，包括犹太基督教之外的宗教信仰如伊斯兰教和佛教。这一点可谓老生常谈。实际上，科学和宗教的较量至少从伽利略(1564—1642)的时代就开始了。虽然伽利略试图保持对宗教信仰的忠诚，但他还是投身于对科学、诚实和真理的追求。这一切使得伽利略背弃了对哲学和宗教权威的盲目忠诚。在仔细研究和系统的实证证据基础之上，伽利略对物质世界运行的看法改变了。他坚持认为地球围绕着太阳运转，而不是像当时的宗教权威持有的相反的观点。因为伽利略反对宗教的固有教义，宗教当局把他软禁在家并禁止传播他的著作。今天我们认识到伽利略的观点是正确的，宗教当局也最终改变了他们的观点和立场。

科学与宗教的冲突很容易被夸大。一端是一些对宗教极为虔诚的人，他们反对所有的科学而只保留对宗教的忠诚。无论是对于地心引力、地球的年龄、医疗保健、犯罪原因还是其他社会问题，他们都相信只有宗教才能给出惟一正确的答案。另一端则是一些没有宗教信仰的人，他们认为所有的宗教都是虚幻不实的，而只相信科学。无论是对于社会正义、是与非的道德判断、死亡之后的生命，还是其他任何问题，他们都认为只有科学才能找到惟一正确的答案。大多数人(包括大部分科学家)其实都处在这两个极端之间。任何宗教(基督教、伊斯兰教、佛教等等)的极端人士和科学的极端人士都认为他们掌握了所有问题的答案，但大部分人则认为宗教和科学都有自身的价值，一方对某些特定问题的处理要好于另一方。

科学研究更适合解答某些问题，而宗教可能更适合解答其他的问题。科学无法分辨道德的是与非，上帝是否存在，我们是否具有灵魂，或者死亡之后会发生什么。在过去，宗教权威对天文学、生物学和许多社会问题(例如支持奴隶制)做出过相当愚昧的论断。什么问题属于宗教，什么问题属于科学，分界线一直在变化。科学曾经只涉及物质世界(行星、化学或生物)，而宗教思维则支配了所有的社会问题。随着研究技术和科学思维的进步，人们开始在社会领域应用科学——例如考察为什么犯罪率会上升，以某种方式教养的儿童是否能更好地适应社会。随着时代的进步，人们不太可能接受宗教过去提供的答案，例如人的不端行为是因为魔鬼或原罪引起的。人们越来越注重在研究基础上得出的答案，例如，人的不端行为与经济困境的加剧，对儿童的养育缺乏明确、坚定的价值观或者社区联系的崩溃等有关。

研究回答的许多问题都与宗教—道德问题有重叠，但有些问题是研究无法解答的，例如，我应该与杰克结婚吗？人工流产不道德吗？死刑的是与非？应该允许同性婚姻吗？祈祷有助于治疗我妈妈的癌症吗？然而，研究能解答一些相关联的问题：如果某个人与情绪不稳定、酗酒或吸毒的人结婚，那么此人是否很可能最终被配偶虐待和离婚呢？曾经流产的妇女在社交、教育和经济上的成就怎样？死刑是否能降低凶杀案的发生率？由同性配偶抚养的孩子长大后是否能与由异性夫妻抚养长大的孩子一样顺利适应社会？为病人的祈祷是否能终止癌症的扩散？对这些问题的回答能帮助你对道德和宗教问题做出判断，但却不能为你提供明确的道德答案。

假设你发现死刑并不能降低谋杀案的发生率。由于其他原因你可能仍希望保持死刑(例如报复或宗教信念)。如果你知悉了研究结果，至少你能在客观事实或其他事物(例如道德或宗教信念)的基础上有选择地做出决策。假设研究表明为身患恶疾的人做祈祷无助于病人的康复。由于其他原因你或许仍然想为病人祈祷。可能这样做让你感觉心安，体现你生命的意义，或者能让病人感受到希望，从而间接地促进康复。简而言之，科学研究和其他道德—宗教推理不同，但它们常常是相互补充、和谐共存的。

要点回顾：批判性思维的 4 个特征 

- 避免逻辑谬误；运用“客观公正的逻辑”来谨慎地思考。
- 保持开放的心态并审视问题的所有方面；如要为重大问题提出简单、快捷和轻松的解决方法务必审慎。
- 不要执着于单一的观点而不能自拔；要从多个不同的视角来考虑问题。
- 考察隐含的假设；弄清楚你的假设以及可能带来的结果。

什么是实证性的社会研究

研究有各种形式。假如我想购买一辆新轿车。通过阅读几篇介绍各种汽车特点的杂志文章，我就是在进行“研究”，我还可以参观汽车展览和进行试驾，在网上查看汽车碰撞安全测试结果或者机械可靠性报告，比较各种汽车技术参数，例如腿部伸展空间或轮胎尺寸。本书的主题即实证性的社会研究，包括信息的搜集，但远不止于此。

“研究”一词在本书有 4 个方面的含义：

1. 研究就是仔细地阅读和学习特定的文献。你找出确定的文献并反复阅读（宗教文本如《圣经》或者《古兰经》，法律文本如宪法或判例，文学文本如小说，艺术文本如绘画或音乐乐谱）以获得深入的了解，揭示客观事物的模式和主旨，或者发现隐藏的真理。
2. 研究就是从学术期刊或者政府的官方报告搜集已有的信息并理解其意义。你首先要搜索并收集信息，然后评价你发现的材料，最后要综合得出结果。在这个过程中，你对所有的信息并非一视同仁。你可能会重视某些证据（你朋友告诉你某种车型看起来很酷），而轻视另一些证据（试驾或读到的机械故障发生率）。
3. 研究就是应用已公认的技术和原理的过程。这一过程就是以一定的方式提出问题、系统地收集信息、仔细观察、精确测量、抽取样本、进行统计分析或进行实验。
4. 研究就是应用批判性思维并采取一定的取向。做研究就应该采取批判性思维的态度并保持怀疑的精神。你要检查假设，考虑其他选项，不接受你看到的表面结果。反思你自己和别人的决策方式。

实证性的社会研究会涉及所有这 4 方面的工作。它同时也是个持续不断积累信息的过程，用可能性或者概率而非固定的绝对值来表示结果。因为它以证据为基础，随着累积的证据揭示出新的领悟和见解，研究结果也就与时俱进了。研究的这些特点可能会令人沮丧。你可能会问，如果现在研究不能给我答案，进行研究又有何意义呢？研究能给我们答案，但却是暂时性的。专家学者们都信任并倚重研究，因为它比其他方法更好，并且研究结果一般会与时俱进。从全社会或整个人类的角度来看，我们去年的所知可能与今年相差无几。然而，对于很多问题和事件，研究告诉我们的结果与我们 20 年前的所知就存在天壤之别了。

因为研究结果并非固定和一成不变，所以有些人会感到失望。研究要依赖于实证证据，如果出现了新的或更好的证据，我们所下的论断或总结出的理论[1]就会发生变化。所有建立在研究基础上的论断、结果或者理论都是暂时性的。只有得到大部分证据的支持，它们才能站得住脚。而且，证据的质量和数量决定了我们对具体论断、观点或理论的信任程度。

有些人因为研究结果总是以概率形式出现而感到失望。他们希望得到比诸如“教师的注意有可能影响儿童的学习”“弹性福利或工时制度有可能提高雇员的满意度”或者“过度肥胖会增加糖尿病的发病率”更明确的答案。人们可能喜欢 100% 的确定性，但大部分社会研究结果都是以概率表达的。尽管简单明确的答案令人心安，但社会经验丰富的人可能都知道，对于真实世界的复杂问题很少有如此简单的答案。虽然研究不能为我们提供 100% 的确定性，但却要好于其他方法，并且随着时间的推移研究能使我们对问题的理解与时俱进。研究表明很少有人擅长评价我们日常行为的风险和概率：受到伤害和被人杀害的风险，买彩票得奖的概率，在股市赢利的可能性等等。此外，我们一般很难迅速地从错误判断中学会正确地思考。幸运的是，科学研究的一些内在特征就能使我们对各种事件发生的风险和概率的评价更准确。

该用哪些证据

如上所述，社会研究依赖系统性的实证证据。在日常生活中我们一直会运用和评价证据。你会认为道听途说的谣言是有力的证据吗？有着两位中立的见证人并联合署名的书面声明，作为证据的信服力是否要胜过没有任何见证人的口头声明？法院有一套证据的规则，规定了哪些证据可以采信，哪些不能。在生活的许多方面，我们都会有一套说明证据是否合理有力的标准。怎样解释或者赋予证据以意义也有一定的规则。如果没有一套解释证据的标准和规则，那么不同的人考察同一个证据就会得出不同的结论。有鉴于此，社会研究有自己的证据规则——怎样搜集证据、有力的证据有什么标准、怎样解释证据。如果我们掌握了有说服力的证据，对研究就会更有信心，而证据缺乏或者说服力不足，我们对研究就会失去信心。

做研究需要寻找实证性的证据（也就是最终能与实践经验有关的数据或证据——可以看到、摸到、闻到或听到）。而且，我们还必须根据普遍公认的规则或标准仔细而系统地收集实证性的证据。证据的标准尤为重要。假设有个人在大峡谷的科罗拉多河里

1 理论是对各种事件发生的原因或者世界的某些方面运行的方式所做的系统、抽象和总括的解释。理论包含假设、论证和一套相互关联的观点。

David Muench/Corbis

乘坐小舟顺流而下。艺术家会注意到岩石的排列并依据审美标准来欣赏大峡谷的壮美。环保主义者会依据水流量与土石流失量的标准观察到严重的侵蚀。地质学家会依据地质学标准观察到远古地质变化或火山活动的证据。美国土著会以宗教信仰或者民间传说为标准观察到神灵传递信息的证据。还有人可能依据读过的科幻小说或奇幻文学观察到飞碟造访的证据。仅仅指出证据是不够的，还需要言明特定类型证据的标准。

本书要讨论什么样的证据才是社会研究中有力的实证证据。你可能会问，证据的标准来自哪里？数十年间，无数人进行了许多研究实践工作，还有人审视了这些研究以寻找不足。随着人们提出评价、批判和对研究改进的建议，今天的证据标准才逐渐建立起来。简而言之，证据标准的建立源自整个科学界的共同努力。

研究证据的很多标准都和常识一致。假设你有代表某大学所有学生的两个样本。一个样本有 100 个学生，另一个则有 1 000 个学生。两个样本除了容量外其他方面都一样。常识告诉我们应该选择学生数量多的样本。假如你要查明某人对某个问题的态度。你可以只询问此人一次，而且只问一个问题；你也可以在多个时间点询问多个问题。常识告诉我们后一种方法能更好地了解他人真实的态度。研究的其他标准则可能更为专业，或许与常识性的思维方式并不一致。

社会研究的证据有两种形式：**定量数据**（quantitative data）和**质性数据**（qualitative data，也译作“定性数据”）。有些人常常混淆了证据的证明力和其形式。他们错误地认为，定量数据总是更有说服力，而质性数据则总是说服力不足。只有证据标准才能决定证据是否有力，而不是数据的定量或质性的形式。可靠、有力的证据与其定量或质性的形式无关，而是由研究者搜集证据时的小心谨慎和系统性程度决定的。

研究是指向结果的过程

如上所述，研究并非单一的事件，而是持续不断的过程。这一过程包括多个部分或步骤，要遵循一定的准则。将研究的各部分结合在一起，才能最终得出结果。研究过程的结果表现为知识或信息。换言之，研究结果是对问题做出的回答。研究过程的成果表现为对要研究的问题给出的答案。优秀的研究还能激发新的思考，提出新的问题，这些新问题是你做研究之前根本无法想象的。随着研究领域、证据形式和研究问题的类型变化，研究过程的具体形式也会发生变化。

社会研究的种类

要进行一项研究，首先要采用特定的技术手段来收集数据。本节我们要介绍这些主要技术的概况。在随后的章节里，你会更详细地了解这些技术，并学会如何运用它们。针对特定的问题或主题，某些技术更为有效。要找到适合研究问题的数据收集技术，需要技能、实践和创造力。

有些人墨守于采用某种技术（例如问卷），即使该技术不如其他的技术有效，仍然一直使用它。优秀的研究者既熟悉所有的研究技术，又了解它们的长处和局限性。依据研究所收集的数据是定量还是质性的，就能对研究技术进行分类。当然，根据需要我们可以把各种技术结合起来使用。

定量数据收集技术

实验法 实验研究要严格遵循在自然科学研究中发现的逻辑和原则。实验就是要人为地制造出一种情境并考察它对研究参与者的影响。你可以用较少数量的参与者在实验室或者真实生活中进行实验。实验需要高度聚焦在一个研究问题上。在典型的实验中，我们会把研究对象分为两个或更多的小组。随后，除了对其中一组施加影响（而不施与另一组）外，两组人员的其他情况完全一样：这种影响就是“处理”。然后你要精确测量两组人的反应。通过控制两组人所处的情境，并且只给其中一组施加处理，那么组间反应的任何差异都可归因于仅仅是由这一处理所引起的。本章开篇对幼儿的研究就运用了此种实验技术。只是研究者并没有对儿童进行不同的处理，而代之以改变食物的包装：有麦当劳包装的食物和没有麦当劳包装的食物。

调查法 进行调查研究时要向他人提问，提问以书面问卷（通过电子邮件或亲手递给他人）进行，或者在访谈中进行并记录其回答。调查与实验不同，不需要控制具体的情境或条件。而只需在较短的时间内向许多人提大量的问题。调查完成后通常要将问题的回答总结为百分数、表格或图表。通过调查我们能了解大多数人的看法或报告出的行为。在调查研究中通常会采用样本或者挑选出的小组（例如 150 个学生）。如果方法得当，我们就能把挑出的小组给出的调查结果概括化到更大的群体（如 5 000 个学生）。本章后文的研究示例专栏 1.1 和专栏 1.2 就采用了调查研究的方法。

内容分析技术 内容分析是考察书面的或具有象征意义的材料（例如图片、电影、歌词等等）的技术。使用内容分析首先要确定有待分析的材料库（如图书、报纸、影片等等）。其次需要规定记录特定细节的体系。细节体系可能包括计算某种词汇或主题出现的频次。最后，需

要点回顾：定量和质性的数据收集技术

定量数据收集技术

- 实验法
- 调查法
- 内容分析技术
- 现有的统计数据源

质性数据收集技术

- 民族志实地研究
- 历史比较研究

要记录在材料中所发现的内容。在内容中观察到的信息通常以数字量化，并以表格或图形呈现。内容分析技术能让我们从包含大量材料的内容中，揭示出那些本不会引起我们注意的信息。前文提及的对儿童观看电视习惯的研究就是使用内容分析技术进行研究的示例。

现有的统计数据源 要进行现存统计研究，首先要查找他人已收集的信息，这些信息通常表现为公共档案、政府报告或者先前已进行的调查。其次要以新的方式来重新组织这些信息，从而解决研究问题。查找有用的信息源可能要花费大量的时间。在你开始一项研究时，你甚至可能不知道解决你的研究问题所需的信息能否找到。在重新考察已有的定量信息时，可能会用到各种统计技术。

质性数据收集技术

民族志实地研究 要进行实地研究，需要长期（数周、数月甚至数年）仔细地观察一小部分人群。通常研究之初的观点或问题并不具体明确，也没有确定的理论或假设。研究者要选择想研究的某个社会团体或者自然情境，接近并在该情境中扮演某个社会角色，然后进行详细的观察。作为研究者，你会亲身结识要研究的对象，可能还会进行开放式、非正式的面谈。在实地研究中，每天都要做非常详细的记录，这一点非常重要。在离开实地研究地点之后，你要反复阅读这些记录并准备写书面报告。民族志实地研究技术的案例见本章研究示例专栏1.2。

历史比较研究 历史比较研究需要考察过去某个历史时期或者不同的文化之间社会生活的各个方面。你可能重点关注某个或数个历史时期，比较某个或多个文化，或者把历史时期和文化交织在一起进行比较。和实地研究一样，历史比较研究也需要利用收集的数据把理论的建构和检验结合在一起。研究起步之时提出的问题通常比较宽泛，并不固定，在研究的过程之中会不断进行修正。这种研究方法需要广泛搜集各种各样的证据，通常包括现有的统计资料和各种文献（例如小说、官方报告、书籍、报纸、日记、照片和地图等等）。此外，你还可能直接观察或进行访谈。

社会研究的目的

刚开始学习研究的人都会努力想把某个特定的研究问题和特定的研究技术联系起来。研究者通常还需要重新构想或改述问题。即使这样，也不容易为要研究的问题找到适合的研究方法类型。首先，你应该阐明研究的目的。

人们的研究往往具有不同的目标或目的。如果你询问人们为什么要进行某项研究，可能会得到各种不同的回答："老板要求我这样做"；"这是课程作业"；"我感到好奇"；"我的室友认为这是个好主意"。有多少位研究者就几乎有多少种研究的理由。根据研究要完成的任务可以对研究的目的进行分类——探索新问题，描述社会现象，解释事件发生的原因，或者评价成果。研究也可能有着多重目的（例如既要探索又要描述），但通常会有一个居于主导地位的目的。

研究具有如下 4 个重要的目的：

- 探索先前未知、全新的问题；
- 深入描述事物之间的关系或某个问题、情境；
- 解释具体事件或情境为什么发生或者为什么以特定方式发生；
- 评价某个项目 / 政策是否有作用。

探　索

探索性研究（exploratory research）就是要考察没有人研究过的新领域。你的目标是要明确地构想出将来进行研究的问题。探索性研究通常是一系列研究的起步阶段。我们要通过探索性研究发现足够的信息，从而为设计和执行下一步更为系统、广泛的研究打下基础。探索性研究针对的是"什么"的问题："这一社会活动的真实内容是什么？"

探索性研究一般采用质性数据，并不局限于某个特定的理论或研究问题。探索性研究也有它关注的焦点，但很少能得出确切的答案。如果你进行一项探索性研究，你可能会因为缺少可以遵循的准则而感到沮丧和困难重重。任何事情都可能很重要，研究的步骤也没有明确的规定，探查的方向还会经常变化。你需要充满创造性、思想开放、灵活多变；采取一种研究的姿态；查遍所有的信息源。

描　述

你可能对某个主题曾有过想法或问题——新的市场营销计划，改进护理病患的方法，提供客户服务的新方法，帮助一群新学生等等。通常有人在某时某地研究过类似的问题，但你却想了解特定情境中的这个问题。**描述性研究**（descriptive research）的目的是要描绘

研究示例专栏 1.1：社会联系和网络色情

斯塔克等人（Stack，Wasserman & Kern，2004）对美国人网络色情泛滥的情况进行了一项描述性研究。根据来自 531 个人的调查资料，他们发现使用网络色情内容最多的用户是那些社会联系贫乏的人。社会联系包括宗教、婚姻和政治方面的关系。沉迷于网络色情内容的成人用户通常都是婚姻不幸福的男性，他们与有组织的宗教也少有联系。网络色情内容用户也更有可能发生不符合传统的性行为（即发生婚外情或者嫖娼），但未必更多地表现出其他社会越轨行为（例如吸毒）。

研究示例专栏 1.2：虐待和婚姻

切尔林等人（Cherlin，Burton，Hurt & Purvin，2004）进行了一项解释性研究以了解为什么某些女性很难与人形成稳定的婚姻或同居关系。研究者调查了由 2 402 名妇女组成的随机样本，并收集了波士顿、芝加哥和圣安东尼奥三个城市低收入住宅区民族志实地研究的质性数据。研究者考察了许多因素，包括性虐待或身体虐待的经历。研究者检验了这一假设：有过被虐历史（童年或成年后）的妇女结婚的可能性比没有此类经历的妇女低。他们发现遭受过虐待的妇女拥有的社会支持和资源都更少，不足以抵抗或避开施虐的伴侣。而且，遭受过虐待的妇女一般还会有自责感、负疚感，自尊水平也较低，这些都会妨碍健康的爱情关系的建立。受虐的经历会引起情感的疏离，使人在做出长期承诺时感到迟疑。研究者发现经历过虐待的成年妇女结婚的可能性较低，往往容易陷入一系列不稳定、短暂的两性关系之中。美国 1996 年的福利改革法案，即《个人责任与工作机会调和法》（Personal Responsibility and Work Opportunity Reconciliation Act），强调婚姻的重要性并认为它是人们最基本的权益。当美国国会在讨论制定法律鼓励所有领取福利津贴的未婚妇女结婚时，曾援引了这一研究结果。该研究结果并不总是提倡婚姻是最简单的解决之道，而是认为在鼓励健康和稳定婚姻的同时要减少身体虐待和性虐待。尽管这项研究具有普遍意义，但大众传媒忽视了这一研究结果，对此未做报道（见 American Sociological Association，2005）。

Bonnie Kamin/PhotoEdit Inc.

某个情境、社会环境或事物关系的特定细节。它重点关注“怎样”和“谁”的问题（“事件是怎样发生的？”“牵涉到谁？哪一个团体人数增加得更快？”）。很多社会研究都是描述性的。学术期刊中用于制定决策的许多社会研究也都是描述性的。

在研究实践中，描述性和探索性研究可以结合在一起进行。要进行描述性研究，你开始就要有明确界定的主题，通过研究精确地描述这一主题。研究结果表现为该主题的详细全景。结果可能告诉你持有特定观点或参与特定行动的人数百分比——例如，研究发现有 8% 的父母会对子女进行身体虐待或性虐待。描述性研究还能告诉你哪种类型的人参加哪一类活动（例如研究发现年轻男性的确喜欢某类音乐，而年长的女性的确讨厌该类音乐）。

解　释

当你要研究的问题明确而具体，并且已经做了详细描述时，你可能想知道为什么事物表现为当前的状态。（为什么年轻男性喜欢这种类型的音乐而年长的女性却不喜欢？）**解释性研究**（explanatory research）要确定社会行为、信念、状况和事件产生的根源；记录原因，检验理论，并且提出解释的理由。它建立在探索性和描述性研究的基础之上。例如，一项探索性研究发现父母实施的新的虐童方式；描述性研究又表明有 10% 的父母以这种方式虐待自己的孩童，并且描述了施虐父母的类型以及虐待行为多发的状况；而解释性研究则可能关注为什么某些父母会以这种方式虐待他们的孩童。解释性研究可能会检查解释父母虐待行为的两种针锋相对的理论：为什么某些人会变成施虐的父母。

评　价

评价性研究（evaluation research）的目的是要查明某个方案、新举措、营销活动和决策等等是否有效——换言之，“这有用吗？”大型的科层组织（例如企业、学校、医院、政府和较大的非营利机构）常常会进行评价性研究以论证其措施的效果。评价性研究中用到的具体技术和其他类型的研究并无不同。差别在于研究的目的：评价性研究通常要在实际情境中进行评估得出结论，虽然也有例外，如研究示例专栏 1.3。

评价性研究探询的问题诸如，苏格拉底教学法是否比传统的讲演式教学法更能促进学生的学习？由执法部门实行的强制拘留是否能减少配偶虐待？弹性工作时间是否能提升员工的生产率？进行评价的研究者通常会评测某个方案、政策或举措的效果，并且会采用多种研究方法（如调查和实地研究）。当然如果条件适宜，许多研究者更愿意采用实验的方法来进行评价。参与某项决策或规划的从业者（如医生、律师）可能会自己进行，或者应外部决策者的要求进行评价性研究。外部的决策者有时会对研究进行某些限制，限定研究所能涉及的范围，或者施加压力要得出某种结果。这会使研究者面临道德两难的困境。

研究示例专栏 1.3：评价 D.A.R.E.

你可能参加过抵制滥用药品教育（Drug Abuse Resistance Education，即 D.A.R.E.）计划。这项计划始于 1983 年，在美国大约 80% 的学区都开展了这一教育计划。教育的重点是小学，初中和高中的课程继续强化早期的教育。小学阶段的 D.A.R.E. 课程一般在 5 或 6 年级开始，包括 17 节课，由经过训练、身着制服的警察来讲授。通过课程要教会学生辨别各种毒品，并提供做决策和抵御同伴压力的技能。很多评价性研究[1]跟踪了已参加 D.A.R.E. 计划的学生，并把他们与那些没有参加该计划的学生进行了比较；这些研究考察了参与毒品教育 5 到 7 年之后的情形。结果表明两组学生的毒品使用情况相差无几。简言之，参加 D.A.R.E. 计划并没有实现它主要的目标，即减少青少年滥用毒品。尽管证据反复表明该项计划没有效果，但它却仍然得到很多家长、学校、企业和警察的欢迎。经过 25 年并且花费了数十亿美元，出于社会或政治原因，这一无效的教育计划仍然在进行，因为人们减少吸毒的愿望非常强烈，也因为没有其他可以接受的、更好的防止毒品滥用的教育计划。

Rachel Epstein/PhotoEdit Inc.

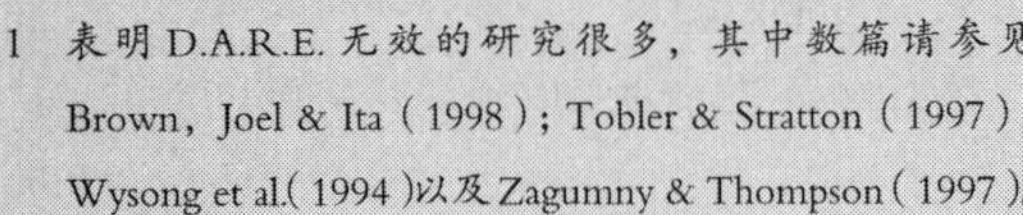

1 表明 D.A.R.E. 无效的研究很多，其中数篇请参见 Brown，Joel & Ita（1998）；Tobler & Stratton（1997）；Wysong et al.（1994）以及 Zagumny & Thompson（1997）。

图 1.3 美国审计总署评价 D.A.R.E. 计划的信件

美国审计总署（United States General Accounting Office）
华盛顿特区，20548（Washington，DC 20548）

尊敬的美国参议院理查德·德宾先生
主题：预防青少年使用违禁药品 DARE 的长期评价以及联邦政府调查有效计划的努力。

亲爱的参议员德宾先生：

使用违禁药品（特别是大麻）是我们国家青年人面临的严重问题。使用违禁药品会对青少年产生许多不利的影响，导致他们学业失败，出现暴力、反社会和自我毁灭的行为。最近的一项全美调查[2]表明从 1996 年至 2002 年，超过 30% 的 10 年级和 12 年级的学生报告在过去的 1 年里使用过大麻。而且，大约有 20% 的高中高年级的学生报告在过去的 30 天里使用过大麻。根据美国毒品控制政策办公室（Office of National Drug Control Policy，ONDCP）的报告，在 2000 年财政年度，美国联邦政府为预防青少年使用违禁药品的投入超

2 参见 Johnson，O'Malley & Bachman，Monitoring the Future National Results on Adolescent Drug Use：Overview of Key Findings，2001，NIH Publication No. 02-5105（Bethesda，Md.：National Institute on Drug Abuse，2002）

图 1.3 续

过 21 亿美元。

许多教育计划的目的在于帮助青少年预防和减少使用违禁药品。这些教育计划通常还会涉及其他物质的滥用，例如酒精和烟草。预防青少年滥用药品计划是在学校、家庭和社区的背景下实施的。以学校为基础的预防计划最为普遍，因为学校是接近和教育儿童及青少年的最佳场所。美国防止滥用药品的学校教育计划中应用最广泛的就是抵制滥用药品教育（DARE）计划[1]，其资金来源广泛，包括私人、联邦和其他公共部门。DARE 的主要任务是通过在小学、初中和高中阶段的教育，为儿童过上无毒品、无暴力的生活提供必需的信息和技能。DARE 计划通常在儿童就学的 5 年级或 6 年级开始。根据研究文献，5 年级和 6 年级的 DARE 课程在预防青少年使用违禁药品的有效性上令大众产生疑虑。应你院的要求，这份报告包括了你所需的信息：（1）评价 DARE 小学课程预防儿童非法滥用药品的长期效果；（2）联邦政府为寻找能有效预防儿童非法滥用药品的教育计划而做出的努力。

为了查找 DARE 在预防儿童使用违禁药品方面是否有效的评价，我们搜索了社会科学、商业和教育数据库，包括美国卫生与公众服务部（Department of Health and Human Services，HHS）和国立卫生研究院（National Institutes of Health，NIH）的国家医学图书馆，以查找发表在专业期刊上的评价 DARE 的论文。我们找到了在 20 世纪 90 年代发表的一些文章，涉及 6 项对 DARE 小学课程的评价，其方法包括把使用违禁药品作为结果变量来测量，这些研究也都符合我们审查方法学的基本标准，例如长期评价设计和采用干预和控制组以进行比较。这 6 项评价都是在参加 DARE 的学生在第一次调查后不同的时间点进行的，最长的相距 10 年。这 6 项评价建立在对美国 3 个州 3 项不同的研究基础之上。我们审查了这 6 项评价的每一项，并总结了我们复查的结果。我们也与完成这些评价的研究者进行了讨论。我们并未独立地确认这 6 项评价研究的效度或者核实 DARE 计划有效性的评价结果。（附件 1 包含了我们审查的评价 DARE 小学课程的参考文献，附件 2 描述了我们选择评价项目的原则。）

为了确定联邦政府在寻找能有效预防青少年使用违禁药品的计划方面所做出的努力，我们走访了政府官员，审核了卫生与公众服务部和教育部的工作档案，以便找到可以成功减少青少年使用违禁药品的教育计划。我们并没有独立核实联邦机构所承认的预防计划的结果。依照公认的政府审计标准，我们的调查工作从 2002 年的 1 月一直持续到 12 月。

简而言之，我们审查的这 6 项对 DARE 小学课程的长期评价并没有报告显著效果，在 5 年级或 6 年级接受 DARE 的学生（干预组）和没有接受 DARE 的学生（控制组）在使用违禁药品方面并没有显著差异。有 3 项评价中的控制组学生接受了其他预防使用违禁药品的教育。所有的评价项都表明 DARE 在预防青少年使用违禁药品方面并没有统计上显著的长期效果。我们评审的 6 项评价中还有 5 项报告了学生对使用违禁药品的态度以及抵御同伴压力的情况，结果发现长期来看，干预组和控制组之间并不存在显著差异。有 2 项评价发现接受 DARE 的学生在约 1 年之后对使用违禁药品表现出较控制组强烈的负面态度，社交技能也得到了改善。这些积极效果随着时间推移会减弱。

我们还把这份报告递交给了卫生与公众服务部长、教育部长、美国毒品控制政策办公室主任以及其他感兴趣的人员。如果有人索取我们也会给予拷贝。此外，这份报告还能在美国审计总署（GAO）的网站 http://www.gao.gov 上免费获取。

如果你对此报告有疑问，请联系我（202）512-7119 或者麦克莱德（James O. McClyde）（202）512-7152。乔伊斯（Darryl W. Joyce）和贝立兹（David W. Bieritz）为这篇报告做出了重要的贡献。

您最诚挚的，

Marjorie E. Kanof，临床和军事卫生保健主任

---

1 抵制滥用药品教育计划由美国 DARE（非营利的基金会）管理。

即使对某个方案效果的评价性研究发现了清晰明确的证据，人们仍可能会漠视这一结果。有时，人们会忽视可靠的实证证据而根据其他一些因素进行决策——如道德、政治和个人的原因。尽管有清晰明确的证据，他们仍然会坚持实施那些研究证明没有效果的方案或者终止那些效果很好的项目（见研究示例专栏 1.2）。

你的研究主题和兴趣决定了研究的目的，而研究的目的通常又与特定的研究技术有密切的联系。实验是以解释为目的的研究最有效的方法，在评价性研究中也很普遍。为了描述或解释客观事物，研究者会采用调查的方法。在以探索和解释为目的的研究中他们还会应用内容分析，但内容分析更多地应用于描述性研究。对现有的统计数据源的研究应用最多的领域是描述性研究，但探索性与解释性的研究也会用到。实地研究应用最多的领域是探索性和描述性研究。历史比较研究则既可在探索性、描述性、解释性的研究中独立运用，也可结合在一起。

道德和政治的冲突一般会出现在评价性研究之中，因为研究结果对于人们而言意味着利益冲突。研究结果会影响人们就业的机会和稳定性，能帮助人们建立政治声望，或者促使人们采取替代的计划。如果你对某个计划进行严肃的评价性研究，发现该计划没有效果，纯属浪费时间和金钱，那些依赖此计划谋生的人或许会对你感到不悦。他们可能攻讦你或者批评你的研究方法以表达对你的不满。这使我们对研究又有了新认识：研究创造知识，知识就是力量。新知识能帮助人们决策；也会使那些因懵懂无知而获益的人们感到不安。

要点回顾：研究的目的

研究类型	目的	发生阶段	所提问题	主要受众	结果形态
探索性	了解全新和未知的事物	最早	是什么？	普通人，通常为研究者	综合的观点和研究问题
描述性	为已知的事物提供细节信息	中期	是谁？ 何时？ 怎样？	普通人	真实的细节和描述
解释性	检验已有的解释或者构建新解释	后期	为什么？	专业的研究者	检测理论；比较各种解释
评价性	确认计划或政策的有效性	后期	有用吗？	从业者和决策制定者	实用的建议

社会研究的取向（研究的应用）

研究有两种取向。有些研究者采取一种超然、纯科学和学术的取向；他们试图长期促进人类基础知识的进步。另一些研究者则更关注现实，注重实效和干预；他们试图解决特定、直接的问题。这种划分并不严格。两种取向的研究者常常一起合作，并保持着友好的关系，随着时间推移，有些研究者还会从一种取向转换到另一种取向。

基础研究

基础性社会研究（basic social research）要推进基础知识的发展。基础研究重点关注解释社会运转方式理论的真伪：社会事件发生的原因，某种社会关系形成的原因，以及为什么社会会发生变化。基础研究是大部分新科学思想的来源和探查思考世界的途径。它还是大多数新颖、高级的研究方法的根基。

很多对科学不甚了解的人都对基础研究持有偏见，“基础研究有何可取之处？”他们认为进行基础研究只不过是浪费时间和金钱。虽然基础研究通常缺乏短期的实际应用价值，但它却为人们理解许多公共政策、社会问题和研究领域提供了知识基础。基础研究还是很多应用研究的工具、方法、理论和思想的来源，应用研究者据此才能更好地理解人们行动或思考的根本原因。基础研究若能实现重大的突破，就可以促进知识的巨大进步；它要对广泛的问题进行艰苦卓绝的研究，有可能改变我们对许多问题的看法。它的影响力可能会持续 50 到 100 年。

基础研究的应用价值往往要在数年或者数十年之后才能显示出来。只有在基础知识日积月累的基础上，实际应用才有可能实现。例如英国莱斯特大学（University of Leicester）的遗传学家亚历克·杰弗里斯（Alec Jeffreys）在 1984 年曾着手进行基因演化的基础研究。他发现了怎样制造现在被称为“DNA 指纹”标志的方法，DNA 指纹是个体 DNA 独一无二的标志。而这项新技术的发现仅是他开发的一项新技术带来的意外收获。这并非他起初做研究的本意。他甚至说即使 DNA 指纹是他的研究目标，他也从未想过制造 DNA 指纹的方法。其他人则将这一技术加以实际应用，现在 DNA 分析已经成为刑事犯罪调查中应用最普遍的技术。今天标准的刑事犯罪调查技术是 20 多年前对另一个问题进行基础研究的意外收获。

应用研究

应用性社会研究（applied social research）主要解决引起关注的特定事件或者为雇主、俱乐部、机构、组织或社会运动提供解决问题的办法。应用性社会研究很少关注建构或验证理论，很少把研究结果与概括化的理论联系起来，很少寻求对事物长期而全面的理

研究示例专栏 1.4：未成年人的性教育

Peter Dench/Corbis

美国位于发达国家中少女怀孕率最高的国家之列。到 18 岁生日时，10 名少女中有 6 位，10 名少男中有 5 位曾有过性行为，而且通常不会采取避孕节育措施。几乎 80% 的婴儿生父不会与少女妈妈结婚。未成年人的性行为成为父母、卫生官员、宗教领袖、教育工作者和政治家关注的焦点。对于现实存在的问题大家都能达成共识，但在解决的方法上却存在分歧。几乎所有人都支持对未成年人进行一定形式的性教育。但人们在性教育的内容上却有不同看法。大多数卫生专家和教育工作者支持综合式性教育[1]。综合式性教育面向未成年人教导成年人性活动的社会和生物学的内容、性传播疾病和各种避孕节育方法。保守的政治家和一些宗教组织则支持单纯禁欲教育[2]。禁欲教育提倡在婚前保持童贞，所以并不教导避孕节育的方法。美国年轻人可能都参加过提倡禁欲的性教育计划。即使你没有接受过禁欲教育，也可能听说过这类教育计划。美国国会在 1996 年批准每年拨款 5 千万美元用于资助单纯禁欲的教育计划。美国各州也增加了配套的资金，并且所有的州都开展了这类性教育计划。时至今日，美国联邦政府每年用于禁欲教育的资金超过 1.28 亿美

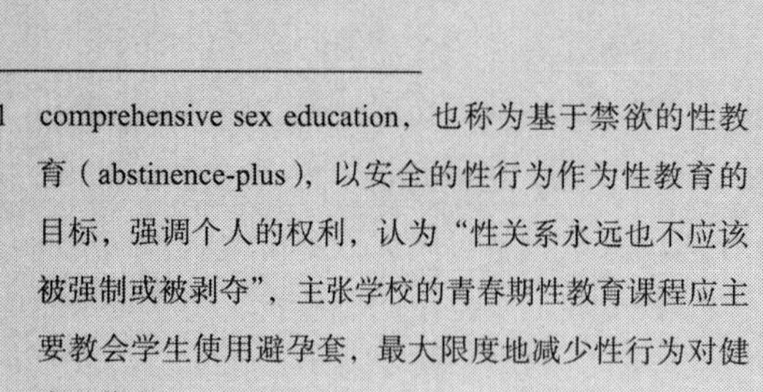

1 comprehensive sex education，也称为基于禁欲的性教育（abstinence-plus），以安全的性行为作为性教育的目标，强调个人的权利，认为“性关系永远也不应该被强制或被剥夺”，主张学校的青春期性教育课程应主要教会学生使用避孕套，最大限度地减少性行为对健康的伤害——译者注。

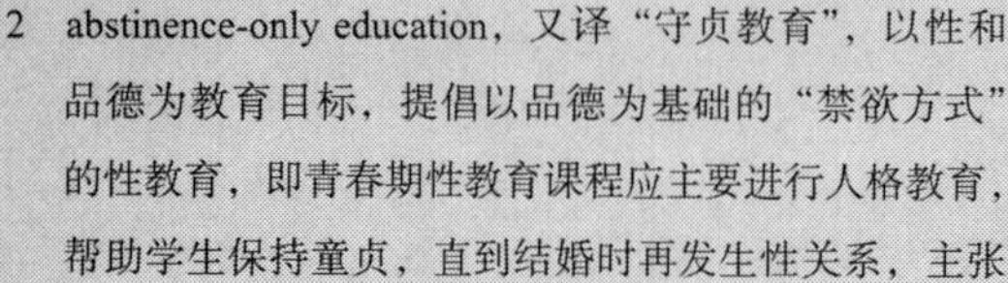

2 abstinence-only education，又译“守贞教育”，以性和品德为教育目标，提倡以品德为基础的“禁欲方式”的性教育，即青春期性教育课程应主要进行人格教育，帮助学生保持童贞，直到结婚时再发生性关系，主张年轻人运用核心伦理道德观，如尊重、责任来控制自我——译者注。

解，很少进行持续数年的大型调查研究。相反，社会应用研究多为快速、小规模的研究，为直接应用提供实用的结果。虽然应用研究也有各种类型，但最常见的是描述性或评价性研究。

在企业、政府、医疗保健部门、社会服务机构、政治组织和教育机构工作的人常常会进行应用研究，并在决策时参考研究的结果。应用研究会影响到诸如下列的决定：公共机构应该实行新方案以减少客户接受服务前的等待时间吗？警察局应该采取新的应对措施以减少配偶虐待吗？政治候选人应该强调他保护环境而非发展经济的立场吗？公司应该面向成年人而非未成年人推销护肤产品吗？

研究者是基础研究的主要受惠者。而应用研究结果的受惠者则是从业者——如教师、

图 1.4 未成年人的性教育

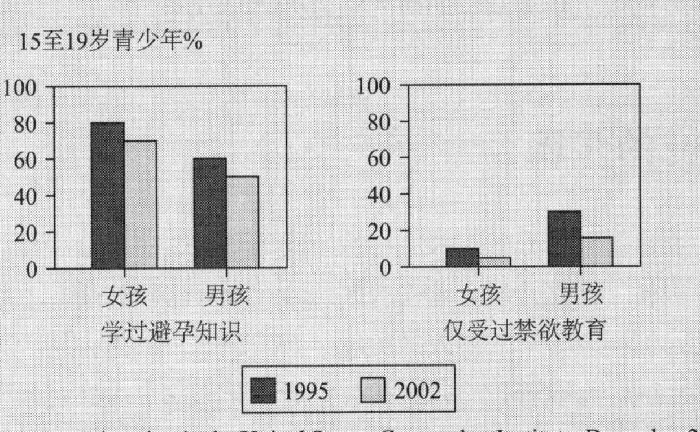

（Facts on Sex Education in the United States, Guttmacher Institute, December 2006）

元。截至 2002 年，每 4 位美国未成年人就有 1 位接受过单纯禁欲教育。效果如何呢？从 1995 年至 2002 年，随着越来越多的青少年接受禁欲教育，他们之中很少有人知道如何避孕节育（Guttmacher Institute，2006）。单纯禁欲教育项目运行多年后（其中很多项目强调信仰），人们开始问，单纯禁欲计划有作用吗？几个研究得出了一致的答案：单纯禁欲教育在减少未成年人性行为方面并没有长期持续的作用，接受禁欲教育的青少年比起接受其他性教育项目的青少年对性病了解较少（参见 http://www.advocatesforyouth.org/publications/stateevaluations/index.htm，2008 年 3 月 26 日）。在这些研究结果出来之后，许多健康组织 [如美国医学会（American Medical Association），美国儿科学会（American Academy of Pediatrics），国立卫生研究院，美国医学研究院（Institute of Medicine），美国国家艾滋病政策办公室（Office of National AIDS Policy）] 都支持综合式性教育。与他们一致，有 82% 的美国公众支持综合式性教育（*Archives of Pediatric and Adolescent Medicine*，2006 年 11 月刊）。一家独立的研究机构在 2007 年 4 月公布了对单纯禁欲教育进行的最严格的大规模的研究（Mathematica Policy Research，2007）。其结果再次表明禁欲教育计划没有效果。有人呼吁停止禁欲教育。然而，也有人主要出于道德等原因，重申其对单纯禁欲教育计划的支持。单纯禁欲教育计划的倡导者认为那些没有发现效果的研究结果，实际上意味着该计划执行的力度不够强或持续的时间不够长。他们拒绝相信研究证据，反而更加赞成禁欲教育。你又是怎么认为的呢？美国政府是否在一项失败的教育计划上浪费了将近 10 亿美元，或者单纯禁欲教育是否是应对未成年人性行为和怀孕问题的最佳方法？随着你对社会研究学习的深入，你将能更好地回答这类问题。

咨询师和社会工作者，或者决策者——如经理、机构负责人和公共官员。研究者之外的人常根据私人目的利用研究的结果。决策者并不能保证明智地应用研究结果。因为应用研究具有直接的影响或者会涉及有争议的问题，例如未成年人的性行为或吸毒，所以它比基础研究更可能引起冲突和激发社会争论（见研究示例专栏 1.4）。

做研究的主要目的是发现事实真相，但许多采用应用研究结果的从业者却有着其他的利益和考虑。例如，著名的社会研究专家威廉・怀特（Whyte，1984）在美国俄克拉荷马州的工厂和芝加哥的饭店进行了应用研究。他发现这两个地方的从业者对他的研究结果都不感兴趣，甚至阻止他发表研究结果。工厂的管理层只对怎样战胜工会感兴趣，而对学习雇佣关系的知识毫无兴趣。而饭店的所有者则只想使他们的行业看起来光洁亮丽，根本不想把饭店营运细节的研究结果公之于众。

社会研究的步骤

社会研究包括一系列的步骤。当然不同的研究会有细微变化，但大多数研究都要遵循下列 7 个步骤。首先，研究过程的起始阶段你要选择好主题，也即研究的主要方向或者具体问题，例如改善对老年人的护理，面向新客户群做推销，减少体育运动中的身体伤害，减少家庭暴力，或者找出腐败的公司高管。大部分主题过于宽泛，不适宜进行研究。这使得第二个步骤至关重要：你必须缩小研究主题，或者把它细化为特定的研究问题（例如："在压力大的情况下，结婚更早的人是否比晚婚的人更可能在身体上虐待配偶？"）。随着你对主题有了更多的了解，你就能更好地细化要研究的问题。这意味着你需要在过去的研究或者"文献"中查找该主题或问题。你或许还想提出解释该问题可能的答案或者假设。用于解释此现象的、可检验的理论对这一步也很重要。

在明确了研究的问题之后，第 3 个步骤要提出开展研究的详细计划。这一阶段你要对研究的实施细节进行决策（例如采用调查法还是进行实地的质性观察，使用多少名被试等等）。要准备好研究设计，你必须熟悉各种研究方法及其优缺点。只有完成设计环节，你才能开始收集数据（例如向人提问，记录答案等等），第 4 个步骤就是收集数据的过程。在你小心地收集好数据之后，第 5 个步骤就是分析数据。这有助于你发现数据中的模式。

图 1.5 研究过程的步骤

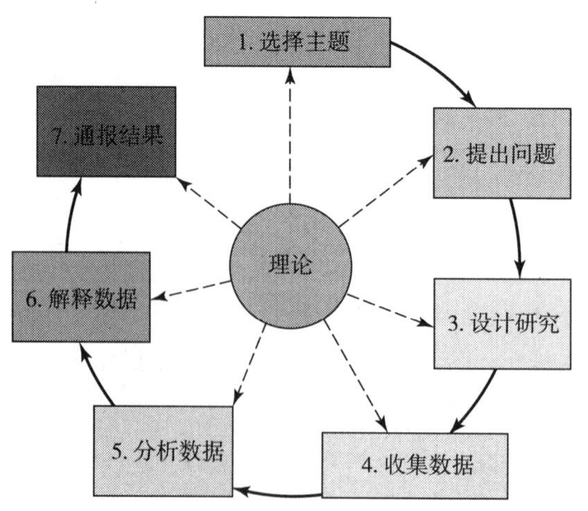

资料来源：Neuman W. Lawrence 2007. *Basics of Social Research*，2nd ed. Allyn & Bacon.

凭借数据分析你能够赋予数据以意义或者对数据进行解释,这就是第 6 个步骤(例如“早婚并成长于虐待家庭的人比无虐待家庭背景的人更多地表现出虐待行为”)。最后，在第 7 个步骤，你必须准备一份报告，以描述研究的背景、实施的过程和发现的结果。研究过程必不可少的最后一步能够告诉其他人你的发现以及研究的具体过程。

图 1.5 所示研究过程的 7 个步骤是过于简约化的概括。实际上，你很少在完成一个步骤之后就完全转到下一个步骤。相反，研究是一个相互作用的过程，各个步骤彼此结合在一起。你在后一步骤的实践或许能激发你重新思考并重新调整上一步骤。在研究结束之前某些步骤可以来回往复地执行。每个研究项目都要遵循这 7 个步骤。

研究是一项持续不断的工作。它建立在过去研究的基础上，能促进我们共同缔造的庞大知识体系和理解能力的发展。一项具体特定的研究只是更大整体研究的一小部分。除了非常狭窄的应用性问题，我们很少在仅完成一项研究之后就止步不前。研究过程需要不断地补充新的研究和结果。单个的研究者可能同时进行多个研究项目，或者几个研究者在一个项目上通力合作。同样，一项研究项目可能产生一篇或者数篇研究报告，有时在一篇报告中也会描述数个较小的研究项目。

本章回顾

通过本章的学习，我们已知道研究是改善决策的强大工具。研究并非 100% 的绝对正确，但比其他的决策依据更为可靠。它能减少我们的误判、偏见和不正确的思考。研究的过程通常缜密严谨、耗时费力。进行研究需要运用批判性思维。批判性思维是思考和审视事物的一种视角和方法。运用批判性推理技能，我们会更加小心那些信以为真的事物。批判性推理能使你审慎地对待研究：摒弃对研究的“盲信”。它还能帮助你理解研究过程，培养评价研究质量优劣的能力。许多学生在仅仅学过一门做研究的基础课程之后，就能应用研究的方法增强洞察力和收集信息的技能以改善他们的决策。

研究有各种种类。实证性社会研究是不断积累信息的持续过程。其结果表述为概率的形式，而不是确定绝对的答案。它建立在符合既定标准、小心收集的数据基础之上。经过许多研究者多年的研究，互相评判彼此的研究，证据的标准才得以建立，并且与时俱进。

研究都要解答一定的问题。要找到适合研究的问题，方法之一是考察研究的目的。进行研究主要有 4 种目的：探索先前未知、全新的问题；深入描述事物之间的关系或某个问题、情境；解释具体事件或情境为什么发生或者为什么以特定方式发生；以及评价某个项目 / 政策是否有作用。研究的证据或数据可以表现为定量（数字）或质性（语言、图像）的形式。数据是否可靠、值得信赖的决定因素是收集数据时的谨慎和细节，而非数据的形式（数字或语言）。研究就是要运用这两种数据形式以构建新知识（基础研究）和处理实际问题（应用研究）。不论哪种研究取向，一般都要遵循类似的系列步骤：你开始研究时的主题，紧接着细化为具体的问题。之后，你要确定研究设计的具体内容以及如何进行数据的收集。你还要分析数据模式，进行解释以解决最初提出的问题。最后一步是与他人交流你的研究过程和研究所得。下一章我们将考察怎样计划和设计一项研究。

学以致用

实践活动 1

请访问青少年卫士（Advocates for Youth）网站，上面提供了很多已发表的论文，既有证明单纯禁欲教育计划无效的研究结果，也有单纯禁欲拥护者的报告。

网站地址是 http://www.advocatesforyouth.org/abstience-only/index.htm。

请仔细阅读这些文献，并画一个表格，一栏支持单纯禁欲计划，另一栏支持替代的计划。请在每一栏的下面列出所给出的理由和证据的类型。然后解释双方立论所依据的标准是什么。

实践活动 2

请你联系当地的警察局或者小学，看是否实施了 DARE 计划。然后各找一位实施了 DARE 授课任务的警官和实行该教育计划的学校职员（校长、副校长或教师）。先不要告诉他们任何表明该计划没有效果的研究报告，直接询问他们的看法以及该项计划是否有价值。他们会认为 DARE 值得实施吗？你怎样协调当地 DARE 参与者的情感、观念和众多研究、官方报告的关系？

实践活动 3

请联系一家大型公司（雇员超过 1 000 人），一所大型医院（病床超过 250 张），或大城市市政府（城市人口超过 25 万）的管理层，并查找某项政策或决定。然后询问该组织的管理层，他们是怎样在决策的过程中利用研究结果的。

参考文献

American Sociological Association. 2005.

Brown, Joel H., and Ita G. G. Kreft. 1998. "Zero Effects of Drug Prevention Programs: Issues and Solutions." *Evaluation Review*. 22:3–14.

Cherlin, Andrew, Linda Burton, Tera Hurt, and Diane Purvin. 2004. "The Influence of Physical and Sexual Abuse on Marriage and Cohabitation." *American Sociological Review* 69:768–789.

Gantz, Walter, Nancy Schwartz, James R. Angelini, and Victoria Rideout. 2007. *Food for Thought, Television Food Advertising to Children in the United States*. Menlo Park, CA. Henry J. Kaiser Family Foundation (March 2007).

Glassner, Barry. 1999. *The Culture of Fear: Why Americans Are Afraid of the Wrong Things*. New York: Basic Books.

Guttmacher Institute. 2006. "Facts on Sex Education" *In Brief* (online publication). December 2006. http://www.guttmacher.org/pubs/fb_sexEd2006.html

Mathematica Policy Research, Inc. 2007. *Impacts of Four Title V, Section 510 Abstinence Education Programs, Final Report*. Princeton, NJ: Mathematica Policy Research, Inc.

Pew Research Center Report. 2007. "Public Knowledge of Current Affairs Little Changed by News and Information Revolutions" http://people-press.org/reports/display.php3? ReportID=319

Robinson, Thomas N., Dina Borzekowski, Donna Mutheson, and Helena Kraemer. 2007. "Effects of Fast Food Branding on Young Children' s Taste Preference." *Archives of Pediatrics and Adolescent Medicine* 161:792–796.

Stack, Steven, Ira Wasserman, and Roger Kern. 2004. "Adult Social Bonds and Use of Internet Pornography." Social Science Quarterly 85:75–88.

Tobler, Nancy, and Howard H. Stratton. 1997. "Effectiveness of School-Based Drug Prevention Programs: A Meta Analysis of the Research." *Journal of Primary Prevention* 18: 71–128.

United States Department of Justice. 2002. *National Incidence Studies of Missing, Abducted, Runaway and Throwaway Children: National Estimates on Missing Children, an Overview* (October 2002). U.S. Department of Justice, Office of Justice Programs, Office of Juvenile Justice and Delinquency Prevention. http://www.missingkids.com/en_US/documents/nismart2_overview.pdf

Whyte, William. 1984. *Learning from the Field*. Beverly Hills, CA: Sage.

Wysong, E., et al. 1994 "Truth and DARE: Tracking drug education to graduation and as symbolic politics." *Social Problems* 41:448–472.

Zagumny, M. J. and M. K. Thompson. 1997. "Does D.A.R.E. Work? An Evaluation in Rural Tennessee." *Journal of Alcohol and Drug Education* 42:32–41.

2

研究计划

你身上刺有纹身吗？你是否想知道为什么人们会纹身？对纹身的好奇心可能会启发你进行研究。一开始你可能会查阅一些书籍和过去 5 年内发表的关于纹身的社会研究论文。这有助于你将纹身这一宽泛的主题转变为可以进行研究的具体问题。你可能会问，为什么在某些文化背景或时代条件下纹身会特别流行？这个问题会引导你去查看纹身的文化和历史发展过程——它在标示人们的身份和宗教仪式中所起的作用。英文“tattoo”（纹身）一词来自塔希提语[1]“tatau”。几千年之前的日本、西伯利亚、印度、秘鲁和埃及就曾出现过纹身。在某些人群和亚文化中纹身更是家常便饭，例如新西兰的毛利人、某些亚马孙部落、日本黑帮或新纳粹光头党。你或许会问，今天的美国有多少人有纹身，什么类型的人会去纹身？要回答这些问题你可能要进行调查研究。一项 2003 年的调查发现 16% 的美国人有纹身，而在 25 岁以下的人群中这一数字上升到 28%。男女两性纹身的人口比例并无差异。民主党成员纹身的比例（18%）稍大于共和党成员（14%），同性—双性恋者（31%）比正常性取向的人更可能纹身等等（Harris Interactive，2003）。你或许还会问，普通人对刺有纹身的人会怎么看？要回答这个问题，你可能需要进行与霍克斯等人（Hawkes，Senn & Thorn，2004）类似的实验研究。他们考察了人们对有纹身的女大学生的反应。研究的参与者会知悉不同女人的各种信息。研

1　Tahiti，塔希提岛是南太平洋上的波利尼西亚群岛 118 个小岛中最大的岛屿，是法属波利尼西亚国际机场和首府所在地，总面积约一千平方公里，目前人口约十万人——译者注。

究者会用不同纹身的特征和细节信息（大小及部位）来描述每个女人。他们还测量了相关因素，例如参与者怎么看待性别角色。如果你的问题关注的是 MTV 中角色身上纹身的影响，你可能会对 MTV 进行内容分析研究，考察 MTV 中会出现什么纹身、哪些角色有纹身。你或许对纹身行业感到好奇，会查看现有统计和档案材料，以确定纹身店、供应商和纹身艺术家的数量。如果你对纹身者的主观信念好奇，你可以进行类似于阿特金森（Atkinson，2004）的质性实地研究。他花了很多时间与刺有纹身的人及纹身艺术家相处，并且与他们的关系非常融洽。或者你也可以对某个特殊的人群进行实地研究，例如黑帮成员或新纳粹分子，考察他们对纹身的看法是否与众不同。今天北美许多刺有纹身的年轻人认为，纹身表明对权威的抗拒，是对自己身体控制权的宣示，象征着团体成员的身份，或者是精神艺术自我表达的一种形式。当然，一旦社会名流或者你的大多数朋友都刺有纹身，你可能会为了模仿偶像或者顺从同伴压力也去纹身。举纹身的例子就是为了说明怎样从主题开始着手进行研究。本章我们要考察怎样选取主题并设计研究方案以深入考察研究主题。[1]

在第 1 章我们已经学习了社会研究的原则和类型。现在我们将学习具体的研究设计。请回忆一下研究过程的步骤：一开始提出较宽泛的主题，再细化为特定的研究问题，然后确定怎样进行研究以解决研究提出的问题。在收集数据之前，你可能要准备**研究方案**（research proposal），详细地写出你做研究的计划。

选择研究主题

研究的主题来源于很多方面：过去的研究，电视节目或电影，个人的经历或感悟，与朋友或家人的讨论，或者从书籍、杂志和报纸得到的启发。研究主题可能是能唤起你好奇心的事物，你愿意为之投入大量时间和精力的事物，或者是你认为错误并想改变的事物。适合社会研究的主题就是你对*社会模式*进行了*概括*的主题，它适用于各种社会*群体*并且具有*实证上的可观察性*。我们先简单看看研究主题的这 4 个特征：

- *社会模式*　研究主题具有规律性或者某种结构、形式，能以精简的方式描述一系列事件、情境或关系之间的相互联系。
- *概括*　研究主题不仅涉及单个孤立的特例，而且可能反复出现，适用于广泛的人群、地点、时间或事件。
- *群体*　研究主题适用于各种人群或单位（例如家庭、企业、学校、医院或社区）。群体中的人群或单位无须彼此之间有关联，甚至意识不到其他对象的存在。群体既

1　要更详细地了解纹身这一主题的研究请参考 Atkinson（2003，2004），Caplan（2000），DeMello（2000），Fischer（2002），Horne 等（2007）和 Kang & Jones（2007）。

可以少到 10 个个体，又可以多达成千上万。

- 实证上的可观察性　我们可以利用感官（视线、声音、触碰、嗅觉）直接或间接地发现和观察研究主题，主题必须表现在外，具有可观察性。

这 4 个特征就把某些主题排除在研究之外。特定的情境（例如为什么昨天你的男友 / 女友与你分手，为什么你朋友的小妹妹痛恨她三年级的老师）和单一的个案（例如你自己的家庭）并不适宜进行研究。然而，模式（这种类型的男友倾向于以这种方式来行事，儿童讨厌三年级教师通常有 4 个主要原因）能帮助我们理解特定的情境。排除在研究之外的主题还有那些连间接观察都不可行的事物（例如传说中的独角兽，外太空的生物，或者具有超自然力量的鬼神）。我们不能研究虚构的客体，但我们能研究人们对它们的看法（例如哪些类型的人倾向于相信鬼神以及为什么）。

总结过去的研究

在研究的早期阶段，需要查阅过去的研究，或者完成**文献综述**（literature review）。这里的“文献”是指关于某个主题以往的研究报告。阅读研究文献有几方面的作用：

- 通过了解其他研究者怎样进行他们的研究，文献能帮助你细化宽泛的研究主题。你可以把他人的研究当作你细化研究问题的参照标准。
- 文献能为你提供可能用到的研究设计、测量和方法的示例。
- 文献能告诉你某个主题的已知内容。过去的研究能使你了解关于某个主题的重要观点、影响因素、专业术语和遗留问题。你可能希望能重复、检验或扩展他人的研究结果。
- 文献能以例子说明研究报告最终的样式，它的组成、格式和写作风格。
- 文献能帮助你改进写作技巧，并了解一项完美研究的精细微妙之处。
- 文献通常富有趣味，能激发你的创造力和好奇心。

在你着手搜索已发表的研究报告之前，一定要做到有条不紊。为了写出一篇漂亮、全面的文献综述，你必须规划好你的时间并制订搜索计划。完美的文献综述必须对某个主题近期的研究细心搜索、精心总结，既要讨论研究结果又要阐述研究过程。在综述里必须细心地注明所有文献的出处。

进行文献综述的前提假设是，知识是不断累积起来的。我们的研究建立在他人工作的基础之上。第 1 章我们曾提及研究是许多人集体努力的结果，研究者要彼此分享研究结果。我们是作为一个整体来追求真知的。所以研究者要不断地比较、重复或评判别人的研究。某些研究可能特别重要，某些研究者可能享有盛誉，但每个研究项目都只是扩展我们知识的更大的共同过程的一小部分。今天你进行的研究建立在过去研究的基础之

活学活用：文献综述搜索计划

评价资源：你能投入多少时间来搜索？你能利用大学院校的图书馆吗？你知道图书馆里有哪些计算机化的文献搜索工具以及如何使用吗？你想查找尽可能少的研究吗？你能轻易地分辨实证研究报告和其他类型的文章吗？在回答了这些问题之后，你或许希望着手准备一份规划每个阶段的时间表，并且有衡量标准或者自己规定的完成时间。你搜索研究报告的实践越多，就能搜索得越快。新手首次搜索所花的时间要比有经验的老手多 3 倍或者更多。

选择和细化主题：你要搜索特定的问题，而非宽泛的主题。你能越快地提出特定的研究问题，搜索就能越快地进行。有些人花费数天或数周来细化研究的问题，这大可不必。研究开始时的问题都是预备性的，因为随着你阅读过去的研究，了解加深，你可以调整和提炼研究问题。

学习使用文献搜索工具：利用计算机化的搜索工具（本章稍后讨论）来搜索文献。搜索工具需要你把研究问题的核心观点和术语转换为关键词。要熟练地使用各种搜索工具，必须花费一定的时间来实践练习。图书馆的工作人员能提供帮助或者开办讲习班传授使用搜索工具的技巧。如果你从未使用过搜索工具，请抽出 1 小时或者更多时间来学习它的使用。

制订计划以查找和浏览文章：利用关键词你能从搜索工具上找到很多文章，但搜索工具并不能确定这些文章与研究问题的切实相关性。你必须浏览文章的标题、摘要（稍后讨论）或者开头几段内容以判定其相关性。在快速浏览的基础上，你能断定哪些文章是有关的。如果搜索工具找到了 35 篇文章，你可能要花 2 小时来浏览这些文章，判定它们的相关性。最后你可能找到 10 篇有关的、有用的研究报告进行深入阅读。

抽出时间总结重要的研究结果：熟练地阅读学术研究报告是一项随着实践不断改善的技能。大多数研究报告都包含着复杂的词汇和专业内容。要准确地找到所需的内容往往要花费不少时间。在阅读的过程中请问 3 个问题：这一研究真正的对象是什么？研究者是怎样进行这项研究的（即如何收集数据）？这项研究的主要发现或结果是什么？你要学会总结研究报告的主要内容，并以笔记形式记录下来。请计划一下怎样做笔记，要记录文献出处的所有重要细节（本章稍后讨论）。对于每一篇有关的文献你可能都要花费 1 小时来阅读并做笔记。

最后阶段——综合：一旦你拥有了足够的文献（“足够”是指没有更多的文献，另外的文献并不能给你任何新东西，或者你根本没有时间处理太多的文献），你必须把它们结合在一起，整合它们的内容。你可能会引用一些只言片语，但你通常要进行复述（用你自己的语言表达出来）。整合不同的研究并概括其内容是一项艰巨的思维和写作任务。要做好不止一遍地反复阅读每篇研究报告的打算，为了澄清或验证某些内容还得阅读报告的全文。

上，而你或者他人在未来进行的研究则建立在今天的研究基础之上。正如艾萨克·牛顿爵士所言：“如果说我比别人看得更远些，那是因为我站在了巨人的肩膀上。”[1] 任何研究成果都是建立在已有研究基础之上的。

1 参见牛顿 1676 年 2 月 5 日给罗伯特·霍恩（Robert Horne）的信。http://en.wikiquote.org/wiki/Issac_Newton。

如何查找研究文献

图 2.1 不断进步的知识

在很多地方你都能找到研究报告。本节将简单地讨论它们的类型以及为你提供查找它们的简捷方法。

期刊 你能从报纸、大众杂志、电视广播以及互联网上了解社会研究。它们能成为提出研究主题或问题的起点，但要准备文献综述，这些媒介都不适合。它们对研究的描述并不全面、完整，而这正是文献综述所必需的。媒体报道都是选择性的、高度概括的摘要，是新闻工作者为普通受众准备的资讯。它们缺乏评价一项研究所需的许多必要的细节。课本和百科全书包含浓缩的研究概要，为读者介绍某个主题。但它们也不适合拿来做文献综述，因为缺乏必要的细节。要进行文献综述，你必须找到某项研究的全文报告。全文的研究报告最先载于专业期刊上。

期刊（图书馆术语叫“serial”）指定期（例如每天、每周、每月、每季或每年）发行的刊物（印刷或电子格式）。现有的期刊成千上万、种类繁多。人们很容易混淆期刊的种类。如果你有一定的技能就能分辨下列 5 种期刊：

- 经同行评议的学术期刊，研究者在上面登载研究报告。
- 面向受过一定教育的普通读者的社会科学通俗杂志。
- 发表从业者建议 / 观点 / 技术的新闻公告、时事通讯和杂志。
- 记述观点的杂志，专家学者在上面阐述、讨论他们的观点。
- 面向一般公众的“大众化”或“商业化”的报纸和杂志。

PhotoAlto/James Hardy/Getty Images Royalty Free

你要学会查找学术期刊，因为上面登载了实证性研究的全文报告。其他期刊上的文章或许会讨论研究结果，但它们缺少研究必不可少的细节。通俗的社会科学杂志为感兴趣的、受过一定教育的公众简单介绍研究结果，不会提供研究的所有细节内容。大部分行业都有为业内人士提供新闻 / 交流的时事通讯，在上面你可以找到对某项研究或其意义的讨论，但它们也不含所有的研究细节。专家学者还会就他们进行过实证研究的主题（例如福利改革、监狱扩建、投票人数、新的营销方法）为刊登重大观点 / 公共问题的杂志撰文。这些刊物在目的、形式和范畴上都与学术期刊不同。它们是讨论重大问题的平台，而非研究者全面展示其研究报告的场所。商业化的大众刊物为普通大众提供新闻、观点和娱乐。在报刊亭、公共图书馆或者书店都能找到它们。它们是人们了解众多时事的窗口，但它们并不包含研究报告。

通过以下 6 个途径你能找到全文的研究报告：

- 学术期刊。查找研究报告的主要途径；很多地方都会长期储存学术期刊，并拥有完善的检索系统，能帮助你找到相关的文章；
- 书籍。对某些主题的研究深入而珍贵，但难找到，阅读起来也很花时间；
- 政府文件。只有某些和研究有关，对使用者身份有限制，也难找到。
- 博士学位论文。对于广泛地评述某个主题非常有价值，但难找到和获得使用权；
- 政策报告。通常相关度高，但难找到，而且很快就需要归还；
- 递交的会议论文。非常难找到，很多后来都发表在学术期刊上。

特殊的期刊：学术期刊 研究者发布研究信息主要的途径是学术期刊，如《护理科学进展》(*Advances in Nursing Science*),《美国教育研究杂志》(*American Educational*

要点回顾：期刊的种类

期刊种类	示 例	作 者	目 的	优 点	缺 点
同行评议的学术期刊	社会科学季刊，美国教育研究杂志，应用心理学期刊，社会力	教授和专业的研究者	为业内人士报告实证研究并积累科学知识	质量最高，最为精确、客观，详尽完整	非常专业，阅读困难，需要背景知识或训练，并不总是关注当前的问题
半学术化的专业刊物	美国瞭望，社会，今日心理学，美国人口统计	教授，专业的政策制定者，政治人物	为业内人士和受过教育的公众传播最新的研究成果并讨论其意义	精确度一般，容易阅读	缺乏全面的细节和解释，通常包含夹带讨论的观点
从业者杂志或时事通讯	体育指导与教练，宪兵，零售商，心理健康周刊	从事实践工作的专业人士及某些专家教授	为从业的专业人士提供沟通的平台	探讨时事以及有关的问题	关注面狭窄，很少能建构一般的知识
专门刊登观点的杂志	国家，人事，公共利益，评论	教授，专业的政策制定者，政治人物	为业内人士和受过教育的公众呈现具有价值观倾向的思想和观点	写作严谨、逻辑周密	单方面的观点，具有强烈的价值观倾向
面向公众的商业化杂志	时代、时尚先生、乌木、红皮书、福布斯、财富	专业的新闻工作者及作家	为普通公众提供娱乐、资讯，讨论时事	易于查找和阅读	通常不精确、不全面

Research Journal)，《美国政治学评论》(*American Political Science Review*)，《营销杂志》(*Journal of Marketing*)，《美国社会学杂志》(*American Journal of Sociology*)，《犯罪学》(*Criminology*)，《护理研究》(*Nursing Research*）和《社会科学季刊》(*Social Science Quarterly*）等。因为学术期刊上面登载的研究报告全面完整，所以它们是进行文献综述必不可少的期刊。你在大学院校的图书馆（或者连接大学图书馆的在线服务）之外很难找到它们。大多数但并非所有学术期刊的名称都带有杂志（journal）或评论（review）字样。它们具有如下特点：

1. 大多数但并非所有的文章都为原始研究的报告。
2. 上面的文章都是经过同行评议的（见下文的讨论）。
3. 文章都有参考文献或文献目录部分，详尽地列出了文献出处。
4. 文章都纳入了索引定位系统，能通过**文献搜索工具**（article search tools）来查阅（稍后讨论）。

同行评议是为发表研究报告而建立的一种质量保证系统。研究者在完成了某项研究并写出了研究报告之后，他们递交文章以供讨论的方式有很多种。最常见而又受推崇的方式就是发表在学术期刊上。这需要高度的严谨并且还要经过很多知识渊博的专业研究者的审阅。学术期刊的一个重要特征就是上面登载的文章都要经过**同行评议**（peer review）。这意味着一份研究报告要经过以下同行评议的流程：

1. 研究者以特定格式准备好某项研究的详尽报告，并把它（在发表之前称为原稿）寄给学术期刊的编辑，由其考虑能否发表。
2. 编辑（通常为对该领域具有深厚知识的令人尊敬、经验丰富的研究者）要审查原稿，以确定它达到最低的学术标准并且适合该期刊发表。
3. 编辑选择 2 到 6 位声誉卓著的同行研究者作为文章的志愿评议者。每位评议者各自独立地审阅和评价该原稿。他们要考查该研究对知识进步的贡献，它的独创性，研究设计和实施的质量，以及研究程序在技术上的正确性。编辑也要评价该报告的完整性、条理性、文献引用及写作质量。
4. 每位同行评议者要给编辑寄回提出批评、评论和建议的书面评价。
5. 编辑审查评议者的所有评价，然后做出决定：接受原稿并安排发表；请研究者修改并重新提交文章以进行第 2 轮评价；或者拒绝接受原稿。

大部分学术期刊在进行同行评议时都采用“匿名评议”的形式。匿名评价时，研究者不知道评价原稿的同行评议者的身份，评议者也不知道是谁做的这项研究。匿名评议能确保评议者完全根据原稿自身的价值对其进行评判。评议者与作者的私人关系以及作者的声望都不会影响评议者的决定。

许多学术期刊只考虑其接收到的四分之一到一半的稿件。某些声誉卓著、广为人知的期刊只发表 10% 收到的原稿。也就是说，要拒绝掉研究者寄来的 90% 的稿件。如果你阅读非常权威的期刊上登载的文章，你就能了解当前顶尖的 10% 的研究。

学术期刊登载的不仅是研究报告。其内容还包括给编辑的信件、理论性论文、书评、法律个案分析以及对其他已经发表了的研究的评论。有些专门的杂志只刊登书评；还有一些则只刊登文献综述性质的文章，如《心理学年鉴》(*Annual Review of Psychology*)，《护理研究年鉴》(*Annual Review of Nursing Research*)，《法律与社会科学年鉴》(*Annual Review of Law and Social Science*)，《公共卫生年鉴》(*Annual Review of Public Health*) 等，在这些期刊里研究者要发表关于“某一领域目前状况”的文章。

Photo Courtesy of Annie Pickert, Permission granted by Wiley-Blackwell for reproduction of Social Science Quarterly, March 2008, Volume 89, Number 1

除了同行评议，并没有分辨学术期刊和其他期刊的简单“认证标准”。一旦你找到了同行评议的学术期刊，你还需要分辨实证性的研究报告和其他类型的文章。这要求有一定的判断技能或者得到有经验的研究者或专业的图书管理人员的建议。学会辨认不同类型的出版物及文章最好的方法是大量阅读学术期刊上的文章。

互联网上会有一些（当然不是全部）学术期刊文章的全文。大部分期刊对于电子版的文章都要收取一定的费用；你的大学图书馆可能允许你免费获取文章（因为图书馆已经支付了这笔费用）。网络服务有时会提供文章整篇精确的副本，但也有些服务只提供简短的文摘。大部分服务提供的文章都只是一定年限内的，并且局限于某些学术期刊。终有一日互联网可能会取代印刷品。但目前，99.5% 的学术期刊的全文文章都有印刷版本，大约有一半过去 10 年内发表的学术文章可以在互联网上找到全文。

你应该利用图书馆的在线服务搜索文章。一旦你要查找某种学术期刊(见活学活用：查找学术期刊)，你要确认自己找到的文章有研究结果部分而不是其他类型的文章（如表达观点的论文、书评等）。识别定量研究较为容易，因为大部分定量研究都有方法或数据部分、图表、统计公式以及数字表格。质性研究文章则容易与理论性论文、文献综述文章、讨论观点的文章、政策建议、书评以及法律个案分析相混淆。

书籍 书籍可以传递信息、启发思考和供人消遣。书籍的种类很多：图书、课本、短篇故事集、小说、通俗科幻或纪实文学、宗教典籍、儿童读物等。有些书会报告原始研究或收集一些研究文章。和其他书一样，图书馆会给这些书分派编目号码并上架。在图书馆的目录系统中你能找到这些图书的信息（例如书名、作者和出版者）。只有大学院校的图书馆才有研究报告类书籍。要辨认这些研究书籍非常困难。有些出版社（例如大学出版社）擅长于出版这类书籍。质性类型的研究更可能以书籍的形式发表，耗时、复杂的研究结果也如此，但后者也会发表在学术期刊文章上。因为这些研究书籍并不包括在

活学活用：查找学术期刊

大学图书馆都有专门存放学术期刊和杂志的区域，有时期刊会和书籍混杂在一起。看看图书馆场所分布图或者询问图书馆工作人员就能找到这一区域。许多图书馆把最新一期的学术期刊放在“现刊”区，它们看上去好像薄薄的平装书或者厚点的杂志。图书馆会暂时散存着这些期刊，直到收齐一卷所有的各期。在有了完整的一卷之后，工作人员会把所有各期装订在一起，并把该卷放置于图书馆的馆藏区。他们把不同领域的学术期刊，以及其他期刊、杂志放置在一起。图书馆会公布其订阅的期刊清单。

学术期刊可能一年出 1 期，或者一周出 1 期，但是大多数一年会出版 4 到 6 期。例如《社会学季刊》（*Sociological Quarterly*）一年出 4 期，而《护理研究年鉴》（*Annual Review of Nursing Research*）则一年出 1 期。图书馆工作人员和学者创建了查找学术期刊文章的系统。每本学术期刊都标有年份、卷数、期数。期刊创刊本标注为第 1 卷第 1 期，然后编号逐渐增加。所谓“卷”就是一年的文章，“期”则是卷的一部分，包含了数篇文章。每期的期刊都有目录，列明文章标题、作者、页码。大多数期刊都根据卷来确定页码，而不是根据期或者文章。第 1 页就是每卷第一期的首页。并非所有的期刊都在 1 月开始其出版周期。第 1 期可能在 7 月或 9 月发行。页码的计算在整卷都是持续的，文章也都连续计页。一期可能有 1 到 50 篇文章，但大部分有 8 到 18 篇文章。文章长度一般为 5 到 50 页。因为一卷就是一年发行的期刊，所以标有第 52 卷的期刊通常意味着该期刊已经发行了 52 年。

要查找文章，我们会用到期刊名、卷数、年份、期数、作者、文章标题、页码。这些详细信息就是文章或文献综述参考文献部分对出处的**“引用”**（citation）。大部分期刊上的文章都有**摘要**（abstract）。精简的摘要能告诉你文章的主题、研究的问题、方法以及研究结果。大部分领域都有成百上千的学术期刊。每种期刊每年都会收取一定的订阅费（100 到 3 000 美元）。因此，只有大型研究机构的图书馆才会订阅大多数的学术期刊。如果你在互联网或当地的图书馆找不到某篇文章，你通常还能通过馆际互借服务从外地图书馆获得副本，馆际互借是图书馆把自己拥有的资料借给其他图书馆的服务系统。

文献搜索工具系统里，所以要查找它们非常困难。包含研究报告的书籍有 3 种：

- 专题著作（monograph） 包含长期、复杂的研究或者一系列相互关联研究的所有细节。
- 读本（reader） 包含某个主题的原创性或从期刊上选取的文章。通常该类图书的编辑已对研究进行了修改（即精简并缩写），便于非专业的人士阅读。
- 编辑合集（edited collection） 围绕同一主题，将转载自学术期刊的文章或最新的研究报告汇编在一起，或者两类皆有。

学位论文 所有要获得博士学位的研究生都必须进行原创性研究并根据研究结果撰写学位论文。博士学位论文都保留在授予博士学位大学的图书馆里。约有三分之一学位论文的研究结果后来以书籍或文章的形式发表。因为学位论文的内容都是原创性的研究，所以它们是宝贵的信息来源。有些专门的索引会列入学位论文。《国际学位论文摘要》（*Dissertation Abstracts International*，包括在线和印刷版）会列出论文的作者、标题和所

图 2.2　学位论文摘要示例

标题：美国中西部城区中学的英语学习：对一位越南学生英语学习的个案研究

作者：范亚男（音译）

学位：博士（Ph.D.）

年份：2006

页数：00179

院校：美国密歇根州立大学（Michigan State University，0128）

导师：Anne Haas Dyson

出处：DAI，67，no. 10A（2006）：p.3686

ISBN：978-0-542-90694-7

摘要：本个案研究采用民族志的方法，旨在考察在美国中西部中等规模的城区中学这一社会文化背景下学习英语的意义，重点关注一位越南青少年。资料包括对重要教育站点内容的访问记录；与学生、教师以及一位母语助手的会谈；以及收集的物品（例如学生书面作业、课堂讲义和教学大纲的影印本，课堂学生互动的音频磁带，站点的视觉图像以及站点文档等）。根据对这些数据的归纳分析，我认为该学生的学习经历处在更大教育系统社会政治责任的背景之下，并受其影响。教育系统还决定了第二语言的学习方式。教育机构对读写能力培养不一致的要求使得这位学生迷失了学习的方向，同时她要在缺少社会支持和资源的情况下为争取参加多样化的课堂而与校方交涉。她主动脱离同龄人，使得语言熟练度、移民历史、民族、人种、性别、模范少数族裔的固有形象全都会影响她的同一性形成。本研究拓展了对第二语言学习、青少年移民在初中阶段所面临的挑战和模范少数族裔固有形象的文化建构复杂性的理解。通过反思研究者协调自己与参与者的关系，思考成员身份、交互性和权力等问题，本研究也有助于从方法学的角度探讨如何进行民族志研究。

资料来源：转自《国际学位论文摘要》

属大学（见图 2.2）。要得到学位论文的副本，如果授予学位的大学允许，你可以通过馆际互借系统从该大学借阅，或者购买影印本。

政府文件　美国联邦政府、其他国家的政府、州或省级政府、联合国以及国际机构如世界银行都会资助一些研究并公布研究报告。很多大专院校的图书馆都藏有这类文件，通常放置于特定的政府文件区。大部分图书馆只会收藏那些查阅需求最多的文件和报告。你可以利用特殊的出版和索引列表搜索它们，但通常需要图书馆工作人员的帮助。有些政府文件在网上也能找到。

政策报告　研究所和政策研究中心 [如布鲁金斯学会（Brookings Institute）是全球在公共政策问题上最有影响力的智库之一；兰德公司] 会出版论文和报告（见下面的研究示例专栏 2.1）。研究机构可能会在其互联网站点上公布它的报告，通过互联网还能获得副本。要得到所有的报告，你需要与该机构联系并索要报告清单。有时，研究机构在提供政策报告时要收取一定的费用。

研究示例专栏 2.1：性骚扰

美国大学妇女协会（American Association of University Woman，AAUW）教育基金在 2005 年 12 月公布了一篇 72 页的报告，“坚决抵制：校园性骚扰”。这是一份提出倡议的政策报告，描述了一项针对性骚扰的应用研究。与学术期刊不同，这份报告开头没有摘要，但却有 3 页的内容提要，研究方法则在附录中给出。研究数据来自分层随机样本（在第 4 章讨论）以及网上调查。一家专业的调查机构给其全美数据库中的会员发送带有密码保护的电子邮件邀请函，请他们参加调查。该机构工作人员还从公立和私立的两年制和四年制的高等学校随机选取学生样本。他们一共和 2 036 名于 2005 年入学的 18 到 24 岁的美国大学生进行了会谈。会谈的平均时间为 17 分钟。

这份报告的内容提要表明这是一项描述性研究。它的研究问题如下：性骚扰有多普遍，谁是被骚扰的对象，谁会实施性骚扰，性骚扰对学生有怎样的影响，以及学生认为应该怎样应对性骚扰？重大发现是三分之一的学生在入学的第一年就遭遇到性骚扰。大部分性骚扰是语言上的，但 3 个被骚扰的学生中就大概有一位还会受到身体上的骚扰。男性和女性都可能受到骚扰，但方式有差别。被骚扰的学生会感到不安、尴尬、愤怒、自信下降、恐惧、焦虑以及迷茫。他们有可能对大学生活感到失望。女同、男同、双性恋或变性（LGBT）的学生比异性恋的学生更可能遭遇性骚扰。男性比女性更多地骚扰他人，将近一半的男大学生承认他们曾进行过性骚扰。实施性骚扰的男生认为这样做很有趣，或者认为受害者想要得到他人的注意。他们不会认为骚扰很严重，不会考虑骚扰可能造成的恶果。向校方提出控告的被骚扰学生还不到 10%。这份研究报告包括图表和统计数据，还引用了个别学生对性骚扰的看法以及亲身经历。AAUW 有这份报告的纸版拷贝出售，售价 12 美元，地址为 1111 Sixteenth Street NW，Washington，DC，20036，helpline@aauw.org，或者如果你在 http://www.aauw.org/research/dtl.cfm 网页上填表后就能免费下载。

递交的会议论文 每一年各领域的行业协会（如犯罪学、教育、营销、护理、政治学、心理学、娱乐业、社会学）都会举行年会。在年会上成百上千的研究者聚集在一起，发言、聆听或讨论最近研究的口头报告，当然也有很多书面形式的报告。与会的人员都能拿到一份副本。如果你没有参加会议，你也能得到一份会议议程，上面列出了每篇论文的标题、作者及其工作单位。你可以直接给作者去信索要文章拷贝。

如何进行文献综述：6 个步骤

在本节我们要学习查找研究报告以及准备文献综述的 6 个步骤（见图 2.3）

步骤 1：提炼主题 研究应该从问题出发，而不是某个主题。你不可能认真而深入地考查某个宽泛的主题。例如“离婚”“犯罪”或“病人护理”这样的主题就太宽泛。你可以把主题细化为具体的事件，如“继养子女的家庭结构是否稳定”，“50 个国家的贫富悬殊与犯罪率”或“如何长期护理患有心脏病的老年人”。通过增加条件和限制个案或情境适用的范围，你可以将宽泛的主题进一步细化为研究的问题（本章稍后进行讨论）。

图 2.3 文献综述的 6 个步骤

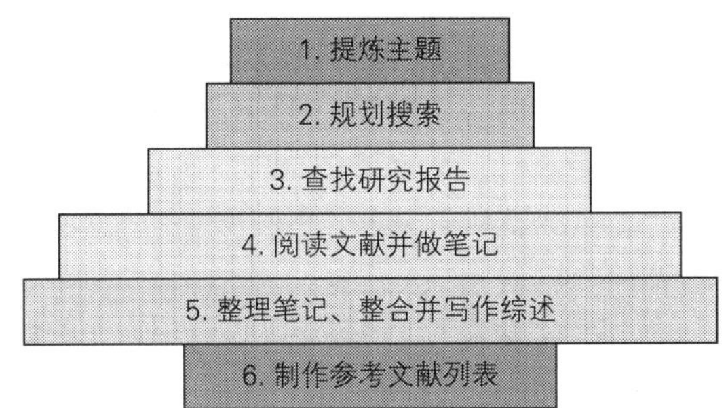

搜索文献本身就有助于你提出具体的研究问题。

步骤 2：规划搜索 （1）通过设定你搜索的参数来确定综述涉及的范围：你有多少时间用于搜索，查找过去多少年的文献，最少查阅多少篇文献，你能访问的图书馆有几家，你能查阅文章和书籍还是只能查阅文章等。最好能有多种方式访问图书馆（网上或实地）。如果你只有 15 小时来做文献综述，不要指望能找到超过 10 到 12 篇的研究报告。（2）确定使用哪一种文献搜索工具（本章稍后讨论）。（3）确定怎样记录每篇文章出处的书目信息以及如何做笔记（例如记在笔记本里、卡片上或者电子文档里）。

步骤 3：查找研究报告 不同类型的研究报告（文章、书籍或学位论文）的搜索方法也不一样。学术期刊文章通常最有价值，查找所需的时间也最少。但要找到研究报告的全文通常需要一定的时间。你找到文章全文后，一定要仔细阅读并做好笔记。

学术期刊上的文章 大部分研究都发表在学术期刊上。然而，期刊的种类成百上千，大部分都有几十年的历史，每种期刊每年都会登载一百多篇文章。幸运的是，文献搜索工具（有时又称为索引或研究文献服务）使得搜索任务变得便捷容易（见活学活用：利用文献搜索工具）。

许多文献搜索工具只提供作者姓名、文章标题和摘要，而不提供全文。一旦你搜索出结果，可以先浏览标题和摘要以确定文章和你研究问题的相关性。期刊文章通常包括参考文献部分，能指引你找到其他的文献源。例如，图 2.4 中讨论的是一项对媒体进行内容分析研究的文章，它包含了 53 篇参考文献。而对大学女生性骚扰的研究文章则列出了 93 篇参考文献，包括期刊文章、书籍和其他研究报告。阅读文章的参考文献部分能为你指引相关的文献源，利用文献搜索工具未必能找到这些文献。

书籍 要在书本上找到研究非常困难。图书馆目录系统上的图书主题列表很宽泛，用处不大，而且只以特定的图书馆系统排列书目。专业的图书馆工作人员能帮助你从其他图

活学活用：利用文献搜索工具

大约10年前，要想搜索学术期刊上的文章就要花费数小时浏览只有大学图书馆才有的专门索引书或杂志。今天，你可以通过在线服务利用文献搜索工具了。现在大约有50种搜索工具，有些是综合性的，有些则是专业性的。大部分搜索工具只收录学术期刊上的文章，一小部分也收录专业会议的论文、学位论文以及政策报告。图书馆要开通这些搜索服务就得支付一定的费用。

要查找文章，你一般会使用关键词或者通过作者姓名来搜索。很多文献搜索工具的名称上就有文摘或索引字样，如心理学文摘（*Psychological Abstracts*）、社会科学索引（*Social Science Index*）和老年学文摘（*Gerontological Abstracts*）等。如果你要查找与教育有关的主题，教育资源信息中心（Educational Resources Information Center，ERIC）系统非常有价值；要查找医学信息，使用最广泛的是MEDLINE[1]。文摘指文章的"摘要"或者简短的总结，通常位于文章的开始部分。摘要并不包括研究的所有结果或者具体内容，但你能利用它选出相关的文章。有些摘要结构紧密，包含特定的内容；有些摘要则结构松散（见图2.4）。

你可以用作者、主题词或者关键词来搜索。搜索工具的主题搜索仅限于少数较常用的主题。除非你知道某位研究者做了某项研究或者你处在搜索的晚期阶段，否则你一般不会使用作者的名字来搜索。大部分的搜索你都会使用关键词。你必须为你的研究问题设定关键术语。例如"毒品在城市中学是否比农村中学更普遍"这个问题可能包括诸如药品滥用、物质滥用、毒品法律、非法药品等关键词。你可以把这些关键词与另一些关键词如中学、中学生、农村中学、城市中学、初中等结合在一起。

你还应该考虑关键词的某些同义词。例如，你用关键词"他杀"（homicide）可能就找不到用"谋杀"（murder）这个词搜索到的文章，所以这两个词你都要搜索。大部分搜索工具在文章的标题或摘要里查找关键词。通常你可以利用连接词"或"（or）或者"和"（and）来进行多个关键词的搜索。如果你选择的关键词过于宽泛或者用了很多个"或"连接关键词，你就可能找到一堆无关的文献。太局限狭隘的关键词或者用"和"连接多个关键词可能找不到任何文献。要想知道哪种搜索方法最好，就要用不同的关键词不断尝试。最好的搜索工具就是大学图书馆提供给学生和教师的各类数据库。

1 MEDLINE是美国国立医学图书馆(National Library of Medicine，NLM)创立的国际性综合生物医学信息书目数据库，是当前国际上最权威的生物医学文献数据库。内容包括美国《医学索引》（*Index Medicus, IM*）的全部内容和《牙科文献索引》（*Index to Dental Literature*）、《国际护理索引》（*International Nursing Index*）的部分内容，涉及基础医学、临床医学、环境医学、营养卫生、职业病学、卫生管理、医疗保健、微生物、药学、社会医学等领域——译者注。

书馆查找书籍。查找相关书籍并不存在万能的方法。请运用多种搜索方法，包括查看有书评专栏的期刊和文章的参考文献。

其他途径 要通过其他途径查找研究（政府文件、博士学位论文、政策报告和提交的会议论文）特别困难和费时费力。某项特定的研究可能和你的问题有很高的关联，但研究新手很少有时间和技巧通过其他途径系统地进行搜索。

步骤4：阅读文献并做笔记 在查找研究文献的过程中，你很容易对堆积如山的资料感

图 2.4 学术期刊文章的两篇摘要示例

学术期刊文章摘要示例：结构紧密

文章标题：测量媒体偏见：对《时代》和《新闻周刊》所报道的美国社会议题的内容分析，1975—2000

作者：Tawnya J. Adkins Covert 与 Philo C. Wasburn

发表期刊：*Social Science Quarterly* Vol. 88 (3), pp. 690–706 [September 2007].

摘　要

目的：与已往研究工作的基本结果相比，本研究力图更系统、实证地和从历史比较角度来理解媒体偏见。**方法**：本研究运用正规内容分析的定量方法测量了 2 种发行量最大的美国新闻杂志《时代》和《新闻周刊》所存在的意识形态偏见。调查结果与用同样方法考查的美国两大政党的刊物即保守的《国民评论》（*National Review*）和开明的《进步》（*Progressive*）的结果进行了比较。结果：偏见评分表明主流杂志与党派新闻杂志对以下 4 个问题的报道存在明显差异：犯罪、环境、性别歧视和贫困。**结论**：证据并不支持在意识形态导向方面存在显著的媒体偏见。

学术期刊文章摘要示例：结构松散

文章标题：种族和性别角色态度对性骚扰与心理幸福感关系的调节作用

作者：Juliette C. Rederstorff，Nicole T. Buchanan 与 Isis H. Settles

发表期刊：*Psychology of Women Quarterly* Vol. 31 (1), pp 50–61 [March 2007]

摘　要

虽然已有研究把性骚扰和负面的心理结果联系起来，但很少有研究关注了两者之间的调节变量。本研究调查了书面承认遭到过性骚扰的黑人（*n*=88）和白人（*n*=170）女本科生，以考察传统的性别角色态度是否对性骚扰与以下 3 种后果间的关系有不同的调节作用：创伤后应激症、综合的临床症状以及生活满意度。我们重复得出过去的研究结果：性骚扰与负面的结果有关系。而且，研究结果支持了我们的假设：不太传统的性别角色态度（即更为女权主义的态度）能缓和性骚扰对白人女性的消极影响，而同样的态度却加剧了性骚扰对黑人女性的消极影响。我们探讨了造成这种差异的原因，包括黑人女性的双重意识以及女权主义和传统的性别角色态度对于黑人和白人女性的不同意义。

活学活用：怎样阅读学术期刊文章

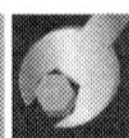

1. 带着明确的目的阅读。你想了解某个宽泛主题的背景知识，还是想查找某个非常特殊的研究问题的信息?
2. 首先阅读文章的标题和摘要，了解该文的相关度和基本内容。其次快速浏览各部分的小标题和导言、结语部分。
3. 对文章的主题、重要研究结果、方法和基本结论要做到心中有数。
4. 思考一下你自己对于这一主题、方法和文章的看法以及是否存有偏见。你自己的观点是否会让你戴着有色眼镜来阅读和评价该项研究?
5. 整合外部知识。你对研究的主题以及所采用的研究方法还了解些什么?
6. 在阅读全文的过程中，试着进行评价。可能会出现什么错误? 对研究结果的讨论是否有数据支持? 文章的结论是否与其方法相一致?
7. 总结。准备写你自己的摘要。包括主题、采用的方法以及主要研究结果。然后记笔记，包括对原文的引用以及引文或观点出现的页码。
8. 检视文章的参考文献或书目部分，看看是否有其他有价值的文献。

研究示例专栏 2.2：性骚扰——搜索文献

这里我举例说明如何利用文献搜索工具进行搜索。假设我研究的主题是“性骚扰”。我把这个主题细化为“女大学生遭受的性骚扰”。我查找了自 2001 年至 2006 年发表的经同行评议过的文章。我最先使用的文献搜索工具是“EBSCO-Host Academic Elite”（见图 2.5）。[1] 该搜索工具考察了 20 世纪 90 年代晚期至今所有学术领域大部分期刊中的 1 500 种同行评议的刊物。其他搜索工具包括不同刊物或者不同时间跨度的内容。我最先使用的关键词是“sexual harassment”（性骚扰）和“university”（大学），经搜索找到 199 篇文章，结果发现很多文章并不是关于大学生的。搜索工具从作者的工作单位中查找“大学”一词。利用“sexual harassment”和“student”（学生）搜索得到 80 篇文章，其中有些文章的对象是中学生，有些文章是考察男性被女性骚扰的情形，但很多文章都是有关的。我进一步把搜索缩小为“sexual harassment”和“college female”（大学女性）结果得到 28 篇文章。并非所有的文章都是我关注的主题。我注意到有些文章内出现了“性认同有关的骚扰”和“讨厌的性遭遇”。这启发了我利用这些关键词来替换性骚扰。后来我以同样的限制条件和一样的关键词，利用其他 3 种文献搜索工具来搜索。我发现这 4 种文献搜索工具查找到了许多相同的文章，但有时一种搜索工具找到的文章，另一种搜索工具却找不到。这表明使用一种以上的搜索工具一般更好。

1 该搜索工具为 EBSCOhost 系统线上期刊全文资料库，涵盖多方面的学术研究领域，包括社会科学、教育、法律、人文、工商经济、资讯科技、通信传播、生物科学、工程、艺术、文学、语言学、医药学及妇女研究等，总计收录近 3 000 种刊物的索引摘要及 1 200 多种全文期刊——译者注。

利用不同的文献搜索工具找到得文献数量（同行评议的文章，2001 — 2006）

使用的关键词	文献搜索工具			
	EBSCO-Host	Wilson-Web	Pro-quest	CSA-Illumina
性骚扰和大学	199	24	35	321
性骚扰和学生	80	27	39	115
性骚扰和大学女性	28	6	11	79

每种文献搜索工具所使用的特定文章数据库分别为：EBSCO-Host 为 Academic Elite；Wilson-Web 为社会科学、教育；Pro-quest 为刑事司法、性别观察；CSA-Illumina 为社会服务摘要和社会学摘要。

到无所适从（参见活学活用：怎样阅读学术期刊文章）。要解决这一问题，必须系统地做笔记。过去通常的做法是在索引卡片上做笔记，然后对这些记满笔记的卡片进行分类、整理，同类的放在一起，寻找它们之间的关联。这种方法仍然有用。今天大多数人都使用文字加工软件并且收集文章的印刷件或复印件。

制作源文件和内容文件 搜索文献和阅读文章时可以使用一些策略。我的策略是制作两种文件：*源文件*和*内容文件*（参见图 2.6）。建议你采用类似的策略。

在源文件里，我会记录每篇文章来源的所有书目信息，即使有些文章我可能用不到。这些信息包括期刊名，完整的文章标题，日期，卷数和期数，起止页码以及所有作者的全名。要删去一项用不上的文献来源很容易，但如果后来需要书目信息再去查找就困难得多。源文件能让我们非常快速地制作出完整的参考文献列表。

图 2.5 EBSCO-Host Academic Elite 高级搜索的网页

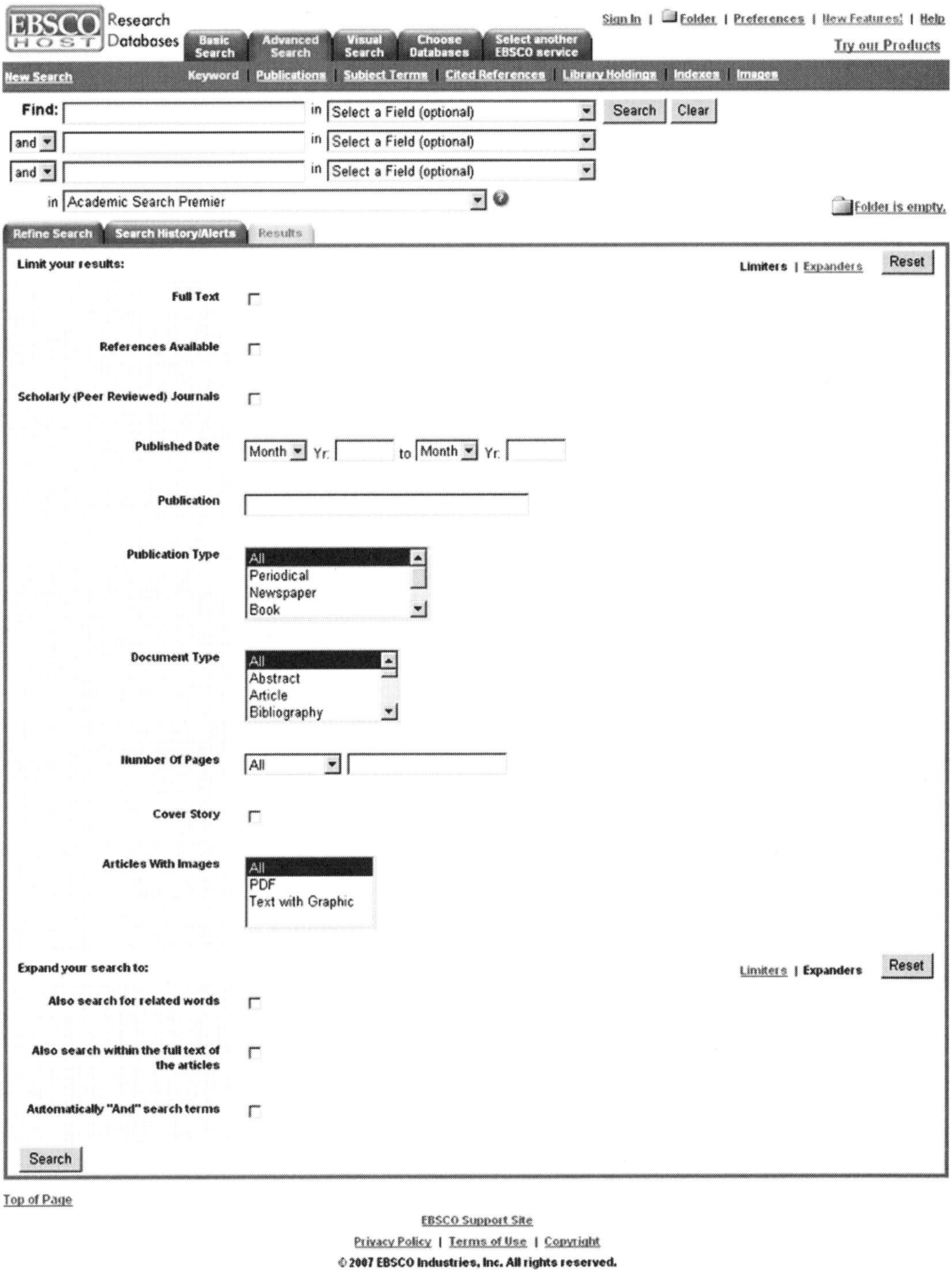
EBSCO HOST
Research Databases
Basic Search
Advanced Search
Visual Search
Choose Databases
Select another EBSCO service
Sign In | Folder | Preferences | New Features! | Help
Try our Products
New Search
Keyword | Publications | Subject Terms | Cited References | Library Holdings | Indexes | Images
Find:
in Select a Field (optional)
Search
Clear
and
in Select a Field (optional)
and
in Select a Field (optional)
in Academic Search Premier
Folder is empty.
Refine Search
Search History/Alerts
Results
Limit your results:
Limiters | Expanders
Reset
Full Text
References Available
Scholarly (Peer Reviewed) Journals
Published Date
Month Yr: to Month Yr:
Publication
Publication Type
All
Periodical
Newspaper
Book
Document Type
All
Abstract
Article
Bibliography
Number Of Pages
All
Cover Story
Articles With Images
All
PDF
Text with Graphic
Expand your search to:
Limiters | Expanders
Reset
Also search for related words
Also search within the full text of the articles
Automatically "And" search terms
Search
Top of Page
EBSCO Support Site
Privacy Policy | Terms of Use | Copyright
© 2007 EBSCO Industries, Inc. All rights reserved.

我在内容文件中记录重要的细节。内容文件包括重要的研究结果、方法学上的细节（例如研究是采用调查法还是实验法，参与者的数量等），重要概念的定义，这些概念怎么测量，以及有趣的引语等。在引用原文时，我总是要记下引文出现的具体页码。在每条内容笔记上，我都会记上作者的姓氏和发表的年份，这样就能把内容文件上的各种卡片或电子笔记与源文件上的某篇文章联系起来。

笔记记些什么 记笔记时格式最好保持一致——要么全部采用电子文件，要么全部使用一样大小的卡片。当你决定对文章、书籍或其他资料做笔记时，即使多记一点，劳神费力，也比记得不够详细要好。你的笔记应该能回答以下问题（参见图 2.6）：

- 研究的基本主题和问题是什么？它是否以某个理论为基础，事先预测数据可能揭示什么结果？一项研究通常会考察多个问题，但你感兴趣的可能只有一个。
- 作者是怎样界定和测量其主要观点的？
- 研究的基本设计是什么？作者采用了什么程序和方法（例如进行实验、调查或实地研究等）？
- 数据取自团体还是样本？考察的是什么单位（个体、家庭、公司、城镇或国家）？考察了多少个对象（5 或 5 000）？单位是如何选取的？
- 哪些研究结果与你的研究问题有关？研究通常有很多结果，而和你的问题最有关联的研究结果可能隐藏在文章的内部。

批判性地阅读研究报告是一种技能，需要时间和练习来不断提高。尽管研究报告有同行评议程序，仍然难免发生一些错误和逻辑问题。有时，文章标题、摘要和导言就会误导人；它们或许不能完全解释研究的方法和结果。一篇优秀的文章逻辑是紧密的，所有部分都是和谐统一的；而拙劣的文章则会在逻辑上产生大跳跃或者省略过渡步骤。

在你阅读文章细节和做笔记的过程中，对于研究者怎样进行研究你会心中有数。这就是阅读大量研究能扩展你的研究设计技能的原因。如果你阅读的研究报告结构混乱或者没有清楚地提供所有的细节，你就会迅速地体会文章结构严谨的重要性，并且能清楚地指出缺少哪些细节信息。如前所述，查看参考文献部分能为你找出新的文献来源。

你可能会遇到不熟悉的术语、新的理论观点、高级的专业词汇或复杂的统计图表，以及超出你理解能力的研究结果。这是因为专业的研究者才是研究报告的主要读者。专业术语和研究结果向这些读者传递了重要的信息。如果你不能理解文章所有方面的信息，不要过于担心。作为科研新手和研究的学习者，你不应期望能马上拥有研究专家的高深知识。专业知识的缺乏可能会妨碍你全面评价某项研究的所有方面，但你仍能从中学到知识，为你将来的研究打下基础。即使文章有些部分现在超出了你的理解能力，但随着时间推移你的理解能力会不断增强。请做好心理准备，你可能需要不止一次地阅读某篇文章。

图 2.6 阅读文章笔记示例

源文件条目信息

Bearman, Peter, and Hannah Brückner. 2001. "Promising the Future: Virginity Pledges and First Intercourse." *American Journal of Sociology* Volume 106, pages 859-912, January, issue number 4.

内容文件信息

Bearman and Brückner 2001

背景：美国南部浸信会自 1993 年起在青少年之中发起了一项运动。青少年公开做出许诺在结婚之前都要保持童贞。做出此项许诺的青少年超过 250 万人。本研究考察了童贞誓言是否会影响首次性行为的时间以及宣誓的青少年与那些没有宣誓的青少年是否存在差别。批评者认为支持童贞誓言的教育者通常会排斥性教育，对婚姻持有不现实和过于理想化的看法，并迫使青少年遵循传统的性别角色。

问题或预期：青少年会设法尝试成人乐于享受但却禁止他们实行的行为。但如果社会压力很大，青少年发生禁绝行为的可能性就很低。预期 1：来自非传统家庭的青少年受到的社会控制较少，有着更多的自由，受到家长的监管也更少。他们比那些来自传统家庭和在父母身边的青少年更可能发生禁绝行为（性行为）。传统家庭出身的青少年受到的社会控制更多，这会延迟发生性行为的时间。预期 2：和家庭之外的"身份认同运动"（identity movement）有着密切联系的青少年会依据该运动教导的道德标准改正自己的行为。因此，家庭对他们的影响相对较小。

定义和测量：*身份认同运动*是一项社会运动，强调从更大的社会中剥离出自我身份并成为某个小团体的成员。参加该运动的人会调整自己的身份认同。禁欲宣誓运动经由互联网、宗教团体、基督颂乐以及集会来招募成员。个体通过与其他宣誓成员的频繁互动来维持他 / 她宣誓运动的身份。*宣誓*——公之于众的身份改变。本研究通过向未婚的青少年提问"你是否曾公开承诺或书面宣誓保持童贞直到结婚为止"来对此进行测量。*家庭类型*——本研究测量了 3 类家庭：父母双全的家庭；双亲中只有一位的家庭；双亲中至少有一位是养父母或继父母的家庭。*宗教虔诚*——用 3 个行为项目来测量：祈祷的频次，出席教堂礼拜的次数和对宗教在个人生活中的重要性的自我报告。

研究设计：在 1994—1995 学年从美国公立和私立学校随机抽取的青少年要在某天 45—60 分钟的课时里完成问卷。约有 80% 的在校生完成了问卷。研究者还对一部分学生进行了 90 分钟的家访。所有的学生都要报告他们父母的教育和职业背景、家庭结构、不良行为、前景展望、自尊、健康状况、朋友交往以及他们参加的体育运动和课外活动。家庭访问要测量危及健康的不良行为，例如使用毒品或饮酒、性行为、犯罪活动和家庭动力[1]。

数据或参与者：共有 141 所学校的 90 000 名七至十二年级的学生参加了该项研究。学校规模从不到 100 名学生到超过 3 000 名学生不等。其中有 20 000 名学生完成了第二次问卷调查。

研究结果：宣誓保持童贞的青少年显著地推迟了他们首次性行为的时间。然而，大部分宣誓的青少年社会生活背景中，禁欲本就是社会规范。宣誓的青少年在宗教上更虔诚、身体发育程度相对较低、来自传统的家庭居多。一旦我们考虑社会背景，与那些没有宣誓的青少年相比，宣誓本身对延迟性行为的影响甚微。简而言之，来自传统社会背景，具有强烈的宗教信念和紧密的家庭联系的青少年，不论是否宣誓都不太可能过早地发生性行为。而来自非传统家庭，宗教信念并不强烈，家庭联系也缺乏的青少年，不论他们是否宣誓都更有可能过早发生性行为。另一个发现是如果宣誓的青少年发生了性行为，他们采取避孕措施的可能性比那些没有宣誓的青少年低。

1 家庭动力（family dynamics）指在家庭里发生作用，引起特定行为或症状的各种力量，通常指家庭成员相互作用的方式——译者注。

把所有的相关文章复印下来可以节省你记笔记的时间，并且有了研究报告的全文，可以把笔记直接记在复印件上。虽然复印看上去快捷简单，但也有以下缺点：

- 复印的时间和金钱成本会不断增加（30 篇每篇 20 页的文章就有 600 页，7 分一张的复印费就要花费 42 美元，复印一篇文章需 10 分钟就要耗时 300 分钟）。
- 警惕版权法。美国的版权法只允许在教学科研时使用复印件。
- 确定复印时包括了每篇文章所有的引文细节（标题、页码数、卷数等）。
- 整理众多的复印文章比较麻烦。此外，你可能会把一篇文章的不同部分用于不同的观点或目的。
- 除非你仔细地在文章中用彩笔做出标记或者精心地做好笔记，否则你可能要反复阅读这些文章。

步骤 5：整理笔记，整合并写综述 进行总结、探讨研究结果并清晰地写出来，是准备文献综述最为困难的一步。在收集完信息之后，你就要整理这些不同的研究结果，从而把它们和谐地统一起来。整理的方法取决于我们进行综述的目的。最好的方法通常是围绕你的研究问题或某些共同的核心研究来整理研究结果。大部分专业人士在选定最终的整理计划之前都会先尝试好几种方法。整理笔记是一项熟能生巧的技能。有些人会把笔记卡片堆成几堆，每一堆代表一个共同主题。另一些人则会绘制图表或示意图来描绘不同研究结果之间的关联。还有些人会制作表格对比诸多研究结果的一致和矛盾之处。整理笔记是一个动态的过程，通常你会发现某些参考文献和笔记实际上和你的研究无关，就可以弃之不用。你可能还会发现你以前未曾考虑过的知识空白点或者新的领域，这就需要重新去图书馆查阅文献以修正你的研究。

人们在写第一篇文献综述时常犯的错误是一篇篇地罗列文章的概要。这意味着进行整合之前记笔记的过程并未完成。整合就是要把各部分或要素结合成一个完整的整体。你应该把来自不同研究的结果、方法或陈述融合在一起，最终形成连贯的整体，所有的研究都像一幅完美无缺的图画一样协调统一。正如拼图游戏的各部分一样，所有部分都应相配协调，从而形成一幅完整的图画。只不过，我们玩拼图游戏在开始之前就有一幅完整的画面，然后把它打散，而写文献综述时却并没有预先就存在的图画，你得从众多的研究中自己创造一幅。这一点更加类似于织布。棉线本来是分散而各异的，但经纺织之后就变成紧密结合在一起的布匹或衣物了。

你会运用各种娴熟的写作技巧来创作文献综述。你的目标是写出一篇紧凑精炼的文章，清晰明白地总结诸多研究对某个研究问题的看法。文献综述是中立客观、描述性质的总结文章，不能带进你个人的观点或猜想。要遵循严格的写作规则（如清晰的组织结构、导言和结论、各部分的过渡等）。

一篇高水平的文献综述以其自身严密的结构向读者传达写作目的。如果你的综述只是罗列一系列的概要，虽然感觉上也表达出某种目的，但读起来却像笔记内容的简单堆

活学活用：高水平的文献综述示例

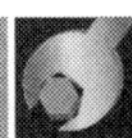

低水平的综述示例

性骚扰会造成很多不良后果。亚当斯等人（Adams，Kottke & Padgitt，1983）发现有些女生声称她们会因为可能面临性骚扰的威胁而不选某门课程或避免与某些教授共处。他们还发现男生和女生对性骚扰的反应方式并不一样。该项研究调查了 1 000 名男女研究生和本科生。本森和汤姆森（Benson & Thomson，1982）在《社会问题》（*Social Problem*）上发表的研究列举了性骚扰造成的各种问题。德泽赤和维纳（Dziech & Weiner，1990）在其名作《好色的教授：校园性骚扰》（*The Lecherous Professor: Sexual Harassment on Campus*）中详尽地列举了性骚扰受害者所遭受的困境。

研究者使用不同的方法考察了这一主题。亨特和麦克里兰（Hunter & McClelland，1991）对一所小型人文艺术学院的本科生进行了研究。研究样本包含 300 名学生，研究者给学生呈现不同的小插图，图片中受害者的反应和情境都不同。杰斯契克和弗雷茨（Jaschik & Fretz，1991）让美国中东部一所大学的 90 名女生观看一段由助教实施的典型性骚扰录像。在把这种行为划入性骚扰之前，很少有女生这样称呼它。当询问她们这种行为是否构成性骚扰时，98% 的人表示赞同。韦伯—伯丁和罗西（Weber-Burdin & Rossi，1982）重复进行了一项以前的性骚扰的研究，但他们的参与者都是马萨诸塞大学的大学生。他们让 59 位学生来评价 40 种假设的情境。蕾莉等人（Reilley，Carpenter，Dull & Bartlett，1982）对加州大学圣塔芭芭拉分校的 250 名女性和 150 名男性本科生进行了研究，他们还考察了 52 名教员样本。两个样本中的人都会看到各种性骚扰情境的小插图，并要对其进行评价和填充问卷。波波维奇等人（Popovich et al.，1986）制作了性骚扰的 9 项量表。他们研究了中等规模大学里以 15~25 位为一组的 209 位本科生。结果发现学生的反应存在矛盾和混淆。

高水平的综述示例

性骚扰的受害者会遭受一系列的不良后果，从自尊的下降和自信的丧失到退避社会交往的反应、职业目标的改变和抑郁（Adams，Kottke & Padgitt，1983；Benson & Thomson，1982；Dziech & Weiner，1990）。例如亚当斯等人（Adams，Kottke & Padgitt，1983）注意到 13% 的女生声称她们会因为可能面临性骚扰的危险而不选某门课程或避免与某些教授共处。

对校园性骚扰的研究有多种方法。除了调查法之外，许多研究者还用小插图或者呈现假设的场景来进行实验（Hunter & McClelland，1991；Jaschik & Fretz，1991；Popovich et al.，1986；Reilley，Carpenter，Dull & Bartlett，1982；Valentine-French & Radtke，1989；Weber-Burdin & Rossi，1982）。受害者的言语反应和情境因素看来会影响观察者是否会把这种行为称为性骚扰。在对不恰当行为贴上性骚扰标签这个问题上存在混淆。例如，杰斯契克和弗雷茨（Jaschik & Fretz，1991）发现观看一段由助教实施的典型性骚扰行为录像的女生中最初只有 3% 的人称之为性骚扰。相反，她们把它称为"性别歧视""粗鲁""违反职业道德"或者"有失体统"。当询问她们这种行为是否构成性骚扰时，98% 的人表示赞同。罗斯科等人（Roscoe et al.，1987）发现了类似的贴标签困难。

砌。你应该整理归纳相同的研究结果或论点，先讨论最重要的观点，寻找研究结果之间的逻辑联系，并注意研究中的矛盾或缺点（见活学活用：高水平的研究综述示例）。

步骤 6：制作参考文献列表 进行文献综述的最后一步是制作参考文献列表、引用的著作列表或书目。制作引用的著作列表和参考文献列表其实完全相同——都是按字母顺序

把你引用或提及的文章出处罗列出来。而书目则不同，书目是要把你查阅了的所有材料都按字母书序列出，不论你是否引用了它们。对于文献综述，只要把你在综述中讨论到的文献出处罗列出来。

你在综述文本和参考文献列表中标注出处的方式非常重要。引文的文体格式有很多种，每种文体都有各自独特的要求和规则。不同领域（如心理学、历史学）会采用各自特定的格式。在综述本身的文本中，文中引用格式最为普遍。对于一般的陈述要列出作者的姓氏和发表的年份，对于特定的细节或引用还要标注页数。要讨论某篇关于禁欲宣誓的文章，我可能会说："贝尔曼和布吕克纳（Bearman & Brückner，2001）研究了青少年宣誓在婚前保持童贞的身份认同运动。"或者我会这样表述："在一项身份认同运动的研究中，青少年宣誓要在婚前保持童贞（Bearman & Brückner，2001）。"而从某页转述的引文则类似于下列文字："这项运动成功地组织了大型群众集会，演讲者面向急不可耐地挤满露天体育场的青少年赞扬了禁欲的益处。参加这项运动的人数增长非常惊人，随着这项运动的蓬勃开展，一种很酷地对性说不的全新亚文化正在形成"（Bearman & Brückner，2001：860）。

引文（citation）的顺序和格式差别很大。你有必要了解导师或刊物所要求的文体

聪明贴士：利用互联网进行社会研究

互联网使得研究工作发生了翻天覆地的变化。仅仅在 15 年前，还很少有人使用它。今天研究者和其他相关人员经常利用互联网来评审文献、与人交流及搜索信息。互联网带来的结果利弊参半。有些人一开始认为它是解决一切问题的灵丹妙药，事实证明并非如此。互联网是查找信息的重要途径，但它仍是诸多搜索工具的一种。它只是传统图书馆搜索的补充，而不能取代图书馆。从有利方面来看，互联网简单、快速和廉价。从不利方面来看，我们从互联网上所获得的内容并没有质量控制。与标准的学术刊物不同，互联网没有同行评议过程，甚至根本没有任何评审。任何人都几乎能把任何信息放到网站上。这些信息可能不能保证质量、没有事实证明、带有很强的偏见，甚至完全凭空虚构或欺骗大众。

许多方便社会研究的优秀资料来源和重要材料在互联网上并不能找到。大部分信息只有通过图书馆的订阅服务才能获得。与流行的观念相反，互联网并不能免费提供所有的信息，也不是人人都能接触到所有的信息。互联网资料来源可能"不稳定"，也很难加以记录。你在互联网搜索并确定网站后，请注意该网站特定的 URL（Uniform Resource Locator，统一资源定位符）或"网址"（通常以 http:// 打头）和你看到它时的日期。这一网址关联到某处计算机里的电子文件。如果该计算机文件发生移动，2 天之后它就可能不在同一个网址了。无数图书馆数十年地把期刊文章储存在书架上，便于人们查阅；网站则不然，它可能迅速地消失。这意味着或许不可能轻松地核实网络引文、查证引语或追溯原始材料。人们很容易拷贝、更正或歪曲网络资料来源，并能模仿制作类似的网络材料，所以你会在网上发现同一材料的不同版本。根据某些规则你能找到最好的互联网站点——即那些拥有真实、实用信息的站点。来自大学、研究所或政府机构的材料通常更为可靠。很多网站不会提供便于引用的完整信息。较好的网络资源会提供作者、日期、地点等完整的信息。

格式。引文的格式精确地规定了如何整理文献列表中原文的细节信息。关于这一主题，社会科学中有两本参考书籍值得借鉴：对书目和引文格式有近 80 页说明的《芝加哥文体手册》（*Chicago Manual of Style*）和约 60 页的《美国心理学会出版手册》（*American Psychological Association Publication Manual*）。

书籍的记录条目比文章更简短，通常包括以下内容：作者姓名、书籍标题、出版年份、出版地点和出版社名。文章条目比书籍条目更为复杂，须记录所有作者的姓名、文章标题、期刊名称以及卷数和页码。有些格式需要作者名的全拼，也有些格式则只使用名的首字母。有些需要刊物的期数或月份；有些则无此要求 [见图 2.7 中的四种文体，即 MLA（现代语言学协会，Modern Language Association），ASA（美国社会学协会，American Sociological Association），APA（美国心理学协会，American Psychological Association）和 Chicago（《芝加哥文体手册》，*Chicago Manual of style*）]。

图 2.7 书籍和期刊文章作为参考文献的不同引文格式

文体	**参考文献中只有一位作者的书籍**
MLA	Pillow, Wanda S. Unfit Subjects: Educational Policy and the Teen Mother. New York: Routledge, 2004.
ASA	Pillow, Wanda S. 2004. *Unfit Subjects: Educational Policy and the Teen Mother.* New York: Routledge.
APA	Pillow, W.S. (2004). *Unfit subjects: Educational policy and the teen mother.* New York: Routledge.
Chicago	在艺术、文学或历史领域引文与 MLA 相同，在科学领域与 ASA 相同。
文体	**参考文献中有两位作者的期刊文章（期刊页码根据卷标注）**
MLA	Bearman, Peter and Hannah Brückner. “Promising the future: Virginity pledges and first intercourse.” American Journal of Sociology 106 (2001) 859–912.
ASA	Bearman, Peter and Hannah Brückner. 2001. “Promising the Future: Virginity Pledges and First Intercourse.” *American Journal of Sociology* 106:859–912.
APA	Bearman, P., and Brückner, H. (2001). Promising the future: Virginity pledges and first intercourse. *American Journal of Sociology* 106, 859–912.
Chicago	在科学领域引文与 ASA 一样，在艺术、文学或历史领域与 MLA 一样。
其他	Bearman, Peter and Hannah Brückner, 2001. “Promising the future: Virginity pledges and first Intercourse.” *Am. J. of Sociol*. 106:859–912. Bearman, P. and Brückner, H. (2001). “Promising the Future: Virginity Pledges and First Intercourse.” *American Journal of Sociology* 106 (January): 859–912. Bearman, Peter and Hannah Brückner. 2001. “Promising the future: Virginity pledges and first Intercourse.” *American Journal of Sociology* 106 (4):859–912. Bearman, P. and H. Brückner. (2001). “Promising the future: Virginity pledges and first intercourse.” *American Journal of Sociology* 106, 859–912. Peter Bearman and Hannah Brückner, “Promising the Future: Virginity Pledges and First Intercourse,” American Journal of Sociology 106, no. 4 (2001): 859–912.

参考文献中引文的文体格式

研究问题的提炼

现在你已知道在进行文献综述或提出研究方案之前，需要提炼出比主题细化得多的研究问题。基本的研究方法有两种，即归纳法和演绎法（见图 2.8）。**归纳**（inductive）的研究从证据出发，然后一步步地逐渐得出概括化的结论、模式或总结性的观点。**演绎**（deductive）的研究则从总结性的观点或对可能出现的结果的“有根据的推测”出发，然后依据特定的、可观察的证据来检验或证实先前提出的观点。研究问题的提出取决于你的研究方法是归纳法还是演绎法。

图 2.8 归纳方法和演绎方法

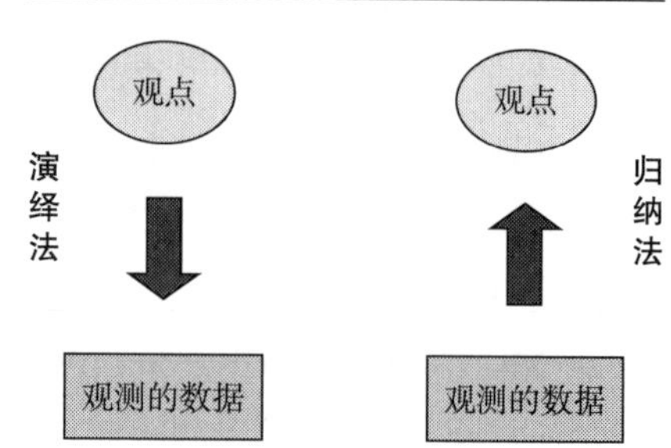

很多研究并非完全地采用归纳或演绎的研究方法，但大多数研究都会侧重其中一种。研究方法的选择虽然没有硬性规定，但数据的类型和研究的目的却可指导研究方法选择。多数情况下，质性的数据会采用归纳方法，而定量的数据则采用演绎方法。大多数探索性研究会运用归纳方法，解释性研究会运用演绎方法，而描述性研究则两者都会用到。

如果你要用演绎的方法来研究定量数据，那么在研究早期就需要花费大量时间来详细而精确地说明研究的问题并规划好大部分研究细节。一旦你完成了研究设计，其他步骤（也即收集和分析数据）就能水到渠成地顺利完成。相反，如果你用归纳的方法来研究质性数据，你预先并不需要花太多时间来提出研究的问题和规划研究的细节，然而在随后的研究阶段（也即收集和分析数据）你必须付出多得多的时间和精力。

要确定演绎的定量研究和归纳的质性研究何者更适合你要研究的问题，这需要一定的判断技能。要选择最有效的研究方法，须注意以下 3 方面：

- 阅读大量的前人研究；
- 正确评价质性和定量数据的特点；
- 理解不同研究方法的使用流程并认识它们的优缺点。

要选择适当的研究设计先要提出特定的研究问题（参见活学活用：将主题细化为研究问题），虽然随着研究的进展你可能会对研究问题进行调整。如果你采用演绎定量的方法，在你继续研究之前必须对研究过程有明确详尽的了解。如果你采用归纳质性的方法，你可以从较宽泛的研究问题着手，在数据收集的过程中再进一步细化。

活学活用：将主题细化为研究问题

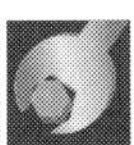

研究问题要保证在实证上具有可检验性并且明确具体。做到以下 4 方面我们就能将研究问题细化：

查阅研究文献。通过阅读文献综述，你可以决定完全重复一项过去的研究，或者做一些细节的变化。你也可以探究过去研究中发现的出人意表的结果。很多作者会在其研究报告中提出将来研究的建议，你可以据此进行研究。你也可以把已有的解释扩展到某个新主题或背景。例如，对医院工作场所人际关系的研究发现，在某种人事安排条件下，护士和其他医护人员能团结协作并且具有更高的工作效率。你或许会进行另一项研究，考察同样的人事安排在非医疗部门的情境中（例如大型的律师事务所）是否具有相同的结果。你还能考察干预的过程。例如有研究发现增加警察的步行巡逻次数，人们在发生麻烦时会更多地向警察求助。你可能会精确地考察这一现象的发生过程——步行巡逻增加了人们对警察诚实正直品格的熟悉程度、信任程度以及信念吗？

与他人讨论观点。向那些对你的研究主题拥有渊博知识的人请教。寻找那些在研究主题上与你持有不同观点的人，并与他们讨论可能的研究问题，这通常对你的研究工作很有帮助作用。恰当的研究问题可能有助于解决人们在有争议问题上的分歧。

详细说明研究的背景。研究结果或主题要适用于特定的时间、社会、地理区域或者人群类型。假设你想研究离婚现象，你的研究问题可能会考察某个特殊时期（20 世纪 50 年代与 21 世纪初期对比）、地点（美国西南部与新英格兰各州对比）或者人群类别（宗教信仰不一致的人群与具有相同宗教信仰的人群对比）。

详细说明研究的目的。你希望进行探索性、描述性、解释性还是评价性研究呢？请根据不同的研究目的调整你的研究问题。

对比恰当的研究问题与不妥的研究问题

不妥的研究问题示例

没有实证上的可检验性、不属科学领域的问题。流产应该合法化吗？保留死刑正确吗？

宽泛的主题并不是研究问题。治疗酒精和药品的滥用。性活动和衰老。

列举变量也不是研究问题。死刑与种族歧视。城市衰落与黑帮。

非常含糊容易产生歧义。警察会影响青少年犯罪吗？怎样防止虐待儿童的发生？贫穷怎样影响儿童？

恰当的研究问题示例

探索性问题。在过去 10 年里加利福尼亚州虐待儿童事件的实际发生率有变化吗？是否出现了一种新的虐待类型？

描述性问题。离婚的家庭对儿童进行的暴力或性的虐待是否比完整、从未离过婚的家庭更普遍？贫困家庭养育的儿童是否比非贫困家庭养育的儿童更可能在医疗、学习和社会情感适应方面发生困难？

解释性问题。离婚引起的情感不稳定是否会增加离异父母对子女的身体虐待？缺乏充足的资金来进行预防性治疗是否是贫困家庭儿童有较多严重的健康问题的主要原因？

评价性问题。新的病人跟踪系统提高了满意度吗？对报告给警方的家庭暴力案件中施虐男性的自动拘捕是否会降低以后家庭暴力的发生率？新的教学课程是否比过去的阅读课程更能提高三年级儿童的阅读分数？提前一天电话通知客户提醒他们的预约时间是否能降低客户在客服中心的缺席率？

研究方案

正如本章开头所述，你要在研究方案这一书面文档中进行文献综述和提出详细的研究计划。根据研究方法和证据主要是演绎定量的还是归纳质性的，研究方案会有所不同。两种数据都具备的结合方法也有可能使用，并且有很多优点。

定量和质性研究的方案

做任何实证研究，你都要系统地收集和分析数据。如果数据是以词语、句子、图片、符号等形式表现的质性数据，你使用的研究策略和数据收集方法肯定与数字形式的数据不同。适合质性数据的研究方法可能完全不适合定量数据，反之亦然。不能说某种数据形式总是好于另一种数据形式，相反，每种数据形式都有优点。你的目标就是要为特定的研究问题和情境找到适合的数据形式，从而能利用这一数据形式的优点。数据的形式会在以下方面影响你的研究方案和研究工作：

1. 何时和怎样提出你的研究问题？
2. 你能把研究结果推广到什么范围？
3. 做研究时你会遵循线性路径还是非线性路径？
4. 你会考察变量和假设还是个案和背景？
5. 对收集的数据你会怎样分析其模式？
6. 你会做出何种解释以对数据模式赋予意义？
7. 你研究使用的分析单元是什么？
8. 你研究的分析水平是什么？

1. 何时提出研究问题 如果你的研究要收集定量数据，那么在收集任何数据之前的研究早期你就应确定特定的研究重点（即具体问题）。研究问题能指引你收集所需的特定数据。过去的研究、理论或者一些讨论都可能有助于你提出问题。例如，问题提示你去收集某年级学生的考勤数据，并测量他们在某些专业的学习情况（使用考试分数、功课成绩和教师批注等）。如果你打算收集质性数据，你会缓慢地进行，在你收集完数据之后才会提出研究问题。但你先要有研究的主题，例如中学生实际上是如何学习课程内容的，不必一开始就提出特定的研究问题。通过与学生、教师和父母的交谈、互动以及对他们的观察，你可能要花数小时来收集数据。在查看了这些数据之后，你才能提出特定的问题以确定后续阶段数据收集的方向。在持续、互动的数据收集过程中，提出研究问题的过程较缓慢。

2. 你能把研究结果推广到什么范围 随着你一步步地提出问题，你也要详细说明你能

活学活用：研究设计面临的现实局限性

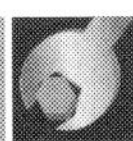

设计一项完美的研究项目是非常有趣的学术实践，但如果你要真正进行一项研究，那么在进行研究设计时就可能面临现实的限制。你需要思考以下问题：

- 你在该项研究上能投入多少时间？
- 进行研究的花费有多大，你有必需的资金吗？
- 你能获得、接触、进入必要的资源、人员和场所吗？
- 你是否从管理机构或官员处获得了必需的批准？
- 你是否解决了所有的道德问题？
- 你是否具备必需的知识、技能和专长？

如果对于某项研究你每周只能付出 10 小时且持续 5 周的时间，但要解答的研究问题却需要 5 年的时间，那么请细化你的研究问题。要精确地估计完成某项研究所需的时间非常困难。你要研究的问题、使用到的研究方法以及你要收集的数据数量和类型都会影响研究完成的时间。向有经验的研究者咨询是进行精确估计的最佳方法。

你掌握的资源通常也会限制你的研究。除了时间和金钱，研究所需的资源还包括他人的知识技能、特殊的设备和信息。例如，你的研究问题是在 20 个最大的国家里盗窃率和家庭收入的关系。这个研究问题就几乎不可能解答，因为你无法获得大多数国家的盗窃和收入信息。有些研究问题需要获得管理部门的批准（例如查阅医疗档案）或者涉嫌违反基本的道德准则（下一章我们再讨论）。缺乏一定的知识技能也会限制研究，要回答某些研究问题可能需要掌握一定的研究方法、统计技能或外语能力，而这些知识技能你目前可能还不具备。

把问题答案推广到的**范围**（universe）。个别情况下你才只想把研究结果局限在你正在研究的单位或个案。更多时候你想把结果扩展到更广泛的人群类型、组织和其他单位。例如，你的研究问题是，新的考勤办法能提高高中生的学习成绩吗？你计划在 2008 年研究美国某城市的 3 所高中。在这个例子中，推广的范围就是所有的高中生。你想把研究结果推广到 2008 年美国某城市 3 所高中学生之外的所有高中生，或者至少是 21 世纪初所有的美国高中生。

3. 你遵循哪一种研究路径 这里的路径是对你进行的一系列活动的形象比喻。它是一种审视和思考问题的方法。一般而言，如果数据是定量的，你会遵循**线性路径**（linear path），朝着单一方向按照相对固定的系列步骤来行事。线性路径和阶梯相似，一路向上，没有歧路，直接把你带到惟一的终点。如果你要收集质性数据，那么研究路径就可能不是直线模式或固定序列；研究的步骤具有一定的灵活性和非线性的特点，通向多个方向。**非线性路径**（nonlinear path）也要通过不同的阶段不断推进研究进程，但推进之前会先走分支岔道。研究进程缓慢但并非直线，更类似于螺旋式的上升。在研究的每个周期或者重复阶段，你都要收集数据，从而获得对研究问题新的理解，再继续你的研究进程。

如果你习惯于固定步骤的、直接的、线性的方法，非线性的路径可能看上去缺乏效率、杂乱无章。非线性方法的结构并不必然散乱无序，也绝不是人们掩饰拙劣研究的借口。它具有自身的准则和严谨之处。如果研究要面对快速变化、不稳定的情境，非线性方法的效率就很高。它能使研究者把握研究的整体，理解具有意义但难以捉摸的细微之处，整合发散分歧的信息，并且能改变研究的思路。如果你习惯于不直接的非线性方法，线性方法或许就显得呆板和人为做作。线性方法看上去太固定、呆板和标准化，以致无法考查动态人际关系中最有趣和最重要的方面。线性路径是一种高效、有着严格规范和易于模仿的事件序列，使得研究者更易发现错误和重复过去的研究。

4. 你要考察什么 **变量**（variable）是定量研究中的核心思想。简单地说，变量就是能变化的事物。定量研究会采用一套变量并侧重研究变量之间的关系。如果你刻意寻找变量，则变量处处可见。例如，性别就是变量；它有两种值：男性或女性。婚姻状况是变量；它有未婚、已婚、离婚和寡居等各种值。犯罪类型是变量；它的值有抢劫、入室偷盗、偷窃、谋杀等。家庭收入是变量；它的值从零到亿万美元不等。个体对待流产的态度是变量；它的变化范围从强烈支持法定流产权利到强烈反对流产。

人们很容易混淆变量和变量的取值。混淆的原因在于只要稍微改变变量的定义，变量取值本身就会变成另一个不同的变量。“男性”不是变量；它是性别变量的一种取值。与之相关的另一个概念“男子气的程度”就是变量。它是指在广义性别概念内表现出与男子汉气概有关的态度、信念和行为的强度。“已婚”是“婚姻状况”变量的一种取值。与之相关的概念如“婚龄”或“婚姻的忠诚度”就是变量。如果要收集定量数据，你必须把大部分的观念转换成变量语言。

变量类型。根据变量在因果关系中所起的作用，可以把变量分为 3 种基本类型。原因变量称为自变量（independent variable）。结果或效应变量称为因变量（dependent variable）。自变量“独立于”先前起作用的原因。因变量“依赖于”原因。

要确定何者是自变量，何者是因变量并不总是那么容易。下面 2 个问题有助于辨明自变量：

- 它发生的时间是否更早？自变量总是比因变量出现得更早。
- 它是否对另一个变量产生影响？自变量对其他变量有影响。

大多数研究问题都能依据因变量重新进行复述，因为因变量就是你要解释的对象。如果你的研究问题是得克萨斯州达拉斯犯罪率增加的原因，那么你的因变量就是达拉斯的犯罪率。

简单的因果关系中只有一个自变量和一个因变量。在复杂的因果关系中则会出现第三种变量，即**中介变量**（intervening variable）。它表明自变量和因变量之间的联系或机制。为求得真知，我们既要记录简单的因果联系，又要尝试详细说明因果关系之内的机制。在某种意义上，中介变量对于自变量就是因变量，对于因变量就是自变量。

兹举一例来说明这 3 种变量。法国著名的社会学家埃米尔·涂尔干（Emile Durkheim）提出了一种理论来解释婚姻状况和自杀率的因果关系。他发现已婚人士比

图 2.9 变量系列

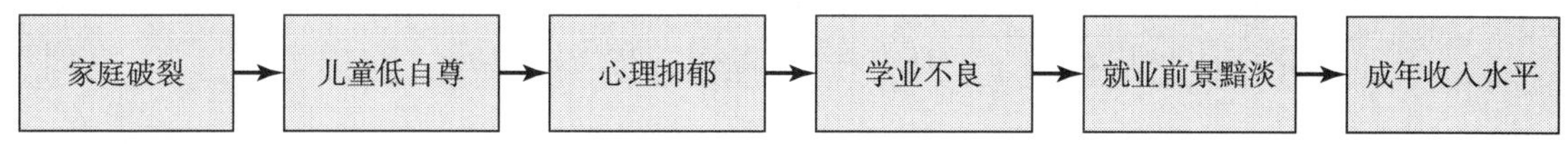

单身人士更不可能自杀，并相信这是因为已婚人士社会整合得更好（也就是说，对于团队或家庭有归属感）。我们可以对他的理论进行以下引申：结婚（自变量）增强了社会整合（中介变量），社会整合随之减少了自杀率（因变量）。

详细说明一系列变量的关系能阐明因果联系。复杂的理论都会有多个自变量、中介变量和因变量，它们把一系列的中介变量联系在一起。你或许注意到来自破裂家庭背景的人成年后收入较低。为什么？家庭破裂引起了儿童的低自尊，低自尊引起更严重的心理抑郁，心理抑郁又引起学业不良，学业不良又引起就业前景的渺茫，最后导致成年后收入较低（见图 2.9）。

家庭破裂是自变量，成年收入水平是因变量，所有其他因素都是中介变量。对同一个因变量的解释可能因为选择不同的自变量而有所差别，或者在自变量和因变量上都一致但在中介变量上发生分歧。两种解释可能都认为家庭破裂会导致较低的成年收入，但一种解释认为家庭破裂会促使儿童加入离经叛道的、与社会勤俭节约规范格格不入的少年团伙；另一种解释则强调家庭破裂对童年期抑郁和学业不良的影响。

在单一的研究中，你一般只会检验复杂因果解释的一部分。即使你可能检验复杂因果关系中很小的一部分，你也希望把它同更宏观的解释联系起来。在研究中，你会用假设把自变量和因变量联系在一起。**假设**（hypothesis）是对两个变量之间关系的试探性说明。它是对世界运行方式的一种猜测，它能预测你期望发现的结果。因果假设具有以下 5 个特征：

- 它至少有 2 个变量。
- 它详细说明了变量之间是如何发生联系的，何者是原因，何者是效应。
- 它包含了时间顺序的推测（什么因素先发生）。
- 你能把它重新表述为预测或期望的研究结果。
- 运用实证数据，你能支持它或反驳它。

例子：夫妻双方一起参加宗教仪式的次数越多，他们离婚的可能性就越低。

- 两个变量：（1）出席宗教仪式的次数，（2）离婚的可能性。
- 联系：出席次数较少导致离婚的可能性较高，反之亦然。
- 时间顺序：出席发生更早而离婚发生较晚。
- 预测：非常频繁地一起参加宗教仪式的夫妻比起那些从不或很少一起参加宗教仪式

的夫妻更少离婚。

- 可运用实证数据来检验：我们可以考查 1 000 对夫妻，询问他们一起参加宗教仪式的频率，然后看 10 年后还有多少人仍然保持婚姻关系。

只对单一的假设进行一次检验得出的结论未必可靠。实际上，如果你过于关注检验某个假设的单一研究，那么你对研究的了解可能是扭曲的。知识的发展是随着众多的研究者检验无数的假设而日积月累起来的。在对各种假设前提下得出的研究结果不断修正和扬弃的过程中，知识才得以蓬勃发展。如果数据不支持某些假设，研究者就会逐渐地不再考虑它们。如果数据支持了某个假设，他们就可能在辩论中获胜。研究者经常会提出新假设，以挑战那些已有证据支持的假设。久而久之，如果在一个又一个检验之后某个假设仍然不断地得到实证支持，并且比替代的假设更能站得住脚，我们就会接受它，认为它很可能是真实的。要得到大家的认可，假设必须在多次检验之后得到一致和重复的实证支持。

活学活用：从研究问题到假设

从精确提出的研究问题很容易提出假设。明确的研究问题本身就暗含着假设。假设就是要尝试回答研究问题。请思考研究问题“结婚时的年龄是否与离婚的可能性有关？”这里有两个变量：“结婚时的年龄”和“离婚的可能性”。结婚时的年龄是自变量，因为在逻辑上婚姻肯定发生在离婚之前。除了要言明两个变量有关联之外，你还需要确定关系的方向。你有两个选项：(1) 结婚时的年龄越小，离婚的可能性越大；(2) 结婚时的年龄越大，离婚的可能性越大。从假设能提出预测，根据选项 (1) 我们可以预测结婚时越年轻的人越有可能离婚。这能帮助我们更准确地提出研究问题，“结婚时越年轻的夫妻是否越有可能离婚？”

从一个研究问题我们可以提出数个假设。例如研究问题还是“结婚时的年龄是否与离婚的可能性有关？”据此可以提出另一个假设：“结婚时伴侣双方的年龄差距越小，离婚的可能性就越低。”这里对结婚时年龄的规定就不一样。你也可以详细说明关系发生作用的条件。例如“结婚时的年龄越小，婚姻以离婚告终的可能性越大，除非婚姻双方都是联系紧密的传统宗教团体的成员，而早婚是该宗教的正常行为。”

假设除了能回答研究问题之外，它也可以是根据理论提出的未经证实的命题。你可以在两个层面上表述假设：(1) 一般理论的抽象概念层面；(2) 你能在研究中进行实际检验的具体、可测量的层面。理论可以解释为什么你假设中的预测正确无误。我们继续刚才的例子，但现在以理论陈述的方式来表达。

> 随着成人从十八九岁过渡到二十八九岁，他们的自我同一性已经稳定下来，并发展出了成熟的应对能力。稳定的自我同一性和成熟的应对能力有助于人们维持长期忠诚的亲密关系，例如婚姻。如果成人在具备稳定的自我同一性和成熟的应对能力之前就进入婚姻关系，婚姻不太可能持续久远。

现在我们以实证上可检验的陈述（能进行特定的测量）来表达同一个假设：

> 如果伴侣双方在结婚时只有 21 岁或者更年轻，则比在双方 28 岁或更晚时结婚的伴侣在婚姻头 10 年里的离婚率高得多。

虚无假设。我们对假设的相信程度随着它在重复的检验中击败其竞争假设而增强。假设检验的有趣方面是，我们对待支持和否定假设的证据的态度并不一样。我们认为否定性的证据更为重要。严格来说，研究者从来不会宣称他们证明了某个假设的真实性；但他们确实会说自己拒绝了该假设。

如果证据支持了某个假设，该假设就可能为真；它仍有望胜出，竞争就还没结束。如果证据不能支持某个假设，它就失去光彩、被人丢弃。这是因为根据假设可以提出预测。否定性的证据表明预测错误。肯定性的证据则不这么有决定性，因为备择假设可能做出同样的预测。肯定的证据或许能加强你对某一假设的信任，但它并不能自动打败做出同样预测的备择假设。否定性的证据会严重地削弱假设，而支持假设的证据再多也没有这么大的作用。

研究者检验假设有两种方式：直接的方式和运用**虚无假设**（null hypothesis）。大部分人在谈到假设时都把它视为预测两个变量之间关系的方法。虚无假设则刚好相反；它预测变量之间没有关系。许多定量研究（尤其是实验研究）都会采用虚无假设。研究者会寻找能让他们接受或拒绝虚无假设的证据。例如，莎拉认为学校的寄宿生比走读生的学习成绩更好。她的虚无假设就是住所和成绩没有关系。她同时还要给虚无假设匹配相应的备择假设。备择假设就是两者存在关联；具体而言就是学生住在校园对成绩有积极影响。

你可能会认为虚无假设是对假设的一种反向检验。它是建立在假设检验应该使变量之间关系的找寻更为严格这一前提基础之上的。使用虚无假设，你可以直接检验它的真伪。如果证据支持了虚无假设（用学术语言来说——你接受它为真），你就不得不得出备择假设为伪的结论。另一方面，如果证据否定了虚无假设，那么备择假设就可能为真。你就可能在辩论中胜出。随着你反复地检验和否定虚无假设，久而久之备择假设就显得更加有力。研究者都极为谨慎,所以才采用虚无假设。除非他们有堆积如山的证据,否则他们不愿意承认变量之间存在关系。这非常类似于英美法系的无罪推定（innocent until proven guilty，指任何人在未经证实和判决有罪之前，应视其无罪）的法律思想。先假定虚无假设是正确的，除非有合理的证据显示另外的假设正确。

定量的数据研究侧重变量。相形之下，质性数据的研究则考察个案和背景因素。使用质性数据的研究者可能不会从变量或者检验假设的角度来思考问题，而是认为社会生活、人际关系和社会活动的许多领域是由性质上根本不同的对象构成的。他们宁愿保留人们在自然社会背景下用到的零散图像或想法，而不愿尝试把多变的、不同性质的社会生活转变为变量或精确的数字。

质性研究者一般会深入考查数量有限的个案。这些个案通常与分析单元（稍后讨论）相同。在定量数据分析中我们会对大量的个案进行精确的数字测量,而质性研究则不同,只对少数几个个案的诸多方面进行详尽的考查。丰富的细节和对个案机敏的洞察取代了对大量个案的精确测量。因为你会反复严密地考查同一或几个个案，所以能看到问题的演化、冲突的出现或者社会关系的发展。这有利于你更好地察觉和观察过程。在历史研究中，时间的流逝可能会涉及数年或者数十年。在实地研究中，也可能只有几天、几周或者数月。在这两种研究中，你都会观察事物发展的过程，并在异常或重要事物出现时能迅速地注意到。

社会背景对于质性数据的研究非常重要。这是因为具体的事件、社会行为或陈述的意义在很大程度上取决于它出现的背景。如果你抹杀或忽视具体事件、社会行为或对话的社会背景，就会严重地歪曲它们的意义。没有背景信息，它们真实的意义或重要性常常不能显现。这就要求你密切地注意与具体行为、事件或陈述有关的社会背景。它还意味着在不同的情境、文化或历史时期中，同样的行为、事件或陈述却可能具有不同的意义。

假设你要研究选举现象。你不会简单地计算不同时期或文化中的选票数,而可能问，在不同的社会背景下投票意味着什么？不同的社会背景，例如几个政党之间存在激烈的辩论和竞争、候选人势均力敌或者完全是一党独大的情境，同样的行为（例如为总统候选人投票）可能有不同的意义。在你把社会生活零散的部分拼凑成更大的整体之前，你不会理解部分的意义。如果你不了解棒球运动，就很难理解棒球手套的意义。如果你把它看成与寒冷天气中用的连指手套、司机的驾驶手套或者园丁的工作手套一样的手套，那么棒球手套就没有意义了。棒球手套的意义就在于它在棒球比赛过程中的功用和在不同时刻该处在的位置。棒球运动的整体——局数、球棒、曲线球、击球——给每个部分都赋予了意义。没有整体，则任何部分都失去了意义。

要点回顾：定量与质性研究

总的研究类型	定量研究	质性研究
方法	通常为演绎法	通常为归纳法
研究问题	在收集数据之前就已形成并完善	在收集数据过程中形成并完善
路径	线性	非线性
主要目标	检验你开始时提出的假设	揭示 / 描述社会背景的意义
概念和思想	以不同变量的形式来表达	以主题或主线的形式来表达
测量	在收集数据之前计划准确的测量法	在收集数据时创造特殊的测量法
数据	数字形式	语言或图像形式
理论	大多为因果关系	可以是因果或其他
数据分析	包括表示数字之间关系的统计量、表格或曲线图	通常包括对社会背景进行详细描述的叙述式的故事

5. 你怎样寻找数据中的模式 定量和质性数据都要寻找其模式，但方法不同。对于定量数据，你会利用曲线图、表格和统计量重新排列、考察和讨论数字，从而发现数据模式。它们以数字数据的形式揭示模式。你会把数据模式与你的研究问题联系起来。从某种程度上说，假设既是对研究问题的回答，又是对曲线图、表格和统计数据所揭示出的内容的预测。

对于质性数据，你可以通过重新排列、考察和讨论文本或视觉的数据来寻找数据模式。你这样做可以传达真实的声音，或者忠实于你对所研究的人物或情境的最初理解。当数据（也即观察到的事件、谈话或情境）出现在特定的背景时，你就能发现数据中的模式（也即顺序、周期和差异），而不用依赖曲线图、统计量和展示数字。你或许会把模式从主题的角度或当成记叙文来讨论。记叙文就是有开篇和结局的故事，故事的主角或者重要的影响因素吸引着读者从头读到尾。质性数据通常比数字更为复杂，充满了更多特定的意义。基本上，你必须为那些对特定研究背景缺乏直接经验的人解读数据，或者让他们理解。例如，你描述了一段 30 秒无人说话的社会交往。

> 一位西装革履的中年男子冲入了咖啡店，打开钱包，把一张 5 美元的钞票放到了柜台上。店员一言不发，迅速地冲了一杯咖啡到外卖杯子里并加了奶油。该名男子拿起了杯子，转过身，迅速地走出大门。

在观察、谈话和背景的基础上，你对这一社会交往进行了解释。这位男子是火车站附近咖啡店的常客。五年来每天早晨他都会来这里。今天他急急忙忙要赶一趟开往市中心上班地点的往返火车。乘坐火车时他会喝咖啡。店员认识该名男子，也知道他要买什么。这位男子每天都购买一样的食品。作为回报，店员每次都会急着招待这位男子。如果这位男子非常匆忙，他就会只拿出 5 美元的钞票。咖啡只要 1.5 美元；5 美元除支付咖啡外，还有 1.5 美元用于购买他进店之前在咖啡店前面拿走的报纸，另有 2 美元的小费。而在等车有空时，他就会坐下来，与店员聊聊棒球和时事。

6. 你会做何种解释 解释一词有两种用法。其一是日常用法，解释表示用例子或者日常原因向他人澄清事物或者使其易于理解。另一种是研究用法，表示回答“为什么”的问题并把事物置于有关的理论、思想框架或一组环境中，从而便于理解。

如果你要做解释性研究，就要提出研究性解释。研究性解释有很多种，最常见的是**因果解释**（casual explanation），在进行因果解释时，你要为某种效应或结果寻找一个或多个原因。解释中的原因对应于自变量，效应对应于因变量。因果解释通常包括在更宏观的理论或思想框架之中，它有以下 3 个组成要素：

- 时间顺序：原因必须在时间上早于它引起的效应或结果。
- 联系：原因和效应具有联系或者它们一起出现、互相随着对方变化。有人把它叫作相关，虽然从专业上来看相关是对联系的一种特殊测量。

- 排除了其他替代原因：没有原因比你找到的更好或更强。

原因（自变量）必须最先发生。通常你能观察到或从逻辑上确定时间顺序。同时发生的两个因素存在联系：也就是说，如果某个因素出现或者表现出很高水平，另一个因素也会出现或者表现出很高的水平。有各种统计方法可以测量因素间的联系。最有名的就是相关。上述 3 个要素中最难以观察或证明的就是最后一项。如果你声称某个因素引起了另一个因素，那就不应该存在任何更有力、更真实或者更好的原因，它们出现了而你没有发现它们。这个要素很重要，因为存在许多构成原因的因素，有些很明显，有些则较隐蔽。如果你指出某个因素引起了另一个因素，但还存在一个没有认识到的、更强的原因，就会误导他人。你一定要努力排除其他可能的原因（见本章后面对虚假关系的讨论）。

在因果解释中，你可以先概括然后举例说明，如下所示：

A 一般会引起 B。
现在出现了情境 A，因而我们期望能发现 B。
例子：多年的牢狱生活会使囚犯在释放之后很难找到稳定、高薪的工作。布朗坐了多年的牢；他在释放之后很难找到稳定、高薪的工作。

你可以把观察到的特殊例子纳入更普遍的规则或模式之中。还可以把因果解释改写为自变量和因变量。

自变量：个体之前是否有很多年被关押在牢房里。
因变量：寻找稳定、高薪工作的困难程度。

有时质性数据的研究者也会采用因果解释。但大多时候他们不会，相反他们会在数据收集的过程中提出观点或理论。他们依据特定的数据提出一般的观点。他们的解释并不涉及两个变量之间的因果联系，而是表现为主线、主题或特征等形式。很多质性数据的解释都表现为**扎根理论**（grounded theory）的形式。扎根理论通过比较来进行解释。例如，你观察到某起事件（如警官处理超速行驶的汽车司机）。你会寻找异同点。你会问，警官在行动之前是否总是通报汽车车号？在通报了汽车位置之后，警官是否会请司机下车，但有些时候也会随意地走近汽车并与坐着的司机交谈？当数据收集和理论化交织在一起时，就会提出理论问题，提示将来的观察对象。你收集新的数据后，就能回答根据先前的数据提出的理论问题。

7. 你研究的分析单元是什么 每个研究都包含分析单元。它们对于你清晰地思考和计划研究项目尤为重要。研究者很少会十分明确地识别分析单元。研究问题决定了分析单元的性质，分析单元转而影响研究设计，所以对它们心中有数有助于你更好地设计研究并避免错误。**分析单元**（unit of analysis）是你测量变量和收集数据的单元。常见的单

元有个体、团体（如家庭、联谊团体）、组织（如公司、大学）、社会类属（如社会阶层、性别、种族）、社会制度（如宗教、教育、家庭）和社群（如国家、部落）。假设你要做一项描述性研究以查明美国北部的院校是否比南部院校在橄榄球项目上投入更多。你的变量就是院校地点和花在橄榄球上的资金量，这一情境下的分析单元就是院校。它来自研究问题。

在社会研究中，个体是最常用的分析单元，但它绝不是惟一的。不同的问题提示着不同的分析单元，不同的研究方法也有最适合的特定单元。例如，在向学生调查性骚扰问题时个体就是分析单元（见研究示例专栏 2.1：性骚扰）。另一方面，你可能会进行一项研究比较 20 所不同的大学性骚扰程度。你可能会认为性骚扰在有着更多酗酒问题的大学里更为严重。你可以测量校园里与酗酒有关的行为问题 / 拘留的次数，还可以根据控诉性骚扰的报告次数以及校园心理咨询师用于性骚扰的时间来衡量性骚扰的程度。你的分析单元就是组织，具体来说即大学。这是因为你在比较不同大学的特点。分析单元会影响数据收集的方式和分析水平（见下文）。

8. 你研究的分析水平是什么 社会世界是在从小规模或微观层面（如数个朋友、小团体）到大规模或宏观层面（如整个文明或社会的重要结构）的连续体上运转的。**分析水平**（level of analysis）是你考察现实的层次。它结合了人的数量、地理空间的幅度、活动的范围以及时间的跨度。微观水平的研究可能涉及一个小房间里 5 个人之间 30 分钟的互动。宏观水平的研究可能包括三大洲一个世纪里的 10 亿人。分析水平限定了你要使用的假设、概念和理论的类型。它还会影响分析单元的选择。我们来看看连续体两端的例子。

微观水平：假设你要研究大学生之间的约会问题。微观水平的分析会关注诸如人际交往、相互的友谊和学生个体间的共同兴趣等方面。假设你认为学生们倾向于与那些在课堂有私人接触、有共同的朋友以及有共同兴趣的人约会。你或许会收集 100 个学生的朋友、交往和人际关系的信息。学生个体就是你的分析单元。

宏观水平：假设你想知道社会经济的不平等对社会暴力行为的影响。你可能对整个社会的不平等程度（如财富、资产、收入或其他资源的分配）感兴趣。同样，你可能会考虑社会暴力的模式（如对其他社群的攻击、暴力犯罪的程度、家族间的暴力世仇、黑帮土匪和军阀的有组织犯罪、基于宗教和种族的冲突）。因为这个主题的特殊性和社会现实的层次，你提出了宏观水平的解释。你收集了 50 个国家 20 年的程度等水平的数据，以及每个国家暴力行为发生数量的数据。国家就是你的分析单元。（至此，研究方案中关于研究设计的 8 个问题已介绍完毕，简单的总结见图 2.10。）

警惕：排除虚假关系 设计因果解释的研究时，有必要知道一个可能完全颠覆你所做解

图 2.10 研究方案中关于研究设计问题的快捷清单

何时提出你的研究问题?	非常早或者较晚出现
你研究的范围是什么?	你能推广到的单元广度
你的研究路径是什么?	线性或非线性
你要考察什么?	变量和假设还是个案和背景
你怎样解释数据中的模式?	统计和曲线图还是主题和叙述
你使用何种解释?	因果解释还是扎根理论
你的分析单元是什么?	你测量的个案或单元
你的分析水平是什么?	微观到宏观

释的问题。如前所述，因果解释需要 3 个条件：时间顺序、联系和排除其他替代原因。你可以观察或检验前 2 个，但第 3 个原因要素则难以处理，必须确保不存在其他替代原因。替代原因可能并不明显。如果看不见的替代原因强烈地影响了你的因变量，那么你对原因（自变量）所下的论断就是错误的。两个变量之间存在时间顺序和紧密联系并不意味着你就可以松懈。它可能是一种错觉，正如大热天里路边出现的像是海市蜃楼的一潭池水。

虚假关系（spuriousness）是因为没有意识到的其他变量引起了自变量和因变量的变化而错误觉知到的因果关系。你认识到两个变量之间具有强烈的相关，但这两个变量可能并非真实的原因和效应。要确定因果关系，你还必须检查是否有虚假关系。

虚假关系或许看起来复杂，但它也得适用常识性逻辑。你已经知道空调的使用量和圆筒冰淇淋的消费量存在关联。如果你测量空调的使用量和每天卖掉的圆筒冰淇淋数量，你就会发现两者有强烈的相关。圆筒卖得越多，同一天人们会更多地使用空调。然而，你知道食用圆筒冰淇淋并不会导致人们打开空调，或者打开空调并不会引起人们对冰淇淋的需求。相反，第三个因素引起了这两个变量的变化：热天气。

你或许会问，怎样才能分辨两个变量间的关系是否虚假？怎样才能发现神秘的第三个因素？当你准备研究方案时，怎样建立安全机制以避免虚假关系？采用不同的研究方法，你就会以不同的方式应对虚假相关。实验方法的内部设计有助于控制虚假关系。在考察调查的数据和现有的统计资料时，你必须确定控制变量，这些变量可能检验替代原因。然后你要应用统计方法（本书后面会讨论）来检验变量的联系是否是虚假关系。在任何情况下，包括质性数据分析，你都需要理论，或者至少要有合理的猜想，来考虑哪些替代原因可能对你视为原因和效应的因素带来影响，这些替代原因你都要考虑。掌握虚假关系概念的方法之一是考察实例（见以史为鉴：台灯和虚假关系）。

让我们再审视一例虚假关系。吸毒是否会引起更多的自杀、辍学和暴力行为？许多人都指出了吸毒和自杀、辍学和暴力行为之间的正相关。他们坚决主张停止吸毒就能终

以史为鉴：床前台灯和虚假关系

许多年来，研究者观察到床前台灯的使用和儿童的近视之间有强烈的正相关。医疗专家认为台灯以某种方式致使儿童出现视力问题，并建议父母不要为儿童购置台灯。也有研究者发现所谓台灯的使用导致近视的说法并没有充足的理由。一项 1999 年的研究发现了答案。该研究发现近视的父母更可能使用台灯。父母也会把他们的视力缺陷遗传给子女。该项研究发现一旦考虑到父母的视力因素，台灯的使用和近视就没有联系。因而，一旦考虑到先前未被认识到的父母视力缺陷和夜间行为的影响，原先的因果联系就是误导性的或虚假的（见《纽约时报》，2001 年 5 月 22 日）。

止此类问题。另一种观点主张人们沉迷于毒品是为了应对感情问题或他们所处社区的极度混乱（如高失业率、不稳定的家庭、高犯罪率、社区服务很少以及缺少教养）。同时，存在情感问题或生活在混乱社区里的人们常常处于如此困窘之境，以致他们更可能自杀、辍学和发生暴力行为。减少情绪问题和缓解社区混乱将可能一并终止吸毒和其他问题。仅仅限制吸毒的效果非常有限，因为这并没有处理根本的原因（也就是情感问题和社区混乱）。如果第二种观点正确，那么毒品和上述问题行为的表面关系就是虚假和错误的。这是因为情绪问题和社区混乱是最初没有认识到的真实的替代原因（见图 2.11）。

图 2.11　虚假关系示例——毒品和自杀的关系

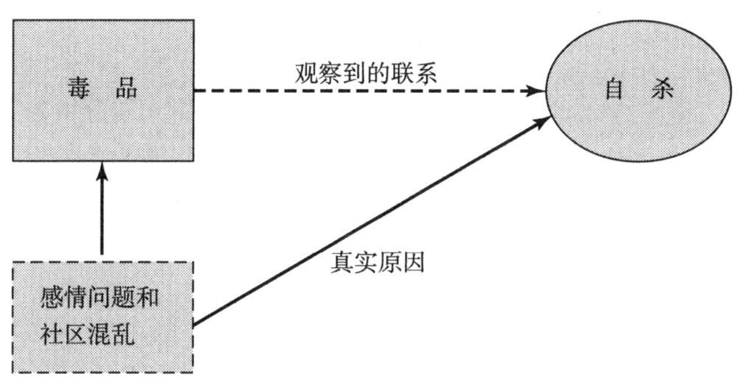

本章回顾

在本章，你学习了开始研究的准备工作。你知道怎样进行文献研究，把主题细化为具体的研究问题，识别分析的单元和水平。采用质性或定量数据的决定表明在你开始研究时会有不同的决策次序。选择质性还是定量的方法（或者两者兼而有之）取决于你的主题、目的和研究结果的预期用途以及研究假设。

如果你认为定量数据最适合你的研究，你就应选择线性路径，强调客观性，使用明确的、标准化的程序和因果解释。你会使用变量来表述和检验假设。这一过程是先于数据收集的一系列分离的步骤：把主题细化为更集中的问题，把概念转变为变量，提出要检验的假设。在实际研究中，你当然会前后地来回反复，但基本的过程是以单一、线性方向进行的。你的解释一般用因果形式。

如果你认为质性研究最适合你的研究，你就应遵循非线性的路径，强调详尽地了解自然场景或特殊背景的细节。你较少采用标准化的程序或明确的步骤，你必须开发实地技术。你会使用个案和背景来表述，它们会指引你详尽地考察特殊的个案和过程。在数据收集之前你不会单独安排研究计划和设计阶段，而是在整个数据收集的早期一直改进研究设计。以你从数据中所了解到的内容为依据，逐渐地提出特定的研究问题。当你仔细思索数据时，就能提出扎根理论的解释。

质性和定量的区分常易夸大，两者并非绝对化的对立。你可以结合这两种数据类型。在你混合这两种数据之前，需要了解它们的含义并根据它们自身的特点进行正确评价。你应该认识到定量和质性数据都有优缺点。你的最终目标是要更好地理解和解释社会世界里的事件，最好的做法就是正确评价每种数据所具有的价值。

研究人和人际关系还会涉及伦理道德问题。在下一章我们就要考查研究的伦理问题。

学以致用

实践活动 1

去你所在的大学图书馆（实地或访问网址），找到文献搜索工具。你或许要请教图书管理员以了解图书馆可以提供哪种特定的服务；一些常见的工具有 JSTOR，EBSCO，WilsonWeb 和 Proquest。请选择一种文献搜索工具并用“tattoo”（纹身）一词进行搜索。请把你的搜索限制在同行评议的学术期刊上，然后回答下列问题：

- 在过去的 10 年间对纹身主题进行的研究一共有多少？____
- 在过去的 5 年间对纹身主题进行的研究一共有多少？____
- 根据文章标题或摘要，过去 5 年里有多少百分比的研究看来与医疗问题有关（例如感染等）？____

实践活动 2

选择另一种不同的文献搜索工具重复实践活动 1。你发现了什么差别？这种差别的原因是什么？

实践活动 3

记录你在实践活动 1 和 2 找到的 5 篇最新的学术期刊文章。请使用 ASA（美国社会学会）格式准备好一份参考文献 / 书目。确保根据第一作者的姓氏的字母顺序来对文章排序。注意学术期刊文章的作者如果超过 1 位，最先列出的作者一般比其他作者做了更多的研究工作，所以你要保留名字顺序。

如果你利用谷歌搜索“美国社会学会文体”，你会找到许多大学图书馆网站能为你整理参考文献提供额外的帮助。你也可以在以下网址找到 ASA 格式的信息：http://www.asanet.org/page.ww?name=Quick+Style+Guide§ion=Socilogy+Depts

实践活动 4

对你感兴趣的主题采用定量数据来设计研究的第一部分。请完成研究设计的下列各个部分：

主题：________________

研究问题：________________

假设：________________

上述假设的自变量：________________

假设的因变量：________________

你研究的分析单元：________________

实践活动 5

下面是从学术期刊《社会科学季刊》(*Social Science Quarterly*）选出的 3 篇文章，请指出每篇文章的分析单元、范围和因变量。

1. “The Effects of Visual Images in Political Ads：Experimental Testing of Distortions and Visual Literacy” (*Social Science Quarterly*, 2000, 81:913–27) by Gary Noggle and Lynda Kaid.
2. “The Politics of Bilingual Education Expenditures in Urban Districts” (*Social Science Quarterly*, 2000，81:1064–72) by David Leal and Fred Hess.
3. “Symbolic Racism in the 1995 Louisiana Gubernatorial Election” (*Social Science Quarterly*, 2000，81:1027–35) by Jon Knuckey and Byron Orey.

参考文献

Atkinson. Michael. 2003. *Tattooed: The Sociogenesis of a Body Art*. Toronto: University of Toronto Press.

Atkinson, Michael. 2004. “Tattooing and Civilizing Processes: Body Modification as Self-control.” *Canadian Review of Sociology & Anthropology* 41(2):125–146.

Caplan, Jane (editor). 2000. *Written on the Body*. Princeton NJ: Princeton University Press.

DeMello, Margo. 2000. *Bodies of Inscription. Durham* NC: Duke University Press.

Fisher, Jill A. 2002. Tattooing the Body, Marking Culture. *Body & Society* 8 (4):91–107.

Harris Interactive. 2003 “A Third of Americans With Tattoos Say They Make Them Feel More Sexy” http://www.harrisinteractive.com/harris_poll/index.asp?PID=407 (downloaded 3/25/08).

Hawkes, Daina, Charlene Seen and Chantal Thorn 2004. Factors That Influence Attitudes Toward Women With Tattoos. *Sex Roles* 50 (9/10):593–604.

Horne, Jenn, David Knox, Jane Zusman, and Marty Zusman, 2007. “Tattoos And Piercings: Attitudes, Behaviors, and Interpretations of College Students.” *College Student Journal* 41 (4):1011–1020.

Kang, Miliann, and Katherine Jones. 2007. “Why do people get tattoos.” *Contexts* 6(1):42–47.

3

培养科学研究的道德

美国公共卫生署（Public Health Service）在 1932 年开始了一项对梅毒病程进展的研究。研究的目标是为感染梅毒的非裔美国人改善治疗方案。美国亚拉巴马州的梅肯郡（Macon County）的 600 名低收入的黑人男性参加了这项“塔斯基吉（Tuskegee）黑人男性的未接受治疗的梅毒研究”。研究的参与者有 399 人感染了梅毒，201 人为没有感染梅毒的正常人。研究者从未告诉参与者这是一项针对梅毒的研究，或者他们之中有人感染了梅毒。相反，他们告诉参与者研究只是治疗他们的“不适”，当地把很多疾病（包括梅毒、贫血和疲乏）统称为“不适”。作为对参与该项研究的补偿，参与者可以获得免费的体检、膳食和丧葬保险。研究者要求当地的医生不要为参与者治疗梅毒。虽然研究预定只进行 6 个月，但却持续了 40 年。研究者从未为参与者治疗过梅毒，即使在 1947 年发现了高效的治疗药物青霉素之后。他们的跟踪研究一直持续到参与者病故。梅毒如果不经治疗会经过几个发病阶段。二期梅毒发作之后病程持续 3 个月到 3 年，会引起发烧、淋巴节肿大、咽喉肿痛、头发脱落、头痛、体重减轻、肌肉酸痛和疲劳。如果二期梅毒还未接受治疗，就会发展为晚期梅毒。晚期梅毒会损害病人的心脏、双眼、大脑、神经系统、骨骼和关节，引起精神疾病、失明、失聪、记忆力丧失、严重的神经系统疾病、心脏病乃至死亡。

上述研究终因一位新闻记者的揭发而在 1972 年结束。到该研究结束时，已有 28 位参与者死于未经治疗的梅毒。还有一百多位参与者死于与梅毒有关的并发症。有 40 位妻子感染了参与者的梅毒，19 位子女在出生时就染上梅毒。报道这起事件从而结束该项研究的记者曾与该研究的访谈员交谈过。这名访谈员 5 年来一直试图引起美国公共卫生署对研究的道德问题的注意，但他并未说服官方高层结束该项研究，并为参与者提供适当的医疗护理。

随着媒体的揭发，该研究在 1973 年成为全国性的丑闻。在美国国会举行公开听证会之后，政府对涉及人的研究的道德规定进行了全面的修正。最终，幸存的研究参与者起诉了美国政府，并在庭外和解中获得了一千万美元的赔偿。即使在 1974 年达成了和解，美国总统在和解之后经过 23 年才向参与研究的幸存者道歉。

塔斯基吉梅毒研究只是美国涉及人的研究罔顾基本的道德原则的最为臭名昭著的个案之一。有两本书、一部戏剧和一部电影即《黑色眷炕》（*Miss Evers' Boys*）记录了这一事件。这一违背道德的研究和公众对它的关注表明涉及人的研究存在禁区。如果你要研究人，必须遵循一定的道德原则。在本章，你将学习做社会研究时要注意的道德问题。

如果你要对人做研究，不能仅单纯根据一定的程序收集数据，还必须符合道德规范。我们做研究是为了发现真知、回答问题、解决难题或者帮助人类，但做研究时我们必须始终在道德上承担责任。研究的道德规范包括在决定合适的研究方法时所遇到的顾虑、两难和冲突。道德规范界定了什么符合或不符合道德标准。这个问题并不像初看起来那样简单。很少有什么明确的绝对道德真理，相反很多基本的道德原则或指导方针需要你运用自己的判断力。实践中有些道德原则会彼此冲突或者要求你平衡相矛盾的规范的主次轻重（见图 3.1）。

你必须平衡研究的潜在收益（如促进理解和改善决策）和潜在代价（如尊严、自尊、隐私或个体自由的丧失）。

道德前提

在研究开始时你就应该考虑道德问题，与制定研究计划或准备研究方案同步。在研究的过程中，你或许会面临道德问题，必须迅速地决定怎样行动。在你真正开始进行研究之前，很难全面地正确评价道德问题，但要等到研究的中间阶段来处理又太晚了。你必须提前做好准备，考虑道德影响。通过熟悉可能发生的道德问题，你可以将正确的研究道德观筑入研究方案中，并警惕可能出现的道德问题。对研究道德的觉悟也有助于你理解研究过程。

图 3.1 做研究时要平衡的两项规范的主次轻重

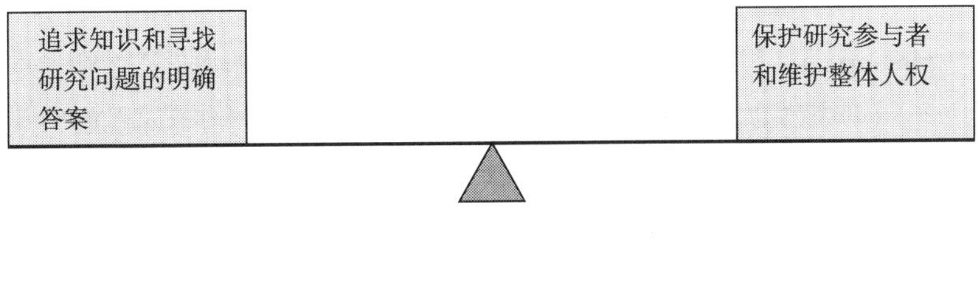

追求知识和寻找研究问题的明确答案

保护研究参与者和维护整体人权

不论何时和何地研究者都应有强烈的道德心和职业责任感，遵循道德规范来行事。即使研究的参与者没有意识到这一点或者根本不关心道德问题，即使雇主或研究的赞助方毫不关心道德问题或者要求你参加不道德的研究实践，研究者仍必须遵循道德规范。“研究的参与者不在乎”或“老板告诉我这么做”绝不是发生不道德行为的可接受的理由。

大多数行业（例如新闻、司法、医药、会计等）都有道德标准，而用人做研究的道德标准比其他领域的标准更为严格。要合乎道德地进行研究并不总是那么容易做到。数百年来，道德、法律和政治方面的先贤们就讨论过研究者可能面临的道德问题。最终，道德行为由你——每位研究者来开始和完成。抵御不道德行为最好的工具就是个体自身具有的坚定的道德行为规范。在进行一项研究之前、期间和之后，你都有机会反思研究活动的道德问题并扪心自问，也应该这样做。最终，合乎道德的研究就依赖于你个人正直的品格。

考虑到大多数研究者都真正地关心他人，你可能会问，为什么还会有人以不负责任的态度进行不道德的研究？发生不道德行为最常见的原因是缺乏遵守道德的意识和在压力下为了省事而罔顾道德。人们会因感到压力而去创业、发表新研究结果、推进知识、追逐名望、打动家人和朋友、达到工作要求等。进行有道德的研究通常耗时更长、成本更高，完成也更复杂。此外，研究中的很多时候都可能做出不道德行为，被逮住的可能性很小，而且书面的道德标准多为模糊的原则，不容易实施。

如果你的行动一直符合道德标准，没有人会跑过来称赞你。这是因为道德行为是人们预期的行为。然而，如果你的行为不道德并被人逮住，你就可能当众出丑、职业尽毁和被人起诉。为做好有道德行动的准备，你要内化对道德问题的敏感，接受严肃的职业责任，并保持与其他研究者的联系。

学术不端行为

专业的研究者、研究中心和资助研究的政府机构都有禁止**学术不端行为**（scientific misconduct）的规定（参见研究示例专栏 3.1：学术不端行为与奇迹研究）。两种主要的学术不端行为是研究欺诈和剽窃。这两种行为都严重地违反了道德，不可饶恕。

研究欺诈（research fraud）是严重的欺诈或谎报数据或研究结果。如果研究者编造自己实际上没有收集的数据，未能诚实而全面地说明研究的过程，就在进行研究欺诈。研究欺诈很少发生，但包含着做研究和报告研究结果时对普遍认可的做法的重大、无正当理由的背离。如果有人进行研究时明显地与普遍认可的研究做法不一样，人们就会怀疑此人要么不称职要么涉嫌欺骗。

剽窃（plagiarism）是“偷窃”他人的思想或著作，使用时却不说明出处，把他人的作品或者思想据为己有。如果从他人的研究报告上抄下 2 个句子或者使用其他研究者的问卷却不注明出处,你就在剽窃。你必须十分认真地努力记录出处并恰当地引用它们。

研究示例专栏 3.1：学术不端行为与奇迹研究

在 2001 年 10 月，同行评议的刊物《生殖医学杂志》（*Journal of Reproductive Medicine*）发表了 3 名哥伦比亚大学（Columbia University）医学院的研究者做的一项研究。研究者（Lobo，Cha & Wirth）声称已证明不孕妇女在有人祈祷时怀孕的概率是无人祈祷时的 2 倍。研究者报告 199 名韩国不孕妇女接受了试管受孕措施，分别有澳大利亚、加拿大和美国的基督教团体为她们祈祷，她们受孕的成功率是那些无人祈祷的不孕妇女的 2 倍。研究者从未告诉不孕妇女她们是研究的参与者以及有人为她们祈祷。全世界的报纸都在炒作这一研究结果，电视新闻节目也介绍了这项奇迹般的研究。

认真的读者对这项研究很快就会产生怀疑，因为缺少详细的细节信息，该研究的设计也很特殊、非常复杂。当研究者拒绝公开数据和回答质疑时，疑虑增加了。第一作者罗杰里奥·洛勃（Rogerio Lobo）博士一开始不配合调查；之后说他直到该研究完成之后的 12 个月才知晓它。后来他把自己的署名从该项研究删除了，辞去了妇产科主任一职。洛勃博士和这份杂志有着一定的关系，这可能影响了同行评议过程。第二作者查（Cha）博士则拒绝回答提问，在该研究发表后不久就离开了哥伦比亚大学。数年之后另一家学术期刊认定他剽窃。该项研究发表后不久，另一位作者丹尼尔·沃思（Daniel Wirth）则就在商业幕后交易中密谋进行诈骗认罪（他是位没有医学学位的律师，多年来使用各种假身份行骗）。不久人们获悉研究者并没有得到参与者的知情同意书。知情同意表明研究的参与者“愿意”或说自愿同意成为研究的一部分，并且“了解情况”（即他们明了自己同意参加的研究的某些内容）。这引起了美国卫生与公众服务部（Department of Health and Human Services）的官方调查。随着调查的进展，人们愈发怀疑研究者伪造了研究数据，这项研究只是一起学术欺诈。所有作者、赞助研究的大学和刊登该研究的学术期刊的声誉都无可弥补地受到了玷污。

美国杜克大学的米切尔·库鲁科夫（Mitchell Krucoff）等人进行了另一项对祈祷的康复作用的研究。研究发表在 2005 年的学术杂志《手术刀》（*Lancet*）上。在这项研究中，700 名心脏病患者接受了世界各地的佛教徒、穆斯林、犹太教徒和基督教徒会众的祈祷。作者完全公开了所有的研究细节，回答了所有的询问，遵守了所有的道德准则。研究设计直接明确，不存在学术欺诈的迹象。然而这项研究发现祈祷对病人的康复没有效果。作者指出在进行更多的研究之前，无法知道祈祷是否对医疗康复有任何影响。

完善的文档记录非常方便其他研究者根据出处找到原文献。

不道德但合法

不要混淆道德和法律。研究活动可能完全合法（即没有触犯任何法律）但显然不道德（即违反了公认的研究道德标准）。生活中也会发生这种现象。例如某个人可能虚伪、狡诈、不值得信赖，言而无信，经常撒谎。此人没有道德，但他并没有触犯法律（除非他进行了商业欺诈或者在宣誓作证时说谎）。这样的人可能没有朋友，也没有人信任他，但不会因此入狱（见图 3.2 的法律行为和道德行为的关系）。

如图 3.2 所示，大部分研究活动都是合乎道德和法律的。人们能迅速地发现既不合法也不道德的研究活动。研究活动违法但却合乎道德的例子非常少（见研究示例专栏 3.5：不要违反保密性保证）。更常见的情况是，研究活动合法但却违反道德标准，因为道德

图 3.2　研究中合乎法律和道德活动的类型

	道德的	
合法的	是	否
是	有道德且合法	合法但不道德
否	非法但有道德	不道德且非法

比法律更宽泛。循法行事并不能保证你的研究活动就合乎道德。你或许想寻找研究道德方面的指导。幸运的是，你可以从多种途径得到指导：同事、伦理顾问委员会、研究伦理审查委员会（本章稍后讨论）、行业道德规范（本章稍后讨论）以及已发表的讨论研究道德的文章。

涉及研究参与者的道德问题

你作为参与者参加过科学研究吗？如果参加过，又有什么遭遇呢？对研究道德的关注大部分集中在研究对参与者可能造成的不利影响，这比其他问题都更引人关注。这是因为过去研究的一些不当做法对参与者造成了伤害，而全面保护研究的参与者，不妨碍他们的绝对权利，可能会使得研究无法进行。在参与者配合研究时，保护他们的权利也很重要。

在道德方面存在很多灰色地带，你必须权衡各种对立的价值观；不过，学术界、职业道德和法律都会界定一些明确的道德禁区：

- 决不给研究参与者造成不必要或不可挽回的伤害。
- 在研究开始前总是要得到参与者的自愿同意。
- 决不不必要地羞辱或贬低参与者。
- 决不泄露为研究目的所收集的对于特定个体不利的信息。

如果你的研究要合乎道德，要遵循的规则很简单：永远要尊重研究的参与者。作为主持研究工作的人，你肩负着明确的道德责任，要为研究参与者提供基本的保护。

以人为对象研究的道德原则的起源

对研究参与者所受待遇的关注可以追溯到 20 世纪初的医学研究。在公众听说某些研究者打着研究的幌子恶劣地侵犯参与者的基本人权之后，这种关注空前地高涨起来。最为臭名昭著的侵害是 20 世纪 40 年代发生的纳粹德国和日本的“医学实验”（见以史

以史为鉴：纳粹医生

医生立下的希波克拉底誓言[1]就属于医疗行业的道德。它规定："决不故意伤害任何人。"在20世纪40年代，颇受尊重的德国科研和医疗专家却违背了这一誓言。他们为了研究人类对无辜的成年男女以及儿童犯下了令人发指的暴行。研究者的研究标准很严格，他们非常认真地收集数据。甚至在学术期刊上发表他们的研究结果。然而，他们的工作一点也没有道德，没有保护研究的参与者。

德国研究者进行了毒气、毒药和低温冷冻研究，致使集中营中的大量难民死亡。他们给难民注射伤寒杆菌和疟疾疟原虫来研究这些疾病。研究者故意把难民暴露在芥子气和燃烧弹的伤害之下，来研究这些武器的伤害过程，他们还活活把难民饿死来研究饥饿的进程。在德国进行研究同时，日本的731部队为改进细菌战对人类进行了类似的残暴研究。成千上万的人，包括平民和战俘，成为731部队的试验品。日本军医进行了活体解剖（剖开身体切开肌肉），还使囚犯感染上各种疾病然后切除器官来研究这些疾病。这些研究都是在病人还活着的时候进行的。被活体解剖的囚犯包括成年人、儿童和婴儿。为了研究血液流失，日本军医还冷冻囚犯的四肢（双手、手臂和双腿）并截肢，或者冷冻完好的四肢然后进行解冻来研究坏疽和腐烂的自然病程。研究者还用人做攻击对象来测试手榴弹、燃烧弹、细菌弹、化学武器和炸弹的效果。还有研究者把人倒挂起来看看需要多久才会使人窒息致死。

第二次世界大战结束时，同盟国（主要是英国、法国和美国）把纳粹医生送上了德国纽伦堡的战犯法庭。审判发现许多研究者都犯有"反人道主义罪行"。这次审判直接导致以人为对象研究的国际道德标准的诞生。战后日本研究者的战争罪行很少受到审判，731部队的残暴行径也较少受到公众的注意。这是因为太平洋战争结束得较晚，欧洲较少涉入其中，而大部分受害者都是亚洲人，由于种族歧视较少引起国际关注。

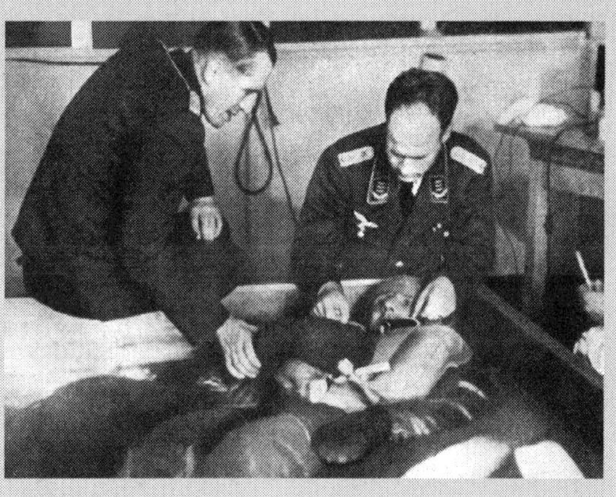
Scherl/Sueddeutsche Zeitung Photo/The Image Works

1 Hippocratic Oath，即新开业医生所立之誓约，誓言规定了医生对病人、社会所担负的责任以及医生的行为规范，以希波克拉底的名字命名。希波克拉底是公元前5~4世纪希腊著名的医生，这一誓言可能在希波克拉底之前就已经在医生中以口头的形式代代相传，希波克拉底首先把这一誓言用文字记录下来。这一誓言的基本精神被视为医生的行为规范，沿用了2000多年。直至今日，许多国家的医生在就业时还必须按此誓言宣誓——译者注。

为鉴：纳粹医生）。尽管有以研究之名残暴地对待参与者的事例，如塔斯基吉梅毒研究，然而此类事件的每一次曝光都会再次延续和推进人们对道德原则的讨论。

在塔斯基吉梅毒研究以及二战期间残暴的医学实验中，借着科学研究和追求真知之名，多少孤弱无助、手无寸铁的人们饱受摧残。没有人自愿地同意参加这样的研究，也没有人告诉他们下一步会发生什么。这种情况催生了自愿参与的原则（本章稍后讨论）。

令人欣慰的是，所有这类野蛮的研究行径在20世纪40年代都结束了。然而，不道德的研究仍然时有发生。

直到20世纪70年代为止，美国的医学研究还不能一直提供全面的道德保护。例如，美国的研究者在1940年还给400名囚犯注射疟原虫来研究疟疾。他们并没有告诉囚犯实验的性质。此类疟疾研究一直持续到1946年。在20世纪40年代到60年代美国军方研发核武器期间，研究者研究了放射性物质对人的影响。除了监狱的囚犯外，研究者的研究对象还包括美国士兵、住院病人或智障儿童。在一项研究中，研究者把放射性物质投入了儿童早餐的麦片粥里。美国军方还在研究时给毫无防备之心的人服用引起幻觉的药物，如迷幻药（LSD，俗称摇头丸），来研究这些药物的作用。在20世纪60年代期间，医学研究者还给犹太慢性病医院（Jewish Chronic Disease Hospital）的病人注射活性的癌细胞，给收容在纽约威洛布鲁克学校（Willowbrook School）患有发展障碍的儿童注射肝炎病毒。在20世纪70年代期间，研究者还在监狱囚犯身上检测了超过90%的新药，尽管公众越来越多地质疑道德保护不足。

保护研究参与者免受伤害

对于保护研究参与者的讨论大部分集中在医学研究中，但社会研究也会造成各种伤害：

- 物理伤害或身体损害
- 严重的情感困扰或心理伤害
- 触犯法律并有损于个人的事业、声誉或收入

某些特定的研究类型（例如实验相对于实地研究）更可能发生某些伤害。作为研究者，你有责任了解可能发生的伤害，并采取预防措施尽可能降低对参与者的伤害。具有指导意义的道德原则是不应该有人因为参加科学研究而直接遭受伤害。

身体伤害 身体伤害在社会研究中很少出现。道德规则很简单：（任何条件下）决不故意使研究参与者受到身体伤害。要合乎研究道德，你必须预估到危险，包括基本的安全问题（例如建筑物、家具和设备的安全）。这意味着如果你要他们面临巨大的压力，就必须谢绝那些高危的参与者（即那些有心脏病、心理障碍和突发疾病的人）。如果有人因为参加研究而受到伤害，研究者就要承担道德和法律责任。如果你不再能保证参与者的身体安全，就应该立即结束研究项目（见研究示例专栏3.2）。当然，如果你在危险的情境下作研究，你也应该保护自己免受伤害。

心理凌辱、紧张或丧失自尊 有些社会研究把参与者置于紧张、难堪、引发焦虑或不愉快的情境之中。通过把参与者置于精神苦恼的真实情境，我们能了解人们在现实生活高度焦虑的情境下的反应。然而，人为地引起他人的苦恼是否合乎道德？研究者至今还在

研究示例专栏 3.2：津巴多监狱实验

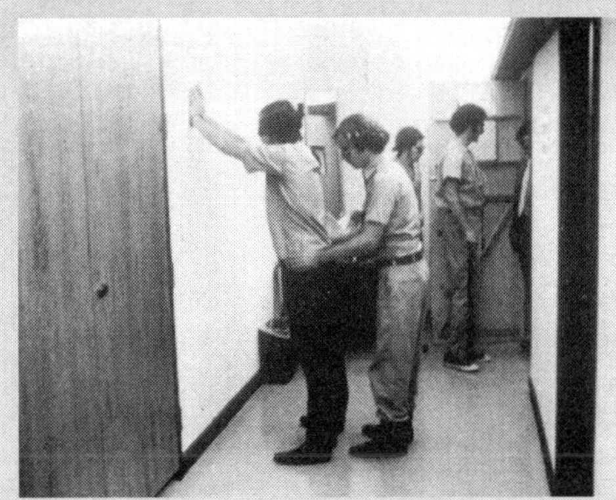

PG Zimbardo, Inc.

菲利普·津巴多（Philip Zimbardo）模拟监狱的环境进行了一项实验（Zimbardo, 1972）。在实验之前，他给男学生志愿者进行了人格测试，只选择那些测试结果在"正常"范围的志愿者。然后随机地把志愿者分成两组进行角色扮演：警卫和囚犯。这项研究在斯坦福大学一栋楼房的地下室里进行，模拟监狱的环境。津巴多告知扮演囚犯的参与者们，他们会受到警卫的监视，会暂时被剥夺某些公民权利，但实验不会伤害他们的身体。为使模拟实验更加真实，他去除了囚犯的某些个性化特征（囚犯都身着统一的囚服，称呼时只叫他们的数字编号），并军事化地装扮警卫（分发制服、警棍和反光墨镜）。他告诉警卫要保持适度的秩序。警卫要值 8 小时的轮班，并且要每天 24 小时关押囚犯。该研究预计要持续 2 周。出乎意料的是，参与者非常深入地沉迷于他们的角色。囚犯们变得消极、抑郁和混乱。警卫们则变得好斗、专横和丧失人性。实验进行到第 6 天的时候，津巴多因为道德原因取消了这项实验。因为该实验给参与者带来持久心理伤害，甚至身体伤害的风险太大了。

从道德角度争论著名的米尔格拉姆服从研究（见研究示例专栏 3.3）。有些人认为米尔格拉姆采取的预防措施以及研究得到的真知足以抵消研究对参与者可能造成的心理伤害。另一些人则相信极度的紧张和永久损害的风险代价过大。今天没有人会进行这样的研究，因为人们对研究所涉及的道德问题更加敏感。

研究助人行为的社会心理学家常把参与者置于紧张、危急的情境中，考查他们是否会帮助他人。例如心理学家（Piliavin, et al., 1969）假装在地铁里摔倒来研究人们的帮助行为。在实地实验时，地铁里的乘客没有意识到自己参加了这项实验，也没有表示愿意参加实验。这项研究的结果非常有价值，但由于没有参与者的书面同意书（本章稍后讨论）以及所造成的焦虑，从而引起道德上的争议。

如果研究项目要故意引起参与者巨大的压力或焦虑，那么只有经验丰富的研究者才有资格考虑能否实施。在引起参与者的焦虑或苦恼之前，研究者必须采取所有必要的预防措施。不仅要请教心理健康方面的专业人士，而且要向已经进行了类似研究的学者咨询。他们还应筛选出并谢绝高危人群，安排好紧急干预方案，一旦出现危险时能立即结束研究。研究者还必须总能得到被试的知情同意书（本章稍后讨论），每次都事后解说（稍后解释）。即使有了这些防护措施，研究者也始终不得造成不必要的紧张。不必要是指超出达到预期效果所需的最小程度。研究者所造成的任何不适必须具有清晰明确、合法合理的研究目的。对最小程度紧张具体是多少的了解来自研究者的经验。一开始造成的

研究示例专栏 3.3：米尔格拉姆服从研究

斯坦利·米尔格拉姆（Stanley Milgram）的服从研究（Milgram，1963，1965，1974）引起了公众广泛的争议。米尔格拉姆想知道普通人是如何做出纳粹大屠杀式的恐怖暴行的。服从研究考查了社会压力对人们服从权威人物的影响。在签署知情同意书之后，他通过受操纵的随机选择程序，安排一位志愿参与者为“教师”，同时安排一位助手为“学生”。学生被安置在附近的房间里，研究的参与者只能听到学生的声音却看不到他。学生的身上连有电线。米尔格拉姆要求参与者测试学生记忆词表的能力，如果学生犯错就增加电击强度。电击设备标示电压变化的标签非常显眼，表明电压增加的危险性。当学生所犯错误越来越多，作为参与者的教师扳动开关时，学生就会发出极大的声响，好像极度痛苦。研究者一直在参与者的身边，并且平静地给参与者发出诸如“你必须继续”的命令。随着电压强度变得越来越高，米尔格拉姆报告道：“可以观察到被试大汗淋漓、身体颤抖、动作呆滞、紧咬双唇、痛苦呻吟并且把指甲都嵌入了身体里。这些行为表现都是该实验典型而非个别的反应”（Milgram，1963：375）。米尔格拉姆最终会告诉参与者研究的真相。实验中的“学生”实际上是假扮痛苦反应的研究助手，根本没有人受到电击。作为参与者的“教师”使用高危电击强度的比例大大地高于米尔格拉姆的预计；65% 的参与者给予的电击达到了 450 伏特。这项研究引起了人们对欺骗程序的使用和参与者所遭受的极端情绪紧张的道德关注。尽管采取了一些预防措施，许多人仍认为参与者所遭受的痛苦和长期情绪问题过于沉重。

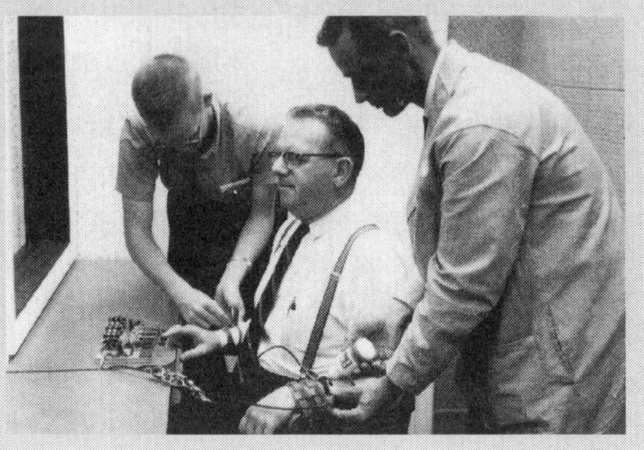

图 3.3　米尔格拉姆研究布局简图

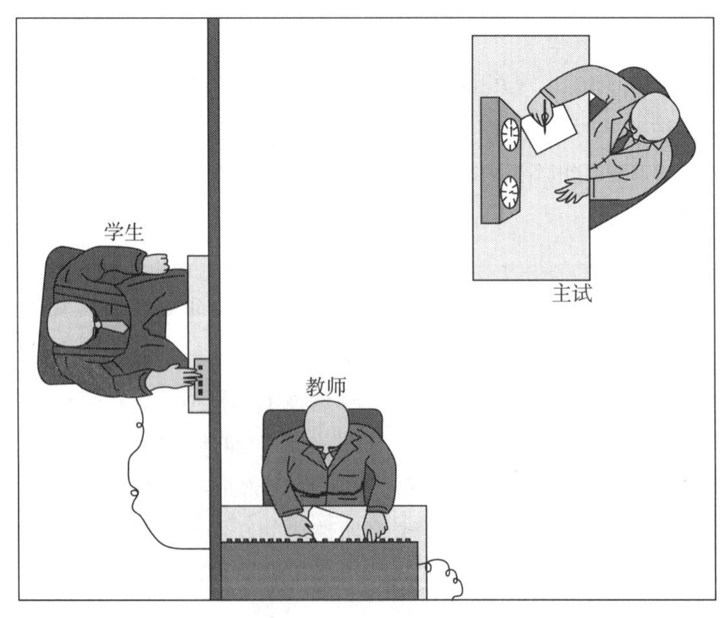

紧张最好尽可能小，宁愿冒着研究没有效应的危险，也比引起过大的紧张反应要好。并且最好能与其他研究者合作，因为其他敏感的研究者的加入会减少你的道德误判。

触犯法律 研究者要负责保护参与者避免仅因为参加研究便触犯法律遭到拘捕。如果参加研究就可能被拘捕，人们就会不太愿意参加。人们对汉弗莱斯研究（Humphreys，1973）的批评就是它可能触犯法律（见研究示例专栏 3.4）。另一种存在道德问题的类似情况是你收集研究数据时发现非法的活动。你必须权衡保护研究者—参与者的合作关系，掩盖你发现的违法信息而可能伤及无辜的人是否得不偿失。最终，作为研究者的你要独自担负起道德和法律的责任。

范·玛宁（Van Maanen，1982:114-115）在对警方的实地研究中曾看到警察殴打嫌犯，目睹了违法行动和违规程序，但却声称：“对于这些麻烦的事件我都遵守警方的惯例：三缄其口。”

研究社会“阴暗面”的实地研究者都会面临艰难的道德判断。例如，泰勒（Taylor，1987）在研究一所精神病院时，发现工作人员虐待精神病人。他有两种选择：要么放弃该项研究并要求立即进行调查，要么保持沉默并继续进行数月的研究，之后发表研究结

研究示例专栏 3.4：汉弗莱斯茶室研究

Kelly Redinger/Design Pics/Corbis Royalty Free

劳德·汉弗莱斯（Laud Humphreys）研究了男同性恋者的性行为(Humphreys,1973)。他专注于研究“茶室”——匿名性接触发生的地方。他观察了 100 位男子在某个公园公共厕所里进行的性行为。为便于观察，汉弗莱斯假装成“把风女王”（watchqueen，窥视性行为者兼望风者）。他还跟踪研究参与者上车，秘密地记录他们的车牌号码。然后伪装成市场研究人员从司法登记部门获取了参与者的姓名和地址。一年之后，汉弗莱斯乔装改扮成医务人员，以进行健康调查的欺骗理由在这些男子的家里会晤了他们。汉弗莱斯把记录他们名字的资料放入了保险箱并采取了保护措施。他极大了促进了人们对那些经常光顾“茶室”男同的了解，推翻了之前对他们存有的错误观念。他了解到他们大多数人都已结婚，有稳定的工作。与先前的看法相反，他们并非与世隔绝的离群索居者，有着稳定的人际关系和工作。这项研究引起了道德争议。它是建立在欺骗基础上的隐秘研究。没有一个参与者自愿同意加入研究。尽管采取了预防措施，汉弗莱斯仍把参与者置于巨大的法律和隐私伤害的风险下。如果他丢失了参与者的资料，就可能被人利用来敲诈参与者，破坏他们的婚姻和职业生涯，或者对他们提起刑事诉讼。

果，最后力主结束虐待行为。在权衡利弊之后，他选择了后者，现在成为保护精神病院病人权利的积极分子。在某些研究中，对违法行为的监测可能是研究项目的重点。与执法人员密切合作的研究者必须面对这一问题：你要做一个独立的研究者，在道德上保护参与者以推进知识的长足发展，抑或要做一个兼职卧底线人，暗中向警方告密并试图抓捕罪犯？

参与者必须是自愿和知情的

科学研究的一条基本道德原则就是，决不强迫任何人参与研究；任何时候被试的参与都必须是自愿的。这就是道德的**自愿同意原则**（principle of voluntary consent）。只有研究许可是不够的。要做出知情决定，人们需要知道自己参与的究竟是什么研究。研究者需要让参与者明了他们的权利。为做到这一点，研究者会给参与者提供一份研究声明，并请参与者签名。这份声明就是**知情同意书**（informed consent）。对于大部分涉及人的研究，政府机构都要求知情同意书，只有少数例外。研究者应该得到参与者的知情同意书，除非有充分的理由不需要它（例如隐秘的实地研究，使用二手资料等）。

知情同意书的内容能让研究的参与者了解研究程序和数据使用的详细信息（见活学活用：获取知情同意书）。对于调查研究而言，我们知道看过详细知情同意书的参与者与那些没看过的人的反应是相同的。如果有什么不同的话，就是那些拒绝签署知情同意书的人可能对调查问题胡乱猜测或不做答。

对于大多数调查研究、实地研究、现有统计数据研究和二手资料研究而言，正式签名的知情同意书并不是必需的，而大多数实验研究知情同意书则必不可少，这是硬性规定。一般规则是，对研究参与者可能造成伤害的风险越大，就越须获取书面的知情同意

活学活用：获取知情同意书

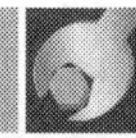

大部分对人的研究都必须得到参与者的知情同意书。知情书维护了自愿参与的原则，在各种法律、规定和职业道德规范中都有明文规定。某些特殊情况下不需要知情书，例如对大型公共场所进行观察的实地研究。在诸如无须询问非常私人化的信息的调查问卷情境下，参与者的同意可以是简短的口头声明。但研究如果会导致身体不适、引起应激反应或者要收集非常私人化的信息，参与者的同意就必须为书面格式并且签名。知情同意书的内容包括以下 8 个部分：

1. 简短地描述研究的目的和程序，包括该研究将持续多长时间；
2. 说明参与研究可能引起的任何风险和不适；
3. 保证资料记录的匿名性和保密性；
4. 说明研究者的身份以及进一步了解该研究的联系方式；
5. 声明参与研究是自愿的，参与者在任何时候都可以不受惩罚地退出研究；
6. 说明任何可能采用的替代程序；
7. 说明研究参与者可能得到的任何好处或补偿；
8. 在研究完成时为参与者提供研究结果的报告。

书。获取参与者知情同意书的充分理由有很多，而不需要知情同意书的理由则很少。

知情同意书能披露研究的细节信息以及研究者的身份，这有助于保护研究参与者免受欺骗性研究的伤害，保护合法的研究。它还能减少骗子利用虚假身份进行欺骗或伤害研究参与者、推销产品或者获取参与者私人信息用于非法目的的机会。

研究时要限制使用欺骗程序

是否有人告诉过你半真半假的陈述或者说谎让你做某事？对此你感觉怎样？欺骗对参与者有一定的伤害；欺骗损害了人际关系中的信任和坦诚。如果某项研究采用欺骗程序，自愿参与和个体退出研究的权利就会成为突出的问题。研究者都在讨论欺骗程序是否合乎道德。有些人认为决不可接受，另一些人则认为欺骗程序合乎道德，但仅适用于特定的目的，并且有严格的限制条件。

有时研究者进行实验会因为方法学上的合理原因而欺骗参与者或谎报实情。最常见的欺骗情形是，如果参与者了解研究的真实目的，可以预料到他们会改变自己的行为或陈述。例如，你要研究身体姿势。如果你告诉参与者你正在研究他们的身体姿势，他们就可能调整他们的站姿或坐姿，因为他们知道你正在观察他们的姿势。这样你就不可能了解他们真实的身体姿势。在隐秘的实地研究中也会用到欺骗程序。例如，如果你据实相告，你可能根本进不了研究场所，所以你会说谎或者隐藏你研究者的身份。例如，你要进行一项实地研究，考查青少年的吸毒问题和未成年人轻罪。如果你首次接近这些青少年时告诉他们你要仔细地观察和研究他们，他们或许不会与你合作或者表露他们所有的行为。

不管你做什么研究，如果不使用欺骗手段你都能实现同样的目标，欺骗就绝不是最可取的方法。欺骗是不得已而为之的最后方法。只有在严格的限制条件下，并且做到以下几点，欺骗才是可接受的：

- 表明欺骗程序具有清楚、明确的方法学上的目的。
- 保证必需的欺骗程度最小、持续时间最短。
- 得到参与者的知情同意书，不要隐瞒任何风险。
- 每次都要事后解说（即事后向参与者汇报、解释实际情况）。

如果你向参与者描述了与研究有关的基本程序但却隐瞒了有限的特定细节信息，你仍然有可能得到参与者的事前知情同意书并运用欺骗程序。你可以告知参与者他们要单独地在房间里坐上 10 分钟，与另一位参与者闲聊 5 分钟，然后要完成一份有 15 个题目的问卷，但不告诉他们你的研究假设或者房间里的另一位参与者是暗中为你工作的助手。做实验的研究者常常编造一些关于研究目的的谎言以转移参与者对研究真实目的的注意（见第 7 章）。例如，研究男女两性视线接触的研究者可能会告诉参与者该研究要考查大学生对时事的看法。

某些实地研究者为了进入实地研究场所会进行隐秘的观察。在研究邪教组织、小规模的极端政治派别以及违法或异常行为时，如果你泄露你的研究目的，或许根本不可能开展研究。如果隐秘性并非必不可少，那么道德规则非常清楚：不要欺骗隐瞒。如果你不确定隐秘的方法是否必需，那么请使用逐步披露信息的策略。一开始披露有限的信息，随着你对研究背景和参与者了解的增加披露更多的信息。如果举棋不定，即使披露你的真实身份和研究目的会犯错，也是最好的做法。

研究者对隐秘的实地研究的看法存在争议。许多研究者认为所有的隐秘研究都是不道德的。研究者即使在某些条件下认可隐秘研究，也对它的运用设置了种种限制条件。只有在公开观察不可能进行时，它才是可以接受的。如果你要进行隐秘研究，你必须在事后立即告知参与者所进行的隐秘观察，并给他们表达疑虑的机会。

欺骗程序和隐秘研究的消极面是它们会增加人们的猜忌怀疑和愤世嫉俗，降低公众对研究工作的推崇。在未获许可的情况下秘密地窥探他人或者对人撒谎以获取信息，具有现实的危险。这些活动非常类似于暗中为政府收集情报的间谍工作。

避免强迫 强迫是另一个妨碍获取知情同意书的问题。强迫是指对他人施加身体、社交、法律、职业、金钱或者其他方面的压力，迫使他们同意参与研究。基本的道德规则很明确：决不强迫他人参与研究。强迫包含着给人们提供特别的好处，不参与研究这种好处根本得不到。例如，军官命令士兵参与研究，大学教授要求学生做研究被试才能通过某门课程，或者雇主期望雇员完成调查作为继续雇用的条件，这些都是不道德的。

在特殊情况下，预防强迫人们参加研究的规定会变得很复杂。例如，某位被判刑的罪犯面临两种选择：2 年的监禁或者参与改过自新的感化实验。这名罪犯并不相信这一研究项目能带来什么益处，但研究者认为它能帮助改造罪犯。这名罪犯就被迫参与研究，否则就要在监狱里关押 2 年。在这样的案例中，研究者和其他有关人员必须诚实地判断研究给罪犯和社会带来的益处是否显然地远大于针对强迫的道德禁令。此外，强迫必须是有限制的。即便如此，这样的强迫决定也是危险的。历史上有很多这样的例子，研究者强迫软弱无助的参与者加入某项据称能帮助他们的研究，但后来的结果却是参与者获益甚少却遭受了巨大的伤害（见本章开篇对塔斯基吉梅毒研究的讨论）。

你可能学习过社会科学课程，授课教师要求你参加某个研究项目。这是一种特殊形式的强迫。通常来说，这是合乎道德的。这种强迫合乎情理的理由是如果学生们能在真实的情境下直接体验研究工作，就能更加了解它。只要教师满足以下三个条件，这种轻微、有限的强迫是可以接受的：

- 参与研究是从属于特定课程明确的教育目标。
- 学生能选择参与研究或者同等难度的替代活动。
- 教师遵守所有其他做研究的道德原则。

隐私、匿名和保密

如果有人掌握了你个人生活的隐私细节并在你不知道或未许可的情况下公之于众，你会有怎样的感受？因为研究者有时能了解参与者的一些秘密信息，他们必须采取措施保护研究参与者的隐私。

隐私 如果你要研究人，你就可能得知他们的隐私细节。当调查研究问及人们的信念、背景和行为时，它常常会泄露个人的隐私。实验人员有时会使用双向玻璃镜（对于镜前的人只有镜子功能）或者暗藏麦克风以“监视”人的行为。即使参与者意识到他们参加了研究，也可能不知道研究者的研究目的。实地研究者会观察人们的隐私行为或者偷听人们的私人谈话。他们曾研究人们在公共场所（如等候室、教室、人行街道等）的行为，但某些“公共”场所较之其他地方可能更具有隐私性（例如利用潜望镜观察那些坐在公厕坐便器上自以为独处的人）。在这类有一定隐私性的场所里偷听他人的谈话，观察人们的行为都会引发道德问题。

如果你要做研究，就须保护参与者的隐私细节。要遵循研究道德，你对参与者隐私的侵犯只能限制在必需的最小范围里，只能为了合法的研究目的才能收集私人信息。此外，你还必须采取各种措施保护你所掌握的参与者的信息，以免泄露给公众。措施有两种：匿名和保密，很多人容易混淆它们。

匿名 **匿名**（anonymity）指不具姓名。人们无法根据研究资料追查到特定的个体。不同的研究方法保护匿名性的措施并不一样。在调查和实验研究中，你不记录参与者的姓名或地址，而以编号指代他们。如果你利用邮件进行调查，给每份问卷编上号码以确定哪些调查对象没有回应，此阶段的研究中你就没有保证受访者的匿名性。如果你收集了填好的问卷，问卷上也没有受访者的名字，但你能依据对受访者细节的了解及调查对象名单，清楚地确定某份问卷是谁递交的，那么你的问卷调查也不是匿名的。在小样本的研究中你可能违反匿名承诺而毫无察觉。例如，你调查了一所小型学院的 250 名学生，所提的问题包括年龄、性别、宗教信仰、爱好以及家乡。你注意到一位出生在安大略省斯特拉福市（Stratford）的 22 岁犹太男性，他爱好踢足球。小团体的这些信息足以让你知道这位独特的个体是谁，即使你没有要求他们在问卷上署名。这也违反了匿名承诺。

要保护实地研究的匿名性很困难。你已知道研究参与者的名字和详细情况。你可以掩饰某些细节，使用假名字，但即使这样做也不总是有作用。在一项社区研究中，研究人员编造了虚假的城镇名（Springdale），并更改了一些事实以保护被研究者的匿名性，但他们做得还不够。结果，当研究结果发表为《大社会，小城镇》（Small Town in Mass Society）（Vidich & Bensman，1968）一书时，读者能认出进行研究的小镇所在地以及一些特别的参与者。小镇居民对研究者对他们的描述内容感到非常不安。他们甚至游行对研究者表示抗议。如果你使用虚构的信息，还存在另外一个问题：你的研究内容和研

图 3.4 匿名性和保密性

保密性	匿名性 具 备	缺 失
具 备	任何人都不可能把收集的资料和任何人联系起来，并且以总和的形式公布研究结果。	私底下能把特定参与者的资料和姓名联系起来，但只能以总和的形式公布研究结果。
缺 失	向大众公布特定参与者的资料，但拒绝给出姓名以及能让人追查到具体个人的资料。	**不道德地**公开透露参与者的姓名和资料。

究报告会脱节，人们可能会质疑哪些是你发现的研究结果，哪些是你编造的不实之词。

保密 即使你不能保证匿名性，你也应该永远为参与者保密。匿名性意味着没有人能获悉特定个体的身份。**保密性**（confidentiality）指你能找出研究资料来自哪个特定的个体，但你要保守秘密避免公开透露。你公开研究资料时，决不能让任何人能把特定的个体和研究内容联系在一起。要做到这一点，你只能以总和的形式公布研究资料（例如百分比，统计平均数等）。你可能保证匿名性而未保证保密性，或者反之亦然，虽然它们常常同时保持（见图 3.4）。

图 3.4 所列的 4 种情况举例如下：

- **匿名性和保密性兼备**。你调查了 100 个人但并不知道任何一个参与者的姓名，并且资料只以总百分比的形式公布。
- **具备匿名性缺失保密性**。你进行了一项实地研究，知道了某人的很多信息但根本不知道此人的姓名。你公开地报告此人的所有研究资料，但更改了些许内容使得任何人都不可能追查到此人的姓名。
- **具备保密性缺失匿名性**。你调查了 100 个人，每个人都要在问卷上写上自己的姓名，但资料只以总百分比公开发布。
- **匿名性和保密性都缺失**（这是不道德的）。你调查了 100 个人，每个人都在问卷上写上自己的姓名。你公开发布个体的回答时带上姓名，或者提供充足的资料让人能轻易地找到被调查人的姓名。

如果你要研究“特定人群”，匿名性和保密性就会变得很复杂（见本章稍后的讨论）。在许多大型层级组织里，位高权重的人可能会限制研究的进行，除非你违反保密性，告诉他们参与者的信息（见研究示例专栏 3.5）。例如，你要研究高中学生的吸毒和性行为。只有当你告诉校方所有吸毒和性活跃学生的姓名，他们才会同意你进行研究。他们可能会说他们想给这些学生提供咨询帮助，通知学生的父母。有道德的研究者必须予以拒绝。如果学校领导真的要帮助这些学生，不把研究者当成间谍用，他们就应该发展他们自己

研究示例专栏 3.5：未违反保密性保证

社会研究者为了恪守职业道德有时可能要付出很大的个人代价。华盛顿州立大学的教授瑞克·斯克尔斯（Rik Scarce）为此身陷囹圄。斯克尔斯教授利用公认的实地研究方法考查了极端分子的社会政治运动。他坦率地介绍自己，解释他的研究兴趣并保证保守秘密，逐渐地接近他们并赢得了信任。他参加了当地团体的聚会，与领导及积极分子交谈，并用了不少时间来观察。斯克尔斯研究的第二个极端团体是激进的动物解放组织，当时警方正怀疑该团体的领导非法闯入了附近的动物中心，放跑了研究动物，故意破坏财物，导致 150 000 美元的损失。虽然过去有些法庭裁定看似给社会研究者提供了保护，但其他的法庭裁定并没有支持保护社会研究资料的机密性。当警方向斯克尔斯教授索要所有的研究记录时，他恪守了职业操守和道德原则，拒绝违反研究的保密性保证，拒不交出研究记录，也不就他的观察向大陪审团作证。因此，斯克尔斯教授因藐视法庭在华盛顿的斯波坎（Spokane）监狱度过了 159 天。

Petre Buzoianu/Corbis

的课外咨询计划。另一个例子是对公司的调查。公司经理要求查看所有雇员的抱怨以及抱怨者的姓名。提出的理由当然是要解决雇员抱怨的问题。有道德的研究者要保护参与者的隐私，只有在不具姓名的情况下公布研究结果，以保护雇员免遭可能的报复。

保护隐私的规定与那些保护参与者免受法律和身体伤害的规定一同起作用。德劳斯和同事（Draus et al.，2005）在研究美国俄亥俄州农村吸毒者时，很好地保护了参与者。他们在有多种用途的大型建筑物里与参与者面谈，完全避免在书面文件中提及毒品，不记录毒品商的姓名和地址，也不从属于戒毒机构。这是因为戒毒机构与执法机构有联系。他们表示，“我们故意避免与当地警方、公诉人或假释监督人员接触”并且“当地执法机构对这个项目的监视引起了我们的忧虑。”

在少数极端情况下，其他的道德原则要优先于对研究参与者隐私的保护。超越隐私权保护的特例之一是，威胁个体安全的明了的、紧迫的危险，例如得知参与者正在考虑自杀或者计划伤害或杀害他人。假设你正在研究亲子关系，在与一位父亲的交谈中得知他正在对自己的子女进行身体或性虐待。在这个例子中，你就要权衡对参与者隐私权的保护和儿童免于将要遭受的伤害两者孰轻孰重。合乎道德的做法是保护儿童免受迫在眉睫的伤害，通知管理部门。

对特殊人群的特别保护

某些研究参与者或许不能签署真正自愿的知情同意书。学生、犯人、雇员、军事人员、无家可归的流浪者、领取政府救济金的贫民、儿童或者有发育障碍的残疾人等**特殊人群**（special populations）或许不能完全自由地表示同意。有些特殊人群参加研究或许是为了得到某种利益——例如更高的成绩、提前的假释、职位的晋升或者额外的服务；还有些人可能不明白研究意味着什么。如果你要让“无能力的”人（例如儿童，智力障碍患者等）参与研究，你必须满足两个最低条件：

- 此人的法定监护人或父母答应给予书面的知情许可同意书。
- 严格地遵守所有的道德标准以保护参与者免受任何伤害。

例如，你要调查高中学生以了解他们的性行为和毒品或酒精的使用情况。如果你想在学校里面做调查，必须获得校方的许可以及任何法定未成年学生（通常在 18 岁以下）的父母或法定监护人的知情同意书。你还应该得到研究参与者的知情同意书。高中学生是需要额外保护的特殊人群。

对研究参与者的正规保护

美国卫生与公众服务部防止研究危险办公室公布了保护研究参与者的规章。联邦政府规章遵循了生物医学的惯例，保护参与者免受身体伤害。严格来说，政府机构制定的规则只适用于涉及联邦拨款的项目，但所有其他的政府机构和大多数研究者都遵守它的规定。大多数地方政府、医院、大学以及私企都根据联邦规章制定他们内部的政策。美国政府的规章还要求所有以人为对象的研究机构、医疗机构、大学、学院建立机构内部的伦理审查委员会。**伦理审查委员会**（institutional review board，IRB）运用道德准则来审查研究方案中和初始阶段中的程序。某些研究可以免除 IRB 的正式、全面的审查，例如教育测试、常规的教育实践、大多数不太敏感的调查问卷、对公共场所人们行为的观察以及对现有公开资料的研究（这些资料无法让你追查到具体的个人）。向 IRB 提交研究申请请求审查需要耗费一些额外的时间，要做好规划。大多数 IRB 成员都关心对研究参与者的道德保护。他们是审视研究设计以确保全面保护参与者的“第三只眼”。

大多数专业领域（例如医生、律师、家庭咨询师、社会工作者等）都有自己的组织，制定了书面的职业道德准则、建立了同行评审委员会或执照管理规章（见图 3.5）。**职业道德**（code of ethics）是辨识行为是否适宜的书面道德规定。大多数社会科学的专业协会都有职业道德规范，它代表了业内人士对道德的一致看法。虽然并非所有的研究者在每个道德问题上都能达成共识，但他们作为某行业的成员都会支持业内的道德标准。

正式的科学研究职业道德可以追溯到第二次世界大战后不久在纽伦堡军事法庭审判

活学活用：职业道德

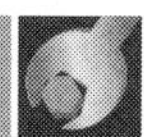

行业协会都会制定职业道德规范，质询可能存在的违规行为，但对道德规范的执行并不正式。对轻微违规的惩罚鲜有重于当众出丑或信件指责的。而那些严重违规的人，即使没有违法，也将名誉扫地、失去工作、被禁止发表研究结果或者限制将来的工作。职业道德规范除了能阐明学术界的信念，为单个研究者提供指导外，还能帮助大学和其他公共机构抵御外部的政治或其他压力，捍卫合理合法的研究。如果研究者接到无理要求，命令停止正当的研究或者透露受保护的研究参与者的资料，他们就会查看网站上列出的职业道德规范。如果你查看不同行业组织的职业道德规范，例如医护、社会工作、民意研究、心理学或社会学，就会发现它们并不完全一样，但却有很多相同之处。

图 3.5 职业道德的章程和实践

作为美国民意研究学会（American Association for Public Opinion Research，AAPOR）的成员，我们同意下列章程中规定的原则。我们的目标是不仅要提高公众对民意和调查研究方法的理解，合理利用民意和调查研究结果，而且要支持在进行民意研究及公私机构利用此类研究制定政策、决策时正确无误、合乎道德的实践。

我们发誓在实施、分析和报告我们的研究工作时，在处理我们与调查的受访者、委托人、那些最终要利用研究的决策者以及公众的关系时，保持最高水准的科研能力和诚信。我们还保证拒绝所有与本章程原则不一致的任务和工作。

章　程

Ⅰ. 我们开展工作时的职业实践原则

A. 我们应该以应有的谨慎来开发研究设计和调查工具，收集、处理和分析数据，采取所有合理的措施以确保研究结果的信度和效度。

1. 我们应当只推荐和使用那些根据我们专业判断非常适合当前研究问题的工具和分析方法。
2. 我们不应故意选择会导致错误结论的研究工具和分析方法。
3. 我们不应故意对研究结果做出与可用数据不一致的解释，也不应默许这种解释。
4. 我们不应故意暗示应该给予解释超过数据实际证明力的信任程度。

B. 在所有的研究报告中，我们都应精确地、以适当的详情描述我们的方法和研究结果，坚持本章程第Ⅲ章所规定的最少披露标准。

C. 如果有人宣称我们的工作违反本章程，在 AAPOR 执行委员会批准的情况下，对此次调查工作展开了正式的审查，我们应该详尽地提供与此次工作有关的所有信息，以便同行的调查从业者能对此次工作进行专业的评价。

Ⅱ. 我们对待他人时的职业责任原则

A. 公众：

1. 当要公开发布研究报告时，我们应该确保研究结论是对调查结果不偏不倚、精确无误的描述。
2. 如果我们认识到公之于众的研究存在严重的偏差或歪曲，我们应当公开说明需要采取哪些措施来纠正这些错误，包括根据具体情况就出现偏差或歪曲的部分向大众媒体、立法机关、监管机构或其他相关团体陈情。
3. 我们应该通知那些我们要为之向公众做调查的人：AAPOR 标准要求成员公布最少量的调查信息，我们还应竭尽全力劝说委托人在公布结果时同意最少披露标准。

B. 委托人或赞助方：

1. 当为私人委托人工作时，我们应该为所掌握的所有关于委托人、研究实施、研究结果的专有信息保密，除非委托人明确地授权传播该信息，或者在本章程第Ⅰ章 C 项或第Ⅱ章 A 项条款规定下，信息披露成为必然。

图 3.5　续

2. 我们应该注意我们技术和能力的局限性，只应接受那些在技术水平和能力范围内就有望完成的研究任务。

C. 职业：

1. 我们承认面对调查研究学科所承担的责任，尽可能自由地传播从研究中得到的观点和调查结果。
2. 我们不应援用学会成员身份来证明专业能力，因为学会并未给任何人或组织颁发此类证书。

D. 调查对象：

1. 我们应该避免可能伤害、侮辱或严重误导调查对象的行动或方法。
2. 我们应该尊重调查对象对隐私权的关注。
3. 除了十年一次的普查及少数其他调查，参加调查都应是自愿的。我们应该给所有可能参加调查的人充分地说明将进行的调查，以便他们在知情的情况下就是否参与调查做出自由的决定。
4. 我们不应不准确地报告我们的研究或者借研究之名进行其他活动（如销售、筹款或政治运动）。
5. 除非调查对象因特殊用途而宣布取消保密，对于所有可能把调查对象和其回答联系起来的信息我们都应保持专有权和保密性。我们也不应为了非研究的目的而泄露或使用调查对象的姓名，除非他们授权我们这么做。
6. 我们知悉在法律程序中使用我们的调查结果并不能免除我们要对调查对象所有可识别的信息保密的道德责任，也不能降低调查对象匿名的重要性。

Ⅲ. 最小披露标准

每个民意研究者要在职业实践中表现优秀，都要承担很多责任，例如（在任何研究结果的报告中）包括或说明研究报告何时发表以及关于研究如何实施的某些必需的信息。至少，以下项目都应予以披露。

1. 研究的赞助方和研究的执行方。
2. 所提问题的准确措辞，包括任何调查之前的指导语或者对采访者或调查对象所做的解释，它们可能一定程度上影响参与者的反应。
3. 研究总体的定义，以及对抽样框架（sampling frame）的描述，用于识别总体。
4. 描述样本设计，清楚地说明研究者选择调查对象的方法，或者调查对象是否是完全主动选择参与的。
5. 样本大小、调查对象的合格标准、筛选程序，适当时根据 AAPOR 的标准定义计算回应比率。至少，要提供样本个案的处理概况以便计算回应比率。
6. 讨论调查结果的准确性，包括抽样误差的估算，描述用到的任何加权或评估程序。
7. 哪些研究结果是以部分样本（而非整个样本）为基础的，以及这些部分样本的大小。
8. 方法、地点以及资料收集的日期。

AAPOR 执行委员会不时会发布一些关于公布、设计和实施调查的最佳做法的指导方针和正式建议。

Copy of American Association of Public Opinion Research of Code of Professional Ethics (a pdf file) as revised in 2005。

纳粹战犯时通过的《纽伦堡宣言》。它是对集中营实验的残暴的直接回应，概括了以人为对象的研究必须遵循的道德原则和参与者的权利。包括以下几方面：

- 确保参与者自愿同意参加研究。
- 避免不必要的身体和精神折磨。
- 杜绝任何可能致使参与者伤残或死亡的研究。
- 如果研究继续可能引起身体受伤、残疾或死亡则必须立即终止。

要点回顾：合乎道德研究的基本原则

- 承担所有道德决定和保护研究参与者的责任。
- 应用最适合具体问题或情境的研究方法。
- 遵守公认的方法学标准并力求高度精确。
- 查明并消除任何伤害到研究参与者的威胁。
- 决不为私人利益而利用研究参与者。
- 研究开始前要得到研究参与者的知情同意书。
- 始终礼遇和尊重研究参与者。
- 只在绝对必要时才运用欺骗程序，并且事后要向参与者解说。
- 信守你向参与者做出的所有隐私、保密和匿名保证。
- 坦率而诚实地解释和报告研究结果。
- 向参与者和公众说明受资助研究的赞助方。
- 公布研究结果及所有研究程序方面的细节。
- 正直行事，坚持职业道德规范列出的行为。

- 应该由具有最高技能水平和责任心的高资历的人员来进行研究。
- 研究结果应有益于社会并且用其他方法无法得到。

《纽伦堡宣言》的原则侧重医学实验，但它已经成为所有以人为对象研究的道德规范的基础。

道德规范和研究的赞助方

有时你要为赞助方（雇主、政府机构或私人公司）进行研究。如果有赞助方为研究（特别是应用研究）付费，可能会引起一些道德问题。某些赞助方会要求研究者违反道德或职业研究规范，作为继续雇用的条件。如果赞助方提出了无理要求，你面临三个基本选择：效忠委托组织并屈从于赞助方，放弃研究，或者表示反对、检举揭发（见本章稍后的讨论）。你必须设定道德的底线，一旦逾矩就应拒绝赞助方的要求，按自己的方式行事。无论如何，最好在刚与赞助方打交道时就考虑道德问题，预先表示你的顾虑。

得到特定的研究结果

赞助方可能会在你进行某项研究之前，就直接或间接地告诉你应该得到什么结果。如果有人告诉你必须得出特定的研究结果，作为你做研究的先决条件，合乎道德的做法是拒绝进行研究。合理的科学研究不会限定可能得到的研究结果。在一项合乎道理和道德的研究中，你只有在已收集研究数据并完成整个研究之后才能确切地知道结果。

对如何实施研究的限制 赞助方有充足的理由限制所采用的研究方法（例如使用调查法还是实验法）及研究经费。然而作为研究者，你必须遵守公认的研究规范，权衡研究质量和经费之间的关系。对于规定数量的资金，你应该对你所能完成的研究进行客观现实

的评价。如果你不能坚持公认的研究规范，那就不要进行该项研究。

遗憾的是，有些赞助方并不怎么在乎实际的结果或事实，也不怎么尊重科学研究及其道德原则。对于他们而言，研究只是使预先确定的结果合法化的“遮羞布”或者逃避批评的一种方法。他们恶意利用研究的名声和诚信来促成他们自己的狭隘目标。如果赞助方要求你使用不合理的研究方法（例如有偏样本或诱导性的调查问题），合乎道德的做法是拒绝合作。长期来看，违背研究道德最终会损害赞助方、研究者、学术界和整个社会。你必须做出决定，是出卖你的技能，满足赞助者的任何要求，即使这样做不道德，还是做一位向资助方进行授业、指导的专业人士，甚至依据严格的道德原则反对赞助方。

禁止发表研究结果 假设你进行了一项研究，研究结果让赞助方颜面无存。赞助方决定禁止发表这项研究的结果。这种情况在应用研究中经常会发生。举个例子，美国某州政府成立了彩票委员会来考虑由政府开办一项彩票。一些政治人物和普通公众要求研究州立彩票可能造成的影响，所以该委员会聘请了一位擅长研究彩票的社会学家。在她完成这项研究之后，但还没来得及向公众报告时，彩票委员会要求她删除报告中讨论博彩负面社会影响的部分。他们企图删掉报告中预测彩票会引起嗜赌成瘾的赌客的激增以及建议州政府设立社会公益服务来帮助他们的内容。彩票委员会安排和资助了这项研究，但研究者感到有职业道德的责任来为公众展示完整、未经审查的研究报告。如果她没有挣脱彩票委员会的桎梏，发表完整的研究报告，公众看到的将是歪曲、片面的研究结果。

遗憾的是，即使是美国联邦政府也曾禁止发表与当局政治目标相矛盾的研究结果。许多杰出的科学家，包括诺贝尔奖获得者、医疗专家、前联邦机构主管、大学校长，在2004年都表达了对政府越来越多地干涉研究的关注。一项主要的投诉是政府官员查禁了与他们政治目标不一致的重要研究结果。此外，他们还禁止发表那些曾为重大政治竞选捐款的企业存在的安全隐患或污染记录。为政府机构工作的研究者指出，这些出于政治考虑而任命的管理者会查禁研究结果或者删掉重要的专业信息以推进与研究结果相抵触的不科学的政治目标。

对于有赞助方的研究，你要在研究*开始之前*或签署合同之前就谈妥公布研究结果的条件。最好一开始就明确保证你只进行有道德的研究。为隐去消息人士的身份、能继续进入研究场所或保护你的个人安全，推迟公布研究结果都是合情合理的，但因为赞助方不想丢掉面子或想保护其声誉而审查删减研究结果则有悖情理。直接参与并熟知某项研究的研究者应该肩负起实施研究和公开研究结果的双重责任。

如果研究者告知局外人被忽视的严重道德问题，这就是**揭发**（whistle-blowing）。揭发并非最先采取的措施；相反在研究者再三试图告知上级并期望从内部解决问题未果之后才可揭发。研究者要揭发，必须相信研究实施的过程严重地违反了道德，没有公众压力赞助方不会结束研究。揭发在以下几方面具有危险：

- 局外人可能对道德恶行不感兴趣，仅仅视而不见。

聪明贴士：谁为研究买单？

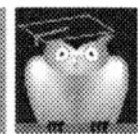

隐瞒研究赞助方的身份是不道德的。你应该告诉研究参与者：赞助方是谁，并在研究报告里写明。研究参与者有权利知道赞助方是谁。告诉参与者很少会引起争议，但在少数情况下会变得很复杂。例如，某个主张人工流产合法的组织赞助了一项研究，要考察反对流产的宗教人士的态度。该组织要求你不要向参与者透露赞助方。你必须权衡披露赞助方身份的道德规定，相对于赞助方保密的愿望、参与者的可能的偏见及合作的减少孰轻孰重。一般而言，除非你有非常明确、有力的方法学上的理由不去这样做（例如合作的减少和强烈的偏见），否则请告诉参与者研究的赞助方是谁。如果告诉参与者赞助方的身份会产生偏见或不合作，那么请等到你收集完资料之后这样做。如果要报告研究结果，道德规定很明确：你每次都必须披露资助了研究的赞助方。一项研究可以有多个赞助方，尤其是大型研究项目；你应该列出所有的赞助方。政府机构、基金或非营利性组织资助了大部分的研究项目。这是一篇文章脚注给出的赞助方信息（Kane，2005:463）："本研究部分地得到美国国家司法研究所编号 #1996IJCX0053 拨款的资助。美国国家司法研究所或者文中提及的任何机构都无须承担对文章所列数据的分析和解释责任。"

如果你发现没有列出资金来源，那么这项研究可能是研究者自身职责的一部分或者由雇主赞助。当你读到更多的研究报告时，你可能会注意到某些机构经常资助某个主题的研究。

- 局外人可能不关心结束不道德行为，反而利用披露不道德行为的机会实现他们自己的目的。
- 管理者会设法保护赞助机构并抹黑揭发者。
- 揭发者经常会遭受情绪的苦恼和紧张的人际关系，甚至法律诉讼。
- 将来的雇主可能不再信任揭发者，不再雇用他 / 她。

揭发者需要为做出牺牲做好准备——失去工作或不能晋级、收入减少、惩罚性的调联、合作伙伴的抛弃或者法律代价。合乎道德地行事并不能保证就能结束不道德的行为或者保护诚实的研究者免遭报复。

政治因素对研究的影响

自由、开放和民主的理想社会理应促进知识的发展和传播。人们有权利探索和研究任何问题，公开分享他们的研究结果。道德问题主要涉及人们对道德行为的忧虑和职业行为规范。多数情况下，这些都在研究者的控制之下。政治原因也会影响和妨碍研究过程。有组织的游说团体、强大的利益集团、政府官员或者政客可能都会试图限制或控制研究的方向。

在过去，强大的政治团体和利益集团曾试图打断研究或者正当的研究结果的传播。他们这样做是为了促成他们自己狭隘的政治目标。他们利用手中的政治权力威胁研究者

研究示例专栏 3.6：政治因素对犯罪研究的影响 

赛威尔斯伯格等（Savelsberg，King & Cleveland，2002）对 20 世纪最后 30 年美国刑事司法政策的变动进行了一项内容分析研究。他们查看了 1951 年至 1993 年期间主要学术期刊上的文章，考查政客们是否会改变联邦政府划拨研究基金的方式以增加刑事司法研究的政治化程度。更具体地说，他们想知道政府的钱是否进入了支持掌权派所提倡的犯罪政策的研究，而不是投到纯粹基于科学的研究。例如，他们想知道基金是否使研究偏离了关注某些打击犯罪的方法（改变社会环境、运用非正式的社区控制以及侧重感化）而转向了其他方法（推行更正规、强制的警方行动和侧重惩罚）。他们发现政治影响了犯罪研究。如果掌握研究基金的政府机构的领导是出于政治考虑而任命的或者基金只拨给与政治意识形态密切相关的打击犯罪的政策，他们就称之为“政治基金”。他们发现在被分析的近 40 年期间，列出的赞助方属于“政治基金”的研究文章从 3% 上升到 31%。他们记录了研究方向的巨大改变，从考查犯罪的社会学环境及感化的效果，到偏向控制和惩罚（Savelsberg，King & Cleveland，2002；Savelsberg，Cleveland & Ryan，2004）。这项研究表明政客和政治运动是如何控制政府研究基金的，然后对之进行政治化，利用金钱重新改变研究的方向。

或其雇主，停止提供研究经费，骚扰独立的研究者并摧毁他们的事业，以及查禁他们厌恶的研究结果的发表（见研究示例专栏 3.6）。

强大的政治团体会把研究资金从研究者认为重要的问题抽调到支持他们自己政治观点的政策研究上。美国国会议员曾批评了那些独立科学家们认为设计巧妙、增进知识的独特研究项目并移走了研究资金。为什么？政客们个人不喜欢这些研究主题（例如未成年人的性行为、吸毒、投票行为）。并非只有政客妨碍知识的自由传播。大型公司也会因为个别科学家公开递交关于研究结果的专家证词，向公众揭露该公司的不端行为（更多的例子请看 Mooney，2005）而威胁要对其起诉。

社会掌权者由于恐惧自由、公正的研究可能揭露有损他们利益的事物，故而力图控制或审查研究。他们更看重保护和促进他们的政治和经济利益，而轻视对真理的公开追求。这表明无障碍、公开的科学探索和开放的公共讨论、自由表达和民主的理想社会的紧密联系。审查和控制研究是独裁制度和极权政权的一贯做法。

价值中立和公正客观的研究

你肯定听说过“价值中立”的研究和研究保持“公正客观”的重要性。这两个概念并不像咋看上去那么简单，有 3 个原因：

- 价值中立和公正客观这两个术语有多种意义。
- 研究者从事研究工作有两种不同的终极目标。
- 进行价值中立、公正客观的研究并不意味着单个的研究者没有任何价值观。

多种意义 价值中立有两种含义：（1）研究不带任何预先的假设或理论；（2）研究不受单个研究者的个人偏见 / 信念的影响。第一种含义几乎不可能发生，它意味着“只有事实”不带任何理论或假设。假设和理论实际上在每个研究中都会出现。最好的做法是承认它们并明确地进行阐述。提出了理论假设并不是说研究结果就不能改变或推翻先前的假设。第二种含义是标准的用法。它意味着在研究的过程中（即设计研究、收集和解释数据）做研究的个体暂时把他 / 她的个人信念、偏见和价值观“关起来”。你的个人信念不应该影响标准研究程序的应用，但它仍会影响对研究主题和具体问题的选择、怎样发表和利用研究结果。

客观公正也有两种含义：（1）只关注外部可见的内容；（2）遵照明确、公认的研究程序而非随意、自创的程序。第一种含义并不精确。我们会依据直接或间接证据进行实证研究。虽然有些证据并不能直接地观察到，例如个体的人格或观点，但你能制作测量工具观察到它们。第二种含义是标准的用法。你应该始终以与普通公认的程序相一致的开放、公开的态度来进行研究。

可选择的目标 有些专职的研究者宣称他们排斥价值中立的研究。他们的意思并不是支持草率而随意的研究或个人拍脑袋想出的研究程序，而是在研究过程的某些阶段他们要保持个人的价值观。他们认为研究者应该明确他 / 她的价值观，而非某项研究具有预知的结论，自动地支持某一特定的价值观立场。你应该仔细思考进行某项研究的理由和所采用的程序。这样做，其他研究者才能明了该研究的价值观，并自己判断研究者的价值观是否不公平地影响了研究结果。

价值观的缺失 即使那些强烈倡导价值中立和公正客观研究的研究者也承认个人的道德价值观应有一席之地。个人的道德观点可以表现在研究过程的某些环节：选择何种研究主题和怎样发表研究结果。虽然你必须遵守标准的程序，在研究的另一些环节上避免带入个人的观点和价值取向，但你仍能研究你认为重要的问题，并分外卖力地向特定的利益集团宣传你的研究结果。

实践活动 1

为了更好地理解研究可能存在的赞助方，请选择两个主题查找 30 篇学术期刊文章。对于每篇文章，看看是否有作者雇主之外的赞助方。你可以在文章开始处或末尾的脚注找到相关文字，说明提供资助的基金。你找的 30 篇文章中有多少有外部的赞助方？有些主题你可能找不到有赞助方的文章。另一些主题大多数文章可能都有赞助方。

实践活动 2

社会科学领域和有关的从业者都有规定职业道德的职业组织。图 3.5 提供了美国民意研究学会职业道德的示例。下一页列出了美国其他 14 种职业组织，它们也有这样的道德规范。

请从列表中选出 5 种组织并查找它们的职业道德对研究工作的规定。在哪些方面它们一致或者有相同的规定？在哪些方面你发现了它们之间存在差别？

本章回顾

我们进行研究是为了获得社会科学方面的知识。社会研究的视角和方法是理解外部世界的有力工具。然而，伴随探索研究的权力而来的是道德责任。这是一种对你自己的责任、对赞助方的责任、对学术界的责任和对整个社会的责任。

研究的各种责任可能彼此冲突。正如瑞克·斯克尔斯（Rik Scarce，1999:984-985）所言："道德规范是实践中的德行——基本的是与非。它们并非……法律认可的陈述……它们是高于任何法律的标准。"最终，你必须自己决定进行合乎道德的研究。研究并不能自动地保证合乎道德。每个研究者都必须坚持符合伦理道德规范的研究并要求其他人按研究道德来行事。我们从研究所获知识的应用 / 误用和研究的真实性取决于与你一样的单个研究者。

学以致用

实践活动 3

查找你所在学院或大学的伦理审查委员会（IRB）。如果没有 IRB，问问你的老师为什么没有。如果有 IRB，找找委员都是谁，并请求作为观察者参加他们对"没有豁免权"的社会研究项目的讨论。拷贝一份要使用的知情同意书，简短地记述一下会议及所讨论的问题。

实践活动 4

任何职业（如会计、银行、教育、工程或医疗）都会有揭发者，不仅仅限于科研领域。揭发者的共同点是专业人士发现屡次出现的不恰当、无道德的行为，并在尝试纠正该问题未果后，公开地进行揭露。如果研究者变成了揭发者，他 / 她会有什么法律、职业或者其他方面的保护？并且，过去的揭发者遭受了什么样的结果？要回答这些问题，你或许要仔细查找保护揭发者的法律或者美国研究诚信办公室（Office of Research Integrity）对此问题的声明：http://ori.hhs.gov/misconduct/nprm_reg.shtml。你还可能查找此类主题的书籍，例如《揭发者：破碎的生命和有组织的强权》（Alford, C. Fred, 2001. *Whistleblowers: Broken Lives and Organizational Power*. Ithaca, NY: Cornell University Press.）

职业组织	规定职业道德的网址
1. 刑事司法学会（Academy of Criminal Justice Sciences）	http://www.acjs.org/pubs/167_671_2922.cfm
2. 美国人类学协会（American Anthropological Association）	http://www.aaanet.org/committees/ethics/ethics.htm
3. 美国咨询学会（American Counseling Association）	http://www.counseling.org/Resources/CodeOfEthics/TP/Home/CT2.aspx
4. 美国教育研究学会（American Educational Research Association）	http://www.aera.net/aboutaera/?id=717
5. 美国护士学会（American Nurses Association）	http://www.med.howard.edu/ethics/handouts/american_nurses_association_code.htm
6. 美国规划学会（American Planning Association）	http://www.planning.org/ethics/
7. 美国政治学会（American Political Science Association）	http://www.apsanet.org/513.cfm

8. 美国心理学会 (American Psychological Association)	http://www.apa.org/ethics/code2002.html
9. 美国公共行政学会 (American Society for Public Administration)	http://ethics.iit.edu/codes/coe/amer.soc.public.admin.d.html
10. 美国社会学协会 (American Sociological Association)	http://www.asanet.org/page.ww?section=Ethics&name=Ethics
11. 美国院校研究学会 (Association for Institutional Research)	http://www.airweb.org/?page=140
12. 美国地理学家协会 (Association of American Geographers)	http://www.aag.org/Publications/EthicsStatement.html
13. 营销研究学会 (Marketing Research Association)	http://www.mra-net.org/,
14. 全美社会工作者协会 (National Association of Social Workers)	http://www.socialworkers.org/pubs/code/code.asp

参考文献

Draus, Paul J., Harvey Siegal, Rober Carlson, Russel Falck, and Jichuan Wang, Jichuan. 2005. "Cracking the Cornfields." *Sociological Quarterly* 46:165–189.

Humphreys, Laud. 1973. *Tearoom Trade*. Chicago: Aldine.

Kane, Robert J. 2005. "Compromised Police Legitimacy as a Predictor of Violent Crime in Structurally Disadvantaged Communities." *Criminology* 43:469–498.

Milgram, Stanley. 1963. "Behavioral Study of Obedience." *Journal of Abnormal and Social Psychology* 6:371–378.

Milgram, Stanley 1965. "Some Conditions of Obedience and Disobedience to Authority." *Human Relations* 18:57–76.

Milgram, Stanley. 1974. *Obedience to Authority*. New York: Harper and Row.

Mooney, Chris. 2005. *The Republican War on Science*. New York: Perseus Books.

Piliavin, Irving, J. Rodin, and Jane Piliavin. 1969. "Good Samaritanism: An Underground Phenomenon?" *Journal of Personality and Social Psychology* 13:289–299.

Savelsberg, Joachim, Lara Cleveland, and Ryan King. 2004. "Institutional Environments and Scholarly Work: American Criminology, 1951–1993." *Social Forces* 82:1275–1302.

Savelsberg, Joachim, Ryan King, and Lara Cleveland. 2002. "Politicized Scholarship? Science on Crime and the State." *Social Problems* 49:327–349.

Scarce, Rik. 1994. "(No) Trial (But) Tribulations: When Courts and Ethnography Conflict." *Journal of Contemporary Ethnography* 23:123–149.

Scarce, Rik. 1999. "Good Faith, Bad Ethics: When Scholars Go the Distance and Scholarly Associations Do Not" *Law & Social Inquiry* 24:977–986.

Taylor, Steven. 1987. "Observing abuse." *Qualitative Sociology* 10:288–302.

Van Maanen, John. 1982. "Fieldwork on the Beat." *Varieties of Qualitative Research*. Edited by J. Van Mannen, J. Dabbs, Jr., and R. Raulkner (pp. 102–151). Beverly Hills, CA: Sage.

Vidich, Arthur, and Joseph Bensman. 1968. *Small Town in Mass Society*, rev. ed. Princeton, NJ: Princeton University Press.

Zimbardo, Philip. 1972. "The Pathology of Imprisonment." *Society* 9:4–6.

4

抽样：选择少数代表多数

美国 5~16 岁少年儿童死亡的第三大原因是枪击。私有枪支不仅是年轻人自杀和校园枪杀案的主要工具，而且是导致少年儿童意外伤害的重要原因。有调查表明约有 40% 的美国家庭拥有枪支，但枪支的持有存在城乡差别。虽然在城市贫民区故意枪击致死事件最多，但城市低收入的少数族裔有记录的枪支持有率却最低。家庭持枪具有一定的危险性。枪支安全专家提出忠告，不论家里是否有少儿，都要使用扳机锁或者把枪支锁在保险箱、抽屉或橱柜里。

苏珊·康纳（Susan M. Connor）想要研究城乡地区有了孩子的父母是否会听从安全专家的建议（Connor，2005）。由于无法考查美国所有的持枪者，所以她集中研究了美国俄亥俄州的东北部，并抽取了一个样本。她从当地一家市场研究公司得到了俄亥俄州东北部乡村家庭的电话号码单，这些家庭以是否看上去像有 16 岁以下的少儿分为两组。她也获得了城市家庭类似的电话号码单。然后，她每隔 9 个名字就给四份电话号码单上的住户打电话。她进行了两项调查：一项为家有少儿的 400 户城市家庭和 400 户乡村家庭，另一项为没有少儿的 400 户城市家庭和 400 户乡村家庭。调查时询问了这 1 600 户家庭父母的枪支持有、保管和其他相关事项。

康纳博士发现枪支在乡村家庭（31%）比城市家庭（13%）更常见。有少儿的家庭整体拥有枪支的可能较小（这样的家庭有 20% 报告至少拥有一件武器，而没有少儿的家庭则为 29%）。只有 22% 的家庭听从了枪支安全专家的建议（锁上扳机、退出子弹、加锁储藏）。有少儿的家庭和没有少儿的家庭一样较少安全地储藏枪支。

虽然通过电话访问 1 600 个人代价较大，但我们不希望调查结果只局限于接受调查的这些人。利用精心设计的抽样方法，我们能把调查结果推论至更大的团体。精心抽取的 1 600 个人的样本能让我们估计到整个美国的家庭枪支安全问题。本章我们就要考查社会研究中为什么以及怎样抽取样本。

样本的作用和目的

很多种研究中都会用到样本。不论是定量研究还是质性研究，研究目的都会对抽样过程产生影响。定量研究者要花费很多精力来抽取样本，从而得到真正具有代表性的**样本**（sample），也就是说样本要具有其来源**总体**（population）的所有特征。合适的样本让你能研究它的各种特征，并据此对整个总体做出高度精确的概括。最有代表性的样本可应用随机选择的过程得到。随机过程让研究者可以依赖概率的数学理论。概率取样能让我们应用数学概率。因为概率样本使用了随机选择过程，所以又称为**随机样本**（random sample）。

就时间和成本而言，随机样本的效率非常高。正确抽取的样本得到结果所耗费的时间和成本是研究总体（联系个体并收集数据）的千分之一。本章开篇的研究中，康纳博士抽取了 1 600 个体的样本，基于这 1 600 次访谈的调查结果和调查全部 3 亿美国人的访谈结果几乎相同。本章我们就要学习具体怎样抽取随机样本。

精心设计、谨慎抽取的随机样本得出的结果与考查总体里每个个体得到的结果一样精确，有时甚至更胜一筹。你大概听说过人口普查。人口普查是官方每隔一段时间就进行的政府统计。它记录的信息包括性别、年龄、职业等等。美国每 10 年官方就要统计人口。在 2000 年人口普查时，很多领军科学家都建议政府使用特殊的统计抽样方法精确地测量总体，而不要一如既往地统计每个人的信息。遗憾的是，出于政治考虑，可靠的科学建议让位于其他因素，政府采用了不太精确的方法，试图统计每个人的信息。

质性研究的目标则不同，并不要求得到能代表大总体的样本，所以很少使用随机抽样的方法。相反，质性研究往往想了解少数几个个案、单元或者活动怎样才能说明社会生活某领域的重要特征。质性研究者抽取的样本往往不能很好地代表总体，而是偏重于能说明问题的个案、事件或活动。他们的研究目标是：根据对突出个案的了解来阐明和深入解释社会现象。

特殊的团体：非随机样本的四种类型

随机样本代表总体的精确性最高，但相对较难抽取。如果不能抽取随机样本，或者研究目标较困难时，研究者就会使用非概率样本。接下来我们学习 4 种非概率抽样方法。

方便抽样

方便抽样（convenience sampling），又叫偶然或随意抽样，它具有容易抽取、廉价快捷的特点，但用途有限。方便抽样最大的缺点是样本的代表性非常不足。它也缺乏质性研究所需的深度和条件。如果你随意地选择一些方便的个案，你很有可能得到总体中不具代表性的样本（见图 4.1）。

如果你足够谨慎，可以在探索性研究的起步阶段使用方便样本，除此之外它们的用途非常有限。电视节目对街道上行人的采访就是方便样本。电视记者携带摄影机走在街道上，只与一些方便采访的路人交谈。走过电视摄像机的人们并不能代表每个人。同样，记者会挑选那些他们看来“正常”的人，刻意避开丑陋、忙碌和口才不好的人。你观看过请你打进电话表达观点的电视节目吗？这些打电话的观众也是方便样本。只有那些观看该节目的人才可能去打电话。即使打进电话的人数很多（例如 500 000），这一样本仍不能精确地推及总体。这类样本或许具有娱乐价值，但他们会严重地曲解总体。不要把他们混同为真正有代表性的样本。

对于抽样而言，术语偶然（haphazard）和随机（random）的意义截然不同。偶然意味着没有系统性的安排；一种随心所欲“怎么样都行”的选择方法。随机则指真正的随机过程，按照系统性的、基于数学的方法抽样（稍后讨论）。

配额抽样

配额抽样（quota sampling）就代表性而言并不如随机样本精确，但这种样本的抽取更容易和快捷。它对方便抽样进行了重大改进。配额抽样时：

- 首先，要识别出人群或单元里一些有意义的类别（例如男性和女性；或者年龄在 30 岁以下，30 岁到 60 岁之间，60 岁以上等各种类别）。种类应该反映总体多样性的某些方面，而且你认为这些方面比较重要。

图 4.1 从总体 18 名中抽取 6 名个体的代表性样本和不具代表性的样本

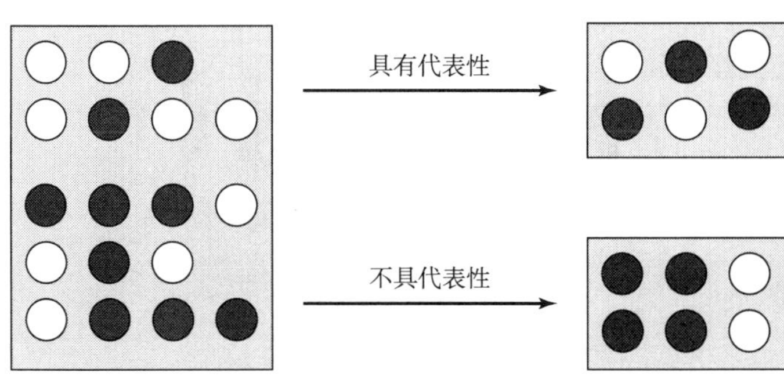

- 其次，要确定从每个类别里抽取多少个体。例如你感兴趣的样本是某百货商店里的 80 名顾客。你认为性别和年龄是总体多样性的两个重要方面。你决定选取 30 岁以下男女各 10 名，30~40 岁男女各 10 名，40~50 岁男女各 10 名以及 60 岁以上男女各 10 名。
- 你确定了总体的类别和每个类别中个体的数量之后，就可使用任意的方法抽取个体。例如，你可以与最先走入商店的若干名男性交谈，询问他们的年龄。一旦你找够了 30 岁以下的男性 10 名，就不再访谈这一年龄组的所有其他男性，因为你的配额已用完。

配额抽样比方便抽样更好，因为配额抽样能确保总体里存在的重大差异也能出现在样本里，而方便抽样所选取个体的年龄段、性别或种族可能都相同。然而配额抽样也有局限性，配额样本也可能没有代表性（见图 4.2）。

其中一条局限性源于对每个定下配额的类别仍使用方便抽样程序。你有可能只选择那些“举止友好”或喜欢与人交谈的人。另一条是你还可能只注意到了总体少数几个特征的多样性。总体可能在 20 个方面存在差异，但配额样本包括的方面很少会超过 3 个，否则很难抽取配额样本。假设你的配额样本结合了性别（男 / 女）、年龄（超过 / 低于 50 岁）、种族（白人 / 非白人）和购物同伴（独自购物 / 同伴相随）。要抽取配额样本，

图 4.2　配额抽样

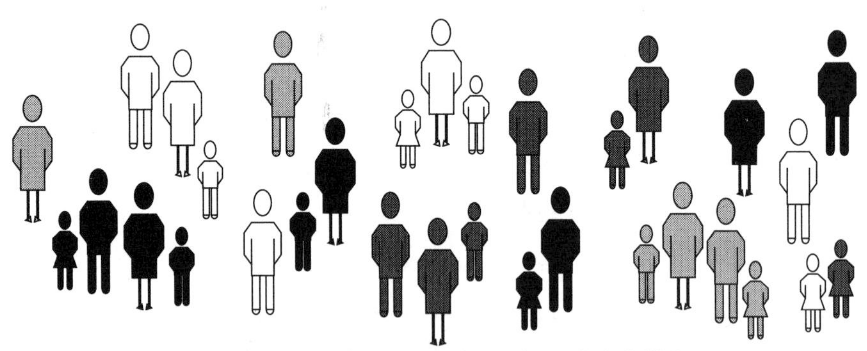

对于街道上的 32 位成人和儿童，选取 10 个人的样本：

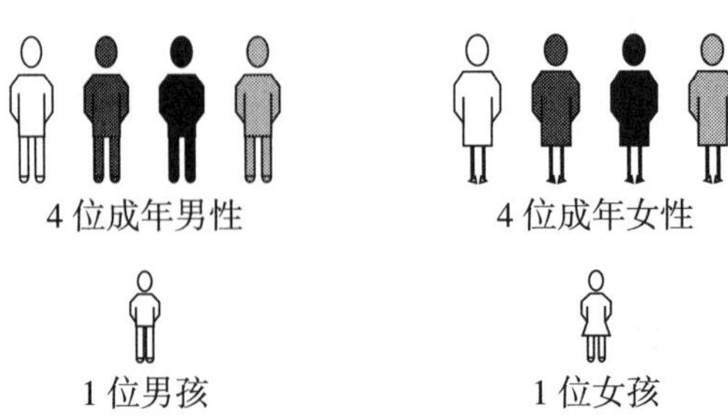

你必须为每种组合找到足够的人数，例如 50 岁以上独自购物的非白人男性。最后一条局限性是每个种类配额数量是主观决定的。在对总体情况并不很了解的情况下，就必须确定每个种类的配额数量。如果你把商店顾客样本中 10% 的配额设定为 30 岁以下，但他们实际上却占商店顾客总体的 18%，你的样本就不能精确地代表总体。

Popperfoto/Getty Images

有一则有趣的历史个案能很好地说明配额抽样的局限性。乔治·盖洛普（George Gallup）的美国民意研究所（American Institute of Public Opinion）曾使用过配额抽样。它成功地预测了 1936、1940 和 1944 年的美国总统选举结果。然而盖洛普对 1948 年的总统选举预测则发生了错误，他认为托马斯·杜威（Thomas Dewey）会战胜哈里·杜鲁门（Harry Truman）。预测错误有几个原因（例如很多选民尚未拿定主意，调查结束得过早），但主要的原因则是配额抽样的种类不能代表所有的行政区域和所有实际参与投票的选民类型。

目的或判断抽样

如果你的研究目标不需要得到能代表整个总体的样本，**目的抽样**（purposive sampling）就是公认的较适宜的方法。进行目的抽样时，你要自行判断以选择个案，心中也要有明确的目的。在某种程度上，目的抽样是对针对性很强、定义严格的总体的方便抽样。下面两种情况你会用到目的抽样：

- 选择特别能提供信息的个案。你希望挑选那些信息很丰富的个案。例如，你要考察针对文化主题的杂志内容。你选择了特定两本流行的女性杂志来研究，因为它们代表着流行的趋势，而不会选择代表所有女性杂志的样本。
- 从特殊的、很难接触到的总体中选取个案。要研究目标群体，你可能会使用多种方法寻找尽可能多的个案。例如，你想要研究年龄低于 30 岁在西雅图大都会区乘坐轮椅的人。你没有所有轮椅乘坐者的名单，无法使用随机抽样的方法。要进行目的的抽样，你会利用各种信息以找到足够多的人（可能是 60 个人的名字）。为找到这些人的名字，你可能会去当地的轮椅销售处、修理处或者询问有关的知情者（例如卫生工作者、其他轮椅使用者或者残疾保障团体）。

雪球式抽样

Jeff Greenberg/PhotoEdit Inc.

雪球式抽样（snowball sampling，又叫网状抽样、连锁推荐抽样或声望抽样）是一种特殊的取样方法，目标是抽得已经存在的人际网络。所谓雪球是指样本的抽取过程非常类似于雪球增大的过程：开始时很小，随着你滚动，它会粘连上更多的积雪变得越来越大。这种抽样方法有很多个阶段。开始时你只有一个或少数几个个案，然后根据起初几个个案的直接或间接联系发散开来。

如果你要抽取的样本是人们或相互有关联的组织的社交网络，就可能用到雪球式抽样。雪球式取样研究所针对的网络包括：

- 全球研究同一个问题的科学家
- 中等城市彼此商议咨询的社会精英
- 彼此勾结建立流通网络的毒品销售商和供应商
- 大学校园里发生过性关系的人们

雪球式取样的关键特点是每个人或个案都与其他个案有着关联。这种联系可以是直接的，也可以是间接的。网络成员可能并不直接与网络里的所有其他成员认识或互动。确切情况是，作为一个整体，每个个案都是连起来的更大网络的一部分。

研究示例专栏 4.1：高尔夫球手的雪球式样本

在 2002 年，5 位美国奥古斯塔州立大学的学生利用雪球式抽样对佐治亚州的非裔高尔夫球手进行了研究。几代人以来，种族隔离的法律规定和后来的社会做法都禁止非裔美国人在私人或公共高尔夫球场进行比赛。曾几何时，他们只能做白人高尔夫球手的球童。逐渐地，他们也能参加曾经将他们拒之门外的运动了。学生们从他们教授所认识的两个当地非裔男子开始。因为高尔夫球手们形成了一个圈子，所以可以进行雪球式抽样。球手们不论球场内外彼此都经常保持着联系。学生们根据他们最初接触的高尔夫球手的介绍，使雪球式样本的人数增加到 20 人。他们对这 20 位非裔美国高尔夫球手（年龄从 25 岁左右到 91 岁）进行了访谈。根据访谈的结果，学生们得知这项运动不仅是一种消遣娱乐方式，而且能为球手提供非常重要的商业联系人。（要了解更多的信息，请访问 http://www.aug.edu/sociology/StudentWork/masters.htm.）

推及大型总体的结论

为了得到能最准确地代表庞大总体的少数个案的准确集合，你应该使用随机抽样的方法（见图 4.3）。我们已经提及抽样的基本过程：从总体（大型的个案池）中抽取样本（小型的个案子集）。

随机抽样有专门术语集（见要点回顾：随机抽样中的 10 个术语）。我们已经熟悉了其中 3 个：总体、样本和范围（universe）。总体中的个案或分析单元就是**抽样个体**（sampling element）。它可以是个人、团体、组织、书面文件或象征符号，甚或社会行为（如拘捕、离婚或接吻）。其中有 3 个术语的含义非常相似，容易引起混淆，但实际上它们是特异性不同的相关术语。在第 2 章我们已经学习过第一个术语。

- 范围——你希望把你的理论结果概括到的宽泛团体（例如佛罗里达州的所有居民）。
- 总体——你从中抽取样本的所有个体的集合体（例如迈阿密大都会区所有的成年人）。
- 目标总体——你用到的特定总体（例如 2007 年 9 月在佛罗里达戴德郡有永久住址的 18~88 岁的居民中说英语、西班牙语或海地克里奥尔语的人）。

总体多数情况下是一个观念，而非具体的实物。除了小型或非常特殊的总体（例如某个课堂上的所有学生；今年 3 月 30 日在汤姆制鞋公司 3 号厂区正在轮第二班的所有雇员），你在抽取样本前必须进一步界定总体使其非常明确（即成为目标总体）。

一旦你有了目标总体后，必须列出所有抽样个体的表单，即**抽样框架**（sampling frame）。抽样框架的类型很多：电话号码簿、纳税记录、驾驶记录等等。在本章开篇对俄亥俄州枪支持有者的研究中，康纳博士就从市场研究公司得到了 4 份抽样框架；每份都是特定类型住户的电话号码清单（城市或乡村，有或者没有小孩）。要列出抽样个体通常较困难，因为在总体中并不存在具有充分代表性的个体清单。恰当的抽样框架对于精确的抽样是至关重要的。如果抽样框架和总体之间存在不匹配，就会引起重大失误，导致抽样无效。

整个总体的任何统计特征（例如城市居民吸烟的百分比，所有 21 岁以上妇女的平均身高，相信 UFO 的人数百分比）就是**总体参数**（population parameter）。如果你有某个总体所有个体的资料，就能绝对准确地计算总体的参数。而对于非常大型的总体（例

图 4.3 抽样逻辑的模型

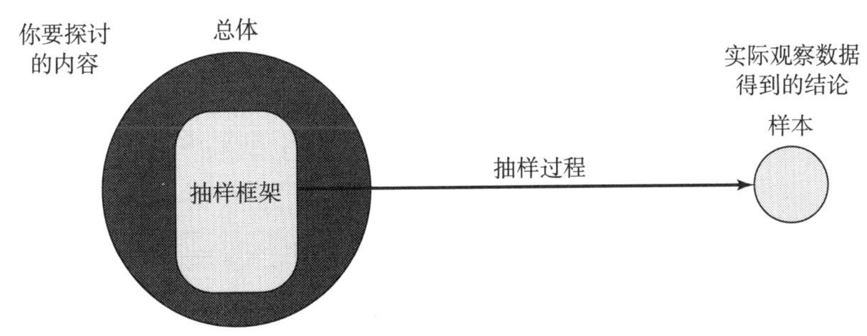

以史为鉴：著名杂志《文摘》的抽样错误 

《文摘》(Literary Digest)是美国很有影响力的杂志，它曾预测了20世纪20年代和30年代的美国总统选举。《文摘》在美国总统选举之前向人们寄发了明信片。工作人员从汽车登记表和电话号码簿上记录姓名，制作了抽样框架。人们在寄回的明信片上表明自己所支持的候选人。《文摘》准确地预测了1920、1924、1928和1932年的选举结果。《文摘》对总统选举预测的成功使其名声大噪。《文摘》在1936年把它的样本大小增至一千万人，预测阿尔夫·伦敦(Alf London)会大胜富兰克林·罗斯福(Franklin D. Roosevelt)。《文摘》这次对总统选举的预测却大错特错；罗斯福以压倒性的多数票胜出。这次预测错在抽样框架并不能精确地代表所有的选民。它排除了没有电话或汽车的人，他们在1936年的全美人口中占相当大的比例，这一年是20世纪30年代大萧条最为严重的时期。这次的抽样框架排除了多达65%的总人口。更为重要的是，这部分的选民(低收入者)倾向于支持罗斯福。《文摘》能准确预测之前总统选举是因为高收入和低收入的选民在投票上并无差异。此外，在大萧条之前，很多低收入的人能负担得起电话和汽车。从《文摘》的错误我们能汲取两个教训。首先，抽样框架至关重要。其次，样本大小并没有它对总体的代表性重要。2 500人的优质样本对美国近三亿人口预测要比没有代表性的一千万人的样本更准确。

如整个国家)，你根本无法掌握所有个体的资料，所以会利用样本信息来估计总体参数。如果你学习过统计课程，就知道“参数估计”即来源于此。

样本要比目标总体要小。你可以通过计算**抽样比率**(sampling ratio)来表示样本里包含多少比例的目标总体。计算时只要把样本大小除以目标总体。例如，目标总体包括50 000人，你从中抽取了150人的样本。抽样比率就是150/50 000=0.003，或0.3%。如果目标总体是500所医院，样本是其中的100所，那么抽样比率就是100/500=0.20，或20%。

随机样本的作用

随机样本是最有可能真实地代表总体的样本。然而，用随机选择的程序抽样比非随机的方法需要做更多的工作。在统计学上，随机这个词指一种随机选择的过程，使得总体中每个个体选中的概率相等(或已知)。真正的随机过程具有两个关键特征：(1)它们是没有人工干预的纯机械或数学过程；(2)它们能让我们非常精确地计算结果的概率。

随机过程使我们可能对样本和总体匹配程度进行数学上的估计，即**抽样误差**(sampling error)。在没有掌握整个总体的情况下，你每次抽样，样本都可能偏离整个总体。抽样误差表示这种偏离或不匹配的大小。本章稍后，我们将学习怎样把抽样误差降至最低。

各种随机样本都有三个重要特征：

- 你必须先有目标总体中精确的抽样框架即抽样个体清单。

- 你必须使用不带有人的主观判断的随机选择程序（例如计算机程序、随机数字表）。
- 你必须识别并挑选特定的抽样个体，尽可能少地使用替代个体。

举例来说，如果你使用电话号码簿作为你的抽样框架（实际上它并不精确，稍后你就会明白）来抽取姓名进行电话调查，你必须联络抽取的特定住户或个人。这意味着在你放弃并以随机选择的另一住户或个人替代之前，你要重复拨打很多次电话。在开篇的研究中，康纳博士在改打抽样框架中的另一个电话号码之前重打了 7 次电话（不同的日期，不同的时间）。

随机样本的种类

1. 简单随机样本 简单随机样本是其他类随机样本的原型。在简单随机抽样时要做到：

- 首先要确定精确的抽样框架，
- 其次要根据数学上的随机选择程序从框架中选择个体。
- 然后确定你样本里所选取的确切个体。

在所有的随机样本里，一开始你要给抽样框架里的每个个体从 1 到最后一个编上号。然后，得到一组随机生成的数字，从 1 到抽样框架中最大的数字。大多数人会使用特别的计算机程序，需要你输入抽样框架的大小和样本的大小；然后程序输出一列随机数字。市面上这样的计算机程序有很多；有些还非常便宜。请注意在你选择个体前必须决定样本大小。样本应该多大呢？这个问题不易回答，本章稍后我们再来回答这个问题。在本阶段，要记住的最重要的事情是使用大样本并不总是最好的。如果你想得到具有代表性的样本，你采用的选择程序通常比样本大小更为重要。

你或许会问，在从抽样框架中选取了一个个体之后，之后应该把它放回抽样框架还是将它单独保留？通常不会返还，不会替换到原位抽样。完全无限制随机抽样是有替换的随机抽样——也就是说，在抽取了某个个体后又把它放回原位，所以你能再次抽取。在大多数以人为抽样单位的情况下，这样做没有意义。

从统计学家所偏爱的一个例子（抽取罐子中的弹珠样本）可以理解简单随机抽样的逻辑。假设你有个大罐子，装满了 5 000 颗蓝色和白色的弹珠。这 5 000 颗弹珠是你的目标总体。你想要估计总体参数，即蓝色弹珠的百分比。你随机地选取了 100 颗弹珠（闭上你的双眼，晃动罐子，挑选一颗弹珠，然后重复这个程序 100 次）。你现在就有了弹珠的随机样本。计算样本中蓝色弹珠数量，就可以估算出总体中蓝色和白色弹珠的百分比。这比计算所有 5 000 颗弹珠容易多了。假设样本中有 52 颗白色和 48 颗蓝色的弹珠。这是否意味着蓝色弹珠的总体参数是 48%？可能对也可能不对。因为存在随机的偶然性，某个特定的样本可能会偏离总体。为检验结果，把 100 个弹珠倒回罐子里，和其他的弹珠混合在一起，再抽取第二个 100 颗弹珠的随机样本。第二次抽样时，样本有 49 颗白色和 51 颗蓝色弹珠。哪个正确呢？你或许要问，如果从同一个总体抽取的不同样本得出了不同的结论，这种随机抽样的方法还可靠吗？你反复地重复这一程序，直到你抽取了 130 个不同的各 100 颗弹珠的样本（结果见图 4.4）。大多数人可能会倒空罐子，

图 4.4 抽样分布示例

蓝色	白色	样本个数
42	58	1
43	57	1
45	55	2
46	54	4
47	53	8
48	52	12
49	51	21
50	50	31
51	49	20
52	48	13
53	47	9
54	46	5
55	45	2
57	43	1
	总数	130

每次随机地从有 5 000 颗弹珠的罐子里抽取 100 颗弹珠所包含蓝色和白色弹珠的数量，重复 130 次就得到 130 个独立的随机样本。

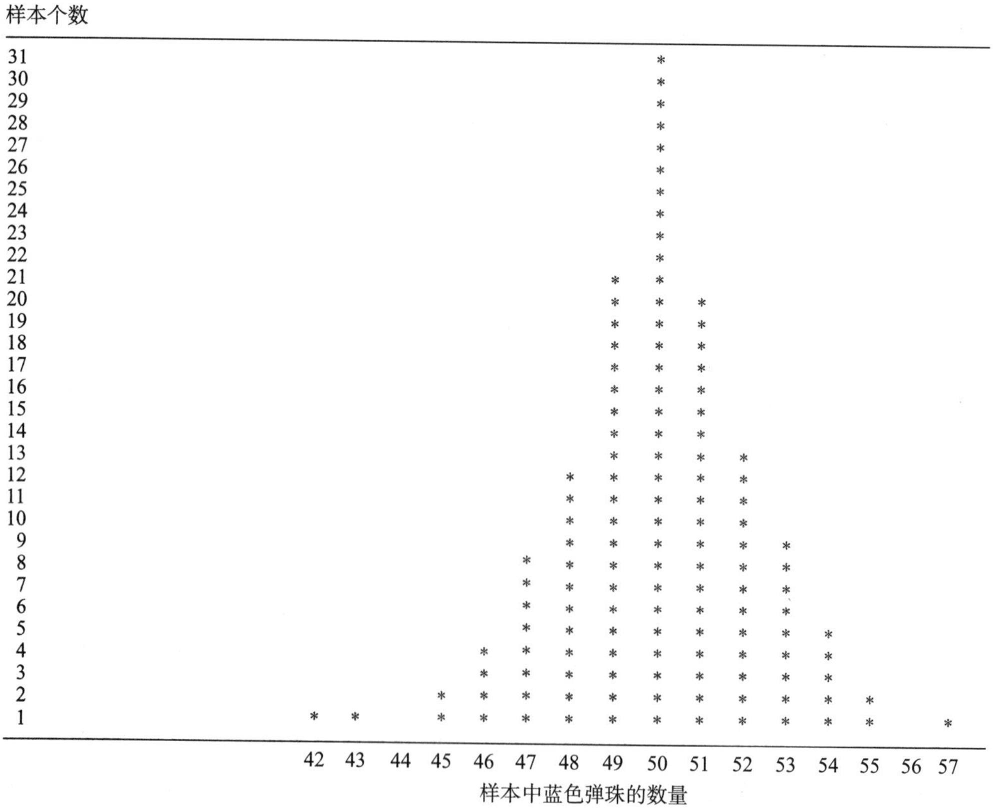

样本个数

```
31                          *
30                          *
29                          *
28                          *
27                          *
26                          *
25                          *
24                          *
23                          *
22                          *
21                       *  *
20                       *  *  *
19                       *  *  *
18                       *  *  *
17                       *  *  *
16                       *  *  *
15                       *  *  *
14                       *  *  *
13                       *  *  *  *
12                    *  *  *  *  *
11                    *  *  *  *  *
10                    *  *  *  *  *
 9                    *  *  *  *  *  *
 8                 *  *  *  *  *  *  *
 7                 *  *  *  *  *  *  *
 6                 *  *  *  *  *  *  *
 5                 *  *  *  *  *  *  *  *
 4              *  *  *  *  *  *  *  *  *
 3              *  *  *  *  *  *  *  *  *
 2           *  *  *  *  *  *  *  *  *  *  *
 1  *  *     *  *  *  *  *  *  *  *  *  *  *     *
   42 43 44 45 46 47 48 49 50 51 52 53 54 55 56 57
```

样本中蓝色弹珠的数量

计算所有 5 000 颗弹珠的颜色，但你想理解随机抽样究竟是一个怎样的过程。你抽取的 130 个不同的样本结果揭示出清晰的模式。最常见的蓝白弹珠的混合方式是 50/50。接近平分的样本比那些两部分数目不相等的样本更多见。总体参数看起来像 50% 的白色和 50% 的蓝色弹珠。

数学证据和类似上例的检验都表明当我们抽取许多样本时，总是会出现图 4.4 所示的模式。无论你抽取的样本个数是 1 000 或是 100；弹珠有 10 种颜色或是 2 种；总体有 100 颗或 1 000 万颗或是 5 000 颗弹珠，感兴趣的总体是人员、汽车或大学或是弹珠，**抽样分布**（sampling distribution）还是会表现出同样的钟形模式。实际上，你抽取的随机样本越多，钟形模式就越清晰。抽样分布表明在许多单个的样本上，真实的总体参数（也就是上述例子的 50/50 平分）是出现次数最多的结果。有些样本会偏离它，但它们较少出现。你可能听说过钟形或正态曲线。如果你把图 4.4 所示的许多不同的随机样本绘制成曲线图，就将看到抽样分布的钟形曲线（图 4.5）。这一曲线广泛地应用在概率理论上。

根据数理统计知识，我们知道随着抽样分布中随机样本数量趋向无限的增加，钟形模式和总体参数变得更加具有预测性。抽样分布会形成一条正态曲线，它的中点就是总体参数。

你或许会说，我只需要一个样本，没有时间和精力抽取许多不同的样本。不止你一人这么想。研究者很少会抽取许多个样本。他们知道恒定的规律，凭此来从一个样本推及总体。数学论证是针对多个样本的，但它也能让我们计算特定样本偏离总体参数的概率。这是因为我们知道任何一个样本都处在所有可能的样本（他们组成抽样分布）形成的钟形曲线的某处。根据钟形曲线的数学知识，我们能估算一个特定的样本靠近钟形中心或离散至两尾端的可能性。

随机抽样并不能保证你挑选的每个随机样本都能很好地代表总体。它的含义是在大多数时候，恰当的随机样本得出的结果都是接近于总体参数的。而且，根据这一过程幕后的数理知识，我们能估算它接近总体参数的程度。利用同样的逻辑，我们能计算抽样误差，估计某个特定样本没有代表性的概率。简而言之，我们能利用单一样本的信息来估算抽样分布的形状。我们能把单一样本和抽样分布的数理知识结合起来，从而估算它

要点回顾：随机抽样中的 10 个术语

1. 总体
2. 总体参数
3. 样本
4. 抽样分布
5. 抽样个体
6. 抽样误差
7. 抽样比率
8. 抽样框架
9. 目标总体
10. 范围

严重偏离真实的总体参数的可能性。

随机抽样以及很多相关的统计领域的一个核心观点是，我们不能在 100% 的时间保证 100% 的准确。现实生活中，大部分实践活动都不可能达到如此程度的准确性。生活充满了风险和运气。有些活动遭受伤害或死亡的风险很高，例如跳伞运动、醉酒时超速

图 4.5 具有钟形曲线特点的抽样分布

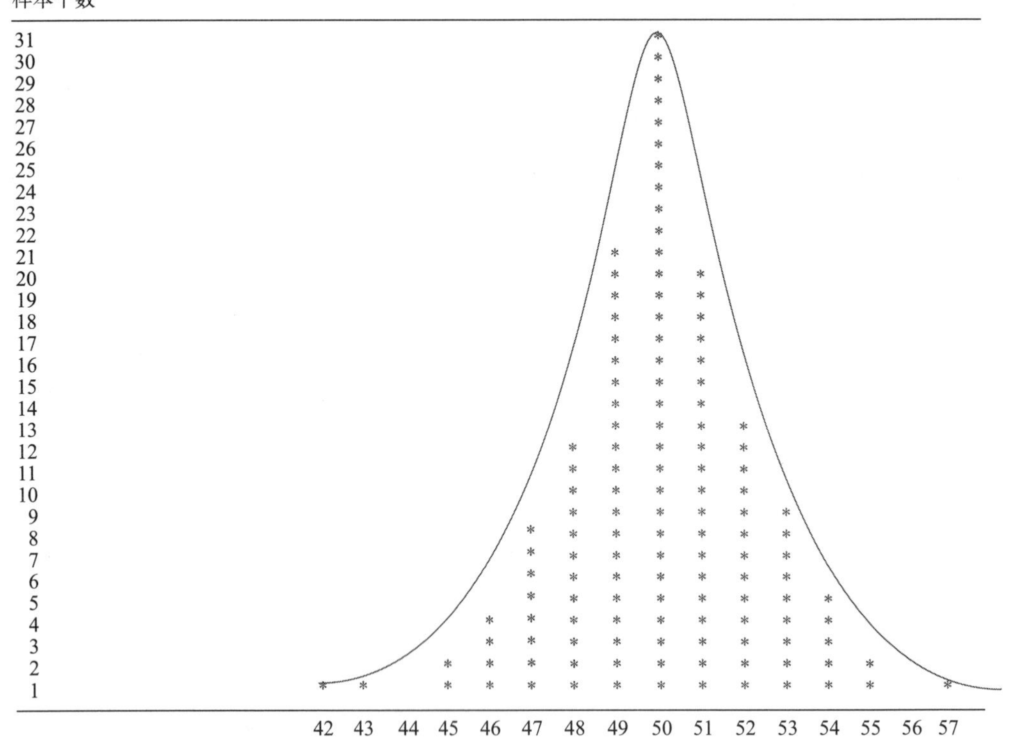

行驶或在战区排雷。另一些活动遭受伤害或死亡的风险很低，例如去商店购物，坐在教室学习或进食午餐。虽然我们无法 100% 准确地预测结果，但我们清楚某种结果发生的概率会随着活动的类型而改变。

随机抽样也不能保证 100% 的准确性，但随机抽样的作用非常强大。我们能用概率或可能性来精确地表示结果。如果我们发现结果偏离的可能性非常小，我们就有很强的信心说从样本得到的结果非常有可能真实地代表了整个样本。当其他的研究也非常自信地发现了同样的结果，我们就会愈发相信自己掌握了事物的真相。本章稍后我们将学到使用这些观点来创建置信区间。

2. 系统抽样 如果你没有基于计算机的随机数字生成器，得不到完全随机的样本，还可以使用准随机的**系统抽样**（systematic sampling）的方法。在广泛地应用计算机生成数字之前常会用到这种方法。正如简单随机样本一样，你仍然必须给抽样框架中的每个个体编号，但不会使用完全随机过程制作随机数字表，而要计算**抽样间隔**（sampling interval）。根据抽样间隔你能确定在挑选一个样本个体之前要跳过多少个抽样框架里的个体。要计算抽样间隔，把抽样框架中全部个体的数量除以样本大小，再取最近的整数值。例如，某个抽样框架包括社会服务机构的 1800 名接受救济者的姓名，你想抽取 300 人的样本。要计算抽样间隔，把接受救济者的人数除以样本大小，即 1800/300=6。这就表明你要跳过 5 个人的名字后挑选第 6 个人的名字加入样本。重复这一步骤，直到你取足了样本中的 300 人的名字。

3. 分层抽样 某些情况下，你希望在样本中确保包含有总体的各种不同类型。例如，你得知 4 类残疾人（行走、视物、听力、言语能力不健全）在你要研究的总体中占 8%。你想在样本中确定地包括同一比例的残疾人。**分层抽样**（stratified sampling）就能解决这类问题。在进行分层抽样时，你首先要把总体分为子总体（即层）。要进行分层抽样，你必须了解总体中各层的信息，这是分层的前提。其次你要确定多个抽样框架，每个子总体一个抽样框架。例如，你可能有两个抽样框架，一个是 8% 的残疾人士，另一个是 92% 的健全人。最后，从每个抽样框架中分别抽取随机样本。因为你控制着每个层的相对大小，而不是采用随机过程决定，所以样本能代表总体中的各个层。一般而言，分层抽样的样本比简单随机抽样的样本代表性略强（见图 4.6）。

举一个简单的例子。假设你的总体是在专业咨询服务公司工作的全体雇员。人力资源部告诉你 10 000 雇员中有 8% 的人有上述 4 类残疾；92% 的人为健全人。你想要一个 200 人的样本。如果你进行简单随机抽样，你可能得到 8% 的残疾雇员，或者由于随机可能性，你得到的比例为 7.5%，9.2% 或 8.4%。因为你准确地知道四类残疾雇员的总体参数是 8%，所以可以确定两个抽样框架，采用分层样本。首先，为 10 000 名雇员建立两个抽样框架。一个有 800 名残疾雇员，另一个有 9 200 名健全雇员。你需要一个

活学活用：怎样抽取简单随机样本和系统样本

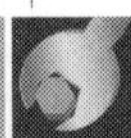

1. 逐一给抽样框架中的每个个体编号。按字母顺序列出 40 个人的名字，编为 1~40 号。
2. 确定样本大小。本例中我们要抽取 25%（10 个名字）作为样本。
3. 对于简单随机样本，要先查找随机数字表（见下面随机数字表节选）。在使用随机数字表之前，要计算样本所需的最多数位（例如有 40 个人名就需要两位数字；100~999 则需三位数字；1000~9999 则需四位数字）。从随机数字表任何一处开始（我们从左上部开始）并选择一组数字（我们记下后两位）。给抽样框架中与所选中的随机数字相一致的名字编号加上标注，即表示这个个案要进入样本。如果随机数字表后两位的数字过大（超过 40）则忽略不计。如果数字出现不止一次（本例中 10 和 21 出现了两次）则忽略后面的次数。一直选数直到达到样本个案的数量（本例为 10）为止。
4. 对于系统样本，也要以随机方式开始。最容易的做法是用笔或手指随意地指向随机数字表，然后选取抽样框架中与之最接近的数字编号。本例中假设指向的数字是 18。从这个随机数字编号开始，然后后移一个抽样间隔（本例为 4）到第一个数字。给这个数字加上标注，然后再按抽样间隔取下一个数字编号。一直持续到抽样框架列表的最后部分。然后继续按抽样间隔取样，数到列表末端后再从前端开始（好像圆圈一样）。这样一直持续到取得满足系统样本所需的个案数量为止。

编号	名字（性别）	简单随机	系统取样	编号	名字（性别）	简单随机	系统取样
01	Abrams, J.（男）			21	Hjelmhaug,N.（男）	√	
02	Adams, H.（女）	√	√(6)	22	Huang, J.（女）	√	√(1)
03	Anderson, H.（男）			23	Ivono, V.（女）		
04	Arminond, L.（男）			24	Jaquees, J.（男）		
05	Boorstein, A.（男）			25	Johnson, A.（女）		
06	Breitsprecher, P.（男）	√	√(7)	26	Kennedy, M.（女）		√(2)
07	Brown, D.（女）			27	Koschoreck, L.（女）		
08	Cattelino, J.（女）			28	Koykkar, J.（男）		
09	Cidoni, S.（男）			29	Kozlowski, C.（女）	√	
10	Davis, L.（女）	√*	√(8)	30	Laurent, J.（男）		√(3)
11	Droullard, C.（男）	√		31	Lee, R.（女）		
12	Durette, R.（女）			32	Ling, C.（男）		
13	Elsnau, K.（女）	√		33	McKinnon, K.（女）	√	
14	Falconer, T.（男）		√(9)	34	Min, H.（女）		√(4)
15	Fuerstenberg, J.（男）			35	Moini, A.（女）		
16	Fulton, P.（女）			36	Navarre, H.（男）		
17	Gnewuch, S.（女）			37	O' Sullivan, C.（男）		
18	Green, C.（男）		√(10)	38	Oh, J.（男）		√(5)
19	Goodwanda, T.（女）	√		39	Olson, J.（男）		
20	Harris, B.（男）			40	Ortiz y Garcia, L.（女）		

随机数字表节选（制作简单随机样本）

15010	18590	00102	42210	94174	22099
90122	38221	21529	00013	04734	60457
67256	13887	94119	11077	01061	27779
13761	23390	12947	21280	44506	36457
81994	66611	16597	44457	07621	51949
79180	25992	46178	23992	62108	43232
07984	47169	88094	82752	15318	11921

注意：* 表示该数字编号在选中的随机数字中出现过两次；√表示抽取该编号加入样本；√(10) 为系统抽样的起始点，也是系统抽样抽取的第 10 个（最后一个）名字。

聪明贴士：抽取系统样本

你不会在列表的起点开始系统抽样。如果每个人都从起点开始抽样，那么编号为 1 的项目就永远也不会选入样本。这样做违反了数学随机原则——每个个体被选中的概率应是相等的。解决方法很简单：首先挑选一个随机起点，然后开始计算抽样间隔。一旦你数到列表的末端，把列表看成首尾相连的圆环。根据抽样间隔继续往下数直到取足样本。你应该返回了起点。大多数情况下，一个简单随机样本和一个系统样本得出的结果实际上是相同的。本章开篇康纳博士对枪支和儿童的研究就是采用系统抽样。她从 4 份抽样框架（城市和农村住户，家有儿童和没有儿童的住户）中每隔 9 位抽取一个名字。

通常你可以用系统抽样代替简单随机抽样，但有时候却不能这样做。如果抽样框架中的个体表现出循环或重复模式，就不能使用系统抽样。例如，你列表中记录的是那些 4 年前结婚的人。列表是按夫妻排列的，男性的名字在前，女性的名字在后（见表 4.1）。如果你采用系统取样，得到的样本就会没有代表性。

表 4.1　循环数据采用系统取样存在的问题

个案	
1	丈夫
2*	妻子
3	丈夫
4	妻子
5	丈夫
6*	妻子
7	丈夫
8	妻子
9	丈夫
10*	妻子
11	丈夫
12	妻子

随机起点 =2；抽样间隔 =4；* 选入样本。

假设你要进行系统取样，取样间隔是 4。每隔 3 个名字就选择，你的样本就只包括女性。最容易的解决方法是代之以简单随机样本。

以史为鉴：综合社会调查[1]的超量样本

多数情况下，你都希望样本中每个子群的比例和总体中完全一样。然而，有时候研究者选择的样本比例与其在总体所占的比例并不一样。虽然某个子群在总体所占的比例不大，但你却希望能深入地分析它，那么你就会抽取不成比例的子群。假设某个子群占总体的 10%，而样本大小为 200。那么在该样本中要考察的子群就只应包含 20 个个体。如果你想进一步了解这一组群的详细情况，例如子群里离异家庭儿童的教育情况，你能考察的样本人数可能非常少。因此研究者有时会有意地进行超量抽样，即抽取的子群所占百分比比它在总体所占的百分比要大，以便详尽地分析该子群。综合社会调查抽取的是所有美国成年人的样本（本章稍后讨论），在 1987 年和 2006 年就超量抽取了非裔美国人。完全随机的美国人口样本里有 191 位黑人，约为样本的 13%，非裔美国人在美国成人人口所占的百分比也是 13%。因为研究者想详尽地分析非裔美国人，他们单独地抽取了非裔美国人的样本，黑人总数增加到了 544 人，占样本容量的 30%，与总体中比例不同。这种超量样本比只有 191 名黑人的样本更能深入地研究非裔美国人。包含 544 名黑人的较大样本能更好地反映非裔美国人这一人口亚群的多样性。如果研究者想要考察整个美国的人口，那么只会使用完全随机样本中的 191 位非裔美国人。[1]

1 综合社会调查（General Social Survey，GSS）是美国芝加哥大学的全美民意研究中心（National Opinion Research Center）每两年对美国社会结构和发展所进行的基础科学研究——译者注。

图 4.6 分层抽样

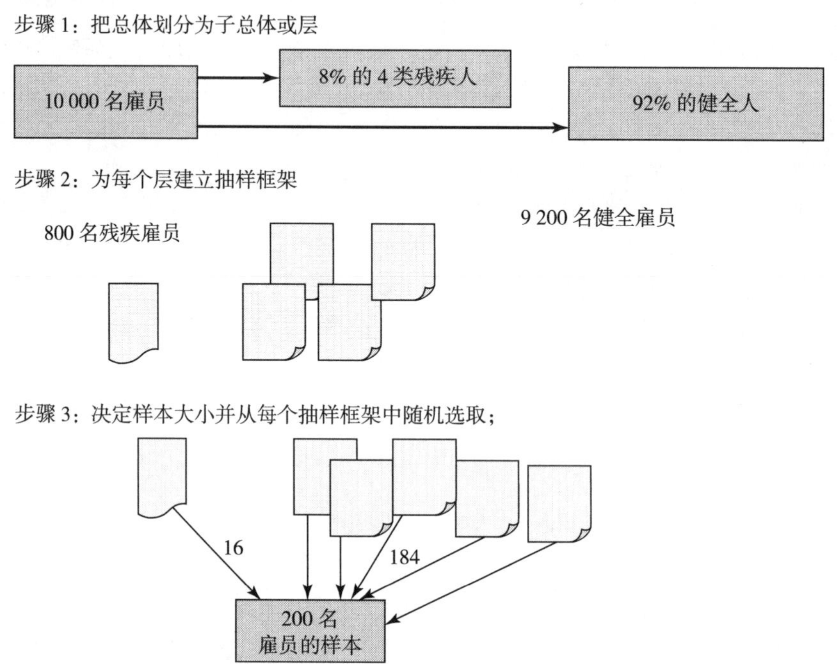

200 人的样本，200 的 8% 就是 16，所以你要从残疾人的抽样框架中抽取一个 16 人的随机样本。接着你要从健全人的抽样框架中随机地抽取剩下的 184 人。你把 16 人的样本和 184 人的样本合在一起后，整个样本就能带有这一重要特征，精确地代表总体。

4. 群集抽样 很多情况下，并没有合适的抽样框架。假设你想抽样调查学生人数超过 500 名的北美大学院校里的所有教师。要抽取简单随机样本，就需要有抽样框架，但并没有所有教师的名单。没有可供使用的单一抽样框架，但你能利用群集进行多阶段的抽样（见图 4.7）。所谓群集就是你所关注的最终样本中的一组个体。群集可以看成暂时抽取的个体本身。你可能得不到所有教师的名单，但你能得到至少有 500 名学生的学校的精确清单。这就是你的群集。首先，你要抽取群集。本例中，一所学校就是你关注的一个群集。你有北美所有两年和四年制大学院校名册的抽样框架。你可能随机地从群集抽样框架中的 5 000 所学校选取 150 所。每所学校都有本校所有教师的名单。然后你从每个已抽取的群集（本例为学校）抽取 5 名教师的第二阶段样本。你的样本就有 5×150=750 名教师。这种抽样方法具有很大的实用价值。你可以建立完美的群集抽样框架，即使不可能为抽样个体建立抽样框架。一旦你建立了一组群集的样本，那么在每个群集里建立个体的抽样框架是可以实现的。你可以使用两个以上的阶段，建立包含小群集的一组较大的群集，最后的小群集包含个体。

图 4.7 群集抽样示例

步骤 1：在美国 3 143 个郡中随机选取一个郡或者类似的单元。

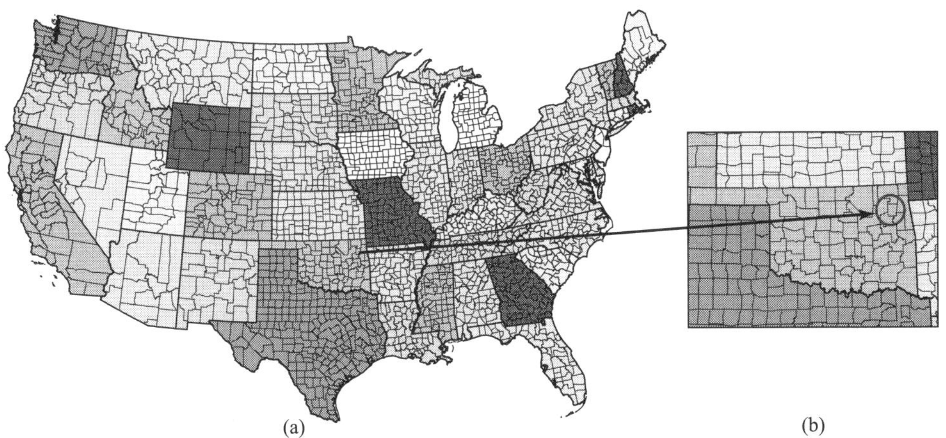

步骤 2：随机选取某一城市街区或郡的一个区域。

步骤 3：在该街区或区域随机选取某家住户。

步骤 4：在该住户家里随机选取某个人。

资料来源：（城市轮廓）Frank Siteman/PhotoEdit Inc.；（住户区鸟瞰）Bill Aron/PhotoEdit Inc.；（家庭）David Bacon/The Image Works。

群集抽样较实用，比简单随机抽样成本低，但精确性要稍差。在群集抽样的每个阶段都会产生抽样误差。一般而言，多阶段的群集样本比单一过程的随机样本存在更多的抽样误差。

群集抽样中的每个群集所包含的个体数量可能并不相同。这就需要做出调整。例如，如果北美所有大学院校的教师数量完全相同，你就可以按照上述程序从每个学校抽取 5 位教师。然而，有些学校可能有 50 位教师，另一些学校的教师则可能超过 2 000 位。当每个群集所包含的个体数量不相等时，就会违反样本中每个个体抽样的机会应该相等这一原则，除非你做出调整。为了说明这一过程，假设你从每个学校抽取了 5 位教师。在抽取了学校（群集）后，从有 50 位教师的学校抽取 1 位教师的概率是 5/50 或 10%。这与从有 2 000 位教师的学校抽取 5 位教师的概率是不相等的，这种可能性是 5/2000 或 0.25%。你需要做出调整以便你从每个群集（本例为学校）抽取的个体数量被选中的机会相等。

具体怎样对大小不等的群集中抽取的样本进行调整，这已经超出本书的内容。但基本的原则却一目了然。要设立一个具有代表性的群集样本，你就要调整从较大的学校和较小的学校所抽取的教师数量，从而确保所有教师被选中的可能性完全一样。假设你从有 50 位教师的学校抽取了 1 位教师。从这个学校抽取教师的可能性就是 1/50 即 2%。你应该从较大的学校抽取同样的百分比。如果某个你要抽样的学校有 2 000 位教师，你就要抽取 2 000 的 2% 即 40 位教师。这就意味着在你抽取了群集（学校）之后，要确定每个群集需要多少个体（教师），就必须调整每个群集中所取样本大小，从而使得从每个群集抽取的个体数量和群集的大小是成比例的。从较小的群集抽取较少的个体，从较大的群集抽取较多的个体。请看研究示例专栏 4.2：不同种族青少年示爱方式的群集样本研究。

研究示例专栏 4.2：不同种族青少年示爱方式的群集样本研究 

研究者（Vaquera & Kao，2005）考查了同种族和不同种族的青少年情侣表示情爱方式的差异。他们的数据来自一项美国青少年健康的纵向研究，这些 7~12 年级的学生是从随机抽取的 80 所美国高中选取的。这 80 所学校的学生超过 90 000 位。在抽取了学校后，再从这些学校抽取了大约 200 位学生进行访谈。因此，第一阶段群集是学校，学生则是从这些学校内部抽取的。因为每个学校的学生数量并不一样，从 100~3 000 位学生不等，研究者根据学校规模按一定的比例调整了抽取学生的数量。他们发现在过去的 18 个月里 53% 的受访者与异性有过恋爱关系。白人和黑人（90%）比亚裔和拉丁裔（70%）更可能发生同种族的恋爱关系。同种族和跨种族的情侣在表达亲密情感时差异很小，但跨种族的情侣与同种族的情侣相比，在公开场合下这样做的可能性较小。

三种专业化抽样方法

随机数字拨号

有时候你希望通过电话调查公众或大规模分散的人群。这样做的缺陷是公开的电话号码簿并不是合格的抽样框架。使用电话号码簿作为抽样框架你会遗漏 4 种人：

- 没有电话的人；
- 最近搬家的人；
- 未登记号码的人；
- 只使用手机的人。

任何利用电话调查进行的研究都会漏掉那些没有电话的人（例如贫穷、未接受过正规教育和频繁搬家的人），但这通常不是大问题，因为发达的工业化国家几乎 97% 的人拥有电话。随着更多的人拥有电话，未登记号码的电话用户比例也增加了。在某些城市地区，超过 50% 的电话号码都没有登录在电话号码簿上。此外，人们还会变换住所，所以电话号码簿上的人有些已经离开原来的住所，电话号码簿也不包括那些最近搬来的人。

随机数字拨号（random-digit dialing，RDD）通过随机抽取可能的电话号码（而非电话用户名单）可以避免使用电话号码簿的问题。这能避免使用登记的电话号码可能发生的偏差。RDD 并不难实现，有各种用来拨号的专业化的计算机程序。不过，RDD 耗时费日，会使主叫的人感到沮丧。许多电话号码可能接不通或者已停机。与任何使用电话的抽样法相同，你必须重新拨打所选取的、还在使用的电话号码许多次才能放弃该号码。

活学活用：RDD 的工作过程

美国的电话号码包括三个部分：三位数的区号，三位数的交换台号码（即总局号码）和四位数的本机号码。通过获取有效区号以及区号里三位数的电话交换号，很容易制作所有可能的电话号码目录。同一个交换台里可能的电话号码范围为 0000 至 9999。使用 RDD 时，计算机从交换台随机地选取一个号码（0000~9999）并开始拨打。某些选取的号码可能暂停服务、无法接通或者是收费电话、商务电话。只有一部分电话号码是你需要的——还在使用的住宅电话。在你拨打电话之前，不可能知道该电话号码是否是住宅电话。这意味着要花很多时间在无法接通的电话、商务电话等上面。

RDD 的抽样个体是电话号码，而非个人或家庭。几个家庭或个体也会共用同一个电话号码，每个人也可能有不同的电话号码或者不止一个号码。这意味着在联系上用住宅电话的某个人之后，第二个研究阶段即户内抽样就必不可少，要选取你要访问的人。

户内抽样

很多情况下，要制作个人的抽样框架比较困难，但制作住户的抽样框架则较容易。你能找到住户的名单（即一个或多个人定居的住宅、套房或其他居住场所）。在某种程度上，住户是一种群集，里面包含多个抽样个体。你不会选取最先开门、接电话或阅读信件的人，而会在住户内抽取个体。对于户内抽样，你首先要确定符合研究条件的住户成员数量（例如超过一定年龄的成人）。如果符合条件的只有一人，你就选取这个人。如果有两个或两个以上，你要随机地选取一人。假设你要考察所有超过 18 岁，住在家里的成年人。在某个家庭里，你得知有三个符合条件的人：一位 50 岁的女性，一位 53 岁的男性和一位 20 岁的女性。要随机地选取其中一位，你要确定挑选规则，例如：

- 如果上一次抽取的访问对象是男性，则选择女性（反之亦然）。
- 如果符合条件的只有一位，则无论男女都要进行访谈。
- 如果符合条件的有两位女性 / 男性，第一次选择年龄大的，下一次选择年龄小的。

隐藏总体抽样

有时某类特殊的人非常难找到，抽样就会变得相当复杂。**隐藏总体**（hidden population）包括那些从事隐秘活动的人。他们对于研究异常或不端行为通常至关重要。

研究示例专栏 4.3：在美国中西部城镇寻找吸毒者

德劳斯等人（Draus et al.，2005）在一项实地研究中对美国俄亥俄州四个郡乡村地区的吸毒者隐藏总体进行了抽样。他们使用了一种特殊的研究方法，即调查对象驱动的抽样（respondent driven sampling，RDS）。RDS 是雪球式抽样的一种，非常适合研究彼此可能保持联系的隐藏总体。RDS 一开始要寻找符合条件的个案或参与者，研究者称这种人为“种子”，并让他给从事同样活动的适合参与研究者分发推荐赠券。每次成功推荐后，“种子”会得到一些金钱。随着新成员的不断加入，这一过程重复，直到达到饱和状态（不再招新研究对象）。德劳斯等人和吸毒者的首次面谈会持续 2 小时，给予 50 美元的报酬，跟踪会谈则持续 1 小时，给予 35 美元的报酬。首次面谈结束时对方会得到三张推荐赠券。他们推荐的合格者如果完成了首次面谈，他们还将得到 10 美元。每位参与者得到的推荐赠券不会超过三张。有时这样做也找不到新的参与者，但有时招募到的人超过 3 人。有位年轻人在当地的纹身店里听说了这项研究。他在 2003 年 7 月给研究者打电话。他（157 号参与者）曾吸食可卡因粉。在面谈时，他说他认识许多其他的吸毒者。他推荐了两位新的参与者（161 和 146 号参与者），他们在一个月之后加入了研究。161 号参与者没有推荐其他人，但 146 号参与者推荐了 4 位新人，其中两人（154 和 148 号）还推荐了其他人。154 号参与者推荐了 4 位新人，148 号推荐了一位新人，这位新人（158 号）又推荐了 4 位其他新人。在 2002 年 6 月到 2004 年 2 月期间，研究者运用这一抽样方法得以对 249 位可卡因或冰毒的吸毒者进行了访谈。

隐藏总体的例子有吸毒者、妓女、同性恋者、艾滋病携带者或患者、假释罪犯或无家可归的人。因为隐藏总体比一般的总体更难察觉和接近，更难抽样，所以你需要对抽样进行调整。要抽取隐藏总体，你就需要灵活运用抽样原则。有时你可能还会用到非概率的抽样方法，例如目的抽样或雪球式抽样（见研究示例专栏 4.3）。

要点回顾：抽样的种类

	非随机样本
1. 方便样本	选择任何方便抽取的个体。
2. 配额样本	非随机地选择规定数量的个体纳入预先确定好的总体种类里。
3. 目的样本	采用各种方法来选取符合严格标准的个体。
4. 雪球式样本	根据个体和其他少数个体的直接或间接联系来抽样。
	随机样本
1. 简单随机样本	采用完全随机的方法从抽样框架中抽样。
2. 系统样本	采用抽样间隔从抽样框架中抽样。
3. 分层样本	将预先确定的总体种类作为多个抽样框架，从中随机抽取。
4. 群集样本	多阶段的样本，先随机抽取群集，然后在每个群集里随机抽取个体。
	特殊的抽样方法
1. 随机数字拨号	从所有可能电话号码中随机抽取电话号码。
2. 户内抽样	在抽取的家庭里随机选取个体，通常根据性别和年龄。
3. 隐藏总体	采用目的或雪球式抽样方法来选取个体。

从样本推及总体

依据概率样本，我们能从样本有效地推及总体。我们直接观察变量时利用的是来自样本的个体，而不是总体中所有的个体。你可能掌握了 750 名抽样教师的信息，而非北美成千上万名教师的信息；或者 200 名抽样员工的信息，而非某家公司所有 10 000 名员工的信息。在本章开篇的研究中，康纳博士掌握了俄亥俄州北部 1 600 户家庭的资料，而非美国所有家庭的资料。样本代表了整个总体。你感兴趣的并非样本自身。相反，你想探讨总体，所以你会利用样本中的资料来推论总体。如果你抽取了随机样本，就要尽可能减少样本和总体之间的差距（即抽样误差）来进行推论。下面我们来看看哪些因素会影响抽样误差。

怎样减少抽样误差

本书不会探讨计算抽样误差具体的数学知识，但我们可以看看描绘抽样误差概念的图景，以便更好地理解其中的过程。假设你是某家百货商店的经理。去年有 90 000 名顾客光顾了商店。其中 69% 的人为女性（总体参数），只是你并不知道这一点。你随机地挑选了 10 天，统计顾客来制作样本。商店只有 4 个入口，在每个入口你都安装了摄像头和派驻了观察者。在这 10 天期间，有 800 名顾客进入了商店，你要确定有多少人是男性，多少人是女性。完全依据随机可能性，在任何 10 天的样本中你都可能观察到 66% 的女性。如果我估计总体参数是 66% 的女性，我就偏离了整个总体的真实情况。这就是抽样误差；在 69% 的总体参数和你的样本 66% 的估计之间存在 3% 的差距。

在随机抽样的前提下讨论抽样误差，它会受到两个因素的影响：样本大小和样本中个案的多样性：

- 样本越大，抽样误差越小。
- 同质性越大（或者多样性越小），抽样误差越小。

如果你抽取了一个大样本（随机地从 80 000 的总体抽取 8 000 个个体），且在个案之间具有非常小的多样性，抽样误差会非常小。如果你抽取了一个小样本（随机地从 80 000 的总体抽取了 80 个个体），且在个案之间存在很大的多样性，抽样误差就会非常大，你所抽取的样本就不能精确地代表总体。

样本应该多大

样本容量大并不能保证样本的代表性。没有进行随机抽样或抽样框架不良的大样本并不比随机抽样和抽样框架完善的小样本的代表性强。

样本大小的数学计算需要做出复杂的假设：要估计总体的大小和多样性，了解你要考察的变量有多少，确定你的置信程度及所需的精确度。数学和计算超出了本书的范围。大部分人只是利用“经验法则”，即根据目标总体的大小，选取一个或几个变量，采用适度的总体多样性和中等程度的精确性来粗略估计样本大小（例如获取总体参数上下 3% 以内的样本个体）。表 4.2 提供了一系列的目标总体（50 至 1 亿）的样本容量。

请注意在表 4.2 中，当目标总体很小时，抽样比率非常大。如果总体在 500 以下，要保证样本较高的置信和精确性，样本需要一半以上的总体。如果总体少于 100，你还是把所有个体纳入样本为好。然而，如果总体达到了 25 000，样本需要的个体还不到总体的 10%。随着总体规模的增大，抽样比率变得越来越小。先不考察这一现象的复杂性，记住以下三个简单的原则能帮助你理解样本大小的重要性：

1. 对于较小的总体（不到 500），样本需要一半以上或更多的个体，随着总体规模变得更大，样本所需的个体增加得非常快。
2. 对于超过 5 000 的目标总体，根据置信程度需要 17.5% 至 27% 的总体。随着总体规模增大，样本大小的变化非常小。

表 4.2 两种置信水平和不同的总体规模对应的样本大小

目标总体规模	95% 的置信	99% 的置信
50	48	49
200	168	180
500	340	393
1 000	516	648
5 000	879	1 347
25 000	1 023	1 717
100 000	1 056	1 810
250 000	1 063	1 830
1 000 000	1 066	1 840
100 000 000	1 067	1 843

3. 一旦目标总体超过 250 000，样本大小几乎一点也没有变化。

实际上这意味着如果你要对非常小的目标总体抽样，例如当地快餐店的 50 位员工，你最好还是包括每个人，抽样比率要接近 100%。然而，要对某个城市的 250 000 个人抽样，样本只要 1 063 个人就具有同等的精确性，抽样比率为 0.4%。要记住样本大小的重要一点是：*总体越小，要得到精确的样本，抽样比率必须越大*。较大总体要得到同样具有代表性的好样本，其抽样比率可以较小，因为随着总体变大，样本大小对精确性的贡献迅速减少。这就是随机抽样在估计大型总体具有很大作用和效率的原因。

怎样设立置信区间

置信区间（confidence interval）这个词所表达的意思，你或许已经熟悉了。当记者讨论民意调查的结果时，他们说“误差范围在正负 2 个百分点之间”。这就是置信区间的通俗说法。你抽取了随机样本后，可能会查看样本的某项特征或测量数据，例如对某问题答“同意”的百分比或平均收入。从上面我们对抽样误差的谈论可以看出，这并不表示样本的测量和总体的情况即总体参数完全一样。你要利用样本结果来估计总体参数。

抽样分布的数学知识有助于我们估计总体参数在样本数据上下所处的区域或范围。置信区间里的就是位于你在样本里所发现的数据上下的该区域或范围。置信区间里的置信指的是总体参数处在此区间的概率。典型的置信水平是 95%，即你 95% 确信真实的总体参数会处在此一区间里。正如表 4.2 所示，在其他条件一样时，更高水平的置信（99%）

需要稍大点的样本。样本大小会影响置信区间。其他条件不变时，样本容量越大，置信区间变得越窄。

抽样误差或置信区间的数学计算是建立在抽样分布思想基础之上的。例如，你不能说“根据随机样本，罐子里恰好有 2 500 颗红色弹珠”。但你能说“我有 95% 的把握肯定红色弹珠的总体参数在 2 450 和 2 550 之间”。你可以结合样本的特征（例如它的大小和多样性）来建立一个区间及置信水平。假设你有两个完全一样的样本，只是其中一个容量更大。大样本的抽样误差更小、置信区间更窄。狭窄的置信区间能让你在估计总体参数时更为精确。

我们不会探讨有关的数学知识，但要通过一个具体的例子来说明样本大小如何影响抽样误差，并相应地改变置信区间，从而阐明置信区间的含义。假设你想知道在一个有 5 000 名合格选民（目标总体）的城市里，有多少人可能支持某项为了建设新学校而增税的投票议案。你想要有 99% 的置信。你获得了完美的抽样框架，并采用了简单随机抽样。首先，你抽取了一个 100 人的样本，发现 52% 的人支持该议案。你的置信区间在这个百分数上下浮动 3.6%，也即 48.4~55.6% 的支持率。换言之，你有 99% 的把握确信总体参数（总体中真实的投票意向）处在 48.4~55.6% 之间。数字太接近 50%，无法判断该议案能否通过，偏向任何一方都很有可能。你想更有把握，所以抽取了第二个样本。这一次样本容量增加到了 500 名合格选民。发现有 51% 的人支持该议案。但由于样本更大，置信区间就更狭窄，在 1.5% 上下浮动，即处在 50.5~53.5% 之间。看起来双方投票人数会相差无几，但该议案较有可能通过（见图 4.8）。

图 4.8 容量为 100 和 500 样本的 99% 置信区间

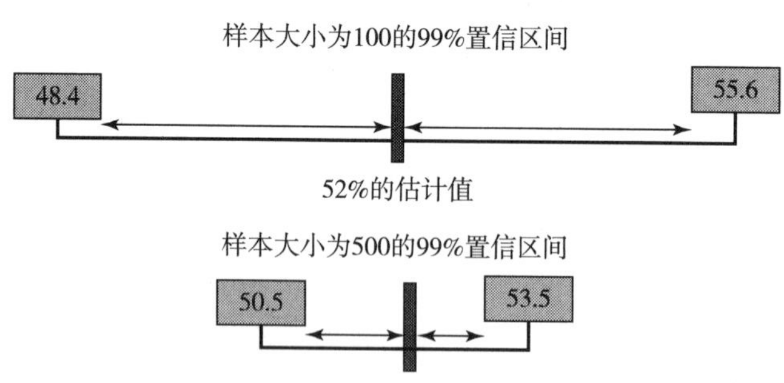

本章回顾

本章我们学习了抽样。抽样在社会研究中应用广泛。根据是否进行随机化过程，抽样可以分为两大类。非随机样本只有某些种类才是可以接受的。质性研究最有可能使用非随机抽样。一般而言，随机或概率抽样能得到最有代表性的样本。定量研究者普遍地采用随机抽样，因为他们经常要从少数个案来推及更大的集体。随机抽样得到的样本能精确地代表总体。随机样本还能让你运用有效的统计方法来进行推论。

除了简单随机抽样，我们还学习了系统、分层和群集抽样。本书并没有谈及随机抽样所应用到的统计理论。然而，从对抽样误差和样本大小的讨论中，我们知道随机抽样能得出最有代表性和精确的样本。你或许还想用样本的置信区间来表示结果。

在学习下一章之前，有必要重申社会研究的一条基本原则：不要孤立绝对化地划分研究过程的步骤；相反，要看到研究步骤彼此之间的相互关联。研究设计、测量、抽样和特定的研究方法是彼此依赖的。不幸的是，受到教科书呈现信息特点的束缚，必须单独、依次地介绍各个部分。在进行实际研究时，研究者在设计研究时就在考虑数据的收集和确定变量的测量方法。同样，抽样的问题也会影响研究设计、变量的测量和数据收集的方法。正如你在后续章节所见，优秀的社会研究同时取决于研究不同阶段的质量保证——研究设计、概念化、测量、抽样和数据的收集与处理。研究者在任何一个阶段犯下重大错误，都可能使得整个研究项目一文不值。

学以致用

实践活动1：社会关系图和雪球式抽样

雪球式样本要利用人们的社交圈子。研究者会画一张社会关系图来表示人们的社交圈子，即许多用线段连接的小圆圈的图形。例如，萨莉和蒂姆并不直接认识彼此，但都有一个共同的好友苏珊，所以他们存在间接关系。这三个人都处在同一个朋友圈子里。图中的圆圈代表每一个人或个案，直线代表友谊或其他联系（见图4.9）。

如何实施：

找两个你认识的人，但他们并非你最好的朋友，他们彼此可能并不相识。请每个人都说出三个他/她亲密的朋友。请联系这六个人，请他们分别说出他们三个最亲密的朋友。再重复第三次。然后可以绘制社会关系图（即他们相互关系的图示）。在同一个朋友圈子里如果有一人以上说出另一个人的名字，请注明。这就是对这一朋友圈子（或者如果他们没有重合，就有两个圈子）进行雪球式抽样的基础。

起点：找出两个朋友

1的名字 ____________	2的名字 ____________
1的3个朋友的名字：	2的3个朋友的名字：
1A________________	2A________________
1B________________	2B________________
1C________________	2C________________
1A的3个朋友	2A的3个朋友
________________	________________
________________	________________
________________	________________
1B的3个朋友	2B的3个朋友
________________	________________
________________	________________
________________	________________
1C的3个朋友	2C的3个朋友
________________	________________
________________	________________
________________	________________

请画出你找到的这 26 个人的社会关系图。

图 4.9 友谊的社会关系图

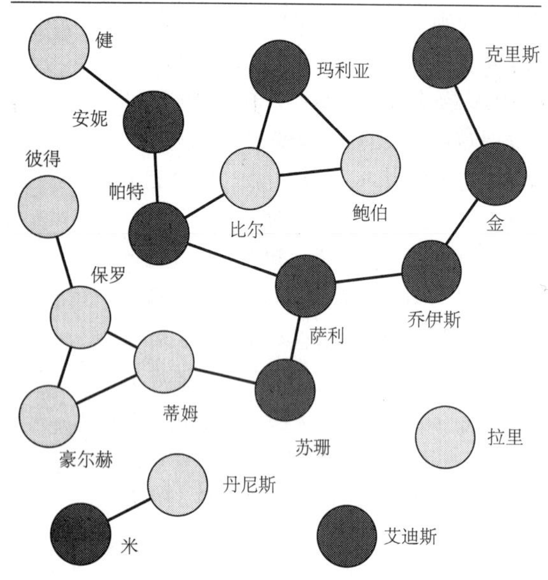

实践活动 2：抽样框架

假设你想抽取美国某个地区所有人口的样本。你可以尝试获取每个有驾照的人名清单。有些人没有驾照，那些有驾照的名单即使你经常更新也很快就会过期。你也可以查找所得税记录。但不是每个人都会纳税；有些人隐瞒收入没有纳税，有些人还未开始纳税，有些人根本没有收入不必备案，有些人已经死亡不再纳税，还有些人自从上一次纳税之后已搬进或迁出该地区。你还可以尝试电话号码簿，但也好不了多少：有些人并没有登记在电话号码簿上，有些人还有未登记的号码，还有些人最近搬家了。除了少数特例（例如某所大学所有在籍的学生），抽样框架通常是不精确的。抽样框架可能包括目标总体之外的个体（例如电话号码簿会记录已经搬家的人）或者可能遗漏总体之内的个体（例如那些没有电话的人）。

选民登记单上的名字	电话号码簿		驾照		税收记录	
________________	是	否	是	否	是	否
________________	是	否	是	否	是	否
________________	是	否	是	否	是	否
________________	是	否	是	否	是	否

如何实施：

比较以下三个可能的抽样框架是否有重叠。首先，请联系你当地选区主管选民名单的政府官员（通常为选举官）。请求是否能获得已登记的选民单（这一般是公开的信息）。其次，去获取已公布的同一地区的电话号码簿。最后，从当地官员那里获取一份财产税记录表，或联系交通局获取驾照持有人名单。从选民登记单开始。从名单中记下 100 个名字。这些名字有多少没有出现在公开的电话号码簿上？这些名字有多少没有出现在财产税或驾照记录上？

完成以下各项记录的图表。

实践活动 3：简单随机和系统抽样

本章的第一个活学活用专栏说明了简单随机抽样和系统抽样的区别。注意每个样本中抽取的名字并不相同。例如两个样本都有 H. Adams，但 C. Droullard 只出现在简单随机样本里。实际上，任何两个随机样本很少会完全一样。专栏中的抽样框架有 20 名男性和 20 名女性（性别注明在每个名字后的括号里）。简单随机样本里有 3 名男性和 7 位女性，系统样本里有 5 名男性和 5 名女性。

如何实施：

使用不同的随机数字抽取样本：取随机数字的前两位并从最后的随机数字开始（即从 11921 选取前两位 11，然后从 43232 选取 43）。请抽取包含 10 个名字的随机样本。现在从不同的随机起点开始，抽取另一个包含 10 个名字的系统样本。两个样本有什么不同？男女各有多少？

实践活动 4：媒体报道中的抽样细节

请查找 5 篇报道利用样本进行研究的报刊杂志文章，并回答以下 4 个问题，来思考抽样的使用情况。

1. 该项研究中所考察的总体是什么？
2. 研究者采用的是概率抽样还是非概率抽样？他们使用的是哪种样本？
3. 样本有多大？你是否了解总体的大小以便估算抽样比率，或者研究者给出了抽样比率？
4. 是否给出了误差范围或置信区间？有多大？是否同时告诉了你区间大小（误差范围）和置信水平（例如 95%）？

包含 10 个名字的随机样本

随机数字	选取的人名	系统样本中选取的人名
1.		
2.		
3.		
4.		
5.		
6.		
7.		
8.		
9.		
10.		

参考文献

Connor, Susan D. 2005. "The Association Between Presence of Children in the Home and Firearm-Ownership and Storage Practices." *Pediatrics* 115:38–43.

Draus, Paul J., Harvey Siegal, Robert Carlson, Russell Falck, and Jichuan Wang. 2005. "Cracking in the heartland." *Sociological Quarterly* 46:165–189.

Vaquera, Elizabeth and Grace Kao. 2005. "Private and public displays of affection among interracial and intraracial adolescent couples." *Social Science Quarterly* 86:484–508.

5

社会生活的测量

慢性疾病通常不易痊愈或者可能反复发作。医疗专家不仅要关注慢性病人当前的病痛和身体状况，更要考虑如何治疗来提高病人的生活质量。当病人身患诸如糖尿病、视力丧失、行动困难、癌症、认知缺陷或者肝功能衰竭等疾病，并且还能存活若干年时，生活质量就成为医生关注的焦点。医疗专家在着手改善和维持病人的生活质量之前，必须精确地定义什么是生活质量并能精确地加以测量。生活质量可以定义为个体在身体、心理和社交上的安康幸福状况。生活质量的测量内容包括个体的主观体验、活动能力、情感状况（满足或抑郁）、完成日常活动和社交活动的能力、总体健康状况和身体疼痛。医学界对生活质量的测量综合了问卷调查和直接的体格检查（例如抬举重物或独自站立的能力）结果。医疗专家总结了来自病人本人、家庭成员和护理人员的评价结果，并利用这些测量来跟踪监控病人的情况，评价各种替代的治疗方案。约有 5~7% 的美国和加拿大人口患有一种慢性病——糖尿病。有项研究（Smith，2004）在年龄、性别、人种、种族、婚姻状况和卫生保健方面匹配了 42 154 名糖尿病患者和同等人数非患者。两组人都填写了生活质量调查问卷。糖尿病病人在全部生活质量测量指标上都不如非糖尿病患者。和非糖尿病患者相比，糖尿病患者每月报告出的身体健康受损、心理健康不佳和抑郁、活动不便、身体疼痛、应激、睡眠不足和活力降低的天数更多。然而，并非所有的糖尿病患者情况都相同。那些难以支付卫生保健费用、受教育程度较低、没有正常工作的糖尿病患者所报告的生活质量要低得多。我们测量某些概念如生活质量的能力有助于我们理解事实真相和做出科学决策。本章要考察怎样在研究过程中测量社会生活的各种特征。

在上一章我们学习了抽样。抽样和测量具有类似的逻辑：要把你在经验世界观察到的具体细节和你无法直接看到的抽象观念联系起来。你要从某一样本或测量指标中获得的特定观察数据来推断整个总体或事物运行的抽象观念。

测量的目的

你或许听说过测量智力的斯坦福—比奈 IQ 测验，说明城市种族隔离程度的相异指数（Index of Dissimilarity），用于新型汽车的鲍尔斯顾客满意度测量（J. D. Powers customer satisfaction measure），确定某人是否贫穷的贫困线，评价犯罪趋势的统一犯罪报告（uniform crime reports）。测量的目的有很多：评价某一解释；验证某项假设；为某种理论提供实证支持；为医疗措施提供决策依据，或者研究某个实用问题。测量是研究工作的关键环节。测量能把我们的想法和一般观察转变为特定而具体的数据。测量还能帮助我们更有效地与他人分享思想和观察结果。

在研究工作中，测量对于定量数据而言比质性数据更为重要。在定量数据研究的初期阶段，收集任何资料之前，你就要考虑测量问题。要做到这一点，你一开始就要清晰地想出某个观念或概念。其次，你要找到用数字既准确又精确地描述它的方法。而在质性研究中，你同样要描述观念或概念，但不会用到数字，通常应用演绎法（见第 2 章归纳和演绎研究方法的对比）。在任何社会学研究中，你要研究的概念都以测量所得到的类型、数量、频次、强度、时长、地点等等来表示。

测量标准会深刻地影响对重大社会问题的探讨和研究结果。我们来看看智力的测量。智力是什么？如何测量？心理学家对此存在争议。在学校、求职中或者研究种族或其他方面遗传优势时用到的大多数智力测验，都只测量了一种类型的智力，即分析推理能力（也就是抽象思考和逻辑推理的能力）。大多数专家都赞同除了分析型智力外我们还拥有其他几种不同类型的智力。一些学者识别出实践性及创造性智力、社会与人际智力、情绪智力、运动智力、音乐智力和空间智力。如果存在许多种智力类型，但学校和企业只测量和使用其中一种，那么学校和企业在评估和选拔人才、表彰人们的贡献时就存在局限性。我们测量智力的方法会影响对人类各种能力的评价能力。

Cleve Bryant/PhotoEdit Inc.

来看另一个例子。公众服务机构要把来自社会项目（如住房补贴、食物援助、卫生保健、儿童护理等）的援助财物分拨给那些被确定为贫穷的人。政府机构要根据居住在某地的贫困人口的数量来拨款。政府官员和经济学家在贫困率的升降变化上存在争议。谁是贫困者？有人认为如果买不起避免营养不良所必需的食物就是贫

以史为鉴：谁是贫困者

贫困的定义和测量方法很多。大部分研究会考察相对贫困（即与他人相比较）和绝对贫困（即刚好能生存所必需的物质条件）。国际上最常用的测量方法是以社会平均收入（即中数或中点）水平的一定百分比（如50%）之下来衡量的，社会科学家们也认为这是最精确的测量方法。美国在20世纪60年代建立了官方的"贫困线"。贫困线是对贫困的暂时测量标准，美国政府出于估算贫困人口数量的官僚主义目的而用主观规定的美元数额来表示。贫困线是建立在美国农业部的一项已有研究基础之上，该项研究考察了美国家庭要满足最低的营养需要而花费在食物上的金钱数量。要估计最低的生活成本，行政官员把最低食物成本乘以3。这是因为在20世纪50年代大部分美国贫困人口都把大约三分之一的收入用来购买食物。从此以后，贫困线就成为美国官方报告和各种社会项目报告的永久固定项。除了根据通货膨胀和家庭成员的数量而对贫困线进行更新外，就再也没有变化过。专家们认为贫困线的现行测量标准并不适当，并多次提议要重新计算贫困线。他们注意到生活状况的变化、提供给人们的新服务，也很少有人把三分之一的收入花在食物上。每一次尝试改变贫困线的努力都会引起政治争议。这是因为几乎每种改进测量精确度的建议都会比目前的贫困线标准把大量更多的人纳入贫困者的行列。很少有政治人物希望突然出现大量更多的官方承认的贫困人口，这会引起公众的注意和付出额外代价，所以这种普遍认为存在重大缺陷的贫困测量方法仍得以延用。

穷。也有人认为如果年收入低于其他人的平均收入（或中数）的二分之一就是贫穷。还有人认为如果所挣的少于"最低生活工资"（living wage）就是贫穷。最低生活工资是指达到健康、安全、卫生、住房、穿衣、饮食、交通等最低社会标准所需的收入水平。我们对贫穷的定义和测量会极大地影响政府决策和成千上万人的日常生活。测量贫困充满争议（见以史为鉴：谁是贫困者），但如果不进行测量，我们就无法做出决策。

凸显社会生活的各方面

日常生活中我们也会运用很多测量标准。例如，早晨醒来后你可能会跳上体重秤看看自己的节食减肥效果如何，还可能看看温度计考虑外出是否穿外套，然后进入轿车查看油量计确认能否能开到校园，驾驶时还会查看速度计确保不会因超速而罚款。到上午8点之前，你已经测量了体重、温度、汽油量和速度——所有这些测量标准都是针对物质世界的。日常生活中这种精确、完善的测量标准是自然科学的基础。我们也要测量社会生活，但通常会用不太准确的词语来表示。例如我们认为某个饭店好极了，张三很聪明，李四的生活态度消极，王五偏执，城关学校儿童的成绩在平均水平之下，或者北京市的房地产市场过热。然而，诸如"十分偏执"或"市场过热"这类日常判断都是不精确、模糊、直觉式的测量标准。

测量能延伸我们感官所能触及的范围。天文学家或生物学家会使用望远镜或显微镜来延伸他们的自然视力。除了能延伸我们的感官外，科学的测量还能得出比平常经验更精确的结果，不会因为观察者不同而起伏很大。气温计所给予你的温度信息比触觉更具体、精确。同样，要测量 5 岁女孩的体重，合适的体重计给出的信息比你通过把她举起来而感觉“重”或“轻”更具体、稳定和精确。社会科学测量标准可以提供社会生活特征的精确信息。

测量方法能让本不可见的事物清晰呈现。这一点在社会生活中和物质世界里都是如此。例如，我们无法通过感官直接看到磁场。科学家认识到磁力是一种物质力量，但人们不能直接看到它的存在,所以科学家发明了间接观察肉眼看不见的磁场的方法。例如，金属碎片靠近磁铁。磁铁让我们“看到”或测量这种我们一开始只能通过想象来认识的、不可见的磁场。自然科学家们发明了成千上万的测量方法来“察看”极其微小（如昆虫的器官或分子）或非常庞大（如地质大陆或行星）的事物，通过普通感官是无法观察到它们的，而测量能延伸我们感官触及的范围，从而扩展我们的知识。

我们能轻易地看到一些我们想测量的事物属性（如年龄、性别、肤色、眼睛形状等），但很多其他我们感兴趣的事物却不能直接进行观察（如员工满意度、贫困、某个儿童的自尊、性别角色、购买欲望或者生活质量）。正如自然科学家要发明间接的测量方法来观察“看不见”的物质世界的力量，社会科学的研究者也要创造测量方法来揭示社会生活中难以看到的领域。

数字或语言测量

研究工作中我们都会使用谨慎、系统的方法来收集资料。定量和质性的数据收集过程在以下 4 方面存在差别：时间安排、研究指向、数据形式和联结过程。

1. 时间安排。在定量数据研究中，首先要把概念视为变量。在研究的计划阶段就要把概念转换为特定的测量行为，这要早于数据的收集和分析，也是和它们分离的。而在质性数据研究中，收集数据的同时要建立概念的测量方法。思考概念、收集数据和开始分析质性数据这些过程都是模糊在一起的。测量和其他研究活动连成一体，并不是个独立的阶段。
2. 研究指向。在第 2 章我们学习了归纳和演绎的研究方向。大部分定量数据的研究都遵循演绎法的路线：始于抽象的观念，终于看得见的实证数据。大部分质性数据的研究都遵循归纳法的路线：始于实证数据，终于观念和数据的混合。两种研究路线的过程都是交互的：测量会影响观念，反之亦然。
3. 数据形式。在定量数据研究中，测量值给出的都是数字形式的数据。从抽象观念引出的数据收集方法可以得到精确的数字信息。而在质性数据研究中，数据可能表现为数字形式，但更经常地表现为书面或口头语言、动作、声音、符号、物质实体或视觉图像（如地图、照片、视频等）。你不会把所有的观察转换为单一的媒介（即数字），而是保留数据原来的各种不同的形状、大小和格式。它们仍然为词语、图像、引文和描述，而不会全部变成数字。

4. 联结过程。所有的研究中你都会把观念和可观察到的实证数据联系起来。在定量数据研究中，你会仔细思考并修改完善研究观念，然后建立特定的测量方法（例如问卷）来描述这一观念。你会利用测量标准来收集实证证据，而逻辑则把观念和测量标准联系在一起。研究开始时你可能会提出非常抽象的观念（"生活质量"），把它和不太抽象的概念联系起来（"参与社交活动"），随后把它和特定的测量行为联系起来（回答一个调查问题"你多长时间参加朋友聚会一次？"）。在质性数据研究中，你会通过主动地创造新的或修改已有的概念来尝试理解研究数据。你在收集数据的同时，尝试把数据和能用来阐明数据意义的观念联系起来。你可能在收集数据（观察到养老院里有许多人独自安静地进餐）的过程中才提出某个观念（例如"独自吃饭"）。研究的观念一旦提出，就可能影响随后的观察。

测量过程的两个部分

所有的测量都建立在两个过程的基础之上：概念化和操作化。**概念化**（conceptualization）是提炼某个观念并把你的想法表述为文字，以便其他人能更好地理解这一观念的过程。当你把观念变成文字时，你就提出了**概念式定义**（conceptual definition）。构造定义并没有什么神秘之处。你必须仔细思考、敏锐观察、咨询他人、阅读文献并尝试各种可能的定义。

假设你要提出歧视的概念式定义。你可能认为它意味着某种"负面行为"。要进行概念化，你需要考虑多个资料来源：主观经验、深入思考、与他人讨论和学术文献。你会反思你已经了解的内容，请教他人的看法，并查阅它的定义。随着你不断思考，这个核心观念应当变得越来越清晰，为此你可能要在很多替代的定义中进行挑选。

假设你确定下来，"歧视是仅仅因为人们属于某一社会类别或群体而不公平地对待他们的行为。"你总结认为歧视涉及对待某一类人的方式，它还提及"他人"或外群体（某人并不属于的群体）。根据某人可能不公平对待的各种群体类型（种族、宗教、年龄、性别等等），你把思维扩展到对歧视种类的思考上。

在概念化的过程中，你还需要考虑分析单元（见第 2 章对分析单元的介绍），提出测量方法，其中用的分析单元要适合你的概念式定义。例如，歧视是由个体发出的行为，所以个体就是分析单元。然而，群体和组织（如家庭、俱乐部、教会、公司或媒体产品）也可能不公平地对待外群体的人（例如不与某人交谈，不聘用某人），所以有时你要把群体或组织作为你的分析单元。要进行概念化并找到测量的方法，你就必须确定分析单元。你是想把歧视仅仅视为个体的行为，还是也视为群体、组织和机构的行为？

进行概念化还要分辨你的概念和联系紧密的类似概念。通常观念之间会有重叠，彼此也容易混淆。要精确地测量就需要区分所要研究的概念和其他相关概念。例如，偏见、种族主义、刻板印象和歧视有何异同点？

概念化过程需要你仔细思考你提出的概念。你可能把歧视定义为“某人依据刻板印象不公平地对待外群体人员的负面行为。”这比你最初提出的观念更精确，提到“负面行为”，与其他的观念也有关联，例如外群体和刻板印象。你要重新评价该定义的每个部分，例如“负面行为”。正面行为也能构成一种歧视吗？可能存在正面歧视，或者根据刻板印象而使某个群体获益的不公平待遇吗？如上所述，概念化的过程需要你用简明的语言清晰地表述观念，以便于他人理解。

操作化（operationalization）把你的概念式定义与一套特定的测量程序或该概念的**操作定义**（operational definition）联系起来。操作定义可能是一个或数个调查问题，一种在实地观察事件的方法，或者计算大众传媒里象征符号出现次数的方法。它是一种观察、记录或描述概念式定义的特殊活动。例如，有项研究（Gee，Spencer，Chen & Takeuchi，2007）想考察经历更多日常歧视的亚裔美国人是否健康状况更糟糕。该研究对“日常歧视”的操作定义是人们怎样回答下面 9 个关于常见的不公平待遇的调查问题：

1. 与人相比，你是否更少受到礼遇。
2. 与人相比，你是否更少受人尊重。
3. 与人相比，你在饭店或商场得到的服务是否更差。
4. 他人的行为好像表明他们认为你不聪明。

以史为鉴：测量社会距离

著名的社会学家埃默里·波格达（Emory Borgadus，1882—1973）一生写了 275 本书和文章，其中 27 篇涉及社会距离这一观念。在 1925 年发表的一篇文章（Social Distance and Its Origins，*Journal of Applied Sociology* 9:216–226）中，他概述了社会距离的概念。他把社会距离视为影响大部分社交关系并且能指示社会情感亲密程度和信任他人程度的一种力量。他试图描述人们与自己不同人种和种族的人的亲近和疏远程度。研究者今天还会用到这一概念的不同版本。波格达通过下面 7 个陈述来询问人们是否愿意与不同于自己人种和种族的人进行交往并建立稳定的人际关系，以此来测量社会距离。他询问了人们在以下 7 种情境中如果存在甲群体的成员，感觉如何：

1. 在亲密的姻亲关系中；
2. 在自己参加的俱乐部成为私人密友；
3. 在自己居住的小区成为邻居；
4. 在自己的工作中成为同事；
5. 在自己的国家中成为同胞；
6. 在自己的国家里只能是游客的身份；
7. 我会从自己国家里排除所有甲群体的成员。

在起初的表单中，甲代表了 30 种人种—民族群体。在人们评价了对每个群体的感受如何后，波格达构建了群体间社会距离的图像。结果表明处在支配地位的白人主体种族感觉与某些群体特别疏远，与另一些群体则很亲近。波格达为 30 个群体创建了平均距离分数。后来其他研究者重复出这项研究，发现社会群体彼此感到的疏远程度变化很小。研究者还把社会距离的观念延伸到种族—族群关系之外。

聪明贴士：创造高明的测量方法

1. 请记住概念式定义。测量方法必须与研究观念或概念被赋予的具体的概念式定义相匹配。没有清晰的概念式定义，你就无法进行完善的测量。
2. 保持开放的心态。不要执迷于某种单一的或某类测量方法。要有创造性，不断地寻找更好的测量方法。
3. 借鉴他人。不要害怕向其他的研究者借鉴，只要你声明他们的贡献。从别人的研究中你能发现出色的测量思想或者修正他人的测量方法。
4. 对困难要有预期。当你着手测试时经常会出现逻辑和实践问题。测量前考虑周详和仔细计划，有时能让你预测和避免问题的发生。如果仍然出现问题，你只能依据使用该测量方法的经验来调整、修改它。
5. 不要忘记研究的分析单元。调整你的测量方法使之适合研究的分析单元。希望你的测量方法能推及你关注的研究范围（见第 2 章对研究范围的讨论）。

5. 他人的行为好像表明他们害怕你。
6. 他人的行为好像表明他们认为你不诚实。
7. 他人的行为好像表明你没有他们优秀。
8. 他人叫你的外号或者侮辱你。
9. 他人威胁或者骚扰你。

如果某人对这些问题的回答表明这些行为有很多经常发生在他或她的身上，研究者就把这视为日常歧视的实证证据。

定量研究的概念化和操作化

定量数据的测量要经过以下 3 个阶段：

1. 概念化。仔细思考观念并提出其概念式定义。
2. 操作化。把概念式定义和特定的测量程序联系起来。
3. 测量。应用操作定义来收集数据。

Mikael Karlsson/Arresting Images

这一过程连接了 3 个层面的现实。这 3 个层面，由抽象到具体，分别是概念水平、操作水平和实证水平。

从最抽象的观念水平出发，你可以说明两个概念之间的关系从而提出**概念假设**（conceptual hypothesis）。在你提出每个变量的概念式定义和概念假设之后，就要确定测量方法或使变量操作化。利用变量的操作定义，你可以提出**实证假设**（empirical hypothesis）。这是以操作化的语言来重述概念假设。最后，在看得见、具体的实证层面上，你可以用变量的操作定义来收集数据。得到的测量结果通常称为指标，它们表明变量是否存在及其强度。你可以依据统计知识如相关来确定指标之间实证上的相关程度。指标之间的实证相关可以用来检验实证假设，这在逻辑上又可回溯到概念假设。

要理解上述过程的实施情况，让我们来看看韦策和塔奇（Weitzer & Tuch，2005）的研究（见本书附录 C），他们检验了研究的因果假设（第 2 章我们曾讨论过）。他们先提出 4 个概念：

1. 某人是占主导地位的种族群体还是非主导种族群体的一员，
2. 个人认为警方是否持有种族偏见，
3. 与当地警方打交道的次数和类型，
4. 媒体报道中披露警方腐败或残暴行为的数量。

这一研究的分析单元是个体。研究者用 3 种类别对主要的自变量（种族群体）进行了概念化：白人、黑人和拉丁裔。他们认为白人代表了主导群体。他们把主要的因变量（警务工作中存在的种族偏见）概念化为个体认为警方不公平地对待白人和非白人的看法。他们还考虑了另外 2 个变量：与警方打交道的经历以及媒体披露。他们把与警方的经历概念化为个体与当地警务人员的直接或间接的互动，而媒体披露则概念化为个体从大众传媒所获悉的警方残暴行为或腐败。他们提出了 2 个相关联的概念假设：

1. 非主导的种族群体成员比主导的群体成员更可能认为警务工作带有种族偏见。
2. 非主导的群体成员对种族偏见的知觉随着以下 2 个因素的增加而增加：（1）他们与警察打交道的经历，（2）他们获悉媒体曝光警方种族偏见或腐败的报道。

研究者对自变量下的操作定义是以关于种族的调查问题要求人们进行自我认同。并用 4 组调查问题对主要的因变量（对警方种族偏见的知觉）进行操作化：

1. 询问警方对待黑人比对待白人的态度更好、一样还是更差；同样的问题用拉丁裔代替黑人。
2. 询问警方对待黑人街坊是比对待白人街坊更好、一样还是更差；同样的问题用拉丁裔代替黑人。
3. 询问城市中的警务人员是否存有种族—民族偏见。
4. 询问警方是否仅仅因为司机是黑人或拉丁裔而更可能拦截车辆。

韦策和塔奇（Weitzer & Tuch，2005）收集了每个变量的调查数据。在收集了数据之后，他们进行了统计检验、查看图表以寻找相关，从而验证他们提出的假设。

图 5.1 说明了测量过程是如何把 3 个层次（抽象理论、操作化和具体实证）联系起来的。从图中可以看到两个以假设连接在一起的变量的测量过程。你要把这 3 个层面放在一起思考。

图 5.1　概念化和操作化：从抽象建构到具体测量

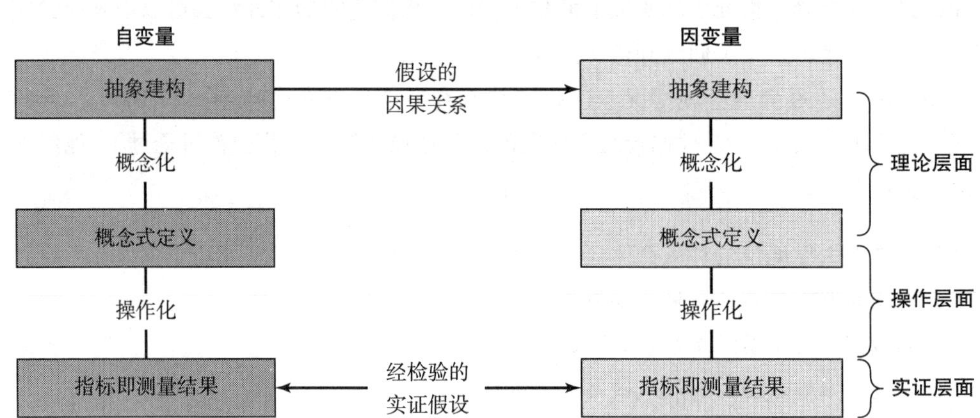

请快速浏览图 5.1。在定量数据研究中，你通常要从抽象的概念迈向具体的测量方法。首先，提出每个变量清晰的概念式定义来进行概念化。其次，要给出每个概念式定义的操作定义进行操作化。最后，对操作定义进行测量作业来收集实证数据。利用数据你就能实证地检验假设。实证检验又和抽象概念有关联。就这样，实证检验提供了支持或否定概念假设的证据，最后汇入到广泛的理论论述。

质性研究的概念化和操作化

如上所述，在定量数据研究的初期你就要把抽象观念表述为概念式定义。相形之下，在质性数据研究中，你在收集数据的过程中还一直带着基本的研究观念。当你收集和分析质性数据（即现场记录、照片、地图、历史档案等）时，你会重新思考已有的观念，并根据你的观察结果提出新的观念。通过给出研究观念更清晰的定义，你力图理解数据的意义。最终，你会把这些观念联系起来，形成理论关系。这一过程就是第 2 章介绍的扎根理论。这一过程要求你在研究期间作为局内人保持清醒的头脑，不断反思研究过程。你必须同时记录真实的数据和你收集数据的方法和过程。

在概念化时，你会针对研究数据提一些理论问题（例如这是研究观念的实例吗？事件的先后顺序是怎样的，是否有其他可能？为什么发生在这里而不是其他地方？）正如定量数据的研究，你要提出清晰、明确的定义来进行概念化。这些定义比你直接的观察结果更为抽象，但你会把它们和特定的数据联系起来。你会用具体文字、事件或所研究人群的行为来表述概念式定义。因为质性数据的测量是与研究的其他部分连成一体的，并非一系列独立的步骤，所以可能更难实施。

为帮助你理解测量过程，让我们来看看附录 C 中对两所加利福尼亚高中所做的质性实地研究。佩里（Perry，2001）在这项研究中使用了“白人文化的自然化”这一概念，这是个非常抽象的观念，很难理解或测量。根据以往的研究和她在学校里的观察结果，佩里对它进行了概念化。自然化（naturalization）意味着某种文化——一整套价值观、世界观和假设的组合——如此充分地为大家认同、接纳，视为理所应当，以致人们对它视而不见，认为它是“自然”的存在。白人文化是与白人种族有关的一整套价值观、世界观和假设的组合。佩里通过对比两所高中来表述这一概念。

Ed Kashi/Corbis

在定量数据的研究中，你会把你的研究观念和预先设计好的测量方法联系起来从而实现操作化。你可能编写一份调查问卷或者制作一张记录观察结果（多少男性或女性进入商场）的评分表。这些工作在你收集数据之前就应该完成。而在质性数据的研究中，你会通过详尽地描述你收集数据的过程来实现操作化。这与定量数据的研究过程几乎完全相反，是一种事后的操作化。在观察和收集数据的过程中，你要描述如何发现或构建概念，并挖掘它的价值。

在一所白人为主的高中里，佩里通过给参与者描述研究过程以及引用很多白人学生说过的话语来对“自然化了的白人文化”进行操作化。学生们看到一些认为他们自己是“正常”或“普通”的美国人的谈话。同时，他们把非白人种族的学生描绘成“具有民族特征”或“有文化特色”。学校活动（体育运动、舞会等等）不会突出或者专注于种族文化的多样性。在另一所白人学生占少数的学校，白人学生认为“学校就像处在国外”，重要的学校活动都是多种文化的集合。

佩里通过描述她在学校里的具体经历来对概念进行操作化。她告诉了我们她在学校的所见并引用了听见的话。她把研究概念扎根在她所耳闻目睹到的学生对食物、衣着、音乐、交谈和课外活动的评论之中。于是，佩里发现在白人主导的环境里，学生“生活”在白人文化下却无法明言它的存在。这是因为对于这些学生来说，白人文化只不过是一种正常的生活方式。相形之下，在白人处于少数地位的学校，白人学生就能轻易地辨识、快速地区分出他们的白人文化。

上述讨论强调了定量和质性研究概念化的差别。实际上，两者都不是僵化不变的过程。对两种类型的数据而言，观念和数据彼此都会互相影响。无论是质性还是定量研究，你都会利用特定研究背景的数据之外的观念，并把已有的方法和概念与数据收集过程中出现的概念结合起来。就这样，观念和证据存在着一种互相依赖的关系。请记住，所有操作化的核心都是把观念和数据连接起来的过程。

要点回顾：定量的和质性的概念化和操作化的步骤

定量过程	质性过程
1. 提出每个变量核心观念的清晰、完整、书面的概念式定义，从而对变量概念化。你要以过去的理论为基础，思考其他人已经在使用的定义，并且要合乎逻辑。	1. 收集实证数据的同时要思考用以组织和理解数据的概念。对每个用到的观念都要提出清晰的定义。这些定义可能是文献中提到过的，也可能是你提出的新观念，或者是你研究的人们用的。
2. 设计测量各个变量的具体活动来对变量操作化。这就是操作定义，它必须切合你在概念式定义里对变量的界定。	2. 收集数据时请特别小心你理解数据的过程以及你自己的思考方式。描述你把观念与资料中的具体观察结果联系起来的过程，并认真地思索。
3. 利用操作定义所规定的具体测量活动来收集实证数据，从而把数据和概念式定义联系起来。	3. 回顾并修改完善你的定义及对你如何收集、理解资料的描述。

精确测量：信度和效度

定量研究的信度和效度

信度和效度这两个词有多种含义。这里它们是指科学的测量具备的两方面优点。它们把你“头脑中”无法观察的观念和有形世界里具体的行动联系起来。你永远不可能得到完美的信度和效度。确切地说，它们是你力求要达到的理想状态。我们都希望测量可靠又有效，因为这样才能得到真实可靠的研究结果。

信度（reliability）意味着测量结果不会因为测量过程特征（或测量工具本身）的变化而变化。在客观的物质世界，测量信度很容易理解。假设你登上体重秤来测量你的体重。你反复上下体重秤。可靠的体重秤每次会给出同样的体重数——当然假定你没有进餐、饮水、换衣等等，而不可靠的体重秤每次记录的体重都不一样，即使你真实的体重并未变化。用体重秤衡量体重的类比适用于所有其他类型的测量。信度表示你测量的方法或工具（体重秤）前后一致、可以信赖。

效度（validity）表示真实性，表明观念的心理图景和实证现实中测量行为之间的切合程度。简而言之，效度描述你测量的现实与你用以理解这一现实的观念之间的匹配程度。

很多教科书都会谈到效度，它意味着“真实”或“正确”。效度有各种类型。这里我们关注的是**测量效度**（measurement validity）。测量效度指的是概念式定义和操作定义之间的适合程度——适合程度越好，效度越高。一项度量对于某一目的（也即给定了分析单元和范围的研究问题）可能有效，但对于其他目的则可能无效。例如，某项工作

活学活用：怎样提高信度

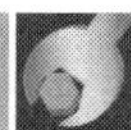

可以从以下 4 方面提高一项测量方法的信度：

1. **清晰地进行概念化**。草率、散漫或模糊的思维会降低信度。不缜密的思维会使其他与核心观念有或无关联的问题影响测量方法，降低测量方法的可靠性。如果你对概念有清晰、无歧义的定义，就可以提高信度。你定义某个概念时最好能消除来自其他相关概念的“噪音”（即分心或干扰信息）。要确保每项测量一个且只测量一个观念，否则，不可能准确地判断所测量的是哪一个概念。
2. **提高测量的等级**。本章稍后我们会讨论测量的等级。这里你只要知道，更高级或更精确的测量等级比不太精确的测量等级更为可靠。这是因为不精确的测量收集的信息不详细。如果你没有测量非常具体的信息，你收集的信息就可能不是所要研究的概念。保证信度的基本原则就是尽可能在最精确的等级上进行测量。
3. **采用多重指标**。采用**多重指标**（multiple indicators）可以提高信度，因为对同一个概念用两个（或多个）指标比用一个指标更好。使用多重测量标准是大家所公认的精确测量的原则。例如，我提出了雇员满意度的 3 个指标。第一个指标是一份态度调查问卷。我询问了研究参与者们对于不同工作岗位的看法和感受。第二个指标是我观察到的参与者在工作中的表现。我记录了他们是否微笑、看起来开心、与同事和客户保持和谐的关系，或者显得紧张、抱怨、行为不友好。最后，我查看了旷工、违纪、工龄和人员流动率等工作记录。我可以使用 3 个独立的指标——调查、观察和书面记录——来研究员工满意度。如果所有 3 个指标都显示出高度一致的满意度（或高或低），我就更能肯定测量方法可靠。多重指标能让你测量所要研究概念的不同方面（例如雇员对薪资、工作场所和监督的满意度），每个方面都有它自己的指标。此外，只用一个指标或许不完美或不稳定，但多个指标不可能发生同样的（系统性的）错误。
4. **采用预备试验与重复**。使用测量方法的试验版能提高它的信度。提出测量方法的一个或多个草案版本，并在使用定好的版本前试用草案。当然，这样要花费更多的时间和精力。你也可以重复其他的研究者已经使用过的测量方法。如果你从过去的研究中找到适合的测量方法，你可以直接使用或者加以改进，当然要注明资料的来源。

满意度的测量标准对于测量某服装店零售职员对工作的满意度可能有效，但用于警务人员可能就无效。

效度较之信度更难实现。我们永远实现不了绝对效度，因为效度联结起来的是无形抽象的观念和具体实证的观察。在我们认识外部世界的心理图景和我们体验到的具体现实之间总是存在差距。尽管如此，有些测量仍比另一些测量更有效。

在上一章我们学习过抽样误差。测量效度和抽样误差很相似。抽样时，你总想尽量减小抽样误差——也就是说，你想抽取特定的样本，从中获取数据以精确地代表你无法进行直接观察的总体。抽样误差小的样本能让你精确地估计总体参数。测量时，你想找出具体的实证测量标准，以精确地代表你不能直接观察的抽象概念。如果你的测量有效，它偏离所要代表的概念的程度就非常小。

3 种测量效度

1. *表面效度*。这是最容易实现、最基本的效度。它是由专家做出判断，以确定指标是否真正地测量到它所要测量的概念。表面看来，它要解决的问题是人们认为概念式定义与测量是否适合。例如，向大学生提问 2+2=？，没有人会接纳这种对大学生数学能力的测量标准。表面看来它是无效的。
2. *内容效度*。内容效度是表面效度的一种特殊形式。概念式定义是包含多个维度的“空间”，能够描述这个概念空间里所有维度的测量方法就具有较高的内容效度（见研究示例专栏 5.1）。例如，歧视这个概念有 3 个方面（维度），能够描述所有这 3 个方面的测量方法就具有内容效度。
3. *效标效度*。效标效度使用一套标准或效标来表示某一概念。一项指标的效度依赖于它与另一项测量相同内容建构的权威测量标准的一致性。

质性研究的信度和效度

我们也希望质性数据的测量标准可靠、有效，然而质性和定量数据测量的实施原则

研究示例专栏 5.1：内容效度和应激测量

你感到紧张吗？怎样测量紧张即应激？贝尔和李（Bell & Lee，2002）发现应激有身体和心理上的不同表现。他们把主观应激定义为个体生命的需求和满足这类需求所需的物质、情感或其他资源之间的差距。应激有多个维度，所以贝尔和李针对每个维度都进行了测量以确保*内容效度*。测量内容包括个体对应激的主观感觉、生命中特定的应激事件、导致应激的健康问题、与应激有关的行为以及应激的身体症状。他们针对 14 700 名年龄在 18~23 岁的澳大利亚女性提了 94 道问题，问题涉及应激所有的 5 个维度，从而收集调查数据。问题类型如下：

Dion Ogust/The Image Works

1. 12 个生活领域（如与男友的关系、考试、工作等），答题的女性从一点也不紧张到非常紧张评 1~6 分。
2. 35 道关于生命事件的问题（如失业、长期亲密关系的分手、严重的健康问题等）。
3. 疾病如癌症、糖尿病、心脏病，外加基本的身体和心理健康的问题。
4. 3 道与应激有关的行为问题：（1）吸烟状况，从 1（从不吸烟）到 5（每天抽 20 根或更多香烟）；（2）酗酒（定义为一次饮用 5 杯或更多），从 1（从不）到 5（一周一次以上）；（3）锻炼状况，从 1（不锻炼）到 5（积极锻炼）。
5. 常见的应激身体症状问题（如偏头痛、腰背痛等）。

要点回顾：测量效度类型的总结 

效度（所测为真正要测的内容）

表面效度——依据他人的判断。

内容效度——描述概念所有的含义。

效标效度——与外部资料保持一致。

并不相同。可靠的质性数据意味着你前后一致地收集数据。虽然质性数据的收集方法强调灵活，要适应多变的环境，但研究者并不希望测量结果摇摆不定、无法捉摸。在质性研究中，研究者频繁地与人互动，建立起深厚的社会关系，并且把这种社会关系的发展视为不断成长、发展的过程。因此，研究者收集数据、观察以及与人互动都会与时俱进，但并不能草率马虎、游移不定或前后矛盾。要可靠地测量质性数据，研究者要深思熟虑和前后一致地测量，这样所测的结果才令人信服。例如，第一天对实地的观察可能与你在实地停留了 6 周之后的观察并不相同。这种差别并不表示观察不可靠或者不稳定；相反，你一直在小心谨慎、前后一致地监控你的观察怎样随时间改变。

在研究质性数据时，你会考虑广泛的数据来源和从许多方面来测量。质性数据的交互性和情境性意味着两位不同的研究者不会每次都得出同样的结果。一位研究者可能会使用一套另一位研究者不曾用到的独特的测量标准。研究者之间的不同测量标准和差异说明了问题或情境的多面性或多维性。不同的研究者或测量方法都可以得到可靠的测量结果——这与定量数据通过构造单一、固定、标准和不变的测量方法来保证信度不一样，质性研究通过前后一致、自明其理的观察和测量来保证信度。你必须找到自明其理、前后一致的测量方法，而且要根据特定的研究情境进行调整。

前文提过效度联结的是概念和实证测量。质性数据的有效测量方法具有真实性。真实性意味着从居住在特定社会环境的个体角度出发，公正、诚实、全面地记录社会生活，即你要描述对于居住在特定时空条件下的人们来说什么是“真实”的。不再强调把抽象概念与某个单一、固定、标准的现实形式匹配起来。相反，你的目标是要真实地围绕所要研究人群的生活经历来来说社会生活。有效度的质性数据得到的是一张内视图。你会向他人详细描述并记录你所研究的人群如何审视、感受和理解社会事件。在某种意义上，真实性替代了定量数据的测量效度。在另一种意义上，质性和定量研究的效度又是相同的，因为两者都遵守着效度的核心原则——真实（即避免虚假或歪曲的记录）。无论对于质性还是定量数据，你都要把研究观念及你对社会生活所做出的表述与真实发生的情形紧密地联系起来。

信度和效度的结合

信度是效度所必需的，也比效度更容易实现。虽然信度是有效测量所必需的，但信度并不能保证测量的效度。信度并非效度的充分条件。某个测量方法可能多次重复地得到相同的结果，但所测量到的结果或许并不适合研究观念的概念式定义（即有高的效度）。测量可能可靠但却是无效的。

举一个简单的例子：你站上体重秤称量体重。每次你上下体重秤时显示的体重都是相同的。这个体重秤是可靠的。然后你找到另一个体重秤（测量真实体重的"规范"磅秤），测量结果显示你的体重要重得多。第一个体重秤得出可靠的（即可以相信和前后一致的）结果，但并不是对体重有效的测量。图 5.2 能帮助你理解信度和效度的关系，通过类比打靶来说明两者之间的关系。靶心代表测量和观念的概念式定义适配紧密。

定量测量指南

迄今为止，你学习了测量的原理，包括信度和效度。定量研究者依据测量的等级开发了许多具体的测量方法。本节简要介绍测量的等级和一些广泛使用的测量方法。

测量的等级

测量等级（levels of measurement）可以从很精确的非常完善的层次到较粗糙或不太精确的层次之间变化。测量的等级取决于你对所要测量概念的特征提出的假设。你概念化某个变量的方法制约着测量等级，并且会影响如何进行统计分析。

连续和离散变量 所有的变量都可以区分为连续的或离散的变量。**连续变量**（continuous variable）沿着某一连续体具有无限数量的取值。你可以把变量细分为更小的增量；增

图 5.2 信度和效度关系的图示

靶心=完美的测量 圆点=每次测量

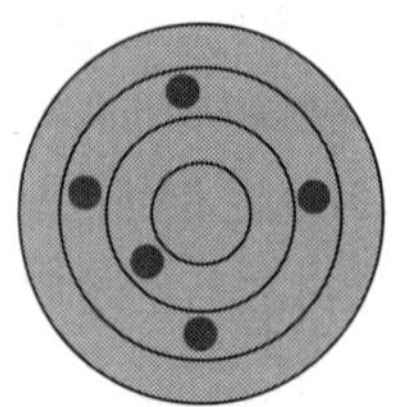

低信度和低效度

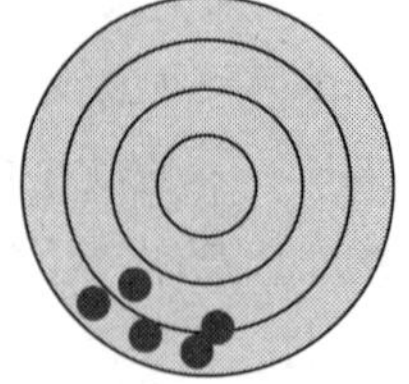

高信度和低效度

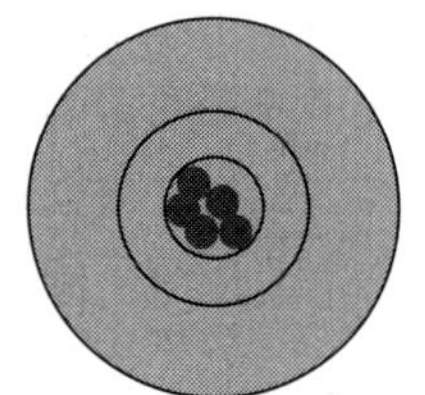

高信度和高效度

资料来源：改编自 Babbie（2004：145）。

量的数量是无限的。这类变量包括温度、年龄、收入、犯罪率和入学年数。**离散变量**（discrete variable）具有一组固定、分离的取值或种类。离散变量有 2 个或数个分离、不同的种类，并不是包含许多取值的平滑连续体。离散变量的例子有性别（男性或女性），宗教（新教、天主教、犹太教、伊斯兰教和无神论等）和婚姻状况（未婚单身、已婚、离婚或法定分居、寡居）。变量的连续性或者离散性会影响它的测量等级。

4 种测量等级 测量的等级是在连续变量和离散变量差异的基础上扩展出来的。这 4 种等级在测量的准确程度上各有差别。你可能会发现要一开始确定某个概念适当的测量等级并不容易。测量等级取决于变量的内在特征和你概念化变量的方法。

有些概念和变量只能以离散的形式存在，包含几个不同的种类。在现实社会中，婚姻状况仅有几个基本的种类。婚姻状况要么已婚要么未婚，而未婚可细分为从未结婚、离婚、法定分居和寡居。有些变量你可以概念化为连续变量或者离散变量。年龄可以是连续的，用年数、月数、天数、小时和分秒表示个体有多大。你也可以把它视为一组离散的类别，例如婴儿期、儿童期、青少年期、成年早期、中年和老年。教育程度可以是连续的，表示在学校接受教育的年数。你也可以依据教育程度 / 文凭，把它视为一组离散的类别，如高中以下、高中文凭、中学到 4 年大学教育之间、4 年制大学和研究生。

你可以把大多数连续变量合并为少数几个离散的类别，但你无法把离散的变量转化成连续的变量。例如，性别、宗教和婚姻状况不能概念化为连续变量。然而，你可以把离散变量转换为有关的观念，从而可以概念化为连续变量。性别是离散的，但“女性化程度”或“男性化程度”是连续变量。具体的宗教（如天主教、路德教派、浸礼派）可能是离散的，但忠于宗教的程度是连续的。婚姻状况是离散的，但个体的婚龄是连续的。

活学活用：测量等级示例

命名测量只是标示种类之间的差别。例子包括性别：男性或女性；宗教：新教、天主教、犹太教、伊斯兰教或其他；种族血统：非裔、亚裔、白人、拉丁裔或其他；州 / 省或居住地区：伊利诺伊、安大略、纽约、德克萨斯或中西部、东北部等等。

顺序测量标示着种类之间的差别，并且种类可以排序或者分级。例子包括字母等级：A、B、C、D、E；意见测量：强烈同意、同意、反对、强烈反对；品质评价：优秀、很好、良好、尚可、糟糕。

等距测量除具有上面 2 种测量的所有特点外，还要指出种类之间的距离。例子包括摄氏或华氏温度：5°、45°、90°；IQ 分数：95、110、125。

比率测量除具有上面 3 种测量的所有特点外，还具有绝对零点。绝对零点意味着零分表示值为零或没有一点儿（不存在）。只有存在绝对零点才有可能讨论比例或比率关系，如两倍之多。例子包括金钱收入：10、100、500 美元；接受正规学校教育的年数：1 年、10 年、13 年；年龄：18 岁、32 岁、64 岁。大多数情况下，等距和比率等级的区别很小。在某些等距测量中主观规定的零点会误导人。例如，温度从 30 度上升到 60 度虽然看来数量变为 2 倍，但不等于温度翻倍了，因为零度并不代表没有任何热量。

4 种测量等级，按精确程度从最低（离散、最不准确）到最高分别是命名测量、顺序测量、等距测量和比率测量。每个等级提供了不同类型的信息（见活学活用：测量等级示例）。离散变量的测量表现在命名和顺序等级上，而你可以在等距和比率的等级上测量连续变量。

要点回顾：测量等级的特征

4 种测量等级的特点

等级	不同种类	顺序	距离	绝对零点
命名	具有			
顺序	具有	具有		
等距	具有	具有	具有	
比率	具有	具有	具有	具有

在更高的测量等级上概念化和测量变量有着充足的实践原因。研究者随时可把高等级的测量降到较低的等级，但反过来则做不到。如果你非常精确地测量了某一概念，后来你可以“丢弃”或忽略一些精确度。但你不能在开始时粗糙地测量某一概念，然后想让它变得更为精确。你可以把比率等级的测量标准（家庭年收入）转变为顺序等级（高、中或低收入）或命名等级（与其他家庭的收入相同或不同）。然而，这一过程不能反方向操作。你不能先以命名等级进行测量，然后重新整理数据使之变为顺序、等距或比率等级。

如果你要进行顺序测量，设法找到至少 5 个有序的类别并针对每个类别进行多次观察。等距测量容易让人混淆，因为有些测量（如温度）会使用主观规定的零点，而非绝对零点。正如前面活学活用专栏所言，很多人会被等距测量中的主观零点迷惑；主观零点是“主观任意”的或者仅仅是为了记分方便，并不表示真实的零或一点都不存在。温度可以为零度，或零度以下，但温度中的零度是一个主观数字。请比较摄氏零度和华氏零度——它们是不同的温度。此外，不同温度体系的翻倍变化并不等值。如果我们没有被主观数字欺骗，那么认为温度从 2 度升到 4 度，15 度升到 30 度或者 40 度升到 80 度就变得“两倍温暖”是毫无意义的。只有比率测量才可以描述倍数关系。4 种测量等级的例子见下面的表 5.1。

表 5.1 测量等级示例

命名等级

新教

天主教

伊斯兰教

犹太教

宗教信仰

类别有差异，但不能认为某一类别比其他类别“更好 / 更高”或“更差 / 更低”。

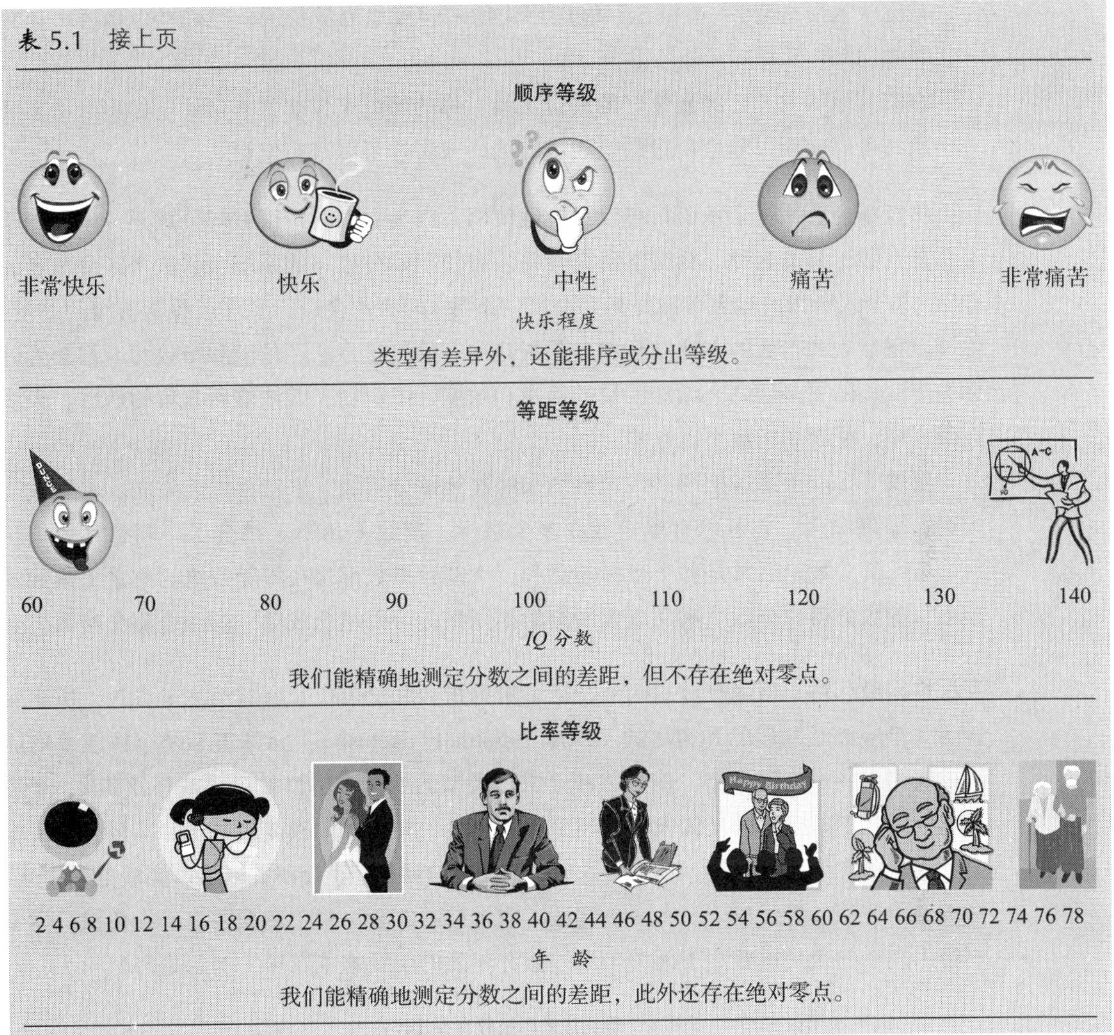

特殊的测量：量表和指数

量表和指数是对定量数据的复杂的测量方法，信息量大，是研究者制作用来测量变量的工具。研究者制作了大量的量表和指数来测量职业声望、人们对婚姻的适应、群体相互作用的强度、社区社会活动的水平、性攻击立法反映女权主义价值观的程度、国家社会经济发展水平以及更多的社会现象。你可以借鉴已经制作好的量表 / 指数或者制作你自己的量表。接下来我们要学习建构量表和指数的原理，考查一些重要的量表和指数。在开始学习之前，请记住以下两点：

1. 我们能找到测量任何社会现象的方法。有些概念能直接测量，得出精确的数值（如家庭收入）。而另一些概念只能用替代物来间接地测量变量，准确性也稍差（如犯罪倾向）。

2.. 查阅其他研究者已经制作好的测量工具对你的研究工作非常有帮助。你不必从零开始，可以使用以前应用过的量表或指数，或者你可以进行修订。

指数和量表这两个术语常可以互换地使用，因为它们的特征有部分重叠，人们也并不总是在意工具的名称。社会学研究者并没有使用始终如一的系统命名法来区分两者的差别。某个人所指的量表可能是另一个人的指数。两者都会进行顺序或等距等级的测量。你可以把量表和指数的方法结合在一起创建单一的测量方法。量表和指数两者都会告诉你关于变量的更多信息，增加测量的信度和效度，组织加工或浓缩所收集的信息。大多数研究中，量表和指数可以互指。

量表（scale）通过把回答或观察结果的连续体分等级，来对强度、方向、水平或能力进行顺序测量。它可以有单一或者多个指标。**指数**（index）结合了不同指标的信息得出单一的分数，通常是各个指标的总和。大部分指数都是在等距等级的测量上累加各个项目的数值得出分数。利用量表所测的不同指标可以结合成单一的综合测量指数。

互斥性和穷尽性 精确测量的两个特征影响到指数和量表以及所有的测量方法。所测变量的类型应该是互斥的和穷尽的。**互斥**（mutually exclusive）意味着某个个体或事物能且仅能归入一个变量类型。例如，测量宗教类型的变量有基督教、非基督教和犹太教 3 种属性，就不是互斥的。犹太教也属于非基督教。某位犹太教徒既属于非基督教徒又属于犹太教徒类型。类似地，把城市类型划分为港口城市、省会和省际出口也缺乏互斥性。某个城市可能三者俱备、只有一种特征，或者都不符合。对于用数字表示的数据，你不希望出现任何交叉重叠。下面关于学校教育年限的问题就不互斥（但却是穷尽的）：

你完成的学校教育有几年？

_____ 0–6 年	_____ 6–10 年	_____ 11–12 年
_____ 12–15 年	_____ 16–18 年	_____ 18 年或更多

穷尽（exhaustive）表示所有的可能性都包括在你对变量的测量方法里。如果你要测量宗教，询问某人是否是天主教徒、新教徒或犹太教徒，就不是穷尽的。佛教徒、穆斯林或无神论者就找不到适合的种类。你需要建立变量类别以包括所有可能情况。例如，天主教、新教、犹太教或其他宗教的分类，既能穷尽一切可能又互相排斥。下面关于学校教育年限的问题就是互斥的但并不穷尽：

你完成的学校教育有几年？

_____ 6–10 年 _____ 11–12 年 _____ 13–15 年 _____ 16–18 年 _____19 年

这个问题的范围不包括学校教育少于 6 年和超过 19 年的人。

一维性 量表和指数除了要具有互斥性和穷尽性外，还应该是一维的即有一个维度。**一维性**（unidimensionality）意味着量表或指数里的所有项目能组成一个整体。这些项目测量的内容是同一个概念。一维性表明如果你把各种具体的信息结合成单一的分数或测量标准，则所有的部分应该起到同样的作用，测量的对象是同一个核心概念。

许多指数把概念的各个部分结合成单一的测量标准。这一点看似与一维性的原则矛盾，实际上并不矛盾，因为你是在不同的抽象水平上定义概念的。你可以定义一个一般、抽象的概念（如幸福）为包含多个组成部分的形式（对健康、工作、婚姻感到幸福）。每个组成部分都是核心概念内容的一方面，不过每个部分（如婚姻幸福）都是概括水平更低的概念。婚姻幸福又可能有更细的组成部分（如婚姻沟通中的幸福）等。

这里很容易混淆：某种情况下一项测量标准可以表示一维性的建构，但另一种情况下测量的却是另一个概念的一部分。之所以会这样是因为概念处在不同的概括水平上。幸福比婚姻幸福更为抽象，而婚姻幸福又比婚姻沟通中的幸福更抽象。

叠加测量标准得出分数：指数建构

美国的报刊和电视新闻经常会提到联邦调查局（FBI）的犯罪指数、消费者物价指数（consumer price index，CPI）、领先经济指标指数（又译为经济先行指标，index of leading economic indicators）、消费者信心指数（consumer confidence index）。FBI 犯罪指数是警方报告的 7 种犯罪指数（刑事谋杀、恶性攻击、强奸、抢劫、入户行窃、偷窃 50 美元以上的财物和偷窃汽车）的总和。它始于 1930 年的统一犯罪报告（Uniform Crime Report）。CPI 是反映与居民生活有关的商品及劳务价格的物价变动指数，通常用来衡量通货膨胀。它是通过计算购买一系列的商品和服务（如食物、房租和公共服务）的开销并把总价与上一年做比较而获得的。美国劳工统计局（Bureau of Labor Statistics）自 1919 年就开始使用消费者物价指数；工资的涨幅、工会合同和社会保障金都是建立在 CPI 的基础之上。领先经济指标指数和消费者信心指数则是由各私营企业计算出的。领先经济指标指数通过加总 11 个项目的分数来预测近期的经济状况。这 11 个项目包括工作周的平均工作时间，最新的失业救济申请、消费品的新订单、设备的新订单、建筑许可、S&P 500[1] 的股价等等。消费者信心指数是建立在每月对 5 000 个家庭的随机样本

1 S&P 500，标准普尔 500 指数，它是由 Standard & Poor's 公司于 1982 年从纽约股票交易所中选出的 500 只股票的股价（其中 78% 为工业股，12% 为公用事业股，2% 为运输股及 8% 为金融股）所计算得出的股价指数。由于该 500 家公司分布于各行各业，其市场总值约占纽约证券交易所总值之八成，而且该指数的计算采取市值加权法，该指数一向被认为是专业投资者衡量他们的投资组合回报的指标，对美国股市颇具代表性——译者注。

调查的基础之上，自 1985 年就开始计算。它询问消费者对现状的看法和对未来的期望。它把受访者对当前商业状况、当前就业状况的评价以及对今后 6 个月自己的就业状况、家庭总收入和商业状况的期望加总在一起。被调查者的回答可评为积极、消极或中性三种。

要创建指数，你会结合两个或更多的项目以得到一个单一的数字形式分数。指数可以测量最适宜居住的地方（基于失业率、上下班所需时间、犯罪率、娱乐条件、天气等），犯罪程度（基于各种特定的犯罪发生率的综合），和个体的心理健康（建立在个体在生活不同领域中的适应情况）。指数还常称为累加指数或综合指数，因为你把代表概念各部分的数个特定的数字形式的测量标准加总在一起。

指数建构中要注意的两个问题

1. 均等地计算项目还是进行加权 研究报告中提到的指数，除非特别说明，指数里每

以史为鉴：相异指数

美国的种族隔离是许多社会活动家、社会科学家、教育家和政府官员所关注的问题，种族隔离也和许多其他的社会问题有关联。与居住环境有关的种族隔离到底在什么程度呢？邓肯和邓肯（Duncan & Duncan，1955）发明了相异指数（或称 D 指数）来测量城市或大都市区中所有街区种族群体的融合或隔离程度。D 指数能帮助我们评价城市里种族隔离的程度。D 指数只能同时比较 2 个种族群体，并且以城市街区为基础。D 分数为零意味着没有隔离，而 D 分数为 1.0 则表示完全的隔离。如果某个城市白人—黑人的相异指数为 .65，那么该城市 65% 的白人需迁到其他街区来使所有街区的白人和黑人数量都保持均衡。计算相异指数的基本公式为：

$D = 0.5 \times \Sigma\,(bi/B - wi/W)$

bi = 第 i 个地区（例如一个街区）的黑人人口

B = 整个地理区划（例如城市）的黑人总人口

wi = 第 i 个地区的白人人口

W = 整个地理区划的白人总人口

种族相异的测量有助于揭示种族隔离的历史模式。例如，美国圣路易市黑人—白人的 D 指数乘以 100，在 1900 年为 39.1，到 1910 年升到 54.3，在 1940 年达到 92.6，在 1970 年下降到 89.3，在 2000 年降至 74.3（DeRango，2001）。有研究者修改了这种测量方法，把它应用到其他问题的研究中（如职业中的性别差别）。根据 2000 年的美国人口普查，美国 10 个城市种族关系的 D 指数如下：

城市 / 都市区	白人与黑人	白人与亚裔	白人与拉丁裔
波士顿	68.8	50.4	56.8
芝加哥	83.6	50.9	64.8
丹佛	66.2	37.7	51.8
底特律	86.7	53.4	48.3
休斯敦	71.8	53.9	48.3
密尔沃基	84.4	48.1	60.6
纽约市	84.3	55.1	69.3
费城	76.9	51.6	63.3
旧金山	65.6	52.0	55.2
西雅图	57.9	42.9	38.6

为便于解释，表中所示的相异指数都乘了 100，从表中可以看出黑人—白人的隔离在底特律最高，西雅图最低；在所有 10 个城市中亚裔—白人隔离都要低于黑人—白人隔离；白人—拉丁裔隔离在纽约市最高。

个项目所占的权重是相同的，这就称为未加权的指数。未做任何修改地把项目加在一起，如同每个项目都乘以 1（负数值的项目则乘以 -1）。除非你有非常充分的理由不这样做，未加权的指数通常是最好的。在加权指数里，研究者重视或权衡各个项目的程度有差别。权重的大小取决于研究者的概念化、假设、概念式定义或者特殊的统计方法。加权会得出与未加权指数不一样的分数。例如，在适于居住的地点的加权指数里，阳光照耀的天数百分比在重要性上所占的权重只有低犯罪率或者公立学校质量的一半，但和公园用地面积或博物馆数量所占的权重相同。

2. 数据缺失 构造指数时缺失必需的数据会损害测量的信度和效度。例如，你要利用联合国的统计数据来构造 50 个国家的社会发展程度指数。你要综合下面 4 项：

- 国民平均寿命
- 装备有自来水的家庭百分比
- 识字人口的百分比
- 每 100 个人拥有的电话数

你在收集资料时，发现 50 个国家中只有 47 个国家有识字率的数据。另 3 个国家没有收集这一数据。你可以缩小范围只比较 47 个国家，或代之以次要测量标准。

描述强度：量表建构

你可以利用量表对变量进行顺序等级的测量，有时也做等距或比率等级的测量。大部分量表能帮助我们在顺序等级上测量强度、难度或个体情感 / 看法的极端性。最简单的量表是视觉上的直观评价，这很容易设计和使用。你请参与者在一段有两个极端的线段的某个点上打钩来表示他们的感受或评价。这体现了连续体的思想，而且线段上的数字能帮助人们想到数量。使用量表时，你假定具有同样主观情感的人会在所见线段的相同位置上做标记。图 5.3 就是一个“感受温度计”量表例子。研究者利用它来了解人们对不同社会群体（如全国妇女组织、3K 党、工会、医生等）的感受。政治研究专家自 1964 年就在全民大选研究中使用这种量表来测量人们对政治候选人、社会群体和公共议题的看法。

常用量表

这里讲研究者最常用的四种量表：

李克特量表、社会距离量表、语义区分量表、格特曼量表。

图 5.3 "感受温度计"图形评定量表

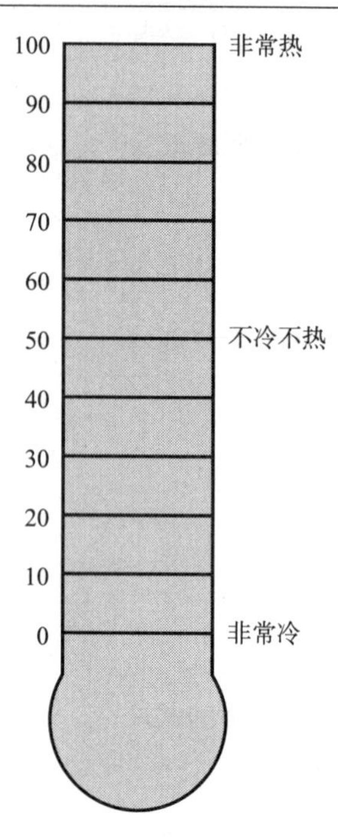

李克特量表 你可能在不知其名的情况下已经用过李克特量表。调查研究常常会用李克特量表在顺序等级上测量看法或评价。李克特量表会提出一个陈述或问题，参与者要以一组备选答案（如强烈同意、同意、反对、强烈反对）来表示他们的回答。也有其他回答类型——赞成或不赞成；支持或反对；认为该陈述总是对的，几乎总是对的，几乎从未对过或从未对过；经常做某事，有时，很少，从未。李克特量表的答案至少需要两类选项。然而，只有两类选项的测量显得粗糙，无法描述复杂的差别。通常使用的是4~6类答案选项。如果你用了6类选项，在收集了数据之后可以缩减到4类或2类选项。但如果你只用两类选项来收集数据，之后你无法使你的数据变得更精确。保持备选答案数在9个以下。超过9个选项的区分很少有实际意义，人们可能会分辨不清楚。每次都要平衡答案选项（如"强烈同意""同意"与"强烈反对""反对"）。

李克特量表除了具有方向的类别（如"反对""同意"）外，是否应使用"不知道""未确定""不确信""没看法"等选项？研究者在这个问题上有分歧，但大多数情况下最好包括"不知道"这类选项。让那些真正不确定或没有看法的人真实地表明他们的态度通常比强迫他们猜测更好。

李克特量表如果就同一个议题上提出很多问题时则可能出现另一个问题。如果答案选项的安排使得回答方式（如"强烈同意"）总是暗示该议题的相同立场，就会产生问题。例如，你针对合法流产的议题提了9个问题。如果你对这9个问题的措辞使得"强烈反对"的回答总是意味着强烈反对流产，你就可能引起"反应定势"问题。在看过 / 听过4、5道类似的问题之后，某些人就不再仔细地看 / 听，或者对李克特量表上许多类似的问题总是倾向同意或反对。解决方法是从相反角度表述某些问题。3个问题的措辞使得"强烈反对"表示反对法定流产，6个问题的措辞使得"强烈反对"表示支持法定流产。然后把这些问题混排在一起。例如在问题"如果妇女因为被强暴而怀孕你支持还是反对妇女选择合法堕胎？"之后，提问"你支持还是反对限制妇女接受流产手术的法律？"一个强烈反对流产的人如果要始终如一地表达观点就必须从说"强烈反对"转换到"强烈同意"。

如果李克特量表的所有项目测量的是一个单一概念，你可以轻易地把它们结合在一起构成一项指数。请思考自尊指数（见下文的活学活用）。把李克特量表和指数建构结合起来可以提高信度和效度。这是因为指数应用了多重指标，这一特点能提高信度。当多重指标测量的是某一概念的多个不同方面时，内容效度就提高了。此外，指数记分能让你对他人的看法进行更精确的定量测量，把测量的等级从顺序提高到等距。例如，你创建了包含9个问题的指数，每个问题包含李克特量表的5类回答。你为每个回答选项

活学活用：自尊测量

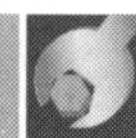

我们都曾听说过自尊，也知道缺乏自尊会引起一定的个人和社会问题。莫里斯·罗森博格（Morris Rosenberg）在 1965 年对自尊进行了操作化，制作出测量自尊的常用工具。测量时，人们要阅读一组涉及一般情感的 10 个陈述，并用李克特量表从强烈同意到强烈反对的备选项作答。下面就是自尊量表。请测量一下你自己的自尊水平。

陈述	强烈同意（SA）	同意（A）	反对（D）	强烈反对（SD）
1. 整体上我对自己感到满意。	____	____	____	____
2. * 有时我认为我一无是处。	____	____	____	____
3. 我认为我有很多好的品质。	____	____	____	____
4. 我能和大多数人一样把事情做好。	____	____	____	____
5. * 我感觉我没有太多值得自豪的地方。	____	____	____	____
6. * 有时我无疑会觉得自己没有价值。	____	____	____	____
7. 我觉得我是个有价值的人，至少与他人的价值相当。	____	____	____	____
8. * 我希望我对自己有更多的敬佩。	____	____	____	____
9. * 总的来看，我倾向于认为自己是个失败者。	____	____	____	____
10. 我采取积极的态度对待我自己。	____	____	____	____

记分：SA=3，A=2，D=1，SD=0。标有星号的项目请反向记分：SA=0，A=1，D=2，SD=3。合计 10 个项目得出总分。你的得分越高，自尊程度就越高。

分配了数字记分（0=强烈同意，1=同意，2=中立，3=反对，4=强烈反对）。利用指数你可以综合测量个体在这 9 个问题上的整体看法。每个人都有指数得分，在 0（对所有问题都强烈反对）到 36（对所有 9 个问题都强烈同意）之间变化。

李克特量表的回答类别是顺序的，表示等级。如果你给类别编号，并不会把量表变为比率等级的测量。不论强烈同意、同意、反对、强烈反对和不知道的记分是从 1~5，−2 ~ +2；或者 10、20、30、40、90，都没有差别。最基本的量表是在顺序等级上的测量。如果你小心地给类别分配数值（强烈同意 =1，同意 =2，反对 =3，强烈反对 =4）并假设每个类别之间是等距的，你可以进行等距的测量，但仍非比率等级。

测量社会距离 社会距离是使用很普遍的社会学概念（见本章前文的以史为鉴：测量社会距离）。波格达社会距离量表（Borgadus social distance scale）[1] 可以测量不同群体间社

1 该量表由美国社会心理学家波格达于 1925 年创立，是衡量人们对某个事物态度的重要工具，亦是一种研究偏见行为成分的重要工具。波格达社会距离量表是测量人们对少数族裔态度的较早的量表之一——译者注。

研究示例专栏 5.2：社会距离和残疾

社会距离量表是测定人们对自己并不属于的社会群体感觉亲近程度的便利工具，不过有 2 个局限。第一，你需要仔细调整答案分类以适应特定的外群体和社会情境。第二，该量表不方便比较人们对几个不同群体的态度，除非研究的参与者同时完成针对所有外群体的类似社会距离量表。戈登和同事（Gordon et al.，2004）利用社会距离量表测量了大学生对各种残疾人士所感受到的社会距离有多大。他们发现，根据残疾的类别有很大的差别。超过 95% 的学生说他们会成为关节炎、癌症、糖尿病或心脏病患者的朋友，而仅不到 70% 的学生会考虑成为智障人士的朋友。

会距离的大小。量表测量的基本过程是：人们要对一系列按序排列的陈述作答；陈述顺序从社交上最疏远到最亲密。例如，来自甲群体的人进入你的国家;来到你居住的城镇;和你在同一部门工作；居住在你的小区；成为你的私人朋友；和你的兄弟姐妹或者子女结婚而成为你家庭的一员。人们要对每项陈述表明舒适程度。从最疏远的陈述开始，要指出他们不再感觉舒适的项目。该量表假设某人如果拒绝接触他人或在疏远的陈述项上感到不舒适，就会拒绝社交上更亲密的陈述项（参见研究示例专栏 5.2）。最初该量表用来测量人—种族群间的社会距离，但研究者扩展了该量表用来测量许多其他社会关系中的社会距离，如医生和病人的距离，人们与有前科者的社会距离，与艾滋病人的社会距离，或者与残疾人的距离。

语义区分量表 在口语和书面语中我们会用形容词来表达我们的评价。许多形容词有相反的两极（如光明 / 黑暗，坚硬 / 柔软，缓慢 / 快速）。语义区分量表通过一组相反的形容词来间接地测量个体对某个概念、物体或其他人的主观感受，以制作评价量表。

语言区分量表使用普通的形容词来揭示人们赋予一项评分的隐含意义。你不会直接这样提问，“你对于琼斯竞选市长持肯定还是否定态度？”，而是会用普通的形容词请他 / 她评价琼斯。你或许会问，“你认为琼斯热情还是冷漠，快乐还是痛苦，主动还是被动？”等等问题，要求在 0~7 的等级上评价每个问题。语义区分量表应用很广泛。营销研究者利用它来了解消费者对产品的看法。政治顾问利用它来探查选民对候选人或重要议题的意见。心理治疗师利用它来测定患者对自己人际关系的看法。例如，你可能发现年轻点的选民认为琼斯传统、软弱、迟缓，处在合格和不合格的中间点。而中年以上的选民则认为她倾向于强硬、果断、合格，处在传统和现代的中间点。回答的模式显露了研究参与者的整体感受。

使用语义区分量表时，你先要呈现给研究参与者一列约 12 个配对的反义形容词，每对反义词之间的连续区间里有 7~11 个点（见研究示例专栏 5.3）。然后参与者在连续区间的某处做标记，以表达他们内在的情感。语义区分量表使用的形容词非常广泛，每侧都交错出现褒义和反义词，它们意义相反。语义区分量表的结果很难分析。你须学习

研究示例专栏 5.3：语义区分量表和纹身研究

Camille Tokerud/Photographer's Choice/Getty Images Royalty Free

在第 2 章我们介绍了人们对纹身女人的态度研究（Hawkes，Senn，& Thorn，2004）。研究者请加拿大一所中型大学的 268 位学生填写语义区分表格，要对各种描述一位 22 岁刺有纹身的女大学生的情况做出回答。研究者给出不同的纹身面积（小块与大块）并说明纹身是否能看见。其他可变化的特征有：是否肥胖；在饭店、服装店或者百货店兼职；有无男友；成绩一般或较差。此外，参与者还要填写女权主义、妇女运动和新性别主义量表。语义区分量表包含 3 个因素：评价性、活动性和强度（强 / 弱）。研究者在语义区分量表中用到的 19 对形容词列举如下。

好	____	____	____	____	____	____	____	坏 *
漂亮	____	____	____	____	____	____	____	丑陋
干净	____	____	____	____	____	____	____	肮脏
友善	____	____	____	____	____	____	____	残酷 *
富裕	____	____	____	____	____	____	____	贫穷 *
诚实	____	____	____	____	____	____	____	虚伪 *
愉快	____	____	____	____	____	____	____	不悦 *
成功	____	____	____	____	____	____	____	失败
美誉	____	____	____	____	____	____	____	恶名
安全	____	____	____	____	____	____	____	危险
温和	____	____	____	____	____	____	____	粗暴 *
女性化	____	____	____	____	____	____	____	男性化
软弱	____	____	____	____	____	____	____	强悍 *
被动	____	____	____	____	____	____	____	主动 *
谨慎	____	____	____	____	____	____	____	鲁莽 *
温柔	____	____	____	____	____	____	____	强硬
体弱	____	____	____	____	____	____	____	强健
轻微	____	____	____	____	____	____	____	强烈
精致	____	____	____	____	____	____	____	粗犷

* 标有星号的项目反向呈现。

相当复杂的统计方法来分析数据（见 Heise，1970）。

格特曼量表 格特曼量表和前面的量表或指数不同，因为你是在收集数据之后用格特曼量表评价数据。这意味着你在设计研究时心中就必须有格特曼量表法。格特曼量表法是

一种很有用的研究方法，它能告诉你在一组项目中是否存在特殊的结构化模式。格特曼量表法可以用来研究很多社会现象（如对公共议题的意见、犯罪或吸毒分布模式、社团或组织的特征、选举或政治参与、心理障碍）。结构化模式是分等级的，因而有些项目是基础的、低级的或容易的，而另一些项目是深入的、高级的或困难的。你从低到高排列项目，然后观察你收集的数据是否符合这一结构化模式。在民意研究中，结构就是几乎每个人都可能认同低级项目，但很少有人认同高级项目。几乎所有认同高级项目的人也会认同低级项目，但反之则不然。

举一个例子。你想知道一位 5 岁的儿童知道些什么，给出了 4 个项目，分别是她的年龄、她的家庭电话、她的老师是否已婚和市长的名字。这个小女孩可能知道她的年龄但不知道其他答案，或者只知道 3 项，或者只知道她的年龄和家庭电话。实际上，对于 4 个项目存在 16 种回答的组合即反应模式。每个项目都以肯定或否定的回答表示儿童是否知道答案。

对于 4 个项目有 16 种可能的组合

	年龄	电话号码	教师婚姻	市长名字
1	肯定	肯定	肯定	肯定
2	肯定	肯定	肯定	否定
3	肯定	肯定	否定	肯定
4	肯定	肯定	否定	否定
5	肯定	否定	肯定	肯定
6	肯定	否定	肯定	否定
7	肯定	否定	否定	肯定
8	肯定	否定	否定	否定
9	否定	肯定	肯定	肯定
10	否定	肯定	肯定	否定
11	否定	肯定	否定	肯定
12	否定	肯定	否定	否定
13	否定	否定	肯定	肯定
14	否定	否定	肯定	否定
15	否定	否定	否定	肯定
16	否定	否定	否定	否定

在一端（序列 1）儿童知道所有 4 个项目。在相反的一端（序列 16）儿童对于 4 个项目一无所知。对于格特曼量表，你假设某些组合会频繁出现，符合某种结构化的模式。假设你认为模式的顺序如下：年龄、电话号码、教师婚姻状况和市长的名字。大多数儿童即使不知道其他项也知道他们的年龄，但知道市长名字的儿童很少有人还不知道低级或“容易”的问题。利用格特曼量表你可以测量数据在多大程度上构成层级模式。要做到这一点，你需要查看有多少人的回答符合预期的模式，又有多少人的回答是另外的模式。各种统计方法能告诉你数据“能量表化”的程度（也就是说，数据多大程度上符合

你假设的项目构成的层级模式）。

利用格特曼量表你可以测量某个作答的项目符合量表的程度，变化范围从 0 到 100%。0 值表示回答是随机模式，或说没有层级模式。100% 表示每个人的回答都符合层级即量表模式。

研究示例专栏 5.4：格特曼量表法和政治抗议

克罗泽特（Crozat，1998）在 1974 和 1990 年调查了英国、德国、意大利、荷兰和美国公众对各种政治抗议的接纳程度。他发现公众的接纳模式符合格特曼量表的层级模式。能接纳激烈抗议形式（如罢工和静坐）的人几乎总能接纳温和的抗议（如请愿或游行示威）。然而，那些能接纳温和的抗议形式的人并非都能接纳激烈的抗议。除了表现出格特曼量表模式外，克罗泽特还发现不同国家的人看待抗议的态度是相似的，并且这一模式随着时间而增强。因而，两个时期的接纳抗议活动的模式在格特曼量表上都是"可量表化"的，而且这一模式在 1990 年比 1974 年更为明显。

格特曼量表可量表化的模式

抗议的形式				
请愿	游行示威	联合抵制	罢工	静坐
反对	反对	反对	反对	反对
接纳	反对	反对	反对	反对
接纳	接纳	反对	反对	反对
接纳	接纳	接纳	反对	反对
接纳	接纳	接纳	接纳	反对
接纳	接纳	接纳	接纳	接纳

其他不可量表化的模式（仅举例）

抗议的形式				
请愿	游行示威	联合抵制	罢工	静坐
反对	接纳	反对	反对	反对
接纳	反对	接纳	反对	反对
接纳	反对	反对	接纳	反对
反对	接纳	接纳	反对	接纳
接纳	反对	接纳	接纳	反对
接纳	接纳	反对	反对	接纳

要点回顾：重要的量表

李克特——一般态度测量。利用不同等级的回答来表示赞同 / 支持的程度从而表明态度。

波格达——社会距离测量。表示对外群体不同水平的社交亲近的接纳。

语义区分——间接的评价测量。利用多个成对形容词的隐含意义来表明主观情感。

格特曼——回答结构测量。判明一组项目是否符合层级模式。

本章回顾

本章我们学习了定量和质性数据研究的测量原理。我们知道对研究的观念进行概念化是一项极为重要的测量任务。这意味着要用清晰的概念式定义来提炼和阐明研究观念。另一项重要任务是操作化。你必须找到能把概念式定义和特定的操作或测量程序连接起来的一套方法。对于定量数据研究，你通常采用演绎的研究路线，而对于质性数据则采用归纳的研究路线。两者的目标相同：要在你的抽象观念和你所收集的实证数据之间建立明确的联系。

我们还学习了信度和效度原理。信度是指测量的可靠性或一致性。效度是指测量的真实性；研究观念和针对观念的测量之间的吻合程度。信度和效度原理在应用时对定量和质性数据稍有差异。虽然如此，测量这两种数据都要力求一致和真实，都希望用以理解社会现象的抽象观念和实证世界可观察到的真实情况高度相符。

我们还学习了定量研究者运用测量原理来构建指数和量表的一些方法。社会研究中有许多不同的量表和指数使用的方法。本章介绍了几个重要的量表和指数。

所有精确的测量有两个基本原则，对概念有清晰的定义和采用多重测量标准或指标。这两条原则适合所有领域的研究和各种研究方法（如实验法、调查法等）。你现在可能开始认识到，一项完美的研究需要把每个阶段的工作都做好。即使你完美地实施了研究项目的一个或两个阶段的工作，在其余阶段所犯的严重错误或草率从事都会给研究工作带来不可弥补的损失。在研究的每个阶段你都必须保持谨慎和警惕；研究的整体质量取决于你完成所有阶段工作的质量如何。

学以致用

实践活动 1：好工作指数

请考虑下面 6 种职业：

长途货车司机	财务会计师
注册护士	飞机机械师
学校校工	乐手（在当地的摇滚乐队）

请根据每种职业的特点回答下面 7 个问题。记分规则：十分肯定 =2，有时 / 有些 =1，不 =0

1. 这份工作薪水丰厚吗？
2. 这份工作是否免于被裁或失业的风险吗？
3. 这份工作有趣味和挑战性？
4. 它的工作条件（如工作时长、安全、离家时间等）好吗？
5. 有职业发展和提拔的机会吗？
6. 它是否有声望或者受人敬仰？
7. 它允许自主性和自由决策吗？

计算每种职业的 7 个问题总分。各职业的总分在 0~14 之间。哪种职业得分最高，哪种最低？这 7 个问题就是我对“好工作”这一建构给出的操作定义。每个问题代表了“好工作”理论定义的一小部分。不同的理论定义会引出不同的问题，可能会多于 7 个。构造指数就是这么容易，所以你必须小心保证指数里的每个项目都有表面效度。没有表面效度的项目应该排除掉。建构的每个部分都应该用至少一个指标来测量。当然，能用多重指标来测量建构的各个部分更好。

实践活动 2：测量社会优势

你可以对大学室友和人种—民族群体重复下面的研究。范 · 拉尔和同事（Van Laar et al.，2005）测量了社会优势。社会优势是认为各群体根本不平等的看法。他们采用了下面 4 项目的指数，每个项目采用李克特的 1（强烈反对）到 7（强烈同意）等级。

1. 某些社会群体处在顶部而另一些群体处在底部可能是好事一桩。
2. 弱势群体就应该待在他们的位置上。
3. 我们应该竭尽所能追求不同群体的地位平等。*
4. 我们应该加强社会平等。*

要进行这类研究你可能需要得到你所在大学的伦理审查委员会的批准（见第 3 章）。编写一份包含前面 4 个问题的调查问卷，并使用李克特量表法记分。把问卷分发给 35 名大学生。记下 1~4 号项目的李克特量表的回答（1~7），加总得到每个学生的 4~28 分的指数。这 35 名学生的平均分是多少？请阅读范·拉尔和同事（Van Laar et al.，2005）的文章并比较你的结果和他们的发现。

实践活动 3：社会距离

请填写修订版的波格达社会距离量表（Kleg & Yamamoto，1998）。除了你自己外，你可以请你的朋友和家人来填写。请排除你（或者朋友和家人）属于的内群体。

我期望与所列举的群体成员

1. 与该群体的成员结婚。
2. 与该群体的一员做最好的朋友。
3. 与该群体的成员做隔壁邻居。
4. 与该群体的成员在同一间办公室工作。
5. 与该群体的成员仅做闲聊的熟人。
6. 让该群体的成员以游客的身份来我国。
7. 让该群体的成员远离我的国家。

交往的程度（1~7）：用李克特量表的备选（1~7）答案来表明你对下列群体的看法。

阿拉伯人 _____	希腊人 _____	美洲土著 _____
美国黑人 _____	爱尔兰人 _____	挪威人 _____
中国人 _____	意大利人 _____	波兰人 _____
丹麦人 _____	日本人 _____	俄罗斯人 _____
荷兰人 _____	犹太人 _____	苏格兰人 _____
英格兰人 _____	韩国人 _____	西班牙人 _____
法国人 _____	墨西哥人 _____	瑞典人 _____
德国人 _____		

* 该项目反向记分。

参考文献

Babbie, Earl. 2004. *The Practice of Social Research*, 10 ed. Belmont CA: Wadsworth.

Bell, S., and C. Lee, C. 2002. "Development of the Perceived Stress Questionnaire for Young Women." *Psychology, Health and Medicine* 7:189–201.

Crozat, Matthew. 1998. "Are the Times-a-Changing? Assessing the Acceptance of Protest in Western Democracies." In *The Movement Society*, edited by D. Meyer and S. Tarrow, pp. 59–81. Totowa, NJ: Rowman and Littlefield.

DeRango, Kelly. 2001. "Discrimination and Segregation in Housing" Employment Research, paper of the W.E. Upjohn Institute for Employment Research. http://www.upjohninst.org/publications/newsletter/kd_701.pdf Downloaded March 25, 2008.

Duncan, Otis Dudley, and Beverly Duncan. 1955. " A Methodological Analysis of Segregation Indexes." *American Sociological Review* 20:210–217.

Gee, Gilbert C., Michael S. Spencer, Juan Chen, and David Takeuchi. 2007. "A Nationwide Study of Discrimination and Chronic Health Conditions Among Asian Americans." *American Journal of Public Health* 97:1275–1282.

Gordon, Phyllis A., Jennifer Chiraboga Tantillo, David Feldman, and Kristin Perrone. 2004. "Attitudes Regarding Interpersonal Relationship with Persons with Mental Illness and Mental Retardation." *Journal of Rehabilitation* 70:50–56.

Hawkes, Daina, Charlene Seen, and Chantal Thorn. 2004. "Factors That Influence Attitudes Toward Women With Tattoos." *Sex Roles* 50(9/10):593–604.

Heise, David R. 1970. "The Semantic Differential and Attitude Research" In *Attitude Measurement*, edited by Gene F. Summers. Chicago: Rand McNally, pp. 235–253.

Perry, Pamela. 2001. "White Means Never Having to Say You' re Ethnic: White Youth and the Construction of 'Cultureless' Identities." *Journal of Contemporary Ethnography* 30(1):56–91.

Kleg, Milton, and Kaoru Yamamoto. 1998. "As the world turns." *Social Science Journal* 35: 183–190.

Rosenberg, Morris. 1965. *Society and the adolescent selfimage*. Princeton, NJ: Princeton University Press (also see http://www.bsos.umd.edu/socy/Research/rosenberg.htm).

Smith, David W. 2004. "The Population Perspective on Quality of Life among Americans with Diabetes." *Quality of Life Research*. 13:1391–1400.

Van Laar, Colette, Shana Levin, and Shana and Stacey Sinclair. 2005. "The Effect of University Roommate Contact on Ethnic Attitudes and Behavior." *Journal of Experimental Social Psychology* 41:329–345.

Weitzer, Ronald, and Steven Tuch. 2005. "Racially biased policing." *Social Forces* 83:1009–1030.

6

调查：向人提问

很多国家（加拿大、比利时、荷兰、南非和西班牙）都承认了同性之间的婚姻。大多数欧洲国家、阿根廷、澳大利亚、巴西和新西兰都认可同性之间的民事结合，使他们享有与婚姻同样的权益。在美国，这是一个讨论激烈、引发分歧的政治性议题。1996 年，经总统比尔·克林顿签署，美国国会通过了婚姻保护法案（Defense of Marriage Act）时，这个问题就显现出来。自此之后，美国许多州通过了禁止同性婚姻的法律。2003 年 11 月，这个问题在媒体里引起爆炸。马萨诸塞州最高法院在古德里奇诉公共卫生局案（*Goodridge v. Department of Public Health*）中裁定该州禁止同性婚姻是违宪的。在美国 2004 年的总统大选期间，社会宗教保守势力使得同性婚姻取代了人工流产问题成为首要的议题。在法庭论战、游说运动和政治辞令之外，你或许会问，普通美国人怎么看这个问题？许多民意调查发现 40%~60% 的公众反对同性婚姻合法化，30%~50% 的公众承认同性婚姻，1%~15% 的公众不确定。调查数据表明最强烈的反对者一般是男性、年龄偏大的人、那些认为宗教至上的人、较少接受学校教育的人、那些强烈反对人工流产的人和那些希望剥夺无神论者基本法律权利的人。调查结果会因为研究提问的方式而稍有不同。调查是问同性婚姻、“同志”婚姻、同性恋者婚姻还是男同和女同婚姻？调查是否询问了许可或禁止这类婚姻？调查是否把这个问题作为宪法修正案放在联邦层面上或者作为各州法律，抑或只是询问个人的道德立场？调查是否询问了民事结合、同性恋者的特别法律权利或者只提及婚姻？对于这个问题，与其他问题一样，如果你想知道人们的想法以及原因，你必须首先理解调查研究的方法是如何进行的（参见 Brewer & Wilcox，2005）。

什么是社会调查

大部分人都可能体验过调查。调查是社会科学等领域使用最广泛的数据收集方法。调查方法或许使用太过普遍。许多人都认为他们在“做调查”来获取信息，此时他们就应该问，“了解这个问题最适合的研究方法是什么？”尽管调查的方法使用很普遍，但调查的结果也很容易误导人，变得毫无价值。能得出精确数据的优秀调查需要深思熟虑、尽心尽力。本章我们要学习高质量社会调查的特征，调查方法的局限性和调查研究的基本程序。

调查法是在自我报告的基础上收集数据。如果你能把想了解的研究问题、议题和变量表述为具体的提问，而人们又愿意并且能不很费力地回答这些问题，就可以采用调查法。这些问题包括诸如某人接受了多少年的学校教育或者某人支持还是反对同性婚姻。要了解人们意识不到或不愿意自我报告的内容（如非法行为），则调查不是很有用。

在社会调查中，要给许多人（他们要回答询问所以称为受访者）呈现完全相同的问题，并要求他们作答。他们可能要回答关于他们过去的行为、经历、观点或特征的问题。你可以利用一项调查同时测量许多变量、检验多个假设。收集了数据后，你可以考查所给出的答案是否存在一定的模式，从而检验假设。例如，你可能假设个体对人工流产问题的看法与他 / 她对同性婚姻的态度有关。简言之，你以一种态度来预测另一种态度。你会运用统计方法寻找在社会调查中所测得的这两个变量（即对人工流产和同性婚姻的看法）的相关（统计方法在第 9 章会详细介绍）。

你或许想知道，民意调查和调查一样吗？两者差别很小。民意调查是调查的一种；它是对时事民意的一种简略调查。大多数民意调查都会花较短的时间（如一、两周）来考察公众样本。许多民意调查机构（如 Roper，Gallup）、媒体组织（如美国广播公司 /《华盛顿邮报》，《新闻周刊》、福克斯新闻等）、政治组织和研究中心（如皮尤研究中心，Pew Research Center）经常针对时事（如同性婚姻）进行民意调查。大部分享有盛誉的民意调查机构所使用的方法与专业学术机构的研究者所使用的方法非常相似。除了民意调查外，还有很多其他形式的调查。有些调查会用到样本，有些则不会；有些调查面向公众，有些则关注特定的群体。除了询问对时事的意见外，调查还可能询问知识、社会背景和特征、基本信念或者行为。例如，商业机构可能利用调查来测量雇员的工作满意度或消费者对产品的偏好；医疗机构可能利用调查以了解病人的健康习惯。民意调查很少会超过 12 个左右问题，但普通的调查可以包括上百个详细的问题。调查研究者一次会问询很多内容，以同时测量很多变量，检验多个假设。研究者在收集了调查数据之后，会进行分析以检验理论、探索变量之间的关系、绘制人们思想和行为的图景。

根据调查数据来做因果解释与其他研究方法（如实验）稍有不同。请回忆第 2 章，如果你要说一个变量引起另一个变量，必须满足 3 个条件：（1）自变量必须在时间上先于因变量出现；（2）这两个变量必须有关系，或者彼此存在相关；（3）不存在替代的原因，即不存在虚假关系。调查数据有时又叫作**相关的**（correlational）数据，因为它们能充分地满足因果关系第 2 个条件。调查数据要满足第 1 个条件（时间顺序）较困难，因为大部分调查数据都是在一个时间点上收集的。没有多个时间点的数据，你就必须从逻辑上证明一个调查问题的信息（如某人成长阶段父亲的职业）在时间上早于另一个问题的信息（如此人目前的收入）发生。要满足第 3 个条件（没有替代的原因），你必须考虑有可能成为替代原因的其他变量，并在调查中进行测量。这种变量称为**控制变量**（control variables），因为在收集数据之后，你可以利用统计分析控制或计算它们的效应。例如，你发现寡居的人比结婚的人存在更多的健康问题。在你说寡居本身就是引起健康问题的原因之前，你需要考虑替代原因可能使得这种关系是一种虚假的因果关系。如果大部分寡居的人比结婚的人年龄更大，那么在你指出寡居引起更多的健康问题之前，你必须排除年龄这个替代原因也会引起健康问题。当你计划一项关于婚姻状况和健康的调查时，你也要询问年龄。你设计调查时，必须考虑测量来自主假设的变量（即自变量和因变量）以及代表可能的替代解释的变量。

研究示例专栏 6.1：美国人对同性婚姻的看法

2003 年 12 月，格林伯格—昆兰—罗斯纳研究所[1]和民意策略公司[2]为美国全国公共广播电台（National Public Radio，NPR）做了一项全美民意调查（问卷见图 6.1）。所有 1 002 名受访者都是已登记的选民，参与了 2000 年总统大选或者 2002 年国会选举投票，并表示肯定会在 2004 年的总统大选投票。样本是通过随机数字拨号方法（第 4 章介绍过）抽取的。电话访谈员提问，你支持还是反对允许同性情侣合法地建立民事结合的法律，给予他们已婚夫妻才享有的某些法定权利？在所有受访者之中，42% 的人支持，49% 的人反对民事结合（其他人没有发表看法）。调查结果表现出性别差异：57% 的男性相比于 43% 的女性表示反对民事结合。2004 年全美民意研究中心（National Opinion Research Center，NORC）在一项类似的全国调查中对 1 216 名美国成人的随机样本询问了如下的问题：同性情侣应该有结婚的权利，你同意还是反对？答案选项是李克特量表（在第 5 章介绍过李克特量表）。受访者可以表示强烈同意、同意、反对、强烈反对或无法选择。问题选自美国综合社会调查（General Social Survey，GSS，在第 8 章详细介绍）。较之民事结合，更多的人反对同性婚姻的权利：28.9% 的受访者表示同意，54.2% 表示反对，其余的人表示无法选择。同性婚姻问题的调查也出现了类似的性别差异；62.7% 的男性和 50.2% 的女性表示反对。研究者把这些数据与同一项调查的其他数据结合起来，以深入考察同意者或反对者的人口统计学特征和产生不同意见的原因。

1 Greenberg Quinlan Rosner Research，是总部设在美国华盛顿的政治研究和竞选策划机构，专注于研究政治民意和竞选策略，帮助美国和世界的政治候选人、政党和选民联署赢得选举。宣称“不论你是要赢得选举、领导国家、提高底线还是要改变世界，Greenberg Quinlan Rosner 都能帮你找到答案”——译者注。

2 Public Opinion Strategies，是一家专门从事企业、公共政策及诉讼研究的调查研究公司。其在华盛顿、丹佛和洛杉矶设有办事处。自 1991 年成立以来，该公司已完成了 10 000 多个研究专案，并调查访谈了超过 400 万的美国人。这些项目的范围小到邻里研究，大到在美国 50 个州进行的全美抽样调查——译者注。

图 6.1 NPR——摇摆选区频度问卷

格林伯格－昆兰－罗斯纳研究所

2006 年 7 月 19~23 日

1 000 名可能投票的选民

Q.3 首先，请确认你是在该地址登记投票的吗？

	总计
是的	100
不是	—
（拒绝作答）	—
（编号：SCREEN1）	

Q.4 很多人不能参加 2004 年的美国总统大选投票。你呢？你是否投票了，或者由于某些原因不能投票？

	总计
投过	100
在 2004 年没有登记 / 没有资格 / 太年轻	0
未投	—
（记不清 / 不知道 / 拒绝作答）	—
（拒绝作答）	—
（编号：VOTE00）	

Q.5 2002 年曾举办过国会和公职选举。很多人没能参加投票。你呢？你是否投票了，或者由于某些原因不能投票？

	总计
投过	91
未投	7
（记不清 / 不知道）	2
（拒绝作答）	—
（编号：VOTE02）	

Q.6 选举还要等段时间，今年你投票选举国会议员的可能性有多大：几乎肯定，可能投票，对半开，还是不想投票？

	总计
几乎肯定	84
可能	16
对半开	—
不投票	—
（不知道 / 拒绝作答）	—
（拒绝作答）	—
（编号：CP3）	

Q.8 一般而言，你认为本国的事务都在正确的方向上推进，还是严重偏离走上了错误的轨道？

	总计
正确方向	31
错误轨道	61
（不知道 / 拒绝回答）	7
正确－错误	**－30**
（编号：DIRECT）	

图 6.1 续

[615 名受访者]

Q.9（如果选择错误轨道）为什么你认为国家事务的处理方向错误？

	总计
战争	43
经济 / 就业	22
布什的负面政策（整体上）	16
汽油价格	14
选错重点 / 金钱应花在国内	9
缺乏领导能力	7
卫生保健	7
非法移民	6
布什只关心富有者 / 富者更富	6
局势普遍地糟糕	5
教育	5
环境问题	4
赤字	4
道德	3
生活成本剧增	3
高额税收	3
中东 / 黎巴嫩 / 以色列	3
政府对道德 / 堕胎 / 同性恋婚姻 / 干细胞研究的规制	3
社保	2
应对卡特里娜飓风不力	1
其他	6
不知道 / 拒绝作答	0

（编号：WTRACKOE）

Q.10 你对乔治·布什作为总统的工作方式支持还是反对？

	总计
强烈支持	24
稍微支持	17
稍微反对	10
强烈反对	45
（不知道 / 拒绝作答）	3
总的支持	42
总的反对	55
支持－反对	**－14**

（编号：CANDAPP2）

Q.11 请在 1~10 的量表等级上，告诉我你对本年度大选关注的程度，1 表示一点也不关注，10 表示非常关注。

	总计
10	58
9	8
8	12

图 6.1 续

7	7
6	3
5	8
4	1
3	1
2	0
1	1
不知道	0
平均分	**8.7**
10	**58**
8-10	**78**
6-10	**88**
1-5	**11**
不知道	**0**

（编号：INTEREST）

Q.12 国会议员的选举还要等段时间，但假设就在今天举行，在你居住的选区你会投票给民主党候选人还是共和党候选人？

	总计
民主党候选人	43
倾向于民主党候选人	5
共和党候选人	37
倾向于共和党候选人	4
（其他候选人）	1
倾向于（其他候选人）	0
（不确定）	8
（拒绝作答）	1
民主党候选人总百分比	**48**
共和党候选人总百分比	**41**
（其他候选人）总百分比	**2**
民主党候选人—共和党候选人	**7**

（编号：GC1）

[739 名受访者]

Q.14（如果现任众议员参加再选）你可能知道在 11 月还有一次选举众议员的投票。现在离选举还有很长一段时间，你认为你会肯定再次投票给（现任），可能再次投票给（现任），可能投票给其他人，或者肯定投票给其他人？[1]

	总计
肯定选举现任	14
可能选举现任	16
可能选举其他人	22
肯定选举其他人	24
（取决于具体的候选人）	4

1 如选区中现任者有望在 2006 年参加再选，则插入了现任者的真实姓名。

图 6.1　续

（不知道 / 拒绝回答）	20
选举现任的总百分比	**29**
选举其他人的总百分比	**46**
现任—其他人	**17**
（编号：REELECT）	

Q.15 现在还有段时间，但请想象一下今年 11 月的国会选举，如果美国国会选举在今天举行，你会投票给（民主党现任 / 候选人）或者共和党（现任 / 候选人）？[1]

	总计
民主党现任 / 候选人	47
倾向于民主党现任 / 候选人	3
共和党现任 / 候选人	40
倾向于共和党现任 / 候选人	3
（其他候选人）	1
倾向于（其他候选人）	0
（不确定）	5
（拒绝回答）	1
民主党现任 / 候选人总百分比	**49**
共和党现任 / 候选人总百分比	**43**
其他人总百分比	**1**
民主党候选人—共和党候选人	**6**
（编号：CONG06）	

Q.17 即使你现在不支持（民主党现任 / 候选人），在今年的国会选举中你有多大的可能性支持（民主党现任 / 候选人）——相当可能、较小可能、极小可能或者根本不可能？

	总计
相当可能	9
较小可能	9
极小可能	10
根本不可能	19
（不知道 / 拒绝回答）	3
民主党候选人的支持者	**49**
（编号：CONG06C）	

Q.18 即使你现在不支持（共和党现任 / 候选人），在今年的国会选举中你有多大的可能性支持（共和党现任 / 候选人）——相当可能、较小可能、极小可能或者根本不可能？

	总计
相当可能	8
较小可能	8
极小可能	10
根本不可能	28

1　如选区中现任者有望在 2006 年参加再选，则插入了现任者的真实姓名和作为对比的普通候选人（民主党候选人或共和党候选人）。如选区中现任者不会参加再选，则插入两党最有可能的候选人的真实姓名，如果不能确定最有可能的候选人，则插入普通候选人。

图 6.1 续

（不知道 / 拒绝回答）	2
共和党候选人的支持者	**43**
（编号：CONG06D）	

Q. 19/20 在决定今年怎样选举国会时，下列哪**一项**议题对于你决定选举国会候选人**最**重要？哪一项**其次**重要？

	合计	第一重要	第二重要
伊拉克战争	31	14	18
就业和经济	27	17	11
税收和支出	22	10	13
保健	21	9	13
恐怖主义和国家安全	20	10	11
医疗和社会福利	18	9	10
道德价值观	17	12	5
非法移民	17	8	10
华盛顿方面的腐败	15	7	9
（以上皆不是）	3	2	1
（不知道 / 拒绝作答）	4	3	1
（编号：CONG06/CONC06B）			

Q.21 想象今年 11 月将要举行的国会选举，和以往的选举相比，你对投票更加热心，还是不再那么热心？

	总计
更加热心	54
不再那么热心	26
（不多 / 不少）	18
（不知道 / 拒绝回答）	2
更加—不再	**27**
（编号：ENTHUSIA）	

Q.22 我将会询问你许多国会和总统讨论过的问题。根据你最近的听闻，各个问题使你更可能支持国会的民主党议员还是共和党议员？

	力挺民主党	偏向民主党	力挺共和党	偏向共和党	支持两党	都不支持	不知道 / 拒答	民主党总计	共和党总计	民主—共和
22 非法移民	24	17	17	24	1	6	11	**41**	**41**	**0**
23 伊拉克战争	41	8	13	31	1	2	5	**49**	**44**	**5**
24 经济状态	35	14	13	30	0	3	5	**49**	**42**	**7**
25 总统处理关塔那摩囚犯的方式和窃听恐怖主义嫌疑人	34	12	10	33	0	3	7	**46**	**44**	**2**
26（**500 名受访者作答**）干细胞研究	39	12	11	22	1	3	12	**51**	**33**	**18**
27（**另 500 名受访者作答**）价值观问题，例如干细胞研究，毁坏国旗和同性恋婚姻	38	12	10	28	0	3	8	**51**	**37**	**13**
（参考：DEBISSUE）										

图 6.1 续

Q.28 最后为了统计我想请问你一些问题。你最后完成的学校教育是什么？

	总计
一至十一年级	2
高中毕业	25
高中后非大学教育	1
大学未毕业	25
大学毕业	27
研究生毕业	20
（不知道 / 拒绝回答）	1

（编号：EDUC）

Q.29 你是工会成员吗？（如果不是）你的家庭成员有人是工会成员吗？

	总计
是的：受访者是工会成员	12
家庭成员	9
没有人是工会成员	78
（不知道 / 拒绝回答）	1

（编号：UNION）

Q.30 你已婚、单身、分居、离婚还是寡居？

	总计
已婚	64
单身	15
分居 / 离婚	12
寡居	8
（不知道 / 拒绝回答）	1

（编号：MARITAL）

Q.31 一般而言，你认为自己是民主党成员，共和党成员还是其他党派成员？

	总计
强烈支持民主党	27
稍微支持民主党	10
独立—倾向于支持民主党	12
独立	6
独立—倾向于支持共和党	9
稍微支持共和党	12
强烈支持共和党	24
（不知道 / 拒绝回答）	1

（编号：PTYID1）

Q.34 用政治语言来思考，你会认为自己是保守派、温和派还是自由派？

	总计
自由派	20
温和派	40
保守派	36

图 6.1 续

（不知道 / 拒绝回答）	3
（编号：IDEO1）	

Q.35 你的宗教信仰是什么？

	总计
新教	51
天主教	26
犹太教	2
伊斯兰教	0
（其他 / 没有 / 拒答）	22
（编号：RELIG1）	

[510 名受访者]

Q.36（如果是新教徒）下列哪个词最能描述你的基督教派——原教旨主义者，福音派教徒，灵恩派教徒，圣灵降临派教徒，或者温和开明派？

	总计
原教旨主义者	12
福音派教徒	21
灵恩派教徒 / 圣灵降临派教徒	10
温和开明派	42
（其他）	5
（不知道 / 拒绝回答）	11
（编号：RELIG3）	

Q.37 你有多频繁去教堂做礼拜——每周都去，一月一两次，一年几次或很少有？

	总计
每周	39
一月一两次	16
一年几次	15
很少有	20
（从不）	7
（不知道 / 拒绝回答）	4
（编号：RELIG2）	

[996 名受访者]

Q.38（如果你在 2004 年大选投过票）在 2004 年的总统选举中，你投票支持了民主党的约翰·克里还是共和党的乔治·布什？

	总计
民主党的约翰·克里	46
共和党的乔治·布什	49
（独立候选人 Ralph Nader）	0
（其他候选人）	2
（不知道 / 拒绝回答）	4
克里—布什	**−3**
（编号：VOTE2004）	

图 6.1 续

Q.39 你拥有多少只枪支?

	总计
没有	57
1~2	15
3~9	14
10 只或更多	6
（不知道 / 拒绝回答）	9

（编号：GUNS）

Q.40 最准确地说，你属什么种族或族群?

	总计
白人	83
非裔美国人或黑人	6
拉丁裔	6
美国土著	1
亚裔	0
（其他）	1
（不知道 / 拒绝回答）	2

（编号：RACETHN）

[56 名受访者]

Q.42（如果你是拉丁裔）你会说你的拉丁裔血统来自墨西哥、波多黎各、古巴、拉丁美洲、中美洲还是西班牙?

	总计
西班牙	40
墨西哥	22
波多黎各	12
古巴	8
拉丁美洲	8
中美洲	7
（其他）	3
（不知道 / 拒绝回答）	0

（编号：ORIGIN）

Q.43 去年，即 2005 年，你税前所有来源的家庭总收入是多少？当我指到正确的收入时请告知我。

	总计
不到 1 万美元	3
1 万到 2 万美元以下	5
2 万到 3 万美元以下	9
3 万到 5 万美元以下	18
5 万到 7 万 5 千美元以下	19
7 万 5 千美元到 10 万美元以下	14
10 万美元或更多	13
（拒绝回答）	15

图 6.1　续

（不知道）	3
（编号：INCOME）	

Q.44 美国全国公共广播电台（NPR）的记者可能根据这些调查问题做一个新闻报道，同时可能询问今晚参加谈话的某些人一些跟踪问题。你同意 NPR 记者记录你对这些问题的回答并可能随后对你进行短暂的电话访谈吗？

	总计
同意	53
不同意	47
（编号：NPRFOLLOW）	

Q.2 受访者的性别

	总计
男性	48
女性	52
（编号：GENDER）	

Q.7 你的年龄多大？

	总计
18~24	3
25~29	5
30~34	9
35~39	7
40~44	8
45~49	11
50~54	11
55~59	12
60~64	9
64 岁以上	22
（没有回答）	2
（编号：AGE）	

调查研究的步骤

利用调查来收集数据验证假设，一般要经历 3 个阶段。我们可以再把这 3 个阶段细分为 6 个步骤（见图 6.2）：

1. 启动阶段——计划和准备调查问卷（步骤 1、2 和 3）
2. 实施阶段——收集和记录数据（步骤 4）
3. 数据分析阶段——分析和解释数据，并报告最终结果（步骤 5 和 6）。

图 6.2　调查研究的步骤

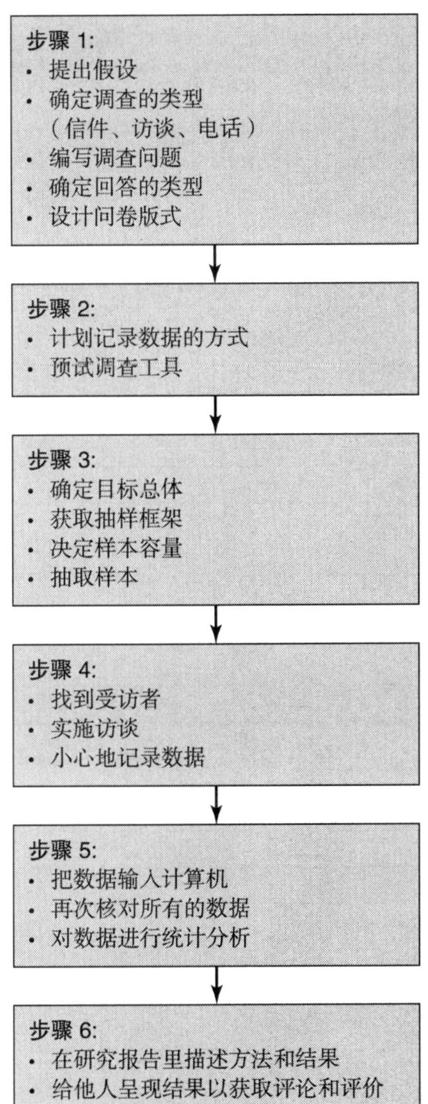

启动阶段

这个阶段你要处理下面 3 个问题：

你研究的受访者是谁？

你想从他们身上获取什么信息？

你怎样有效地收集这些信息？

活学活用：调查研究和控制变量

控制变量使得研究结果可能有其他替代的解释，这会削弱你要检验的主要假设。假设你认为性别是人们在同性婚姻观点上产生差别的原因。替代解释可能是年龄或者宗教虔诚的程度导致观点差异。你的调查因该询问性别、年龄和宗教虔诚度。这 3 者都可能是因变量变化的原因。在数据分析阶段，你可以研究这 3 个变量来评价各种解释。可能多个自变量都有效应，但你通常想知道哪一个效应最强。你可能认为男性反对同性婚姻，因为传统的男性对同性恋行为表达了更强烈的反感。替代解释是年龄和宗教虔诚度比性别的效应更大，年龄偏大的人或者非常虔诚的人都表示反对同性婚姻。你可以研究所有 3 个变量，看看哪一个有最大的预测力。如果男性—女性反对观点的差距是持反对观点的男性要多 12 个百分点，年龄差距是持反对观点的老年人要多 21 个百分点，虔诚度差距是持反对观点的非常虔诚的人要多 35 个百分点，那么虔诚度就是效应最强的自变量（见下面的表格）。

根据性别、年龄和宗教虔诚度列出的对同性婚姻的观点

	受访者的性别				
对同性婚姻的看法	**男性**	**女性**	**总计**		
同意	24.0%	34.1%	29.6%		
不确定	13.3%	15.6%	14.6%		
反对	62.7%	50.2%	55.7%	性别差距 =12.5%	
总计（N）	525	659	1 184		
	100.0%	100.0%	100.0%		
	受访者的年龄				
	35 以下	**35~55**	**56+**	**总计**	
同意	41.0%	25.9%	22.4%	29.7%	
不确定	14.6%	16.1%	2.1%	14.5%	
反对	44.5%	58.0%	65.4%	55.8%	最大 / 最小差距 =20.9
总计（N）	371	491	321	1183	
	100.0%	100.0%	100.0%	100.0%	
	宗教虔诚度				
	非常虔诚	**不很虔诚**	**不虔诚**	**总计**	
同意	21.6%	30.9%	47.0%	29.5%	
不确定	10.4%	16.3%	20.2%	14.5%	
反对	68.0%	52.9%	32.7%	55.9%	非常虔诚 / 不虔诚差距 =35.3%
总计（N）	462	541	168	1171	
	100.0%	100.0%	100.0%	100.0%	

作者根据 2004 年综合社会调查的数据整理而成。

你首先要了解你的受访者。不同的受访者会影响你询问的主题，甚至还会影响你的问题措辞。适合调查疗养院病人的话题或许并不适合调查大学生。调查快餐店兼职员工工作的问题或许与调查医生同样主题的问题不同。

其次，你必须完全清楚你想从问题得到什么信息。调查问题是对变量的操作化，其质量取决于你对它们概念化的完美程度（参考第 5 章对概念化和操作化的介绍）。在你收集任何数据之前，请思考你打算怎样利用调查结果。如果心中对各种可能结果呈什么样没有预想，就很难科学地进行调查研究，得到适当的数据。调查研究的新手在分析数据时往往会感到失望，因为他们发现所收集的数据并不能用来回答所要研究的问题。之所以会这样，是因为他们在设计调查问卷时，没有清楚地思考调查可能会出现什么样的结果。这常造成他们询问的问题与他们真正的研究重点无关，或者没有询问足够具体明确的问题。

要准备一项调查，请遵照图 6.2 所列的步骤。首先，要制作测量变量的工具（调查问卷或访谈表）。受访者可以自己阅读问题并在**问卷**（questionnaire）上写下答案。或者，你也可准备好一份**访谈表**（interview schedule）。访谈表是一套设计好的调查问题以便访谈员朗读给受访者听。访谈可以通过电话或者面对面来进行。为叙述方便，这里只用问卷这个术语。

一旦你确定好了受访者的身份、确切的测量内容和调查类型，就可以开始编写问题。为了使问题全面而清楚，你要反复若干次修改问题。请小心地安排问卷中的问题顺序，使之连贯通顺也很重要。问题的组织应依据研究问题、受访者和调查类型（本章稍后会讨论调查类型）。准备问卷时，你要提前想好怎样记录和整理加工数据以便统计分析。

现在还不能收集数据。通常最好先用调查问卷进行一次简短的预测验或“演练”。预测验可以使问题变得更清楚。参加预测验的少数受访者应与最终调查中的受访者相似。在参加预测验的受访者回答完问题之后，要询问他们问题是否清楚。你要检查他们对你问题的解释是否符合你预定的含义，以及所提供的答案备选项是否充分。根据预测验的反馈，你可能想重新表述你的问题或答案选项，重新调整问卷里问题的顺序。如果你计划访谈，有几种选择：你是通过电话还是面对面访谈？你是亲自做访谈还是让其他人为你访谈？如果你要他人帮你访谈，就需要培训他们使用问卷。除了对访谈行为有一定的要求外（本章稍后讨论），访谈员必须非常熟悉每个问题的措辞和目的，并且要按照问卷项目的顺序来练习。这个阶段，你还需要抽取受访者的样本，也即用特定的方法将人员选入样本。

实施阶段

终于，要准备收集数据了。许多新手对于调查的计划和准备阶段耗费如此多的时间感到不解。你要亲自或者通过电话、互联网、信件找到抽样的受访者。要给受访者提供关于调查的信息和怎样完成调查的指导语。调查问题按照简单的刺激 / 反应或问题 / 回答模式进行。在受访者给出回答后要马上清楚而精确地记录所有的反应。在受访者完成调查，你致谢后，要迅速地检视回答是否完整、清楚。一旦所有的受访者都完成了问卷，

聪明贴士：编写调查问题时要避免的事项

1. **避免**行话、俚语和缩写词。行话和术语有很多形式。管子工会谈到“蛇”（snake，疏通下水道的工具，能像蛇一样弯曲前进），律师会谈到最大诚信（uberrima fides）合同，心理学家会谈到奥迪帕斯情结（Oedipus complex）。俚语是在亚文化里使用的一种行话。流浪汉或许会谈论“雪鸟”（snowbird，流浪汉口中的雪鸟指为过冬而搬迁到温暖地区的人），滑雪者会提及“热狗”（hotdog，指冲浪或滑雪中的花样动作表演）。问卷中使用缩写词容易引起混淆。例如英文缩写词 *NATO* 通常是指北大西洋公约组织（North Atlantic Treaty Organization），但对于受访者，它可能意味其他的事物（如 National Auto Tourist Organization，Native Alaskan Trade Orbit，或者 North African Tea Office 等）。只有在调查高度特异化的人群时，才能使用俚语和行话。对于普通大众，应以电视中使用的语言为标准。美国电视节目是以八年级的阅读水平为基准的。

2. **避免**歧义、混淆和含糊。编写问卷的人大多会受困于歧义和含糊不清。你容易不假思索地假设表达了要表达的意思。你应该高度重视所有受访者的情况。“你的收入有多少”这个问题看似简单。然而，它可能是指周、月或年收入；家庭收入或个人收入；税前或税后收入；今年或去年收入；工资收入或所有收入。这种混淆会引起不一致。不同的受访者对问题的含义可能有不同的理解，并依据自己的解释来回答问题，而不是根据问卷编写者的意图来回答。如果你想知道去年税前的家庭年收入，一定要清楚明确地提出来。含糊不清的词语和回答选项会引起歧义。对“你经常慢跑吗？是 _____ 否 _____”这一问题的回答取决于经常这个词。有人可能把经常定义为“每天”，也有人认为它表示“一周一次”。问卷的问题要非常明确，减少受访者的混淆，获取更多的信息。

3. **避免使用**高度情绪化的词语。很多词语的含义不仅停留在词典上的书面意义，还包含丰富的感情色彩。游说者和广告商经常会利用语言的感情色彩来说服你，但编写调查问题却应使用中性的词语。情绪色彩浓厚的词语会把受访者的注意力引向情绪词而不是要回答的问题。例如，这样一道问题，“你认为有利于威胁要剥夺热爱和平的人们的自由的残暴恐怖分子的政策怎样？”，就充满了情绪词——如剥夺、和平、自由和残暴。我们并不总能轻松地把握哪些词有情绪色彩，并避免使用这些词。调查问题对同性婚姻的表述有“性别中性的婚姻”“平等婚姻”“男同婚姻”“女同婚姻”“同性恋婚姻”和“性别身份相同的婚姻”。反对“男同婚姻”的人比反对“同性恋婚姻”的少，反对“性别身份相同的婚姻”的人比反对“男同婚姻”的少，反对“平等婚姻”的人比反对“性别身份相同的婚姻”的少。问题所使用的措辞会影响人们的回答。

4. **避免**声望偏差。个体的社会头衔或职位（如总统、专家等）传达威信或地位。声望偏差（prestige bias）是指把对某个问题的看法或立场与声誉卓著的人或团体联系起来。很多受访者会根据他们对这些人或团体的情感来回答问题，而不是针对问题本身。请思考这个问题，“乔治·布什总统和教皇本笃十六世都反对同性婚姻。你赞成还是反对禁止同性婚姻的法律？”类似这样的问题，你无法分辨受访者的回答究竟是给出了他/她自己的观点还是表示顺从于总统和教皇。

5. **避免**一题多问。每个问题要针对，也只针对一个议题。**一题多问**（double-barreled question）把2个或更多的问题结合在一起，使得受访者的回答含糊不清。例如，考虑下面的问题，“你支持同性恋者的婚姻和民事结合吗？”反对同性婚姻但支持民事结合的受访者就既可能做肯定回答也可能做否定回答。如果受访者严格地理解“和”，就可能回答否。然而，如果他们宽泛地理解这个“和”，更类似于“或”，他们就可能回答是。你无法知道他们的真实感受。如果你想询问两件事（如同性婚姻和民事结合），就请写2道不同的问题。一旦你收到结果，就可以查看两道问题的回答，从而弄清楚受访者究竟支持哪一个立场，或者都不支持，或者都支持。使用2道分离的问题，你既可以避免混淆又能得到更多的信息。

6. **避免**把受访者对某个假设的看法当成检验假设本身的证据。人们对许多事物都会有自己的看法。人们可能认为锻炼能使人对生活保持一种积极的态度，或者认为更高的受教育程度会降低离婚的风险。如果你想检验下面的假设：受过良好教育的人更能接受同性婚姻，就要提2个问题，每个问题针对一种变量（教育程度，对同性婚姻的看法）。在你收集了数据之后，就可以研究这两个变量（教育程度，对同性婚姻的看法）是否有关联。这样提问“你认为缺乏教育的人是否比受过良好教育的人更加反对同性婚姻？”来检验教育程度和支持同性婚姻之间的假设，是一种错误方法。这是询问人们对这一假设的看法，而不是真正地检验假设。对这一问题的回答能让你知道人们对这些变量的看法，但无法得知变量间的真实关系。人们对变量之间真实关系的看法有可能是正确的，也可能是错误的。

你就要整理所有已记录的数据，准备进行统计分析。

大型的调查研究，例如用 100 道或更多的问题对遍布广泛区域的 1 000 位受访者进行研究，将会十分复杂和昂贵。大型调查需要协调许多人力和繁复的步骤。这类大型调查的研究项目需要优秀的组织和精确的记录，以掌握每个受访者、每份问卷和每个访谈员的情况。类似的程序也适用小型调查，如用 20 道问题对某地 80 个人的调查，但小型调查更容易处理。

如果你要做一项小型调查，请给每一个抽取的受访者分配一个身份编号。把身份编号写在每份问卷上，然后对照抽取的受访者名单检查每份已经完成的问卷。你应该检查每份问卷上的回答，并把问卷上的数据转换成能进行统计分析的格式（在第 9 章讨论）。你还要安全地储存原始问卷。一丝不苟地记录和标记是非常必要的。否则，就可能因为懈怠而使珍贵的资料和努力付诸东流。

数据分析阶段

这个阶段（步骤 5 和 6）将在第 9 章和 12 章讨论。调查数据的分析、解释和报告与其他定量数据相差无几。

编写高质量的调查问题

优质高效的沟通是编写高质量调查问题的基础。编写调查问题有两条核心的指导原则：*避免混淆和牢记受访者的想法*。合格的调查问题能有效而可靠地测量变量，还能帮助受访者理解提问的内容，并认为自己的回答有意义。如果调查问题不能很好地吻合受访者的观察角度或者受访者觉得混淆不清，所提问题就不会得到高质量的数据。

调查研究有时会陷入一种左右为难的境地。你希望每个受访者听到完全相同的问题。这是因为你想测量许多人对同一事物的看法。另一方面，如果受访者有着不同的背景和参照系，那么同样的措辞对于每个人或许并不具有相同的意义。如果你修改问题的措辞使之适合每个受访者，你就无法进行比较，不知道不同的回答究竟是由于问题的措辞还是受访者之间的差异所引起。

编写调查问题需要大量的实践、耐心和创造性，即使对于经验丰富、技能熟练的专业人士也是如此。编写调查问题时请注意避免 6 种错误（见上文的聪明贴士），这 6 点要求也是编写调查问卷的基本原则。这 6 点只是编写问卷较常见的问题，并没有包括所有可能发生的错误。

活学活用：改进不清楚的问题

这里有 3 个由经验丰富的专业研究者编写的调查问题。在预测验发现有 15% 的受访者请求澄清或给出信息量不足的答案（如不知道）之后，他们修改了问题原来的措辞。由此可以看出，问题措辞是种艺术，随着实践、耐心和预测验可以得到改进。

原来的问题	不足之处	修改后的问题
你经常锻炼或运动吗？	什么活动可以看作锻炼？	你经常做运动，参加体育活动，或者锻炼（包括散步）吗？
你每周平均有几天进食黄油？	人造黄油能否视为黄油？	下面的问题只指黄油——不包括人造黄油。一周你有几天吃黄油？
（紧接鸡蛋的问题）在典型的一天里进食份数是多少？	一份有多少鸡蛋？典型的一天指什么？	在吃鸡蛋的日子里，你通常吃多少个鸡蛋？

	回答的百分比		请求澄清的百分比	
	修改前	修改后	修改前	修改后
锻炼问题（说“是”的比例）	48%	60%	5%	0%
黄油问题(说“一天也没有”的比例）	33%	55%	18%	13%
鸡蛋问题（说“一个”的比例）	80%	33%	33%	0%

改编自 Fowler（1992）。

诱导性问题

什么是诱导性问题，是否应该在调查中使用诱导性问题？先答第二问：诚实、符合道德的调查决不能有意地使用诱导性问题。有的人想操控研究结果，误导他人，所以经常在不诚实的调查中使用诱导性问题。研究者应该避免使用诱导性问题。**诱导性问题**（leading question）引导受访者选择特定的选项。而调查问题没有诱导性时，受访者就不知道研究者所期望的答案，他们感到能完全自由地表达内心真实的想法或感受。诱导性问题有很多类型。

David Gould/Photographer's Choice/Getty Images Royalty Free

一些诱导性问题 下面这个问题，“稳定的男同和女同情侣享有与其他守法公民一样的权利。你是否同意那些身为男同或女同的公民同胞像其他人一样有法定婚姻伴随的权益和责任？”就可能诱导受访者表示他们支持同性婚姻，即使他们并不确定。这是因为该问题提到了“与其他守法公民一样的权利”。包含预设观点的问题会诱导受访者给出肯定或否定的回答。例如，“我们是否应该修

要点回顾：调查问题的编写错误总结

要避免的事项	不适当的问题	可能的改进方法
1. 行话、俚语和缩写词	你昨晚是否狂饮黄汤直到烂醉如泥？	昨天晚上，你大约喝了多少啤酒？
2. 含糊不清	你经常去外面吃饭吗？	在日常的一周内，你约有多少顿饭是在外面吃的，如在饭店、食堂或者其他餐饮点？
3. 情绪化的语言 4. 声望偏差	“权威的格雷斯委员会有记录表明，我们所纳的税款有骇人的 3 500 亿美元完全浪费在糟糕的政府采购、管理不善、草率记账、有缺陷的合同管理、人为滥用和其他浪费的事项上。削减地方项目拨款和消灭政府浪费是否是你最优先考虑的事？”*	你认为国会采取措施削减政府浪费有多重要？ 非常重要 有些重要 无所谓 有些不重要 一点也不重要
5. 一题多问	你支持还是反对提高社会保障福利金以及增加军费开支？	你支持还是反对提高社会保障福利金？ 你支持还是反对增加军费开支？
6. 把信念当成事实	你是否认为受教育程度高的人更少抽烟？	你的教育程度如何？你抽烟吗？
7. 诱导性问题	你是否履行过爱国职责，为上次的市长选举投过票？	你在上个月的市长选举投过票吗？
8. 超出受访者能力的问题	2 年前，每个月你看多少小时的电视？	在过去的两周，典型的一天你会看多少小时电视？
9. 虚假前提	什么时候你停止殴打你的女友 / 男友？	你曾经掌掴、拳打或攻击过女友 / 男友吗？
10. 遥远未来的意向	你大学毕业、工作和安居之后，是否会在股市投入大量资金？	在未来的两个月里，你是否有确切的计划在股市投入一些金钱？
11. 双重否定	你是否不赞成那些不想修建新的城市游泳池的人？	有人提议修建新的城市游泳池。你赞成还是反对这项提议？
12. 不平衡的回答	你认为我们饭店的服务杰出、优秀、优良还是良好？	请评价我们饭店的服务：杰出，非常好，合格还是糟糕。

* 这是我 1998 年 5 月收到的由共和党众议院全国委员会（National Republican Congressional Committee）寄出的邮寄问卷里的真实问题。这个问题也是一题多问的问题。

改法律以便性异常的人获得婚姻的权利和利益，或者应该支持异性的结合为婚姻的自然基础，就如几个世纪以来风俗习惯、法律和宗教教育所认为的那样？”就会诱导受访者做出否定回答。

调查问题的答案设计

回答应采用开放的还是封闭的格式 调查研究的专家讨论过开放和封闭的问题的优缺点。针对**开放的问题设计**（open-ended question format，又叫无结构回答或自由回答），受访者可以给出任何回答，而针对**封闭的问题设计**（closed-ended question format，又叫结构式或固定回答），他们必须在规定的备选项中进行选择。两种设计各有优缺点（见下文的要点回顾：封闭问题和开放问题的优缺点）。你必须判断哪种设计最适合你所做特定调查的情况或目的。这取决于研究的目标和研究项目在操作中受的限制。

开放的问题比封闭的问题要消耗更多的时间，前者要求受访者具备写作或言语技能。受访者很容易跑题，给出许多无关的信息。访谈员必须逐字逐句地记下海量的答复。对开放的回答进行编码以分析数据，是个非常复杂和耗时的工作。开放的问题设计仅适合只有较少问题（20 道以下）的小样本（200 人以下）研究。虽然如此，它却很适合探索性研究，即研究者对某个问题知之甚少。如果研究的目标是要捕捉受访者的思维过程，开放式问题尤为适合。

编写封闭的问题需要一些判断。你该给出多少个备选项？应该提供中间或中性选项吗？该怎样安排答案选项的顺序？又该怎样测量回答的倾向？要做出这些判断并不容易。例如，两个备选项太少，但超过五个备选项又会引起混淆。你想测量有意义的差别而不让它们因选项太少而测不出。非常特异的备选项能获得更多的信息，但选项太多也会引起混淆。如果你用李克特量表来改写是 / 否选项的问题，就能给出更多的选项，得到更多的信息，而不会引起混淆。如把“你对你的牙医满意吗？”改述为“你对你的牙医有多满意：非常满意，有点满意，有点不满意，或一点也不满意？”

大样本或者长问卷都需要你采用封闭的问题设计。这种设计对于受访者和研究者而言都更为快速和便捷。然而，把个体的信念和情感强制压缩成少数几个固定的类别，研究者会失去一些重要信息。弥补某种回答形式缺陷的方法是在一份问卷中结合开放和封闭的设计，或者采用部分开放的设计。混合设计还改变了研究的节奏，有利于访谈与受访者员建立融洽的关系。定期利用封闭的回答来进行探询（见本章稍后的讨论）能探明受访者的理解程度。对于大型调查，你可以在预测验中使用开放的问题，然后根据开放问题的回答来编写封闭问题的备选项。部分开放的设计指带有开放的“其他”选项的封闭的问题。下面是 CBS（Columbia Broadcasting System，美国哥伦比亚广播公司）/《新闻周刊》/《纽约时报》在民意调查时所使用的一个问题，我进行了修改使之成为部分开放的问题：

下列哪个选项最接近你的观点？

_____ 应该允许同性情侣结婚，或者 _____ 形成民事结合，或者 _____ 不应在法律上承认同性情侣的关系，**或者有其他的解决办法，请指出** ________

要点回顾：封闭问题和开放问题的优缺点

封闭设计的优点	封闭设计的缺点
• 受访者能更容易、更迅速地回答。 • 不同受访者的回答更容易进行比较。 • 回答更易编码和进行统计分析。 • 备选项可以向受访者说明问题的含义。 • 受访者更可能回答敏感的话题。 • 无关或含糊的回答较少。 • 表达能力差或文化修养低的受访者不受影响。 • 复制研究更容易。	• 受访者可能原本没有备选项所提示的观点。 • 受访者如果没有看法或知识背景会随意作答。 • 受访者所期待的答案没有出现在选项中会让他们感到沮丧。 • 如果有太多的选项（如 20 个）会令人混淆。 • 对问题的误解不易察觉。 • 受访者回答的差别可能变得模糊。 • 可能出现书写错误或标出错误的选项。 • 迫使受访者对复杂的问题给出简单的回答。 • 迫使人们做出在现实世界未必会做出的选择。
开放设计的优点	**开放设计的缺点**
• 可以有无限多种回答。 • 受访者可以详细地回答和具体解释、说明自己的答复。 • 可能发现未曾预料的调查结果。 • 允许对复杂的问题充分作答。 • 允许创造性、自我表现和丰富的细节。 • 能显露受访者的逻辑、思维过程和参照系。	• 不同的受访者会给出详细程度不同的回答。 • 受访者可能会跑题或者堆砌无用的细节。 • 比较和统计分析变得非常困难。 • 很难对回答进行编码。 • 表达能力好或文化修养高的受访者具有优势。 • 问题可能太宽泛使得受访者无从作答。 • 回答都是逐字所写，访谈员整理困难。 • 需要受访者花费很多时间、思维和精力。 • 受访者可能被问题吓到。 • 回答要占据问卷很大的空间。

编写优质的封闭问卷的备选项 许多调查会提供受访者可以选择的预先设定的回答。编写优质的备选项和编写优质的问题一样重要。备选项应该具备 3 个特点：

- *互斥*。回答的类别不能有重叠。数字范围的重叠（如 5—10，10—20，20—30）很容易纠正（如改为 5—9，10—19，20—29）。模棱两可的言语选项是另一种有重叠的回答——如，“你对工作满意还是有些方面不喜欢？”我们就不清楚对工作基本满意但有些微抱怨的人会怎样回答这个问题。（在第 5 章已经学习了变量的相互排斥。）
- *穷尽*。这意味着每个受访者都有可选项——必居其一。例如，请问受访者，“你有工作还是失业？”就不考虑那些没有工作却并不认为自己失业的受访者（如全职的家庭主妇、度假的人、学生、残疾人或退休的人员）。编写问卷时，首先思考你想知道什么，然后考虑受访者所有可能的情况。例如，你要询问受访者的就业情况，你想获取主要工作还是所有工作的信息？你是否想即了解全职也了解兼职工作？你只想了解带薪工作还是也想了解无报酬的工作和志愿者工作？如果某人暂时失业，你想了解他 / 她失业前的工作吗？

- 平衡。这意味着在一组回答里你要均等地提供正面或负面的选项。下面的问题就带有不平衡的选项，“你认为市长所做的工作怎样：杰出，优秀，非常好，还是符合要求？”这个问题就提供了 3 个正面和 1 个中性的备选项。另一种不平衡的问题省略了一些重要的信息——例如，“竞选市长的 5 位候选人中你支持哪位：尤金还是另一个？”通过给出两极的对立项就可以平衡备选项。除非有不这样做的特定目的，一定要给受访者平衡地提供连续体两端的对立项。例如问题“你支持禁止同性婚姻的程度怎样？你强烈支持，一定程度支持，还是只是勉强支持？”的备选项就是一组不平衡的选项。要使之平衡，你可以这样问，“你认为禁止同性婚姻如何；你支持，反对，还是两者都不？”

应该提供“不知道”或“没看法”的备选项吗 调查研究专家在封闭的问题是否可以包括中性、中间和无态度（如“不确定”，“不知道”，“未决定”或“没看法”）的选项上存在争议。他们想避免 2 种错误：

a. 如果受访者实际上持有非中性的观点却得到“没看法”或“不知道”的回答。

研究示例专栏 6.2：美国全国公共广播电台（NPR）问卷里的项目

下面这个婚姻状况问题的备选项是**互斥**（mutually exclusive）和**穷尽**（exhaustive）的。

你已婚、单身、分居、离婚还是寡居？

已婚
单身
分居 / 离婚
寡居
不知道 / 拒绝回答

下面这个问题减少了**社会赞许性偏差**（social desirability bias）（本章稍后讨论），如根据自己之外的“某些原因”来投票选举。

许多美国人不能参加 2004 年乔治·布什和约翰·克里之间的总统选举的投票。你怎么样？你能够投票，或者由于某些原因不能投票？

投过
没有资格 / 太年轻
未投
（记不清 / 不知道 / 拒绝回答）

下面这个关于政治观点的问题就是具有平衡答案选项的**准过滤问题**（quasi-filter question）。

用政治语言来思考，你会认为自己是保守派、温和派还是自由派？

自由派
某程度的自由派
温和派
某程度的保守派
保守派
不知道 / 拒绝回答

b. 当受访者对某个问题没有看法或一无所知时强制他 / 她选择立场。

考虑到提供“不知道”选项以得到受访者诚实回答的效果，可以区分出 3 种态度问题：标准格式、准过滤和完全过滤问题（见活学活用：标准格式、准过滤和完全过滤问题）。**标准格式的问题**（standard-format question）并不提供“不知道”选项，受访者必须主动说明自己缺乏知识或观点。**准过滤问题**（quasi-filter question）给受访者提供“不知道”或“不确定”的替代回答。**完全过滤问题**（full-filter question）是一种特殊的关联性问题（稍后讨论关联性问题）。它是一种筛选问题，首先询问受访者是否有看法，然后询问那些说自己有看法的人的观点。

研究表明如果缺失“没看法”选项（就如标准问题），很多受访者即使对某个问题非常不确定或一无所知还是会回答。如果没有提供“我不知道”或“没看法”选项，他们要这样声称就会感到很困难和尴尬。而如果是准过滤问题，大部分不确定或不知道的受访者会选择“不知道”，因为该选项看上去是合理的回答。完全过滤问题在更早的一步采用“没看法”或“不知道”选项。对于许多人不了解或者没有坚定看法的问题，就应使用完全过滤的形式。一种做法是使用准过滤问题询问看法，随后用第二个问题继续向所有持有看法的人询问他们感受的强烈程度。下面就是完全过滤问题的例子：

你对全球变暖有什么看法？你认为在未来这个问题对人类社会将构成严重的威胁，不严重的威胁或没有实质的威胁，或者你对此没有看法？

活学活用：标准格式、准过滤和完全过滤问题

标准格式问题

这里有个关于其他国家的问题。对这一说法你是赞成还是反对？“苏联领导人们基本上想与美国和睦相处。”

准过滤问题

这里有个关于其他国家的陈述：“苏联领导人们基本上想与美国和睦相处。”你赞成、反对还是对此没有看法？

完全过滤问题

这里有个关于其他国家的陈述。并非每个人对此都有看法。如果你没有看法，请如实作答。下面是这一陈述：“苏联领导人们基本上想与美国和睦相处。”你对此有看法吗？如果有，你赞成还是反对？

不同形式的问题的结果示例

	标准格式（%）	准过滤（%）	完全过滤（%）
赞成	48.2	27.7	22.9
反对	38.2	29.5	20.9
没看法	13.6*	42.8	56.3

* 主动说明

改编自 Schuman and Presser（1981:116–125）。标准格式问题的调查结果于 1978 年秋得出；其余于 1977 年 2 月得出。

_____ 严重的威胁

_____ 不严重的威胁

_____ 没有实质的威胁

_____ 没有看法（直接进入下一道问题）

[只有在给出前面 3 个答案选项之一时才进行询问]

你持有此观点的强烈程度如何？

你持有此观点程度是 _____ 非常强烈，_____ 稍微强烈，或 _____ 一点也不强烈？

帮助受访者回忆 许多调查问题会问询已往的事件，例如你上次看医生的时间或你上次购买相机的时间。受访者精确地回忆往事比起回答问题通常所需的数秒钟要更耗时费力。回忆的精确性也会随着时间的推移而下降。大多数受访者能回忆起过去 4~6 周里发生的重要事件，但随后他们回忆的精确性就变差了。下列因素可能会干扰准确的回忆：

- 敏感或威胁性的事件——人们常常压抑糟糕的记忆并遗忘不愉快或尴尬的事件。
- 同时发生的事件——当数件事情同时发生时，它们会在记忆里模糊在一起。
- 在要回忆的时间之后发生的事件——最近的事件常常会掩盖对更早发生的事件的回忆。
- 不重要的议题或事件——人们会记住对他们重要的事件，但如果他们认为不重要，就可能遗忘。
- 个体协调一致的需要并且不能显得与自身相矛盾。人们倾向于选择性地记住协调一致的事物而遗忘存在矛盾的事物。

存在这些影响记忆的因素并不表明你就不能询问已往的事件。你只需要适当调整调查问题并慎重地解释结果。要给予受访者特别的指导语，额外的思考时间和回忆帮助。帮助回忆的方法之一是采用固定的时间范围或地点。不要问："去年你有多频繁参加体育运动？"而要这样问："我想知道去年冬天你参加了多少次体育运动。让我们逐月回忆。请回想十二月。在十二月你参加了任何一场付费体育运动吗？现在，请回想一月。在一月你参加了任何体育运动吗？"如果你想得到较长时期里的活动信息，请询问受访者可能知道的较短时间范围里的活动，然后自己做一下计算即可。不要问，"去年你看了多少小时的电视？"而要问，"去年一个典型的工作日里，你大约看多久的电视？典型的周末一天又怎样，有多频繁？"接着你就可把受访者的回答乘以工作日和周末一天的天数来估算每年的电视收视情况。

询问敏感问题 你可能会询问受访者感到敏感或会危及他们公众形象的问题。这些问题很难回答。大部分受访者都会力图展示他们自己的正面形象。给出真实的回答或许会让他们感到羞耻、尴尬或恐惧，要诚实地正视他们自己的行为会让他们在情感上非常痛苦，更不要说向其他人承认这些行为。他们可能会轻描淡写他们想隐瞒或认为违反社会规范

的行为和态度或在报告时自我审查并去除这些内容。或者，他们可能会夸大正面行为或普遍认可的信念（下文很快讨论社会赞许性偏差）。

人们倾向于隐瞒自己的疾病或残疾（如癌症、心理疾病、性传播疾病）或者所参与的非法或变态行为（如逃税、吸毒、参与异常的性活动）。他们常常不愿意披露自己的经济状况（如收入、存款、债务）。采用一些方法可以提高敏感问题回答的真实性。一种方法是改变提问的背景和问题的措辞。只在当访谈员与受访者通过磨合建立了信任和融洽的关系后才询问敏感的问题。访谈员可以向受访者强调他们想得到诚实的回答并承诺保密使其安心。另一种方法是提供提问的背景，使得受访者更自如回答，也显得不太另类。例如，不要问外表看起来是异性恋的男性，“你曾与另一位男性有过性行为吗？”研究者可以问，“过去的调查发现，许多男人都报告在生活的某时期曾与另一位男性有过某种类型的性经历。这可能发生在青春期之前，青春期期间或成人后。你曾与男性发生过性关系吗？”还有一种方法是先询问更为严重的行为，使得敏感问题看上去不太突出。受访者可能不愿意承认商场偷窃行为。然而，商店偷窃的问题如果出现在持械抢劫或入户行窃这些问题之后，受访者就可能会承认商店偷窃行为，因为与其他犯罪相比，商店偷窃显得不太严重。同样地，他们对这个问题“你曾未付款就从商店带走商品吗”比“你曾在商店偷窃吗”或“你曾实施商店偷窃犯罪吗？”更可能给出诚实的回答，因为问题的措辞避免谈及违法，看上去显得不太有威胁感。

如果受访者故意歪曲回答以使自己形象良好或符合社会规范就产生了**社会赞许性偏差**（social desirability bias）。许多人会高估自己的修养（即阅读水平、参加高雅活动的次数），捐给慈善团体的金钱，拥有美好的婚姻，爱护他们的孩子等等。例如，有项研究发现在调查中报告自己给当地的慈善团体捐款的人有三分之一的人实际上并未捐款。因为社会规范主张个体应该在选举中投票，有些人即使没有投票也说自己投票了。为减少社会赞许性偏差，表述问题时要使违反规范显得不太令人反感。你可以把一系列宽泛的行为表述为可以接受或者给受访者提供“保全面子的”替代选项。美国全国选举调查（National Election Survey）为减少社会赞许性偏差，按下面的方法来询问投票行为：“在与人谈论选举时，我们常发现许多人因为没有登记、患病或只是没有时间而不能投票。下列哪一条最能描述你的情况？——1，我没有投票。2，这次我考虑过投票但并未投。3——我通常会投票，但这次却未投票。4——我确定投过票。”

关联性问题。**关联性问题**（contingency question，又叫筛选问题或跳转问题）是提高关联程度的 2 个问题序列。第一个问题选出与第二个问题有关的受访者。筛选出的受访者进到下一部分。下面的例子就是关联性问题。

1. 去年 4 月，当郭、史密斯和洛佩兹竞选市长时你参加投票了吗？
   [ ] 是的（去往问题 2）
   [ ] 没有（跳转到问题 3）

以史为鉴：字词的力量

研究者已发现调查研究存在一些较明显的措辞效应。一项有大量证据支持的措辞效应是禁止和不允许之间的差别。这两个词意义相同，但更多人的愿意“不允许”某事，而不是“禁止”它。一般而言，教育程度低的受访者最容易受到细微的措辞差别的影响。某些词语会引起情绪反应或者具有重要的隐含意义，而我们才刚开始认识到。史密斯（Smith，1987）发现根据问题是询问经费“用于帮助穷人”还是“增加福利”，美国调查的回答有着巨大的差别(如多达两倍的支持)。在20世纪70年代和80年代对福利问题激烈的政治抨击改变了福利这个词的隐含意义，它已具有先前所没有的负面隐含意义。这个词开始暗指懒惰和放荡的人以及挥霍、无效和昂贵的政府工程。今天，研究者最好避免使用它。研究者还发现许多美国人把市中心[1]与对非裔美国人的种族刻板印象联系在一起（Hurwitz & Peffley，2005）。如果这个词出现在调查问题里，有种族偏见的白人就会给出负面的回答，但同样的问题如果没有出现这个词他们就会给出中性的回答。受访者还会对某些关键词的意义和内涵感到迷惑不解。在一项调查里，询问受访者他们是否认为电视新闻“公正”。公正（impartial）是美国九年级的词汇，研究者假定每个美国人都知道它的含义。他们后来得知还不到一半的受访者能正确解释这个词的含义。超过四分之一的人忽视了这个词或者不清楚它的意思。其他的人给这个词赋予了奇怪的含义，十分之一的人所理解的意思与其真实的含义刚好相反。你需要格外小心，因为虽然已知某些措辞效应(如禁止和不允许之间的差别)，但我们还正在了解特定的词语会影响受访者的回答(参见 Foddy，1993；Presser，1990)。

1 inner city，一般指较贫困的城市中心住宅区——译者注。

2\. 你选了哪一个候选人？_____郭_____史密斯_____洛佩兹_____不记得

3\. 依你所见市长的工作总的看来如何？_____优秀_____良好_____尚可_____糟糕

措辞效果 当某个特别的词语引起某种回答时就产生了措辞效果。调查研究专家承认调查问题里的某些词语可能引发强烈的情感或带有隐含意义，从而会歪曲人们的回答。因为受访者仅对某个问题的某个词语做出反应，而不思考问题中的议题，所以调查问题要避免使用这样的词语。如果你有丰富的词汇量，知道许多词语的意思和内涵，对受访者的词库也敏感，编写调查问题就很容易。一般而言，你要使用简单的词汇和语法以尽量减少混淆。另一个问题是特定的字词或短语的影响。不幸的是，不可能提前知道某个字词或短语是否会影响受访者的回答（见以史为鉴：字词的力量）。

有效问卷设计的贴士

调查或问卷的长度

问卷的长度取决于你调查的形式（本章稍后讨论）和受访者的特点。5分钟的电话访谈很少构成问题，通常你可以延长到15分钟。网络调查用时各异，但很少有人超过

10~15 分钟。邮寄问卷更加多变。对于一般民众，较短（3 或 4 页）的问卷较适合。有些研究者对一般公众使用长达 10 页（约 100 个项目）的问卷，但长问卷的回收率下降显著。对于接受过高等教育的受访者和非常重要的主题，也有可能采用长达 15 页的问卷。许多面对面的访谈持续约半小时。特殊情况下，研究者进行的面对面访谈持续的时间会长达 3~5 个小时。

问题顺序或序列

对调查问题的顺序要留意 3 点：

1. 怎样安排问卷里的问题
2. 怎样减少问题的顺序效应
3. 怎样控制背景效应

数年前我的学生针对两个主题进行了电话调查：人们对犯罪问题的担忧和对打击醉驾的新法律的态度。随机一半的受访者先听到关于醉驾新法的问题；另一半先听到犯罪的问题。我考查了调查结果，看看是否存在背景效应——由主题的顺序引起的差别。结果发现先被问及醉驾法律的受访者比起那些先被问及犯罪的人更少表达对犯罪的担忧。同样，那些先被问及醉驾的人比起那些先听到犯罪问题的人表达了对强硬的醉驾新法的更多支持。很明显，第一个主题所形成的背景会影响对第二个主题的回答。在听到一般犯罪和暴力犯罪的问题之后，受访者可能会认为醉驾是不太严重的违法行为。相形之下，先被问及醉驾的受访者可能会认为醉驾是犯罪行为。当问及一般犯罪时，他们仍然认为醉驾是一种犯罪。

1. 怎样安排问卷里的问题 每份问卷都有起始问题、中间问题和结尾问题。问题的顺序安排要尽可能减少受访者的不适和困惑。在引言部分解释了调查后，起始问题应该令人愉快、激发兴趣和易于回答。起始问题应该让受访者对调查过程感到舒心。人口统计学的问题（年龄、教育程度等等）应该放到结尾部分。此外，要把相同主题的问题放在一起并用简短的陈述介绍这一部分（如，“现在我想问你一些关于住房的问题”）以引导受访者。问题的主题应该平稳而合乎逻辑地过渡。问题的顺序安排要帮助受访者回忆和利于舒心。

2. 怎样减少问题的顺序效应 问题出现的顺序可能会影响受访者的回答。缺乏坚定观点的人、教育程度低的受访者、老年人或记忆丧失的人的**顺序效应**（order effects）最强烈。例如，在胎儿存在严重缺陷时可否接受人工流产的问题之后询问人们对人工流产的看法，可以想见对单身女性拥有人工流产权的支持率会上升，但如后者单独出现或者出现在胎儿缺陷的问题之前，支持率就不会上升。

活学活用：先前问题的效应

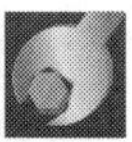

问卷里排在前面的问题有2种方式影响之后的问题：

1. **问题内容（即议题）** 上面的例子中我的学生对醉驾和犯罪的研究就出现了这一效应。还有一个例子，研究者比较了3种询问受访者关注政治程度的提问形式：只有问题；在询问受访者选举的代表最近做了什么之后；在问及代表的工作以及代表在这方面的"公关工作"之后。受访者报告"偶尔"或"几乎从不"关注政治的百分比在3种提问形式下分别为21%，39%和29%。第二种形式显然使受访者感到他们知之甚少，但最后一种形式给了受访者不知道第一个问题的借口——他们可以把自己的不了解归咎到他们选出的代表的公关能力差。
2. **受访者的回答** 已经回答一部分问题的受访者会认为问题不会重叠。例如，询问受访者，"你主修的各门功课表现怎样？"下一个问题是，"在学校你的表现怎样？"大多数受访者会认为第二个问题只是指主修科目以外的学业，因为他们已经就主修科目作了答。如果你想了解整体学业情况，那么应该把这个问题放在主修科目的问题之前。

3. 怎样控制背景效应 受访者倾向于根据前面的问题背景和访谈环境来回答问题。模棱两可或模糊不清的问题背景效应最强。这是因为受访者会利用背景来理解问题。背景效应并不总能得到控制。控制的第一步就是知道它们的存在。在询问更具体的问题之前你要先问更一般的问题。这要做更多的工作，但制作同一问卷的两种版本并将样本随机分为两部分，各使用一种，能让你检查是否存在背景效应。

各种调查形式的优缺点

社会调查的各种形式各有其优缺点：自填式问卷、信件、面对面访谈、电话访谈和网络调查。

信件与自填式问卷

优点 信件问卷较普遍，因为容易实施、成本低廉。你可以直接给受访者分发或邮寄问卷。受访者阅读指导语和问题，然后记录他们的回答。如果用邮寄，可以覆盖很大一片地理区域。信件调查能让受访者必要时在家检查个人记录。邮寄问卷具有匿名性，避免访谈员偏差。信件问卷效率高，对于受过良好教育且对调查主题很感兴趣的目标总体，问卷的回收率可能高。

缺点 因为人们并不总是会完成和寄回问卷，信件问卷的最大问题就是回收率低。你可能寄出500份问卷但却只收回50份。增加邮寄的数量到5 000，那么你能收回500份，这就变得更加昂贵，也会产生偏差。做出回答的这10%的人不太可能有代表性。可能

只有对调查主题非常感兴趣的人或者有大量空闲时间的人（如失业者、退休者和传统的家庭主妇）才会做出回答。回答者的看法、教育程度、收入、年龄以及其他特征都可能不能充分地反映整个样本，这可能造成研究结果严重失实。

另一个局限是你不能控制个体完成信件问卷的环境。由一群在宴会上嬉笑戏谑的人完成的问卷可能和由一位非常认真的受访者填写的问卷一起寄回来了。当受访者给出不完整的回答时，并没有人现场澄清问题或者探询更多的信息。除了抽取的受访者外的其他人（如配偶、新迁来居民等）也可能打开信件填写问卷。受访者可能把一份问卷分数周完成或者按照不同于研究者安排的顺序来回答问题。未完成的问卷也是个严重的问题。

信件问卷的形式限制了研究者能采用的问题类型。需要视觉辅助的问题（如请看图片，然后告诉我看到了什么），开放的问题，很多关联性问题和较复杂的问题都不宜出现在信件问卷里。同样，信件问卷不适合文盲或读写能力很弱的人。

电话访谈

优点 电话访谈是很普遍的调查方法，因为通过电话你可以接触到 95% 的人口。电话访谈时，你呼叫某个受访者（通常在家），提问，并记录回答。受访者的样本可以取自通讯录、电话号码簿或者随机数字拨号（RDD，参见第 4 章相关内容），并可以取自很大一片地理区域。一组访谈员可以在数天里访问全国 1 500 名受访者，重拨 5~10 次，回应率可达到 85%。电话访谈是一种很灵活的调查方法，有面对面访谈的很多优点。访谈员挑选特定的受访者，控制问题的次序，还可使用一些探测问询。受访者要单独回答问题。访谈员可以有效地使用关联性问题，特别是使用计算机辅助的电话访谈（CATI，本章稍后探讨）时。同时，监督员通过监听能监控访谈的质量。

缺点 电话访谈的主要缺点是成本较高及访谈时长有限。不可能接触到没有电话的受访者，或者打电话时受访者可能不方便。访谈员的使用减少了匿名性，可能引起访谈员偏差。电话访谈很难使用开放的问题，也不可能采用需要视觉辅助的问题。访谈员只能注意到严重的中断（如背景噪音）和受访者声音的腔调（如愤怒或轻率）或犹豫。在过去的 30 年里，受访者与电话访谈员的合作在持续下降，出现更多拒绝受访和无法接通的情况，即使在不同的时间重拨 10 次也如此。

Bonnie Kamin/PhotoEdit Inc.

面对面访谈

优点 面对面访谈有最高的回应率，也可使用最长的问卷。访谈员还能观察周围的环境、使用非言语沟通方法和视觉辅助。训练有素的访谈员可

要点回顾：问题顺序效应 

问题 1	问题 2
“你认为美国应该让其他国家的共产主义报纸记者进入美国并如实地向他们的报纸发回新闻吗？”	“你认为共产主义国家如苏联应该让美国的报纸记者入境并向美国如实地发回新闻吗？”

	肯定回答的百分比	
先听的问题	肯定 #1（共产主义记者）	肯定 #2（美国记者）
#1	54%	75%
#2	64%	82%

资料来源：改编自 Schuman & Presser（1981：29）。
对第一个问题的回答所营造的背景会影响对第二个问题的回答。

以询问各类问题、复杂问题和使用大量的探测问题。

缺点 这种访谈的训练、交通、监督和人员成本非常高。面对面访谈的访谈员偏差也最大。访谈员的外貌、声调、问题措辞等等都可能影响受访者。此外，对访谈员的监督也比电话访谈少。

网络调查

优点 网络调查在过去的 5 年里得到了广泛的应用。网络调查是成本最低的调查形式，能最快地得到回复。另两个优点是网络调查能横跨地理空间，可以加入视觉材料。

缺点 网络调查的一个缺点是并非每个人都能接触到网络，较低的回应率会妨碍获得有代表性的样本。随着因特网使用的普及和参与网络调查奖励的提高，这些问题可能变得不太重要。另一个缺点是你不能控制个体完成网络调查的环境。完成调查的可能是不严肃认真的人或者抽取的受访者之外的人。并且，当受访者给出不完整的回答时，没有人现场澄清问题或者进行探询获取更多的信息。

访谈调查

访谈员的角色

访谈是一种特殊的社会交往。一人提问而另一人主要回答。访谈有很多形式，有警方的讯问、求职面试或名人采访。调查研究访谈是专业化的访谈，其主要目标是要获取其他人的精确信息。它是带有期望、社会角色和规范的社交关系。调查访谈是两个陌生人之间进行的短期社交互动，其直接目的是要获取受访者的特定信息。双方的角色就是访谈员和受访者。访谈员通过询问预先安排好的问题在结构化的会谈中获取信息；受访者进行回答，并且回答被记录。

有些受访者并不熟悉其作为调查对象的角色。他们代之以另一种角色，这可能影响他们的回答。有些人认为访谈是一种亲密交流或者一次治疗。有些人把访谈看成是填充表格的繁琐活动。还有人把它视为为选择政策而进行的公民投票或者一种测试情境。有些人甚至把它当成一场角逐，访谈员企图欺骗或蒙蔽受访者。受访者会重新解释调查问题以便应用到自己的个人情境中去或更容易回答问题。误解受访者的角色就会导致对调查问题意义的误解。调查访谈员的一项任务就是要澄清并始终如一地遵循这种社交关系中双方的角色。访谈员可能需要解释调查研究的性质或者暗示访谈中双方的社会角色。

访谈员的角色较难实现。他 / 她要控制访谈和其中互动的流程。访谈员必须得到受访者的合作，建立融洽的关系，但又要保持中立和客观。他们为了获取信息会占用受访者的时间，侵犯其隐私，但也许并不能给受访者带来直接的利益。他们要设法减少尴尬、恐惧和疑虑以便受访者可以安心地披露信息。优秀的访谈员始终能掌控双方互动的节奏和方向以及受访者的回答和行为，还能使受访者觉得他们应该给出诚实的回答。

调查访谈员不要妄下判断，决不泄露自己的观点，无论是经由言语还是非言语（如一脸震惊）的方式。如果受访者询问访谈员的看法，访谈员要礼貌地岔开话题。例如，如果受访者问，“你怎么认为？”访谈员可以回答，“我们感兴趣的是你怎么想；我怎么认为无关紧要。”同样，如果受访者给出了令人震惊的回答（如“我因为殴打我的女婴和用烟头烫伤她而被拘留 3 次”），访谈员不应表现出震惊、奇怪或鄙视，而要把回答当作一项事实。

你或许会问，“如果调查访谈员必须中立、客观，为什么不使用机器人或机器？”机器访谈并未取得成功。它缺乏人类的温暖、信任感和访谈员建立的融洽关系。访谈员有利于确定受访者所处的情境，能确定受访者是否有研究所需的信息、理解访谈员的期望、受到激励，以及能否提供切题、严肃的答复。

访谈阶段

调查访谈的过程包括 3 个主要阶段：介绍、主干和退场。

1. 介绍和切入。访谈员要获准见到受访者、出示授权书、消除受访者的疑虑并寻求其合作。访谈员要做好面对此类反应的准备，“你怎么选择了我？”“这有什么好处？”“我不知道这一点，”“这到底是怎么回事？”访谈员可以解释为什么采访这位特定的受访者而不是其他人。此阶段访谈员要掌握控制权，建立适当的角色期望。知情同意书和匿名保证都要在这个阶段出具（我们在第 3 章学过知情同意书）。

2. 访谈的主干。访谈的主干包括提问和记录回答。访谈员要严格按照问卷的措辞来提问——不增删字词、不改写。访谈员要按照顺序询问所有适用的问题，不要返回或跳过问题，除非问卷说明规定了这一点。设定适宜的速度和给予无引导性的反馈以维持受访者的兴趣也很重要。除了提问之外，访谈员还要精确地记录回答。对封闭的问题很容易记录受访者的回答，访谈员只要在封闭问题的对应选项上做标注。但对于开放问题，访谈员的记录工作就更为困难。访谈员要仔细倾听，拥有良好的书写或机器输入技能，逐字逐句记录受访者的话语而不要纠正语法或俚语。访谈员不要总结或复述，因为这样会丢失信息或歪曲回答。例如，受访者说，"我真的担心我女儿的心脏病。她只有 10 岁，爬楼梯都很困难。我不知道她长大后能做什么。她要做心脏手术太危险而且花费昂贵。我估计她不得不学会带病生活。"如果访谈员总结为，"受访者担心女儿的健康"，就会失去很多信息。

   优秀的访谈员知道怎样和何时使用**探测问询**（probe）。访谈员必须理解调查内容以识别无关或不精确的回答，并在必要时使用探测问询。探测问询有很多种。3~5 秒钟的停顿是常用的探测手段，它就像非言语沟通（如头部倾斜、眉毛扬起或目光接触）一样有效。访谈员可以重复问题或者受访者的回答然后暂停。访谈员还可提出中性的问题如，"还有其他原因吗？""你能告诉我更多内容吗？""你的意思是什么？""你能为我更详细地解释吗？"（见活学活用：探测问询示例和记录封闭问题的完整回答）

3. 退场。最后的阶段是退场。访谈员对受访者表示感谢并离开。访谈员随后来到安静的私人场所编辑问卷，记录其他细节。细节内容包括访谈的日期、时间和地点；简要描述受访者和访谈情况；受访者的态度（如认真、愤怒或在笑）；以及任何异常情况（如"电话在第 27 道问题时响了，受访者在访谈再次开始之前交谈了 4 分钟"）。访谈员要记录任何打断访谈进程的事情（如"十几岁的儿子进入房间，坐在对面，打开电视，音量很大，观看音乐视频"）。访谈员还要记录自己的个人感受和任何感到怀疑的事物（如"受访者感到紧张和坐立不安，在第 14、15 和 16 道关于婚姻的问题上分别改变答案一次"）。

培训访谈员

或许某天你会得到为专业调查机构做访谈的工作机会。大型调查往往需要很多访谈员。除了专业的调查研究者之外很少有人能体会访谈工作的艰难。高质量的专业访谈需要谨慎地挑选和训练访谈员。与其他工作情形一样，访谈员要保持持续的优异表现也需要充足的报酬和高效的督导。优秀的访谈员友善、诚实、严谨、成熟、负责、聪明、稳重、积极。他们有耐心，能保持镇定。他们有与各种人打交道的经验，泰然自若而又八面玲珑。面对面的访谈员的外表要和善，不具有威胁性。如果要在犯罪率高的地区做面对面的访

活学活用：探测问询示例和记录封闭问题的完整回答

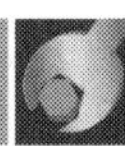

访谈员提问：你做什么工作？

受访者回答：我在通用汽车工作。

探测问询：你在通用汽车的工作是什么？你在那里做哪种工作？

访谈员提问：你失业多久了？

受访者回答：很长时间。

探测问询：你能更具体地告诉我你目前的失业期从什么时候开始的吗？

访谈员提问：从整个国家来看，你认为来年的形势乐观还是悲观，或者其他情况？

受访者回答：可能好，也可能差，看情况而定，谁知道呢？

探测问询：你的期望怎样？

记录封闭问题的回答

访谈员提问：请在 1~7 点的量表上评价你对极刑，即死刑的态度，1 代表强烈赞成死刑，7 代表强烈反对。

（支持）1___2___3___4___5___6___7___（反对）

受访者回答：大概选 4。我认为所有的杀人犯、强奸犯和暴力犯罪分子都应判处死刑，但我不支持轻罪如偷汽车也判处死刑。

谈，访谈员需要擅长在这类危险环境中生存，可能还需要额外的保护（如搭档或助手）。

研究者要考虑访谈员的外貌、年龄、种族、性别、语言甚至声音。大多数专业的访谈员要全时培训 1~2 周。培训通常包括演讲和阅读、观察访谈专家、在办公室模仿访谈和实地模仿并加以记录和评判、多次访谈实践以及角色扮演。要让访谈员了解调查研究，并学习访谈员的角色。他们还要熟悉问卷和问题的目的。

使用探测问询

访谈员要使用探测问询来澄清受访者的模棱两可或不着边际的回答。他们还用它来检查受访者是否如预期地理解了问询。然而，不能因为可以使用探测问询，就不编写清楚明白的问题或制作便于受访者理解问题的逻辑框架。如果不谨慎地组织语言，探测问询就可能影响受访者的回答。然而当受访者本来不能清楚地理解复杂议题的基本用语或者很难表达他们的想法时，访谈员以许多探测问询进行灵活的、谈话式的访谈，可以更精确地表述关于这些议题的问题。例如，对于这个问题，“上周你做过任何有偿工作吗？”受访者可能犹豫后回答，“做过。”访谈员可以提出探测问询，“你能准确地告诉我你做了什么工作吗？”受访者可能回答，“在星期二和星期三，我花了几个小时帮助我的哥们约翰搬进了他的新居。为此他给我了 40 美元，但我没有任何其他工作或者做其他事而得到报酬。”如果问题本打算只了解日常就业情况，探测问询就暴露了受访者的误解。

访谈员偏差

调查研究者规定了访谈者的行为以减少偏差。理想条件下，某个特定访谈员的行为

研究示例专栏 6.3：微妙而普遍的访谈者种族效应 

研究者很早就认识到访谈员的种族会影响受访者对种族敏感问题的回答。其他研究表明妇女或少数族裔往往在由外团体（如白人男性）主持的某些测试上表现很差，这是因为刻板印象认为他们做不好。要驳斥这种负面的刻板印象使受试者感到有很大的压力，而压力所引起测试焦虑会降低测试得分。相形之下，由相同团体的成员主持测试时，这种刻板印象的威胁就没有被激活，测试焦虑减少了，受试者在测试上就能得高分。戴维斯和西尔弗（Davis & Silver，2003）想知道这种刻板印象引发的测试焦虑是否也存在于调查访谈之中。他们在美国底特律地区进行了一项针对白人和非裔美国人的电话调查。他们想考查访谈员的种族是否会影响受访者的回答。他们的研究主题是，“非裔美国人是否会受他们所认为的电话访谈员是白人或非裔美国人的族裔身份影响而在调查知识的问题上得分不同？”结果表明不管访谈员的族裔身份，白人受访者的回答表现都相同。然而，当非裔美国人认为他们的访谈员是非裔美国人时，他们在知识问题上的得分更高。戴维斯和西尔弗总结认为调查除了广为人知的社会赞许性和种族从众问题外，访谈员的种族身份会因为负面的刻板印象而引起细微的焦虑。基于刻板印象的焦虑可能影响受访者对许多调查问题的回答。

不会影响受访者的回答，回答就像由任何其他访谈者询问一样。访谈员正确的行为和精确的读题至关重要，但除此之外还存在更大的问题。

访谈员自身无法控制的视觉特点，包括种族和性别，往往会影响访谈和受访者的回答。这表明研究者应该注意访谈员和受访者的种族和性别。在问及与视觉特点如种族或性别有关的问题时，这种影响尤其可能发生。例如，依据访谈员外表上的人种或族裔特征，非裔美国人及拉丁裔美国人对与人种或族裔有关的问题倾向于表达不同的政策立场。即使是电话访谈，如果受访者有线索了解访谈员的人种或族裔特征，仍会发生这种现象（见研究示例专栏 6.3）。性别既在一些明显的议题如性行为上影响访谈，也影响受访者对与性别有关的集体行为或性别平等的支持。一般而言，与受访者具有相同性别或相同族裔的访谈员能得到最准确的回答。

计算机辅助的电话访谈

大多数开展电话访谈业务的专业调查机构都安装了**计算机辅助的电话访谈**（computer-assisted telephone interviewing，CATI）系统。进行 CATI 时访谈员坐在计算机前面拨号。戴上头套式耳机和麦克风，访谈员为受访者朗读计算机荧屏上的问题，随后通过键盘输入回答。一旦访谈员输入回答，计算机就在荧屏上显示下一个问题。CATI 加快了访谈速度，减少了访谈员的错误。它还省略了单独的信息输入计算机的阶段，加快了数据的处理。CATI 系统很适合关联性问题，因为计算机能为特定的受访者显示恰当的问题；访谈员不必翻页寻找跳转的问题。例外，在访谈员输入回答后计算机能立即检查所输入的内容是否正确。例如，访谈员输入的回答不存在或明显错误时（如用 H 而不是 M 代表“Male”），计算机就会马上报告错误。

调查的道德

所有的社会学研究，包括调查研究都可能存在道德问题。调查研究主要的道德问题是对隐私的侵犯。当你问询他人的私人行为和个人信念时，就可能侵犯他人的隐私。人们有隐私权。你要小心谨慎，礼貌提问，个别进行，并且要保护所获取的信息。如果你在互相信任的舒适安心的背景下提问，受访者觉得为了正当的研究目的需要严肃作答，并且相信自己的回答能被保密时，就最有可能提供信息。这意味着你应该尊重所有的受访者，减少他们的焦虑不安。作为研究者，你还要负责对数据保密。

第二个道德问题涉及受访者的自愿参与。你决不能强迫任何人参加调查，而且必须取得知情同意书（第三章介绍过）。受访者可以在任何时候保持沉默或拒绝参与。因为调查依赖于受访者的自愿合作，所以你必须小心地问询精心设计好的问题，尊重受访者，注意保密。

第三个道德问题是错误地使用调查和虚假调查。因为调查是如此普遍，有些人会为了非法目的而使用调查。*虚假调查*（pseudosurvey）是指调查目的并不是为了获取信息而是企图劝说他人实施某种行为。骗子可能对获取受访者的信息没有兴趣，而只是利用调查进入他人的家里，劝说别人做出某种投票选择，或者“私自推销”（借调查之名行推销之实）。

大众媒体对调查的报道也比对其他社会研究方法的报道要更多；然而，大众媒体报道调查的方式可能姑息滥用调查。在报纸或电视上获悉民意调查结果的人很少会意识到道德规范要求媒体报道要包括调查方法的某些细节（见活学活用：报道调查研究应包括的 10 项内容）。报道细节的目的是避免对调查研究的错误使用。研究者敦促大众媒体报道时要包括这些细节信息，但能做到的寥寥无几。很少有媒体报道能告诉我们调查的实施者是谁或者提供调查实施的关键细节。大众媒体可能不加区分地既报道薄弱、片面、欺骗性的调查，又报道正确、严密、专业性的调查。这会增加公众的困惑和对所有调查的怀疑。

活学活用：报告调查研究结果应包括的 10 项内容

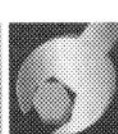

1. 所使用的抽样框架（如电话号码簿）。
2. 调查实施的日期。
3. 样本所代表的总体（如美国成人、澳大利亚大学生、新加坡家庭主妇）。
4. 收集信息的样本大小。
5. 抽样方法（如随机）。
6. 所提问题的准确措辞。
7. 调查的形式（如面对面，电话）。
8. 主持调查的机构（资助并实施调查）
9. 回收率即所接触的受访者实际完成问卷的百分比。
10. 报告某些问题的回答结果时任何缺失的信息或“不知道”的回答。

本章回顾

本章我们学习了调查研究，还了解了编写合格的调查问题的一些原则。编写问题既要避免很多错误又要包括必需的内容。我们学习了各种调查研究的优缺点：信件、网络调查、电话访谈和面对面访谈。访谈调查特别是面对面访谈很难实施。虽然本章关注的重点是调查研究，但是研究者会在其他定量研究（如实验）里使用问卷测量变量。调查是一种独特的研究方法，它通常称为样本调查，因为大部分调查都涉及随机抽样。调查过程要向许多人问同样的问题并考查他们的回答。调查研究者力图把误差降至最低，但调查数据往往会包含各种误差。调查中的误差会彼此混杂在一起。例如，误差可以来自抽样框架、没有回答调查问题的受访者、问题措辞或顺序和访谈员偏差。然而，不要因为存在误差就不敢使用调查研究。相反，在设计调查研究时要非常小心，在推广调查结果时更要慎重。

学以致用

实践活动 1：设计 2 页的信件问卷。

要想深入学习编写调查问题的方法，唯有自己去编写一些问题。你可以查看一些已有调查研究里的问题，这对你会有所帮助，但它们问的通常不是你想查明的内容。所以你需要编写你自己的问题。请挑选一个主题并设计你自己的 10~15 个项目的信件调查。请记住使用信件调查你务必做到非常清楚明确，因为受访者找不到任何人来澄清疑惑。你的问卷总共应有 2 页长。包括：

1 个关联性问题
1 个部分开放的问题
1 个开放的问题
5 个或更多的准过滤问题
2~5 个人口统计学问题（年龄、教育程度、种族、婚姻状况）。

实践活动 2：完成一项线上调查。

请登录培生教育集团远流出版网站（Allyn and Bacon Web site）查找专为本书读者设计的调查。填写该项调查（不会超过 5 分钟）。在你完成这项调查后，回答下列 4 个问题：

1. 你认为有问题存在社会赞许性偏差吗？如果有，是哪些？
2. 封闭问题的备选项是否并没有提供适合你的选项？如果没有提供，是哪些？
3. 所有的备选项是否互斥和穷尽？如果不是，是哪些？
4. 是否有问题模糊不清、模棱两可？如果有，是哪些？

实践活动 3：主持简短的面对面访谈。

请找 5 个成年人进行访谈：他们可以是你的朋友、亲戚、同事、邻居等。这并非正式的研究，不必对陌生人进行访谈，所以可能并不需要 IRB 的批准。你可以从正式调查机构（如 Roper，Gallup，pollingreport.com）的大量调查问题里挑选。可以包括一些人口统计学问题（如年龄、教育程度）。访谈的主题不应有争议性，不涉及隐秘的私人信息。访谈开始前请写出所有的问题，并使用封闭的问题。访谈至少应持续 10 分钟。请遵照本章所提及的访谈阶段和访谈角色。

实践活动 4

请查找平面媒体（报纸、杂志）对两项不同调查的结果的报道。找出报道中有多少方法学的细节。特别关注以下几方面：

	调查 1	调查 2
媒体报道 / 来源	_____	_____
调查机构	_____	_____
样本大小	_____	_____
调查方法	_____	_____
调查日期	_____	_____

参考文献

Brewer, Paul, and Clyde Wilcox. 2005. "Trends: Same-Sex Marriage and Civil Unions" *Public Opinion Quarterly* 69:599–616.

Davis, Darren, and Brian Silver. 2003. "Stereotype Threat and Race of Interview Effects in a Survey on Political Knowledge." *American Journal of Political Science* 47:33–45.

Foddy, William. 1993. *Constructing questions for interviews and questionnaires*. New York: Cambridge University Press.

Hurwitz, Jon, and Mark Peffley. 2005 "Playing the Race Card in the Post-Willie Horton Era: The Impact of Racialized Code Words on Support for Punitive Crime Policy." *Public Opinion Quarterly* 69(1):99–112

Presser, Stanley. 1990. "Measurement Issues in the Study of Social Change." *Social Forces* 68:856–868.

Schuman, Howard, and Stanley Presser. 1981. *Questions and answers in attitude surveys: Experiments on question form, wording and content*. New York: Academic Press.

Smith, Tom W. 1987. "That which we call welfare by any other name would smell sweeter." *Public Opinion Quarterly* 51(1):75–83.

7

实　验

青少年和年轻成人（包括大学生）的观点会受到他们同辈的影响。同辈的观点会影响他们对种族团体所持有的刻板印象吗？为检验这个观点，华盛顿州立大学（WSU）的一些研究者进行了一项社会实验。他们邀请了一场公共演说课上的白人学生志愿者。志愿者们首先要完成一项简短的调查，以了解他们对种族等问题所持有的信念和观点。实验者告诉学生该研究的目的是要评价媒体新闻对社会事务上的民意的报道，然后让学生阅读小册子上的3篇新闻特写。实验者把学生随机地分成两组。一组阅读的小册子上的新闻特写标题是："家长受到电视节目的困扰"，"民意调查发现选民不支持弹劾"和"更多的大学新生没有尽到自己的学习义务"。另一组的学生所读小册子的两篇新闻特写和第一组完全一样，但第三篇是与真实新闻特写相似的虚假新闻。其内容是大多数WSU的学生对非裔美国人持有积极的信念，对WSU学生的民意调查表明他们排斥常见的消极刻板印象，包括非裔美国人与白人相比在辍学、犯罪、接受救济等方面的比例。然后所有的学生完成第二项调查。第一项调查询问了学生在形成观点时会参考谁。结果证实了他们非常重视自己的同辈。第二项调查的项目包括种族态度、其他态度和关于白人、墨西哥裔美国人和非裔美国人的刻板印象问题。研究者假设那些阅读了关于WSU同辈的虚假新闻的学生的评分会有所不同。研究结果支持了这一假设。阅读了虚假新闻的学生与没有阅读该新闻的人相比，更少表达对非裔美国人的消极刻板印象，而两组学生在阅读小册子之前的种族观点是相同的。类似这项研究的简单社会实验能让我们检验针对特定的社会过程所提出的假设。它能给我们提供特定因果关系的清楚证据，本例就是同辈的观点对学生持有的种族刻板印象的影响。（参见Tan et al.，2001。）

你可能熟悉自然科学（如生物学、化学和物理）和相关的应用领域（如农业、工程学和医学）里的实验。在教育、刑事司法、新闻、营销、医护、政治学、心理学社会工作和社会学领域里的社会实验的基本逻辑与指导生物学解释植物生长或工程学检验新金属的实验的逻辑是一样的。本章我们将学习怎样做社会实验。

日常生活中的实验

某方面来看，研究实验是常识逻辑的延伸。日常实验不如科学实验严谨或系统。用常识的话讲，实验指两种情况：

1. 前后比较。你改变某个事物然后把结果与改变之前的情况做比较。一天早上，你尝试启动汽车。你惊奇地发现无法启动。你清除了电池连接部分的污垢进行“实验”然后尝试再次启动汽车。你改变了某个事物（清洁了电池连接处）并比较了结果（汽车能否启动）和先前的情况（无法启动）。你提出了“假设”：汽车不能启动是因为连接部分积累的污垢，而一旦清除了污垢，汽车就能启动。
2. 并列比较。有两个类似的事物，你改变了其中一个，另一个保持不变，并比较两者。你看到一位小男孩在玩一瓶可乐。他在激烈地摇晃可乐瓶。你拿着一瓶没有晃动的可乐。然后你为小男孩打开了两瓶可乐。当摇晃的可乐瓶喷出四处乱溅的泡沫时男孩笑了，但你拿的可乐没有喷射。你开始用两件类似的事物（可乐瓶）并改变其中一个（摇晃瓶子）但另一个不变。在你打开可乐瓶之前，你提出假设：摇晃的瓶子会出现四溅的泡沫而另一个则不会。

实验你要做三件事情：

1. 实验开始要提出因果假设。
2. 改变情况或引入变化。
3. 比较有改变和无改变下的结果。

与其他社会研究方法相比，实验研究是检验因果关系最有力的方法。实验能很明确地满足展示因果关系必需的 3 个条件——时间顺序、联系和没有替代解释（第 2 章曾讨论过）。

实验法能回答的问题

社会研究者会使用各种研究方法（如实验、调查、实地研究），因为某些方法在处理一些研究问题时比其他方法更好。社会调查适合研究人们能清醒意识到且愿意回答直接提问的主题，所以社会调查可以了解大型人群对时事的各种看法。通过研究调查数据中的统计关系，你可以找到变量之间关联的证据。实验研究并不适合测量人群的观点。不过，实验是在能控制环境时缩小关注范围和证明数个变量之间因果关系的最好的方法。最适合实验的研究问题要能发扬实验法的优点且不突破其限制：

- 实验有简单清楚的逻辑。
- 实验能分离出因果机制。
- 实验以 2 或 3 个变量为目标并且关注范围较狭窄。
- 实验受到你能加诸他人的实际条件和道德要求的限制。

一般而言，社会实验更适合目标较狭窄、短期微观水平上的问题（如个体或小团体现象），而不太适合许多因素共同起作用的复杂宏观水平上的问题。实验通常不适合回答问及许多不同影响因素且它们涉及整个社会或持续数十年的问题，但如果你能在受控制的小规模场景下分离出数个变量的影响，则实验研究很有用。虽然实验很少有助于有复杂场景或众多团体的问题的解决，但如果你能综合许多目标狭窄的实验的结果，实验也能用来理解较宽泛的问题。

道德和实际条件限制了实验法的研究内容。假设你想知道父母双方种族不同的儿童是否比单一种族的儿童更可能发展出对公共事业的职业兴趣。你可以使用测量或现有统计数据分析来研究这个问题，但却不能利用实验法。如果要用真实验设计，你就要强迫某些父母生育双种族的儿童而另一些不准，强制所有的父母用类似的方法教养儿童，然后等这些儿童长大后考察他们的职业选择。这样做既不合乎道德也不切合实际。尽管实验法最大的优点在于能证明因果关系，但实验在研究的问题、测量的变量以及从单个实验推论到整个社会的概括能力上的确有局限性（参见本章稍后的“外部效度和实地实验”）。

最理想的解决办法是既采用实验的方法又采用非实验方法来研究某一问题，然后结合两种方法的研究结果。你可能想知道人们对坐在轮椅上的残疾人的态度。你可以进行实验，请参与者对轮椅上的人和站立的人做反应，不同的参与者看到同一个人坐在轮椅上或站立着。你可以向他们提各种问题，如你会雇用这个人吗？如果这个人要求和你约会你感觉有多舒服？你也可以进行社会调查了解人们对残疾问题的态度。此外，你也可以进行实地研究（见第 10 章）观察自然情境下人们对坐在轮椅上的人的反应，或者你自己坐到轮椅上仔细观察他人对你的反应。如果我们用不同的方法研究同一个问题并且多项谨慎进行的研究得出非常类似的结果，我们对研究结论就会有最大的信心。

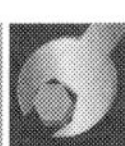

活学活用：随机分配

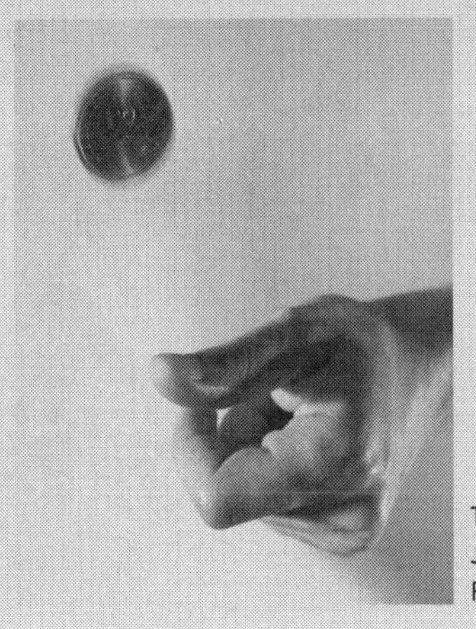
Thinkstock Images/
Jupiter Images
Royalty Free

在实际操作中随机分配较易实现。先要有一群人，如要参加某项研究的 50 位志愿者。其次，使用真正的随机过程（如掷硬币或骰子）把他们分成两组或者更多的组。如果用掷硬币的方法，你可以把所有正面朝上的人分配到一组，其余的人分到另一组。每组很可能均有 25 位志愿者。如果有 80 个人并要分成 4 组又该怎么办？你可以投掷硬币（连投两次结果的排列决定进哪组）、骰子或者采用其他完全的随机过程。随机分配过程的关键特点是所有个体进入某组的机会都是相同的，本例为四分之一。参与者的个人特点或者主试的偏好不会影响分组。分组完全是根据数学可能性

随机分配参与者

比较是实验的核心。英语谚语有云，“苹果要与苹果比，勿拿苹果与甜橙比”，就是说只有具有可比性的事情才能进行有效的比较。在社会实验研究里，你只能比较基本性质类似的事物。设立彼此相似的实验参与组能让你更便利地进行比较。一些变量可以对你的假设构成替代解释，要进行有效的比较，你要比较的参与者在这些变量上不应有差别。假设你想知道大学生在学完某门大学课程后是否会影响其技能水平。你有两组参与者：一组学完这门课程而另一组则没有。为了进行有效的比较，你务必使两组的参与者在各个方面都一样，除了你在研究中要考察的因素——学习该课程。如果完成该课程的参与者比未完成的人要年长 2 岁，那么你就不知道究竟是课程的学习还是更大的年龄造成技能水平的组间差异。

许多实验都采用**随机分配**（random assignment，即随机化）的方法来安排实验参与者。要有效地比较各组参与者，你不能根据你的感情、参与者的个人偏好或者特定的特征来分组。随机分配是无偏差的，因为你证明假设的需求或者参与者的个人兴趣不会影响选择过程。这里的随机是就统计学或数学意义而言的，并没有日常用语中的无计划、偶然或碰巧的意义。在概率论上，随机是这样一种过程：选取每个个案的机会是已知且均等的。它遵循数学定律，这就可能进行精确的计算（参见活学活用：随机分配）。

随机抽样和随机分配都运用了数学上的随机过程。随机抽样指运用随机过程从更大的群集（总体）中选取较小的子集（样本）。随机分配指运用随机过程把一群参与者分成若干个组（见图 7.1）。随机抽样和随机分配可以同时进行。我们可以先抽取样本获得一群参与者（如从 15000 位学生抽取 150 位），然后随机分配把抽取的参与者分成许多

图 7.1　随机分配和随机抽样

随机抽样

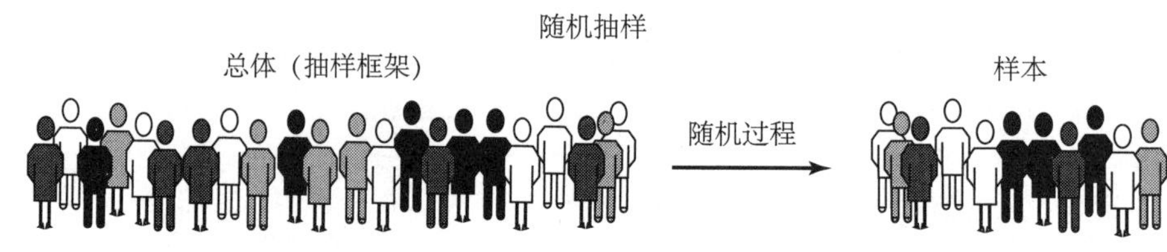

随机分配

第一步：开始时有一群被试。

第二步：设计一种完全依赖工具的随机化方法，例如投硬币。

第三步：对应正面的被试分到一组　　对应反面的分到另一组。

控制组

实验组

组（如把 150 人分成三组，每组 50 人）。随机抽样过程和随机分配过程能结合在一起最好，然而由于成本太高，在社会学实验中很少这样做。

如果随机分配的目的是要分出等价的两组（或更多组）参与者，匹配每组参与者的特征是否更为简单？虽然研究者有时会在某些特征（如年龄和性别）上对参与者进行匹配，但并不常见。随着相关特征的增加，真正相同的匹配无法存在，精确的匹配亦不可能进行。个体有差异的方面成千上万。我们并不知道哪些特质是相关的，会影响我们感兴趣的变量。假设你要比较两组学生，每组有 15 位。第一组有 8 位男生。要匹配，第二组必须也有 8 位男生。第一组有 2 位男生是独生子；其他学生都有兄弟姐妹。3 位来自离异家庭。1 位男生高挑、瘦削，是犹太教徒；另一位男生矮小、肥胖，是卫理公会教徒等等。要匹配各组，就必须找到一位来自离异家庭的高挑的犹太独生子男生和一位来自完整家庭的矮小的卫理公会独生子男生。超过 1 个或 2 个特征的严格匹配不可能进行。因此，随机化是更好的选择。通过运用真正的随机过程，长期来看各组人是相同的。如果各组是相同的，就能加强实验的内部逻辑（见本章稍后的“内部效度”）。

研究示例专栏 7.1：是枪还是工具？

f1 online/Alamy

很多情况下，警察必须迅速、准确地对可能危险的情境做出反应，例如要判断某个人是否在拔枪。1999 年，在纽约市 4 个白人警察射杀了一位并未携带武器、正在掏钱包的来自西非的无辜黑人移民之后，引起了全美的愤慨。警察错误地认为他在掏手枪。佩恩（Payne，2001）做了两个实验来考察关于危险人物的种族刻板印象是否会干扰人们在瞬间做出判断的能力。佩恩以过去对“启动”的研究为基础。启动研究发现人们会把视觉图像和其他图像与已有的负面刻板印象联系起来。图像会在持有刻板印象的个体身上“启动”或“触发”通常自动和无意识的负面反应。当意识到负面的种族刻板印象并不符合社会规范时，人们会去控制启动效应。这会减缓决策过程，因为人们要重新思考自己的反应方式以变得合乎规范或准确。佩恩在实验里要求 31 位白人本科生完成一份态度调查。然后，他们要在计算机上看一些图片。他告诉参与者要测量他们识别视觉图片的速度和正确率。参与者先要练习把 48 张相片分类。然后佩恩告诉他们要看两张相片。第一张相片是提示刺激，预示第二张相片马上会出现。第一张相片为白人或黑人男性的面孔。第二张相片则是手枪或工具（手钻或套筒扳手）。两张相片各持续呈现 200 毫秒。在参与者反应后，屏幕变成空白。参与者并没有必须做出反应的固定时限。参与者做出反应后，就呈现下一对图片。参与者要识别 192 张物品相片，第一张相片中的人种和第二张中的工具或手枪分别是随机混合的。因此，佩恩随机混合的是每个参与者所看到的图片，而非随机分配参与者。第二个实验除了佩恩施加了压力外其他都与第一个实验相同。如果参与者在第二张相片出现之后 500 毫秒之内没有做出反应，屏幕就会出现醒目的红色警告信号，然后有 1 秒的时间做出反应。第一个实验的参与者在正确率上没有表现出差别。第二个实验有了时间压力，错误率则非常高。许多参与者先看了黑人男性面孔后都把手持工具误判为手枪。然而，在看了白人男性面孔之后，他们的错误并没有增加。有趣的是，犯错（误判工具为手枪）最多的参与者就是那些对非裔美国人持有最强的负面刻板印象的人（刻板印象的强弱是根据前面态度调查的答案得出的）。

实验设计术语

实验研究有其专门的术语、概念和逻辑。实验可以分成 7 个部分。当然并非所有的实验都有这 7 个部分，有些还可能有更多的部分。

1. 自变量
2. 因变量
3. 前测
4. 后测
5. 实验组
6. 控制组
7. 随机分配

我们已经学过自变量和因变量这两个术语，但它们在这里的作用方式稍有不同。调查是通过提问来测量自变量的。实验中的自变量则是研究者要施加或引入的事物。它是研究者要改变的条件或情境，因此也可叫作处理、操控、刺激或干预。在本章开篇有关学生刻板印象的实验里，自变量是学生是否接受了虚构的新闻特写。在研究示例专栏 7.1 中所描述的实验里，自变量是实验者给参与者所看的白人或黑人面孔产生的不同的“启动”过程。

专业的研究者力图制造逼真的情境以引起参与者的特定反应和感受。研究者通常操作不同参与者所看到的图像或认为的情境来构造自变量。研究者可能给他们不同的指导语，利用视觉图片或者复杂设备给他们展示不同的情境，使用不同的实际场景，或者布置各种人为策划的社会情境。

研究者测量因变量的方法很多，包括反应时间、正确率、社会行为、态度、感受和信念。在本章开篇对学生刻板印象研究的实验里，因变量是学生在读完该条新闻后对非裔美国人刻板印象的接纳程度。在研究示例专栏 7.1 所描述的实验里，因变量是参与者对第二张照片所示手枪或工具判断的正确率。可以通过纸笔记录（如询问刻板印象的问卷）、访谈、行为观察（做出选择或反应时间）或生理反应（如心跳或手掌发汗）来测量因变量。很多实验设计要多次重复测量因变量。在引入自变量之前的**前测**（pretest）阶段和引入自变量的**后测**（posttest）阶段都会测量因变量。本章开篇对刻板印象的研究就在参与者阅读新闻特写之前测量了刻板印象，在他们阅读了之后又再次进行了测量。

在引入自变量时，研究者可以让 2 个或多个组体验不同情境，也可以让单个的参与组体验各种情境。如果实验有 2 个或多个组，采用的就是**独立组设计**（independent group design）。本章开篇的研究，就是通过让一组参与者阅读虚构的新闻而另一组则没有这样做而引入自变量。阅读虚构新闻的组就是**实验组**（experimental group），**控制组**（control group）则没有这样做。当自变量有几个不同的取值时，就会存在一个以上的实验组，叫比较组，分别对应自变量的每一水平。有时，实验组采用**重复测量设计**（repeated measures design）。只有一组参与者但同一参与者要依次体验多个情境。研究示例专栏 7.1 就是这种情况。

要规划一项实验，你必须做出决定具体采用哪一种实验设计（稍后讨论）并计划好参与者所要经历的每一步。计划的内容包括组的个数、怎样及何时引入自变量、测量几次自变量等决定。你还要开发测量因变量的方法并进行预测验（见要点回顾：做实验的步骤）。

要点回顾：做实验的步骤

1. 先提出适合于实验研究的简单明确的假设。
2. 决定在现实限制下能检验假设的实验设计。
3. 决定怎样引入自变量或者创设能引起自变量的情境。
4. 开发能有效、可靠地测量因变量的方法。
5. 安排实验环境并对变量进行预测验。
6. 寻找合适的参与者。
7. 随机分配参与者到各组并给予细心的指导。
8. 收集各组在前测中所得的因变量数据。
9. 只给实验组施加自变量（如果有多个实验组则有关组也施加自变量）并监测所有组。
10. 收集后测中的因变量数据。
11. 向参与者事后解释。询问参与者他们认为发生了什么并披露真实的目的和实验任何方面存在欺骗的情况。
12. 检查所收集的数据并利用统计量和图表比较不同组，以确定数据是否支持假设。

实验控制

对实验条件的小心控制至关重要。实验研究的逻辑性要求你小心地控制好实验环境的各个方面。你想分离出自变量的效应并排除可能的替代解释。实验环境中你没有控制好的任何方面都可能成为因变量变化的替代解释。替代解释会削弱你证明自变量和因变量之间存在因果关系的能力（见稍后本章对内部效度的讨论）。

在本章开篇的研究里，实验者不实地告诉参与者他们进行的是一项评价新闻对民意报道的沟通研究。他们利用欺骗来操控参与者对情境的定义。实验者经常利用欺骗来防止参与者为迎合研究者的假设而改变他们的行为或观点。随着注意力集中在错误的主题上，意识不到此点的参与者在实验关注的变量上表现得更“自然”。实验者通过书面或口头的指导故意误导，通过助手或称**同伙**（confederate）的行为，通过安排某种场景而欺骗参与者以达到实验目的。主试还会编造虚假的因变量测量措施而隐藏真实的测量措施。采用欺骗手段显然会引起道德问题（稍后讨论）。

实验设计的种类

要规划一项实验就要把实验的各部分（如前测、控制组等）结合成完整的**实验设计**（experimental design）。实验设计的各个构成部分都可能不同：有些没有采用随机分配，有些缺少前测，有些没有控制组，还有的有多个实验组。在研究报告里，研究者为常用的设计起专用名称。如果你学习了各种标准设计就能更好地理解某项实验的设计。实验设计结合了实验的各个部分，其形式多种多样。

我们可以从下面一个简单例子的变化来说明实验设计的标准：你想检验如果服务员（男侍者或女侍者）在点菜前先介绍自己的名字，并在送上食物之后的 8 到 10 分钟返回询问顾客“还有其他需要吗”，是否会得到更多的小费。自变量是服务员的行为。因变量是所获小费的数量。

我们可以把标准设计分为三类：真实验设计、前实验设计和准实验设计。我们先学习真实验设计的“黄金标准”，即经典实验设计。所有其他的设计都是它的变体。

真实验设计

经典实验设计。**经典实验设计**（classical experimental design）包含随机分配、前测和后测各一次、实验组和控制组各一个。

Jupiter Images Royalty Free/Brand X/AP Images

示例。你对 40 名新招的服务员进行培训，要求他们遵守一定的行动程序。他们不能介绍自己的名字或者在进餐时返回向顾客核实情况。你随机地把参与者分成两个 20 人的等组。记录所有服务员在一个月里的周平均小费（前测成绩）。然后，你对其中一组 20 人进行再培训（实验组）。你要求他们自此以后在点菜时要向顾客介绍自己的名字，并在送上食物之后的 10 分钟向顾客核实情况。他们要微笑并询问，“还有其他需要吗？”你要求另一组参与者（控制组）仍然不要做自我介绍和核实情况。在第二个月，你记录两组的周平均小费（后测成绩）。见图 7.2。

仅有后测的两组设计。这种设计除了前测外，具有经典设计的所有部分。除了要使用随机分配外，它类似于静态组的比较（见下面的讨论）。随机分配可以提高得到等组的可能性，但没有前测，你不能像经典设计一样确定两组在因变量上一开始确实就是相同的。

示例。你随机地把 40 名新招的服务员分成两组并接受所有的培训。你要求一组不要介绍自己的名字或在就餐时向顾客核实情况。你要求另一组介绍自己的名字，并

图 7.2 经典实验设计示例

	第 1 个月		第 2 个月	
把参与者随机分配到培训项目中	第 1 组 **服务时不介绍和核实**	前测 （小费数量）	自变量出现 **自我介绍并返回向顾客核实**	后测 （小费数量）
	第 2 组 **服务时不介绍和核实**	前测 （小费数量）	自变量缺失 **服务时不介绍和核实**	后测 （小费数量）

图 7.3 仅有后测的两组实验设计示例

	第 1 个月	第 2 个月	
把参与者随机分配到培训项目中	第 1 组 **服务时不介绍和核实**	自变量出现 **自我介绍并返回向顾客核实**	后测 （小费数量）
	第 2 组 **服务时不介绍和核实**	自变量缺失 **服务时不介绍和核实**	后测 （小费数量）

在送上食物之后的 10 分钟向顾客核实情况。你记录两组的周平均小费(后测成绩)。见图 7.3。

所罗门四组设计。前测的测量过程可能使参与者对因变量变得敏感或者会者提高他们后测的成绩。这就会发生问题(见本章稍后对测验效应的讨论)。理查德·所罗门(Richard Solomon ）提出了一种设计来解决这一问题，他把经典实验设计和仅有后测的两组设计结合起来，并随机地把参与者分配到四组中的一组。

示例。你随机地把 80 名新招的服务员分成四组并对他们进行培训。要求第 1、2 和 4 组的参与者不要进行自我介绍或在就餐时间返回向顾客核实情况。要求第 3 组的参与者（第 2 个实验组）进行自我介绍并在就餐时返回核实情况。第一个月你只计算第 1 组和第 2 组的周平均小费（前测）。第一个月之后，你对第一组的参与者“再培训”（第 1 个实验组），要求他们自此之后在接收订单时向顾客介绍自己的名字，并在端上食物之后的 10 分钟返回向顾客核实。所有其他组继续第一次的培训要求。在第二个月期间，记录所有组的周平均小费（后测）。如图 7.4 所示，第 2 组除了

图 7.4 所罗门四组实验设计实例

	第 1 个月		第 2 个月	
把参与者随机分配到培训项目中	第 1 组 **服务时不介绍和核实**	前测 （小费数量）	自变量出现 **自我介绍并返回向顾客核实**	后测 （小费数量）
	第 2 组 **服务时不介绍和核实**	前测 （小费数量）	自变量缺失 **服务时仍然不介绍和核实**	后测 （小费数量）
	第 3 组 **服务时介绍和核实**		自变量出现 **继续自我介绍并返回向顾客核实**	后测 （小费数量）
	第 4 组 **服务时不介绍和核实**		自变量缺失 **服务时仍然不介绍和核实**	后测 （小费数量）

图 7.5 拉丁方实验设计示例

		顾客到达	送上食物后 10 分钟	顾客吃完之后	后测
把参与者随机分配到培训项目中	第 1 组	**自我介绍**并点菜	向顾客核实	拿出甜点或账单	小费数量
	第 2 组	点菜	向顾客核实	**自我介绍**并拿出甜点或账单	小费数量

有前测，和第 4 组是相同的。第 1 组和第 3 组也是相同的。两组都自我介绍并向顾客进行核实。

拉丁方设计。如果几步处理的时间顺序会影响因变量，就要采用拉丁方设计。拉丁方设计与经典实验设计很类似，但它有多个比较组。你使用自变量的两个或多个水平或称类型。所有的参与者都要接受自变量的全部水平（类型），但时间顺序不同。你要判断时间顺序是否有影响。

示例。你把 40 名新招的服务员随机地分成 2 组并培训所有人。其中一组在第一次到桌边点菜时做自我介绍，然后在食物上桌后的 10 分钟返回并询问顾客是否还有其他需要。他们在顾客吃完之后返回并询问是再要甜点还是准备买单。另一组在第一次到桌边接收订单时不要进行自我介绍，但在食物上桌后的 10 分钟返回并询问顾客是否还有其他需要。在顾客吃完后他们返回桌边，只在这时才进行自我介绍。他们还要询问顾客是还想要甜点还是准备买单。你要比较这两组所得小费的多少。在图 7.5 中可以看出，一切都相同，除了第 1 组服务员在对顾客的核实之前进行自我介绍，而第 2 组则在对顾客的核实之后。这两种情况惟一的差别是自我介绍的时间先后，而不是是否进行自我介绍。

因素设计。上述所有的设计都假定只关注一个自变量和一个因变量。然而，客观世界很复杂，有时会有 2 个或更多的自变量一起作用影响到因变量。某些研究需要关注多个自变量同时产生的效应。服务员的行为可能并非影响小费数量的惟一因素。也许性别也有影响，所以你想一并考虑服务员的行为和性别。进行自我介绍和不介绍的男女服务员是否收到等量的小费，而与服务员的性别无关？**因素设计**（factorial design）的实验会结合两个或多个自变量。你要察看各自变量各水平的每种组合（此时自变量称为因素）。对于两个变量、各有两个水平的实验（服务员返回核实和不返回，男服务员和女服务员），需要 4 组参与者。如果每个变量包含 2 个以上的水平，其组合的数量就会迅速增加。在这种实验设计里，自变量成为变量和水平的各种组合，如性别和服务员行为的组合。有时，自变量会包含已有的某个变量情境（如性别）和研究者操控的因素（如对某类服务

图 7.6 因素实验设计示例

	第 1 个月		第 2 个月	
把参与者随机分配到培训项目中	第 1 组女服务员 **服务时不介绍和核实**	前测 （小费数量）	自变量出现 **自我介绍并返回向顾客核实**	后测 （小费数量）
	第 2 组女服务员 **服务时不介绍和核实**	前测 （小费数量）	自变量缺失 **服务时仍然不介绍和核实**	后测 （小费数量）
	第 3 组男服务员 **服务时不介绍和核实**	前测 （小费数量）	自变量出现 **自我介绍并返回向顾客核实**	后测 （小费数量）
	第 4 组男服务员 **服务时不介绍和核实**	前测 （小费数量）	自变量缺失 **服务时仍然不介绍和核实**	后测 （小费数量）

的训练）。

示例。从先前的研究你可能获悉做自我介绍及返回核实的服务员比不这样做的服务员多赚 10% 的小费（周到服务效应）。你想知道是否还存在性别效应或者性别是否会造成差异。你可以重复经典实验设计（图 7.2），只不过现在按性别分组（图 7.6）。

因素设计有两种影响因变量的效应：主效应和交互作用。**主效应**（main effects）出现在一个因素或单一处理的设计里。主效应表示的是单独的某一变量（只有周到服务或性别）是如何影响因变量的。而因素设计里自变量水平的组合也会产生效应。如果变量和水平的特定组合相互作，在每个变量的单独效应之外产生了效应，就出现了**交互作用**（interaction effects）。

示例。你发现做自我介绍及返回核查的服务员比起那些不这样做的服务员多得 10% 的小费（周到服务效应），还注意到女服务员比男服务员多得 6% 的小费（性别效应）。所有服务员的工作时间和接待的顾客数量都是一样的。假设某位不做自我介绍的男服务员一个月的平均小费是 1 000 美元。如果只有主效应，某位不做自我介绍和返回核实的女服务员平均小费为 1 060 美元（6% 的性别效应），某位做自我介绍并返回核实的男服务员平均小费为 1 100 美元（10% 的周到服务效应），某位做自我介绍并返回核实的女服务员平均小费为 1 160 美元（周到服务外加性别效应）。交互作用就像在每个单独的效应之外附加的增长。那些做自我介绍并返回核实的女服务员可能有额外增加的小费。交互作用的量要超出我们单独从性别和周到服务所能预期的小费数额。如果周到服务的女服务员得到交互作用的 9% 的额外小费，她们就能获得 1 250 美元的小费（10% 的周到服务，6% 的性别效应外加 9% 的交互作用）。

研究示例专栏 7.2：权力模式和性模式

有时两因素设计的交互作用并不会同向地提升因变量，而是以其他的方式影响因变量。研究者（Ong & Ward，1999）在新加坡国立大学对 128 位女本科生进行了一项研究。他们测量了参与者看待强奸犯罪的两种方式（第一个自变量，已经存在）。有些女生认为强奸就是一种性行为，是男性的性驱力所致（性模式）；另外的女生认为强奸主要是表示男性权力和对女性支配的行为（权力模式）。研究者要求参与者阅读一宗逼真地虚构发生在她们学校的强奸案。随机选择的一组参与者听到的故事里受害者奋力反击强暴者。在另一组，受害者被迫屈服（第二个自变量，由研究者操控）。研究者接下来要求参与者评价受害者有过错或负有责任的程度（因变量）。

结果发现持有性模式观点的女生（她们倾向于接受传统的性别角色信念）在受害者反抗时更强烈地指责她。如果受害者屈服，则对她的指责减少。持有权力模式的女生（她们倾向于持有不太符合传统的性别角色信念）在受害者搏斗时较少进行指责。如果受害者被动屈服则会引起她们更多的指责。因此，参与者对受害者反抗行为的反应会因她们对强奸犯罪的理解而不同（即有相互作用）。研究者发现两种理解强奸的模式在参与者对引发罪案的责任进行认定时引起她们对受害者的抵抗做出相反的理解。我们可以在图 7.7 里看到交互作用。

图 7.7 指责、反抗和模式：交互作用

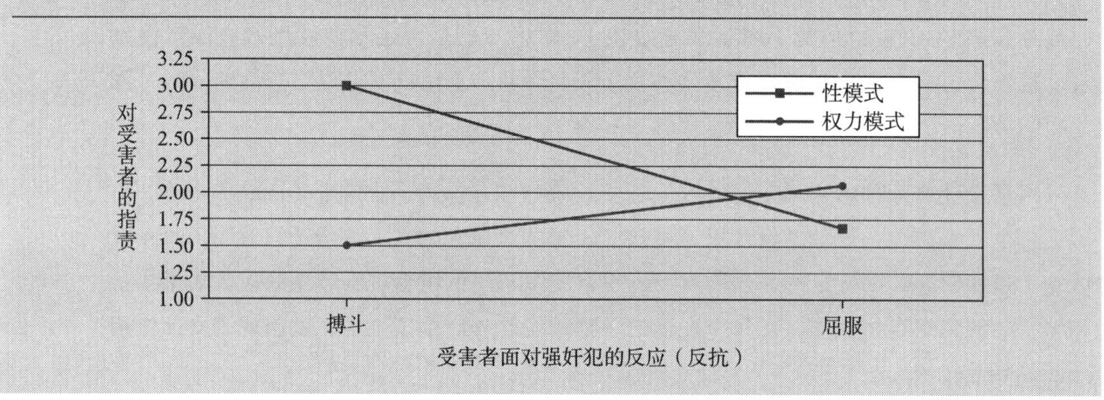

因素设计可能非常复杂，研究者发明了简单直接的表达方法。“二乘三的因素设计”写作 2×3，表示有两个自变量。第一个自变量有两个水平，另一个自变量有三个水平。一项 2×3×3 的设计表示该研究有 3 个自变量。第一个自变量有两个水平，另两个变量各有 3 个水平。

前实验设计 有些设计没有进行随机分配而采用折中或便捷的方法。在很难使用完全经典设计的情况下研究者就会采用**前实验设计**（pre-experimental designs）。前实验设计存在的缺陷使得要推断出因果关系较难（见本章稍后对内部效度的讨论）。

单组个案研究设计。（又称单组后测设计。）这种设计只有一组参与者、一种处理和一次

后测。因为只有一组，所以无随机分配。这种设计的逻辑有一隐含、未经检验的假设：因变量的变化是由自变量引起的。虽然这种设计非常没有说服力，但我们会在日常生活（如课堂教学）里用到它。某位教师授课（自变量），我们假设授课促进了学生的学习（因变量）。

示例。你招募了 40 名新服务员作为一组，并对所有人进行了培训。要求他们向顾客自我介绍，并在送上食物 10 分钟后向顾客核实情况（自变量）。你要记录一个月所有服务员的周平均小费数量（后测成绩），假设周到服务增加了小费数量。

单组前测—后测设计。这种设计有一个组、一次前测、一种处理和一次后测。它没有控制组和随机分配。此设计可以测量事物随时间的变化，但缺少比较组。同样，尽管它有缺陷，我们在日常活动里仍经常使用它。教师在第一天的课程测试学生掌握的内容，并在教学之后再次测量学生掌握的知识，就用到了这一实验设计。

示例。你招募了 40 名新服务员作为一组，并对所有人进行了培训。你要求他们不要向顾客自我介绍，在就餐期间不要返回向顾客核实情况。然后所有人开始工作。你记录下头一个月的周平均小费数量（前测成绩）。然后，你再次训练全部 40 名服务员，要求他们自此之后向顾客做自我介绍，并在送上食物 10 分钟之后向顾客核实情况（自变量）。你记录第二个月的周平均小费数量。

单组前测—后测设计是对单组个案研究的重大改进，因为你在引入自变量之前和之后都测量了因变量。然而，由于没有控制组，你无法知道是否有自变量之外的因素引起了因变量的变化。教师在学期之初或许并不仅测量了本班学生所掌握的知识，也测了其他班的。如果教师在学期末测得两组学生的知识增加量，还可能发现其他班的学生和自己班的学生增加的知识同样多。除非有了比较组，否则无法确定教师的教学促进了学生知识的增加。

静态组间比较。（又称不等组后测设计）这种设计有两个组、一次后测和处理。它没有进行随机分配和前测。其缺点是你无法知道是否是实验之前的组间差异造成了后测结果的差异，还是自变量所引起。

示例。你对 40 名新招的服务员进行训练，要求他们不向顾客做自我介绍，也不核实情况。一个月后，你对任意挑出的 20 个参与者（实验组）重新进行训练。你要求他们从此以后向顾客做自我介绍并在送上食物后 10 分钟向顾客核实情况（自变量）。你要求其余的参与者仍然不要自我介绍或核实。在第二个月你记录两组小费的数量（后测成绩）。

准实验设计 **准实验设计**（quasi-experimental designs）可以让你在真实验设计难以实施或不宜实施的情况下检验因果关系。“Quasi”在拉丁文里意为“好像”。一般而言，你采用准实验设计时，控制程度不如真实验设计。许多准实验设计都是重复测量的设计。

中断时间序列。在中断时间序列设计里，只有一组参与者，你要在处理施加之前和之后多次测量因变量。

> **示例**。你招募了 20 名服务员进行为期 6 个月的实验。你要求他们不要自我介绍以及在就餐期间返回核实顾客情况。你记录三个月期间他们的周平均小费数量。然后，你重新对所有服务员进行培训，要求他们从此以后向顾客介绍自己的名字，并在送上食物后 10 分钟向顾客核实情况。你记录三个月里他们的周平均小费数量。

等效时间序列。等效时间序列是另一种跨时间的单组设计。它与中断时间序列相似，但不只有一次处理，而是先有前测，然后是一次处理和后测，再后是处理和后测，再后又是处理和后测，**如此**一系列连续循环的过程。

> **示例**。你招募了 20 名服务员进行为期 6 个月的实验。你要求他们不要自我介绍以及在就餐期间返回核实顾客情况。你记录第 1 个月的小费数量。然后，你重新训练所有 20 名服务员并要求他们从此以后向顾客做自我介绍，并在送上食物后 10 分钟向顾客核实情况。你记录第 2 个月周平均小费。再后，你重新训练所有 20 名服务

要点回顾：实验设计之比较

设计	随机分配	前测	后测	控制组	实验组
前实验					
单组个案研究	无	无	有	无	有
单组前测—后测	无	有	有	无	有
静态组间比较	无	无	有	有	有
真实验					
经典	有	有	有	有	有
仅有后测的两组	有	无	有	有	有
所罗门四组	有	部分组	有	有	有
拉丁方	有	有	有	有	有
因素	有	有	有	有	有
准实验					
中断时间系列	无	有	有	无	有
等效时间系列	无	有	有	无	有

员并要求他们停止向顾客进行自我介绍及返回向顾客核实情况。你记录第 3 个月的周平均小费。然后，你又重新训练所有 20 名服务员，要求他们再次向顾客做自我介绍，并在送上食物后 10 分钟向顾客核实情况。你记录第 4 个月的周平均小费。然后又重新训练所有 20 名服务员并要求他们停止向顾客进行自我介绍及返回向顾客核实情况。你记录第 5 个月的周平均小费。然后，你又重新训练所有 20 名服务员，要求他们向顾客进行自我介绍，并在送上食物后 10 分钟向顾客核实情况。你记录第 6 个月的周平均小费。

实验设计标记方法

如上所述，对实验各个部分做不同的安排就能得到很多种设计。研究者用简略的符号系统来表示实验设计的各个组成部分。一旦你学会了**设计标记法**（design notation），就会发现操作和比较各种设计变得很容易。符号系统能让你用只占两行的 5 或 6 个符号

图 7.8 实验设计标记方法总结

设计名称	设计标记
经典实验设计	R → o X o
	R → o o
前实验设计	
单组个案研究	X o
单组前测—后测	o X o
静态组间比较	X o
	o
准实验设计	
中断时间序列	o o o o X o o o
等效时间序列	o X o X o X o X
仅有后测的两组	R → X o
	R → o
拉丁方设计	R → o X_a o X_b o X_c o
	R → o X_b o X_a o X_c o
	R → o X_c o X_b o X_a o
	R → o X_a o X_c o X_b o
	R → o X_b o X_c o X_a o
	R → o X_c o X_a o X_b o
所罗门四组设计	R → o X o
	R → o o
	R → X o
	R → o
因素设计	R → X_1 Z_1 o
	R → X_1 Z_2 o
	R → X_2 Z_1 o
	R → X_2 Z_2 o

研究示例专栏 7.3：反大麻电视广告

Michael Newman/PhotoEdit Inc.

研究者（Palmgreen et.al，2001）结合中断和等效时间系列设计进行了一项包含 2 部分的应用实验研究，以考察反大麻电视广告对青少年吸毒行为的影响。已有研究发现青少年在“寻找刺激”方面存在差异。喜欢刺激者比不喜刺激者更渴望新奇的事物、节奏明快的戏剧、冒险和情感冲突。该实验主要关注喜欢刺激的个体，因为他们更有可能成为吸毒成瘾者。研究者找到两个相似的郡，从当地学校随机挑选了 100 名七到十年级的青少年。两郡的学生每个月都要完成调查，持续 32 个月。调查涉及寻找刺激的程度、收看电视的习惯、所观看的具体电视广告、对毒品的态度和使用毒品情况。研究者发现两组青少年很相似，他们使用非法药品的比率和对全美青少年的估计很接近。该研究的因变量是所报告的过去 30 天里大麻使用情况。自变量是一组针对喜欢寻找刺激的青少年的反对大麻的广告，并在青少年经常观看的节目期间播出。在广告播放期间大多数学生每周会看到 3 则反毒品广告。

在田纳西州诺克斯郡（诺克斯维尔周边），研究者采用了中断时间序列的设计。从 1996 年 3 月开始，学生们每个月都要完成调查。广告播放期持续 4 个月，从 1998 年 1 月到 4 月。直到 1998 年 12 月学生还要继续完成调查。在广告播放期前，喜欢刺激的学生使用大麻的情况在持续增加，从 17% 增加到 33%。广告一启动毒品使用就下降。从 1998 年 5 月到 12 月持续下降到 20%。而不喜刺激的学生很少使用毒品，其变化也很有限。

在肯塔基州的费耶特郡（列克星敦周边），研究者以两次自变量（广告播放期）进行了等效时间系列设计。这儿的学生也是从 1996 年 3 月开始完成每月的调查。第一次广告播放期从 1997 年 1 月到 4 月，之后暂停。然后和诺克斯郡的广告时间一样，从 1998 年 1 月到 4 月再次播放。在第一次广告播放期之前，喜欢刺激的学生大麻使用情况持续增加，从 20% 升到 37%。广告播放期一开始大麻的使用就下降了，从 1997 年 5 月到 11 月持续减少至 27%，之后再次缓慢增加。大麻使用的增加持续了约 2 个月至第二次广告播放期（1998 年 1 月到 4 月），随后大麻的使用又减少，在广告播放期之后仍继续减少，在 1998 年 12 月减至 27% 左右。

组别	96 年 3—12 月	97 年 1—4 月	97 年 5—12 月	98 年 1—4 月	98 年 5—12 月
诺克斯郡	OOOOOOOOOO	OOOO 电视广告	OOOOOOOO	OOOO 电视广告	OOOOOOOO
费耶特郡	OOOOOOOOOO	OOOO	OOOOOOOO	OOOO 电视广告	OOOOOOOO

O = 因变量的观测值 = 每月对青少年抽大麻行为的调查

来表示整段复杂的语言描述。实验设计符号如下：

O = 对因变量的观测

X = 自变量

R = 随机分配

符号“O”通常依据时间顺序附上数字下标，从左到右排列。前测用符号表示就是 O_1，后测则是 O_2。如果自变量多于 2 个水平，符号“X”也附上数字下标，并按时间顺序从左到右排列符号。“R”排在最前，之后是前测、自变量和后测。安排符号时，每一排代表一组参与者。图 7.8 给出了许多标准实验设计的标记方法。

实验的内外效度

实验的内部效度

实验的内部逻辑应该紧密，使得自变量和因变量之间的因果联系非常清晰。例如，你想确信引起小费数量差别的正是自我介绍和对顾客的周到核实，而非其他因素（如菜单的变化、服务员的特征）。你希望排除因变量变化的可能替代原因。除了自变量之外，任何能影响因变量的事物都可能削弱实验研究的**内部效度**（internal validity）。通过控制实验条件和合理的实验设计，内部效度能让你排除可能的替代原因。接下来，我们考察削弱内部效度的因素。

削弱内部效度的隐患 研究者发现很多可能削弱内部效度的隐患，这里我们介绍 7 种常见隐患。

1. *选择偏差*。如果参与者在实验开始时彼此不同就会产生选择偏差。例如，在一项研究身体攻击的实验里，实验组所有的参与者恰巧是美式或英式橄榄球、摔跤和曲棍球运动员，而控制组所有的参与者都是古典音乐家、国际象棋选手、舞蹈家和画家。选择偏差通常出现在缺少随机分配的设计中。通过审视前测得分，你能查明是否存在选择偏差，因为所有组开始在因变量上的表现都应一样。
2. *无关事件*。即实验期间可能发生与自变量无关的意外事件并影响到因变量。在持续时间较长的实验里更可能出现无关事件效应。例如，在评价参与者对太空旅行态度的两周实验中途，一架航天器在发射台意外爆炸，多名宇航员丧生。
3. *成熟*。这是由参与者自身与自变量无关的生物、心理或情感过程所引起的因变量的变化。和无关事件效应一样，成熟效应在时间跨度较长的实验里更普遍。例如，在持续 6 个小时没有休息的推理能力实验中，参与者就会变得饥饿和疲劳，因此得分较低。包含前测和控制组的设计有助于你查明是否出现成熟或无关事件效应。如果你在实验组和控制组都看到类似的变化，就可以怀疑有这类效应。

4. *测试*。有时用来测量因变量的前测本身就会影响实验结果。这会削弱实验的内部效度，因为在自变量本身之外，测量行为对因变量产生了影响。所罗门四组设计有助于你查明测试效应。例如，几年前我想试验一项促进学生的学习（因变量）的新教学方法（自变量）。我把所授课程的学生随机分成两部分。在授课第一天我对两部分的学生都进行了摸底考试（前测）。然后该学期一部分学生使用新教学方法（实验组），但另一部分学生不用（控制组）。在课程最后一天，所有学生都进行与第一天相同的期末考试（后测）。学生可能记得前测中的考试问题，这会影响他们学到的内容（即注意了的内容）或者他们回答后测问题的方法。如果的确是这样，那么就出现了测试效应。
5. *参与者流失*。如果有参与者未能自始至终地完成实验就会出现参与者流失效应。流失并不指参与者死亡，但如果有参与者中途离开实验，你就无法知道如果所有人都完成了，结果会否不同。例如，你开始一项为期 6 周、有 50 名参与者的减肥研究。研究结束时还有 30 名参与者。所有坚持到最后的参与者都减掉了 15 磅（约合 6.8 千克），并且没有报告有副作用。你无法知道中途离开的 20 名参与者与 30 名留下来的参与者是否真有差别。可能该研究项目对于那些离开的人更为有效，他们在减掉 25 磅（约合 11.3 千克）之后就离开了。或许他们没见到效果就在反感中放弃了。还可能该研究让他们感觉不适而放弃。要查明是否有参与者流失，你必须报告每组从开始到结束的参与者人数以及参加前测和后测的人数。
6. *污染或称处理扩散*。不同组的参与者互通信息，获悉其他组的实验处理情况，就会发生这一危险。把各组隔离或者要求参与者承诺不向其他人泄露任何信息就能减少污染或处理扩散。例如，你安排参与者进行一整天记忆单词新方法的实验。在午餐间歇期间，实验组的参与者告诉控制组他们刚刚学习过的、令人兴奋的记忆新方法。控制组的参与者随后开始使用这一新方法。这种危害很难觉察。要了解是否存在污染，你需要一些外部信息如与参与者面谈他们实验中的想法和感受或者一直监视他们。
7. *实验者期望*。实验者的行为也会危及实验的因果逻辑。实验者期望并非有意为之的不道德行为，而是间接表达出的期望。许多研究者都非常热衷于自己的假设。他们偶然间不经意地就把自己所期望的研究结果传递给参与者。例如，你在研究记忆训练对学习的影响。你认为学业成绩高的学生在训练中会有更好的表现，测试得分会更高。你已经得知了参与者的学业成绩。通过视线接触、声音腔调、停顿和其他非言语沟通，你无意识地更加热情地鼓励和训练学业成绩更高的学生，而对学业成绩较低的学生你所表现出的无意识的非言语行为则刚好相反。

发现实验者期望的方法是雇用助手，只有他们才能与参与者接触。你可以给助手一份伪造的学生成绩单和品行记录，表明其中一组的参与者都是优秀学生，而另一组的参

图 7.9　单盲（普通）实验和双盲实验示意图

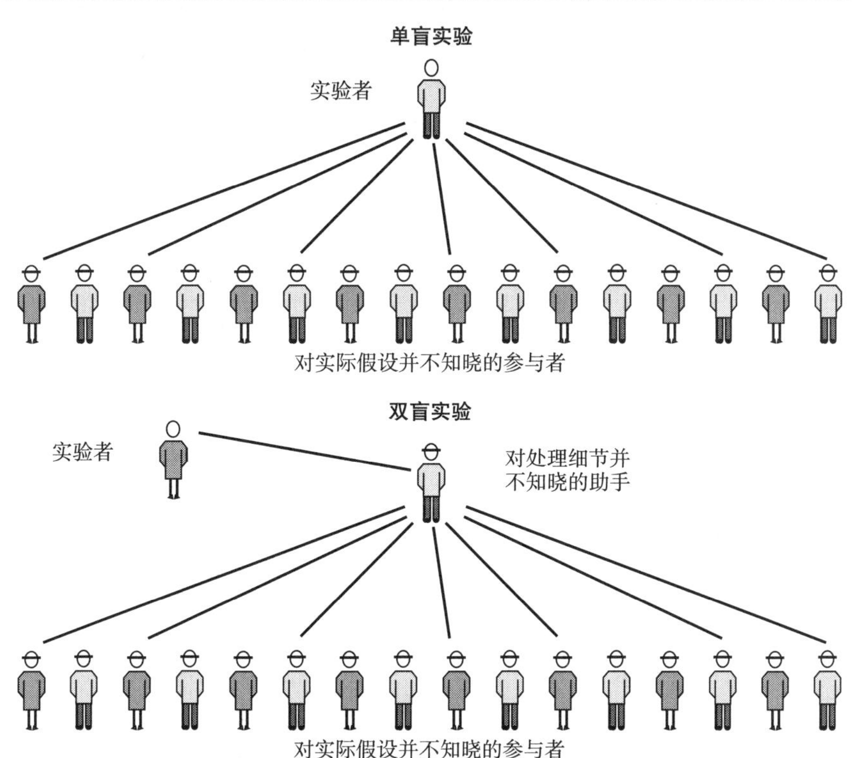

与者都是留校察看或学业不良的学生。实际上所有参与者的学业成绩都是一样的。如果编造的优秀学生组在学习任务上比编造的差生组做得更好，那么就存在实验者期望的问题。

研究者利用**双盲实验**（double-blind experiment）来控制实验者期望。双盲实验中与参与者有直接接触的人并不知晓研究的某些细节。之所以称为双盲是因为参与者及与他们有接触的助手对实验的详细内容并不知晓（见图 7.9）。例如，某研究者想知道一种新药是否有效。研究者使用了 3 种颜色的药丸（绿、黄、粉红），把新药放入了黄色药丸，老药放入了粉红药丸，绿色药丸则为**安慰剂**（placebo），即看似为真的虚假自变量（如没有任何实际效果的糖丸）。分发药丸和记录疗效的助手并不知道哪种颜色的药丸是新药。只有不与参与者直接打交道的另一个人知道哪种颜色的药丸是新药，并审视研究结果。

外部效度和实地实验

即使你成功消除了所有削弱内部效度的因素，你仍然期望能把研究结果推广到该研究之外的更大的环境中去，即使其具有**外部效度**（external validity）。如果某项研究结果

以史为鉴：霍桑效应

20世纪20年代至30年代期间埃尔顿·梅奥（Elton Mayo）在美国伊利诺伊州霍桑镇西屋电气（Westinghouse Electric）工厂车间的一系列实验中发现了一种特别的反应性。研究者通过改变各种工作条件（如照明、休息时间、供暖等等）进行实验，并测量了工人的生产率。结果发现每次工作条件改变（不管是何种改变）后生产率都提高了。也就是说，不管是增加或者减少照明强度、增加或者减少供暖等全部产生相同的效应。这种奇妙的结果之所以发生是因为工人并未对自变量做出反应，他们注意到自己成为实验的一部分，并且知道研究者正密切地观察自己，从而对这种额外的注意做出反应。这一结果很令人惊奇，故以该研究的名字来命名这一效应，即**霍桑效应**（Hawthorne effect）。

要点回顾：削弱内部和外部效度的因素

削弱**内部效度**的 7 个因素

1. 选择偏差
2. 无关事件
3. 成熟
4. 测试
5. 参与者流失
6. 污染
7. 实验者期望

削弱**外部效度**的 4 个因素

1. 没有代表性的参与者
2. 人为情境
3. 人为处理
4. 反应性

只在实验环境里有效，对现实世界或应用情境毫无用处，那么该研究就缺乏外部效度。

可能削弱外部效度的 4 种因素：

- 不具代表性的参与者。研究中的参与者可能不能完全代表你欲将结果推广到的总体的特征，如年龄、性别、教育程度、人种种族等特征。
- 人为情境。你可能在一种非常“不自然”的情境下进行试验，例如大学校园的实验室，这样的结果较难推广到更混乱、缺乏控制的自然情境，例如零售商店、街角、游乐场、办公室或者不太正式的公共情境。
- 人为处理。你可以创造一种处理，例如呈现一张人脸照片来引起参与者对种族的反应，或者让参与者记忆一些无意义的单词来考察他们的学习效果。这些处理可能并不太符合现实，无法推广到日常生活中去。
- **反应性**（reactivity）。参与者意识到自己是研究的一部分从而做出不同于他们在真实生活情境下的反应（参见以史为鉴：霍桑效应）。

实地实验 目前我们还只重点讨论了有控制的实验室条件下进行的实验。你也可以在

研究示例专栏 7.4：执行饮酒年龄的法律

在美国新奥尔良市进行了一项限制未到龄饮酒的法律的自然实验。直到 20 世纪 90 年代中期，烈性酒法律的执行在新奥尔良并未受到重视。州和地方政府安排了 3 个司法官员来监督全州 5000 个酒品零售点。他们执法只要求商家不要向未到年龄者销售烈酒。一旦被抓，违法的烈酒零售商只要私下与烈酒委员会交涉并交付少量的罚款。之后在 1996 年初，政府官员开始重视烈酒销售的执法工作。研究人员（Scribner & Cohen，2001）利用自然实验进行了一项评价性研究来考察这次执法活动的影响。在 1995 年 11 月至 1996 年 1 月期间（时段 0），警方让一些看来明显不到 18 岁的人到 143 个随机选择的烈酒零售点非法购买酒精饮料（法律要求至少 21 岁）。非法购得烈酒人数的百分比就是前测结果。在评价了非法销售率（因变量）之后，警方对 51 处零售点发出了传讯。传讯是主要的自变量。同时官方发起了媒体宣传活动，敦促大家守法。从 1996 年 3 月到 4 月（时段 1），实验者检查了 143 处零售点，并在 1996 年 11 月到 1997 年 1 月（时段 2）再次进行了检查。这两次是后测。

实验者比较了传讯 / 媒体宣传活动前后（前测和后测）以及那些直接受到传讯（实验组）和没有受到传讯（控制组）零售点的非法销售活动。通过比较发现，传讯和媒体宣传活动并未终止非法销售，但有一定的效果。这种影响对于被罚款的零售点更大。他们遵守法律的比例从 6.7% 上升到 51%。而控制组的零售点守法率从 13.5% 上升到 35%。后来的跟踪研究（时段 2）发现这种影响随着时间慢慢减弱。

真实生活或实地情境下进行实验。你对实验的控制程度可以连续地高低变化。一端是在特殊情境或实验室进行的高度控制的实验室实验；相对的另一端是**实地实验**（field experiments），发生在“实地”——即自然情境如某个人的家里或公共人行道上。实验室实验里的参与者通常都知道他们在参加研究。而实地实验的参与者则可能不会意识到

活学活用：实验诀窍

经验丰富的研究者会使用一些注重实际的技巧高效地进行实验。这里介绍 3 个技巧。

1. 计划和预测验。在计划阶段，请想到对假设的替代解释或削弱内部效度的因素及怎样避免它们。同时，请建立简洁有序的记录数据的系统。你要认真努力地预测验所有要用到的仪器（如计算机、摄像机、录音机等）并准备好备用设备。如果需要充当同伙的研究助手，也要对他们进行训练和预测验。预测验之后，要与预测的参与者会谈从而发现实验中任何需要改进的地方。
2. 给参与者的指导语。大部分实验你都要给出指导语以做好准备。对指导语要小心措辞，每次呈现时都要严格遵循预先准备好的文字，以便所有的参与者都听到相同的内容。这样做能保证信度。如果你要使用欺骗，指导语在制造逼真的托词方面也很重要。
3. 实验后会谈。实验结束时你应该与参与者面谈，理由有三方面。第一，如果使用了欺骗程序，你必须向参与者**事后解释**（debrief），说明实验的真实目的。第二，你可以了解参与者的想法以及他们对实验情境的定义是如何影响到其行为的。最后，不向其他可能的参与者披露实验真实性质很重要，你可解释这一点。

他们是实验的一部分，从而以平常自然的方式进行反应。

实验者对实验环境的控制程度直接影响到该研究的内部和外部效度。一般而言，实验室实验有着更高的内部效度，但外部效度较低。这类研究逻辑紧密、控制严格但概括性较低。实地实验有着更高的外部效度，但内部效度较低。这类研究概括性较好但实验者的控制程度较低。例子中提及的饭店小费研究、大麻和反大麻电视广告研究及在美国新奥尔良进行的禁酒年龄执法研究（见研究示例专栏 7.4),这些实验都有很高的概括性。这些研究都是在真实生活的情境中发生的。

开篇中阅读报道学生观点的虚假新闻研究、误判工具为手枪的研究、学生对强奸反应的研究的概括性都较低。

自然实验 目前我们讨论了有目的、有计划的实验。**自然实验**（natural experiments）又叫事后控制组比较，是一种实地实验，并不像实验室实验那样刻意计划，但自然实验中事件的安排具有实验的特点。事件发生后，研究者可以收集数据，运用实验逻辑，进行比较，从而检验因果关系。

因为控制很有限,内部效度是自然实验经常存在的一个问题。在新奥尔良的研究中，接受了自变量（传讯）的零售点比其他零售点有着更多的非法销售行为。这可能会引起选择偏差。媒体宣传活动对所有的零售点都有效应。真正的自变量是由传讯和媒体宣传活动共同构成的。研究人员原本希望能比较新奥尔良地区与另一个未进行媒体宣传活动或传讯的地区，但却没能这样做。他们缺少一个控制组。那些没有因为违法而收到传讯的零售点也从同行业的其他人那里获悉这一消息。这是一种处理扩散现象。该研究开始时有 155 处零售点，但研究只报告了 143 处。在研究期间有 12 处零售点关闭了还表明存在参与者流失现象。实验者并未提及在研究期间发生在新奥尔良的任何外部事件（如

聪明贴士：考察实验过程

当你阅读实验研究报告时，你应该严密地考察以下几方面：

- 有多少参与者？每组参与者数量非常少（10 名或更少）的实验不如每组至少有 30 名参与者的实验有说服力。
- 参与者是谁？如参与者全是来自某门课程的大学本科志愿者，则该实验的说服力要弱于参与者的年龄、经历和社会背景不同的实验。同样，性别极不平衡的实验（如某种性别占 75%）不如性别比例接近 50/50 的实验有说服力。
- 是否使用了随机化？对参与者进行随机分配的多组实验说服力要强于未随机分配的多组实验。
- 有多少组？至少包括一个控制组和一个实验组的实验比缺少控制组的实验更有说服力。
- 如何测量因变量？实验的信度和效度高吗（参见第 5 章）？
- 自变量是什么？处理应该非常符合现实、严格控制。许多实验使用“操控检查”来评价自变量。
- 内部效度强吗？请思考本章讨论到的所有内部效度问题，如选择偏差或参与者流失，看看它们是否是潜在的问题。

图 7.10 减肥实验（经典实验设计）结果的比较

	恩里克瘦身诊所			娜塔莉营养中心	
	前测	后测		前测	后测
实验组	190 (30)	140 (29)	实验组	190 (30)	188 (29)
控制组	189 (30)	189 (30)	控制组	192 (29)	190 (28)
	苏珊科学饮食计划			**玻琳减肥**	
	前测	后测		前测	后测
实验组	190 (30)	141 (19)	实验组	190 (30)	158 (30)
控制组	189 (30)	189 (28)	控制组	191 (29)	159 (28)
	卡尔卡路里计算器				
	前测	后测			
实验组	160 (30)	152 (29)			
控制组	191 (29)	189 (29)			

公开报道的未到龄饮酒者因饮酒过量中毒而死等事件）。如果没有发生任何事，无关事件效应就不会成为问题。

实验结果的比较和审视

在各类研究中比较都至关重要。通过审视实验研究的结果，可以看到自变量是否影响到因变量。你还可以了解许多影响内部效度的因素。例如，在本章开篇对种族刻板印象的研究里，研究者比较了实验组和控制组对刻板印象接纳程度的差异。在呈现黑人和白人男性面孔照片和手枪或工具图片的研究里，研究者比较了辨别手枪或工具图片时所犯的错误。在对电视广告和美国两郡青少年吸食大麻的研究里，研究者比较了不同时间青少年吸食大麻的比例——在电视广告运作之前、期间和之后。

图 7.10 显示了一系列 5 个减肥实验的结果。所有实验都采用了经典实验设计。请仔细观察并比较数据。你会发现可能削弱内部效度的因素和自变量的作用。例子里，恩里克瘦身诊所实验组的 30 名参与者平均减掉了 50 磅（约 22.7 千克），而控制组的 30 名参与者却 1 磅也没减掉。只有 1 人中途退出了研究。恩里克诊所看上去有效果。苏珊科学饮食计划有着同样引人注目的结果，但实验组的 11 名参与者中途退出了。这表明存在被试流失的危险。卡尔卡路里计算器实验组的参与者减掉了 8 磅（约 3.6 千克），相比较控制组只有 2 磅（约 0.9 千克）。你可能注意到控制组和实验组一开始就有平均 31 磅（约 14.1 千克）的体重差异。这表明存在选择偏差的危险。娜塔莉营养中心没有

参与者流失或选择偏差的问题。但实验组参与者所减掉的体重并不比控制组的多。娜塔莉的自变量看来没有效果。玻琳减肥也避免了选择偏差和参与者流失的问题。其实验组参与者减掉了 32 磅（约 14.5 千克），但控制组的参与者也减掉了这么多。这表明可能发生了成熟、无关事件或处理扩散效应。如此看来，恩里克瘦身诊所看来进行了最有效的处理，不存在明显的内部效度问题。

实验的道德

道德是做实验需要考虑的重要问题，因为许多实验都会干扰他人（即会妨碍参与者的生活）。施加的自变量可能会把人置于人为设计好的社会情境中，操控他们的感受或行为。道德标准约束了干扰的程度和类型。如果研究者把参与者置于身体痛苦、尴尬或引起焦虑的情境之中，就要特别小心并要与伦理审查委员会紧密磋商。他们必须尽心竭力地监测实验的过程并控制其间发生的事。

有些研究者会使用欺骗。他们误导参与者或对参与者说谎。不实之行决不能宽恕；然而，在少数情况下欺骗也可能让人接受。如果欺骗是实现明确的研究目标的唯一方法，除此之外别无他途，就可能为人接受。即使对有价值的目标，使用欺骗也要加以限制。欺骗的程度和类型决不能超过实现研究目标所需的最小代价。此外，你必须尽可能快地向参与者进行事后解释，解释真实情况。

本章回顾

本章我们学习了随机分配和实验研究方法。比较在实验研究里至关重要，随机分配是创建两个（或多个）等组并加以比较的非常有效的方法。实验研究能给因果关系提供精确的证据。实验得出的定量结果你可以用统计方法进行分析，并经常在评价性研究中用到。

本章我们还学习了实验的各个组成部分以及怎样把它们结合在一起构成不同的实验设计。学习内容除了经典实验设计，还有前实验和准实验设计。学会了怎样用设计标记法的符号系统来表示各种设计。实验的逻辑即内部效度是减少替代解释的一种方法。削弱内部效度的因素可能替代研究的自变量，成为替代解释的来源。我们还学习了外部效度以及实地实验如何能最大限度地增加外部效度。

实验研究的最大优点是其控制替代解释的能力，以及其确定因果证据的逻辑严密性。较之其他研究方法，实验易于重复，不太昂贵，所费时间也不太长。实验研究也有缺点。首先，如果实验控制盒操控不可能实施，你就无法用实验来处理某些问题。其次，实验经常一次只检验一个或两个假设，这使得知识的增长变得破碎。外部效度是另一个潜在的问题。常可见研究者以小规模、非随机大学生样本来进行社会实验，并想概括到全部人群。你现在明白对结果细心的检查和比较可以提醒你注意可能存在的问题。最后，你了解了实验的可行性和道德问题。

后几章我们将考察其他研究方法。非实验研究的基本逻辑不同于实验。许多实验者仅关注少数几个假设，只有一个或两个自变量、单一的因变量及少数参与者。相形之下，采用非实验方法的研究者经常一次检验许多假设，测量数个变量，收集众多参与者的数据。

学以致用

实践活动 1

学习实验设计的一个好方法是练习用设计标记画实验研究示意图。请用图表示附录 C 中 Deaux 等人（2007）的研究，“成为美国人：加勒比黑人移民群体中的刻板威胁效应”。请回答以下问题：总共包括多少参与者？因变量是如何测量的？实验处理是什么？

实践活动 2

实验研究非常重要的一点是要注意那些削弱内部效度的因素。请阅读下面的实验及其结果，判断 4 种实验条件下可能存在什么缺点（如有）。

狂人博士进行了一项为期 6 周的研究，想知道性行为、毒品或摇滚乐能否比传统的咨询或者不做任何处理更能提高学生的自尊。他随机地把有各有 30 名学生的 4 组参与者各分为两组。所有 4 组里的控制组都没有接受特别的处理。

在实验组 A，他给学生正面描述使用违禁药品的信息，免费给他们提供大量各类违禁药品，并鼓励他们试用。

在实验组 B，他告诉学生摇滚乐的历史，并送给他们带有大量摇滚音乐的 MP3 播放器。他还鼓励他们每天至少听 6 小时的摇滚乐。

在实验组 C，他告诉学生婚前性行为的益处并鼓励他们体验性行为。把他们介绍给性态度非常开放、有吸引力的异性。他还给他们提供避孕用具和单间。

在实验组 D，他让学生参加传统的咨询以提高自尊。

注意：他用一份问卷来测量自尊，得分从 0= 非常负面到 100= 非常正面。下面是研究结果；括号中的数字是参与者的数量。

自尊得分（人数）

	前测	后测
实验组 A	65 (15)	63 (13)
控制组 A	60 (15)	66 (14)
实验组 B	65 (15)	89 (14)
控制组 B	45 (15)	79 (14)
实验组 C	66 (15)	90 (6)
控制组 C	65 (15)	67 (14)
实验组 D	64 (15)	88 (14)
控制组 D	63 (15)	66 (15)

实践活动 3

下面有个你能重复的简单实地实验，虽然你可能需要预先取得你所在大学伦理审查委员会（IRB）的批准（见第 3 章的讨论）。该研究考察了“麦克白夫人效应”（Lady Macbeth effect）。如果你曾读过或看过莎士比亚的戏剧《麦克白》，可能还记得麦克白夫人在血腥谋杀的罪恶感中失去自控时说出的著名台词，“洗掉，这该死的血迹！洗掉，我说！”研究者假设感到更深罪恶感或羞耻感的人更可能渴望清洁。研究者把学生随机分成两组，要求其中一组回忆过去不道德的行为，例如背叛朋友、说谎等等。他们要认真回忆并写下这种不道德的行为。告诉另一组仔细想他们做过的合乎道德的正面行为；例如拾金不昧。之后，学生可以选择一个参与研究的礼物：铅笔或杀菌湿巾。研究者猜测回忆可耻行为的参与者更可能拿走湿巾。要看他们的研究结果，你参考 Chen-Bo Zhong 和 Katie Liljenquist 的文章，即“Washing Away Your Sins,” *Science*, September 8, 2006, vol. 313, no. 5792, pp. 1451–1452。你发现的结果是否与他们的研究结果相同？

参考文献

Ong, Andy S. J., and Colleen A. Ward. 1999. “The Effects of Sex and Power Schemas, Attitudes toward Women, and Victim Resistance on Rape Attributions.” *Journal of Applied Social Psychology* 29:362–376.

Palmgreen, Philip, Lewis Donohew, Elizabeth Pugzles Lorch, Rick Hoyle, and Michael Stephenson. 2001. “Tele-vision Campaigns and Adolescent Marijuana Use.” *American Journal of Public Health* 91:293–296.

Payne, B. Keith. 2001. “Prejudice and Perception.” *Journal of Personality and Social Psychology* 81:181–192. Rummel, Nikol, Joel Levin, and Michelle Woodward. 2003. “Do Pictorial Mnemonic Text-Learning Aids Give Students Something Worth Writing About?” *Journal of Experimenal Psychology* 95:327–334.

Scribner, Richard, and Deborah Cohen. 2001. “The Effect of Enforcement on Merchant Compliance with the Mini-mum Legal Drinking Age Law.” *Journal of Drug Issues* 31:857–867.

Tan, Alexis, et al. 2001. “Changing Negative Racial Stereotypes: The Influence of Normative Peer Information.” *Howard Journal of Communication* 12:171–180.

Zhong, Chen-Bo, and Katie Liljenquist. 2006. “Washing Away Your Sins.” Science [September 8, 2006] 313(5792):1451–1452.

8

使用无反应性测量方法的研究

你丢弃了什么？你是否曾检查过自己丢的垃圾以寻找意外丢弃的物件？小偷、私人侦探和警察会梳理垃圾搜集信息。研究人员也会研究垃圾了解社会行为。正如考古学家研究破裂的陶器碎片以了解古代文明，重构很久以前的社会生活，我们也能通过研究人们丢弃的物品来了解他们的思想和行为。有时我会查看教室里的垃圾筒，注意到很多汽水和饮料瓶子。数年来，我看到了饮料在我的学生中间流行程度的变化。城市人类学家研究垃圾场丢弃的物品来了解人们的生活方式（如酒瓶反映酒的消耗量）。研究者发现，根据丢弃的垃圾，人们所报告的烈酒消耗量比实际低 40% 到 60%（Rathje & Murphy，1992:71）。考察我家及邻居丢弃的垃圾，你会发现两家在饮食习惯、生活方式、娱乐习惯等各方面的差异。邻居家吃了很多外卖速食和比萨。他们主要的娱乐形式是看电视，特别是职业体育。他们喝了很多无酒精饮料和啤酒。订阅了每周电视导视和一份体育杂志。我家经常吃新鲜水果和蔬菜，饮用瓶装水和葡萄酒。我们自己从食材开始烹调，几乎从不吃快餐和喝汽水。我们的娱乐主要是去戏院看演出以及阅读书籍报纸。订阅了两份报纸、一份新闻杂志、一份艺术杂志。垃圾是客观证据，能成为研究数据，向我们揭示人类的行为。它还是一种无反应性的数据——本章的主题。

大部分定量的社会研究都有反应性，例如实验和调查研究。被研究的人知道他们是研究的一部分。正如上一章所述，具有反应性的研究可能会存在问题。人们意识到他们参加了研究因而改变了他们的话语或行为。研究垃圾的例子是一种**无反应性的研究**（nonreactive research）。在无反应性的研究中，被研究的人意识不到自己被人研究，但并非隐蔽或秘密地收集数据和暗中监视使得这类研究无反应性，而是数据的性质使然。

本章我们将学习 4 种无反应性的定量研究方法：

客观证据分析
内容分析
现有统计数据分析
二手资料分析

定量的无反应性的研究方法具有两个优点：第一，人们不会因为你在研究他们或者因为意识到关于他们的数据是研究内容而行动有异。第二，这种方法通常能更快速、更容易地收集数据。它也有一些缺点。你用某几种无反应性的方法时，对数据收集的控制较弱，并且你通常必须间接地推断数据的意义。要建立无反应性的测量方法，你还须遵照定量测量的程序:（1）概念化某个建构并建立理论定义,（2）提出变量的操作定义,（3）收集实证证据。

分析客观证据寻找社会生活的线索

正如本章开篇的垃圾研究所示，通过创造性地审视各种客观证据，你能了解社会生活。当你注意到证据标示着你感兴趣的变量时，这一过程就开始了。丢弃的饮料瓶可以说明饮料能买到和人们的口味偏好。无反应性或称**无干扰测量方法**（unobtrusive measures）（即不强迫或干扰他人的测量）最重要的一点是给出数据的人并未意识到所测数据将用于研究。

多年以来，社会研究者利用多种客观证据对变量进行无反应性的测量。具体有：

- 查看不同历史时期的家庭画像来思考就座模式怎样反映家庭内的性别关系；
- 通过观察博物馆不同区域所铺的地砖磨损情况来测量公众对展览品的兴趣；
- 比较高中男厕和女厕墙壁上的涂画来考察性别主题；
- 察看高中年鉴比较后来有心理问题和没有心理问题的学生在高中活动的差别。

无反应性的数据不同于直接、反应性的数据，它能证明或揭示另一些客观现实。根据垃圾研究来测量酒的消耗量就说明这一点。我们知道人们对调查问题的回答并不总与他们的行为一致。我喜爱的音乐可能是重金属摇滚。在回答调查问题时，我会说我喜爱的音乐是古典音乐因为我想使自己显得优雅脱俗、富有教养。在实验里，如果要选择收听重金属或古典音乐，我会选择古典音乐以表现自己的优雅和教养。然而，有些研究者按下面的方法研究司机的收听习惯，你可以照此进行。他们在汽车接受维修时检查了司机所听的广播电台。如果你检查我汽车内的收音机，可能会发现收音机从来没有调到过古典音乐，只有重金属摇滚。检查我丢弃的购物小票，你看不到古典音乐，只有重金属摇滚。有时，无反应性的数据比直接的反应性的数据能更准确地测量人们的音乐偏好。

要用客观证据进行研究，你要做到以下几点：

- 找到测量你关注的行为或观点的客观证据。
- 系统地计算和记录客观证据。
- 识别并测量你所提假设的其他变量。
- 思考客观数据的替代解释并排除它们。
- 利用定量数据分析，比较你所提假设的两个变量。

客观证据的局限性

客观证据的测量是间接的。这意味着你必须进行推论，即从证据谨慎地“有把握地推测”人们的行为或态度。例如，你推测我将车内的收音机调到播放重金属音乐的频道表明了我的音乐偏好，但你并不知道我调到这个台是否是因为它有最好的天气预报或者有我喜爱的播音员。你也不知道是否有驾驶这辆车的其他人喜欢重金属音乐，而我在驾车时从不听音乐。也有可能其他人维修汽车时收音机的设置。有诸多原因，所以你要结合反应性的证据来证明从无反应性的数据所做的推理。当你必须根据数据做间接推理时，在非常大的样本里寻找数据模式就能减少受到少数异常情况的误导的可能性。

你想确证客观证据的意义以排除替代解释。例如，根据地砖污垢和磨损的程度可以测量商店顾客的人流量。要应用这种测量方法，你首先必须阐明顾客人流量的真正含义（例如，该处是否通向其他店铺？该处是否是观看商品展示的理想场所？）。其次，你要定期（如每个月）系统地测量地砖上的污垢或磨损并记录结果。再次，你要比较此处与

研究示例专栏 8.1：墓地里的数据 

Bob Daemmrich/PhotoEdit Inc.

你进入过公墓阅读碑文吗？这里面有很多知识。墓碑上的文字提供了过去状况的数据。官方的书面纪录可能不全面或随时间散失，而我们能查看墓碑上的客观证据来补充。福斯特和同事（Foster et. al，1998）针对 1830 年至 1989 年这一期间考察了伊利诺伊州某地区 10 处公墓的墓碑。他们从墓碑记下了死者的生卒日期、性别等数据。他们从 10 处公墓的 2028 座坟墓中的 2000 多座上收集了信息。他们知道了该地区和全国趋势的差异。例如，他们发现怀孕有 2 个高峰（春季和冬季），10 至 64 岁的女性比男性的死亡率更高。年轻人容易在夏末去世而老年人更易在冬末去世。公墓还能揭示家庭规模和家庭关系的信息（如某位已婚的妇女与其父母而不是丈夫葬在一起）。

彼处的磨损情况及污垢量。最后，你要排除解释该数据的替代原因（如劣质地砖磨损更快，或者该处靠近出入口）。

无反应性的证据的另一局限是可能侵犯隐私。记录车载收音机的频道或他人所丢弃垃圾里的详细物品，就可能侵犯他人的隐私权。正因为可能侵犯隐私权，所以你在收集数据时必须格外小心以保护资料的匿名性和机密性。例如，你要记录汽车的牌子、生产日期及收音机的频道，但不记车主的名字。你要观察两种垃圾是否一起丢弃（比萨盒和啤酒罐）而不是垃圾上的其他信息（如丢弃的垃圾信件上的姓名和地址）。

利用客观测量方法的无反应性的研究非常需要创造性。研究者需要创造性地思考观察可能暗示的结果。你可能注意到驾驶亮红或黄色汽车的人比驾驶黑色或灰色汽车的人更常超速。你可能提出假设：受鲜艳颜色吸引并希望有人关注自己的人，较轻视规则或法律的约束力。如果你有雷达测速仪测量汽车速度并记下汽车颜色，你可观察到颜色和速度是否有关联。你务必留意替代解释，谨慎地得出结论。可能年轻人喜欢鲜艳颜色的汽车，同时也更可能超速。年龄而非拥有亮色汽车的欲望才可能是超速的真正原因。

揭示沟通信息里的隐藏内容

内容分析（content analysis）是一种无反应性的研究方法，能让你探索沟通信息里的隐藏和可见内容。内容分析里的内容可以是词语、意义、图画、符号、观点、主题或者**文本**（text）直接或间接传递的任何信息。文本出现在书籍、报刊、广告、言语、官方文件、电影或 DVD、歌词、照片、衣物、艺术品等所有的沟通媒介里。许多行业（包括营销、通信、教育、政治和公共卫生）的专业人士都要使用内容分析。研究者利用内容分析研究下列问题：

- 流行歌曲的主题和赞美诗里的宗教符号
- 报纸报道的主题趋向
- 报纸社论的意识形态风格
- 教科书或故事片里的性别角色的刻板印象
- 不同种族的人出现在电视广告和节目里的频次
- 对开放式调查问题的回答
- 战时敌方的宣传
- 流行杂志的报道内容
- 绝命书里显露的人格特征
- 广告信息里的社会阶层和身份主题
- 谈话中的性别差异

你要运用客观、系统的计算和记录程序来进行文本的内容分析。这样能针对文本中出现的象征性内容得出定量数据。也有注重解释象征意义的质性内容分析。这里我们主要探讨文本内容的定量数据。

内容分析是无反应性的，因为词语、图像或文本符号的制造者或作者当时并未认识到某人某天可能要研究它。内容分析能让你用与日常阅读、收听或观看时不同的方式揭开沟通媒介（即图书、文章、电影、歌曲等）文本里的各方面内容（即信息、意义、偏见等）。有了内容分析，你能比较多份文本的内容，并用定量的方法进行分析（如图与表）。此外，你能揭示文本内容中难以想到的某方面。例如，你可能观看了电视广告，认为非白人很难出现在昂贵消费品（如奢侈汽车、毛皮衣服、珠宝、香水等）的电视广告上。利用内容分析，你能以客观、定量的语言证明你得自非系统观察的模糊想法是否正确。

利用编码你能制作关于沟通媒体文本的可重复的、精确的数据。有了编码，你能把文本内容的各个方面转化为定量的变量。你收集好定量数据之后，能像实验者或调查研究者一样进行统计分析考察变量。

内容分析在以下 3 个研究问题上颇有应用价值：

- 海量文本。小心地抽样和测量，你能分析 5 年期间 5 家主要的电视频道某类节目的所有内容。
- “跨时空”问题。你可以研究已经过世者的著作，或者研究远方敌对国家的广播。
- 随意观察难以考察的内容。你可以仔细观察文本作者和读者没有意识到的主题或偏见（如学龄前图画书的作者把幼儿描绘成传统的刻板性别角色）。

内容分析的测量和编码

进行内容分析时你要把大量的文本信息（词语或图像）转换为精确、定量的数据。要做到这一点，你需要小心地设计和记录程序以便能加以复制，即他人可以重复你的工作。为了使内容分析的变量操作化，你制作**编码系统**（coding system）。利用编码系统，通过始终如一地遵循成文的规则，你能系统、小心地进行观察。这套规则说明了怎样对观察结果归类。与其他的测量方法一样，你想列出互斥和穷尽的类别。成文规则使重复研究成为可能，并能提高信度。

你必须细心地修改编码系统使之适合你要考察的特定文本或沟通媒介（如电视剧、小说、杂志广告上的照片等），并适合你的分析单元（第 2 章介绍了分析单元）。内容分析的分析单元变化相当广泛。它可以是电视广告、短语、书中故事情节、报纸文章、电影人物等。因此，在你提出任何测量或记录数据的方法之前就要先确定分析单元。如果分析单元是整部影片、电视广告或者报纸社论，你要改变编码使之适应该种单元（参见研究示例专栏 8.2：电影和性别角色）。

测量对象 一开始你要有初步的编码系统，你能用其中的规则对少量数据进行预研究。利用预研究的结果，你能精炼完善全面研究的编码规则。你建立规则时，能测量要编码的文本内容里变量的 5 个特征：

- *倾向性*。注意文本中与某个议题、特质或问题有关的信息的积极 / 支持或消极 / 反对倾向性。例如，你思考出一列老年电视人物所能表现的行为特点。有些是积极的（如友好、聪明、体贴），有些是消极的（如卑鄙、迟钝、自私）。
- *频度*。观察某事是否在文本里出现及计算其频度。例如，一周之内有多少老年人物出现在电视节目中？他们在所有角色里所占的百分比，或者有他们出现的各类节目的百分比是多少？他们作为有台词角色的频率多高？
- *强度*。测量变量的强烈程度。例如健忘的特性可以轻（如离家时忘带钥匙）也可以重（如不记得自己的名字或不认得自己的子女）。
- *幅度*。测量时间或实际空间的规模、容量和多少。测量书面文本里某个幅度的方法之一是计算页面上的词语数、句子数、段落数或实际空间（如平方厘米）。对于视频或音频文本，你可以测量持续的时间。例如，某个电视人物可能出现几秒钟或者在两个小时的节目里每个场景里都一直存在。
- *突出性*。突出性与幅度有关——事件是否安排在能获得众多注意的时间点或物理地点？在“黄金时间”播出的电视节目比凌晨 3 点播出的节目有更高的突出性。报纸头版上的文章比叠在内部的文章有着更高的突出性。

编码、效度和信度 内容分析有两种主要的编码类型，即显性编码和隐性编码。

显性编码。利用**显性编码**（manifest coding）你可以计算书面文本里某个字词出现的次数或者某一特定的行为（如接吻、掌掴）或物体（如手枪、狗）是否出现在照片或视频场景里。这种编码系统需要你在文本里寻找一系列词语或行为。对书面文本，你能利用计算机程序搜索其中的词语。要做到这一点，你首先必须列出所有有关词语的清单，并

研究示例专栏 8.2：电影和性别角色 

有学者考察了 2002 年最受欢迎的美国电影中存在的性别刻板印象（Lauzen & Dozier，2005）。他们根据之前对黄金时段电视节目和电影的研究建立了编码系统。他们雇用了 3 个研究生对 2002 最受欢迎的 100 部美国电影进行编码。研究的分析单元是影片。在最初的训练期，他们建立了编码系统和变量的定义。然后，让学生练习彼此独立地对电影编码。研究者比较了编码结果并讨论了练习编码的过程。两个学生独立地对 10% 的电影编码。这能让研究者计算编码者间信度的测量值（本章稍后讨论）。对电影主要角色性别的编码者信度的测量值是 0.99，对角色的职业是 0.91，对角色的年龄是 0.88。这表明不同编码者编码方式是高度一致的。

把文本转换成计算机能读取的文件。显性编码非常可靠，因为字词、物体或行为是否出现很明确。显性编码的缺点是它不能顾及字词、物体和行为的特定含义、背景和内涵。字词、物体和行为有着多种含义，这会削弱显性编码的测量效度。

例如，我读了一本红封皮的书，它的确是一本红鲱鱼（red herring）[1]式的书。很不幸，这本书的出版商身陷赤字（red ink），因为图书热销（red hot）时编辑对抗不过官僚习气（red tape）。这本书记载了只有在树叶变红之后才不闯红灯的红色救火车的故事。还有一群携带红旗的极左分子（Reds）闯进了红色校舍。他们为积极活跃的（red-blooded）、以红肉为食的、尊崇红、白、蓝三色旗的乡下人（rednecks）所阻挠。故事的主角是身披红色斗篷与红狐而非公牛搏斗的红鼻子的斗牛士。红唇小红帽也出现在书中。她在红灯区吃了许多红椒之后眼睛通红，面孔也涨红。她愤怒的妈妈，一头红发，把她的臀部打红了。

隐性编码。进行**隐性编码**（latent coding）时，你要阅读整段或整本书或看完整部影片，然后确定是否包含了某些主题（如惊险、色情）或氛围（如险恶、浪漫）。隐性编码不需要罗列词语或动作，它有指导你解读文本并确定是否出现某种主题或氛围的一般规则。与显性编码相比，隐性编码可靠性较低，因为它依赖于编码者深厚的语言知识、细微的线索和社会含义。训练、练习和清楚的书面规则能提高信度，尤其在有几个人同时编码时。然而，即使进行了训练和练习，也很难始终如一地识别主题、氛围等。另一方面，隐性编码却有较高的测量效度。这是因为我们传递意思的各种间接和隐性渠道取决于语境，而不仅仅取决于特定的词语或行为。隐性编码抓住了隐藏在特定文本语境中的直接及间接意义。

编码需要很多时间，但理想模式是结合显性和隐性编码。如果它们一致，我们对结果就更有信心。如果不一致，你可能会重新检查各条操作定义和理论定义。

编码者信度。多数情况下，你要对具有众多单元的文本编码。你可能要编码几十本书、数百小时的电视节目或者几千篇报刊文章里的内容。除了亲自编码外，你还可以让助手帮你编码。你必须教助手理解编码系统并进行训练。编码助手必须理解变量，认真地遵循编码系统，如有不清楚要及时请教。在编码的过程中，你必须记录每一次应对新的编码情况所采取的决定，这样你的编码系统才能始终如一，并有全面的书面记录。

如果你有助手来编码，要始终检查他们的一致性。为此，要让数位编码者彼此独立地编码同一份文本。如果你有 3 位助手编码电视广告，让他们独立地编码同样的 15 段商业广告。检查编码者之间的一致性，确定他们对这 15 段广告的编码是否相同。有了**编码者信度**（intercoder reliability）这个统计系数，你能测量编码一致性的程度。报告

1 red herring，比喻刻意转移注意力的不重要事物。本段意在说明 red（本意为“红”）有多种含义——译者注。

结果时一定要同时说明信度系数。

编码者信度的测量有多种方法，变化范围都是 0 到 1。编码者完全一致则系数为 1.0。大多数研究者认为 0.80 或更高的系数非常令人满意，但 0.7 也可接受。如果编码过程跨时较长（如超过 3 个月），就应该检查跨时间编码信度，让每个编码者独立地对以前编码过的文本样本再次编码。例如，助手在 4 月对 6 个小时的剧集进行了编码，又在 8 月份未查看原来的评判结果的前提下对同一剧集编码。这两次编码如有偏差就意味着须再次训练编码者和再次对文本编码。

视觉材料的内容分析 利用内容分析来研究视觉“文本”（如照片、绘画、雕塑、建筑、服装、视频和影片）比书面文本难得多。视觉材料通过符号或隐喻间接地传递信息或情感内容。而且，视觉图像通常包含着多样的信息并有多层次含义。学会“解读”视觉媒介需要大量的精力和较高的技巧。你必须警惕各种象征意义和相关典故。

要进行视觉文本的内容分析，必须“读懂”视觉文本所包含的意义（也即你要解释符号或象征物和它们表达出的意义）。视觉文本的解读并非机械式的（即某种图像总代表某种意义），而是取决于具体的文化背景。我们会给象征图像赋予文化意义（参见以史为鉴：视觉文本受文化限定）。

以史为鉴：视觉文本受文化限定

Ingo Jezierski/Photodisc/
Getty Images Royalty Free

许多人都把万字符“卍”或“卐”与德国的纳粹政府或极端种族主义团体联系在一起。这是因为他们都是在历史书、电影或新闻报道中首次看到这一图像。然而，此图像的起源可以追溯到 2000 多年前。亚洲各地宗教建筑上都有万字符，寓意吉祥如意，在装饰艺术和服装上也会使用这一符号。在纳粹分子采用万字符 1000 多年以前人们就使用了这一符号。许多人在使用这一图像时根本没有想到纳粹。这表明某一符号的意义取决于它出现的时间和地点（参见 Quinn，1994）。

第二个例子是微笑。我们把微笑看作表示积极情感的反射行为，它具有几乎跨全部文化的普遍性。然而，它并非总是友好的标志。它的含义会依据其出现的时间和情境而有所不同。某些文化里，微笑可能表示欺骗、虚伪或轻浮。微笑的含义依赖于社会情境及文化。某些文化里，在葬礼上微笑并无不妥，但另一些文化里则非常失礼。微笑的含义也会随着时间而改变。你可能注意到在非常古老的照片里，人们从不微笑。这并不是因为他们总不快乐，而是因为照相时面露笑容这种社会习俗出现较晚（美国 20 世纪 20 年代才出现）。（参见 Rashotte，2002）。

Bettmann/Corbis

研究示例专栏 8.3：杂志封面和文化信息

研究者对涉及赴美移民问题的主要杂志的封面进行了内容分析（Chavez，2001）。研究者查看了 20 世纪 70 年代中期至 90 年代中期的 10 种杂志的封面，把它们传递的信息分为：积极肯定、危言耸听或不偏不倚。同时还考察了照片上人物特征的比例（即种族、性别、年龄和着装），以及是否出现了主要的象征符号，如自由女神或美国国旗。研究者认为杂志封面也是文化的阵地，是媒体向公众创造和传递文化意义的场所。杂志封面的视觉图像传递着多层次的意义。当人们看到杂志封面并运用他们的文化知识时，就建构起特定的意义。总体上，杂志封面表达了一种世界观，阐述了关于某国家和其民众的信息。例如，美国人通常视自由女神塑像为坚强和同情心的象征，它传递的信息通常是：欢迎移民。然而，如果杂志封面修改这一象征物，使其有亚洲人的面孔特征，其蕴含的信息就转变为：亚洲移民正在扭曲美国的民族文化，改变着美国的种族结构。如果杂志出现手持巨型停止标记的自由女神，其信息就变成：移民，滚开——我们不需要你们。视觉图像传递出的象征信息对人们情感的影响有时远超书面文本。

某种文化里大多数人对其主要的文化符号有一致的解读。然而，视觉文本通常具有多重不同的含义。不同的人对同一符号的解读可能并不一样。例如，某人把墙壁上的乱涂乱画“解读”为玷污建筑的破坏公物行为，另一人则将其解读为艺术作品，第三个人则将其解读为街道黑帮势力范围的标记。要进行图像的内容分析，你务必注意图像或符号各种可能的解读方式。

符号的使用还会引起冲突。社会政治团体发明或构建了新的象征符号并给其赋予意义。例如，纳粹起初在集中营使用粉红色的三角形来标记同性恋者，他们与犹太人及其他“不良分子”一起被定为要加以灭绝的团体。粉红三角形后来被同性恋者用于表达骄傲。存在竞争的社会政治团体常会争夺符号意义的控制权。因此，有些人想给圣诞树赋予基督教的宗教意义；有些人则认为圣诞树代表了传统庆典和家庭价值，而没有宗教含义；有些人则认为它起源为反基督教的异教徒符号；还有些人认为它象征以盈利为目标的商业。因为符号具有复杂、多重含义，你在对图像编码时必须进行质性判断。

怎样进行内容分析研究

步骤 1. 阐述研究问题 研究起步于主题和研究问题。如果你的研究问题涉及文本信息或象征符号这类变量，就适合做内容分析。先对每个变量进行概念化。假设你要研究报纸对政治活动的报道。你必须细化“报道”这一概念——你是指报道的总数量，报道的突出性还是报道的倾向性？你必须决定怎样考察报纸的报道。你可以向人们调查他们对报纸报道的看法或者直接利用内容分析考察报纸。待研究的问题会把你导向要测量的变量。假设你研究的问题是：随着大选日的临近，报纸对某位总统候选人的新闻报道是否多于另一位候选人？这表明变量为对每位候选人的报道数量和报道时距离选举的天数。

步骤 2. 识别要分析的文本 寻找最能匹配研究问题的信息媒介。研究问题和文本类型的选定通常是同一步——对候选人的报道和作为一种文本类型的报纸（相较电视、广播或其他媒介）。你仍然必须找出具体的文本（如何种报纸）及其范围（具体日期）。

步骤 3. 确定分析单元。 这是内容分析早期重要的决定。内容分析里有许多可能的分析单元——页面、章节、人物等等。分析单元决定了你的每条编码描述多少文本。例如，对于政治活动，你可以对每篇报纸文章报道的内容（排除社论、读者来信和广告）编码。该例子里，文章就是你的分析单元。你还要确定怎样识别出“与本活动有关”的文章（如浏览文章的标题）。

步骤 4. 抽取样本 随机抽样适合大多数内容分析的研究，因为你要把结果推广到的对象通常是数量庞大的单元集（例如所有的报纸文章）但只有编码少量单元的时间。抽样步骤如下：

- 定义总体（如所有的文章，所有的句子）。
- 选择样本元素（即分析单元）。
- 制作抽样框架。
- 运用随机选择程序。

步骤 5. 制作编码系统 一旦你决定了要测量的变量，接着就要制作编码系统来对变量操作化。要制作编码系统，就要小心地对每个变量概念化，并确定使用显性还是隐性编码，或者兼而有之。对每个变量你都要确定你要测量的具体方面（变量的倾向性、频度、强度、幅度或突出性，或者所有这些）。

步骤 6. 构造和细化编码类别 编码类别是编码系统的关键部分。它决定了你要将某一变量区分为几个水平，从何种角度区分以及区分时怎样执行。假设你要测量的变量是“暴力”。你必须做出决定，你是否想把它分为高、中、低强度的水平，或者还有更多的水平？你怎样区分要将低水平和中等水平的暴力？你还要考虑不同类型的暴力（如身体、情感、性暴力）并考察每类暴力的强度吗？

步骤 7. 把数据编码输入记录单 一旦你确定了变量、编码类型和编码类别，就应该制作记录信息的表单（纸版或电子版）。一般地，每个单元或个案需要一份记录单（一张纸或一页电子文档）。如果你计划要对 1000 条电视商业广告编码，商业广告就是你的分析单元，你需要 1000 张记录单，每条一张。每张记录单上要记录该研究的基本信息（标题、编码者姓名）。同时要留出空间记录该单元的基本信息（日期和时间）和每个变量及其中的类别。然后通过填写每个单元的信息对文本编码。把编码信息记入记录单。

步骤 8. 数据分析 内容分析的数据处理与其他定量的数据分析相同。你必须把记录单

活学活用：内容分析的抽样

假设你的研究问题是：美国新闻周刊如何描述女性和少数族裔？你的分析单元是文章。你的总体是1997 年至 2007 年发表在《时代》《新闻周刊》和《美国新闻和世界报道》上的所有文章。你需要精确地界定分析单元即文章。影评算是文章吗？读者来信算吗？文章有最小篇幅要求吗（例如两句话）？你会把多个部分组成的文章算作一篇还是两篇文章？

接下来你要考察 3 种杂志的各期的内容。你必须查明每种杂志一期平均有多少文章。你可以查看第一年（1997）、中间（2002）和最后一年（2007）每种杂志的两期内容。这样你就能查看和计算 18 期（3 种杂志 ×2 期 ×3 时间段 =18）杂志的文章。如果每期杂志包含 45 篇文章，10 年内每周出 1 期即每年出 52 期，那么文章的总体为 70200 篇（3 种杂志 ×45 篇文章 ×52 期 ×10 年 =70200）。你的抽样框架就是所有文章的清单。

然后就要确定样本大小和设计。考虑了预算和时间之后，你可能决定抽取 1404 篇文章。抽样率为 2%（70200×0.02=1404）。你必须选择一种抽样设计。避免使用系统抽样，因为每期杂志都是根据日历循环出版的（如每隔 51 期杂志的间隔得到的是每年同一周出的）。因为每种杂志的各期都很重要，你可能想使用分层抽样。你按杂志类型分层，每种杂志抽取 1404/3=468 篇文章。如果你要确保文章能代表 10 年中每个年份，还需要根据年份分层。取整后，每种杂志每年要抽取 47 篇文章（468/10=46.8）。为简单起见，你可能会使用群集抽样，一年里杂志的期数就是群集。因为一年里每种杂志有 52 期，你或许希望从每年的每种杂志里随机抽取 8 期。然后你只需计算某年 8 期杂志里所有的文章，抽取包含 47 篇文章的随机样本。例如，对 2002 年，你利用随机抽样的计算机程序从 1 至 52 的编号中抽得 8 个数字。该年 52 期杂志中的这 8 期《时代》杂志就是你的样本。然后，你要计算 8 期杂志里的文章数量并编号。如果共有 380 篇文章，你就要制作从 1 到 380 的文章清单。现在使用随机数字表或者随机抽样的计算机程序从这 380 篇文章中选取 47 篇文章的样本。接着就准备运用编码系统对这 47 篇文章编码。

活学活用：编码系统和类别

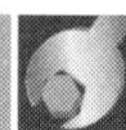

假设你的研究问题是，10 年间在美国新闻杂志上作为重要领导角色出现的不同种族或不同性别的人形象是否有变化？你必须以可操作的语言定义“重要领导角色”。这表明要创建书面规则对文章中提及的人分类。例如，如果某篇文章提到已经逝世的人的成就，这位逝者是否是重要角色？重要角色是什么——地方女童子军领袖还是公司总裁？你必须记录担任重要领导角色的人物的人种—民族和性别信息。如果文本和随附照片里的人种和性别信息不清楚你该怎么办？你如何判定人物的人种和性别？你对正面和反面领导角色都关注吗？你可以运用隐性或显性编码进行测量。使用显性编码时你必须制作形容词及短语的表单。如果抽取文章提及某个人时用到表单里的形容词，就要确定形容词的倾向性。例如，词语*杰出的*和*顶尖人物*就是正面的，而*一般的*和*无想象力的*则是反面的。使用隐性编码时你必须创建指导编码判断的规则。例如，你把各篇新闻报道如解决了棘手的世界危机的外交官，无法盈利的公司主管，或者打赢某个案子的律师分为正面和负面两类。

规划研究项目时，你应该计算完成研究所需的时间。例如，在预研究期间你可能知道一篇文章的阅读和编码平均需要 15 分钟。这并不包括抽样或查找杂志文章的时间。如果样本大约有 1400 篇文章，编码就需要 350 个小时——不包括验证编码准确性的时间。350 个小时大约需要 9 周不间断地工作（一周工作 40 小时），所以你可以考虑雇用助手编码或者做出其他调整。

上的数据转换为计算机程序能使用的格式，一般制作成网格或电子数据表。每一行是一个单元或个案，每一列代表一个变量。然后就能对定量数据使用标准的分析方法。

活学活用：内容分析的数据记录

空白记录单示例

纽曼教授，社会学与人类学系　　编码者：_____

新闻杂志文章中少数 / 主体族群的代表

文章 # _____　杂志：_____　日期：_____　篇幅：_____ 栏英寸[1]

提及人物的总数 _____　照片数量 _____

担任重要角色的人物数：_____　文章主题：_____

人物：_____　种族：_____　性别：_____　领导？：_____　行业：_____　评级：_____

人物：_____　种族：_____　性别：_____　领导？：_____　行业：_____　评级：_____

人物：_____　种族：_____　性别：_____　领导？：_____　行业：_____　评级：_____

人物：_____　种族：_____　性别：_____　领导？：_____　行业：_____　评级：_____

人物：_____　种族：_____　性别：_____　领导？：_____　行业：_____　评级：_____

人物：_____　种族：_____　性别：_____　领导？：_____　行业：_____　评级：_____

人物：_____　种族：_____　性别：_____　领导？：_____　行业：_____　评级：_____

人物：_____　种族：_____　性别：_____　领导？：_____　行业：_____　评级：_____

某篇文章已填完的记录单示例

纽曼教授，社会学系　　编码者：苏珊

新闻杂志文章中少数 / 主体族群的代表

文章 # 0454　杂志：时代　日期：1998 年 3 月 1—7 日　篇幅：14 栏英寸

提及人物的总数 5　照片数量 0

担任重要角色的人物数：4　文章主题：外交事务

人物：1　种族：白人　性别：男　领导？：是　行业：银行　评级：5

人物：2　种族：白人　性别：男　领导？：否　行业：政府　评级：无

人物：3　种族：黑人　性别：女　领导？：是　行业：民权　评级：2

人物：4　种族：白人　性别：女　领导？：否　行业：政府　评级：0

人物：_____　种族：_____　性别：_____　领导？：_____　行业：_____　评级：_____

人物：_____　种族：_____　性别：_____　领导？：_____　行业：_____　评级：_____

人物：_____　种族：_____　性别：_____　领导？：_____　行业：_____　评级：_____

人物：_____　种族：_____　性别：_____　领导？：_____　行业：_____　评级：_____

---

1 计算文章所占版面面积的单位，1 栏英寸 =1 栏宽度乘以 1 英寸——译者注。

内容分析的局限性

内容分析只能概括到文化沟通本身的范围中。遗憾的是，单凭内容分析不能做到下列任何一条：

- 确认某个主张的真实性
- 评价文学作品或视觉文本的审美质量
- 解释内容的重要性
- 揭示文本组织方式的意图是什么或创作者是谁
- 确知信息对接收者的影响

内容分析只能描述文本内容，揭示其中的模式。根据内容分析的结果，我们可以说某类信息经常出现在电视上，但无法知晓该信息对接受信息的观众有何影响。在内容分析的基础上，可以运用其他的研究方法来全面了解信息影响人们的信念和行为的过程。如果你想探讨信息的出现及其影响，就要把内容分析与其他研究方法（如实验）结合起来。这样你就能明了某一信息出现的广泛程度以及它对信息接受者的影响。例如，内容分析表明儿童读物含有性别刻板印象。仅有内容分析的结果并不表示这一刻板印象会影响儿童的信念或行为。接下来你可以进行一项单独的研究，考察儿童的阅读内容怎样影响他们的信念和行为。将这两类研究结合在一起，就能看到客观事物的全景。

挖掘现有统计数据源回答新问题

迄今为止，我们讨论过的研究方法（如调查、实验或内容分析）都要提出研究设计和收集数据。幸运的是，已经收集和可以获得的社会生活信息堆积如山，有些是统计文件（书籍、报告等），有些是电子记录。对于这两种数据形式，你都可以根据脑中牢记的变量和研究问题搜索有用信息，并对信息进行统计分析以解决研究问题。

现有统计数据研究需要分析以前收集的公开数据，回答新的研究问题。它与大多数其他研究方法不一样，因为在你提出研究问题和假设之前你必须清楚能获得什么样的数据。请回忆一下其他定量研究，过程一般是（1）开始提出观点或概念，（2）将它们概念化为有定义的变量，（3）把变量操作化为特定的测量方法，（4）收集数据，（5）分析数据。这类定量研究方法，先要提出研究问题或假设。现在你必须从了解哪些信息可获得开始你的研究。这一过程的流程如下：

1. 搜索和浏览已有的统计信息或数据。
2. 对你找到的数据概念化使之成为变量。
3. 找出具有相同分析单元的变量并核实数据的准确性。

4. 根据你从各变量中确定的自变量和因变量整理假设。
5. 对数据进行统计分析，检验假设。

实验研究最适合你能控制情境、操控自变量的主题。调查研究最适合你能向人询问并了解调查对象报告的态度或行为的主题。内容分析最适合你要评价传播媒介所载内容的主题。大型官方组织定期针对其收集和报告定量信息的主题最宜采用现有统计数据研究；这类报告的度量标准多为**社会指数**（social indicators）。

20 世纪 60 年代期间，许多社会科学家不满于决策者能得到的信息，这些信息仅限于一些经济测量值。于是不满的社会科学家发起了“社会指数运动”并开发了许多新的测量社会状况或幸福感的方法（即指数）。他们的目标是把社会状况的数据与经济指数（如国民生产总值、收入）结合起来，得到社会经济生活的更全面的图景，以便更好地让决策者获取信息。社会指数既测量社会生活的积极面（工作满意度、志愿者活动、公园用地、住房所有权、通自来水的住房）又测量消极面（1 岁内婴儿的死亡率、犯罪率、离婚率、酗酒）（参见表 8.1）。有些机构还经常报告所测的自然环境（如空气污染）和心理状况（压力报告、心理健康就医）。

数以百计的公私机构正在收集数据，为内部决策或以公共服务形式提供各种报告。它们很少为了某个特定的研究问题而收集数据。如果你的问题涉及各种社会、经济和政治状况，而社会机构又在这方面收集和报告了很多信息，就很适合做现有统计数据研究。这些机构通常长时间或在多个广阔的地区收集数据。这些信息通常是免费或几乎免费的。例如，免费、公开的统计数字能让你测定 20 年里 150 个城市的失业率和犯罪率是否有关联。

最初的数据收集有些可能有反应性。例如，通过询问人们是否在寻找工作来测量失业率。有些数据收集就没有反应性，例如记录有多少人在选举中投票或者获得高中毕业文凭的学生人数。社会机构收集数据是其例行的行政计划和监测活动的分内之事，而不是为了研究。你运用这些数据回答研究问题是无反应性的，因为给出信息的人们并未意识到信息将用于研究。

表 8.1 公开渠道能获得的社会指数示例

投票率
人们每年志愿服务的小时数
人口中识字百分比
人口中缺乏医疗保险的百分比
虐待儿童的案件数
人们上下班路上平均耗时
公园和娱乐场所的数量和规模
报案的犯罪数量

研究示例专栏 8.4：底特律市的污染、种族和住房选择

唐尼（Downey，2005）针对白人—黑人的种族不平等和底特律市靠近有毒物质污染区的生存问题进行了一项现有统计数据研究。他想检验这一假设：居住在靠近有毒废弃物的地区的黑人多于白人。他利用了数年来针对人口和住房（包括房屋所有权和房屋所有人的种族）以及生产设施（工厂位置，附近也是大部分雇员的居住地）的公开普查数据。唐尼利用美国环境保护署（Environmental Protection Agency，EPA）有毒化学品的存货清单来筛选污染性工厂并记录地址。该研究的分析单元是人口普查的片区（美国普查局划分的地理单元）。所以所有研究变量的信息都来自每个普查片区，并且可以结合其他公开的信息。唐尼检验了 3 个描述环境条件不平等的模型：

1. *种族主义的选址政策*。公司和官员都把有毒物品的安置点建在目前黑人居住区附近。
2. *经济的不平等*。低收入人群（大多为黑人）搬进靠近有毒物品的地区，因为那里居住成本较低。
3. *居住隔离*。白人搬进理想的居住区并设法阻止非白人进入。非白人被迫居住在剩下的靠近有毒地点的开阔区。

唐尼的数据给了居住隔离模型最强的支持。不过，他的研究结果和他起初的假设并不一样。他发现虽然白人会设法保持居住区里都是白人，但他们也想住在靠近工作地点的地方。很多白人在产生和就地堆积有毒污染物的工厂工作。矛盾的是，这意味着居住在靠近有毒污染物的场所的白人多于黑人。白人还阻止黑人搬入他们的居住区——靠近污染性工厂的居住区。

进行现存统计分析时你会面临 3 项挑战：搜索和定位数据源，检验数据质量和创造性地思考把数据转变为变量的方法以回答研究问题。

查找数据

政府、国际机构、私人公司和非营利组织收集了各种各样、浩如烟海的定量信息。信息量庞大得足以淹没一切，要精确地定位细节殊为不易。如果你打算进行现有统计数据研究，请与信息专家讨论你的研究兴趣——这种情况下，图书馆的参考咨询馆员能为你指出可能用的数据源。许多现有数据源是“免费的”——也就是说，在图书馆中或互联网上可以让公众获取。虽然如此，搜索特定的信息仍然要花费大量的时间和精力。这就是矛盾：在你查找信息之前你并不知道会找到什么信息，在你开始搜索之前你也不知道要查找什么。专业的研究者会花费数小时在图书馆里、互联网上搜索，或者要求特定的机构提供资料。一旦你找到资料，还须把它记录下来。有些资料已经有计算机可以读取的格式。例如，无须从已出版的书籍里记录投票数据，投票数据已经有计算机可读取的格式（如电子数据表、统计程序用的格式）。

数据源有很多种类，以致专业人士掌握它的动态成为专职的工作。美国国情惟一最有价值的统计信息源是《美国统计摘要》（*Statistical Abstract of the United States*）（见图 8.1）。美国政府自 1878 年起每年都要公布该信息。在美国所有的图书馆和互联网上

图 8.1 《美国统计摘要》页面示例

成年人从事与休闲、运输、家务有关的体力活动的百分比：2003 年

[以百分数表示。包括 18 岁及以上的人。数据基于风险因子监测系统（Behavioral Risk Factor Surveillance System）问及的上个月体力活动问题的回答。根据 2000 年的标准人口调整了各年龄段估计值。本调查基于 2003 年美国 50 个州和华盛顿哥伦比亚特区约 257000 人的调查样本]

特征	达标者[1]	未达标者[2]	不活跃者[3]
总计	**46.0**	**54.0**	**24.3**
男性	48.2	51.8	22.0
女性	44.0	56.0	26.3
白人，非拉丁裔	49.0	51.0	20.9
黑人，非拉丁裔	36.3	63.7	32.7
拉丁裔	37.5	62.5	36.0
其他	43.5	56.5	25.2
男性：			
18~29 岁	57.8	42.2	17.1
30~44 岁	48.7	51.3	20.7
45~64 岁	43.2	56.8	24.4
65~74 岁	45.7	54.3	24.9
75 岁及以上	36.7	63.3	31.0
女性：			
18~29 岁	50.1	49.9	21.9
30~44 岁	47.7	52.3	23.4
45~64 岁	42.6	57.4	26.7
65~74 岁	37.1	62.9	31.2
75 岁及以上	27.6	72.4	42.0
教育程度：			
不足 12 年	33.8	66.2	45.7
12 年	43.1	56.9	30.5
大学未毕业（13~15 年）	47.5	52.5	21.0
大学（16 年及以上）	51.9	48.1	13.1
家庭收入：			
不足 10000美元	34.7	65.3	42.2
10000美元 ~19999美元	37.0	63.0	38.9
20000美元 ~34999美元	43.6	56.4	29.4
35000美元 ~49999美元	47.3	52.7	21.9
50000美元及以上	53.6	46.4	13.6

[1] 达标指能完成建议的最低体力活动量即 5 次 / 周 ×30 分钟 / 次或者至少 3 次 / 周每次激烈活动 20 分钟。[2] 体力活动达不到建议的强度或者未报告休闲、运输、家务相关体力活动。[3] 没有报告体力活动。

数据来源：美国慢性病预防和健康促进中心（U.S. National Center for Chronic Disease Prevention and Health Promotion）的“营养和体力活动”报告，另有未发表的数据：<http://www.cdc.gov/needphp/dnpa>

都能找到它。《美国统计摘要》包含了 1400 张图、表格和统计报表。它是从数百家政府和私人机构的数千份详细报告中挑选出的内容的合辑。有时，你想查看更具体的政府文件。在你浏览《美国统计摘要》之前，很难了解它包含的所有内容。大部分资料都以州或郡为分析单元，记载内容通常可以上溯若干年。

大多数国家和联邦州政府会公布类似的统计年鉴。如果分析单元是国家，那么可以利用联合国和国际机构（世界银行、经济合作和发展组织）公布的各国统计信息（如识字率、农业劳力百分比、出生率等）。

验证数据质量

尽管现有统计数据分析具有低成本、易实现的优点，但以下 6 方面会限制其应用：

图 8.1　续

存在食物短缺问题的家庭和个人：2000~2003 年

[**106043 代表 106043000。**食物安全是指任何时候家庭都有足够的食物保证所有家庭成员积极健康地生活，而无须食用社会不能接受的食物或者诉诸特别的应对行为以满足他们基本的食物需要。食物不安全的家庭以社会能接受的方式获取能接受的食物的能力有限或不稳定，这类家庭常常有一人或多一人或多人因为食物资源的不足而至少在某些时候陷入饥饿状态。由于忽略了无家可归的人，报告可能会低估食物问题。通过询问一系列很难满足基本食物需要的家庭的特有经历和行为，可以测量家庭食物不安全和饥饿的严重程度。随着食物不安全严重程度的增加，这类经历和行为通常按一定顺序出现。随着资源变得更为有限，典型家庭中的成人首先担忧能否持有足够的食物，随后要节约使用家庭资源并努力保证其他必需开销，再后降低家庭成员日常饮食的质量和减少种类，再后减小成人食物摄入的次数和量，最后减小儿童食物摄入的次数和量。所有的问题都针对过去 12 个月，并且带有限制语提醒受访者只报告由于经济资源不足导致的以上问题。不包括因为节食或日程繁忙而受限的食物摄入。数据来自当前人口调查（Current Population Survey，CPS）的食品安全附录；CPS 的详细介绍见正文第 1 部分及附录 3]

家庭食物安全等级	数量（单位为 1000）				百分比分布			
	2000	2001	2002	2003	2000	2001	2002	2003
家庭总数	**106043**	**107824**	**108601**	**112214**	**100.0**	**100.0**	**100.0**	**100.0**
食物安全	94942	96303	96543	99631	89.5	89.3	88.9	88.8
食物不安全	11101	11521	12058	12583	10.5	10.7	11.1	11.2
未见饥饿	7785	8010	8259	8663	7.3	7.4	7.6	7.7
出现饥饿	3315	3511	3799	3902	3.1	3.3	3.5	3.5
儿童饥饿 [1]	255	211	265	207	0.7	0.6	0.7	0.5
成人人数	**201922**	**204340**	**206493**	**213441**	**100.0**	**100.0**	**100.0**	**100.0**
食物安全家庭	181586	183398	184718	190451	89.9	89.8	89.5	89.2
食物不安全家庭	20336	20942	21775	22990	10.1	10.2	10.5	10.8
未见饥饿	14763	14879	15486	16358	7.3	7.3	7.5	7.7
出现饥饿 [2]	5573	6063	6289	6632	2.8	3.0	3.0	3.1
儿童人数	**71763**	**72321**	**72542**	**72969**	**100.0**	**100.0**	**100.0**	**100.0**
食物安全家庭	58868	59620	59415	59704	82.0	82.4	81.9	81.8
食物不安全家庭	12895	12701	13127	13265	18.0	17.6	18.1	18.2
未见饥饿	12334	12234	12560	12845	17.2	16.9	17.3	17.6
儿童饥饿 [1]	562	467	567	420	0.8	0.6	0.8	0.6

[1] 由于家庭食物匮乏，本年某时间里，食物不安全家庭有 1 位或多位儿童受饿。儿童饥饿的家庭百分比分布则从分母中排除了没有儿童的家庭。[2] 由于家庭食物匮乏，本年某时间里，食物不安全家庭有 1 位或多位成人受饿。

数据来源：美国农业部（U.S. Department of Agriculture）经济研究局：《美国家庭食物安全》，2003；《食物援助和营养研究报告（第 42 期）》，2004 年 10 月；<http://www.org.usda.gov/briefing/foodsecurity/>。

- 数据缺失
- 信度
- 效度
- 主题知识缺乏

- 具体性错置错误
- 生态性错误

1. 数据缺失。现有统计数据和文件的一项主要缺陷是数据的缺失。有些数据当时已收集但后来遗失了。更常见情况是没有人收集数据。政府机构的官员会决定是否收集官方信息，收集哪些数据也受他们的政治信念和价值观的影响。政府机构会因为政治、预算或其他原因而启动或中断信息的收集。例如，美国联邦政府中断了某几类信息的收集，而社会学家却认为这类信息非常有价值。官方给出的理由是削减成本，但后来有些官员透露这与推动一项政治议程有关。如果政府停止收集或公布那些能确证不公平或健康隐患的信息，批评者就很难对歧视或不安全状况提出责备。如果研究持续的时间很长，数据缺失尤其易成为问题。

另一种数据缺失是因为数据收集时类别划分不细致，低于研究者的要求。或许你感兴趣的是人种—族群。你想比较美国的白人、黑人、亚裔和拉丁裔的差别，但官方数据只有白人和非白人作为变量中的类别，达不到你的研究问题所需的精细程度。

2. 信度。很多现有统计数据研究都为信度问题困扰。如果官方对数据的定义或者收集数据的方法发生变化，就会产生信度问题。例如，美国官方对工伤、残疾、失业等的定义就几经修改。即使你了解这些变化，一致的测量也可能做不到。美国政府在 20 世纪 80 年代早期就修改了计算失业率的方法。之前政府机构是以失业人数除以平民劳动力总人数来计算。新方法则以失业人数除以平民劳动力人数和军方人员的总和。当警方把犯罪档案输入计算机时，也出现了类似的问题。警方报告犯罪数量的增加并不表示实际犯罪的增加，而是因为记录系统的改进。

3. 效度。现有统计数据研究主要有 3 种测量效度问题。第一，收集信息的机构或组织所给出的概念式定义可能与你的不同。例如，你给出的工伤定义包括工作过程中的轻微割伤、擦伤和扭伤，而官方定义只包括需要就医的严重伤害。你的工伤定义里的许多伤害并不在官方的统计之列。另一个例子是对某人失业的定义。你的定义可能包括只愿从事符合自己专业的而现在无名额的工作，或者本想从事全职工作却被迫做兼职，或者经过一年尝试之后放弃寻找工作的人；而官方的失业定义只包括那些当前仍积极地寻找任何全职或兼职工作的待业者。排除了那些停止寻找工作的人，找不到其他工作每周只能工作 15 小时的人，和那些找不到不符合自己所受专业训练的工作而放弃的人（如牙医只能找到出租车司机的工作）。更复杂的是，不同国家或联邦州政府经常使用不同的官方定义（见活学活用：官方失业率与非就业人口之别）。

如果以官方统计作为研究变量的代表就会出现第二个效度问题。官方统计可能并没有真正测量你想研究的变量，但除此之外你没有其他数据，所以你使用这些数据就会降低效度。假设你想知道某个城市去年有多少人被抢劫。你以警方的抢劫案件统计作为代

活学活用：官方失业率与非就业人口之别

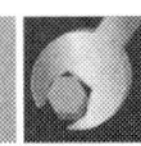

大多数国家的官方失业率都以失业人数占所有劳动力人口的百分比来计算。失业率的计算一般会排除两类没有全职就业的人：迫不得已做兼职工作的人、对求职消极的人。如果包括这些人，某些国家（如瑞典和美国）的失业率就会翻倍。大多数官方统计都会排除过渡期的个体经营者和未充分就业者等无合适工作的人员。失业率的不同定义对失业状况的规定并不一样。从经济政策或劳动力市场的角度看，失业率测量的是准备立即进入劳动力市场的人员比例，没有工作的人是雇主获取劳力的来源，或者是一种对经济的投资。从社会政策和人力资源的角度看，失业率测量的是当前没有发挥全部潜力工作的人员比例，失业率能告诉我们哪些人没有充分地利用自己的才能、技术或时间。没有工作的人是指那些对社会没有任何产出和贡献的个体。故而，各国官方统计资料里都要包括一条定义，反映了特定社会的价值观或解释失业含义的不同理论。请思考下列各种非就业人口：

非就业 / 完全就业人口的类别

- 正式失业。这类人要符合 3 个条件：(1) 在家庭之外没有带薪酬的工作，(2) 积极地寻找工作，(3) 如果有工作机会能立即上岗。
- 不情愿地工作。这类人有工作，但工作时间不定，或者工作时数太少，远低于自己的能力和期望；或者只是兼职，但有能力也期望全职工作。
- 消极（失业而不积极找工作）的人。这类人有工作的能力，有段时间也曾积极主动地寻找工作，但因为找不到工作就不再寻找。
- 其他无工作的人。这类人不工作是因为退休、度假、暂时被裁员、行动不便、操持家务、求学或正在准备入新职。
- 过渡性工作。个体经营户因为刚刚开业或正在处理因失败而破产的业务，而不能全职工作。
- 未充分就业的人。这类人有着暂时的全职工作，但他们的能力远胜于目前的工作要求。他们会寻找能充分发挥其技能和经验的固定工作。

资料来源：改编自 *The Economist*, July 22, 1995, p. 74.

表。不过很多抢劫案件并未报告给警方。如果有一半的抢劫案件并未向警方报案，使用官方的统计数字就不能正确地计算被抢劫的人数。你只掌握了部分事实，即警方记录的抢劫案数量。这种报告偏差会影响假设检验。假设年轻人比老年人向警方报告抢劫案的可能性小，使用官方数据，你就会发现抢劫案的受害者大多是老年人。事实上，这可能并不正确，而是因为官方统计的报告偏差。

研究者如果必须依赖官方机构收集的数据，就会出现第 3 个效度问题。信息收集过程可能会发生系统误差（如人口普查员不去贫困的街区而编造信息，或者调查对象在驾照上填写虚假年龄）。另外，政府机构人员在整理和报告信息时可能犯错（如警局可能马虎大意而丢失一些罪案档案）。还有些错误出现在公布信息时（如表格中的排印错误）。

从官方对长期失业人员的数字统计可以看到这种统计误差。美国劳工统计局长期失业的官方数据来自一项针对随机抽取的 50 000 人的调查。该局根据发出去的问卷数量来计算失业率，并未针对那些未能回收的问卷进行调整。具体情况如下。该局向 50 000 人分发了调查问卷。1993 年有 8 000 份寄回的问卷报告说他们失业了。这占总数的 16%，官方认为这就是失业率。1996 年有 4 500 份寄回的问卷报告说他们失业了。这占总数的 9%。于是该局就认为在 1993 年至 1996 年期间失业人数下降了 7%。然而，1993 年有 40 000 人寄回了问卷，所以真正的失业率是 20%（8 000/40 000）。1996 年只有 22 500 人寄回了问卷，失业率也是 20%（4 500/22 500）。真实情况并非如官方所宣称的：在 1993 年至 1996 年期间失业人数下降了 7%，而是没有变化。美国劳工统计局的这一失误，只有一位大学的研究者通过细致而敏锐的工作才得以揭露（参见 Stevenson，1996）。

4. 主题知识缺乏。因为现存统计资料很容易得到，在你知之甚少的问题上你或许能获取很多资料。这就会导致错误的假设或对结果的错误解读。在使用任何资料之前，你应该充分地了解要研究的主题。例如，你可能对参加过任何一种医疗保险的美国人口百分比感兴趣。《美国统计摘要》（2006，表 142）表明 2003 年这一比率为 84.4%。然而，在解释这些结果时很容易犯错，因为医疗保险的种类很多。有些是由政府提供的，有些是私人购买的，有些是雇主提供的；有些只包括最基本的项目并且个人要先支付大量的金钱，而另一些则包括所有的保健服务以及免费药物；有些是公开的且面向所有人，而另一些则有非常严格的准入条件。你或许能得到某一统计量，但你是否知道它的真正含义？如果要使用国际统计资料，这一问题就更严重，因为不同国家里某一主题的定义和情境差别很大。

5. 具体性错置错误。如果你过于详尽地引用统计数字以营造严密、精确的科学形象，就犯了**具体性错置错误**（fallacy of misplaced concreteness）。例如，已有统计表明澳大利亚人口数为 19 179 083。更好的说法是约为 1 920 万，因为确数并不很准。人口的统计很容易上下浮动数千人。如果你计算某个城镇离过婚人士的百分数为 15.655951，报告的时候只要精确到小数后一位，即 15.7 即可。

6. 生态性错误。如果你的研究问题针对的是小型、低级的分析单元（如个体行为），但你只收集了大型、高级分析单元的数据（如整个州），就会发生**生态性错误**（ecological fallacy）。已发表的资料中通常是大型或高级分析单元的数据。如果你感兴趣的变量在分析水平上比你收集的数据低得多，你就可能受到严重误导。例如，你能得到美国各州的数据（例如各州的失业率），但你感兴趣的是个体（如失业个体的特征）。从现有的统计数据来看，你发现失业率高的州吸烟的比例也高。如果你据此论断失业的人更可能抽烟，就犯了生态错误。用各州作为分析单元的数据并不能表明哪些个体会吸烟。仅仅因为某个州有很多吸烟的人同时失业率也很高，并不证明失业者比就业者更可能吸烟。如果你想知道失业的个体是否更可能吸烟，就需要以个体为分析单元的数据。官方的统计数字或许不适合你的研究问题，所以你必须改变你的问题，或改用不同的研究方法，例如社会调查。你可以挨个询问，你吸烟吗？你的就业状况如何？然后看看在这些个体中这两个变量是否有联系。

聪明贴士：运用现有统计源的数据

当你运用现有统计文件中的数据，请做到以下几点：

1. 确保变量的定义和测量标准与你感兴趣的变量一致。
2. 留意缺失的数据或变量类别，它们可能包含你感兴趣的差异。
3. 注意测量所用到的分析单元，避免生态性错误。
4. 了解与你使用的数据有关的研究领域。
5. 非常仔细地阅读统计表，包括脚注的详细内容和其他解释，这样你才能准确地了解表格传递的信息。

针对感兴趣变量的创造性思考

如果你使用已有的统计数据，要保证其他人已经收集好的数据能代表你的概念性变量。有时已有的统计数据并不能准确匹配你最感兴趣的变量。使用已有的数据源时，你必须经常保持创造性的头脑，找出可以代表你的概念性变量的替代项。为此，你首先要搜索已有的统计源，找寻最符合你概念的测量数据。你可能想测量“上层社会居住区”，但已有的数据源还不包括此种测量标准。尽管如此，你可以以城市街区为单位寻找各种社会特征的数据。如果你足够小心而又有创造性，就能用很类似的测量标准替代“上层社会居住区”。假设你认为上层社会的人一般都有价值不菲的自住房（超过一百万美元），完成了大学本科或以上的学历，子女都进入了收费昂贵的私立学校就读，并且都加入了高档的乡村俱乐部。你可以找到每个城市街区拥有高价自住房和接受过大学本科或以上居民的百分比数据。你也能获得在昂贵私立学校就读的学生通讯录，以及高档私人会所会员通讯录，然后将他们的住址归入城市各街区。你会发现有些城市街区里的大部分房子都是自有房，且价值在一百万美元以上，几乎所有的居民都至少有大学学历，至少有 10 个孩子在昂贵的私立学校就读，至少有 10 个人是高档私人会所的会员。把这些已测得的统计数据结合在一起，你就能创造你自己的“上层社会居住区”指数。

数据的标准化

你一定听说过犯罪率（如每 10 000 人中有 11 宗谋杀），出生率（如每 1 000 名妇女生育 5 人）或者失业率（如 4%）。许多测量值都用频率或者百分数表示。百分数也是一种比率，每 100 单位中的比率。比率能让变量的值变得标准化，便于进行有效的比较。许多已有的统计信息都是经过标准化的。但有时，在你利用统计信息之前，必须进行标准化。没有进行标准化，就很难或者根本不可能进行比较，并且很容易误读统计信息。

假设你对美国不同州的公民选举参与度感兴趣。《美国统计摘要》表明在 2004 年的总统大选中，加利福尼亚州有 12 421 000 人而缅因州有 741 000 人投票。人数更多是否意味着加利福尼亚人在参政上比缅因人更为积极？你或许认识到加利福尼亚的人口（2004 年为 36 800 000）比缅因（2004 年为 1 300 000）更多，所以加利福尼亚理应有更多的人投票。要比较这两个州的投票率即投票人数百分比，你就必须先对数据进行标准化。

标准化（standardization）是指先选择好基数并用原始测量值除以它的过程。基数仅是个数字或者特征值，它会影响你对原始测量值的解释。人口规模就是个好例子。它与参与投票的人数有关。如果加利福尼亚和缅因有相同的人口数，就不需要标准化。通过调整即消除有关但又不同的特征产生的影响，标准化能让你在相同的基数上进行比较。它突显了重要的差异。你可以消除这两个州的人口规模的差异，以便突显投票率的真实差异。百分数是最常用的标准化，在 100 的基数上进行标准化。我们可以用各州的投票人数除以人口数。加利福尼亚州 36 800 000 人口中有 12 421 000 人投票，则约有 33.7% 的人投票。而缅因州 1 300 000 人口中有 741 000 人投票，则有 57% 的人投票。当然，加利福尼亚州的人口规模意味着它对全国大选结果有更大的影响力，但如果你感兴趣的是选举参与度，那么你必须消除不同的州人口规模的影响。

你可能会说等等，并非每个人都能投票！新移民、外国人以及 18 岁以下的人都不能投票，但是都计入人口数。州总人口并不是最好的基数。标准化的关键问题是确定能用来计算的基数。基数的选择并不总是显而易见。它取决于变量，你必须仔细斟酌。要准确地测量投票人数的百分数，我们必须把投票人数除以有资格的选民人数。2004 年加利福尼亚州的合格选民数有 26 300 000。如果有 12 421 000 人投票，那么加利福尼亚在 2004 年总统大选中的投票率就是 47%。缅因州在 2004 年有 1 040 000 名合格选民。因为投票人数是 741 000，因此缅因州的投票率是 71.6%，远高于加利福尼亚。

不同的基数会得出不同的比率，基数会受到你对变量的定义影响。例如，有人把失业率定义为劳动力中不在工作的人数。整体失业率可以用以下公式计算：

$$失业率=\frac{失业人数}{劳动力总数}$$

你也可以把总人口分成各个小群体，计算每个小群体（例如白人男性、黑人女性、年龄在 18 至 28 岁之间的黑人男性，或者具有大学学历的人等）中的失业率。小群体的失业率通常与研究问题有关。或许你会把失业概念化为影响整个家庭的经历，就可以把基数转换为家庭户数，而非个体数。计算失业率的公式就变成：

$$家庭失业率=\frac{至少有一人失业的家庭户数}{家庭总户数}$$

你对变量进行概念化的方式决定着不同的标准化方法，但是不进行标准化就会得出歪曲的研究结果。数年前，有个学生对我说，根据《美国统计摘要》，纽约州的虐待儿童记录非常糟糕，超过 74 000 名儿童成为虐待受害者，而她的家乡犹他州只有约

13 500 起个案。她没有根据人口规模进行标准化。在她根据每个州的儿童人数进行调整之后，纽约州每千名儿童中有 16.3 名受到虐待，而犹他州则有 18.3 名。因此，犹他州的情况看起来更严重。当然，虐待案例的发现和跟踪在两个州之间可能并不一样，但标准化数据的重要性显而易见。

二手数据来源

二手数据分析类似于现有统计数据研究，因为你分析的数据也是其他人收集的。不同之处是，某些组织经常会以总量的形式发布官方的统计数据；或者针对庞大的宏观分析单元；或者以描述性的表格形式发布，并非所有单元上都有变量。例如，从官方统计你可以获悉某个州医生在医院从业的百分率，也可以获悉拥有某些医疗技术（例如磁共振成像，MRI）的医院百分率。你找不到每个医院里从业医生的数量，每个医院拥有什么设备。如果你关注某个医院医生的数量是否与其拥有的医疗设备有关，你就需要以医院为分析单元的数据，但是这些数据在公众能获得的任何官方统计数据中都不会出现。

二手数据分析与原始数据研究（如实验、调查和内容分析）相反，你并不关注数据的收集。相反，研究的焦点是对数据进行统计分析。二手数据分析易于重复，有助于提出原始数据研究者考虑不到的研究问题。在某种意义上，就像在数据收集阶段已经完成之后你再参加研究过程。大规模地（如全国性地）收集数据非常昂贵和困难。保证严格技术支持的全国重大项目的调查，耗资可能成千上万。幸运的是，有些组织会收集、保存和共享调查数据或其他类数据。它们会给其他人提供数据以便分析。在美国使用最普遍的调查数据源是**综合社会调查**（General Social Survey，GSS）。GSS 由美国政府资助，

活学活用：综合社会调查和二手数据分析

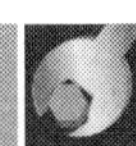

综合社会调查（GSS）是美国进行二手数据分析最知名的调查数据来源。有机读格式数据提供。数据集和编码本都没有版权。用户不用获得授权就可以复制或传播它们。利用 GSS 研究结果的论文和书籍数量已经超过 2 000。全美民意研究中心（NORC）自 1972 年以来，几乎每年都会进行 GSS。数据来源于针对 1 500 至 4 000 人的美国成人随机样本进行的面对面访谈。NORC 的工作人员会认真选择和培训访谈员。访谈通常会持续 90 分钟，包括大约 500 道问题。回收率在 71% 至 79% 之间。每年研究小组都会选择要新增的问题。某些问题和主题每年都会重复，某些以 4 到 6 年为周期呈现，在特定的年份会加入其他主题。访问 NORC 的网站你可以更详细地了解 GSS。你可以订购 GSS 数据的备份，或者进行在线分析。在线数据分析可以通过几个途径，例如加州大学伯克利分校的计算机辅助的调查方法项目的调查数据及分析（SDA）入口。你可能希望带着一系列问题或者变量（它们在一些网站上都能获得）开始分析。要详细地分析数据，你就需要统计分析软件和原始数据文件。你可以廉价地在某些机构获得这些数据文件，并且它们针对主要的统计软件包对其格式进行了预先处理。

每年由美国芝加哥大学的全美民意研究中心实施，至今已超过 30 年。GSS 的数据向公众开放，用于二手分析。近年来，很多其他的工业化国家也开始进行类似的调查（参见活学活用：综合社会调查和二手数据分析）。

二手数据源的缺点

利用他人收集的数据并非没有问题。和现有统计数据分析一样，你首先必须找到数据来源，看看它包含什么变量。二手数据最常见的缺点是它没有你的研究问题需要的变量。例如，在 GSS 数据源中你要指望其他研究者列入你感兴趣的调查问题所涉及的主题。即使能获得感兴趣的变量数据，设计研究和收集数据的研究者对它们的概念化可能存在差异。在你继续二手数据分析之前，你必须思考数据中的单元（如人的类型和组织）、数据收集的时间和地点、所使用的抽样方法和数据涵盖的具体议题或主题。例如，你可能想考察美国西南和大西洋地区拉丁裔和英裔的种族紧张关系。不过，你发现二手数据只包括太平洋西北地区和新英格兰各州。你就必须重新思考研究问题或者找到其他数据来源。

二手数据分析看似容易，因为数据已经有人提供，你只需要了解怎样运用统计软件程序和解释输出结果。然而，现有统计数据研究普遍存在的缺点，例如效度和主题知识，也同样在二手数据分析中存在。如同对现有统计数据研究，你首先必须考察数据，然后提出假设和研究问题。假设你获得了一份 GSS 数据。你可能发现它的使用受制于 3 点：

1. 数据来自遍及美国的所有成年人，并不针对特定的个体和地理位置，这些可能是你的研究问题所需要的。你感兴趣的可能是你自己州的 18 至 22 岁的人对某个问题的看法，但 GSS 并不能让你考察这一问题。
2. GSS 的调查问题并非针对你的研究问题关注的主题。你感兴趣的可能是某个特定的主题，例如一个人在婚前是否与恋人发生过性行为，但 GSS 没有包括这类问题。

要点回顾：4 种无反应性的研究的优点和缺点

无反应性的研究	主要优点	主要缺点
客观证据分析	间接而且无干扰性的证据	必须推测他人的意图
内容分析	揭示沟通中的隐含内容	局限于文本模式，无法看对人的影响
现有统计数据分析	覆盖范围大的定量数据，低成本	测量的信度和效度问题
二手资料分析	大规模的调查数据，低成本	可获得的变量有限

3. GSS 的问题表述与你的期望不一样，或者有不同的选项。例如，GSS 长期使用的关于公立学校祈祷的问题，询问的是受访者是否同意美国最高法院对此禁止的裁决。实际上，你无法了解人们对学校里具体各类祈祷或宗教活动持赞同还是反对意见。如果 GSS 提供了两选其一的答案，某种情况下支持还是反对人工流产，但你想有一系列范围更宽的选项（从强烈支持到强烈反对），你就会受到限制。

无反应性研究的道德

大多数无反应性研究最关注的问题并非道德考量，因为你研究的人并没有直接参与。在二手分析和内容分析中，很少会出现道德问题。客观证据分析主要的道德考量是要保护当事人的隐私和资料的保密性。

官方现有统计数据分析的使用会出现其他一些问题。这些是社会和政治因素的产物。研究者隐含的理论和价值观设想会指导他们收集何种信息，如何收集信息。被某些机构称为官方资料，并且定期收集的测量值或统计数据，也会陷于政治争议。如果以某种方式进行的测量就是官方的，而另一种测量就不是，那么所谓的官方测量可能会使某些政治观点获益。收集什么样的信息并公之于众，也会影响对公共政策的决策。例如，政治活动施压政府机构收集某些社会状况的信息（如在公立精神病院治疗期间死亡的病人数量）。政府官员先前并不认为这种状况的信息非常重要，会引起公众的关注，或者宁愿秘而不宣和隐瞒。同样，各个年龄的非白人学生进入美国学校就读的百分数信息，直到 1953 年才得以公开。1953 年之前，非白人学生可以就读，但法庭裁决和公众对种族歧视的关注促使政府机构开始收集这类数据。正如对某个问题的有组织的关注会促成新的官方统计数据的收集一样，针对某个问题的官方统计数据的收集工作也会引起公众的关注。例如，在政府机构开始收集并发布车祸数量统计数据，并且分析酒精是否是事故的一个诱发因素之后，醉驾问题越来越成为一个公众议题。

大多数官方统计数据都是为自上而下的官僚或行政规划收集的，并非为了研究者的目的或者强烈反对官僚决策者的人。政府机构可能会收集钢产量的吨数、铺设的公路里程数、每户平均的人口数等数据。它们决定不收集饮水质量、食品加工厂的污染情况或者与应激有关的职业病的信息。有些官员认为国民生产总值（GNP）是测量社会进步的关键指标。然而，GNP 忽略了社会生活中经济领域之外的问题（如家长与子女共处的时间），也漏掉了某些类型工作（如家务）。很大程度上可以说，官方统计数据反映了政治争议的结果（我们有必要知道什么信息）和主导机构的官员的价值观。你要做出道德伦理决定来质疑或仔细审视那些对应该收集哪些官方统计数据并公之于众进行指导的价值观和政府决策。重要的是，承认掌握权力的人决定着应该收集哪些信息并公之于众。他们不收集和公布某些信息，可能是为了捍卫他们的立场或者宣扬某种社会政治价值观。

本章回顾

本章我们学习了几种无反应性的研究方法。可以在不影响你要研究的人的前提下，采用这些方法测量或观察某些社会生活方面。利用这些方法能获得数字形式的信息，用来分析你的研究问题。这种方法可以结合其他定量或质性的社会研究方法，来考察许多社会问题。

与其他的定量研究一样，你必须关注数据的测量和质量。从过去实施的调查或者政府文件很容易获得你需要的信息，但是这并不意味着这些是对你真正感兴趣的内容的最好测量方法。无反应性研究的另一个缺点来自已有信息的可获得性。现有统计数据分析和二手数据分析的研究成本都很低。但是你对数据收集过程缺少控制或者无法详尽地了解。这可能会引起错误和误差，所以你必须分外地谨慎和警惕。

下一章，我们将在研究项目的设计和数据的收集完成之后，开始探讨数据的分析。分析方法应用于定量数据之中。到现在为止，你已经明白了怎样从研究主题起步，进入研究设计和测量方法，接着收集数据。接下来，你将要学习怎样解读数据，看看针对假设或研究问题，数据能告诉你什么信息。

学以致用

实践活动 1

在公共场所（如教室、学生食堂或候车室）找出 8 个垃圾筒。先获得场所主管人的许可，将垃圾筒里的垃圾带走，并且分门别类地记录。每个工作日都这样做，连续 2 周，坚持 10 天。这样你在 8 个地点能分别进行 10 次观察。你发现了一定的模式吗，无论与地点还是星期几有关都算？

实践活动 2

先设计一张记录表单，然后对电视广告（不包括电视剧开播前的预告和公益广告）进行内容分析。记录表应包括（1）电视台，（2）星期几，（3）播出时段，（4）商品估价：10 元以下；10~100 元；101~500 元；501~10 000；10 000 元以上。选好两个电视台和 4 天（工作日及周末各二天）。把一天分成 4 个时间段：上午（早 8 点至正午），下午（正午至下午 5 点），傍晚（下午 5 点至晚 9 点）和深夜（晚 9 点到午夜）。然后注意观察两个台每天每个时间段播出的广告（你可以寻求朋友的帮助）。在你收集了数据之后，你是否发现依据一天的时间段或星期几的不同，商品的价格表现出一定的模式？这两个台是否一样？

实践活动 3

请登录美国统计摘要网站（http://www.cencus.gov/compendia/statab/），请点击打印版，看看它包含的诸多部分（章）所涵盖的主题。你能找到下列 5 条信息及其在《统计摘要》中所在的表格吗？

1. 报告拥有宠物狗的美国家庭百分率是多少？
2. 在受害者的家里或住所发生的强暴和性侵的百分率是多少？
3. 所有 12 至 17 岁的年轻人酗酒的百分率是多少？
4. 按照人均消费量，下列什么食物消耗最多（总吨数）——牛肉，鸡肉，鱼肉 / 贝类或猪肉？
5. 在美国总人口（所有年龄、种族和性别）中，自报告因严重的身体、心理和情感问题而患有慢性病，导致活动严重受限的人口百分率是多少？

实践活动 4

请登录 NORC 的网站（http://www.norc.org/GSS+Website/）。点击浏览 GSS 变量，然后点击主题索引（确保你看过屏幕上半部的空白区）。点击大写字母“D”，寻找针对征兵制的调查问题。看“恢复征兵制”问题。然后点击底部的“趋势”按钮，看看这些问题出现在 GSS 的年份和总的支持率。在这个问题上 GSS 问的具体是什么？哪些年这些问题出现在 GSS 上？看看你能否确定男性还是女性更支持征兵制。

参考文献

Chavez, Leo. 2001. *Covering Immigration*. Berkeley: University of California Press.

Downey, Liam. 2005. "The Unintended Significance of Race: Environmental Racial Inequality in Detroit." *Social Forces* 83:971–1007.

Foster, Gary, Richard Hummel, and Donald Adamchak. 1998. "Patterns of conception, Natality and Morality from Midwestern Cemeteries." *Sociological Quarterly* 39:473–490.

Lauzen, Martha, and David Dozier. 2005. "Maintaining the Double Standard: Portrayals of Age and Gender in Popular Films." Sex Roles 52:437–446.

Quinn, Malcolm. 1994. The *Swastika: Constructing the Symbol*. New York: Routledge.

Rashotte, Lisa Slattery. 2002. "What Does That Smile Mean? The Meaning of Nonverbal Behaviors in Social Interaction" *Social Psychology Quarterly* 65(1): 92–102.

Rathje, William, and Cullen Murphy.1992. *Rubbish: The Archaeology of Garbage*. New York: Vintage.

Stevenson, Richard W. (Oct. 16, 1996). U.S. to revise its estimate of layoffs. *New York Times*.

9

数字的理解

2005年，约有一半的美国家庭由已婚夫妻组成，26% 独居者，18% 为单身成人带着小孩，约 5% 为未婚情侣居住在一起。未婚同居组成家庭的情侣约有 87% 是异性，13% 的情侣是同性。如今，鲜有美国人反对男女在结婚之前住在一起。结婚的配偶有三分之一先前就同居了。在 1970 年到 2000 年的 30 年间，同居增加了 10 倍。几乎有一半（41%）的女性（15~44 岁）都曾同居过一段时间。高收入的情侣和白人情侣最有可能从同居步入婚姻（参见图 9.1）。随着更多的人同居，结婚年龄也在推迟。从 1970 年到 2004 年，男女两性首婚年龄的中位数都有所延迟，女性从 20.8 岁延迟到 26 岁，男性从 23.2 岁延迟到 27 岁。未婚同居的异性情侣平均同居的时间为 2 年。最终，约有一半的情侣步入婚姻，约 40% 的情侣分手，其余的继续同居。美国数个州（佛罗里达、密歇根、密西西比、北卡罗莱纳、北达科他、弗吉尼亚和西弗吉尼亚）有（未强制执行）的法律规定男女同居是非法的。同居在很多国家都很普遍，但不是所有。某些国家超过 75% 的人同居在一起（如瑞典），但有的国家同居的人还不到 4%（如日本）。正如这一段对同居的简述所示，数字和统计量能帮助你看到社会亲密关系中的趋势。

定量数据的研究报告大多数都会使用示意图、表格与图表。要提醒自己，呈现图表的目的是要给你（读者）一幅数据的浓缩视觉印象，而不要一眼扫过报告中的这些部分。图表能告诉你一幕生动的故事。你只需了解它们的语言。

前面几章提及的数据收集方法得到的是数字形式的资料。数字代表了变量的取值，取值可以测量被试、受访者或其他个案的特征。最初，数字以原始的形式出现在问卷、记事本、记录表单或纸张上。它们是后续加工过程的起点。在你讨论和分析这些数字之

图 9.1 同居情侣步入婚姻的概率条形图

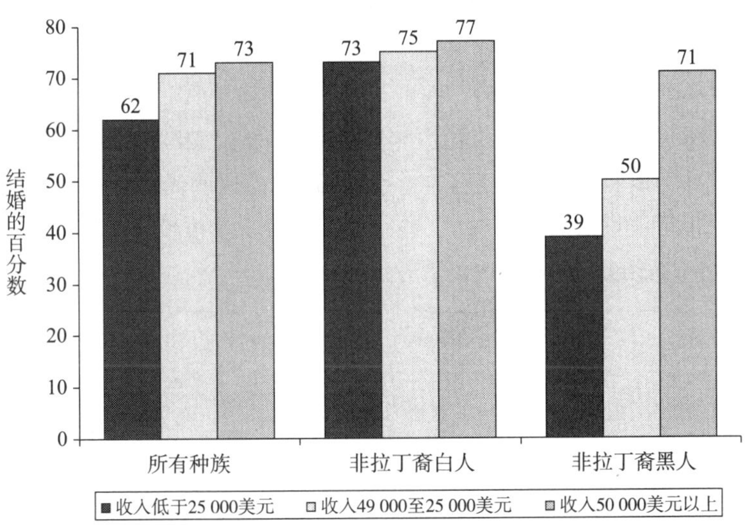

资料来源：From *Vital Health Statistics, Cohabitation, Marriage, Divorce and Remariage in the United States* (July 2002), Series 23, Number 22 U.S. Department of Health and Human Services.

前，你必须把它们重新整理为与计算机程序兼容的形式。你要利用计算机程序制作总结数据特征的图表。然后，你必须解释计算机加工的结果，即赋予它们一定的实际和理论意义（见图 9.2）。

获取数字后的工作

如果你要做二手数据分析，数据通常都是计算机可读的格式，那么你可以跳过数据准备阶段。相反，如果你自己采集数据，则首先必须将原始数字转换成计算机可读的格式或者要进行**数据编码**（data coding）。如同对内容分析中的编码，你必须制定并自始至终应用清楚明确的规则来转换信息的形式。利用计算机可以加工数字信息，将之转化为变量和**数据记录**（data records）。对数据进行编码时，你可能将每条数据记录写在单独的档案卡上或者计算机文档里。每个数据记录通常就是电子数据表或表格中的一行。每条数据记录都有某个人、单元或个案在所有变量上的信息，有多少个案或单元就有多少条数据记录。如果你有 100 个人的调查数据，就会有 100 条数据记录，每条数据记录针对一个人。你要为每个变量下的各属性或类别框赋予数字。使用数字是因为信息

图 9.2 数字形式的数据流程图

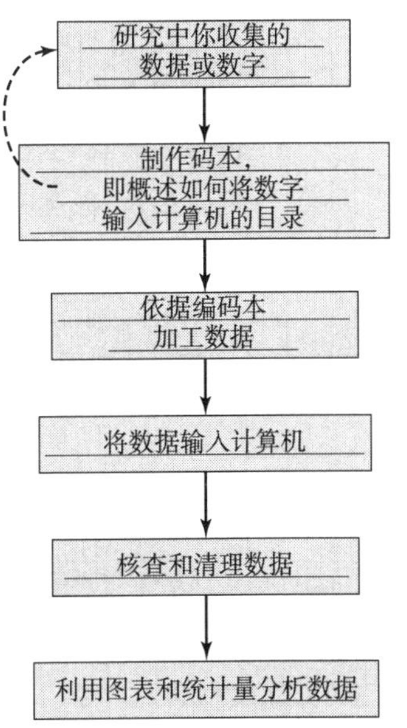

要输入计算机，数字在计算机里远比字母或文字更容易加工。有些数字反映了定量信息（比率或等距水平的测量）。也有数字是主观指定的，用以表示质性（命名或顺序水平）上的差别。

假设你收集了 5 个变量（年龄、性别、教育年限和 2 项态度）的信息。对于变量中的每个类别或水平你都要编码或赋值。年龄很容易赋值，因为年龄已经表示年的数量。而对于性别，你可以将男性编码为 1，女性编码为 2。这些代表男女两性的数字是主观任意的，同样也可能被编码为 5 和 7。教育年限是接受学校教育的年数。如果你利用 5 点里克特量表测量态度，你可以按以下方式赋值：

1 强烈赞同
2 赞同
3 反对
4 强烈反对
9 未作答

在对变量中的每种类别（甚至包括缺失项）赋值时，在**码本**（codebook）中书面记载编码规则必不可少。编码时，你应该制作条理清晰、内容详尽的码本，并且要做多个备份以防丢失。如果你没有记下编码程序的具体细节，或者丢失码本，就失去了缩略语意义表，而可能不得不从头开始。

在用数字进行编码并整理了所有的数据记录之后，就可以把信息转换为计算机可读取的格式。数十种计算机程序可以用来分析定量数据，但许多程序都需要数字类型的信息，并且排列成表格。表格中的每一行都是数据记录（即一位受访者、被试或个案），每一列都是一个变量。计算机程序还可让你输入码本信息，这样就能清楚明白地呈现结果（如 1=对调查问题“强烈赞同”的回答）。

图 9.3 展示了数据编码的过程，从调查问卷到码本，再将数据转换成计算机可读取的格式。你的任务是将问卷中的信息（供人类读的）转换为一组有序的数字（计算机能读的）。人类并不能轻松地读懂机读格式的信息。不看码本，这些信息毫无意义。计

活学活用：预编码可以节省时间

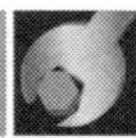

收集任何数据之前，你都应该先思考一下如何编码。预先估计后面的过程中会发生什么就能事半功倍。在开始进行实验之前，实验者必须确定如何对因变量的测量值进行编码。做调查的研究者在收集数据之前，通常会对问卷进行预编码。*预编码*就是将代码类型（如 1 代表男性，2 代表女性）写在问卷上。如果你没有进行预编码，收集数据之后首先要做的就是创建编码。预编码能简化和加快这一过程。除了预编码，你还有给每个个案或单元赋予标识号（数字），以备将来检查。每个标识号都是单一个案的数据记录。如果在后面的环节出现问题，标识号能让你返回到原始的数据源（如问卷）进行核查。

图 9.3 三个个案的数据编码和码本

调查问卷节选（已预编码）

调查对象编号 ______________

1. 调查对象的性别：______男性(1) ______ 女性(2)
2. 你年龄多大？______
3. 你接受了多少年的学校教育？______
4. 第一个问题我们要问问你对美国总统的看法。你强烈赞同、赞同、反对、强烈反对以下观点或者没有看法：美国总统的工作非常出色。

   _____ 强烈赞同(1) _____赞同(2) _____反对(3) _____强烈反对(4) _____没有看法(9)
5. 你对未来总的感觉是什么，尤其是未来2~3年？

   _____ 非常积极(1)

   _____ 有点积极(2)

   _____ 既不积极也不消极(3)

   _____ 有点消极(4)

   _____ 非常消极(5)

   _____ 没有想法/没有看法/拒绝作答(9)

码本节选

所在列	变量名	描述
1-3	编号	调查对象编号（001~250）
4	性别	访谈者记录的调查对象的性别， 1=男性；2=女性
5-6	年龄	调查对象的年龄用两位数字表示
7-8	教育程度	调查对象接受学校教育的年限从01至最多的年数
9	总统工作	美国总统的工作非常出色 1 = 强烈赞同 2 = 赞同 4 = 反对 5 = 强烈反对
10	未来	调查对象对未来的感觉 1 = 非常积极 2 = 积极 3 = 既不积极也不消极

前三个调查对象的数据，将数据输入计算机时的情况

个案编号	性别	年龄	教育年限	评价总统	评价未来
001	20	1	14	1	3
002	19	2	15	5	1
003	21	1	16	2	4

计算机记录节选，前三条数据记录

0012011413 42736302 182738274 10239 18.82 3947461 ... 等
0021921551 23334821 124988154 21242 18.21 3984123 ... 等
0032111624 0123982 1137272631 2345 17.36 1487645 ... 等
等

算机格式的数据将 3 个调查对象的问题信息浓缩成 3 行数字。原始数据看起来通常像数字区块。例如，对 250 名学生进行的 15 分钟的电话调查得到包含 250 行的网格，每一行都是一条数据记录。如果你询问了 25 个调查问题，网格就至少应有 25 列，外加标示编号列。这样，数字区块有 250 行，多于 25 列。头 3 个数字通常是标识号。图 9.3 的数据示例呈现了第一位（001）、第二位（002）和第三位（003）受访者的信息。注意数字 0 是占位符号，可以避免混淆。因为标识号会从 001 增加到 250。

码本能让你回溯研究过程，以解码信息。请参照码本审视一下输入计算机的数据记录。个案 1 是一位有 14 年就学经历的 20 岁男子的数据。他以强烈赞同回答总统工作的问题，对未来的问题回答既不积极也不消极。个案 2 是一位有 15 年就学经历的 19 岁女子的数据。她以强烈反对回答总统工作的问题，对未来的问题回答非常积极。个案 3 是一位有 16 年就学经历的 21 岁男子的数据。他以赞同回答总统工作的问题，对未来的问题回答有些消极。、

清理数据

数据编码一定要高度精确。即使样本很完善，测量效度很高，收集数据时也没犯错，但在编码或将数据输入计算机时犯错，整个研究项目也会失败。对数据编码后，你必须检查和“清理”数据。要做到这一点,可以再次对数据中 10% 的随机样本重新编码。如果你没有发现编码错误，就可以放心地进行下一步；如果发现许多错误，就要重新检查所有的编码。在数据输入计算机之后，你也可以通过查找不可能出现的代码检查编码过程是否有误。例如，调查对象性别的编码是：1=男性，2=女性。检查所有代表性别的数字，如果发现数据记录上性别变量出现数字 4，编码就有误。

如何描述定量结果

统计既指已收集的一组数据（如《美国统计摘要》上的统计资料），又指应用数学的一门分支。作为应用数学，统计学能告诉我们怎样处理和总结数字。描述统计是统计学的重要分支，它的主要作用是描述和交流数字信息（稍后我们介绍另一个分支即推论统计）。根据同时考虑的变量数量（1、2 或 3 个及更多），我们依次来学习描述统计。单变量统计只描述一个变量，双变量统计描述两个变量，多变量统计描述三个或更多的变量。

图 9.4 单变量统计，对于婚前性行为的看法

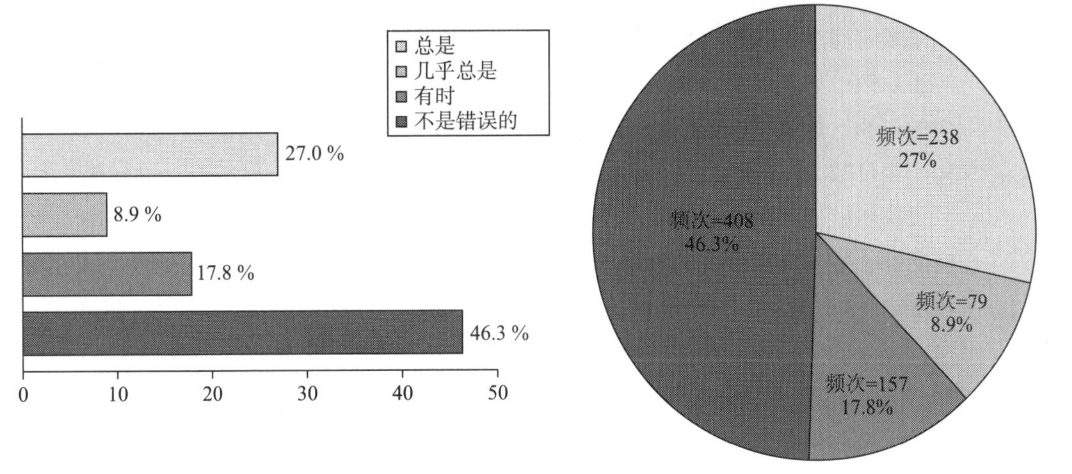

资料来源：GSS，2004.

单变量结果的考察

每个变量类别有多少数量 描述单变量的数字资料最简单的方法是**频次分布**（frequency distribution）。同样的信息也可以形象地用图形呈现，例如饼形图、条状图或柱状图等。小学数学课上我们就熟悉了饼状图。饼状图将整个圆形分成若干个扇形。条状图主要用于离散变量，垂直或水平排列，各个条形之间留有小空隙。柱状图通常为直立的条状图，主要用于等距或比率数据。如图 9.4 所示，2004 年几乎有一半的美国成年人认为婚前性行为并无错误。频次分布给出了准确的百分比。饼形图会歪曲信息，而条状图上的变量信息看上去一目了然。条状图表明，两个极端的回答即总是错误的和“不是错误的”最常见。

中点在哪里 呈现变量下全部类别的个案可能较繁琐，尤其是对于比率或等距数据，而你只想更简单地了解数据形态。你可以把所有数据总结为一个数字，即一类趋中数值。你可以在描述统计中使用**集中趋势度量**（measures of central tendency）。三个主要的集中趋势度量是平均数、中位数和众数。三者都可以称为*趋中数值*（average），一种不如各自名称准确或清晰的说法。大多数人早就了解了它们，但可能会忘记它们的具体含义。

SW Productions/Brand X/Corbis Royalty Free

众数（mode）最易计算，但用得最少。它只是最普遍或出现数次最多的数字。例如，在公共汽车站候

车的 8 个孩子的年龄如下：6，5，7，10，9，5，3，5，众数就是 5。一组数据的分布也可能有一个以上的众数。例如，下列数组 5，6，1，2，5，7，4，7 的众数就是 5 和 7。如果数字增多，只要寻找出现最多的数字就能得到众数。至少会有一个个案的数据恰好等于众数。如果你要售卖冰淇淋，但只能购进一种口味的冰淇淋，你就想知道能销量最多的口味，这就是众数。

中位数(median)就是分布的中点和第 50 个百分位。高于和低于它的个案各占一半。只要两步就能找到或者计算出中位数。首先，把数字从低到高进行排列。其次，数到中间的那个数。如果数字的总个数为奇数，找到中间的数即可。例如，有 7 个人在等公共汽车，他们的年龄分别为 12，17，20，27，30，55，80。从任何一端数到第 4 个人即可。年龄的中位数就是 27。请注意中位数并不会轻易发生变化。如果那位 55 岁和那位 80 岁的人都上了公交汽车，另有两位 31 岁的人来等车，中位数还是相同的。如果数字的总个数为偶数怎么办？例如，公交汽车站候车的 6 个人年龄如下：17，20，26，30，50，70。你会发现中位数位于 26 和 30 之间的某个点。要计算中位数，将这两个中间的数字相加，再除以 2，即 26+30=56/2=28。年龄的中位数就是 28。注意没有人的年龄是 28 岁。这 6 个人的年龄不存在众数，因为每个人的年龄都不同。

平均数（mean），或称算术平均数，是使用最多的集中趋势度量。许多高级统计度量方法都会用它。把所有的数字累加再除以数字的总个数就得到平均数。上例年龄的平均数是 17+20+26+30+50+70=213；213/6=35.5。注意没有人的年龄是 35.5 岁，平均数一般也不等于中位数。极端值（非常小或非常大的数字）的变化会强烈地影响平均数。如果 50 岁和 70 岁的人离开，代之以两位 31 岁的人，分布就变为：17，20，26，30，31，31。中位数没有变化，还是 28。平均数则变为 25.8，少了几乎 10 岁，从 35.5 岁降到 25.8 岁。因此，移除少数极端值之后，平均数下降了很多。

绘制频次分布图通常很实用。底端的横坐标表示变量的取值（从最低到最高），左侧的纵坐标表示个案的数量。将每个个案绘在图上时，个案看起来会逐个叠加。个案叠加形成的图有各种形状。最常见的是钟形曲线。许多自然发生的现象如果绘图都会形成钟形（如树的直径、人的身高、体重和智商等），所以又称为正态分布。正态曲线中间高，接近左右两端的极低值和极高值时，会平滑地下降。正态曲线看起来像一座钟，左右对称。从中间切开并对折后，两部分能完全重叠。如果数据呈现钟形曲线，则三种集中趋势度量都相等。假设 15 个人在等公共汽车，他们的年龄为：2，4，5，6，8，8，10，10，10，12，12，14，15，16，18。它们的频次分布图就会形成对称的钟形曲线。众数、中位数和平均数都是 10 岁。

并非所有的曲线都会形成完美的钟形；有些会呈现**偏态分布**（skewed distribution）。偏态是指因为数据极端偏大或偏小的个案太多导致的失衡。偏态分布的三种集中趋势度量都不同。如果大部分个案数据都偏小，少数偏高，那么平均数最大，中位数居中，众数最小。如果大部分个案数据都偏大，少数偏小，那么平均数最小，中位数居中，众数

图 9.5　正态分布与偏态分布集中趋势的度量

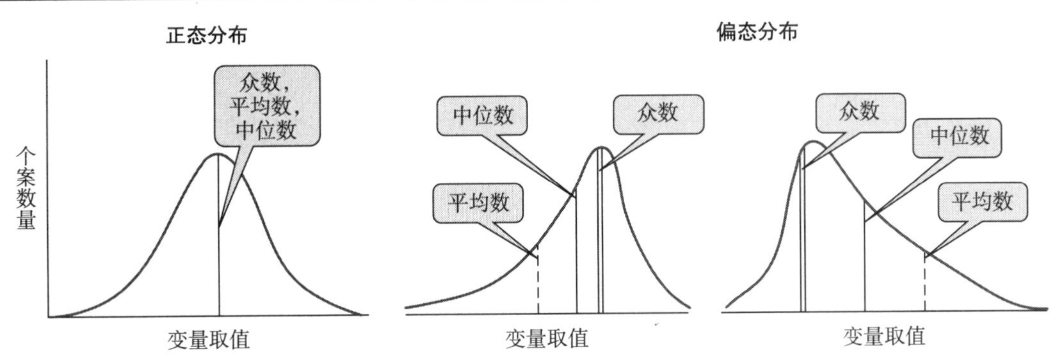

最大。一般而言，衡量偏态分布集中趋势最好的统计量是中位数（见图 9.5）。

本章开篇对同居的讨论，给出了结婚的年龄中位数和未婚的情侣生活在一起的年份平均数。中位数是衡量偏态分布最好的指标，例如初次结婚的年龄。很多人 20 多岁就结婚了，但 50 多岁和 60 多岁的人就很少有人还是第一次结婚。对于正态分布可以使用平均数来衡量，例如大多数人生活在一起的时间。

什么是离散 集中趋势的度量会给出具体的数字，即数据的中点。分布的另一个重要特征是数据距离中点的离散程度。两个分布的集中趋势度量可以相同，但离散的程度却可能相差悬殊。例如，7 位在酒吧前面公交站等车的人年龄分别为 25，26，27，30，33，34，35。中数和平均数都是 30。另外 7 位在冷饮店前面公交站等车的人与前面 7 人的

活学活用：平均工资数据

50 名普通职员

5 名主管

1 名总经理

1 名 CEO

对于偏态分布为何要避免使用平均数？请思考以下工资水平的例子。乔恩拥有 5 家咖啡连锁店，总共有 56 名工作人员。下面是他们的工资情况：

- 50 名普通职员一年挣 15 000 美元；
- 5 名主管一年挣 3 0000 美元；
- 1 名总经理一年挣 10 万美元；
- 乔恩，公司所有人和 CEO，一年带回家 45 万美元。

计算平均工资：(50×$15 000=$750 000) + (5×$30 000 = $150 000) + $100 000 + $450 000 = $1 450 000/56 = $25 893。这一平均数作为均值具有欺骗性，因为 56 人中有 50 人的工资比它少 $10 000。接近平均数的人只有 5 名主管，他们比平均数多挣 $4 107。

图 9.6 离散趋势的度量

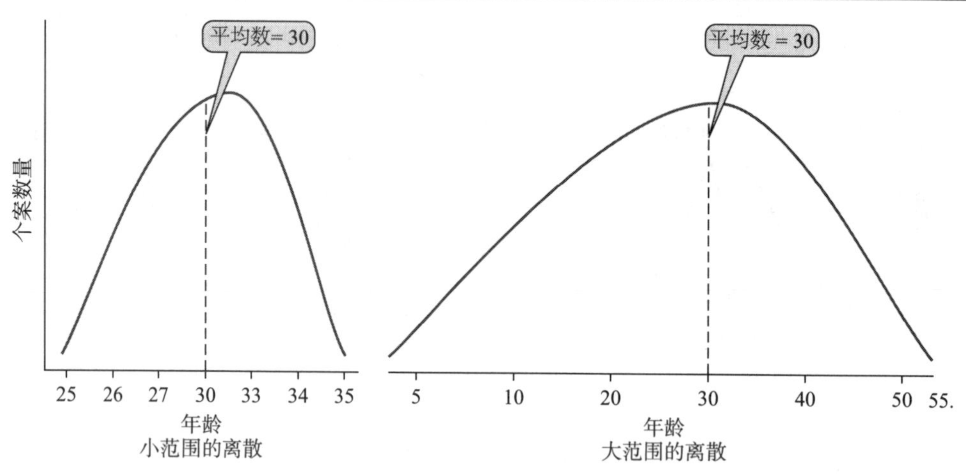

中数和平均数相同，但他们的年龄为 5，10，20，30，40，50，55。冷饮店前面 7 人的年龄距离中点的离散程度更大，或者说分布的变异性更大。当然你也可以用 70 人而非 7 人来比较，但原理相同（参见图 9.6）。

测量数据变异性的方法有三种：全距，百分位数和标准差。**全距**（range，又叫极差）最简单，由最大和最小的数据计算出。酒吧前面这组人的全距是 25 至 35 的距离，即 35-25=10 岁。如果 35 岁的人上了公共汽车，而一位 60 岁的人过来排队，全距就变为 60-25=35 岁。全距有局限性。例如，以下两组 6 个数字的全距都是 35：30，30，30，30，30，65 和 20，45，46，48，50，55。

百分位数（percentiles）可以告诉我们数值在分布中的具体位置。前面介绍过第 50 个百分位数，即中数。有些研究者会使用第 25 和第 75 百分位数，或者第 10 和第 90 百分位数来描述分布。例如，第 25 百分位数就是有 25% 的数值处于其位置或比其低的数值。计算百分位数的方法与中数类似。假设我们想知道 100 个人的第 25 位百分位数，将数值排序，从最低值向上数到 25 的数值便是。如果总量不是 100，只要改用百分比表示个案在分布中的位置即可。许多本科或研究生招生的标准化测验，以及智商测验，都是

活学活用：两个城市收入水平的离散程度

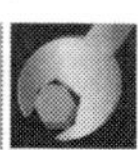

数据变化的程度具有重要的社会意义。例如，甲市有 10 万人口，家庭收入的中数和平均数都是 39 600 美元，变异性为零。零变化意味着每个家庭的收入都刚好是 39 600 美元。60 公里外的乙市也有 10 万人口，家庭收入的平均数也一样为 39 600 美元，但 95% 的家庭都处在贫困线上，年收入仅为 12 000 美元，而 5% 的家庭年收入为 300 000 美元。甲市的收入非常平等，而乙市则极度不平等。如果你不知道这两个城市收入的变异性，就可能忽略非常重要的信息。

采用百分位数来报告的。如果你在这类测验中的表现一般，你就处在第 50 百分位数上或附近。如果与其他人相比，你的分数特别低，你就可能处在第 20 百分位数附近。这意味着参加同一测验的人之中有 80% 的人比你的成绩好。如果你的分数特别高，例如处在第 95 百分位数，你的分数就好于其他 95% 的人，与你持平或超过你分数的人只有 5%。

标准差（standard deviation）是测量数据变异最全面、使用最广泛的参数。标准差的计算要用到平均数，它给出了所有数据和平均数之间的“平均距离”（参见图 9.7）。单凭标准差本身，很难看到它的价值。如果你使用标准差来比较多个总体，就非常有用。

我们现在利用标准差来比较多个总体。当地小学甲班家长教育程度的标准差是 3.317 年，乙班为 0.812，丙班为 6.239。比较标准差，可以快速看出乙班孩子的家长非常相似，而丙班的家长则非常不同。实际上，乙班“普通”家长的教育程度比所有家长平均数高或低不到 1 年。简言之，乙班家长非常同质。丙班“普通”家长的教育程度比所有家长

图 9.7 标准差

标准差计算示例

[8 名受访者，变量 = 入学年数]

数值	数值 – 平均数	（数值 – 平均数）的平方
15	15 − 12.5 = 2.5	6.25
12	12 − 12.5 = −0.5	0.25
12	12 − 12.5 = −0.5	0.25
10	10 − 12.5 = −2.5	6.25
16	16 − 12.5 = 3.5	12.25
18	18 − 12.5 = 5.5	30.25
8	8 − 12.5 = −4.5	20.25
9	9 − 12.5 = −3.5	12.25

平均数 = 15+12+12+10+16+18+8+9=100，100/8 = 12.5

平方和 = 6.25+0.25+0.25+6.25+12.25+30.25+20.25+12.25 = 88

方差 = 平方和 / 个案数 = 88/8 = 11

标准差 = 方差的平方根 = $\sqrt{11}$ =3.317 年

以下是用符号形式表示的标准差。

符号：

X = 个案的数值　　Σ = 加总

$\overline{X}$ = 平均数　　n = 个案的数量

S = 标准差

$$S = \sqrt{\frac{\Sigma(x-\bar{x})^2}{n-1}}$$

根据整个总体或样本的数据来估计总体参数，标准差的计算公式略有差别。如果仅有样本数据，则如公式所示除以 $n-1$；如果有整个总体数据，则只除以 n。

平均数高或低 6 年以上。丙班家长在教育程度上非常异质。

标准差代表的含义不易解释。其最小值一定为零，表示根本不存在变异，所有的个案都相同，但其最大值取决于变量分数的变化。平均数或中位数很大的变量，标准差也更大。为了解决这个问题，提供更多的信息，研究者提出了标准化的测量——**Z 分数**（Z-scores），它兼顾变量的标准差和原始分。Z 分数用离平均数有几个标准差来表述频次分布上的点即数值。Z 分数非常有用，无论平均数和标准差有多大的差别，你都能比较两个总体的同一个变量（参见图 9.8）。Z 分数还运用在其他统计测量中，例如计算相关系数。

在地图上展示信息 如果你收集各地理位置的信息，可以在地图上展示数据。与图表相比，地图稍显复杂。除了能显示变量的不同水平外，还能显示它的空间构成，或者说变量在地理区域上的分布。美国健康统计中心给出了各州 19 岁以下少女生育数占总生育数的百分比。2002 年此百分比的范围为 5.8%~16.8%。平均数和中位数都是 10.646%，构成正态分布。我们可以察看美国各州的信息（参见图 9.9）。

从地图我们可以看到，少女生育占总生育数百分比较高的州都位于美国南部。该数值最高的 6 个州都在南部，南部所有其他州的数值居于次高位置。用地理位置来展示变量，我们能对变量了解更多。

沿着时间线展开的信息 如果数据随着时间而变化，就可以沿着时间线展示变量数据。与其他图表相比，时间线较为复杂。除了展示不同的变量水平外，你还能展示变量随着时间而变化的方式。假设你对少女生育率的时间变化感兴趣。可以得到跨度为 64 年信息（1940—2004）。虽然平均数和中位数很有用，但依据年份绘制离婚率曲线所揭示的信息更丰富。我们一眼就能看出，少女生育率一开始低开，在 20 世纪 50 年代走高，随后又下降（参见图 9.10）。我们比较同期的离婚率（参见图 9.11）时，就会发现离婚率低的时期，少女生育率却居高。

双变量结果的考察

双变量关系 察看图表中的单变量，或者计算它的趋中或离散趋势，就可以描述变量下各类别个案的数量。绘制在地图上或者按时间线展开虽然稍显复杂，但能让你考察变量的时间或空间特点。地理空间或时间流程能让你更深刻地洞察变量。不过，空间位置和时间进程这两个变量不能用于因果解释。要验证因果关系，你必须考察两个变量的关系，一个变量是原因（自变量），另一个变量是效应（因变量）。例如，你不能说时间流逝，因此少女早孕率增加来提出因果解释。你可以说，规制婚前守贞价值的社会习俗和道德体系变弱，这导致青少年性关系增加，但因为避孕知识有限，避孕措施不普及，所以少女怀孕率增加。

以史为鉴：少女生育

比较数据时，知道平均数和标准差非常有用。据美国健康统计中心报告，1990 年美国各州的新生儿中平均有 12.24% 由 19 岁以下的少女妈妈生育（中位数为 11.95%），标准差为 3.429%。这一信息如果能与其他国家或时代的数据比较，用途就更大。12 年之后，2002 年少女生育占总生育数的平均数下降到 10.646%（中位数为 10.60%），标准差为 2.644%。更低的平均数和中位数告诉我们，少女生育率下降了。更小的标准差表明，各州的比率更加接近。美国的少女生育自从 20 世纪 50 年代以来就一直在下降。1957 年 15-19 岁少女生育率达高峰，每 1000 名少女有 96 人生育。到达 2000 年时，这一比率下降至大约一半。生育率在 20 世纪 60 和 70 年代一直在下降，到 80 年代早期趋于稳定，在 1988 年至 1991 年期间急剧攀升，之后再次下降。下降的趋势在不同年龄和种族的少女都有所表现。所有发达国家的少女生育率都在下降，但美国少女生育率下降的幅度不如其他国家。美国少女生育率要高于所有其他发达国家，而各国青少年性行为发生率无差异。由于美国对待青少年性教育和避孕所持有的道德—宗教观，美国少女早孕的比率是加拿大和英国的近两倍，比法国和瑞典高四倍。美国人似乎也是遭受少女早孕困扰和对其进行教化最多的人。并且，美国人认为少女早孕是家庭贫困的原因而非结果（Luker，1997）。

图 9.8 计算 Z 分数

我本人并不喜欢 Z 分数的计算公式：

Z 分数 =（原始分 − 平均数）/ 标准差

或以符号表示 $z = X - \overline{X}$ /sd，其中 X = 原始分，$\overline{X}$ = 平均数，sd = 标准差。

依据下面简单的示意图通常同样能说明 Z 分数的真正作用。假设学童年龄的平均数是 7 岁，标准差为 2 岁。如何计算 5 岁蒙蒙的 Z 分数，或者如果我知道东东的 Z 分数是 +2，如何计算实际年龄？首先，请画一小段线，从 −3 到 +3，零点在中间。平均数就放在图中的零点位置，因为零 Z 分数就是平均数，Z 分数是用来测量平均数向上或向下的距离的。此例中 Z 分数止于 3，是因为大部分情境下所有的个案事实上都落在平均数 3 个标准差的范围之内。图示如下：

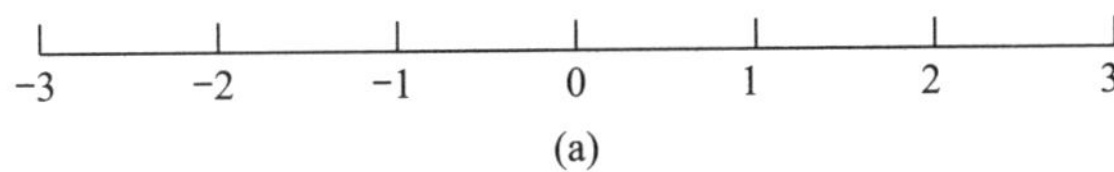

(a)

现在，我在这条线段的上方标上平均数的值并在其上加或减若干个标准差。在平均数之上 1 个标准差的位置（+1），如果平均数是 7 岁，标准差为 2 岁，该处的原始分就是 7 + 2 = 9 岁。而在 −2 的 Z 分数处我标上 3 岁。这是因为该处低于平均数 7 两个标准差（每个标准差 2 岁，共 4 岁）。现在图示如下：

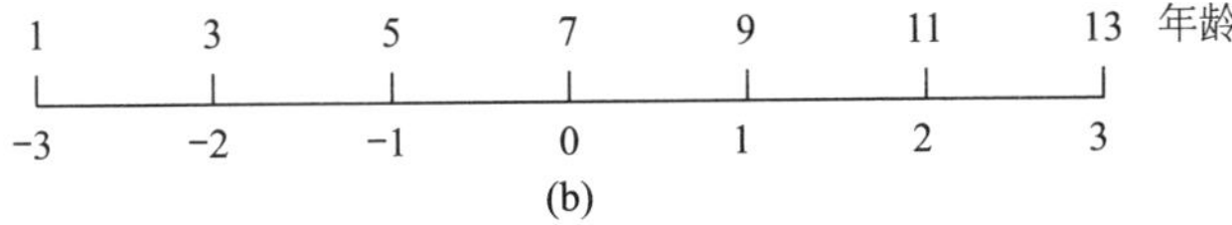

(b)

从图中很容易看出，5 岁蒙蒙的 Z 分数为 −1，而 Z 分数为 +2 的东东年龄为 11 岁。所以可以从 Z 分数算出年龄，也可以从年龄算出 Z 分数。对于小数，例如 −1.5 的 Z 分数，只要对年龄运用相同的小数，就可知是 4 岁。类似地，12 岁儿童的 Z 分数是 +2.5。

活学活用：Z 分数和 GPA

有了平均数和标准差之后，Z 分数很容易计算。例如，雇主面试了甲大学和乙大学的学生。甲校苏珊的 GPA（grade point average，成绩平均积点，即成就点数与学分的加权均值）为 3.62，乙校乔治的 GPA 为 3.64。两人选的课程类似，GPA 的范围都为 0~4。不过，甲校 GPA 的平均值为 2.62，标准差为 0.50，而乙校 GPA 的平均值为 3.24，标准差为 0.40。雇主怀疑乙校教授打分较宽松，所以乙校的 GPA 虚高。为了根据两校的打分做法修正两人的分数（即算出标准分数），雇主把每个学生的 GPA 转换为 Z 分数。算法是，把每个学生的分数减去平均数，然后除以标准差。苏珊的 Z 分数就是：3.62-2.62=1.00/0.50=2；而乔治的 Z 分数为：3.64-3.24=0.40/0.40=1。经过调整后，雇主看出苏珊的分数高于甲校 GPA 平均数 2 个标准差。相形之下，乔治的分数只高于乙校 GPA 平均数 1 个标准差。苏珊与乔治相比，GPA 的绝对值有点低，但相对于各自大学所有的学生，则苏珊的分数非常高。Z 分数让雇主看到，苏珊的 GPA 远高于甲校的普通学生，而乔治的 GPA 则与乙校的普通学生很接近。

图 9.9 美国少女生育率地图

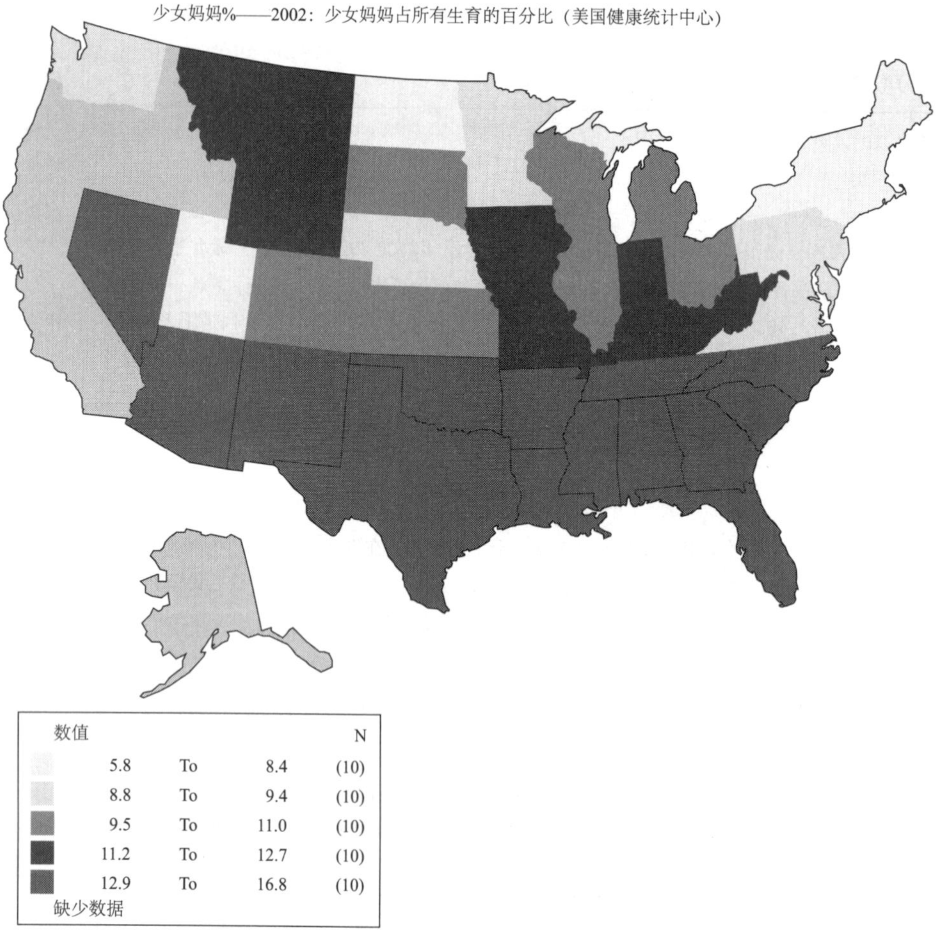

少女妈妈%——2002：少女妈妈占所有生育的百分比（美国健康统计中心）

数值			N
5.8	To	8.4	(10)
8.8	To	9.4	(10)
9.5	To	11.0	(10)
11.2	To	12.7	(10)
12.9	To	16.8	(10)
缺少数据			

图 9.10 美国的少女生育率，1940—2004

资料来源：Ventura，S. J.，Mathews，T. J.，& Hamilton，B. E. (2001). Births to Teenagers in the United States，1940–2000. *National Vital Statistics Reports 49(10)*.；Hamilton，B. E.，Sutton，P. D.，& Ventura，S. J. (2003). Revised Birth and Fertility Rates for the 1990s and New Rates for Hispanic Populations，2000 and 2001：United States. *National Vital Statistics Reports 51(12)*；Martin，J. A.，Hamilton，B. E.，Sutton，P. D.，Ventura，S. J.，Menacker，F.，& Munson，M. L. (2005). Births：Final Data for 2003. *National Vital Statistics Reports 54 (2)*. Martin，J. A.，Hamilton，B. E.，Sutton，P. D.，Ventura，S. J.，Menacker，F.，& Kirmeyer，S. (2006). Births：Final Data for 2004 *National Vital Statistics Reports 55(1)*.

图 9.11 美国的离婚率，1950—2004

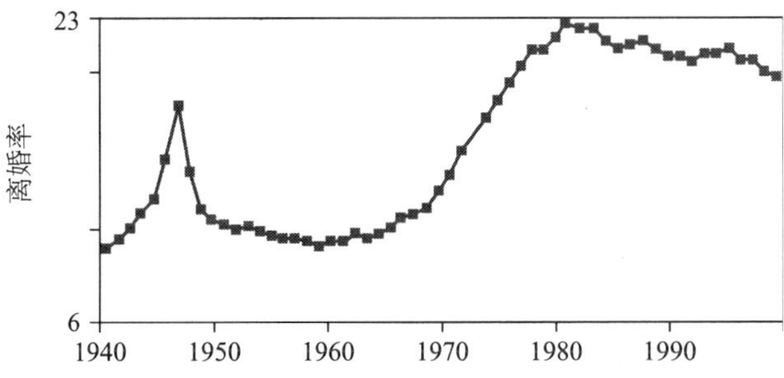

使用双变量统计，你可以同时一起考察两个变量，并评价变量之间的统计关系——即变量是否以及如何一起变化。双变量统计关系基于 2 个概念：协变和统计独立性。

协变（covariation）意味着一起变化。如果两个变量协变，在一个变量上取某值的个案往往在另一个变量上有相应的值。例如，在收入变量上有高取值的人，往往在预期寿命变量上也有高取值。同样，收入较低的人预期寿命也较短。更直接地说，收入和预期寿命彼此有关联，或说它们会协变。如果我们知道收入水平，就知道大概的预期寿命。预期寿命取决于收入水平（自变量）。**统计独立性**（statistical independence）与协变相对。例如，苏珊想知道兄弟姐妹数量是否与预期寿命有关。如果变量间存在统计独立性，那么兄弟姐妹多的人与独生子女的预期寿命就相同。换言之，知道兄弟姐妹的数量，并不

研究示例专栏 9.1：同居和离婚随环境变化

先前的研究发现，婚前同居的人离婚的可能性更大，但并不是所有国家都这样。研究者（Liefbroer & Dourleijn，2006）考察了欧洲 16 个国家同居对婚姻的影响。结果发现，同居的影响取决于该社会其他人的行为。如果其他人很少同居，同居者婚姻破裂的比例是婚前未同居者的 2 倍以上。同居者和未同居者的差别在同居很普遍的情况下变小。如果同居者和未同居者的数量大致相同，两组婚姻稳定性的差异就会消失。换言之，同居本身不会影响离婚，而是同居所处的社会环境使然。如下图所示，直接结婚和婚前同居的人之间，离婚率的差异会因国别而变化。在奥地利、挪威、前东德、前西德和拉脱维亚，两者的离婚风险几乎相同。在西班牙、意大利和波兰，同居者离婚的风险格外高。其他国家同居者离婚的风险稍高。一般而言，如果有一半的人口未婚同居，婚前同居的已婚女性离婚的风险与没有同居的女性相同。

各国不同形式关系中的妇女遭受关系破裂的相对风险

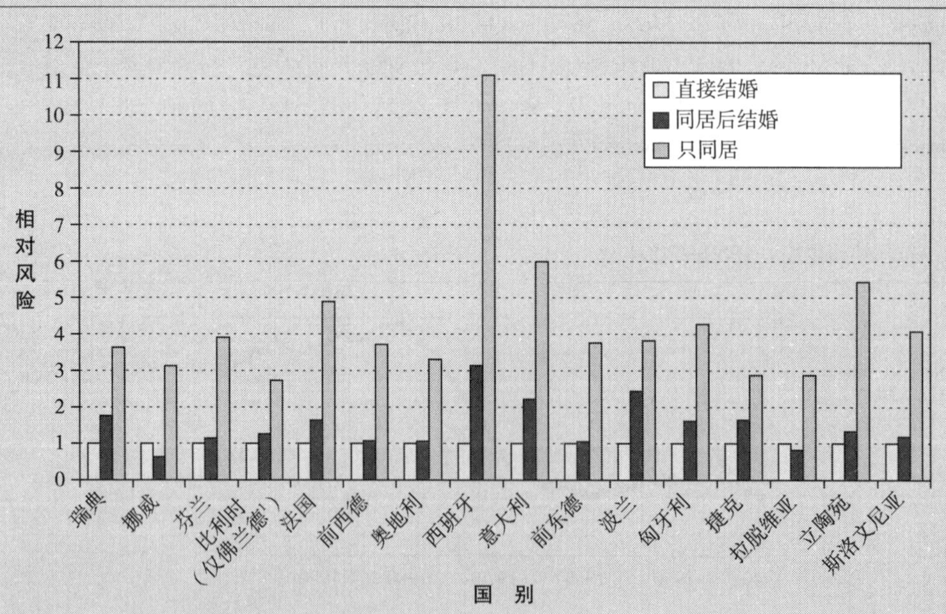

资料来源：Liefbroer and Dourleijn (2006，Figure 1)

1 比利时北部一地区——译者注。

能告诉苏珊任何关于个体预期寿命的信息。预期寿命不取决于兄弟姐妹数量。

对两个变量进行统计分析的第一步就是寻找是否存在关系，或者两个变量间是否存在统计独立性。以下 3 种方法可以帮助你确定两个变量间是否有关系：

1. 散点图，或者绘制双变量关系图；
2. 列联表，或百分数表；
3. 变量关联度的度量，即能用单一数字（如相关系数）表示协变值的统计度量值。

判断变量关系：散点图 将数字信息转换成图表的目的是将数据中隐含的内容传达给他人。如果你不知道怎样读取图表中的数据模式，不明了图表中的变量关系，就无法绘制图表以将这些信息传递给他人。

何谓散点图？**散点图**（scattergram 或 scatterplot）是考察双变量关系的图形。通常自变量（通常以字母 X 表示）位于水平轴，因变量（通常以字母 Y 表示）位于垂直轴。在图中，你会把最小值放在左下方，把最大值放在顶端或右面。散点图很适合等距或比率数据，不适合命名数据。对于顺序数据，你应当有很多个水平即类别（10 个以上）。个案数量很少时（15 以下）不太适用散点图，个案很多时（100 个以上）使用散点图最理想。

如何绘制散点图

第 1 步 注意两个变量的最大值和最小值（全距）。在每个轴上标上所示变量的名称，并将每个轴分成适合的数字间距（用方格纸最好）。

第 2 步 找出每个个案在两个变量上的取值，并在图上两个值相交的位置做标记。例如，你可以绘制子女数量与受教育年数关系的散点图。查看第一个个案的受教育年数（如 12）和子女数量（如 3）。然后在图上找出“教育程度”变量取值 12 和“子女数量”变量取值 3 的交点，标上小圆点表示此个案。

第 3 步 继续标点，直到你把所有的个案都画在图上。

散点图能告诉你什么信息？散点图能揭示双变量关系的 3 方面：形式、方向和精度。

- 形式。两个变量之间的关系可以是独立的、线性的和曲线的。两变量独立或称没有关系，其散点图看上去就像随机的散点，没有一定的模式。它也可以是完全与水平轴或垂直轴平行的直线。线性关系表现为直线，可以从个案集结区域的中间看出，从一角延伸到另一角。曲线关系（又称非线性）不会形成一条直线，在散点图上就像迷宫般地形成 U 形或倒 U 形曲线，或者 S 形曲线。
- 方向。线性关系有正负两个方向。**正向关系**（positive relationship）的散点图看上去就像从左下通往右上的对角线。X 轴上的高值一般也伴有 Y 轴上的高值，反之

Monty Rakusen/Digital Vision/Getty Images Royalty Free

亦然。前面收入和预期寿命的例子就是正向的线性关系。**负向关系**（negative relationship）的散点图看上去是一条从左上通往右下的直线。它意味着一个变量上的高值伴随着另一个变量上的低值。例如，接受教育越多的人被拘捕的可能性越小。如果我们看取自一群男性的数据的散点图，受教育年数放在X轴，被拘捕次数放在Y轴，就会看到被拘捕次数多的人大部分在右下方，因为他们大多入学没几年。拘捕次数少的大部分个案处在左上方，因为大多就读很多年。

- 精度。双变量关系在精度上也有变化。如果所有的个案刚好在一条表示关系形式和方向的直线上，两变量的关系就非常精确。精度低的关系表现为个案分散在直线周围。因此，图像上所有点离散的程度就说明精度。如果精度高，变量关系的测量值（本章稍后讨论）就更大或更强。

双变量表格 如果数据是在等距或比率水平上测的，散点图（参见图 9.12）可以说明变量的关系，但许多变量是所含类别较少的命名或顺序变量。你感兴趣的可能是轿车或卡车的颜色以及车主。谁会驾驶鲜红的轿车？你来到大型停车场，发现停在那的 320 辆车中有 13% 是鲜红色。你的因变量汽车颜色是在命名水平上测量的。在美国，你发现大约 22% 的成年人口是单身，从未结婚。如果这两个变量（汽车颜色和婚姻状况）之间没有关系，即它们是独立的，你预计会发现 22% 的红色汽车车主是单身。在所有单身人口中，约 13% 的人拥有红色汽车。这意味着汽车颜色和婚姻状况没有特别的关系。如果这两个命名变量有统计关系会怎样？如果单身的人更可能拥有红色汽车会怎样？要检验这个假设，你可以去大型停车场，看看车牌，再看看婚姻状况是否记录在车主档案上。另外你也可以做调查，询问人们的婚姻状况和车的颜色（如果他们有汽车）。

假设你做了一个小调查，询问了 188 名成人，发现 26% 的人是单身（接近但略高于美国平均水平），约 15% 的人拥有红色汽车（接近我在 3 处大型停车场重复做的几次调查）。要考察变量之间是否有关系，就要制作双变量表格。

什么是双变量表格？ 双变量表用途广泛。双变量关联表与散点图呈现的信息相同，但形式更为精简。如果变量是比率或等距变量，或者包含很多类别，可以使用散点图。而如果变量含的类别较少（2 到 5 个），数据又是命名或顺序水平上测量的，则适用双变量表。对于等距或比率数据，在把它们放入双变量表之前，你必须把数据分组为少数几个类别。

要制作双变量表，你需使用**交叉制表**（cross-tabulation）的方法来制作**列联表**（contingency table）。为此，你要同时根据两个变量整理表中的个案。表格有“关联”

图 9.12　散点图示例

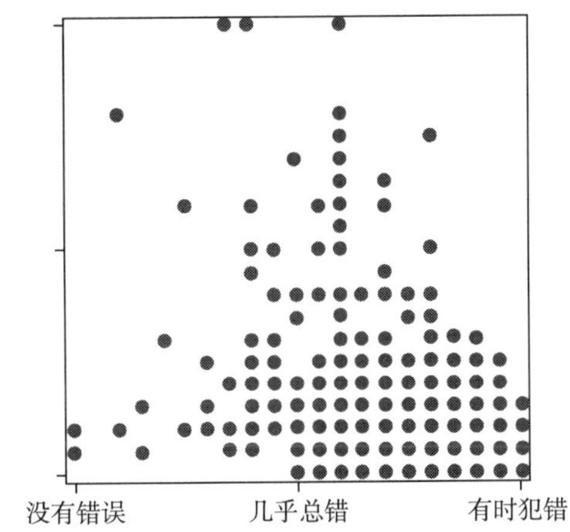

散点图的形式：线性与非线性

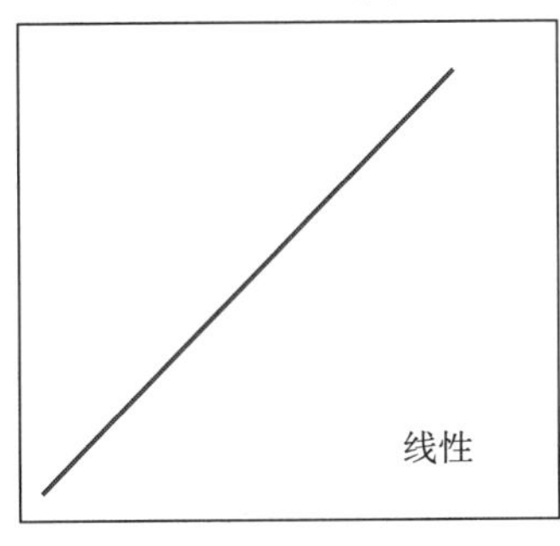

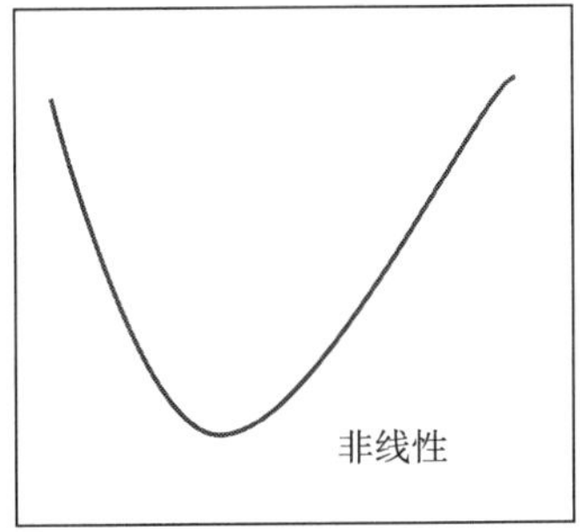

散点图的方向：正向与负向

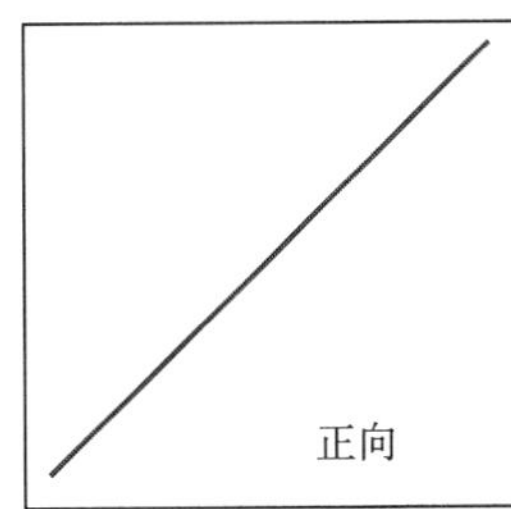

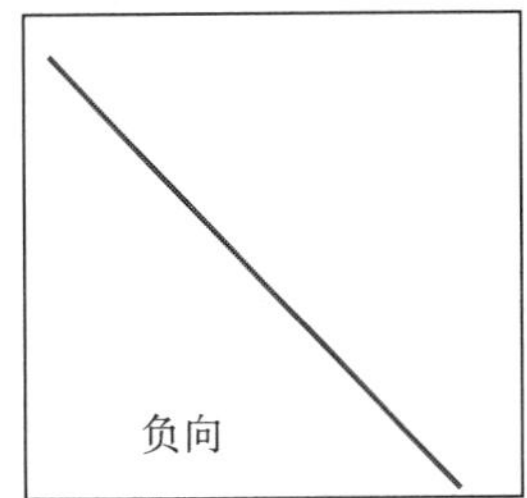

散点图的精确性：精确与不精确

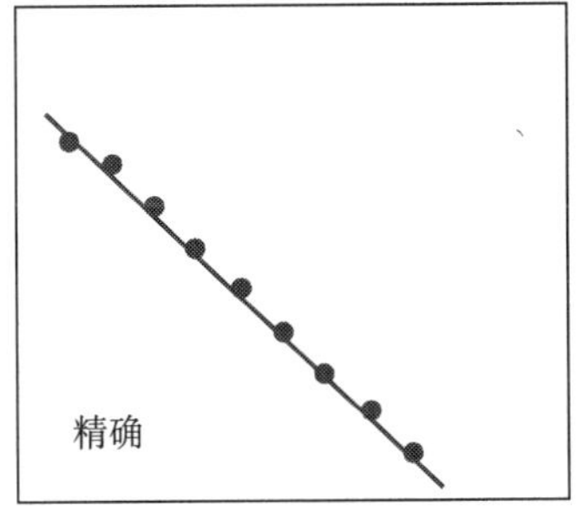

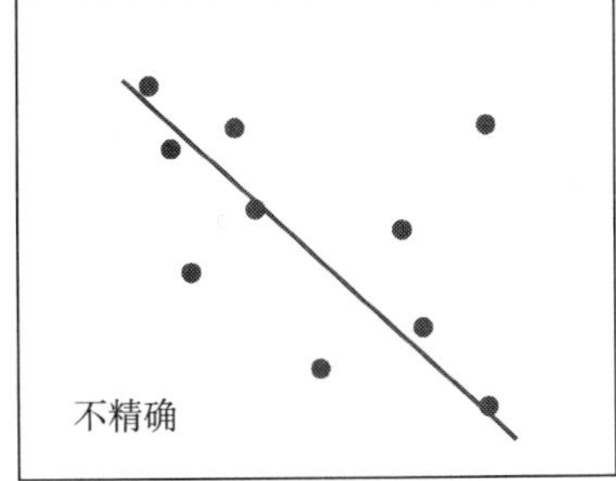

表 9.1 红色轿车和婚姻状态，原始数量表

轿车颜色	单身	非单身	总计
红色	16	14	30
其他	34	124	158
总计	50	138	188

是因为在一个变量上取某值的个案根据在第二个变量上的取值分布并取决于第二个变量的取值。随着在表格中将个案分配到两个或多个变量所含的类别（即取值），就能揭示个案已归入一个变量的各类别中时，其他变量各类别的取值是怎样决定个案的分布的。列联表可以以数量即原始频次或百分数表示。

表 9.1 是根据婚姻状况排列的汽车颜色原始数量表。表格的单元格包含个案的数量。这类表格容易制作，但要解释原始数量的表格却较难，因为各行或者各列的总数不同。你不能轻易地看出各自的比例。我们真正关注的是单元格之间的相对大小。这就是我们几乎总会把原始数量表格转换为百分数表格的原因。没有百分数表格，如果行列的个案数量不等，很容易误导人。使用百分数可以针对不等的总量调整呈现方式，使信息标准化。例如，表格两个单元格的数字表明，单身和非单身人士拥有红色轿车的数量分别为 16 和 14，那么你无法比较它们，因为单身和非单身人士的数量不等。你必须先根据总量对信息进行标准化，才可能进行比较。最简单的方法就是利用百分数。

将列联表转换为百分数的方法有 3 种：依行，依列和依总数。前两种方法最常用，可以说明变量的关系。最后一种几乎从不使用，也几乎无法加以解释。哪一种最好？根据行或列的百分化可能都适用，这取决于你想用表格回答的问题。还取决于你在表格中放置自变量和因变量的位置。还请牢记：列纵贯上下，行横跨左右。

将表格变为百分数的方法如下：要计算列百分数，先根据列总数（位于列的底部）计算每个单元格（表格中部的小格）个案占的百分数。第一列的总数是 50（有 50 位单身人士），该列第一个单元格是 16（16 位红色车主是单身）。百分数就是 16/50=0.32 或 32.0%。现在再看非单身人士的 14 位红色车主。有 138 位非单身人士。红色车主的比例为 14/138 或 10.1%。比较这两个百分数，就能明白 32% 是 10.1% 的三倍多。这一信息能告诉你，单身比非单身人士更可能拥有红色轿车（见表 9.2）。

计算行百分数的方法类似（见表 9.3）。要计算每个单元格的百分数，将单元格中的个案数量算作行总数（位于最右边）的百分数。用同一单元格的 16（单身且拥有红色轿车），你想知道它在原始总数 30（红色车主）中占多少百分比。即 16/30=0.533=53.3%。这一信息告诉你稍多于一半的红色车主是单身。依据行和列进行的百分计算，得出的某单元格所占百分数并不相同，除非行和列的总数相同。

解读百分数表格。一旦你学会了制作表格，解读并明白它给出了什么信息就更为容易。

要解读表格，先看表的标题、变量名称以及任何背景信息。然后，看百分数计算依照的方向——行或列。请看表 9.1 至 9.3 的标题大同小异，因为使用了同一些变量。很多标题并不会指明百分数计算依照的方向。有些研究者会使用简化的表格，省略掉总计 100% 的一项。这可能造成混淆。表格最好包括所有的部分且行与列的名称要清楚明确。

行或列百分数能让你探讨不同的问题。列百分数表格可以回答以下问题：在单身人士之中，多少百分比的人拥有红色轿车？从表 9.2 可以看出，近 1/3 的单身人士拥有红色轿车。行百分数表格可以回答下面的问题：在红色车主之中，多少百分比的人是单身？从表 9.3 可以看出，略多于一半的红色车主是单身。第一个问题询问的是不同婚姻状况的人拥有的轿车的颜色。第二个问题询问的是红色车主的婚姻状况。它们是相似却不同的问题。分清楚两者的区别非常重要。利用表格可以回答的问题有实际的应用价值。汽车销售人员知道约有 1/3 的单身者开红色的轿车非常有用，这一信息告诉销售人员，单身的消费者有 1/3 的可能性被红色轿车吸引。销售汽车漆面防护产品的公司获悉一半以上的红色车主是单身也非常有用。该公司可以针对单身人士推销红色的汽车漆面防护产品，因为会有一半以上的红色产品潜在消费者是单身。

你的假设会指引你查看行或列百分数。首先，你可能想用两种方法计算百分数，并尝试解释各自的意义。如果你的假设是“个体的婚姻状况会影响他或她对轿车颜色的选择”，请将婚姻状况变量排在各列，并按列计算百分数。你可以按与自变量相同的方向计算百分数。将自变量放于列的位置后，就可以根据列计算百分数。把自变量和因变量置于各行或各列，并无硬性规定。大部分研究者都将自变量置于各列，并根据列计算百分数，但也有不少人将自变量置于各行，并根据行计算百分数。

要解读百分数表格并进行比较，你要从计算百分数的反方向做比较。这看上去有点复杂，但实际操作很简单：如果表格数值是列百分数则跨行上下比较，如果表格数值

表 9.2 红色轿车和婚姻状态，列百分数表

轿车颜色	单身（%）	非单身（%）	总计（%）
红色	32.0	10.1	16.0
其他颜色	68.0	89.9	84.0
总计（*N*）	100（50）	100（138）	100（188）

表 9.3 红色轿车和婚姻状态，行百分数表

轿车颜色	单身（%）	非单身（%）	总计（N）
红色	53.3	46.7	100（30）
其他	21.5	78.5	100（158）
总计	26.6	73.4	100（188）

是行百分数则跨列左右比较。例如行百分数表格（表 9.3）中要比较各列即婚姻状况组，约有一半的红色车主和约 1/5 的非红色车主是单身。列百分数表格（表 9.2）中则比较各行，近 1/3 的单身人士和约 10% 非单身人士拥有红色轿车。

稍加练习，你就能迅速发现百分数表格中的统计关系。如果表中的变量之间没有关系，则所有行和列单元格中的百分数看上去是相等的。如果数据是顺序等级的，或者数据是等距或比率的但已经合并为数组转换成顺序等级的，你就只能判断关系的方向（正或负）。命名等级的数据没有方向。如果两个变量都是顺序等级的数据，表格可以揭示线性关系并判断其方向。变量之间的线性关系在表格中表现为对角线区域的单元格百分数更大。如果是曲线关系，各单元格中的最大值应分步在一条曲线上。例如，最大的单元格可能在右上、底部居中和左上位置。在中等大小的表格（9~16 个单元格）中，大部分单元格都有一些个案（建议至少有 5 个个案），非常容易看出变量之间的关系且强度和精度较高。

你可以应用解读散点图的原则来察看百分数表格中的变量关系。假设将散点图分成 12 个面积相等的部分。每部分里的个案对应于叠加于此散点图上表格单元格里个案的数量。表格是散点图的精简形式。散点图里双变量关系线对应于百分数表格中的对角线区域的单元格。判断百分数表格变量关系最简捷的方法是，将每行（按行计算百分数的表格）或每列（按列计算百分数的表格）里的最大百分数圈起来。是否出现了对角线？

请看表 9.4，考察了教育程度和观看电视的关系。表 9.4 表明教育程度高的人每天观看电视的时间少于教育程度低的人。在没有完成高中学业的人之中，18.9% 的人每天观看 8 小时以上的电视；而有研究生学历的人则无人看这么久。变量的关系是负的且是线性的。要看到这一关系，只要把每行最大的百分数圈起来即可。如果单元格的差别很小（6% 以下），则圈出两个最大的单元格。要观察正线性关系，请看不同年龄的人观看电视的时长（表 9.5）。

表 9.4 2004 年综合社会调查（General Social Survey），根据教育程度统计的每天看电视时长

每天观看	教育程度					
电视的时间	高中以下（%）	高中（%）	大学未毕业(%)	4 年制大学（%）	研究生学位（%）	总计（%）
8+（小时）	18.9	7.8	3.8	4.3	0	7.5
5—7（小时）	12.6	7.6	7.6	4.3	4.3	7.3
3—4（小时）	36.0	30.0	26.6	20.6	18.5	27.8
1—2（小时）	29.7	49.4	59.5	58.9	66.3	51.1
不看	2.7	5.3	2.5	12.1	10.9	6.3
总计	100	100	100	100	100	100
(*N*)	(111)	(476)	79	141	(92)	(899)

表 9.5 2004 年综合社会调查（General Social Survey），根据年龄统计的每天看电视时长

每天观看	年 龄					
电视的时间	30 岁以下（%）	30~40 岁（%）	41~50 岁（%）	51~65 岁（%）	66 岁以上（%）	总计（%）
8+（小时）	6.7	7.1	2.9	7.9	13.5	7.4
5—7（小时）	9.6	4.7	5.3	6.9	12.0	7.4
3—4（小时）	24.7	24.2	26.5	28.1	39.1	27.8
1—2（小时）	51.7	53.6	58.8	54.2	32.3	51.3
不看	7.3	10.4	6.5	3.0	3.0	6.3
总计	100	100	100	100	100	100
（*N*）	(178)	(211)	(170)	(203)	(133)	(895)

变量关系的测量 变量关系的测量指标能把双变量关系的信息浓缩成单个数字。它能表示变量关系的强度，一般还有方向。变量关系的测量指标有很多种（见图 9.13）。不同测量等级的数据（如命名或等距）适用不同的关系测量方法。许多都根据希腊字母的读音来命名：λ（lambda）、γ（gamma）、τ（tau）、χ^2（chi 平方）、ρ（rho）。这里强调的是对各种测量指标的解释，而非它们的计算。要完全理解它们，你必须学习统计导论课程。

如果变量关系的测量值为零，则表明存在统计独立性。如果测量值的绝对值较大，则表明变量存在关系。两变量存在非常紧密的关系意味着，根据已知的自变量来预测因变量错误会很少。简单地说，知道了自变量使得预测因变量的误差大为减少。图 9.13 给出了 6 种常用的双变量关系测量指标。大部分测量值的范围在 −1 至 +1 之间，负数表示负向的关系，正数表示正向的关系。测量值为 1.0 表示可减少 100% 的误差，或者完全准确地预测（参见图 9.14）。

变量关系的测量值能给你更精确的关系强度信息，远胜于仅仅观察百分数表格。电视收看时间类别与教育程度及年龄关系的两个表格看起来类似。比较两者的 γ 系数，你就知道前者的负向关系的 γ 值（−0.384）强于后者正向关系的 γ 值（0.163）。

图 9.13 变量关系测量的 6 种指标

测量指标	希腊字母符号	数据类型	相关最大时	相互独立时
Cramer's V		命名的	1.0	0
Lambda	λ	命名的	1.0	0
Gamma	γ	顺序的	+1.0，−1.0	0
Tau (Kendall's)	τ	顺序的	+1.0，−1.0	0
Rho	ρ	等距的，比率的	+1.0，−1.0	0
Chi 平方	χ^2	命名的，顺序的	无限大	0

图 9.14　变量关系测量值的强度

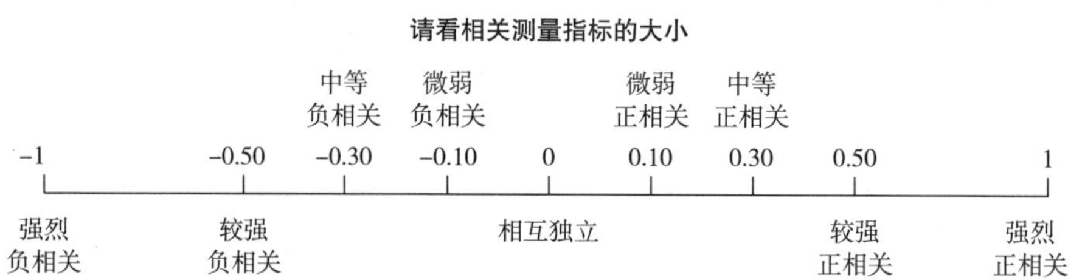

对本章学过的数据，可用下面几种变量关系测量指标：

- 包括两个命名变量（即婚姻状况与轿车颜色）的表格。Cramer's V = 0.264
- 包括两个比率变量（即教育年限与观看电视时间）的散点图。Rho = –0.293
- 包括两个顺序变量（即教育程度与观看电视的时长类别）的表格。Gamma = –0.384
- 包括两个顺序变量（即年龄与观看电视的时长类别）的表格。Gamma = 0.163

多变量结果的考察

统计控制　展示两个变量的关系能说明不少问题，但还不足以证明自变量引起因变量。还请记住，要证明“因果”除了要有时间顺序和变量关系之外，你还必须排除替代的解释——即能将你所假设关系证明为虚假的解释（见第 2 章对“虚假关系”的定义）。研究者通过选择研究设计，就能科学地减少损害内部效度的问题发生，从而控制了可能的替代解释（详细讨论参见第 7 章）。

第 2 章我们曾提及如果第三个变量（可提出替代解释）是真正的原因，就会出现虚假的结果。不考虑这类变量意味着看起来成立的双变量关系只不过是幻觉或者根本就是错的。实验研究者通过提高研究的内部效度来控制替代解释。用非实验方法的研究者则会使用控制变量和统计方法。要运用统计方法，他们要先预测和测量可能的替代解释。如果他们没做到利用**控制变量**（control variables）思考和检测替代解释，就无法验证他们发现的变量关系究竟很可能是真实的还是虚假的。

要确定双变量关系是否虚假，你要利用多变量表格和统计来考察控制变量。利用多变量统计的另一个理由是可以查看数个自变量同时作用于因变量造成的相对影响。有时两个自变量同时影响同一个因变量，你想确定哪一个影响更大。

表 9.6　年龄和轿车颜色（根据列计算百分数）

轿车颜色	30 岁以下（%）	30~60 岁（%）	60 岁以上（%）	总计（%）
红色	34.6	10.5	3.2	16.0
其他	65.4	89.5	96.8	84.0
总计（*N*）	100（52）	100（105）	100（31）	100（188）

聪明贴士：请注意统计显著性

阅读定量研究报告的结果部分时，不要让成堆的数字、表格、图表和统计量吓倒。请牢记，即使作者使用了高级统计，而你还没有学习过，作者也不过是在报告数据中已经包含的信息。大部分高级统计方法都会提到统计显著性，它能告诉你哪些变量或结果的哪些部分最重要。研究者也是藉此识别出诸多变量中哪些作用最强。许多作者使用上标即星号说明统计显著性的水平，例如一个星 * 表示 0.05 水平，两个星 ** 表示 0.01 水平，三个星 *** 表示 0.001 水平。它们常出现在图例或脚注部分。有时作者使用符号 p 代表概率。他们可能给出 $p > 0.05$ 这类描述。这表明 p 大于 0.05 的统计显著水平。如果你看到一列变量，有些变量带有符号即星号，那么可以把这些变量理解为最有影响的变量（即对因变量有最大影响的变量）。许多研究者都力图以简单的语言来解释他们研究结果的意义，但往往不容易做到，因为结果部分通常包含了高级统计思想和术语。

我们再回到单身人士和红色轿车的例子。单身、从未结婚的人士通常比已婚或离婚的人更年轻。实际上，单身人士的平均年龄是 33.1 岁，而非单身人士的平均年龄是 45.57 岁。年轻人喜欢红色轿车（见表 9.6）。超过 1/3 的年轻人拥有红色轿车，而只有 10% 的中年人和 3% 的老年人拥有红色的轿车。

年龄和单身何者对拥有红色轿车的愿望有更大的影响？我们可以比较两者的 Cramer's V 值。年龄和轿车颜色的 V=.323，婚姻状况和轿车颜色的 V=.264。它们比较接近。另一种检测方法是使用年龄作为控制变量，这样我们能制作 3 个表格，分别对应不同的年龄组。这能让我们察看在每个年龄组中的人之中，婚姻状况和轿车颜色的关系。如果每个年龄组的双变量关系都同样强，那么年龄因素就不重要。如果关系这时看不出了，年龄一定是最重要的因素（参见表 9.7a 至 9.7c）。

红色轿车在 30 岁以下的人中比在年龄更大的人中更受欢迎，而且对于 30 岁以下的人，单身状态对拥有红色轿车的愿望影响更大。30 岁以下的单身者之中超过 3/4 的人拥有红色轿车。这表明年龄和婚姻状态这两个因素共同起作用，而年龄更为重要。如果在 30 岁以下的表格中看不到变量间的关系，就如其他两个年龄组，那就表明婚姻状况和轿车颜色之间的关系是虚假的。如果这两个变量的关系是真实的，那么即使在我们考虑了控制变量后还将持续存在。三个变量的百分数表格可以揭示很多信息，但表格太多会难以观察，而且同时观察三个变量也几乎是我们能做的极限。

多元回归分析 在专业研究报告中对非实验方法得到的数据进行分析，使用最广泛的统计方法之一是多元回归分析。这种方法很有用，它将统计控制的思想提升至更高的水平。多元回归的计算超出了本书的范围，但是其结果并不难解读或解释。多元回归分析只能用于等距和比率变量。很多电脑统计程序能生成多元回归的结果。多元分析的作用是可以同时控制多个变量。

表 9.7a 只包含 30 岁以下的人

轿车颜色	单身（%）	非单身（%）	总计（%）
红色	77.8	44.1	55.8
其他	22.2	55.9	44.2
总计（N）	100（18）	100（34）	100（52）

Cramer 's V = 0.322

表 9.7b 年龄 30~60 岁的人

轿车颜色	单身（%）	非单身（%）	总计（%）
红色	18.15	13.85	14.25
其他	81.85	86.15	85.75
总计（N）	100（11）	100（94）	100（105）

Cramer 's V = 0.038

表 9.7c 年龄 60 岁以上的人

轿车颜色	单身（%）	非单身（%）	总计（%）
红色	0	20.0	19.4
其他	100	80.0	80.6
总计（N）	100（1）	100（30）	100（31）

Cramer 's V = 0.089

多元回归的结果能告诉你两点：

1. R^2 即表示预测精度的百分数。它表示根据自变量预测因变量所减少的误差。有了若干个自变量，你可以说明或解释较大百分比的因变量变异。例如，R^2 为 0.50 表示知道自变量和控制变量可以将预测因变量的精度提高 50%。简言之，你犯的错误是不知道这些变量情形下的一半。在社会科学专业领域中，0.20 的 R^2 已被视为效果很好。它表示自变量可以解释因变量 20% 的变化。R^2 的数值看似不大，但我们并非基于 100% 完美预测的基础上评价其大小，而是基于在零基础上的改善程度。
2. 多元回归的结果能告诉你每个自变量对因变量影响的方向和数值大小。多元回归分析可以说明 5 个自变量同时对因变量的影响，并且所有的变量都能控制彼此的效应。这一点对于检验此类理论尤其有价值：主张多个自变量引起了一个因变量。在因变量上效应的测量可以用标准回归系数来表示，统计符号即希腊字母 β。β 的解释类似于相关系数 r。事实上，对于只有两个变量的多元回归，β 系数等于相关系数 r。β 系数给出了效应的大小和方向。

表 9.8 以 18~65 岁成人的教育程度、年龄、每周工时、每天收看电视时长为自变量，对家庭收入（因变量）的多元回归

自变量	β 系数
受教育年数	0.306
年龄	0.242
工作时长	0.169
每天看电视的时长	−0.064

（基于 2004 年 GSS 数据）

假设有了因变量——家庭收入（比率变量），和 4 个自变量：年龄、受教育年数、工作时长和每天收看电视的时长。哪一个对于预测收入最重要？你或许会说学校教育，但其他变量呢？多元回归结果表明，学校教育、年龄、工时都有较大的正效应。收看电视有较小的负效应。结合在一起，所有的自变量共同预测个体家庭收入的精度有 21.5%（参见表 9.8）。换种说法，对于美国成年人，只要知道他们 4 方面的事实就能让你预测他们的家庭收入水平，正确率是 1/5。1/5 比零强多了。

从描述深入：推论统计

在大部分研究中，你都想从描述数据更进一步以检验假设，判断样本数据的结果是否在总体中仍成立。你还必须判断结果中的差异（如两组平均分数之间）是否的确表示变量之间存在较强的关系。推论统计利用概率原理能让你检验假设，从样本结果推测总体，并且评价变量之间关系的强度。第 4 章介绍过概率抽样。推论统计假设你有一个随机样本，当你从样本结果推测总体时，它能让你准确地说出你有多大的信心（置信水平）。

你或许听说过“统计显著性”或结果“在 .05 的水平上显著”。这些就是推论统计的内容。推论统计能让你准确地决定是否接受虚无假设（第 2 章介绍过）。统计“检验”的方法很多，如 t 检验或 F 检验。这些“检验”利用统计显著性帮助你判断，某个假设是否可能为真，或者数据是否以足够大的置信支持该假设。

统计显著性

统计显著性（statistical significance）表示发现样本数据中的关系而总体无此关系的概率。概率样本涉及随机过程，所以样本结果有可能异于总体参数。你可以估计随机取样的偶然因素导致样本结果的概率。统计显著性利用概率原理和特定的统计检验，告诉你样本结果（如变量关系，回归系数）是否由随机误差产生。如果不是，你可以更加确

图 9.15 图解统计显著性

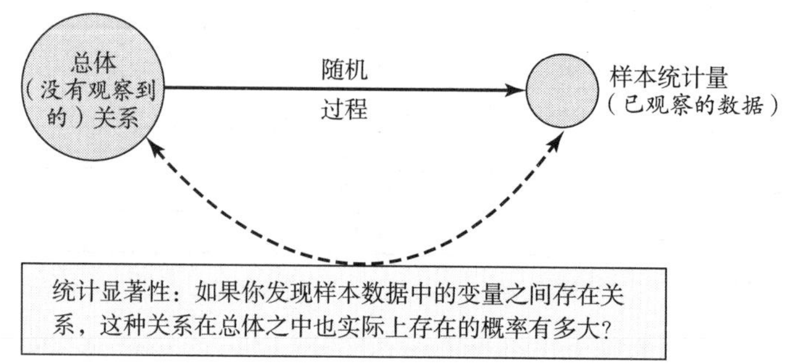

信样本结果反映了总体中真实存在的关系。

统计显著性只能告诉你可能的情况。它无法绝对肯定地证明任何事情。它建立在概率原理的基础上，判断特定结果可能性的大小。统计显著性与实际的、真实的或理论意义的显著性不是一回事。要确定实际的、真实的或理论意义的显著性，除了统计方法之外你还要运用其他标准。某种关系可能具有统计显著性，但在理论上可能没有意义或者非常小。例如，两个变量的关系可能有统计显著性但并无逻辑上的联系（如指甲长度和说法语的能力）。统计显著性的数学基础与计算方法不是本书的内容，但读懂和解释统计显著性并不困难（见图 9.15）。

显著水平

计算机程序能迅速地算出统计显著性，给出概率估计值，从而说明变量间的关系是否可能只是由偶然因素导致。如果变量关系不太可能缘于偶然因素，那么真实的关系就可能在总体中存在。如果某种关系有 5% 或更高的可能缘于随机过程，我可以说它不具有统计显著性。换言之，只有当关系缘于偶然因素的概率为 5% 或更小时，我们才能说这种关系在统计上是显著的。

计算机程序给出具体的概率值，而研究者就几种水平表达统计显著性（如某次检验在特定的水平上具有统计显著性），不会给出具体的概率值。**统计显著性水平**（level of statistical significance）可以告诉你结果缘于随机因素的可能性——也就是说，样本中出现的关系在总体中不存在。如果结果具有统计显著性，至少应处在以下 3 种水平：

.05 水平
.01 水平
.001 水平

说某个结果在 0.05 的水平上显著，意味着以下几点：

活学活用：存在显著性别差异吗？

假设你的样本数据表明男女大学生的学习时间有差别。男大学生每周平均的学习时间是14.5小时，女大学生的每周平均的学习时间是15.9小时。这一结果是因为样本特殊吗？如果我们能观察整个总体，是我们会看到男女大学生实际上没有差别，还是这一结果反映了总体的真实差别？我们可以进行两个平均数之间差异的统计检验（称为t检验），检查它的统计显著性。如果平均数之间的差异（基于样本大小、变异程度以及差异大小）在0.05或更高的水平上具有统计显著性，我们就可以说总体中的确存在真实的性别差异。还记得年龄和红色轿车偏好吗？利用统计显著性我们能考察年龄和红色轿车拥有情况之间的γ系数多大可能是因为偶然因素所致。γ系数在0.001的水平上具有统计显著性。换言之，对于随机样本，基于你的数据你有99.9%的信心说，总体中红色汽车的拥有者之间存在真实的年龄差异。

Rhoda Sidney/The Image Works

- 这类结果缘于偶然因素的情况在100次之中只有5次。
- 样本结果并非全部缘于偶然因素而是精确地反映总体的可能性为95%。
- 这类结果全部基于偶然的概率为.05或5%。
- 研究者有95%的信心确认，结果缘于总体中的真实关系，而非偶然因素。

这几点说的是同一个意思，只不过表达方式不同。这些看上去就像讨论抽样分布。这并非巧合，因为两者都用到了概率论，都要把样本数据与总体关联。概率理论能让我们预测从长期来看，大量事件整体呈现的规律。它不能预测某一特定情境下的结果。我们无法断定在特定样本中发现的关系就代表总体。然而，我们可以用概率术语来描述它——样本说明某种情况，而总体中正确的情况却是另一种，这有多大的可能性。

你或许会问，为什么要用0.05的水平？它表示随机因素造成结果的可能性为5%。为什么不采用更确定的标准，例如1/1000？这个水平使得随机因素而不是真实变量关系导致结果的可能性更小。简单的回答是学术圈已经非正式地一致同意使用.05作为大多数情况下的“经验法则”。对研究结果有95%的置信水平是解释社会世界公认的标准。简言之，它“足够好”值得认真对待。不过，对于某些情况你或许想更加确定结果不是因为偶然因素引起的。

要尽可能地做到精确，就存在逻辑上的矛盾。如果你要求的标准非常高，例如1/1000，你1000次里只会犯一次把总体中实际不存在的关系说成存在的错误。但是，你犯相反错误的可能性增加了，例如说总体不存在变量关系，而实际上存在。换言之，有两种错误：错误肯定和错误否定。错误肯定是说某事真实或存在而实际上相反。错误否定是说某事不实或不存在而实际上相反。理想情况下，你不想犯任何一类错误。两难的是，随着你减少错误肯定发生的概率，错误否定的概率会增加。换言之，两者间存在取舍。

错误肯定和错误否定两者的矛盾似乎来自研究背景之外。事实上，“错误肯定”一词有着医学的背景。如果你去做癌症检验，结果可能准确，也可能出现错误肯定或错误否定。错误肯定表示犯错了，说你患有癌症但你实际上并没有。错误否定表示检验结果说你没有癌症，但实际上患了癌症。另一个例子是陪审团的审判。陪审团会犯错，裁定某位被控诉的人有罪，但实际上此人是无辜的（错误肯定）；或者裁定某人无罪，但实际上有罪（错误否定）。陪审团不想犯任何一种错误，不想关押无罪之人，也不想放跑有罪之人。

我们可以把统计显著性的思想和两类错误（错误肯定或错误否定）结合起来。如果你过于谨慎，设定了很高的显著性水平（0.0001），你有可能犯错误否定之错——你可能会说不存在变量关系，但实际上的确存在。总体存在变量关系时，你却错误地接受虚无假设。这用术语称为**Ⅱ型错误**（Type Ⅱ error）。相反，你又可能是个喜欢冒险的人，设定了较低的显著性水平，例如 0.10。你判断存在变量关系，即使两个事件在 10 次中就会因偶然因素同时发生 1 次。你就可能犯错误肯定之错，也就是说，判断因果关系存在而实际上随机因素（如随机抽样误差）才是原因。你可能错误地拒绝虚无假设而实际上不存在变量关系。这就是**Ⅰ型错误**（Type Ⅰ error）。根据经验法则，0.05 水平是折中考虑这两类错误的结果（见表 9.9）。

推论统计能让你以一定程度的确定性判断样本结果可能在总体中为真。如果变量关系在 0.05 的水平上显著，你可以说样本结果可能不是因为偶然因素引起的。确切地说，真实关系存在于总体（或者你想推及的社会世界）的可能性有 95%。请记住，要使用推论统计，你的数据必须来自随机样本。另一个局限是没有考虑非抽样错误（如拙劣的抽样框架或者测量方法）。不要误以为统计检验提供了简单、决定性的答案。许多计算机程序能给出推论统计量和描述统计量（参见活学活用：计算机统计程序：用户当心）。

表 9.9　Ⅰ类和Ⅱ类错误

基于抽样数据的结论	总体的实际情形	
	没有关系	**存在关系**
没有关系	没有犯错	Ⅱ类错误（错误否定）
存在关系	Ⅰ类错误（错误肯定）	没有犯错

活学活用：计算机统计程序：用户当心

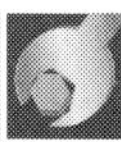

几乎每个社会现象的研究者都会运用计算机程序计算统计量。甚至基本的电子制表程序，例如微软的 Excel，都能计算统计量。遗憾的是，电子制表程序设计的目的是核算和记账。它们的统计功能通常难用且有限。专为研究者计算统计量而开发的软件已有数十种。这个市场对于初学者会造成迷惑，因为随着计算机技术的发展产品变化很快。近年来，统计软件对用户的要求降低不少。社会科学里最受欢迎的软件有 Minitab，Microcase 和 SPSS（Statistical Package for the Social Science，社会科学统计包）。其他还有 SAS（Statistical Analysis System，统计分析系统），Strata 和 StratSoft 公司的 STATISTICA。很多软件专为研究者设计，较易上手，成本较低。

社会科学中使用最广泛的计算机统计程序是 SPSS。它的优点包括在社会研究领域中的广泛应用已经近 40 年了，操作定量数据的方法很多及包含大部分统计量指标。不足之处是需要花费很长的时间学习，因为它有很多选项和复杂的统计方法。此外，它对于购买者很昂贵，除非使用者获得了教材或工作手册附送的低廉、“精简”的学生版。

随着计算机技术让统计软件的使用变得更容易，软件能快速地生成各种统计量，隐患在于人们更有可能在使用软件时并不理解统计结果的意义。如果有人不真的理解统计量，就可能违反统计步骤所需的基本假设，不恰当地使用统计结果，得出毫无意义但看上去很专业、很复杂的结果。要避免这类错误，你必须学习一门或多门统计课程，或者让了解这些统计量的人复核计算机软件得出的统计结果。

本章回顾

本章我们学习了整理定量数据以备分析。还学习了怎样整理数据以制成图表或表格，利用它们做总结得出统计量指标。有了单变量或双变量的统计值，你可以描述结果，检验假设以及回答研究问题。运用双变量分析你可以检验假设，但由于双变量关系有可能是虚假的，你或许希望使用控制变量和多变量分析。我们还学习了推论统计的一些基本知识。

研究新手有时认为他们的结果必须支持某种假设。请牢记，拒绝假设并没有什么不对。科学研究的目标是得出能真正反映社会世界的知识，而不是捍卫某种观点或预测。假设是基于有限知识对关系提出的预测，所以我们必须进行检验。高质量的研究可能发现假设错误，而拙劣的研究却可能支持假设。优秀的研究取决于高质量的方法学，而不是支持特定的假设。

你做研究要从样本数据推测社会世界，当然希望能避免犯错。错误会在研究过程的很多阶段发生并影响结果：研究设计、测量、数据收集、编码、计算统计量和绘制表格或者解释结果。即使你设计、测量、收集、编码和计算时都没犯错，你也必须正确地解读表格、图表和统计量。最后，你还要回答以下问题，这一切有什么意义？给事实、图表、表格和统计量赋予意义的唯一方法是应用某种理论。你不能单纯用数据、表格或者计算机输出结果来回答研究问题。事实不能说明自身的意义。作为研究者，你必须借助理论、概念、关系、假设和理论定义给数据结果赋予实质意义。

在我们结束定量研究的讨论之前，还有最后一个问题。新闻工作者、政客等人越来越多地引用统计结果发表观点或者支持论证。这并未使公开辩论变得更精确或者提供更多的信息。更常见的情形是，统计数据的引用增加了混淆，而了解统计能做什么和不能做什么非常重要。你能用统计证明一切，这种陈腐思想显然错误；不过人们的确会滥用统计结果。出于无知或者刻意欺骗，有些人会利用统计结果操控他人。避免被统计误导的最好办法不是无视它们，而是学会理解研究过程和统计知识，思考你的所闻所见并提出问题。

接下来我们要学习质性研究。质性研究的逻辑和目的有别于前面几章的定量研究。质性研究不太关注数字、假设和因果关系，而更为关注词语、规范与价值观，以及意义。

学以致用

实践活动 1

定量数据分析建立在算术的基础上，你在小学及后来的数学课上学习过。喜欢数字的人一般喜欢这类社会研究；而害怕数字的人则会试图回避这类研究。今天，计算机可以完成“枯燥乏味”的计算工作。这让我们的生活更容易，但也意味着我们会迅速对数字的计算变得生疏。让我们体验一下人人都能看懂的古老计算过程。正如你本章所学，变异（即取值 / 分数的离散或离差）是定量数据中关键概念。标准差是测量变异的常用方法，但是计算公式初看让人畏惧。当统计人员使用希腊字母来表示它的各部分时尤其如此。在过去用希腊字母能看懂，当时大部分高中生和大学生都略懂希腊语，今天看了则显得陌生，除非你来自希腊。此外，有些人还对平方根感到“崩溃”。如果用语言表达这个公式就是，标准差 = 一组分数“方差”的平方根。将每个分数减去平均数，然后将结果平方，将所有的平方结果加总，除以个案的总个数就可以计算方差。请回忆，平均数是总分数除以个案的总个数。所有这些步骤用语言描述看上去很复杂。这就是我们通常借助符号写成公式的原因（参见图 9.7 的平方根公式）。现在请计算下面 4 组分数的平方根。每一组都是 8 个水果的大小。为了简便，请使用手持式计算器计算平方根。

苹果：5 6 4 7 8 10 7 5
香蕉：9 10 11 8 13 12 11 9
樱桃：7 2 4 3 2 6 3 3
海枣：2 3 2 1 2 4 5 4

每种水果的平均数和方差是多少？每种水果的标准差是多少？哪种水果有最大和最小的变异即离差？

实践活动 2

数据分析意味着在一组数字里寻找模式。数字代表社会世界的某些方面。你可以把它们变成可视图像（饼状图、直方图和散点图等）或者百分数表格，从而寻找一定的模式。请看以下表格：支持或反对禁止人工流产的法令。

反人工流产法令	男性（%）	女性（%）
支持	44	33
摇摆	22	36
反对	34	31
总计	100	100

请回答以下问题：

1. 哪种性别对反人工流产法令表现出最大的支持？
2. 哪种性别对反人工流产法令表现出最大的反对？
3. 男性与女性的百分数差异，即性别差异，在支持者还是反对者中更大？
4. 女性最明显的立场是什么？

实践活动 3

你经常想比较不同的研究结果。且让我们看看一项研究中图表。先请查找一篇研究论文：“Race and Environmental Voting in the U.S. Congress”，Paul Mohai and David Kershner，*Social Science Quarterly* (2002)，vol.83，pp.167-189。请看 181 页上的直方图（图 4）。你看到了 8 条长度不等的柱子或说直线，直柱用两种阴影填充。底部的注释说，“中灰直条 = 开明派得分，深灰直条 = 环保派得分”。左侧边缘写着“支持的百分数”。柱形越高，支持越多——支持是指美国国会众议员的选票。在每个直条的底部还有个小签：南部或南部以外，表示各州在美国的地理位置，CBC 或 非 CBC（CBC=Congressional Black Caucus，国会黑人同盟）。所有的非裔美国人都是 CBC 的成员，也只有非裔美国人才能成为 CBC 的成员，因此这代表着种族。你看到了两个因变量：支持开明派社会议题的百分数，支持环保派议题的百分数；两个自变量：是否 CBC 成员，是否来自南方诸州。总之，在仅仅几根长度不等的直柱里，你看到了 4 个变量的信息。现在请回答以下关于结果的问题：

1. 哪个地区的群体和哪一种种族群体对环保派的议题最为支持？
2. 哪个地区的群体和哪一种种族群体对环保派的议题最不支持？
3. 最支持开明派的社会议题的人是否同时还表现出对环保派议题的最大支持？

实践活动 4

很多人一开始被 Z 分数吓倒，但一旦你理解了 Z 分数，就会发现它们非常有用，也容易计算。它们在很多场合下都有应用价值。阅读下面的内容，并计算两个公司中女性的 Z 分数，然后回答问题。

> 小马在甲公司工作了 10 年，担任人力资源经理。她和小林是同学。小林在乙公司做着同样的工作，也干了 10 年。两个公司规模相似，位于不同的城市，但生活成本差不多。小马和小林在同学聚会上见面，小马说她能挣 65 000 美元，并对这一薪酬满意。小林说她也挣 65 000 美元，但却有怨言，感觉工资过低。甲公司经理的平均薪酬是 70 000 美元，标准差是 5 000 美元。乙公司经理的平均薪酬是 72 000 美元，标准差是 1 000 美元。如果小林要赚和小马相当的收入（即有着相同的 Z 分数），小林应该赚多少美元？

参考文献

Liefbroer, Aart C., and Edith Dourleijn. 2006. “Unmarried Cohabitation and Union Stability: Testing the Role of Diffusion Using Data From 16 European Countries.” *Demography* 43:203–221.

Luker, Kristin. 1997. *Dubious Conceptions: The Politics of Teenage Pregnancy*. Cambridge, MA: Harvard University Press.

10

自然情境下对人的观察

在现实生活中，许多职业都会涉及“情绪工作”（emotion work）。“工作”（work）是你为了获得报酬而付出的努力或劳动，而“情绪”（emotion）则是指你的感受，或至少指内部感受的当众表达。在情绪工作中，你要表现出某些特定的感受，以作为你工作的一部分。也就是说，你的工作任务就是去表现出某些特定的情绪，而你可能不得不否认、压抑或隐藏自己的真实感受。在旅游、餐饮、娱乐、护理、社会服务、咨询、哀伤咨询（grief counseling）、殡葬服务等领域，以及大部分的销售工作中，“做好工作”的主要体现就是表现出情绪。情绪有助于别人体验到特定的感受。通常来说，你在工作中须表现得高兴、友好、积极、乐观、善解人意、关心别人和富有同情心。雇主可能会明文规定你需要做的情绪工作，你的上司可能会监督你并要求你表现出恰当的情绪或态度。当然，日常活动中我们在与朋友或亲密伴侣聊天、与同事相处或参与日常事务的时候，也是在做某种情绪工作。但是，你自己决定去做的情绪工作不同于作为工作要求一部分的情绪工作。阿莉•霍赫希尔德（Arlie Hochschild）在《心的管理》（*Managed Heart*）一书中对情绪劳动（emotional labor）进行了概述，并且描述了她在空中乘务员中是如何对此进行研究的（Hochschild，1983）。她与其他人都了解到，航空公司的雇员须要努力表现出友善的微笑和愉悦的态度。即使是在她们疲累、抑郁，或担心个人、家庭或工作中的严重问题时，也须要如此去做。情绪工作会让人身心俱疲。向有需求的客人展示出友善、热情和愉悦的态度需要付出很多能量，特别是在为那些不友好、粗鲁、令人讨厌的客人服务时。有些公司，例如迪斯尼乐园，对员工的情绪工作就有详细的设计，会仔细管理和调整，并将之作为整体客户体验中的核心部分（Van Maanan，1991）。

为了研究情绪工作，研究者通过直接参与自然的工作情境和在其中进行观察（即他们开展了实地研究）收集了大量的原始质性资料。也就是说，他们自己做了一份需要付出情绪劳动的工作。他们每天会花费好几个小时的时间进行日常交流，既与那些需要做大量情绪工作的人群进行交流，也对他们进行密切的观察。实地研究方法就特别适合用来对情绪工作进行研究。

何谓实地研究

与前几章所谈的定量研究不同，实地研究产出的是质性资料，用另一种研究思路。实地研究者在自然社会情境中进行直接观察或参与其中。事实上，实地研究有几类，包括民族志、参与性观察，非正式“深度”访谈和焦点小组。

如果你曾经听说过实地研究，那么你可能会觉得这只不过是和一群与自己不同的人在一起，似乎不是一件难事。在实地研究中，不须要进行数据统计，也不需要通过推论提出抽象的假设。你只需观察某个情境，可能会与研究对象在一起非正式地聊天。但与定量研究不同，在实地研究中，你须要亲自、面对面地与自然情境中“真实的人”进行直接的社会互动。专业研究者可能会花费好几个月、甚至好几年的时间对某一情境中的人进行研究，会去了解被研究者的日常活动、习惯、兴趣爱好，了解他们害怕什么，有什么希望、梦想以及他们的生活史。面对陌生人群、揭示多个新的社会世界确实是一件有趣的事情。不过，它也可能是一件沉闷、费时费神的工作，有时候甚至会有人身危险。

对于微观水平上的社会世界、普通民众的日常近距离互动这类研究主题来说，实地研究是最为理想的方法。实地研究特别适合那些难以用其他方法（例如实验、问卷调查）进行研究的主题，例如对课堂行为、街头帮派的研究。在实地研究中，你能够进行近距离的观察，能够获得一些以其他研究方法难以获得的见解。实地研究应用于许多领域，例如人类学、教育、卫生保健、营销、餐饮旅游、公共服务、休闲娱乐、刑事司法、公共服务等领域。实地研究者已对多种社会情境、亚文化和社会生活的多方面进行了考察（见图 10.1）。我的学生也成功开展了一些小规模的、短期的实地研究，所涉及的地点包括理发店、美容院、托儿所、面包店、游戏厅、保龄球场、教堂、咖啡店、自助洗衣店、警务调度中心、快餐店、小学课堂、疗养院、纹身馆、“同志”酒吧、婚纱店、医院候诊室、健身中心等。

民族志

民族志是实地研究的一个主要类型，来源于文化人类学。“Ethno”指的是“人群”（people）或“民族”（folk），“graphy”的意思是“描述事物”。**民族志**（ethnography）

图 10.1 实地研究的地点与主题范例

微观层次的情境	海滩裸浴
飞机上的乘客	神秘组织
受虐女性的收容所	卖淫
摄影俱乐部	街头帮派 / 飞车党
自助洗衣店	无家可归者 / 收容所
社会运动组织	
社会福利机构	**社区情境**
电视台	退休者社区
流浪人员收容所	小镇
候车室或候诊室	市内的民族聚居区
	工薪阶层社区
职业	
空中乘务员	**少儿活动**
艺术家	少儿游乐场
酒吧女侍应	少年棒球联盟
捕狗人员	学校青少年
上门销售员	初中女生团体
工厂工人	
赌徒	**医疗情境和医疗事件**
医学生	死亡
脱衣舞女郎	急救室
警察	重症监护病房
厨师	怀孕与人工流产
社会工作者	支援老年痴呆照顾者的团体
出租车司机	
	休闲产业
社会越轨与违法行为	保龄球场
身体烙印与穿刺	宾馆大厅
邪教团体	饭店与酒吧
吸毒者与贩毒者	度假胜地
嬉皮士	

的目标是从当地人 / 成员 / 局中人的角度对生活方式进行详尽的描述与深刻的理解。民族志是建立在认为人是生活在文化中的人这一观点基础上，这里的文化是指从微观文化（家庭或小规模的朋友团体）到宏观文化（整个社会或世界）的各层文化。我们会不断地学习、应用和修正文化常识。文化常识可以分为显性与隐性两个部分。显性文化常识是我们容易看到和直接了解的方面。我们会经常谈论到它。而隐性文化常识则是指那些看不见的、没有明确说明的部分。我们很少知道它们的存在，通常只能间接地意识到。文化常识包括假设、象征、歌曲、谚语、常识、行为方式和物体（例如电话、报纸等）。

活学活用：领略美国感恩节中的文化

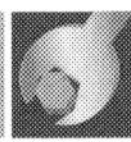

民族志学者会对社会聚会和社会文化事件进行研究，例如美国的感恩节。感恩节是显性文化常识的一部分。感恩节是在十一月的第四个星期四。在节日期间，大多数企业和所有的学校都会放假。这个节日有一些明显可见的象征与习俗，人们将这当成是一个庆祝丰收的节日。感恩节的历史可以追溯到早期来到北美的英国移民。感恩节的主要活动是，与亲人和密友举办家宴，品尝以烤火鸡为主的感恩节美食。相关庆典活动包括有些大城市的盛大帆船游行，电视中转播的橄榄球比赛，圣诞老人问候孩子和圣诞购物月的开幕。感恩节宴会上，隐性文化常识告诉人们需要用刀、叉来吃烤火鸡，只有在吃完了其他东西之后才能吃甜点，在吃的时候不能单独一个人躲在角落里吃而要与其他人一起，要与宴会上的别人聊天，而且吃得越多越好。不同的家庭可能按习惯把家宴放在不同时刻，但是很少会将早餐当成主宴会，也很少会在晚上很晚时才开始。一般来说，感恩节宴会时间是中午到晚上 7 点之间。这与日常就餐时间不同。除了火鸡外，感恩节还会吃一些日常很少吃的东西。南瓜派是感恩节时最常见的甜点。在节日里，最常见的配色方案是橙色与褐色。虽然会有一些反映季节的装饰（例如秋天的叶子、清教徒形象），但通常是次要的。此外，人们在感恩节时很少会互赠礼物。在美国的部分地区，人们会在感恩节前后去狩猎鹿或其他野兽。

Blend Images/Alamy Royalty Free

人们通过看书、看电视、听父母讲、观察别人等方式来学习文化常识。隐性文化常识由那些没有言明的文化规范组成，它需要通过推断（从人们的外在言行深入探明其意指或暗示的内容）才能获得。大多数的礼仪与礼貌行为都建立在隐性文化常识的基础上。

民族志研究的是人们如何使文化起作用并展现它——文化即人们的观点，及深思、看重和坚信为真的事物。人们通过具体自然情境下的言行来做到这二点。为了解答或推断出人们行为背后的意义，你需要对文化与社会背景非常熟悉。你须不局限于自己实际上看到、听到的东西，集中思考某项行为在具体情境中的意义。例如，一对成年兄妹在感恩节的家宴上坐在一起，但是他们却始终互不说话。通过这个场景，你可以推断他们之间的关系非常冷淡。

通常，人们只能在隐性的文化常识未被遵守时才觉察它，例如站立的时候与他人保持合适的距离。违反社会规范或习俗会导致不舒服或不自在，但人们可能难以确定不自在到底源于哪里。一位优秀的民族志学者能够对显性和隐性的文化常识进行详尽的描述。对显性与隐性文化常识的识别、详述，以及对社会情境中的事件进行分析是民族志研究的关键技术。民族志研究者常常须要特别注意具体的细节，须要不动声色地对事件进行思考或参与被研究者的日常社会互动。

民族志研究者须要注意到民众构建社会意义时是怎样将它当成特定生活情境中正在

研究示例专栏 10.1：某酒店的民族志研究推论

Thinkstock/Corbis Royalty Free

雷切尔·谢尔曼（Rachel Sherman）对豪华酒店进行了一项实地研究（Sherman，2006），这里的豪华酒店是指房间的价格至少为每晚 500 美元的酒店。在研究过程中，她重点考察了情绪工作、职场关系以及员工为富豪住客提供的服务。她选择了纽约的两所豪华酒店作为实地研究地点，主要通过访谈、观察来收集资料，并且还在这两家酒店工作了一段时间。在研究中，她发现了数百例员工与客人之间的隐性而又细致的互动。例如，她看到有款服务条例要求员工为酒店客人提供“无止境的服务”。酒店期望员工提供服务的方式要表现得自己乐意去做。一条隐性规则就是员工应该表现出真诚、真心关注客人需求的情绪。她在文中列举了一个她在担任客房服务员时看到的案例（Sherman，2006，p. 42）。客人让她将一大束花包起来，以便他们带回家。她马上就微笑着回应了这个要求：“我马上处理。”客人跟着说了一遍“处理”。她立即意识到自己犯了一个错误。她应该表现为自己喜欢这项任务。“处理”这个词意味着这可能是一项不令人喜欢的工作。恰当的反应应该是微笑着说：“很高兴为您马上将花包起来，先生。”

发生的过程的。研究者要寻找那些不成文的脚本或惯例。由于社会活动与事件是即时展开的，因此并不总可预测到。处于同一情境中的人看到的事物也并不完全相同。民族志研究者所做的事情就是努力去把握某一社会情境中的人所持的不同视角。研究者会不断地转换视角，会同时从不同的角度来看待事件。一开始很难做到这点，但是可以通过练习，逐步习得和提高这方面的能力。

在实地场合研究人

实地研究既指做研究的一种取向，也指研究使用的一套方法。在实地研究中，研究者会运用许多技术来获得资料。实地研究的核心指导原则是**自然主义**（naturalism）。与在诸如办公室、实验室、教室等安全的环境中所开展的量化研究不同，实地研究需要你亲自进入到“真实世界”中，需要你直接参与。你要成为自己所研究的社会世界的一部分。如果你只是实地研究的一个初学者，开始的时候你可能会希望在一处稳定的情境中（例如在街角、教堂、酒吧间、美容院、棒球场等地），研究一个定期进行相互交流的相对小的团体(不超过 20 人)。虽然有时两个或三个研究者组成一个小团队的效率会更高，但大多数实地研究都由某个研究者独自进行。

直接、亲自参与实地研究可能会给你带来情绪上的影响。实地研究可能是有趣、令人振奋的，但是也可能干扰你的个人生活、威胁你的人身安全、降低你的幸福感。与其他类型的社会研究相比，实地研究对你的家庭生活、人际关系、自我认同以及人生观带来的影响更大。直接、亲自参与实地研究既会带来风险，也会带来收益。

灵活性是你开展实地研究时需要遵守的另外一条原则。与定量研究相比，实地研究的结构化程度更低。实地研究者须要识别并抓住机会，须要“见机行事”，根据变化了的环境迅速进行调整。在实地研究中，不是一开始就有一项假设、然后按部就班地逐步进行，而是须要为了在特定情境下获得资料这个目标来选择相应的技术，当出现了感兴趣的新线索时，须要调整方向跟踪它们。

灵活性也有其不足的一面。没有了固定的步骤，那么就容易偏离目标、随波逐流，失去重点。实地研究初学者常常感觉自己对事件几乎无法控制，需要重点，感觉自己控制不了资料的收集，觉得任务量太大。你可能会觉得自己收集的资料太少或太多，或觉得收集的都是无用的信息。常常会出现烦躁、孤独或困惑的情绪。这就使做好准备和计划很有必要。一旦你对背景有了一定的了解，你就能够慢慢找到调研的重点。当你找到了一个重点时，它就会引导你去寻找所需要的质性资料。

在本部分中，我们将逐步讨论开展实地研究时所需要经历的 8 个阶段：

1. 实地研究的准备
2. 研究项目的开始
3. 身在实地
4. 设计使实地研究成功的策略
5. 观察与做实地记录
6. 实地研究中的访谈
7. 离开实地
8. 撰写实地研究报告

1. 实地研究的准备

开展实地研究需要做的先期准备，可以分为以下三方面：

- 增强自我觉察
- 进行背景调查
- 练习观察与记录

自我觉察 在所有的社会研究中，人性与个人因素都可能带来影响，在实地研究中尤为如此。研究者直接、亲自与研究对象接触，意味着研究者的情绪模式、个人经历、文化背景都会显著影响研究。在这点上，没有自己骗自己的余地。你的个人特点（包括长相、性别、年龄、种族与民族背景）常常会对研究产生影响。为此，你须要坦诚，须要扎实

地了解自己。你须要明白自己正处于现实的、正在发生的事件中，而不是安然地躲在实验室、机房或办公室里面。

一个优秀的实地研究者对自己会有良好的认识，但是又不会过于从自身的利益角度来看待事情。你必须拥有察觉周边细节的能力，并且能够体会到他人的感受。同时，你还须觉察到自己内心关注的方面，觉察到自己的义务以及内心冲突。要预料到在实地场合中会出现焦虑、挫折、犹疑和怀疑自己，尤其是在开始的阶段。在实地场合中，你可能会觉得在两面都被边缘化：自己既是一个外来人，也离朋友、家人和其他同行越来越远。

背景调查 与其他研究相同，在开展实地研究的时候，阅读相关的学术文献有助于你了解可能用的概念、潜在的困难，掌握相关的资料收集技术与方法。实地研究者也阅览电影、小说或新闻报道等来了解要研究的这类实地地点及主题。他们会查阅与自己研究地点中人群类似的人群的传记、日记，以熟悉情况，并为自己做好情绪上的准备。实地研究者做的工作比标准式的文献综述更多，他们会进行更大范围的背景调查。

练习观察与记录 开展实地研究所依靠的能力主要有细心观察、聆听、短时记忆和记录。一个优秀的实地研究者是一个观察力敏锐的人，能够注意到许多细节。他们还能以“置身事外”的角度看到全局，并且能够抓住“隐藏在字里行间的意思”。实地研究者所做的大部分工作就是去察觉情境中的普通细节，然后记录下来。对微小细节的注意以及短时记忆力都可以通过练习来提高。因此，在你进入实地之前，你要练习与提高自己的观察能力。许多人发现，写日记是一种锻炼记实地笔记的好方法。实地研究者除了要具备个人优点和优秀的社交技能外，还须是一个将笔记记录得有条理，不记就不自在的人。

研究示例专栏 10.2：上门销售的大学生 

Brand X/SuperStock Royalty Free

施韦因格鲁伯和伯恩斯（Schweingruber & Berns，2005）对那些担任上门销售员的大学生进行了一年的研究，重点考察了他们的情绪工作。他们亲自、直接参与到了实地中，都担任了一家公司的数种销售员岗位；他们亲自观察了招聘面试，参加了相关的培训。暑假中，他们与大学生销售员一起走过了美国的 5 个州，不仅在每天长达 15 个小时的工作时间中与大学生销售员在一起，在不上班的时候也与他们共同度过。他们与大学生销售员一起工作、生活，以便更好地理解这些大学生的想法；此外，他们还分析了公司的文件，进行实地访谈，组织焦点小组讨论以“以归纳方式探求社会意义”（Schweingruber & Berns 2005：687）。

2. 研究项目的开始

实地研究的开始阶段所需要做的事情可以分为以下 4 个方面：

- 组织计划
- 选择实地调查点
- 获得准入许可
- 进入实地

组织计划 你须要调整自己的态度和惯有的思维，这是准备过程的一部分。在开始阶段，你不能有自己的注意焦点（即保持头脑开放，排除先入为主的观念）。对研究对象、主题和实地调查点，你千万不要有预先设定好的想法、观念，以及刻板印象。对自己在实地中实际所看到的一切都开放地接收，不要将先入为主的观念强加上去。你既要专注与博学，也要开放地接收新经验与观点。在开始实地研究的时候，你需要一个宽泛的主题，而非具体的假设或细化的问题。你既不要把自己过快地限定在细化的关注点上，也不能完全没有方向。要找到适合实地调查点的研究主题，就要在实地花时间思考。你只有在对一个调查点或情境有了较深的了解之后，才能构想出自己的研究问题。耐心是开展实地研究需要的另一项重要素质。

选择实地调查点 实地研究项目的产生常常源于一次偶然事件或研究者的个人兴趣。绝大部分此类型的研究是因为研究者的个人经历，例如参加了某项工作，某种业余爱好，或者自己是一名患者或活动家。**实地调查点**(field setting 或 field site)的说法容易误导人。它指的并不完全是一处单一的、固定的物理地址，而是从社会角度定义的一片区域，边界是灵活可变的，因为被调研的社会群体之间的互动可能会在多个物理地点发生。例如一支大学橄榄球队，其队员之间的交流可以发生在球场上，也可以发生在更衣室、学生宿舍、训练营及当地他们常去玩的地方。那么，对足球队的实地调查点就须包括上面的 5 个物理地点。你要认识到物理地点、研究主题、互动的研究对象以及作为研究者的你之间存在的相互关联性。

选择一个实地调查点是实地研究中的一项主要决策。研究者在最终确定调查点之前常常会先尝试多个地点，并记录选择调查点的过程。影响选择实地研究地点的因素主要有 4 个：封闭性、资料的丰富性、陌生度与适合度。

- **封闭性** 如果实地调查点有固定边界、且研究的小群体可以在其中进行持续的社会互动，那么研究就会较容易。一个范围较大且开放的空间里可能会有许多陌生人经过，而且他们之间只会发生很少的社会互动（例如购物中心、大型的折扣商店、大型的户外公园或停车场），在这样的调查点进行研究就会困难得多。
- **丰富性** 要获得更有意思的资料，则调查点中的各张人际关系网要相互有交叉，对象们要不断进行多种多样的活动。

- **陌生度**。在一个你不熟悉的情境中，尽管你开始可能觉得有点不安，但是却能够更快地发现各种文化事件以及关系（详见本章后面的“具备陌生人心态”）。
- **适合度**。你要考虑一些现实问题，例如你的个人特点与感受。另外还要重点考虑的就是你的时间、能力、人身安全，伦理上对研究对象的保护，当地冲突以及你是否有能力获得准许进入等。

获得准入许可 实地研究者的个人特征，例如年龄、性别、种族，可能帮助也可能阻碍进入调查点。你可能会发现某个调查点不欢迎你或不允许你进入，或法律或政治规则阻止你进入。如果我们将所有的实地调查点连续排在一条直线上，那么这条直线的一端是可以随便进入的公众区域（例如饭店、候机楼里的登记处），而另一端则是封闭的、私人或半私人地点（例如私人会所、私人住宅里举办的活动）。法律或机构的规定也可能会对你的进入造成限制，例如公立学校、医院、监狱。此外，研究机构的伦理审查委员会也可能会出于道德伦理方面的原因而限制研究（参见第 3 章）。

几乎所有的实地调查点都会有一个**守门人**（gatekeeper）。这个守门人可能是毒品交易点的打手、医院的负责人，也可能是餐厅的经理或发廊老板。非正式公共场所，例如人行道、候机区也常常会有守门人。而一些正式的机构，你必须获得管理部门的明确同意后才可以进入。不管是否有要求，获得守门人的同意后再进入都是一种良好的行为习惯（见研究示例专栏 10.3）。

实地研究者需要与守门人协商，讨价还价获准进入。研究者一方面需要灵活变通；另一方面，为了保证研究的客观性，也要设定一些不可通融的底线。例如，如果守门人要求你只能说好的事情，或者坚持要审查你的实地笔记，那么这种研究就无法进行下去。不过，如果守门人一开始的时候给了你很多限制，那么你可以过段时间再与对方协商。因为有可能随着大家逐渐建立相互信任，守门人可能已经忘记了他们开始时所提的诸多要求。当你进入社会情境中更高级的场所或新的地点时，又要重新与守门人进行协商了。

研究示例专栏 10.3：与守门人的协商 

雷切尔·谢尔曼（Sherman, 2006）在对豪华酒店的研究中，描述了她是如何获得准许进入五星级酒店的。为了进入其中一家酒店，她得到了总经理和人力资源部经理的许可。而她被酒店招为实习生后，在许多地点（例如前台、门卫、停车场、宾客服务部），她还要与经理、主管等守门人进行协商。她发现，某个级别或地点的守门人的许可，并不自动适用于其他级别或地点。她还发现，她与酒店员工接触的过程中，除了要获得有正式权力的守门人许可外，还须与普通员工协商——他们是非正式守门人。而在另外一家酒店，人力资源部经理就是主要的守门人，与其他部门进行的协商就要少得多。这两家酒店的内部安排与职权状况就使得为通行而须解决的问题不同。

进入实地 实地研究者进入实地调查点的时候，要采取灵活的行动计划。每个调查点都不同，因此你进入的方式取决于你的过往经验、常识、社交技能以及联络人。在进入的时候，要考虑以下 3 个方面的问题，即自我呈现、表露程度和社会角色。

自我呈现 你建立任何新的社会关系时，包括你作为研究者进入一个实地调查点，都须要向别人展示出你是什么样的人，或想成为什么样的人。不管你是否意识到，你都会通过你的外表、行动、说的话，以及你说话的语调风格展示出来。其中隐含的意思可能是，“我是一个认真、刻苦的学生”，“我是一个热情、有爱心的人”，“我是一个酷哥”，“我叛逆，是个聚会狂”。你可能不只展示出一个自我，展示何种自我可以与场合有关。

你需要对自己在实地调查中的自我展示过程有清醒的意识。你的行为举止，例如说话风格、步态、坐姿，以及面部表情、目光交流、发型、穿着打扮等等，都会为你“代言”。因此，要清醒地意识到它们对调查点的人正在说些什么。例如，你在调查点应该怎么穿呢？最好的做法就是既考虑你自己的需要，又同时尊重研究对象。一位研究流浪者的教授一方面没必要自己衣着褴褛、举止不雅；另一方面，举止和穿着随意已足够了。同理，如果研究的是企业或学校的领导人员，那么就须要举动专业、穿着正式了。总之，你要意识到你的自我呈现会如何影响实地中的人际关系。你希望融入情境，但要表现成一个完全不真实的自己，或者一个与平时差异非常大的自己，还是非常困难的。你会表现出不自在、别扭，而这种不自在的表现就会妨碍你与实地调查对象之间建立融洽的关系。

表露 实地研究者要决定在多大程度上表露自己，以及多大程度上来向守门人和调查对象透露研究。表露出自己的一些个人资料生活细节，例如背景、兴趣、爱好，有助于赢得调查对象的信任，建立亲密的关系。当然，这也可能泄露你的个人隐私。我们可以将表露看成是一条连续的线段。其中的一端是进行隐秘的研究，调查对象根本就不知道研究正在进行；而另外一端则是研究完全公开，每个调查对象都熟悉研究者，都知道这个研究项目。至于表露的程度及具体时间，则取决于情境的具体特点及你的个人判断。有时在过了一段时间后，你觉得更放心时才进行表露。

社会角色 在日常生活中，你扮演多个社会角色，例如子女、学生、客人、体育运动爱好者、友人等等。你身兼多种角色，能在它们之间转换，或者是以特定的方式扮演某个角色。有些角色你可以选择、而另一些则是预先为你设置好的。例如，几乎没有人能够选择自己是做女儿还是儿子，只能承担，虽然你可以在一定程度上决定如何扮演这个角色。有些社会角色是正式的，例如银行出纳、警察局长，而另一些则是非正式的，例如情场高手、资深人士、好朋友。

实地研究者在调查点要承担并扮演一定的社会角色。有时候，他们选择的是某个已经存在的角色，例如谢尔曼在研究豪华酒店的时候，承担的就是客房服务员的角色。有些既有的角色会更有利于你进入调查点的各个地点，更方便你去观察，与调查点的所有对象交流，自由自在地在调查点活动。而另一些角色则受较多的限制。例如如果你在研究一个小酒馆，那么酒吧招待角色就便于你进入酒馆的各个地方，但是却会限制你的自由，因为这个角色须为客人提供服务，收钱，照顾生意。还有些时候，研究者会创造出一个新的角色，或修改既有的某个角色。例如，菲因（Fine，1987）在对将进入青春期的男孩进行研究的时候，就创造了一个“成年友人”角色，扮演这个角色时很少有成人的威严，而这个角色又让他可以看到成年人以其他方式看不到的男孩文化和行为。当然，你可能需要一定的时间来适应某些角色，有时随着实地研究的进展，你可能还要扮演另几种实地角色。

你的能力、时间，以及性别、种族、年龄、魅力等个人因素，都会决定你可选哪些角色。你只能控制某些因素。它们会限制你的通行权或可选角色范围。因为许多角色具有性别定型，故性别是一个需要考虑的重要因素。女性研究者在男性主导的危险情境中，例如警务、消防工作，就会遇到更多的困难。她们可能会遭受排斥，或被人强加以会限制她们活动的性别刻板印象，如“乖宝宝”“花瓶”“长舌”“风流女”。例如，葛尼（Gurney，1985）曾经报告作为一个身处男性主导环境中的女人，会面临更多的阻碍，须进行更多的协商。然而，她的性别也为她提供了独特的洞察力，并使她可以在男性研究者不太可能遇到的情形中进行研究。种族和年龄也对角色的选择有类似的影响。

3. 身在实地

一旦你选择了实地调查点，获得了准入许可，并且选择好了进入时准备扮演的社会角色，那么你就需要入驻了。在调查点的研究以及观察过程可以分为以下 5 个方面：

- 了解规则
- 常态化
- 建立友好关系
- 不断协商
- 决定卷入程度

了解规则 实地研究的初学者常常会感到棘手、觉得不自在，会对调查点的各种细节感到力不从心。保持“处于边缘”的状态会使你感到有压力。让自己做一个不充分卷入的局外人是一件很困难的事情，尤其是在研究充满激烈情绪的情境时（例如政治运动、宗教皈依）。在你“了解规则”之前，即从微观层次上熟悉调查点当地的习俗、规则和惯例之前，感到棘手是一点也不令人惊讶的事情。一旦你了解了规则，适应了环境，你就会知道如何去处理压力、如何使你的社会研究**常态化**（normalize）了。

社会研究的常态化 实地研究者不仅在观察与研究调查点的对象，同样他们也在被当地

人观察与研究。通常，调查对象一开始的时候不喜欢有外来研究者在场。许多人不了解实地研究，分不清楚社会学家、心理学家、咨询师和社会工作者。他们可能将你看成一个外来的批评家或密探，或将你当成救世主、无所不知的专家。那么，你就要常态化。为了使当地人适应你的研究，你可以展示你的个人履历，时不时地对自己的研究做出一定的解释，让自己看起来不是一种威胁，并接受或忽略他们的一些轻微违规行为。例如，你正在观察的职员有时会早退 20 分钟。你没有将他们的早退报告给主管，那么他们很快就会接受你，不将你看成有威胁的人，而是将你看成他们中的一员。

建立友好关系与信任。当你克服了刚面临新的说话方式或表意系统时的慌乱后，你就能够慢慢与当地人建立信任、友好的关系了。这要花费时间和反复进行积极的社会互动。为了实现此目标，你要同调查对象“相处”。你要同情地倾听他们的抱怨，能够与他们分享各自的经历、故事，与他们一起哭、一起笑。

许多因素会影响信任、友好关系的建立，例如你的自我展示方式、在调查点中扮演的角色，以及那些可能促进、妨碍或破坏信任的事件。友好关系与信任是一个逐步发展的过程，是通过许许多多社交细节而形成的，例如分享个人的经历，讲述故事，手势，线索，面部表情等等。一开始建立友好的关系与信任很困难，而建立后要失去却很容易。维持良好的关系需要在平时的交往中几乎每天进行强化。例如，如果你与一群人建立了友好的关系，但随后你却消失了 3 个月，那么在你返回后，无法期望马上就又能够回到当初那种水平的关系上。而信任的建立还常常需要你做出一定的冒险，或是通过一些小小的社会“考验”。建立信任也要不断地进行强化。此外，当你谈到新的主题、议题，或到了新的调查点或面对新的社会团体时，你又必须从头建立信任。佩里（Perry, 2001）阐述了她在对两所高中进行研究的时候，是如何展示自我以及建立友好关系的（详见附录 C）。

> 虽然我看起来比实际年龄小（该研究开始时，我 38 岁），但我仍然努力缩小年龄差距给学生对待我的方式可能造成的影响。在校园里面，我不与其他成年人联系。我保证自己自在的同时又尽量穿的随意，这凑巧与学生喜欢穿的衣服类似：蓝色牛仔裤、凉鞋或运动鞋，T 恤衫或汗衫，除了四枚小耳环外没有其他珠宝饰物（其中一枚在一只耳朵上，另外一只耳朵上挂了三枚）。我让学生直接喊我的名字，不用高高在上的语气和他们说话，不评价他们，也不让自己看起来一副威严的样子。相反，我将学生视作权威，他们貌似也很喜欢这种尊重。这些努力，再加上我对学生一些流行文化风格的把握，使我与一些学生建立起了非常密切的关系，也方便了我大范围接触校园中不同的青少年群体以及小圈子。

在有些实地调查点，要建立友好的关系与信任可能会非常困难。有些地方可能充满了恐惧、紧张和冲突。当地成员可能令人厌恶、难以信赖或不诚实。他们可能会做出一些让你心烦或讨厌的事情。有经验的研究者会对多种事件和关系做准备。但是，有时候根本就不可能融入某些情境中或与其中的成员十分接近。对于这些缺乏合作、协作与体谅的情境，需要采用不同的策略。

建立友好关系与信任是对实地调查点中的社会生活进行理解的重要一步。友好关系有助于你了解调查对象，而这种了解又是实现在更深水平上理解他们内心世界观和视角的前提。在能够从当地成员角度看待事件之后，就需要深入进去，去把握调查对象如何思考、如何感受和如何行动。你要超越了解，达到共情（empathy）的程度，也就是如同当地成员那样去看待、经历和感受事件。共情不是同情（sympathy）、同意或认可。它意味着你如同另外一个人那样去看待、感受与思考。友好的关系有助于实现理解，最后达到共情。同时，共情也会使关系变得更友好。

不断协商 许多实地调查点存在多个地点，它们也可能分多个等级。那么，进入每个地点就又成了一个要解决的问题。进入，与其说是打开一扇门，不如说是一层一层地剥开洋葱。而且，进入时做的协定或承诺也可能并不永远有效。你应该做好后备计划，做好再次协商的准备。也许校长和家长已经允许你去观察儿童，但你到达学校后，发现有两位老师时刻看护着孩子。他们不让你进去，使你没有机会观察孩子们的自发互动与游戏。这时，你的后备计划就可以是转移研究重点。你要在这两位老师身上花费比预计多的时间，努力从他们的角度来看待事情。一旦你对他们有了更深的了解，赢得了他们的信任，你就能与他们再次商谈以更充分地观察儿童。

通常，一项实地研究的具体重点只有在研究过程后期才会显示出来，而且还可能发生转变。这就意味着你在找到研究重点的时候，须协商进入新地点的问题。同样，当你在实地调查点碰到新的人员时，你就要与每位新人员就社会关系进行协商，直到建立稳定的关系。总之，你要做好不断协商、不断解释自己在做什么的思想准备。虽然你可能会为此恼怒、不耐烦，但是千万不要表现出来。

决定卷入程度 作为实地研究者，你除了承担着调查点的一个社会角色外，还承担着研究者的角色。这种角色处于一个连续体上，各点代表研究者直接与调查对象交往及卷入其生活的程度。这个连续体的一端是离得远的、一点都不卷入的局外人，你只从远处观察其中所发生的事件，不与调查点人员进行直接接触；而另外一端则是完全卷入进去，密切投入其中的一个参与者。你充分参与，就像开始成为该调查点中的一名新成员（见图 10.2）。

当一个局外人会更容易快捷、更方便，在观察的初期也是必要的。在连续体的局外人这一端，你无须花费许多时间去赢得调查点成员的接纳，也不大可能过度卷入。有时候，人们对那些置身事外的外来访客更容易打开心胸。这个局外人角色也有助于你保持自我认同。然而，你可能会觉得自己是一个边缘人物，无法把握住局中人的体验，也更容易对事件做出错误的解读。为了充分理解事件在当地的社会意义，你必须与调查点的

图 10.2 卷入田野调查点的程度所决定的研究者角色

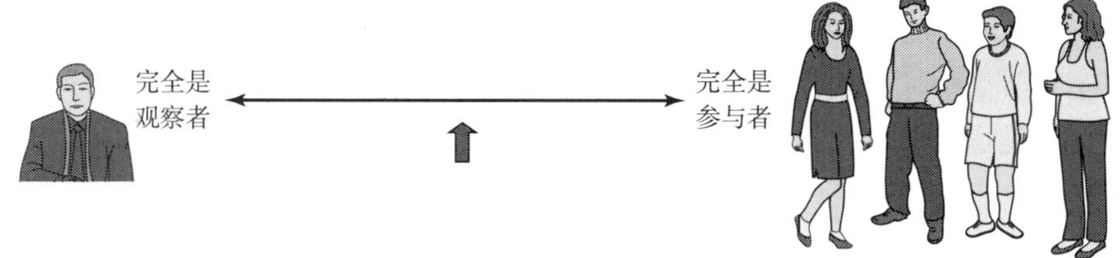

人一起参与情境。

连续体的局中人这一端的社会角色则更容易建立起共情，更容易获知调查点成员的经历，也更容易充分感受到调查点成员之间亲密的社会世界。但与调查点成员的社会距离过小，同情过多，就容易出现过度卷入。亲密的接触可能会使数据的收集难以做到严格，你也可能无法使自己保持必要的心理距离来对资料进行分析。在实地调查点的孤独和孤立感，再加上希望建立友好的关系和实现共情，就可能导致过度卷入或**土著化**（going native）。过度卷入会使你的研究失败，因为你希望自己表现的像调查点的其他人员这一期望会凌驾在严谨研究、观察、分析的目的上。既要维持较高水平的卷入，又要避免过度卷入，并不容易。

4. 实地研究成功的策略

所有的实地研究者都会根据具体的研究地点和个人经验来调整研究策略。在本部分，我们将重点讨论许多实地研究者使用过的 6 种策略。

- 建立关系
- 做小善事
- 假装感兴趣与选择性疏忽
- 做一个好学的新手
- 回避冲突
- 秉持陌生人心态

建立关系 一段时间后，你就能够与实地调查点的人员建立起社会关系（参见以史为鉴：出租车、乘客与小费）。为此，你得花费时间，须记住当地人员的个人信息以及进行一定的“寒暄”（例如说早上好，评论天气）。起初对你冷漠的人一段时间后可能会变得亲切。他们也可能开始时很友善，后来会出现怀疑和害怕。在调查点中，你所处的位置很微妙，因为在研究的初期，你对调查点还不甚了解，你可能会因为不熟悉当地的社会习俗而不愿意与特定成员建立密切的关系。如果你很快就交了一两个密友，他们就可能成为你的同盟和宝贵的信息源。他们可能为你解释事件，将你介绍给别人，让你不被逐走，帮助你获得准入许可。然而，这也取决于你起初所结交的是什么人，他们也可能妨碍你进入调查点的某些地方，或妨碍你与调查点的其他成员建立社会联系。

你要迅速觉察到一处社会情境中的小圈子，友谊关系，争论，矛盾以及权力关系。例如，在进入调查点两天后，你发现萨曼莎和朱蒂好像会相互避开、不一起相处；乔治和罗伯特似乎是好朋友；敏淑看起来安静、害羞，不大自信，没什么朋友；艾普尔看起来开朗、自信，似乎是带头人。

在你了解调查点的社会特征时，你也要注意你的行为或外表对他们的影响。例如，一个外表有魅力的研究者与调查点中的异性交流，就常常会遇到迷恋、调情、妒忌。你要意识到并且妥善处理这些实地中的关系。你必须遵守职业守则，保持一定水平的职业性疏离，但又不要伤害他们的感受，破坏你与他们之间的和谐关系，导致他们拒绝你的进入。有时，你要能做到中止某些关系，即不再与他们接触。你可能发现为了与某些人建立社会关系，就必须中止与其他人的密切关系。与任何友好关系的中止相同，社交退缩可能给你和对方带来情绪上的痛苦或不适。作为一位实地研究者，你必须不断地在你的研究目标和社交敏感性之间求得平衡。

勿以善小而不为 你可能注意到，在社会生活中存在一些交换关系。你帮别人做了事情，然后对方常常会回报。在实地调查点中，交换关系也常常存在。人们会彼此交换一些小小的善意，包括顺从与尊重。获得调查点人员接纳的一个研究策略就是给他们一点小小的帮助，但是又不期望他们回报。当你不断地帮助他们，做出一些“小小的友善行为”，调查点的人就会负有一项非正式的社会义务，他们可能会觉得应当在调查点为你提供一些帮助以作为回报。

假装感兴趣与选择性疏忽 有时候在实地调查点你可能会觉得无聊、注意力散乱。无聊的神态几乎肯定会破坏或削弱正在建立的关系。你应该学会“表演出”并保持**假装感兴趣**（appearance of interest）状。即使你并不是真的喜欢，用语言和行动来表达对调查点的人和事件有兴趣也是一种非常重要的策略，例如运用面部表情，一起喝咖啡，参加聚会，听他们讲笑话。

暂时假装投入使自己合群，是日常生活中常见的一种小小欺骗。但是，这也是礼貌的一部分。当然，选择性疏忽，即不要直盯着看或装作没有觉察到，也是礼貌的表现。如果有人犯了一个社交小错误，例如偶尔说错了话、放了个屁什么的，那么礼貌的做法就是忽视它。实地工作中的选择性疏忽能够让警觉的研究者若无其事地暗地听谈话，或是观察不宜公开的事情而获知信息。

做一个好学的新手 当你到一处新的情境中，开始建立新的关系时，你可能会充满好奇心，碰到什么都想问。那么实地研究的策略之一就是将这种做法保持一段时间。做一个

以史为鉴：出租车、乘客与小费

弗雷德·戴维斯（Fred Davis）在一篇著名的文章中（Davis，1959）分析了他在实地研究中的收获。他于 1948 年在芝加哥担任了 6 个月的出租车司机，重点关注了司机与乘客、费用之间的社会关系。他观察到，出租车司机对工作的控制程度有限。他们对乘客几乎没有选择的余地，固定客人很少。他们的工作不稳定，没有固定办公地，社会地位不高，遇到的是各种各样的客人，工作时间长而与每个乘客在一起的时间又非常短。某些客人还会给他们带来风险，例如不付车费者、待产妇、抢劫犯。客人也常常会不理睬他们，将他们当成仿佛不存在。戴维斯注意到出租车司机与其他地位较低的服务业人员相同，会“品评”客人、迅速地对客人进行分类。各类客人占了出租车司机日常社交生活的大部分。这种做法为一项高度不确定的工作增加了少许可控性和可预测性，也有助于他们进行风险评估。出租车司机也会采用这种方式，以对自己所获小费量有一定的控制，并评估获得小费的可能性。出租车司机很难自行决定如何提供服务。除了小心驾驶、开门、快速送达外，对客人进行分类也让出租车司机对情况有一定程度的控制和使用好策略性情绪工作（微笑、寒暄、表达善意），以便多获小费。

“专家”或“无所不知者”并不是你在实地调查点获取信息或赢得朋友的方式。作为一个外来人，你的首要任务就是去观察，去听，去了解别人，而不是自夸，说很多，推销自己的观点或纠正别人的错误。如果说你要做什么，就是要避免表现得那么博学、见多识广。这也是向调查点人员学习的有效方式。姿态低一些，把自己当成一个学生，对你的研究有好处。通过聆听与询问，你可以了解到更多的东西。将调查点的人当成是专家，有利于你赢得他们的信任。你可能确实不想表现出无谓的无知或愚蠢，但是你却很想听取他们的解答，而不是自认为已经知道了现在有什么情况，或为什么人们以特定的方式做事。把自己当成一个求知欲旺盛的新手角色，你既可以获得更多的信息，又能让调查点成员觉得他们有价值、受到了尊重。

回避冲突 实地调查点中可能出现争论、冲突甚至打斗。你的研究对象可能是相互对立的人。这种情况下，你可能会有站队的压力。调查点的人可能会考验你，看看你是值得信任还是站在敌对的一方。这时候，通常最好的做法就是保持中立，在双方夹缝中周旋。如果你与任何一方密切联合，那么另一方就会切断与你的接触。此外，这样做还会使你只能从其中一方的角度来看待事情，使你对事件得到的了解不准确。

保持陌生人心态 生活中充满了无数细节。如果你每时每刻都注意所有细节，那么你就会受困于信息超负荷。我们安排生活时，采用的是惯有的思维，会忽略身边的许多信息。我们会忽略非常熟悉的东西，会假定别人对现实的体验和自己的相同。我们会将自己的生活方式看成是自然、正常的，很少会意识到自己想当然的事物。例如，有人递给你一件包装好了的礼物，你很可能说“谢谢”，再打开，然后表示自己很喜欢。然而，不同文化中的礼物赠送习惯不同。某些文化中，人们很少答谢赠礼，而是迅速将礼物不拆包

就收起来；还有些文化中，人们会希望受赠人埋怨礼物不合适。忽视熟悉的事情以及习惯式的思维，使得人们难以在熟悉的情境中进行实地研究。因此，实地研究者会保持一种**陌生人心态**（attitude of strangeness）。从一个陌生人的角度来看待事情，那么就更容易看到情境中那些隐性、未言明的文化。当你作为一个陌生人刚刚到一个新的、不熟悉的地方时，你就会对当地的自然环境和社会环境非常敏感，你不知道会发生什么。让自己秉持陌生人心态，你就能够保持这种极为敏锐的眼光，能够用它从一个新的角度来看待实地调查点发生的一切。

如果你去的是一个文化与自己本土完全不同的地方，那么你可能会发现该文化对于什么是重要的，怎么处理事情有完全不同的默认假设。这种文化之间的冲突，即文化冲击，使你更容易看到文化中的元素，促进你的自我发现（self-discovery）。秉持陌生人心态，你就会注意到更多细节；你会发现自己的思考与反省更容易进行、强度更高了。作为一个实地研究者，你希望自己既能够以陌生人的、又可以以局内人的视角来看待事情。如果你学会既从陌生人角度、又能够如局内人士那样来看待日常生活，那么你对实地研究的理解就会更深入。能够灵活地转变视角是做出高质量实地研究的关键。

5. 观察与收集资料

在本部分，我们将讨论如何收集高质量的质性实地资料。实地资料是研究者做的实地笔记，以及经历过、记住了的事物，可用于系统性分析。

研究者是收集资料的工具 好的研究者是一个天赋出众、足智多谋的人，能够创造性地解决问题并根据调查点的情况迅速做出反应。在定量研究中，你可以用多种工具来收集资料，例如问卷、计算机上的反应时测量方法。而在实地研究中，你就是获取实地资料的工具。这意味两点。首先，你必须对实地调查点中发生的事情保持警觉和敏感，遵守记录资料的规则；其次，你的社会关系、个人感受，以及个人的主观体验都属于实地资料，它们本身就是有价值的信息，有助于对实地中的事件进行解读。实地研究与定量研究不同，定量研究为了保证研究的客观性，须消除个人反应对研究的影响，而在实地研究中，你要思考自己的反应、感受，并将它们记录下来作为重要的研究资料。例如，如果有位研究者去色情物品商店研究其中发生了什么。他发现自己不自在、焦虑（表现为心跳加快、手心出汗）。他就仔细分析这种不自在的来源——是害怕被人看见？是因为跨越道德红线而兴奋？还是因为对在店里凑上来招嫖的人不知所措？研究者自己内心的焦虑和各种感受以及他对店员与客人的观察，理应作为实地研究中的资料。他应该注意并记录这些信息，并做好记录，就如卡普（Karp，1973）在他对色情物品商店的研究中所做的那样。

研究示例专栏 10.4：注意细节

雷切尔·谢尔曼（Sherman，2006）在研究中，发现一家豪华酒店的管理部门给员工发布相互冲突的信息:（1）你是社会或家庭的一部分，有自由选择的权利；（2）你处于上级的监管之下，必须完成你的工作。她是怎么得出这个结论的呢？她在员工手册、培训过程、经理与员工的交流当中，以及其他各种小事上看到了许多细节。例如，她看到一次即将召开的员工会议上的标牌，上面写“来这享受点心”，而这条文字下面写的是“与会是必须的”（Sherman，2006，p. 75）。她非常重视并记录了这些细节，随后在认真思考的基础上，刻画了每家豪华酒店奉行的企业文化。

观察什么 在实地调查点，你必须高度集中注意力，认真倾听、仔细观察发生的任何事情（见研究示例专栏 10.3：与守门人的协商）。你必须充分运用你的所有感官，去注意你看到、听到、闻到、摸到与品尝到的一切，以吸收所有来源的信息。

物理环境。在刚刚进入调查点的时候，你想仔细观察物理情境，把握它的风格。例如，地板、墙壁、天花板是什么颜色？房间有多大？窗户、门在哪儿？家具是怎么摆的？其状况如何，是崭新的还是旧而破烂的，干净的还是脏的？采用什么方式进行照明？那儿有标志、画幅或花草吗？有什么气味或声音？

为什么要为这些细节费力呢？商店和饭馆常常会设计照明、涂色、配乐方案以营造特定的气氛；旧车销售员会在车子里面喷上新车的气味；购物中心和百货商店会有意地散放新鲜糕点的香气，因为这样可以吸引顾客；人们为了让房子好卖，会将房子重新粉刷。这些微妙而难以意识到的信号会影响人们的行为。作为一个实地研究者，你要去注意、把握和记录环境当中可能营造“气氛”或对社会关系产生影响的任何信息。

你可能发现，在实地中进行观察是一项累人的、琐碎的工作；但是，观察的动机是建立在对琐碎处的极度好奇上。优秀的实地研究者会被细节所触动，因为平凡无奇的细节聚在一起就可以揭示出“这里有什么情况”。普通、琐碎的日常细节大量聚在一起，就能够反映社会生活各个重要方面。一般人常常会忽略这些，但是实地研究者却会敏锐地觉察到，并由此获得信息。

人与他们的行为。除了物理环境外，你还要观察调查点的人，要注意每个人可见的生理特点：年龄、性别、种族、身材。为什么呢？因为人们与别人的社会交往方式取决于对方是 18 岁、40 岁还是 80 岁；是男人还是女人；是白人还是非白人；是矮小瘦弱还是高大强壮。例如，秉持陌生心态会使你对调查群体的种族构成更敏感。一位生活在多种族的社会中的白人研究者，若没有注意到调查点中某个群体中的所有成员都是白人，那么就是一个对种族不敏感的人，可能会忽略情境中某项对理解该情境非常重要的特征。一位 20 岁的研究者正在观察一个人潮拥挤的饭馆时，一直没觉得有什么特别的，直到看见一对老年夫妇走进饭馆时才突然意识到饭馆中的所有人都在 30 岁以下。其实，职员与客人的年轻就是这个饭馆情境中的主要特点。谢尔曼（Sherman, 2006）在对豪华酒店的研究中，就注意到其中一个酒店的工种有条“明显的”种族分界线：“前厅工作人员大多是欧裔、是白人，前台上惟一一个非白人是尹佳，她是亚裔瑞典青年；4 个门卫里面有 3 个是白人……前厅中另外一个重要而夺目的特点……是她们都很年轻。安妮、杰姬、贝特西、金格尔，白人的前厅人员和礼宾，都在 23 岁以下”（pp. 86-97）。

你要记录所有的细节，因为这可能揭示出非常重要的东西。你可能知道后来才明白一项细节的重要性。你宁可犯傻去记录下所有的信息，也不要忽略了可能很重要的细节。非常明确、具体的描述性细节能够清楚地说明事件与情境。例如，“一个高个子、肌肉发达、穿着牛仔裤的 19 岁白人男孩迅速冲进了灯光明亮的房间。正在这时，一位不高、瘦弱、穿着合体蓝色衣服的 60 多岁黑人女性舒服地坐到一把破旧的塑料椅子上”这种说法就比“一个人进来了，另外一个人坐下了”的说法更有信息。

外表特征，例如化妆、衣着、发型，以及整洁程度，给出的信息会影响社会交往。有些人会花费大量的时间和金钱来选购衣服，设计与梳理头发，化妆，剃须，熨衣服，以及喷洒除臭剂或香水。这都是人们自我展示的一部分。不修饰自己也同样是一种展示自我的方式，也会传达一定的信息。没有人穿得“标准”或看起来“正常”。说“正常”就表明你并不是从一个陌生人的角度来看待社会生活，或者说你对交往信号不敏感。

除外表外，人们的行为也可能重要。留意人们坐或站在哪里，他们走路的步速以及非言语交流。人们表达社会信息、感受和态度可以通过非言语交流进行，包括手势、面部表情及坐姿和站姿（站姿僵硬，坐姿无精打采等）。人们通过在群体中为自己排的位置以及目光交流来表明人际关系。你想迅速察看社会交流，可以通过留意哪些人紧站在一起，哪些人姿势放松，哪些人进行目光交流及哪些人不进行。

你还要注意事件发生的具体背景。当时都有什么人在场？当时谁刚进来或离开？房间里闷热吗？是早上还是下午？这些细节有助于你对事件赋予意义，理解事情为什么会发生。如果你没有注意到这些细节，就丢失了它们，同时丢失的是对事件的充分理解。卡托维奇等人（Katovich & Diamond，1986）阐述了销售员是如何仔细安排情境中的细节来影响销售的，例如时间安排、措辞和活动的安排方式等。

最后，你要注意人们究竟都说了些什么，注意他们的具体用词。还需要记录说话方式，例如音量、语调、口音等等。在很多人正在聊天或有很多干扰音的场合进行认真倾听是一件既难，又累人的活。如果你不属于私人对话的任何一方，那么听别人说话就是偷听，这是一种不礼貌的行为。但如果你只是一个外来人，只是因为别人说话的声音很大才偶然听到，那么就不属无礼了。偷听指主观上故意去听人们想保持隐秘的事情，而偶然听见却是当说话者没有很刻意地去保持隐秘时无意地听到。这两种做法实地研究者都会使用，不过会非常小心谨慎地使用。

在你听见别人的话语、口音、语法结构时，注意听都说了些什么，是怎么说的，暗示什么。例如，人们在生活中常常会说一些意义模糊的话，如“你知道的”“当然”“及其他”。那么，实地研究者就要去发掘这些话背后的意思。如果有人没有把话说完，只是用“你知道的”来结尾，那么她的意思是什么呢？你听到有个 14 岁的男孩说，“我们都去商场了，一直溜达到 2 点钟，你知道的。”那么这里的“你知道的”可能是一种说话马虎的习惯，可能意味着他认为你应该知道 14 岁的男孩子中午和朋友们在商场里晃荡 2 个小时会做什么。这句话也可能是为了转移注意力，因为他们可能做了一些不允许做的事情，而又不想告诉你。

如果“没有事情”发生 没有经验的实地研究者会抱怨，说他们在实地调查点中进行观察的时候“没有事情发生”。他们觉得“浪费”了大量时间来等待事情的发生，觉得灰心。其实，他们还没有领悟到在实地研究中偶然发现有价值东西的重要性。你到后来才会知道自己所看到的东西是否重要。即使在貌似“没有事情发生”的时候，随时保持敏锐的观察也是非常有用的。虽然从你的角度来看“没有事情发生”，但是从调查点人员的角度来看也如此吗？作为一个实地研究者，你要按照别人的时间表来行动，需要按照事件发生自身的时间流程来观察它们。你可能会不耐烦地进驻调查点，将研究收场，而后早点回到你的“真实生活”。但对于在调查点的人来说，这就是他们的真实生活。你须让你的个人意愿服从调查点的发展流程与需求。

实地研究者非常珍惜“等待时间”。在实地研究中，等待是不可缺少的部分，可能很有价值。等待时间可能意味着做事速度变缓，没做事，或冲突中的僵局，权力关系（不重要的人物需要等待），或因为日程问题所导致的拖延。等待时间可以揭示出情境中的节奏和速度。此外，等待时间也并不都是在浪费时间。你可以利用这段时间来思考、观察细节、发展社会关系、建立友好关系、让实地情境中的人对看见你习以为常等。等待也是你认真、投入的表现，坚定不移就是一种重要的品质。与假装感兴趣相同，它也可以让调查点的人觉得你是认真、投入的人，向他们展示你相信调查点发生的事重要、有价值。

取样 实地研究中的取样不同于调查研究中的取样。实地研究者并不会运用随机取样。他们的取样表现为在所有感兴趣的可选时间、地点、人、环境、事件或背景类型中进行选择性的观察。在时间取样上，你可能在一天中的不同时间段都要对某个情境进行观察。例如，你研究的地点是保龄球场，那么你就要在一天中的三个时间段都进行观察，在平时与周末均要进行，以充分了解哪些情况不变，哪些会变。最好的做法是使取样时段有重叠（例如上午 9 点到 11 点，上午 10 点 30 到 12 点，上午 11 点 30 到下午 1 点）。你可能会选取各个地点，因为坐在或站在不同的地方可以使你更好地把握整个情境。例如你正在研究女服务生的情绪工作，你想观察她们在前台区域（与客人的交流）、后台（与厨师等人）及后面的休息室（与同事）等地的交流。你想观察全部轮班时段与三餐时间，以及繁忙与清闲的时段。在多个地方和多个时间段进行观察能让你对整个社会情境有更

丰富的了解。

在人员的取样上，你可以将注意力集中于人群的种类，例如资深人士与新手、老人与年轻人、女性与男性、领导与下属等等。当你确定了人群的所有种类或世界观不同的各类人后，你就希望与所有种类的人交流以了解他们。

你还可以抽取调查点中三种类型的事件进行观察，即常规事件、特殊事件和意外事件。

- **常规事件**。指的是那些以相同方式反复发生的事件，如每天开商店门。千万不要因为它们是常规事件，就错误地以为它们不重要。
- **特殊事件**。指的是那些预先宣布的、计划的事件，例如年度的办公室聚会。它们会吸引调查点人员的注意力，可以揭示社会生活中以其他方式显示不出来的方面。
- **意外事件**。指的是你在的时候凑巧发生的事件，例如员工在经理生病、没人监督的那一天是如何工作的。在这种情况下，你可以看到一些平常难以见到的、计划外的或罕见的方面。这些事件可能能够揭示出某个情境中未被注意过的方面，例如员工对经理到底有多大程度的尊重，经理不在身边监督时，在多大程度上遵守经理的规定。

做一个高明的笔记记录者 实地研究资料就是你的观察与经历的记忆，以及你的实地笔记。实地笔记是观察与经历的永久性记录。做好实地笔记对做出高水平的民族志研究或实地研究至关重要。你不要计划在调查现场记笔记，而要在调查现场工作一段时间后，找个安静的地方，根据记忆进行记录。尤其是在初学阶段，必须在一到两个小时的观察后就暂离实地调查点将观察结果记录下来。你须安排与观察时间大致相等的时间来做观察记录。如果你在现场观察了两个小时，那么也可能要记两个小时的笔记。

笔记类型。在调查现场所做的任何记录都不是详尽的实地笔记。实地研究的新手常常犯的一个错误就是仍在调查现场的时候，就努力做出详尽的实地笔记（见活学活用：记实地笔记的若干建议）。在调查现场只能做**速记笔记**（jotted notes），而不能做详尽的实地笔记。如果你记速记笔记，那么就可以悄悄写在小纸片上，或在私密场合记录（例如在卫生间）。在记录的时候，你可以只写一两个最重要的关键词或短语，作为事后进行回忆的线索。

在你离开调查现场后，要马上找个安静的地方记笔记。记实地笔记要求你有较强的自律能力，因为这是一项乏味的、令人厌烦的工作，你要有做笔记的冲动。你要根据自己的记忆描述方方面面的细节。实地研究的初学者常常会发现，只要他们努力、就能回忆出更多的细节。通常，笔记的篇幅与质量随时间提高。尽量将笔记写的整洁、有条理，因为以后你还会经常翻看它们。每次都在笔记的首页顶端记下具体的观察日期与时间，以代表在实地中的某一阶段。一旦记下来，这些笔记就是非常有价值的东西，需要保密，需要妥善保管。有时那些有敌意的势力、勒索者或官方可能想看你的笔记。有些实地研究者记实地笔记的时候会使用密码。你的情绪、精神状态、注意力水平以及实地调查点的环境都可能影响笔记记录。

附录。除了详细描述外，你的详尽实地笔记还可包括地图、示意图、照片、访谈、录音、视频、备忘录、取自实地的物品、速记笔记。对于一项持续数周的实地研究，你可能会记下好几本笔记，或在电脑上保存等量的内容。有些实地研究者甚至会对短短 3 个小时的实地观察就记录下长达 40 页单倍行距的笔记。通过练习，即使是一个初学者，也很快就能将一个小时的观察情况写成四至五页的笔记。

如何记笔记。记实地笔记的方式不止一种。本书中推荐的方式（参见活学活用：记实地笔记的若干建议，及下文）也只是建议。随着你记笔记经验的积累，你就会有自己的方式了。详尽的实地笔记分为不同的等级。将同一观察阶段的笔记记在一起，但须将不同等级的笔记记录在不同的页码上，或用不同的颜色或字体来表示，以便区分。不同的等级包含的笔记量也会不同。例如你观察了 6 个小时，那么你可能会有一小页的速记笔记，40 页直接观察记录，但研究者的推论笔记可能有 5 页，而方法、理论及个人笔记则可能总共只有 2 页。

活学活用：记实地笔记的若干建议

1. 每次离开调查现场后都立即记录。你将观察的东西都记录下来之前，不要和别人说话。
2. 每次到调查点都开一页新的记录，在上面写上日期及开始与结束的时间。
3. 只用速记笔记（如果记了）来临时帮助回忆，在速记时只记下一两个关键词或短语。
4. 在词句周边多留点空白，以便事后补充回忆起的东西。
5. 做好将笔记分类的计划，并将各等级笔记（后面将讨论）分开记，以便查阅。
6. 按照事件的发生顺序来记录。标明它们的时长（例如等待 15 分钟，乘一个小时的车）。
7. 尽可能记得具体、明确、完整、明白易懂。你可随时删掉不必要的细节。
8. 尽量回忆具体的词语。用双引号来标明原始引语，用单引号来标明复述。
9. 随时记下那些看似不重要的寒暄或日常小事。你事后可能会发现它们很重要。
10. “跟着感觉写”，尽快记录，不用去管拼写，也不用管想法是否怪异。
11. 永远不要完全用录音或视频来替代文字笔记。
12. 加入与情境有关的示意图或地图。略述观察过程中你自己的及他人的活动。
13. 在笔记中记录下你自己的言语和行为，以及你的情绪感受和个人看法。
14. 避免用评价性的总结性话语。例如，与写“水槽看起来很令人不舒服”比，记录成“水槽生满了锈，看起来很长时间没有清理了；食物残渣和肮脏的碗碟好像堆积了好几天”就好很多。
15. 定期重读你的笔记，然后记录下重读过程引发的任何想法。
16. 每次都给笔记做备份，并且将副本保存在另外的地方，以防火灾或其他灾难。

地图与图表 许多实地研究者制作地图，画示意图。地图与示意图有助于研究者整理实地中的事件和观点，有助于将实地调查点中的生活告知其他人。例如，你观察了一家有15张凳子的速食餐厅，就可以画图，上面画15个圈，每个圈都有编号，以简化记录，例如洋介进来坐在12号凳子上；菲比已经坐在了10号凳子上。实地研究者制作3种地图：空间地图、社会地图和时间地图。

- 空间地图确定空间即物理地点中的数据的相对位置。
- 社会地图显示人与人之间的联系，它遵循相互作用的流程，这些流程反映权力、影响力、友谊、分工等。
- 时间地图显示与人、商品、服务和沟通有关的起止时间以及持续时长。

补充回忆的记录器 实地研究的初学者可能会错误地以为有了录音或录像，做实地笔记就没有必要。在实地研究中，专业研究者有时候用它们作为补充，但不用来替代实地笔记。记录器是一种可以帮助你回忆事件的永久性记录，可以较为真实地反映所发生的一

活学活用：实地笔记的五个等级

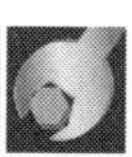

速记笔记。激发记忆的简短的临时性线索，是随手记下的，记录的内容有词、短语、手绘图等，常常记录在手边的东西上，例如餐巾纸、火柴盒。你可以将它们整合到直接观察笔记当中去，但是它们无法替代详尽笔记。

直接观察笔记。它们是实地资料的核心部分，是在离开观察现场后立即写下的。记录时按照时间顺序进行，为每一次观察都写清楚日期、时间、地点。记录时须具体、确切地描述你听到、看到的任何细节。它们是对具体字词、话语、行为的尽可能精确的记录，绝对不是总结与概括。

研究者推论笔记。在观察时，你只可看、听，而不要做任何推论或解释。不做推论的观察记录到直接观察笔记中。你将推论作为一个单独的部分来记录，这部分要与直接观察配合。之所以要将直接观察记录与推断出的意义分开来，是因为行为的意义并不总是不证自明的。例如，一对男女在汽车宾馆前台登记为史密斯先生和史密斯夫人。你将这点如实地记录到直接观察等级中，但是需要将你认为他们并没有结婚的这项推论记录到推论等级中。许多社会行为都模棱两可，存在多种可能的解释。你自己的感受、解读和反应是实地中的一部分资料，也应该包含在笔记中，但是要单独记录。

分析性笔记。在分析性笔记中记下方法学方面的思考，如你在计划、策略、伦理问题、程序上的决定，以及自我批判。在资料收集过程中，你可能会作有根据的猜测，或有一些理论猜想，那么就应该将它们记录到笔记中。分析性笔记就是一份你努力给调查点事件做出意义阐释的不断更新的记录。在分析性笔记中，你可以"说出所想的"，可以思考想法之间的可能关系、提出假设、形成新的概念。你还可以在分析性笔记中记下你遇到的伦理问题以及你制订的策略。

个人笔记。个人笔记具有三种功能：首先，它们是你应对压力的一种方式，是一个发泄渠道；其次，你可以在里面记录下自己的个人反应，这也是一种资料来源；最后，你重读笔记时，可以在里面对直接观察或推论笔记进行评价。例如，如果你在观察过程中的心情不错，那么你对事件的观察与感受就可能带上这种良好心情的色彩。

切，但机器永远不能完全替代纸笔笔记，也不能代替你去实地现场。记录用的仪器存在许多局限，包括以下几方面：

- 因各种实践和法律上的原因，你不可能在所有的实地调查点都使用，例如在一大片嘈杂的区域。
- 实地调查点中的人会将它们看成一种威胁。记录仪器常常扰乱生活，使人们产生被监视的感觉。你只有在和调查点人员建立起信任和友好的关系之后才能用它们。
- 记录仪器常常错过事件，有效范围不足，会出故障或损坏或需要你照看，从而削弱你对调查现场发生事件的亲自参与程度。
- 记录仪器几乎不会节约时间。事后复查与誊写已记录的材料所花费的时间要比摄录时间长两到三倍。例如你花 3 个小时的时间摄录，但事后却可能需要 8 个小时来查看与誊写这些摄录结果。

6. 实地研究中的访谈

实地研究者采用的访谈是非结构化、非指导式的深度访谈。这与正式的调查访谈在很多方面存在差异（见活学活用：调查式访谈与实地研究访谈）。在实地研究的访谈中，你提出问题，倾听，表达出自己的兴趣，并且做好记录。实地访谈是你与调查点人员即线人共同完成的（参见后面对线人的讨论）。你访谈的人是讨论过程中的能动参与者，他们的见识、感受与合作可以揭示出他们的视角与所指的主观意义。

你可以在实地中或在方便的地方进行访谈，并且你要表现得非正式、无指导性。为了建立信任，以及帮助线人打开话匣子，你可以跟他说你的背景。不要强迫线人回答或提出引导性的问题。你希望在这个相互了解的过程中进行鼓励与引导。

在实地访谈中，调查点成员用他们自己的习惯方式来诉说、思考，来整理事实，从而表达自己。你只需把他们的表达方式、讲的笑话和叙述的故事完全按照它们的自然面目来保存，不要将它们转换为规范形式。你要尽量贴近他们的经历，这就意味着你需要提出一些用具体例子或情景表述的问题，例如，问："你能和我说说导致你 6 月份离职的事情吗？"，而不要问："为什么你要离职呢？"

实地访谈会在一段时间里多次进行。你首先与对方建立友好关系。除非你们之间的关系已经很亲密、否则不要探测他们的内心感受。在几次见面后，你可以稍微深入问敏感话题并详问不那么敏感的话题。在随后的访谈中，你还可以再回到这些话题上，用非判断式的语气和请求确认的方式去确证以往的回答，例如"上次谈的时候，你说自从他们给你降薪后，你开始从店里面拿东西，是那样吗？"实地研究中的访谈是一种"言语事件"，不同于问卷调查研究中访谈的刺激 / 反应模式，而更类似一种友好交流。它与友好交流不同的是有明确的目的，即去了解线人和环境。你在实地访谈中可以解释，也可以提出请求，这是不同于友好交流的地方。你可以说"我想问你"或"你可以看看这个吗，看看我是否将它们写对了”。实地访谈不像交流那么平衡。与日常交流相比，你问得更多，会表现出更多的无知和兴趣。重复提问是常见的。你可能会请某名调查点人员详细说明那些意义不明的缩写。你不必对你所访谈的每个人都提出同样的问题，而是根据具体的情况和人来提问。

实地访谈中的问题类型 实地研究者在访谈中会问三种类型的问题：描述性、结构性和对比性问题。虽然你可以同时询问这三种问题，但是在不同的研究阶段却要重点提某类的问题。当你刚刚进入调查点时，你会主要提描述性问题；随后逐渐增加结构性问题的分量；到研究过程中期开始进行分析时，大多数问题都已是结构性的。从研究过程中间阶段开始，可以提出比较性问题，然后逐步增加，到研究结束时该类问题比例最大。

描述性问题。通过描述性问题，你可以了解调查点的人员和情境。描述性问题可以是与时间和空间有关的问题，例如“卫生间在哪儿？”“送货车什么时候到？”“周一晚上发生了什么事？”可以是和人与活动有关的问题，例如“谁坐在窗户边？”“你叔叔是个什么样的人？”也可以是与事件或活动有关的问题，例如“开学典礼上会发生什么事情？”还可以是与物品有关的问题，例如“你什么时候用电锯？”询问他们的经历或让他们列举例子的问题也属于描述性问题，例如“你能给我举一次很棒的约会的例子吗？”“什么叫一场完美的棒球赛？”你也可以问一些假设性情境方面的问题，例如询问新老师，“如果考试时有个学生看书，你会如何处理呢？”

结构性问题。当你已经在调查点工作了一段时间，并且开始对资料进行初步分析之后，就可以提结构性的问题。在你提结构性的问题之前，你必须将收集的具体事件、情境、沟通等方面的资料进行整理，初步分出概念类别，并且需要分析事物间是怎样联系的。你可以向人们提出问题以澄清和确认。例如，你看到高速公路上有个卡车旅馆，观察了一段时间后，你看见里面的员工平时会对给光临此处的客人进行非正式的分类。根据初步的分析，你认为存在五种类型的客人。那么你就可以运用结构性问题，来确认这五种类型的客人及其相关特征。你可以询问是否还有些类别具有你未发现的特征，例如“除了老顾客、长发飞车客、歇脚客、公路巡查员和长途车司机外，还有其他类型的客人吗？”你也可以为确认而提问题，例如“今天早上你接待了一个长发飞车客吗？”“你认为乔尼•詹森是一个长途车司机吗？”

比较性问题。在你用结构性问题对实地调查点的主要类别、过程和生活的各方面进行确认后，你就可以提出对比性问题了。对比性问题主要关注类别、过程以及各方面之间的异同。你提的问题用来确认你认为它们之间存在的异同。例如，你可以问“来你这儿的客人似乎有很多种，其中有两种人——单身男司机和全家开车出来的，在你这停车却什么东西也不买、只是为了用一下卫生间，你将他们都叫作歇脚客吗？”

线人 线人（informant）这一术语在实地研究中具有特殊的内涵。你与其建立关系，线人向你讲述调查点中的生活。理想的线人是当前身处调查点中的人，完全熟悉该地的文化，从理想的角度见证和参与了其中的重要活动。线人不能忙得没有时间和你聊天。理想的线人是不对事情进行分析而只用当地的实践常识或民间理论来思考的人。那些受过高等教育，会用媒体或学校学习中所获得的观点与类别知识来对调查点中的现象进行分析的人不是好线人。在持续时间较长的实地研究中，你要对不同类型的线人进行访谈，例如里面的新成员与资深者，最近地位发生变化（例如通过提拔）与没有变化的人。你既应该寻找遭受挫折或贫困的人，也要寻找幸福、有安全感的人；既需要找备受关注的人，也需要找身处边缘的人群；既需要找领导者，也需要有下属。你访谈各种类型的线人时，要准备面对众说纷纭的信息，但这不是问题，因为这恰恰反映了调查点中同时存在着不同类型的观点。

大多数人只在私下场合才会说出那些内心的、保密的信息。同样，实地访谈也随着情境的变化而变化。通常，你想在实地调查点人员的家里进行访谈，以让他们感到更舒服。背景以及你与线人过去的交流会影响你们说的内容及表达方式，因此你除记录线人实际说的话外还要将这些东西记录下来。你还须记录下访谈过程中那些能够增添意义的非言语交流行为，例如耸肩、手势（参见活学活用：调查访谈与实地研究访谈）。

活学活用：调查访谈与实地研究访谈

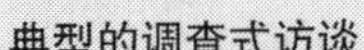

典型的调查式访谈

1. 有明确的起止时间。
2. 对所有受访者都按照完全相同的顺序提标准化的问题。
3. 在任何时候你都保持中立。
4. 作为访谈者的你提出所有的问题，而受访者只需回答。
5. 每次访谈都只有一个受访者在场。
6. 你须保持职业性的语气并注重高效，制止或忽略话题的岔开。
7. 常常是封闭问题，很少有探测问询。
8. 作为访谈者的你控制访谈的节奏与方向。
9. 你会忽略访谈发生的社会背景。
10. 你会将访谈中的沟通模式塑造成一种标准的框架。

典型的实地研究访谈

1. 起止时间不明确；访谈可以中断，以后再继续。
2. 根据具体对象与环境来调整提问的顺序与问题。
3. 你对特定的回答与反应会表现出兴趣，鼓励他们说得更具体。
4. 典型的实地访谈有点类似于友好的对话，不过访谈者提的问题多些。
5. 可以进行小组访谈，或访谈时可以有其他人在场。
6. 访谈中可以穿插笑话、自语、轶事、故事或无关话题，你将它们都记录下来。
7. 常常是开放问题，经常使用探测问询。
8. 你与作为访谈对象的调查点成员共同控制访谈的节奏与方向。
9. 你要记录访谈的社会背景，将它们作为解读对方反应的意义的重要资料。
10. 你会习惯访谈对象的社会规范与语言用法。

7. 离开实地

一个专业的实地研究者在实地调查点中停留的时间从数周到十几年不等。在某时刻，实地中的工作总会结束。它可能自然结束，例如新的发现越来越少，以及理论建构基本完成时。此外，也有研究工作本身可无限进行，但你却必须终止与调查点的联系而离开的情况。还有时候，外部因素会迫使研究工作终止，例如研究者离职，守门人命令你离开或项目截止时间到了。

你要预想脱离研究与离开调查点的过程并为之做好准备。取决于卷入的程度和你在调查点待了多长的时间，离开可能造成烦扰或情绪上的痛苦。在马上要离开以及刚刚离开的那段时间，你可能会觉得内疚、沮丧。由于有感情或私人联系，你发现自己很难就那么离开。在实地调查点卷入时间较长、程度较高的职业研究者在离开后，有时候需要一个月或更多时间进行适应才能对原来自己所属的那种文化氛围重新产生家的感觉。

离开的过程怎样，取决于实地调查点的具体情况以及你与调查点成员之间所建立的关系。你要决定脱离的形式以及用时。你可以迅速离开（从某天开始不再回来即可），也可以在几个星期内逐步降低你的卷入程度。你还须决定如何告诉调查点人员以及给他们多少预先说明。如果你在调查点度过了很长的一段时间，与调查点成员有较密的交往，那么就应该事先对离开这件事情做出一定程度的说明。此外，在离开之前，你还要努力兑现你对他们的承诺以及完成答应他们的事情，这样你离开时才能不亏欠什么。通常，一个小小的仪式，例如说开办一个告别晚会，或感谢并与每个人握手告别，可以作为中断交往的信号。

在离开之前，你要预先估计你的离开对调查点人员可能的影响。有些调查点成员可能会觉得被伤害或被抛弃了，因为这是一段亲密社会关系的结束，他们可能尝试挽留你。由于你与他们共同度过了一段时间，你们之间已经建立起了亲密的关系，交流了彼

聪明贴士 

在实地研究或民族志研究的报告中，你可以找到与定量研究报告中不同的内容。你可以尝试从以下几个方面进行寻找。

- 具体是谁做研究？是一个人还是几个人？研究者的背景或其他特征如何？
- 实地调查点是哪种？开展研究的具体时间和地点是什么？
- 实地调查点中的人员由什么人组成？
- 研究者是如何获准进入实地调查点的？很容易还是很难进入？
- 研究者在调查点进行观察花费的时间是多长？
- 研究者为实地观察结果补充了其他类型的证据或文本材料吗？
- 研究者承担了什么样的社会角色或什么样的研究者角色？
- 研究者为这项研究进行了访谈吗？
- 作者如何运用资料来支持其对调查点中的主题、概念与过程所做的陈述？

此的经历，他们可能已经忘记了你是一个为了研究而来的外来人。如明确强调你们的关系之中研究的成分，可能会使他们变得疏远和冷漠，或让他们生气和愤慨。因此，有些研究者在研究结束之后，仍然会维持他们与调查点熟识之人的社会交往。例如，谢尔曼（Sherman，2006）在她对豪华酒店的研究报告中说在离开调查点多年以后，她仍然与研究过程中认识的员工一年来往几次。

8. 撰写实地研究报告

本部分是对实地研究报告的概览，关于研究报告撰写的详细信息在第 12 章中。实地研究者在收集资料的时候，就应该考虑报告中要包括什么内容。与其他类型的社会研究比，实地研究者在研究报告中更多地用第一人称，更多地叙述个人观察到的现象与经历，而且实地研究报告的质量更依赖研究者的写作能力，以做到充分描述调查点的个体成员，传达身临调查点的感受，以及详尽叙述调查点的事件。与定量研究报告不同，实地研究报告没有固定的模式。许多实地报告的篇幅如同一本书，报告也可是长的、描述

要点回顾：实地研究的过程

1. 实地研究的准备
    - 自我觉察
    - 背景调查
    - 练习观察与记录
2. 研究项目的开始
    - 组织计划
    - 选择田野调查点
    - 获得准入许可
    - 进入田野
        - 自我呈现
        - 表露程度
        - 选择社会角色
3. 身在实地
    - 了解规则
    - 建立友好关系
    - 不断协商
    - 决定卷入程度
4. 设计使实地研究成功的策略
    - 建立关系
    - 做小善事
    - 生疏但为人接纳
    - 避免冲突
    - 秉持陌生人心态
5. 观察与实地记录
    - 研究者是收集资料的工具
    - 观察什么
        - 物理情境
        - 人
        - 习俗、事件与活动
        - 学会倾听
    - 如果没有事情发生怎么办？
    - 取样
    - 做一个高明的笔记记录者
        - 笔记类型
        - 附录
6. 开展实地访谈
7. 离开实地
8. 撰写实地研究报告

性的文章，很少用带有数字的表格、曲线图或其他图。在报告中也有照片、引语或从实地笔记中精选出来的具体情境，作为支持性材料。进行引用既是为了对概念与主题进行描述，也是为了说明，这些概念与主题也是分析环节的一部分。

实地研究中的道德

进行实地研究时，你亲身直接卷入到了别人的社会生活中，这产生了几种道德问题。你常单独一人在实地调查点中，常常要对那些在调查点中出现的意外情况迅速做出道德方面的决定。隐私是最常见的道德问题。当你了解了关于调查点的隐秘信息，以及人们私下告诉了你资料后，你就有了为这些资料保密的道德义务。你不仅要将这些信息对公众保密，还要对调查点中的其他人员保密。在实地笔记和公开发表的报告中，你可以使用化名。

实地研究的新手常常会问到欺骗问题。什么时候才不完全或如实地透露自己的研究者身份和身在调查点的真实目的呢？专业实地研究者对是公开还是隐秘进行实地研究有争论。大家都同意隐秘研究不是上策。有些人认为永远不可以这么做，但是也有人认为隐秘研究对于进入某些社会情境以及了解它们来说是可取和必要的，例如秘密社团或贩毒团伙。原则上，只要可行，你就应该诚实，坦诚表明自己来某个地点的目的，对新手研究者尤其如此。隐秘研究会引发一些道德问题，有时还会引发法律问题。始终以伪装的一面示人并一直处于担心自己被识破的焦虑中，更勉为其难。

那些对从事非法行为者进行实地研究的职业研究者除了会有个人安全风险外，还会面临额外的道德问题。他们可能对非法活动知情，有时会间接地卷入其中。执法部门和其他犯罪分子都会他们掌握的信息感兴趣。研究者会面临难题，既要与调查对象建立起信任与友好的关系，又不能卷入过深以至于违背个人的道德标准或给他人带来危害。在这样的情况下，职业研究者常与调查点人员达成明确的协议，例如“如果出现了严重的违法行为，我就会离开”。只有那些接受过特殊训练和了解相关危险的、有经验的实地研究者，才适合对违法分子进行实地研究。

焦点小组

你会怎么看待一个男人去做小学老师？绝大部分小学老师是女的。传统的女性性别角色包括与儿童进行密切的身体接触和培育各种情感关系，这些对成功的小学教学是必需的。相反，传统的男性性别角色包括情感上冷漠，表现出粗犷或粗野的行为，避免与他人发生拥抱、触摸等身体接触。如果一个男人担任小学教师，人们就可能怀疑他的男子气。人们可能认为他是柔弱和缺乏大志的，怀疑他是同性恋者或危险的恋童癖者。除了这些性别角色问题外，男人们不选择这项工作的理由还包括薪水和社会地位都较低。这项工作从社会角度被认为是“女人的工作”，不适合“真正的男人”。

Christina Kennedy/Photo Edit Inc.

许多观察者注意到，高度性别分化的小学使传统的性别角色延续并强化。年幼的男孩和女孩了解的是传统的成人男性形象，这也是他们在日常生活中在大众媒体中与成年人身上看到的。他们会了解到，作为一个男人，须情感冷漠、有进取心。他们被间接地“教导”：成年男人不应该表达情绪或体贴别人。小学里面有男性教师，就不仅可以推动社会公平，还可以向儿童展示正面的男性角色形象。儿童由此学习的性别角色里面，成年男性表现出情绪上的亲密和关怀体贴是可以被接受的。小学有男性老师还能够让那些喜欢与活泼的儿童在一起，以及不愿压抑自我中体贴、温情一面的男性展开有意义的职业生涯。

焦点小组（focus group）是一种特殊的质性研究技术，有别于传统的民族志。它无须在实地调查点进行长期、详尽的观察。但是它们之间也有相似处，因为焦点小组也是通过一小群选取出来的人进行自然、开放的群体讨论，从他们身上获得质性资料。

焦点小组研究在过去的 20 年中发展迅猛。在焦点小组中，你可以通过群体讨论来对一组人进行非正式访谈。它可以在自然实地情境下进行，例如餐馆、工作地的休息室，也可以在专门环境中进行，例如教室、会议室。要建立焦点小组，你召集 4 至 12 人，与一个受过训练的主持者在一个房间中共同讨论一些问题。小组应由同质成员组成，但不要包含密友或有亲戚关系的人。大多数的焦点小组讨论的时间为 45 至 90 分钟。主持人绝对不要去指导，只需要去推动小组成员之间进行自由、开放的讨论即可。主持人提出开放问题，并避免一个讨论者主导整场讨论。在一项研究中，你一般可建立 4 至 6 个各自独立的焦点小组，并且所有的小组都讨论相同的问题或关注同一个主题。

为了解男性为什么会去当小学老师，以及他们对别人的反应会有什么感受，库什曼（Cushman，2005）对小学男教师进行了焦点小组研究。

库什曼（Cushman，2005）募集了 17 位小学实习教师，让他们参加了 90 分钟的焦点小组讨论。每个小组分别包含 3~4 人，另有一名主持。半结构化的讨论主要集中在以下几个问题上：

- 最初你是被小学教育的哪些方面吸引了而选择了这个职业？

- 当你将自己的选择告诉家人和朋友时，他们做出了什么样的反应？
- 你是毕业后直接去小学，还是先尝试了其他工作？
- 你入行时考虑了小学教师的薪水和社会地位吗？
- 选择去一个男性非常少的学校做老师是否给你带来过难题？
- 与小孩子进行身体接触在多大程度上影响你？

库什曼发现，所有的老师都是因为内心乐意与小孩子在一起而非常乐意地选择了这个职业。他们发现，教小孩子过程中的游戏的一面就是最大的回报；此外，许多人也喜欢教育过程中具有很大奉献的一面。他们看重内心的，而不是外部的回报。例如，与薪水相比，他们更看重对工作的满足感。别人对他们的决定会有不同的反应，但大多是否定的。其中，父亲对他们的职业选择持的否定态度最强。而积极反应则在家人当中有老师时最为常见。许多人都是在尝试了其他工作，形成了强烈的自我感以及明确了生活中看重什么后，才选择了小学教师。所有老师都知道反感同性恋的社会让男老师错误地背了黑锅，都知道这种不当的污名会给老师带来惨痛的后果。

研究者使用焦点小组技术对许多主题进行了研究，包括态度（例如种族关系、职场平等），个人行为与关系（例如如何与一个身有残疾的孩子一同生活），新产品（例如谷类早餐）和政治候选人。焦点小组这种研究技术既有优点，也有自身的不足（详见要点回顾：焦点小组的优点与不足）。

要点回顾：焦点小组的优点与不足

优点

- 使用便捷、便宜。
- 在较为自然的情境中进行，有助于提高外部效度。
- 它们能够为探索性的研究者带来新的见解，为问卷调查研究者提供编写问题及设置答案类别的创意。
- 它们能够为定量研究者提供一个窗口，让他们了解人们在自然状态下的讨论是怎样的，能够为他们对定量结果进行解释提供帮助。
- 可以让研究参与者相互提问和彼此解释自己的回答。
- 可以让那些在其他情况下不愿意表达的边缘群体成员畅所欲言。
- 团体情境让人感到底气充足，而焦点小组有助于实现该点，尤其是在以行动为导向的研究项目中。

不足

- 无法将讨论结果推广到另外一个规模更大的、人员多样化的群体。
- 容易导致“极化效应”（polarization effect），以至于态度在小组讨论后变得更极端。
- 一次讨论中只能讨论一个或少数几个话题。
- 主持者可能会无意中限制成员进行充分、开放和自由的表达。
- 研究参与者在焦点小组中提出的观点会比个别访谈情况下提出的少。
- 开放式讨论的结果量大，难以分析。
- 焦点小组的研究报告很少会报告研究设计或研究过程的所有细节。
- 研究者发现难以处理焦点小组与个别访谈中得到的不一致结果。

活学活用：通过焦点小组来了解学生为什么会选择私立高中

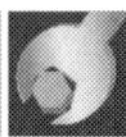

几年前，在我对家长与学生为什么会选择私立高中的应用性研究中，我将焦点小组作为研究的一部分。我组建了 6 个焦点小组。每个小组包括 8 到 10 名自愿参与的高中学生。每个小组由一名受过训练的大学生作为主持者，由他们来提出问题、引导小组成员进行讨论，并确保在讨论过程中不让一名学生占主导地位。这 6 个小组的成员既有男学生也有女学生，可能来自同一年级，也可能来自相邻的两个年级（例如高一与高二学生）。在 45 分钟内，学生们对他们上这所高中的原因进行了讨论。他们会被问及决定过程中的具体因素的重要性，包括父母施压、参与学校体育活动、学术声誉、学费、和朋友在一起、父母或兄弟姐妹就读过这所学校、学校规模、学校的宗教信仰导向。我们将讨论过程进行了录音并分析，以便了解这些学生所认为的对其决定起重要作用的方面。此外，这些信息也有助于我们解释对同一问题进行问卷调查研究的结果。我们利用这些结果设计了三份调查问卷。一份问卷针对所有的高中学生，另外一份针对父母样本，第三份针对几所初中——这些初中常有学生升入该高中。最后将这些结果写入了报告中，作为其中的一部分并在家长与学校管理层共同参与的大会上做了报告。

本章回顾

本章中，你已经了解了实地研究的过程，其中包括研究的逻辑基础、选择调查点、获得进入准许、在调查点中发展关系、观察与收集资料、进行实地访谈等过程。你已经明白了实地研究与定量研究的不同之处。实地研究者在资料收集的过程中，就已经开始了资料分析与理论建构。在实地研究中，你作为研究者，要直接与你研究的对象交往，要投入你研究的自然情境的社会生活中去了解它。与定量研究相比，实地研究对你的情绪、个人生活和自我感的影响更大。这种方法可以研究社会世界中其他方法无法研究的部分。

完成一项优秀的实地研究，需要研究者同时具备多方面能力。你要有强烈的自我感、高度的耐心，善于理解和体察别人，思维敏捷，能够敏锐地发现人与人或事件之间的微妙关系，需要具备高超的聆听与细节察觉能力和优秀的社交能力，以及写作表达能力。实地研究尤其有用的情况是研究微观水平的社会生活，以及人与人之间相互交流的小群体的成员之间的面对面互动。但对于研究宏观水平上的社会进程和社会结构，其效果就要小得多，例如对于很早很早以前发生的事件或多起跨越百十年的事件。下一章讨论的历史比较研究就比较适合用来考察这些方面的问题。

学以致用

实践活动 1

学习民族志和实地研究的好方法之一就是阅读应用了这些研究法的研究报告。你可以选择 3 项实地研究来阅读，但要选择研究的主题或社会情境完全不同的。通常，实地研究报告都有一本书那么长，但是也有两家学术期刊，即《当代民族志期刊》（*Journal of Contemporary Ethnography*）和《质性社会学》（*Qualitative Sociology*）。你也可以用民族志（ethnography）、参与性观察（participant observation）或实地研究（field research）等词语作为关键词来搜索学术文章。你可以查看本章“聪明贴士”以了解实地研究和民族志的主要特点。

实践活动 2

进行细致的实地观察须通过练习来提高。选择一个符合实地调查点标准的公共社交地点，完全以观察者角色进行 30 分钟的观察。隔 24 或 48 小时后，再进行 30 分钟的第二次观察。第一次观察中，用你的所有感官去体会这个地方的物理环境。离开后，将你能回忆起的事物都记下来。第二次观察中，你须（1）留意那些你在第一次观察时遗漏了，但是却能营造该观察点气氛的物理环境特点；（2）留意观察点人员的年龄、人数、性别、种族，观察他们进入与离开的位置。在离开观察点后，将自己能回忆起的事物都记录下来。两天之后，重读你前两次的观察记录，然后再将能够想起来的其他细节补充进去。

实践活动 3

通过绘制 3 种实地地图，即时间地图、社会地

通过绘制 3 种实地地图，即时间地图、社会地图与空间地图，你可以学着从一个新的角度来看待社会情境。选择一个符合实地调查点标准的社交地点，完全以观察者角色进行 20 分钟的观察。返回同一地点 5 次进行观察，不要选每周的同一天或每天的同一时刻。在离开观察点后，试着绘制这 3 种地图。通常，绘制空间地图最容易，而其他二种难得多。你现在是否开始明白了这三种地图如何结合在一起来刻画该调查点的生活呢？

实践活动 4

进行非正式的开放式访谈。你可以找一些在坐式餐厅全职工作的男女服务生，与他们进行 15 分钟的访谈，以了解他们的“情绪工作”。不过，不要用这个术语，而应该提出具体的问题，例如他们是不是必须“表现友善”,必须“说开心的事情”,必须“在应对粗鲁或难以交流的客人的时候微笑”等。尽力对他们如何应对令人讨厌的顾客形成概念，了解管理措施给他们的压力及表现得亲切友好的技巧。请他们列举一些具体的实例或讲述经历过的事情。问他们，他们的真实感受和工作的强制要求间是否有冲突。掩饰内心的真实感受与情绪是他们工作的一部分吗？他们是否在不允许的情况下表露出了自己的真实感受？

参考文献

Cushman, Penni. 2005. “It’s Just Not a Real Bloke’s Job: Male Teachers in Primary Schools.” *Asia-Pacific Journal of Teacher Education* 33: 321-338.

Davis, Fred. 1959. “The Cabdriver and His Fare: Facets of a Fleeting Relationship.” *The American Journal of Sociology* 65: 158-165.

Fine, Gary Alam. 1987. *With the Boys: Little League Baseball and Preadolescent Culture*. Chicago: University of Chicago Press.

Gurney, Joan Neff. 1985. “Not one of the guys: The female researcher in a male-dominated setting.” *Qualitative Sociology* 8(1): 42-62.

Hochschild, Arlie. 1983. *The Managed Heart: Commercialization of Human Feeling*. Berkeley: University of California Press.

Katovich, Michael A., and Ron L. Diamond 1986. “Selling Time: Situated Transactions in a Noninstitutional Environment.” *Sociological Quarterly* 27(2): 253-271.

Karp, David A. 1973. “Hiding in Pornographic Bookstores.” *Urban Life and Culture* 1:427–451.

Perry, Pamela. 2001. “White Means Never Having to Say You’re Ethnic: White Youth and the Construction of “Cultureless” Identities.” *Journal of Contemporary Ethnography* 30(1): 56-91.

Schweingruber, David, and Nancy Berns. 2005. “Shaping the Selves of Young Salespeople through Emotion Management.” *Journal of Contemporary Ethnography* 34: 679-706.

Sherman, Rachel. 2006. *Classic Acts: Service and Inequality in Luxury Hotels*. Berkeley: University of California Press.

Van Maanen, John. 1991. “The Smile Factory: Work at Disneyland.” In P. Frost, L. Moore, M. Luis, C. Lundberg, and J. Martin (eds.), *Reframing Organizational Culture* (pp. 58-76). Thousand Oaks, CA: Sage.

11

回顾过去与跨文化观察

那些移居国外的人，是会对新国家产生归属感，还是会继续与原来的国家保持联系？麦基翁（McKeown, 2001）对此很有兴趣，于是对20世纪初移民到秘鲁、芝加哥和夏威夷的中国人的社交网络进行了研究。他的研究有一部分是对过去100年中这三个国家发生的重大事件的考察。他审视了国际性大事，以及各国的法律和某些家族的传记。虽然他的研究是历史性的质性研究，但是也收集了定量数据。他的研究报告包含很多图片，图表和数据表格，有地图、照片、100年前的电报节选、官方文件、原始的报纸报道和三种语言的个人信件等。通过把处于不同社会背景下的中国移民进行对比，他探明了跨国群体与社会认同的形成与运作。他发现，这些移民所形成的社交网络延伸到家乡的亲友，以及由家乡移居各国的人。这种网络有助于人们维持一个充满活力的互动式社会群体。与家乡的人的联系，家族和家庭关系，经济往来及共同的语言和生活习惯使这个社会网络成为一个整体。在这个网络中，大家互相帮助解决法律和经济方面的困难，并且一起讨论重大社会事件或大家关注的话题，他们的后代也常常通婚。麦基翁发现了一个移民族群网络，这个网络将当地的风俗和语言与祖国的风俗和语言进行了融合，从而在身处各国的人之间世代维持长期家庭关系与其他社会关系。也就是说，他们建立了运作于不同文化下的经济与家庭关系。麦基翁指出，如果我们仅仅把人看做是某一国家里的个体，或把一群人看成是一个单独的族群，那么就难以发现这些人也可能属于一个糅合了多种文化的跨国社会群体。

何谓历史比较研究

在本章中，你将了解到什么是历史比较研究（historical-comparative research，H-C）。历史比较研究是分析与理解宏观事件的最为贴切的方法，例如恐怖袭击、战争中的国家、种族歧视的根源、大规模的移民潮、宗教仇视而引发的暴力、都市衰败等事件。19 世纪社会科学的主要创始人，例如埃米尔•涂尔干、卡尔•马克思和马克斯•韦伯（Max Weber）等，都用过这种研究方法。研究者一般用这种方法来研究许多宏观领域，例如社会变迁、政治社会学、社会运动、社会不公等；以及其他领域，例如医疗保健、犯罪学、两性关系、种族关系以及家庭等。历史比较研究已经变得越来越普及。过去 10 年中开展的历史比较研究数量甚至很可能超过之前 30 年的总数。

当你想对“大问题”进行考察时，历史比较研究是较为理想的方法，但也有人质疑它的实用价值。诚然，大多数历史比较研究的对象都是基础问题而非应用问题（关于基础与应用研究，见第 1 章）。此外，历史比较研究费时较长，一般都需要一年以上的时间才能完成。相比之下，实地研究一般只需约一年的时间，而很多实验、调查或现有统计数据研究却只需几个月就可完成。但是，为找出一些重大问题的答案，没有什么方法会比历史比较研究更好了。

我们可以利用历史比较研究方法找出一些问题的答案，例如，为什么在美国有两种不同的医生，他们拥有不同的医学学位并且使用不同的医疗方法？大多数人对医生（medical doctors，MDs）较熟悉，但却很少有人了解骨疗医师（osteopathic physician, DOs）。在美国，执业骨疗医师大约有 55，000 人，在美国执业医生中的比例大概为百分之六。骨疗医师更倾向采用医药和保健药相结合的方式进行治疗，相对于一般医生采用基于实验室研究的药物与手术治疗方式，他们更加注重整体上的治疗。骨疗医师人数增长迅速，他们有自己的医学院，在全美 50 个州执业，可从事任何科室的医疗服务。

历史比较研究也能够为诸如教育、商业、执法和医疗保健等领域提供一些新颖的观点。那些被遗忘了很久的做法，或其他文化中的做法可能为解决当前问题提供令人兴奋的新思路。此外，相较其他方法，历史比较研究的方法论问题有更为深刻的启示，对它们留意可助你积累通用的研究技能。

在历史比较研究中，我们一般会采用多种研究方法，有些像传统的历史研究，有些则像实地研究，还有些则结合调查或现有统计数据研究等定量研究方式，扩展了它们的应用范围。在本章中，我们将重点讨论历史比较研究中那些强调跨时代和跨文化差异的研究。如果你的研究涉及历史发展过程或多种社会文化背景，那历史比较研究无疑是最佳选择。历史比较研究者关注的是一系列特定因素如何在某一特定时间和地点相互作用而引发了某一具体结果（例如内战）。他们会对所有的社会进行比较分析，以找出它们的共同点与独特点；他们也会对存在于几种文化或不同历史背景下的相同社会过程进行分析（参见研究示例专栏 11.1：女性的投票权）。

研究示例专栏 11.1：女性的投票权

Underwood & Underwood/Corbis

瑞士和美国都有着强烈的民主传统和高度个人主义的文化。两国有相似的联邦制全国和地方政体，以推行直接民主（也被称作全民公投或地方公民投票）（见：Kriest & Wisler，1999）。早在 1920 年，美国就加入了其他持积极意见的国家之列，赋予了女性在全国选举中的投票权。然而，瑞士女性一直到 1990 年才争取到投票权，瑞士属于最晚将投票权扩宽至女性的国家之一。巴纳扎克（Banaszak，1996）对各个在政治和文化上存在多点共性的国家在这一问题上 70 年来的差异进行了研究。在研究过程中，她查阅了两国一个世纪以来发表的相关研究论文、关于女性运动的官方记录和文件以及政府和社会政治状况。她发现，美国的选举权运动与瑞士的截然不同。瑞士的女性运动支持共识政治[1]、支持地方自治，并且与主要政党合作紧密；美国的选举权运动则是一种草根式运动，更具对抗性，游离于主要政党之外，刻意地打破现有体系，为女性赢得选举权。因此，这两个国家虽然有着类似的政治制度，但女性运动的倾向性却大相径庭。

1 共识政治（consensus politics）指各势力在重大问题上达成一致的做法——译者注。

很多人喜欢阅读历史比较研究的报告，因为他们能从中了解到发生在遥远地方或过去的事情。然而，如果缺乏相应的历史、文化背景知识，那么就很难做到真正理解。历史比较研究者一般默认其读者具有最基本的历史地理和文化背景知识。大多数人在高中或大学的通选课上会掌握一些背景知识。历史比较研究建立在现有的背景基础知识上，而又扩展现有知识。因此，为了更好地鉴赏或开展历史比较研究，你要对地理、历史和文化差异有清晰的意识（参见研究示例专栏 11.2：不同国家的种族关系；以史为鉴：西欧中世纪情形）。

大多数历史比较研究学者会使用各种资料来考察一个核心议题，并将之置于一种具有背景信息的情境中。他们通常收集的是质性资料，重点关注其中的文化议题。与实地研究学者一样，他们希望以被研究者的视角来看事物。他们的研究对象是特定的个体或群体，并且对特定的历史或文化情境特别敏感。与定量研究者不同，历史比较研究者与实地研究者类似，只会对结果做有限的推论。

历史比较研究与实地研究的相同点

首先，我们将讨论历史比较研究和实地研究的相同点。随后，再讨论历史比较研究的独特之处。历史比较研究与实地研究有以下五个相似点：

研究示例专栏 11.2：不同国家的种族关系

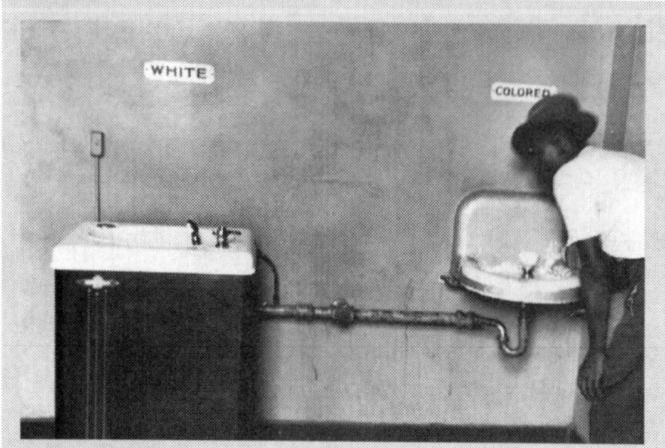

Elliott Erwitt/Magnum Photos Inc.

种族歧视的根源是什么？为什么它在各个多种族国家中会有不同的表现形式？安东尼·马克斯（Anthony Marx）对巴西、南非和美国的种族关系进行了比较（Marx，1998）。这些国家都存在黑人与白人对立的种族主义，然而基于各个国家不同的历史、政治背景，其形式又不同。马克斯假定读者了解基本地理知识及与美国种族关系有关的基本背景信息，同时他也提供了一些背景，例如巴西和美国都有辽阔的国土，有多个种族。两个国家都曾有大量的自 18 世纪至 19 世纪中期时来自欧洲的移民，以及从非洲运送过来的奴隶。相比之下，南非自 18 世纪以来的欧洲移民数量不多，绝大多数人是非洲土著居民。马克斯提供了许多历史性的比较资料，意在奠定基础知识。为了开展此项研究，马克斯花费了数年时间研读大量的历史性书籍和文章，并考察了相关统计资料和官方报告。他到各个国家进行实地调研，并通过访谈来收集资料。在这些资料的基础上，他向我们展示了各国不同形式的种族关系是如何形成的。在巴西，黑人与白人之间呈一种适度的融合关系，然而在美国南方和南非，种族关系却呈一种高度分离的模式。马克斯解释了为什么差别会如此之大。他认为，美国与南非都和巴西不同，它们的社会政治精英都强调种族的优越性，以此来联合白人团结一致，因为在这些白人内部，社会阶层和其他特征，诸如宗教信仰、出身国度还各有区别。为了实现这个目的，精英们官方强制实行长期的、合法化的种族分离制度。[1]

1 题图中左、右侧标牌的文字分别为“白人”和“有色人种”——译者注。

- 两者都会将研究者的个人观点整合为研究过程的一部分；
- 两者都检视各种形式的资料（日记、地图、官方统计数据，报纸、小说等）；
- 两者都注重过程、时间推移和顺序；
- 两者都采用扎根理论；
- 两者都仅做有限的推论。

研究者个人特征、历史地位和所处的地理文化环境都可能对研究过程产生影响。你所处的时间、地点和文化会影响你的资料搜集和解读过程。对此，历史比较研究和实地研究者都有清楚的认识。你在这两种研究的报告中某处都能够看到研究者的详尽个人介绍。

在两种研究中，你都要让自己扎进海量的质性资料中，以深入了解研究对象的生活、语言和视角，从而对他们达到共情式的理解。你要尝试捕捉他们的主观感受和日常生活中的细节。只有埋首于资料中，你才可以将自己的关注范围逐步具体化到某个特定的领域，以进行分析。在你对研究对象有了深入了解后，你才可以从各种事件中为研究报告的读者“翻译”出他们的世界观。

在实地和历史比较研究中，你都应该关注过程、时间推移和顺序，绝不可将个体与社会生活视为静态的或永恒不变的。你须将时间推移（微观水平上钟表所示的时间以及持续较久的历史时代）看作资料中的关键部分。

所有的研究者在开始进行研究时，都会以概念和观点为基础，但是在实地和历史比较研究中，你常根据所搜集的资料创造新概念。此外，观点也产生在创造扎根理论（扎根理论请参见第 2 章）的资料收集与分析过程中。一旦你对某一特定时间和地点了解得更深入，就可能较难做出更广泛的，适用于所有时间或地点的推论。一般来说，与定量研究相比，实地和历史比较研究都只会做出较有限的推论。

历史比较研究的独特之处

虽然历史比较研究与实地研究有很多共同点，但它也有一些重要的不同。历史比较研究考察的是历史上的过去时期和另一种文化，而实地研究关注的则是本土文化中的当前。历史比较研究者要学会以下事情：

以史为鉴：西欧中世纪情形

为阅读历史比较研究报告，你需要了解其背景知识，并将研究置于背景中。也许你看过西欧 16 世纪的历史，那么你就会得知当时大概有三分之一的人（约 7500 万人）死于黑死病，并且那一时代高达 90% 到 95% 的人是文盲。然而，你也知道当时把数字“0”看作魔鬼创造的，也不允许用阿拉伯数字（即我们如今用的）来替代罗马数字。而且当时只要能进行简单的乘除运算（如今我们三四年级时所学的内容），就算是数学专家，人数屈指可数。数字运算能力的缺乏严重妨碍了当时的商业、会计和工程学的发展。基本银行业务（买卖商品所需的借款或点钞）发展水平落后，使得贸易的发展也非常缓慢。大多数人认为谋利或贷钱给别人以赚取利息的行为有些不道德，甚至是不合法的。这个案例就说明了背景知识的重要性。如果你看到过去的事件，疑问：“他们为什么不采用另外的方式呢？”你就会发现答案往往就在当前和过去的诸多不同之处中。例如，如果当地一个抄写水平相当于现在小学六年级拔尖学生的 29 岁抄写员被人仰视，好像他是一位受敬重的智者一样，你会觉得不可思议。但在一个成年人识字率仅有 5%（现在的识字率高达 95%），预期寿命只有大约 40 岁（现在平均寿命长达 80 岁）的社会里，这就不足为奇了。

Bettmann/Corbis

1. 在资料有限的情况下进行研究；
2. 解释证据时尽量避免曲解；
3. 综合微观与宏观层面；
4. 既使用特有的，也使用跨文化、跨时代的概念。

1. 以有限而间接的证据为基础 在任何研究中，你都根据所收集的实证资料来构建对社会生活的理解。历史证据依赖保存下来的资料。你搜集的有价值的历史文件（例如信件、报纸）再多，研究的证据也仅限于未损毁的资料，研究的对象也仅限于留下了踪迹或其他证据的事物。你不可能直接观察或体验历史。而在比较研究中，只有生长于两种文化中的人才能把握住两种文化所有的异同点。你可以学习一种外语或者研究另一种文化，甚至在那种新文化中生活一段时间，但如果你不是在那种文化中长大的，没有完全吸收那种文化，那么你对它永远只能以一个局外人的身份去理解。为了与在这两种文化中长大的人一样去看待、感受事物，你就要成为一个真正的双文化人。

2. 在具体背景中解释事件的意义 历史比较研究中的资料难得有意义简明、清晰的。这些资料常常包含了多方面的信息，你应该从中提取所需的意义。不要奢望对资料匆匆浏览一遍后就能完全把握其内涵。你应该沉浸在其中，把握其中的复杂内涵，将其放在具体的背景中来理解。只有在对资料进行深入分析，思考它的各种内涵后，你才能解读它的真实意义。

如果你想对 120 年前或其他国家的家庭关系进行研究，那么你首先须了解相应的社会背景（例如日常工作性质、沟通形式、交通工具等）。你需要研读当时当地的地图、事件，留意当时当地的法律、医疗保健状况、食物种类、日常家务以及常见的社会行为。也许你掌握了“一名家族成员的来访”这起简单事件的资料。当时的亲缘习俗和责任对此事件会有影响。为了把这起事件置于具体的背景中，你应当了解当时的路是用泥土修的，出行是靠双脚的，没有人能够事先打电话约定，中途也很少有地方可以停下来休息。因此，如果你不能深入到各种资料中，就很难领会“一名家族成员的来访”事件的意义。了解背景时，你须避免以下三种常见的曲解事实的情况：

- 背景超前意识
- 强加联系
- 高估能力

背景超前意识（supracontext awareness）。你会留意到直接研究的人或情境之外的更多事件，例如发生在后来或其他地方的事件。这些知识可能扭曲你的理解，因为你知道一些研究对象不可能知道的事情。例如，如果你的研究对象是生活在 1760 年美国殖民时期的人。你知道随后美国会爆发一场反抗英国的独立战争，最终殖民地民众获胜。

然而，你的研究对象并不知道这些，所以请不要根据已知后来发生了的事件来评判他们的行为。从他们的立场看到的事物可能截然不同。在比较研究中，你可能熟知另一种文化，但是你的研究对象只了解他们本身的文化。例如，你注意到了食物腐败问题：人们花费很多时间来储存食物，把食物放在坛子里，存放在黑暗的房间中，而人们还是经常由于食用腐败食物而患病。你可能会不解，为什么他们不和我们一样将食物用保鲜膜包起来存放呢？这比其他方法更节约时间，而且更不容易腐烂。如果大多数人对自己文化之外的另一种生活所知甚少，或者一无所知，那么根据你对另一种生活的了解来评价他们的生活就是不公平的。

强加联系。我们喜欢一致性和秩序性。如果你期望研究对象会表现出可预测的行为，持有稳定的信念，那么你就可能作出曲解。因此，你要做好心理准备，因为你所研究的事或人可能是相互矛盾的，或有无法解释、无法自圆其说的部分。请不要把自己的秩序感强加在其中，认为人们的信念或行为具有比真实情况更强的内在联系和一致性，以及更少的矛盾。例如，当你研究开生日会的人时，你希望有一个清晰的开场和结尾，庆生的人是大家注意的焦点。你看到的却是人们一个个进进出出，没有信号表明他们在离开，甚至很难分辨那到底是谁的生日。从局外人角度，你或许很想对这一事件进行组织，判断它包括哪些内容。然而，你的研究对象并不是这样看或这么体会的。你要如实地描述他们是如何看待或体验世界的，而不是加入自己对秩序性的要求。

高估能力。人们会学习、作决策、调整方向，将所学付诸行动（或未能付诸行动）。然而，人们学习、做决定和改变事件走向的能力是有限的。我们很容易高估人们的行动能力。我们需要认识到人们不一定及时采取行动。例如，你会想，父母本可以约老师商谈他们孩子存在的问题。然而，从那些父母的生活情况和立场来看，这可能并不是一件简单的事情或一个现实的选择。这时，请不要沮丧并抱怨：“他们本可以做某事，为什么不做呢？”请尽量把握他们的观点，并且认识到他们感到的限制因素。

3. 综合微观与宏观层面 历史比较研究者经常同时审视并整合微观层面（规模较小，面对面的互动）与宏观层面（规模较大的社会结构）的数据。例如，通过读古代人们所写的日记和信件，你感知他们的日常生活，了解他们的食物、娱乐、服饰、疾病及朋友间的交往等等。然后，你可以将这些微观分析与宏观水平的社会运转过程联系起来，例如更频繁的民众迁徙、生产的机械化、劳力市场的紧缩及类似例子。如果你想对两种文化中的学校教育进行比较，你可以去参观课堂，与老师和学生交谈，并花费数小时去研究学校的例行事务及微观文化。此外，你还应该考察这两种文化中的总体教育模式，例如教学要求、毕业率、学校类型与数量、教科书与测验、官方的教学指南、教师培训要求等。最后，你就可以将各自文化中微观水平的即面对面的课堂生活与宏观水平上的国家教育制度进行整体上的综合分析。

4. 使用具体的、跨文化、跨时代的概念 我们通常会运用许多概念来研究和思考社会生活。把这些概念想象成一个连续体。一端是普适概念，可以应用在不同的社会背景、时代和文化中。这些概念是跨文化或跨时代的，使你可以用相同的概念来考察所有时代和文化。而另一端的概念只能应用在特定的社会背景、文化或历史时代中。当然，也有许多概念介于这两个极端之间。

普适概念，例如恐惧，在所有的社会和时代里都存在。而特有概念只存在于某个历史时期或某种文化中，在其他时期或文化中即使存在也很少用。也许在某种文化中，会在女孩 14 岁生日的时候举办一场仪式，以标识其童年时代的结束和婚育年龄的开始。历史比较研究者既会采用普适概念，也会采用特有概念。有时候，某起事件、某次活动或某种社会情况只存在于特定的时期或地点，那么你了解这点之后，就对其适当地进行解释和应用。另一些时候，你可以使用普适概念来进行跨时代、跨文化的比较，以作出更广泛的解释。定量研究采用的多是跨文化、跨时代的概念；但是，这些概念常被假定为适用于不同的文化或不同的时代，很少有人检查其究竟是否真地如此。

要点回顾：各种研究方法的比较

项目	实地研究与历史比较研究方法	定量研究方法
研究者视角	研究者是研究过程中的必要部分	从研究过程中排除研究者的影响
资料应用	沉入到大量细节中以达到共情式理解	对变量进行精确的操作化
理论与资料	用扎根理论在资料与概念间建立对话	比较根据抽象理论推测的结果与实证资料
展示成果	向他人解读一个意义系统	验证具体假设
行动 / 结构	人们仅在社会结构范围内建构意义	不管人们是否意识到，社会力都会塑造其行为
规律 / 推论	进行有限的、取决于背景的推论	发现普遍适用的、不依赖情境的一般规律

历史比较研究的独特特征

项目	历史比较研究者
证据	从各种资料片段和不完整的证据中进行重新建构
曲解	避免利用个人对该种社会与历史背景之外因素的知识
人的作用	考虑处于具体背景中的个体的意识，将他们的动机作为原因
原因	认为原因取决于具体条件，隐藏在表面现象之下，并且源于多种因素的特定组合
微观 / 宏观	将微观与宏观水平，即社会现实各层面结合在一起
跨背景	既观察某种背景中的具体细节，也跨背景观察它们的异同，以进行更抽象的比较

如何开展历史比较研究

在本部分中，我们将讨论如何开展历史比较研究。与实地研究类似，历史比较研究也不要求你必须遵照一套固定的研究步骤。通常它包含以下几个阶段：

- 获知必要的背景
- 概念化问题
- 寻找与评估证据
- 组织证据
- 综合与形成概念
- 撰写研究报告

获知必要的背景

作为准备步骤，你应该了解情境的基本情况，例如所处的历史时期和/或文化。如果对研究领域中的历史时代或文化不了解，那么应进行基本材料阅读，即查阅与之有关的泛读书籍。

概念化问题

在本阶段早期，你要先对研究问题进行全盘考虑，提出并明确定义有关概念。你开始时可能有一个宽泛的主题和若干条概念，但是在获知相关背景知识并开始收集资料之后，应开始专注于某个具体的问题。这个被关注的问题既可以指引你去寻找关联度更强的资料，又保持灵活性。事先没有一定的假设、概念或理论，是无法开始研究的。我们应该使概念和所收集到的证据发生相互作用，以促进该研究方向的发展。就如在实地研究中那样，你可以根据从资料中获得的信息来调整研究方向。一开始，你可以使用一些初步的临时性概念对所获得的证据进行归类，从而指引你的研究。在你对具体背景中的细节获得了更深入的认识后，就可以对概念进行相应的调整或提炼。你需要创造更能有效组织证据的新概念，将主要问题进行细分，以及列出计划提出的问题清单。通常，你会发现原来的概念不能很好的解释所获得的资料，那么你就必须对原有概念进行调整。例如，假设你想研究另一种文化中或很早以前的某家饭馆。那么一开始，你就有若干项概念，例如就餐乐趣、消费者选择、价格竞争等；但很快你就会发现餐馆洗碗的水不干净，所有的顾客都是到餐馆步行只需 10 分钟的邻居，没写菜单，也没有人询问价格。这时候，你可以重新考虑这是怎么回事，由此提出新的概念以更好地解释这种情况。

寻找与评估证据

你要进行大量的文献整理工作,对历史研究者来说尤是如此。历史研究要使用索引、目录，以及专业的参考资料集，它们列出了各图书馆或资料库中可以找到的文献。专业研究者可能会花费数月的时间在图书馆寻找资料或前往各种专门的研究图书馆，并阅读大量的书籍和文章。而对于比较研究者来说，这就意味着你必须关注一个或几个国家或地区的资料。比较研究一般要求研究者学习一门外语，到国外实地考察，并与当地人建立联系。一旦你找到了证据，你就应该先评估其准确性（参见后面对原始史料的讨论）。在搜集证据的时候，你应尽力牢记以下两个问题：

- 这条证据与构想中的研究问题和正在完善的概念有多大关系?
- 这条证据的准确度和说服力怎样?

在研究过程中，你的关注点常常会发生变化。一旦出现这种情况，那么之前认为相关度很高的资料可能变得不那么相关,而之前被忽略的资料则可能变得高度相关。同时，你还会不断地评价对证据的替代解释并留意“失声”（silence）。失声是指某条证据不能说明一起事件、一个主题或问题的情况。例如，你在研究一群 19 世纪 90 年代杰出的男性商人，你找到了许多关于他们及他们进行的商业交易的证据和记录，但却没有关于他们的妻子以及大量仆人的证据——这些人在资料中消失了。为了评估整体情况，你就要既关注那些已清楚说明的对象，也关注那些已经“消失”的对象。

组织证据

你在收集与查找资料的时候，同时也对资料进行组织。如果只是拼命记笔记，却又让它们胡乱堆积在一起，很明显是不明智的；相反，你应该初步分出类别，标明类别名称，再把材料归入各类。一开始，你只须从大量混杂的细节中认出各个主题即可，以此进行初步分析。然后在给资料进行分类，标明类别名称的时候，你要深入思考并创造新的见解，这些见解可以引出新的材料组织方法和新的研究问题。你要让资料与理论进行对话，发生相互作用。根据新产生的概念或理论来评估证据。在你重新考察与组织证据的过程中，你对研究问题的思考就会向前推进。这是因为你用新产生的观念以各种新方式来审视已有的资料，而且这些新观念又会引导你去寻找更多的资料。

综合与形成概念

在资料收集基本完成之后，你就可以进行描述全景或作整体解释了。你希望将所有的资料综合起来，整合成一个完整的故事。你在反复阅读笔记，从各种角度对资料进行分类与再分类时，注意寻找新的联系。试着从不同的角度来看待资料。通过寻找资料中的模式，你可以找出它们之间的异同点来佐证所作的类比。你可以根据时间顺序来组织事件，将属于同一阶段的事件分为一组，排成一个步步推进的过程。你也可以将一个抽象概念或一种因果机制与一套证据联系起来。有很多研究者发现，比喻这种方法很好用。例如，你记录工头与工人的关系"就像一次刺激的过山车下降"，用于描述事情貌似好转，期望迅速上升时，突然急转直下。你可以将比喻当成对资料进行组织并吸引读者注意的工具来用。

撰写研究报告

在所有的研究中，将论据、论点和结论整合成一篇书面报告都是其中的关键一环。在历史比较研究中，这一步骤的重要性甚至远高于定量研究中。报告是否精心组织、认真撰写，经常决定一项历史比较研究的成败。你必须将堆积如山的证据提炼为明确的阐述，运用大量脚注说明资料来源，将论据与论点编织在一起，使之构成一幅浑然一体的、有说服力的画面。在研究过程中，你搜集了海量的具体细节，但论文中可能只写原始证据中关键的少数几条。这几条就能为你的整个故事提供例证，增强可信度。当然，要在具体细节阐述与总论之间达到良好平衡是困难的，但是当你想给读者讲述一个激动人心、引人入胜的故事时，你就想做到这点（研究报告的撰写将在下一章中详细讨论）。

对过去的研究

本部分我们探讨以过去的人或事件为对象的研究。当然，5 分钟前也可以被称为过去，但一般来说，至少 10 年前的事物才称得上是历史。约 10 年后，直接经验变得模糊，观点也发生了转变。*历史*这个词很有迷惑性，因为其包含了好几方面的意义：

- 过去发生的真实事件（如，法国从越南撤军就是*历史*）
- 对过去的文件记录（如，法国介入越南的*历史*）
- 一个学术研究领域，专家在其中研究过去（如，*历史*系的一门课程）

历史研究领域的专家，或称历史学家，会用大量的时间和心血收集分析历史资料。他们通常使用专业技能。而历史学家外的社会研究者很少"研究历史"，但是他们也会考察历史资料——即，反映过去真实事件的资料，包括文件记录。相较于专业历史学者，社会研究者考虑的历史资料通常范围更广，并且抱着不同的研究目的。我们将比较历史学者和历史比较社会研究者在研究目的和研究活动方面的异同。通常，历史学家：

- 把收集高度准确的历史资料本身作为一项核心目的；
- 在其他历史事件背景下阐明资料的重要意义；
- 不太关心建立一个理论来解释社会关系或社会过程。

相较而言，历史比较社会研究者：

- 也重视收集详细、严谨、准确地记录了过往具体事件的准确文件资料，但这是次要目标；
- 会扩展或创建一条理论，或将社会概念用于新的情境；
- 将历史资料作为达到目标的手段（如，用来解释或理解社会关系）。

历史资料的类型

社会研究者和历史学家都会使用以下四种历史资料：

- 第一手资料
- 连续性记录
- 回忆录
- 第二手资料

历史学家的主要目的是寻找、收集、核实和分析上面 4 种类型中的第一种资料，即第一手资料（将简要讨论）；而社会研究者更注重第二手资料或连续性记录。他们都会使用回忆录。在本章开头的中国移民研究中，麦基翁（McKeown，2001）使用了除回忆录外各种类型的历史资料。

第一手资料 **第一手资料**(primary sources)是指那些过去人们使用过且留存至今的信件、日记、报纸、杂志、讲稿、电影、小说、衣物、照片、商务记录等。你可以从官方档案库（储存文件的地方）、私人收藏、家庭贮藏室或博物馆里找到它们。当今的文件和物品（信件、电视节目、菜单、广告、衣服、玩具及汽车）将成为未来历史学家的第一手资料。一种广泛使用的第一手资料是已发表或未发表的书面文件。这些文件或为原版，或保存在缩微胶片上。它们通常是我们拥有的记录过去人们的话语、思想、行为和感受的唯一现存资料。有份经典的第一手资料是一位出门在外的商人写给他妻子的一摞已发黄的书信，这些书信是历史学家在他们去世 75 年之后在一处阁楼中找到的。

书面资料有一个局限：这些资料大多是由杰出人士或官方组织中的人员所写。因此，就很容易忽略那些不识字、穷人或非官方机构人士的观点。例如，在 19 世纪初的美国，奴隶读书、写字都是违法行为。所以你很难找到关于奴隶在奴隶制度中的真实体验的书面资料。相反，大多数奴隶主都会读写，所以奴隶时代的书面资料一般都只能体现奴隶

活学活用：将旧报纸中的报道作为资料来源

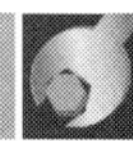

一种应用广泛、而又容易获得的第一手资料就是报纸了。美国的国家“官方”报纸是《纽约时报》(*New York Times*)。幸运的是，你还可以通过诸如 Proquest™ 数据库等网络服务找到过刊的电子版。例如，如果你对 1900 到 1910 年间的移民这一话题很感兴趣，那么你很快就可以找到 3711 篇文章，接着你可以缩小话题范围。假如你想了解从日本来的移民，那么你可以发现《纽约时报》上这 10 年间讨论此话题的文章有 224 篇（见图 11.1)。在你阅读时，你发现 1902 年有一篇文章谈论的是日本政府希望如何保护其进入美国的国民不受歧视，以及区别对待日本劳工与中国苦力。日本政府声称将不顾美国移民法的规定，限制允许哪些人移民。这篇文章说，当时生活在美国（不含夏威夷）的日本人不到 14 000 人(夏威夷在当时是美国的领地、但还不是一个州)。为了更充分地了解这个问题，你希望查阅一些太平洋海岸区的二手资料和报纸（这个话题当时在这一地区争论激烈)。当然，你还应该了解一些背景知识，例如 19 世纪 80 年代美国太平洋沿岸地区对亚洲人的敌意、以及反对中国人的暴动。此次动乱催生了 1882 年的《排华法案》(Chinese Exclusion Act)，这一法案大幅减小了中国向美国移民的规模。据 1990 年的《美国统计摘要》(网上可以查到）显示，从整个亚洲来的移民非常少，如在 1890 年还不到 4 400 人，甚至还要少于小国荷兰同年来的移民。但是，从此时至 1900 年，从亚洲来的移民增至 17 000 人。如果你具有当时的背景知识，你就会猜测 1900 年前后增加的移民可能来自菲律宾。因为在 1899 年，美国把菲律宾纳为了自己的殖民地。但是，《统计摘要》的实用性不够，因为除中国分述外，来自亚洲其他国家的移民信息是合并列出的。你会发现在 1890 至 1900 年间，来自中国的移民减少了。更为详细的美国人口调查记录显示，在 1870 年，共有 55 个日本人居住在美国（不含夏威夷)，但是在 1890 年增到了 2 000 人。如果你继续钻研这个话题，并且去图书馆查找相关的二手文献和书籍，你会找到约 10 本讨论 20 年代前日本移民的书籍。因此，起初你只确定了一个大概的主题和 10 年的研究范围，然后你找到了一篇 1902 年的报纸文章。借助这篇文章，你进而明确了研究重点，并且提出研究问题：日本政府为什么要限制、怎样限制哪些人能向美国移民？是其他国家也有限制还是只有日本这么做？

主的，而非奴隶的观点。

一条主要顾虑是，保存至今的第一手资料只有原有的一小部分，并且不一定对原有全部资料具有代表性。

在你阅读第一手资料时，应当避免因有背景超前意识而曲解其意。因此，你需要避免运用对后续事件的知识以及现代价值观。例如，你在阅读一个南方奴隶主在 1840 年写的资料时，基于奴隶制的罪恶在道德上谴责他，批评他看不到奴隶制度很快就会终结，这样做是没有意义的。因此，你应该收起你的评价，尽量站在过去的人的立场来看待问题。研究者在阅读第一手资料时，会尽力避免一种背景超前意识所造成的特定形式的曲解，即**当代主义**（presentism）。比较研究中的**民族中心主义**（ethnocentricism）是与当代主义相对应的扭曲形式。犯这两种谬误时，你都将自己所属的文化或时代看做是“正常”的或“最好”的。你把这些作为一个标准来评价其他的时代或地区，却没能站在他们的角度来看待问题。

图 11.1 《纽约时报》关于移民的报道

日本将禁止移民国外

天皇政府将限制日本劳力移入美国

华盛顿，4 月 23 日——华盛顿方面已获悉，日本政府不等待美国的请求，将采取措施限制日本劳力移入美国。

据称，日本移民数被夸大了。事实上，美国境内（不包括夏威夷）的日本人不超过 15 000 至 16 000 名。据说，这次最近才出现的移民潮完全源于两个大型日本移民团体之间的竞争；那些被带到美国的劳工幻想美国有无数高收入工作机会。日本政府希望能够保护其国民免受强加的劳作带来的艰辛，这也被认为是日本政府计划限制国民移出的原因。

然而，据说日本政府完全不可能理智地考虑美国旨在专门排挤日本移民的法案，因为，虽然美国任何移民法律只要对所有外国的影响是同等的，日本政府就完全愿意接受其引发的结果，但是对日本实行的歧视将必定对贸易造成灾难性的影响。日本政府对此的立场是：日本移民任何时候都不能与中国苦力归为同类。

资料来源：*New York Times* (1857-Current file): Apr. 24, 1900; ProQuest Historical Newspapers The New York Times (1851-2003) pg. 10.

查阅第一手资料可能很费时。你必须通过专业索引来搜索，还可能要前往档案室或专业图书馆。你一到达，可能就会发现保存那些报纸、日记、信件、备忘录和其他记录的房间积满灰尘、几乎无人光顾、堆满装着过时资料的箱子。这些资料可能并不完全、杂乱无序还有不同程度的损坏。找到这些文件或其他第一手资料之后，你必须从内部考证与外部考证的角度对这些资料进行评价（参见图 11.2）：

- **外部考证**（external criticism）。你希望确定这些资料不是仿造品、伪造品，须问相关问题：这份资料究竟产生于何时何地？声称是资料作者的那个人确实是吗？为什么创建了这份资料？它为什么保留到了现在？例如，你发现了一封打字机打的信，但是信上注明的时间却比发明打字机还早 10 年，你便知道这并不是原信。
- **内部考证**（internal criticism）。确定了第一手资料的真实性之后，你还应该确定这些资料能否准确地反映当时的人、事件和情况。相关问题包括：是资料的作者亲眼见证了所含的内容，还是它们只是一些二手信息？资料信息与该时代其他的记载是否一致？哪些因素（如，战时审查制度，作者获得重视或显得高尚的愿望）可能会影响资料中信息的取舍？然后，你需要把资料放在相应的背景中，并且考察明显表达的（字面的、可见的）和隐含的意义（微妙的内涵、暗示）。例如，你找到了一摞信件和便条，是一个妻子写的，关于她已去世的丈夫。读时，你发现其中没有关于她丈夫酗酒的信息。但酗酒问题显示在在其亲戚、邻居提供的信息中，其丈夫由

图 11.2　内部与外部考证

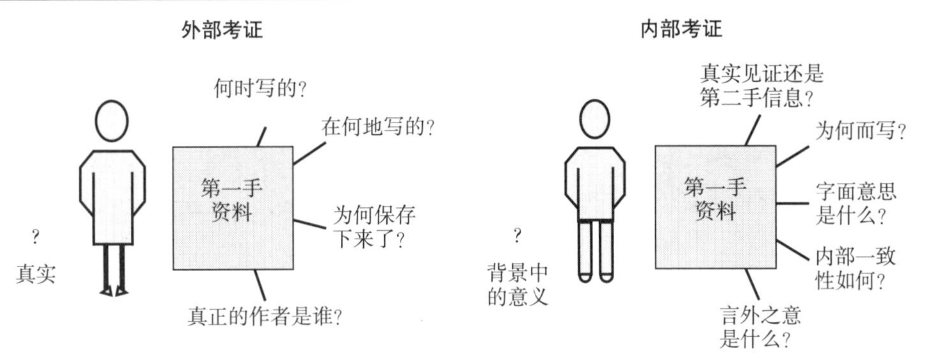

于在公共场合醉酒而被逮捕的记录中，以及其丈夫在附近酒馆每日的大额账单中。因此，你会质疑妻子的报告作为对丈夫的完整、准确描述有多可靠，并且质疑这位妻子是否是在资料中抬高丈夫的名声。

连续性记录　幸运的是，许多机构会因为自身需要而保存文件和记录，而你可用。例如，一家乡村教堂有从 1880 年起到现在的所有婚姻、洗礼和葬礼的记录。如果你综合审阅此教堂的连续性记录与其他历史资料，便可以追踪这个村庄一个多世纪以来的社会生活。连续性记录也有两条不足：（1）有些机构并不会一直保存它们，（2）有些机构并不会始终连续记录信息。此外，政策变化或其他一些事件都可能导致机构停止记录；管理者、书记员的变更，政策的变化及其他事件都可能会对记录的内容和记录方式产生影响。

在电子通信、电脑、手机和录像技术等被发明之前，人们一般通过书写来交流和保存记录。你可以通过阅读信件、备忘录、日记、分类账或报纸来了解过去人们的观点和交流。有许多当代的交流方式并不会留下永久的物理记录（例如电话、电子邮件、广播），除非有电子文档留存。因此，将来的历史学家和历史比较研究者开展研究将更加困难。

回忆录　人们对过去事件和经历的记忆同第一手资料一样来源于过去，但并不是第一手资料。**回忆录**（recollections），例如传记或自传，都是之后根据记忆创建的。**口述历史**（oral history）是一种特殊的回忆录，尤其适合没有书写详细日记习惯或不会写字的人（参见研究示例专栏 11.3）。记忆是不完美的，所以回忆录和口述历史可能会以它们的形式扭曲历史，但第一手资料则无这些缺陷。这些资料可能并非完全准确，但常常是我们了解过去人们如何体验生活的唯一窗口。

第二手资料　第一手资料的优点在于其真实性，但它也有局限。第一手资料的查找、核实以及阅读可能很费时。你甚至会遇到需要对上千页的第一手资料进行整理和阅读的情况。此外，第一手资料可能只涉及了较短一段历史时期，或者某一非常具体的地点。例如，

研究示例专栏 11.3：3K 党中的女性

Bettmann/Corbis

布里（Blee, 1991）对右翼极端团体很感兴趣，于是对美国中西部的 3K 党（Ku Klux Klan）进行了一项历史研究。这项长达六年的研究很有独创性。她把重点锁定在印第安纳州，因为在 20 世纪 20 年代 3K 党全盛时，那里的白人新教徒高达 32% 是其成员。布里不仅查阅了关于 3K 党的研究文献，还查找了相关的报纸、小册子及未发表的报告。她到过美国六所以上的大学、政府和历史专业图书馆研究第一手和第二手资料。她提供了许多历史图片、素描和地图，为读者了解该话题和背景营造出了一种身临其境的感受。

同时，布里还请 3K 党中的女性口述了在组织中的历史。她发现，之前从未有人研究过这个美国规模最大的右翼种族主义运动中的女性，而她们估计有 50 万人。很多人主观认为女性是被动的，对政治不感兴趣。3K 党是一个秘密组织，没留下成员名单，因此很难找到相关信息。3K 党已有 60 年不再活跃，为了找到今天的在世者，布里不仅需要有耐心，还要会想办法。她将留存的少数名册拼凑起来，还查找旧报纸上表明女性死者为 3K 党成员的讣告，筛查公告或反 3K 党文件等历史资料来找出她们的名字。布里把开展研究的公告寄给印第安纳州所有的地方报社、教会通告、广告副刊、历史学会以及公共图书馆。向她提供信息者大多超过 80 岁。她们把 3K 党作为人生的重要一部分来回忆，而布里也凭借报纸及其他文件资料证实了她们的部分回忆。

对于 3K 党的成员，人们有不同的看法。在访谈过程中，布里并未表明自己对 3K 党的观点。她被试探过，但她对此保持中立、也并未谴责 3K 党。她表示，“我与印第安纳州的渊源（从小学到大学一直生活的地方）以及白人身份，让访谈对象以为——由于缺乏否定性的口头证据——我和她们的世界观一致”（p.5）。布里并没有发现 3K 党女性是无情、傲慢或充满仇恨的。当问及她们为何加入 3K 党时，大多数人感到很奇怪。在她们看来，这不需要解释——这只是“一种成长的方式”，“和大家聚在一起并开心”。

资料也许能让你了解在 2 年时间中某个小村里发生的事件，但你的研究问题却涉及一系列更多的地点、一段更长的时间。因此，当历史比较研究者的研究问题较宽时，他们一般会依靠第二手资料。

第二手资料（secondary sources）是指由那些专业历史学者撰写的关于特定人物、地点或事件的书籍和文章，通常有数十份。对于较宽的研究主题，你可以将这些资料作为信息来源。在你感兴趣的某一宽泛主题上，可能有上千文章或书籍对有关的多个具体主题进行讨论。二手资料充满让人眼花缭乱的细节和解读。你必须将这些互相分离的研究组合成一幅可理解的、以你的研究问题为中心的整体图景。在使用它们的时候，你须对其进行评估，并保持谨慎。

第二手资料也有其不足。虽然历史学者已经开展了很多研究，但尚未对过去的所有主题的所有方面都进行考察。历史记录会有空白或断层，因此，也许在你的主题上，相应的研究很少。另外一些不足则源于历史学家的失准记载和对资料的解释。即使在你的主题上有很多文献，你能把它们全找到并读完，你读到的也不仅是与理论无关的客观“事实”。历史学家对第一手资料会使用概念、观点和假设来将之框定、组织起来。他们所使用的概念一般来自于新闻界、过去人们的语言、意识形态或哲学、当代语言，以及理论。他们不一定定义自己的概念，应用它们时也不一定始终一致。例如，你可能在某本书中看到，一个历史学家称 19 世纪时期某个城镇中的 10 个家庭属“上层社会”。然而，这个历史学家从未定义过“上层社会”，也没有将之与其他关于社会阶层的研究联系起来。这就让你很难判断这本书中的“上层社会”指的是什么。

历史研究并不会将历史学家在第一手资料中看到的一切都展示出来。一个历史学家可能会查阅上万页的报纸、信件、日记，最终在撰写的短短 180 页的历史书中只浓缩了对资料的概括和选择性的摘引。当你找到这本 180 页的书之后，就只能依赖这位学者对第一手资料的取舍了。历史学者在著作中选用哪些内容的决定受选择标准、个人偏好的影响。你很少能知道这些标准和偏好到底是什么。历史学者可能舍弃那些对你的研究问题有用的信息。

许多历史学家组织资料时，会采用一种叙事历史（narrative history）的方式。这种方式指的是将各种资料围绕着一个单独的、内部连贯的“故事”按照时间顺序组织起来。他们把故事各部分之按照事件的先后发生顺序连接在一起。由此，所有片段就构成了一个整体、达到了统一。这种故事常常会使阅读引人入胜。不过，历史学者会根据各条资料与故事的契合情况决定是浓墨重彩还是轻描淡写。也许你在阅读某本历史书时（如同布里寻找 20 年代印第安纳州 3K 党相关信息那样），发现作者一笔带过了与你的研究问题相关的方面（如，3K 党中女性的激进主义），因为这并不是该研究者组织的故事的核心部分（如，财政腐败与内讧是如何使 3K 党衰弱的）。此外，历史研究者还会在叙事中增加一些事件，以丰富故事的背景或增添情节色彩。他们会写下某个特定人物的言行，却并不分析尚未揭示的影响因素。一件事实并不会因为写在历史叙事中就具有理论重要性。例如，历史学家探讨生活于 17 世纪美洲的移民群体的家庭关系，其重点可能是家庭内部两性之间的互动，而对于获得稳定食物供应的困难等因素则只会略述。不过，这并不意味着食物短缺在你的研究主题中不重要（移民决定放弃奋斗并回国），而仅仅表示该历史研究者决定在其叙事中略述这些方面而已。在阅读历史研究者的叙事时，你虽然可以获得很多信息，但还须搜寻那些与你自己研究主题相关的细节，即使这些细节并不是这一叙事的重点。

历史研究者的生活时代、世界观或学派也会对他们的写作产生影响。各种特定的解读方式或主题盛行于特定的历史时期。因此，你可能会发现著于某一时期的大部分历史著作都有类似的主题（如，移民问题、劳资冲突、性别议题）。此外，历史研究者在实施研究的时候，也常常会采取某个学派的取向，例如外交学派、人口学派、生态学派、

活学活用：生活史访谈

生活史访谈是一种特别的回忆录，指的是对一名中年或老年人进行访谈，从而了解他/她过去的全部经历。在访谈中，你应该采取同情、不带评价的态度，用开放式问题来帮助被访谈者打开话题，详述过去生活中的具体细节。你一般最好先询问发生在他们儿童时期的事件。访谈中要随机应变，不要让访谈过于结构化。你的目的在于鼓励他们打开心扉，以挖掘大量具体细节。事先你可以列出一长串可能要问的话题(如家庭、求学、工作、旅行、交友等)，但也要根据访谈初期了解的内容提出新的问题。例如，你可以问："你还记得你六岁那年的一些事情吗？是在那一年你的弟弟乔纳森得了重病，差点死了吗？"受访者回忆的任何内容都是有关的信息。你希望从受访者的角度来捕捉细节、关系和事件。大部分人从来没有机会坐下来详细思考自己过去经历的所有事件。对于某些人来说，生活史访谈具有治疗效果。在访谈的时候，需要保持关怀、体谅的态度。人们可能会避免回忆某些事情，即使多年之后对有些事情的回忆也可能会给他们带来巨大的痛苦、愤怒或焦虑。你可以询问一些发生在他们身边的事件（重大政治事件、世界大事等），以了解他们对这些事件的看法。有许多研究者会对生活史访谈录音。取决于访谈对象，你要用6个小时或更多的时间访谈。访谈过长会让人倦乏，所以请事先计划将整场访谈拆分成3次或更多，每次2个小时，并分配在几天内完成。这样，不仅受访者有时间休息，你也有时间审视最初的访谈资料，回到某些重要转折点和生活事件上，请求受访者给出更多细节或澄清。

心理学派、马克思主义学派或思想研究学派等。每一学派对资料和核心研究问题都有各自的轻重取舍。因此在使用第二手资料时，你应该了解该历史学家撰写该资料时盛行的主要话题，以及该研究者在资料中表现的世界观。

跨文化比较研究

比较研究既是一种研究取向，也是一种研究方法。比较研究的实行过程与其他的社会研究并没有任何明显区别；不过，许多社会研究中的议题或难题在比较研究中会被放大。从某种意义上来说，比较研究取向可以揭露可能存在于所有社会研究中的不足。对这一点的了解将有助改善所有社会研究的质量。

有些比较研究是为了说明基本的社会过程（如，心理取向、家庭关系）在不同的国家都类似，而有些研究则探讨不同文化间的差异。总之，其核心是考察比较单元（文化、国家）之间的异同。在比较研究中，你可以看到各比较单元的共同点，又能够看到某个比较单元的特有之处。

比较研究取向可以改进测量和概念化。其原因之一是人们以比较研究为基础发展出概念时，这些概念就不大可能只能用于某种特定文化。我们可以为自己熟悉或所属的文化建立一个概念，但只有将其应用在其他文化中的时候，我们才能留意到其中隐藏的偏见、假定和价值观。例如，你根据自己在美国的经历，提出了逆向歧视（reverse discrimination）这一概念。你认为这是一个普遍适用的概念，但只有当你尝试将之应用在多种其他文化中之后，才能确定这个概念是适用于它们还是仅限于美国背景。通过将概念应用在多种不同文化中，你才能看到它是否适用于多样的情境。比较研究还能揭示重要而又尚未被发现的因素。如果针对某一主题的所有研究都只在某一种文化中进行，就很难发现原因实为该文化中存在而其他文化中没有的某事物。例如，美国的枪支拥有率是其他发达国家的上百倍。如果你的研究范围仅是美国，那么就很难发现其他因素与枪支持有之间的关系。但是，如果你把美国与其他国家对比，美国的枪支持有率就会凸现为一个关键因素。

跨文化观察的重要一点是观察到某一变量更大的变化全距或变异程度。例如，世萍

研究示例专栏 11.4：美国与德国关于人工流产的政治见解

Alex Wong/Getty Images

费雷等人（Ferree，Gamson，Gerhards & Rucht，2002）对美国和德国关于人工流产的政治见解进行了比较研究。他们特别关注的是两国民众对人工流产的讨论。人工流产在两国都是合法的，并成为一项受到热烈、广泛争议的道德—政治话题。他们考察了 4 种资料：(1) 第二手历史资料，(2) 内容分析，(3) 对组织机构领导者的调查，以及 (4) 开放式访谈。第二手资料是有关人工流产的历史、有组织运动、法庭判例、公众争论的著作。他们查找了两国 1970 到 1994 年间的主要报纸，搜寻出所有以任何方式提及人工流产的报道，根据标准（例如，文章至少要有 3 段，排除书评、读者来信）进行筛选，结果在美国和德国的报纸上分别找出了 1243 和 1425 篇文章。随后，他们对这些文章进行了内容分析。此外，他们还向 150 个关注人工流产的组织派发了一份调查问卷。问卷内容包括组织的目标、组织的活动、媒体关系、内部资源，以及与其他组织的同盟关系。同时，他们还访谈了部分此类组织的领导或媒体总监，其中美国 20 人，德国 23 人；此外，还访问了两国数名定期就人工流产话题写文章的顶尖记者。这一研究有许多发现。其中一条主要发现是两国民众对这个话题的讨论方式很不同。在德国，很少有争论人工流产的公开冲突，德国人在讨论人工流产的时候主要关注的是胎儿权利和对女性的保护。而在美国，政府或政党之外有支持人工流产的组织，激烈冲突与它们的激进态度不无关系。人工流产议题处于个人权利或不受政府干涉的自由的框架中，或被看作一个宗教—道德议题。这两个国家的宗教或女性组织对此问题的描述也很不同。最后，他们找出了两个国家的文化、支持组织、大众媒体、政治制度方面的哪些具体特征会影响对人工流产的争论。他们发现，国家的政府结构、媒体系统和法律系统等，都会明显影响人们对同一公共议题的想法和讨论方式。[1]

1 题图中左侧人物主张“保持人工流产合法”，右侧人物要求“立即停止人工流产”——译者注。

和阿卜杜拉两位研究者都对婴儿断奶年龄与情绪问题发作之间的关系进行了考察。世萍只收集了美国的资料。它们列出的婴儿断奶年龄介于 5 到 15 个月之间，表示情绪问题的发生率随着断奶年龄的推后而稳步升高。因此她得出结论说，断奶太晚会导致情绪问题。阿卜杜拉收集的资料涉及了 10 种文化，找出的断奶年龄范围是从 5 个月到 36 个月。他发现在 18 个月以内，情绪问题的发生率是随着断奶年龄的推后而升高的；但是发生率在断奶年龄为 18 个月的情况下到达最高点后，则随断奶年龄下降至较低水平。阿卜杜拉了解的情况更全面。情绪问题在断奶年龄为 6 到 24 个月之间的情况下最易发生。断奶年龄早于或晚于此范围，都会降低情绪问题的发生率。世萍得出错误结论的原因在于只对断奶年龄范围较窄的美国人群进行了考察。

与非比较研究相比，比较研究更难，更费时费钱。你可能会受限于你所能收集的几种资料，可能会遇到等值性问题（详见后面的讨论）。在比较研究中，你不能对文化进行随机抽样。并不是对全世界所有的文化都可以获得足够的信息，对固定的一部分国家（贫穷国家、非民主国家等）是无法获得足够信息的。此外，各文化或各国并不是同等的单元。有些国家的人口超过 10 亿，而有些却仅 10 万。

你真能比较吗？

为了方便，大部分比较研究者都将民族—国家（nation-state）作为分析单元。大多数人眼中的地球是划分为民族—国家（或称国家）的，这也是收集官方数据的方式。民族—国家是一种从社会与政治角度界定的单元。在其中，一个政府对有人居住的领土拥有自己的国家主权（即，军事控制、政治权威）。生活在这片领土中的人们有共同的语言、文化、习俗，但民族—国家并不是比较研究唯一可用的单元。

如果你研究的事物明显是以国家为界限，如司法体系、选举与政府，以及经济关系，那么比较各民族—国家便是合理的。然而，比较研究用的相关单元常常是文化，它更难定义。它指的是一种共享的认同、社会关系、信仰，以及技术。在语言、习俗、传统和规范这些方面有差异的文化一般被国家的边境隔开，但国家的边境不总是文化的边境。一种文化可能存在于多个国家中，一个多文化民族—国家内也可能包含了多种文化。因此，如果你想对文化进行比较，那么民族—国家就可能并不是最好的研究单元。例如，某一地区的居民可能有着明显不同的族群背景、语言、习俗、宗教、社会制度和认同，如加拿大的魁北克、英国的威尔士和比利时的佛兰德。

在过去的几百年中，战争与征服在某些地区建立了新的政治单元。在这一过程中，文化的界限或被打破，或被重划，或被模糊化。西方列强给那些拥有独特文化的群体强制划定界限，把它们变成自己的殖民地。之后，这些殖民地又成为独立国家。有时，一个民族—国家向外扩张，吞并拥有独特文化的人群的领地。例如，美国政府占领美洲印第安人故土、夏威夷和波多黎各诸岛。并且，新移民或少数民族并不总会同化融入主导

活学活用：我们应该用哪种研究单元?

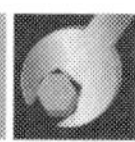

你怎样确定合适的分析单元用于比较研究？假如你要研究两种不同的国家文化，如美国和肯尼亚，那么最佳研究单元是国家，还是州、地区、部落等更小的单元？答案就在于这个民族—国家是否只有一种同质文化。如果一个国家被划分为若干地区，而各个地区的人们并没有相同的宗教信仰、习俗和语言，你就需要慎重。你需要在开始研究之前，就了解这个国家的内部区划和少数民族分布状况。在有些国家，如比利时，官方对国家进行政治与地理划分的依据正是不同的文化。在这种情况下，国家层次之下的单元就是最好的选择。而在其他国家，如美国，文化的分界线并不如此明显，也并不与地理区域的划分吻合。

合适的研究单元随你的研究问题而变。例如，你对婚俗和养育方式感兴趣。如果这个国家只有一种同质文化，你可以在该国的任何地方研究它。但是如果这个国家有多种不同的文化，并且各文化的婚俗可能相异，那么最好挑选其中一至二个文化群体来研究，而不要把整个国家当成一个整体来研究。

文化。这种一国有多种文化的情况可能引发关系紧张、地域冲突，因为民族与文化认同是民族主义产生的基础。麦克罗伯茨（McRoberts，2001）在他的加拿大政治科学学会主席就职演讲中表示，加拿大不仅是多文化的，还是多民族的。多个民族（英裔、法裔、土著人）生活在同一套政治架构下。这意味着我们应该将加拿大当成三个研究单元，而不是一个。

你应该确定对自己的研究问题，什么比较单元才适用——国家、文化、地区，还是亚文化？例如，你的研究问题是：收入水平与离婚率是否有关？假设是：收入高者，离婚率低。也许，在某一文化的人群中，收入与离婚率确实有关。但同一国家内以一种不同文化为主导的另一地区中，收入与离婚率却没有关系。如果你把民族—国家作为研究单元，并把所有的文化视为一体，结果就会不清晰，显示的相关度就会较低。相对地，如果你把二个地区分开研究，你就会发现，在其中一种文化中变量高度相关，而在另一种文化中却无相关。因此，最好考虑最合适的研究单元，而不是想当然认为一个国家中只存在一种文化。有些文化并不只存在于一片地域，可能多处散布，这就会减弱文化的独特性，从而使得文化比较更为复杂。例如，拉丁裔、华裔美国人或非裔美国人的民族—宗教文化散布在美国各个地区，那么我们在研究中是将他们视作独特的文化群体，还是视作民族或种族群体？

高尔顿难题

为了进行有效的比较，研究单元必须各自独立、没有重合。如果两个研究单元实际上是某个较大单元的组成部分，那么你在两者中都发现的关系就可能有相同的起源。下面这个极端例子可以说明这点。假设你对人们使用的货币与语言这两种特质之间的关系很感兴趣。那么你的研究问题就是“人们使用的语言会影响他们使用的货币吗？”你的

以史为鉴：高尔顿与泰勒的发现

The Granger Collection, New York

爱德华·B·泰勒爵士（Sir Edward B. Tylor,, 1832—1917）是英国社会人类学的创始人，1889年他在皇家人类学研究所宣读了论文“制度形成的一种研究方法：在婚姻和血统规定上的应用”（On a Method of Investigating the Development of Institutions, Applied to Laws of Marriage and Descent）。他从350种文化的婚姻与血统方面的资料中，发现婚姻/血统与社会复杂性各项测量值之间存在相关。对此结果，他从演化序列角度进行了解读。社会随时间变得越来越复杂，从而由母系社会演变为父系社会。弗朗西斯·高尔顿（Francis Galton），同一研究所的统计天才，却提出了反对意见。他指出，这种相关可能是虚假的，因为各文化并不是完全不同并彼此分离的。婚姻形式可能会传播，不同文化之间会相互借鉴这些形式，或与其他各文化交汇的某种不同文化中可能有某种婚姻形式的共同起源。高尔顿坚持认为，在确定不断演变的社会复杂性与婚姻形式存在相关之前，我们必须先排除不同文化之间的相互渗透或某种共同起源。泰勒同意高尔顿的观点，这标志着比较研究中的一次创新，也被称为高尔顿难题（Galton's problem）。

Bettmann/Corbis

研究单元是5个国家中的地区（日本的县、美国的州、德国的州、阿根廷的省、埃及的省）。从中你选择了日本的47个县、美国的50个州、德国的16个州、阿根廷的23个省和埃及的26个省，共162个研究单元。你发现在这162个研究单元中，他们所使用的语言与币种之间存在完美的相关：说英语的地方使用美元；说日语的地方使用日元；说西班牙语的地方使用比索；说德语的地方使用欧元；说埃及语的地方使用英镑。但是，你所发现的语言与币种使用之间的联系并不是因为两者有真实的关系，而是因为你的分析单元（州、省等）都属于更大的单元（即国家）。这个更大的单元就是这两种特质的共同来源。因此，在研究两个变量或特质之间的关系前，你就要仔细考虑研究单元。高尔顿难题非常重要，因为各文化之间的界限并不明显，或变化不定（参见图11.3）。要清晰界定一种文化的分布远及哪里或另一种始自哪里很难。你可以把高尔顿难题当作第2章中讨论的虚假关系的一个特例。

收集比较性资料

比较研究者通常会在某一项研究中使用并整合以下数种类型的资料：

- 比较性实地研究资料；

图 11.3 高尔顿难题

高尔顿难题发生在以下情况中：当研究者对不同情境或社会（用 A,B,C 表示）中的同一社会关系（用 X 表示）进行研究时，错误地总结这种在不同地点出现相同社会关系的现象是各自独立的。研究者可能相信某种社会关系在三种不同的情况中都能发现，但这种社会关系的出现实际可能只是因为有一种共同或共用的起源扩散到了其他的情境中。这是一个问题，因为如果研究者在不同的社会情境或分析单元（如社会）中发现了某种关系时（如婚姻模式），可能认为这种社会关系在各单元中的出现是相互独立的。这种想法提示这种社会关系在人类社会中普遍存在。但研究者可能并没有意识到，它的存在实际上是因为它跨单元传到了不同人群中而已。

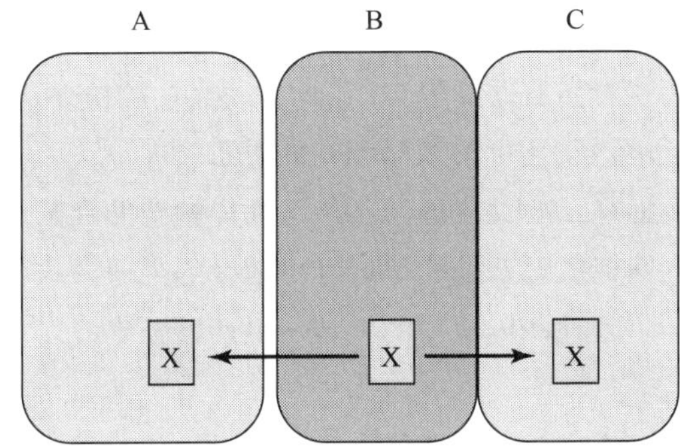

- 现有质性资料；
- 跨国调查资料；
- 现有跨国定量资料；

比较性实地研究资料 比较研究者将实地研究方法用于他们自己的文化之外的文化。社会—文化人类学方面的训练，为他们进行这类研究打下了基础。人类学研究与实地研究方法之间有重叠，表明本土文化与其他文化中的实地研究差别不大。与在本土文化中相比，在陌生文化中实行实地研究的难度更大，要求更多。首先，你必须投入进去，深入学习该文化。这一过程耗时且需要你做出许多调整，但它也能生产出新的思想，带给你个人方面及专业方面的收获。

现有质性资料 比较研究者既使用第一手的也使用第二手的质性资料。例如，你想对加拿大、智利和中国的教育体系进行比较研究。最理想的情况是你实地到这三个国家收集第一手资料。在你去之前或如果无法去，你须搜索这几个国家的现有质性资料，例如出自或关于学校、教师和学生的视频、照片、音乐、小说或文章。阅读描绘这三个国家教育体系的历史研究和实地研究文献。你可用从这些信息源中选出的描述性细节为研究提供部分证据。

跨国调查资料 你可以在多个国家中进行一次调查，但这种多种文化中的调查研究更复杂，也会引起方法论方面的额外问题。原则上，在本土文化中进行调查也同样会出现这些问题，但是其重要性和严重程度却不同。在陌生文化中进行调查，你必须了解当地的语言、社会规范、做法和习俗。否则，就很可能在调查程序与结果的解释上出现严重的错误。仅仅懂得当地的语言是不够的，对文化期望（cultural expectations）和做法的了解才是关键。因此，最好与在该陌生文化中生长者紧密合作。

为跨国调查选择文化作为调查对象的时候，要考虑根本性因素（如理论、研究问题）和操作性因素。你必须调整调查过程的每一步，例如研究问题的措辞、数据的收集、抽样、访谈等，使之适应当地的文化。不同文化中的人对调查的态度不尽相同。有些文化中的人会把调查访谈看做有些像警方审问般奇怪而可怕的经历。所以，你应该先了解当地的具体情况，了解该文化中的人对调查的看法。

文化背景也会影响抽样。要关注的问题除了抽样框架的准确性，还有诸如记录的保密性、邮政服务和电话通话质量及前往偏远乡村地区的交通方式等。你须了解当地人的搬家频率、住所类型、一处住所内居住的人数、电话覆盖率，以及人们拒绝参与调查的通常概率。

研究其他文化时，写出高质的研究问题比对本土文化难得多。文化背景会影响研究问题的措辞、问卷长度、调查介绍以及包含的主题。你也须了解当地的规范以及该文化下的高度敏感话题。你在本土文化中可以就政治信仰、饮酒、宗教或性提问，但其他文化中它们就可能是禁忌。除了这些文化因素外，翻译与语言等值问题也常构成挑战（详见随后关于词汇等值的讨论）。最好用双语人员，不过即使这样也可能做不到在不同的文化或语言中询问完全相同的问题。

跨文化研究中的访谈可能困难。访谈者的挑选与训练，取决于具体文化下的教育、规范以及礼仪。访谈过程会涉及许多问题，例如关于隐私的规范、赢得信任的方式、对保密的看法以及方言间的差异。在有些文化中，为了建立短短的访谈需要的融洽关系，你可能事先需要整整一天进行非正式互动。而在另外一些地方，访谈之前你必须获得官员、首领或当地长者的首肯。还有些地方，男性对女性进行访谈时，必须要有她的兄长、丈夫或父亲在场。

跨国或跨文化调查可能是一项挑战，但也可以有重大意义，可以获得以其他方式无法获得的信息。最重要的是你要从文化角度留意研究的每一步。你要评估是可以采用与在本土文化中相同的方式还是须做出调整。逐步骤的仔细评估本身就能使你更敏锐地意识到如何做出高质量的调查研究。

现有跨国定量资料 很多组织收集并发表许多国家多方面的资料。你可以在国家主要的档案馆中找到计算机可读格式的多种数据。这使你能很容易地对现有的国际统计数据进行二手分析。与单个国家的现有统计数据类似，现有的跨国数据也有局限，而且这些局

研究示例专栏 11.5：不同国家的失业率与入狱率

Dennis MacDonald/PhotoEdit Inc.

萨顿（Sutton，2004）对 15 个国家 1960 年至 1990 年间的数据进行了一项跨国定量研究。长期以来，研究者知道犯罪率的变化并不能预测入狱率的变化。因此，他们想知道究竟什么能预测入狱率的变化。约 70 年前，鲁舍和基希海默（Rusche & Kirchheimer，1939）提出的论点称失业率的增加会导致入狱率的升高。他们认为，监狱是政府对社会的控制机构。如果人口中有很多年轻男性失业，他们可能破坏社会规则而对社会秩序产生威胁。因此，在失业男性很多的情况下，政府将调整相关政策以使失业男性容易入狱。通过使失业男性中过多的部分人入狱，政府就能维持社会秩序。当经济高速发展、工作机会供过于求时，国家政策也会进行调整，而监狱也就开始变空了。为了验证鲁舍和基希海默的论点，萨顿收集了数据，来源有政府统计年报，世界卫生组织等国际组织，对工会组建模式和政党结构的研究等。他只发现了有限的证据能支持论点的原始形式。不过，萨顿发现失业率与入狱率之间的相关是虚假的（虚假相关这一概念在第二章中已有论述）。他发现，一个国家的政治—组织因素既会影响失业率，也会影响入狱率。在有些国家，与中产阶级上层及企业主相比，低收入劳动阶层在政治上处弱势，而大部分这类国家的失业率和入狱率均高。在另一些国家，低收入劳动阶层获得了政治权力，有较大的政治影响力，而这些国家的失业率和入狱率都较低。因此萨顿发现，低收入劳动阶层的政治权力才是解释失业率和入狱率的真正原因（见图 11.4）。

图 11.4 萨顿在失业率与牢犯人数关系上的发现

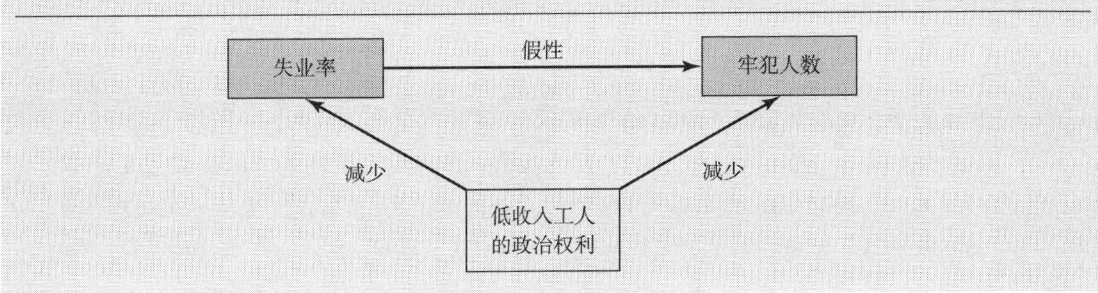

限比使用单个国家的现有数据的情况下影响更大。在不同国家间，变量的定义和数据收集的信度都可能存在着巨大的差异。也许你想研究多个国家的犯罪数据。然而，不同国家的犯罪界定标准和法制体系是不同的。某种在一个国家被认为是犯罪的行为在另一个国家却可能会被认为是可接受的、合法的行为。在某个国家只被视作违反礼仪的行为在另一个国家却会被认为是一项须严惩的重罪。而且，合法证据的标准和执法情况也因国而异。信息缺失是现有跨国统计数据中存在的一个常见问题。有些政府还会故意在官方数据中给出不真实的信息。另一条局限性源于那些收集数据的目标国家本身。例如，在

35 年中，一些新的国家建立了，另一些国家改变了国名或政体，还有些国家的边界改变了。

等值性问题

也许你听说过下面这种说法：不要拿苹果与橙子比，要将苹果与苹果比。这种说法并不实指水果，而是在说比较。你检查完全不同的事物的相同点没有意义；你比较的事物应该在某些方面等同。等值性是所有的社会研究都要考虑的一个关键问题。它就是你能否跨各种迥然不同的社会背景进行比较的问题。你很难比较存在巨大差异的各人群或各社会的家庭关系、犯罪率和商业模式，例如一个拥有 3 亿人口的城市化先进工业国家与一个仅有 1000 人口的以打猎和采摘为生的袖珍社会。因为，它们在科学技术、物质条件和社会环境上完全不同。单元之间必须具有一些基本共同点才能进行有效的比较。

所有的社会研究都要考虑等值性问题，而历史比较研究中这尤其重要。如果研究对象之间不存在基本的等值性，那么你就不能在不同的文化或历史时期上运用同一些概念或测量标准。你可能对另一个时代或另一种文化中的事件做出错误的解读，或者找不到对等的特征来比较。等值的形式有数种，各种之间也密切关联，不过可分成以下四种：

- 词汇
- 概念
- 背景
- 测量

词汇等值 **词汇等值**（lexicon equivalence）这种现象在比较两种不同的语言时最容易见到。例如，在许多语言中，人们在私人场合，或见到亲密的人（例如家庭成员或密友）或晚辈时（例如年龄比自己小或地位比自己低的人），会使用一套称呼和人称代词；而在公共场合，或遇到陌生人或地位比自己高的人，则使用另一套。现代英语已经没有这

要点回顾：历史比较研究中的资料 

到现在为止，我们已经讨论了 4 种形式的历史研究资料和和 4 种形式的比较研究资料。

历史研究资料的 4 种类型：

- 第一手资料
- 连续性记录
- 回忆录
- 第二手资料

比较研究资料的 4 种类型：

- 比较性实地研究资料；
- 现有质性资料；
- 跨国调查资料；
- 现有跨国定量资料；

种用法，不过曾有一些类似的用法（如意为“你”的“thee”和“thou”，意为“你的”的“thine”和“thy”）。在有些文化中，年龄是身份的一个重要方面，存在着很多基于身份的词语，而它们在英语中并不存在。在英语中，你不能只说“my brother（我的兄弟）”，而不指明你所说的是比自己大的兄弟还是比自己小的兄弟，因为在英语中“my older brother（比自己大的兄弟，即哥哥）”和“my younger brother（比自己小的兄弟，即弟弟）”是不同的词。词语的意思在不同历史时期也可能有所不同。例如，在现代英语中，“weed”一词的意思是不想要的植物或大麻。但是在莎士比亚时期，则用它的复数形式指衣服。语言学家要研究某种语言（或同种语言的古早形式）中的某个说法是否在另一种语言中也有完全相同的意思。

如果你的研究会涉及很早以前，或涉及不同的语言或方言，词汇等值就可能是要考虑的一个问题。千万不要想当然地认为某个词或某种说法在另外一种不同的文化或历史情境中也有相同的，或简单并类似的含义。在以下 4 种历史比较研究中就要考虑词汇等值性问题：

- 当你看的记录是写于很早之前或是用其他语言写成的时候；
- 当你的问卷调查对象或访谈对象用另一种语言表达或思考时；
- 当你向本土文化中的人描述你研究的其他文化或历史时期中的事件、活动或社会关系时；
- 当你对各不同文化或历史时期的资料或状况进行分析或构建理论时。

概念等值 每天你都会用到许多概念，例如友谊、忠诚、信任、家庭、父母、雇员、自尊等，来讨论和审视社会生活。在一项研究中，你使用来源于研究文献、个人经历或背景知识中的概念来分析和讨论资料，或建立或检验理论。你使用的概念总是来自于特定的文化或时代的。人们讨论的文献中的概念在特定文化或特定历史时代中具有生命力，但他们尝试把概念用于其他文化或时代。概念等值性的问题就是在某个特定文化或历史时期中所形成与使用的概念，在另一完全不同的时期或地点是否也适用。我们要探明，如一个概念（例如兄弟姐妹之间的冲突、客户服务、血统荣誉）最适合用来理解与组织来自某个文化或历史时期的资料，而在另一个完全不同的文化或历史时代中可能不大适用或不易理解，那么它是否也能用于后者。概念等值性问题就是使用普适性（跨时代、跨文化）概念抑或文化与历史特异性概念这一问题范畴中的一个方面。例如，你想探讨“收入”。在钱币出现前的以物易物社会，多数人自己生产食物，制作家具和衣服，以物易物，很少使用钱币，收入在其中的意义就与当今先进社会中的完全不同。同一概念“收入”对这两种情境并不都适用。同样，如果你研究的对象认为神灵之力会引发疾病或健康问题，你把使用细菌、微生物、DNA 这类概念的社会与他们比较时，就可能找不着合适的概念用来容易、完整地捕捉“神灵之力”这个概念。再举例，“上大学”这个概念在当今也与在某一历史情境中的意义不同，那种情境下只有 1% 最富有的人才会有机会上大学，

许多大学的学生还不到300人，而且都是私立的男子学校，大学课程是学习古典语言和进行道德修养。“上大学”这一事件或概念的意思与当今完全不同。

曾经，我们很自然地认为其他文化或历史时代的信念、观点是低级的或属于“迷信”，而将属自己的文化或时代者视作“真实存在”的或“正确”的。现在，我们会尽量避免这种民族中心主义或当代主义。这是一种进步，但并没有提供使研究简单和容易的解决方法。

文化人类学家和历史学家会创建一些新的概念来捕捉他们研究的其他文化或历史时期中的内容。为了比较并讨论异同，就要对某概念是否适合该情境保持敏感。你一定要思考一条概念是否对两种情境均适用。如否，就可能不得不在比较的两端中使用不同的概念。

情境等值 我们的交谈、动作、事件和活动总是发生在具体的社会情境中。同种行为，例如唱歌、讲笑话，就某种社会情境来说是可接受的，但在另一种中则不是。情境是使行为具有意义的一种因素。大声唱歌在一个气氛活跃的聚会上是可以被接受的，但在一个医生在给病人做手术的时候就不行了。情境对某种行为、事件或活动的影响在不同的文化或历史时期之间可能不同。也许，在某种文化或某个历史时期中，做手术的时候唱歌不仅是能被接受而且是被期许的行为。因此，你不仅要评价别人做了什么或说了什么，还要看这些言行有多符合环境要求，并且情境的影响可能依文化或历史时期而不同。**情境等值**（contextual equivalence）意味着，你应当认识到一种特定情境会怎样改变一种行为或事件的意义。特定情境又处于一种文化或历史时期的大范畴中。例如，在你研究的文化中，所有人办事的时候都必须给政府人员一小笔钱，例如在正式文件上盖章或批准驾照。而在你的本土文化中，这种行为就可能是贿赂，是一种明显不合适或违法的行为。也许在某种文化中，为了使自己的驾照申请获得通过，你必须向手持你的申请表的职员偷偷塞5美元；如果不给，这个职员就会把你的申请表与一大堆文件丢在一起，可能等到下一年才处理。在当地情境中，这种支付被视作一种小额服务费而被接受。当地情境又受文化大环境影响。在这种文化大环境中，一些政府职员收入极不足，而他们工作时依照的规定繁琐得难以执行，则收少量金钱的惯例是为了帮助他们摆脱困境。在另一不同情境中，为了获得政府服务（例如在当地的机场给护照盖章）而付费就可能不可接受。在一种地方情境下，政府职员想表现得“现代时尚”，想要给外国游客一个好印象，从而采用了一套规则；但是在为本地人服务时，他们采用的则是另一套规则。为了理解所发生的这一切，你就要对当地情境以及文化大环境敏感。这种服务事件与另外一种认为给政府职员钱的行为是不可接受的贿赂的文化中发生的同样事件，你认为二者有什么不同？在研究中，你要寻找差异可能只能基于情境。关键点是不要想当然地认为同一种行为在不同的情境中有着相同的意义。

测量等值 你可能能为自己的研究识别出某个概念、某起事件或活动，能根据情境以

及更广泛的文化或历史情境修正它们的含义。不过还留下一个问题：在你把它与另一种文化或历史情境比较的时候，你的测量方式是一致的吗？**测量等值**（measurement equivalence）的概念让你认识到在不同的文化或时代情境中，不可能始终采用完全相同的测量方法，例如问卷调查或出生证明之类的官方记录。例如，你正在研究两种文化。其中一种文化中的当地警方保留有所有家庭的详尽记录，包括居住单位中的每个个体，他们之间的亲属或其他关系,及每个人的工作地或就学地。你想把它与另一种文化相比，后者中的警方资料仅记录了法定房主的姓名，没有记录其他人住址，也没有关于居民的其他信息。你不能在两国中对家庭规模采用完全相同的测量方式——查阅警方正式记录。在第二种文化下，你只能通过调查询问家庭规模。在第一种文化下，你则使用警方正式记录。问题在于你所使用的这两种方法又分别在另外一种文化下使用的话，例如在那个警方保留有正式记录的国家进行调查，是否能够得到相同的结果。也许你根据文化或历史情境而修正了你用来测量概念、事件或行为的方法，使得方法与另一文化或时代下的不同。测量方法对你在每种情境中得到的结论产生了影响吗？或说，你能把获得的信息视作相同性质吗？对于这一问题，并没有简单的解决方案。可能你在不同的情境下只能采用不同的测量方法，之后跨情境比较结果，并且你无法确定测量方法的不同是否对研究结果产生了影响。

做一个有道德的历史比较研究者

历史比较研究中要考虑的道德问题与无反应性研究方法中的类似，在用第二手资料或现有跨国定量资料时尤其如此。第一手历史资料还会引起一些特殊的道德问题。一个遵守研究道德的研究者要仔细地说明是在何处、通过什么方式获得了这些第一手资料，明确说明选用及排除的标准，对原始材料进行外部考证和内部考证。有时候，保护隐私会影响资料的收集。如果一个人有过丑闻，其后代或门生可能希望隐藏或销毁有关的私人资料或证据。众所周知，政治人物（例如历届美国总统）曾试图销毁或隐藏那些难堪的官方记录。

比较研究者都希望自己敏感地发现跨文化交流中的问题。符合道德的行为意味着对道德价值和信念的尊重。你应该了解在某种文化中，哪些行为可以被接受，哪些被视作无礼，对所在国文化中的传统、习俗以及隐私的意义表现出尊重。某些在本土文化中可接受的行为，可能在另外一种文化中不可接受，反之亦然。要特别注意并且反复检查你关于合适行为的假设。也许在你的本土文化中，当宗教建筑里没有举办仪式时，你就可以进入并拍照。而在另一种文化中，拍摄宗教建筑，即使是从大街上拍，也是不被接受的，会被认为是一种冒犯。如果是这种情况，那么在后一种文化中拍这种照片是否是不道德？也许在你研究的文化中，父亲会在男性研究者完成访谈后邀请他与自己的青少年女儿发生性关系，作为对访客的友谊之礼。在你的祖国，这种行为是极其不道德，甚至可能是违法的。在这两种文化中，这种行为是否均是不道德的呢？

如果你前往别的文化中开展研究，那么记得要和东道国政府建立良好的关系；如没有给予他们回赠（例如研究结果），不要将资料带出这个国家。有时候，研究者本国的军事或政治利益，或者研究者的个人价值观可能与东道国的官方政策冲突。这会使事情变得复杂。异国文化中的人可能不信任你，会怀疑你是一个间谍，或你本土文化的政府会逼迫你收集秘密资料。在以前，这些问题给社会研究者带来了严重的困难。

有时候，研究者的在场或研究发现引起了政府之间的外交问题。例如，研究者考察另一文化中的卫生保健措施，然后声称该国当前的官方政策忽视了某种严重疾病，没有提供治疗。这可能引发强烈的争议。同样，研究者也可能同情反政府人士的动机。有时即使只是和这些人说话或一起做事就可能使研究者入狱或被逐出境。任何人在进行比较研究的时候，都需要意识到这些问题和自己行为的可能后果。

本章回顾

在本章，你了解了历史和比较研究。历史比较研究方法特别适合关于宏观层面变迁的“大问题”，或者跨越不同历史时代或不同文化运作的社会过程。历史比较研究包含一种与众不同的研究取向，不局限于应用特定的研究方法。开展历史比较研究的方法有很多，不过高度质性的历史比较研究与实地研究有多方面共同之处。历史比较研究有一些专门技术，例如对原始文献的外部考证。但最关键的要素仍然是你如何提出研究问题，挖掘资料，并逐步做出解释。

历史比较研究通常比其他类型的研究更难进行。其他研究也存在同样的复杂或困难情况，但不如前者严重。例如，所有的社会研究都在某程度上带有等值性问题，但是在历史比较研究中，这个问题不能作为次要的来考虑，而属于用什么方式进行研究和为研究问题寻找答案的焦点问题。

在下一章即最后一章中，我们将再次讨论你在本书开头所遇到的一些问题：你完成了一项研究，要将各个部分整合为一篇研究报告时，要做什么。

学以致用

实践活动 1

找一名年长的家人或邻居，最好比你大 40 到 50 岁。然后问他/她能否和你进行两次各 90 分钟的访谈。两次访谈采用开放式，安排在不同日期，并且录音。请他/她和你谈谈他/她的生活经历，从年仅六岁时谈起。你只提一些引导性问题，此外全由他/她讲述，如果可能则遵循时间顺序。高度留意生活中的重大事件，例如结婚、死亡、换工作、搬到新城市等。请他/她说明一下当时对这些事件有什么感受，对生活中经历的一些重大历史事件有什么看法，例如战争、重大政治事件等。允许受访者反复回述某个故事或谈论某起事件，如果有不明白的地方可以请他/她澄清。访谈结束后，把这两、三个小时的访谈录音誊写成文字。现在，你就有了这个人的生活记录，可以应受访者要求给他/她看。

实践活动 2

阅读 100 多年前的报纸文章可以是一件很有趣、

让人着迷的事情。你可能必须咨询当地的参考咨询馆员，问问他们从你的具体所在地，你怎样才能最快找到这些资料。一旦你找到了这些报纸报道，就先确定一个研究主题，再缩小目标范围（就如我在“活学活用：将旧报纸中的报道作为资料来源”中对移民的主题做的那样）。阅读 5 年的时间窗内关于这一话题的所有报道，之后把自己学到的写成一篇文章。

实践活动 3

选一个你了解甚少的国家，人口在 500 万到 5 000 万之间。首先，你查阅与该国历史、冲突、内部的社会分化、经济、家庭传统、文化、政体、宗教信仰、节日等有关的资料，以掌握一定背景知识。美国中央情报局世界概况（CIA World Factbook）是一个可查的网上信息源。在对这个国家有了基本了解之后，你挑选一种特征（如婚姻习俗、学校体系），将之与你的本土文化进行对比，至少列出 10 条相同点和/或不同点。你列对照表用的信息源至少要 5 种。如果你前往该国对该特征进行研究，你想观察和了解什么呢？

实践活动 4

以下两个免费网上信息源提供美国历史的第一手资料：（1）美国记忆网（American Memory），http://memory.loc.gov/ammem/index.html（国会图书馆），有大量的照片、地图、手稿和乐谱；（2）历次人口普查浏览（Historical Census Browser），网址为 http://mapserver.lib.viginia.edu/histcensus/（弗吉尼亚大学图书馆），里面涵括了美国人口与住房普查（U.S. Census of Population and Housing）各卷的数据，并且对 1790 年至 1960 年的资料以 10 年为单元给出了统计量。打开美国记忆网址，选择“文化/民俗生活”（Culture/folklife），再点击“奴隶的叙事（1932—1975 年间的访谈录音”，即 Slave Narrratives（audio interview 1932-1975）或“奴隶的叙事（1932—1938 年间的联邦作家项目）”，即 Slave Narrratives（federal writers’ project 1936-1938）。听或读这些曾经的奴隶在访谈中都说了些什么，然后选择其中的五个人进行跟进。打开历次人口普查浏览网址，查询这五个人所在的州和郡 1850 年的奴隶人数（先点 1850 年，然后向下滚动至奴隶人数）。选择州，在州和领地列表的底部，选择“返回郡水平的数据”（Retrieve County Level Data）。尽可能多找该郡在 1850 年时的资料，然后写一篇短文，阐述这 5 个人儿童时期的生活状况。

实践活动 5

上网查找多个国家的现有统计数据。有大量信息的免费在线来源包括国情大师网（http://www.nationmaster.com/index.php）和世界银行网（http://web.worldbank.org/WBSITE/EXTERNAL/DATASTATISTICS/0,,contentMDK：20535285~menuPK:1192694~pagePK：64133150~piPK：64133175~the-SitePK：239419,00.html），另两个在线信息源是美国统计摘要网（Statistical Abstract of the United States）和美国中央情报局世界概况网（CIA Factbook）。利用这些资源，挑选15个国家以及在这些国家上均有数据的15个变量（如婴儿死亡率、人均国内生产总值、出生率等）。然后制作一个16×16的表格，在最左列列出15个国家，在顶部一行列出字母A至O，并且在表格底部标明这些字母所代替的变量。你从这张表格中发现了什么模式呢？

网址

世界银行

http://web.worldbank.org/WBSITE/EXTERNAL/DATASTATISTICS/0,,contentMDK：20535285~menuPK：1192694~pagePK：64133150~piPK：64133175~the-SitePK：239419,00.html

国情大师

http://www.nationmaster.com/index.php

美国中央情报局世界概况

https://www.cia.gov/library/publications/the-world-factbook/

美国统计摘要

http://www.census.gov/compendia/statab/past_years.html

参考文献

Banaszak, Lee Ann. 1998. "Use the Initiative Process by Women Suffrage Movements." Pp. 99-114 in *Social Movements and American Political Institutions*, (Ed.) A. Costain and A. McFarland. Lanham MD: Rowman and Littlefield.

Blee, Kathleen. 1991. *Women of the Klan*. Berkeley: University of California Press.

Ferree, Myra Marx, William Gamson, Jurgen Gerhards, and Dieter Rucht. 2002. *Shaping Abortion Discourse*. New York: Cambridge University Press.

Kriesi, Hanspeter and Dominique Wisler. 1999. "The Impact of Social Movements on Political Institutions" Pp. 42-65 in *How Social Movements Matter*, (Ed.) M. Giugni, D. McAdam, and C. Tilly. Minneapolis MN: University of Minnesota Press.

Marx, Anthony W. 1998. *Making Race and Nation*. New York: Cambridge University Press.

McKeown, Adam. 2001. *Chinese Migrant Networks and Cultural Change*. Chicago: University of Chicago Press.

McRoberts, Kenneth. 2001. "Canada and the Multinational State." *Canadian Journal of Political Science / Revue Canadienne de Science Politique* 34: 683-713.

Rusche, Georg and Otto Kirchheimer. 1939. *Punishment and Social Structure*. New York: Russell and Russell.

Sutton, John. 2004. "The Political Economy of Imprisonment in Affluent Western Democracies, 1960-1990." *American Sociological Review*. 69: 170-189.

12

撰写研究报告

在在研究过程中，收集与分析数据之后还有一个关键步骤，必须向别人传达你发现了什么。不管你的研究领域是化学、犯罪学、教育学、工程学、市场营销学、护理学、心理学、公共政策，还是其他领域，都要向别人说明你是怎样做的，有什么结果。你可以采用口头方式来展示，但应另有书面版本。与对所有书面通信相同，你希望尽力提高可读性。可读性表示文字有多易读，以及能给特定的读者群留下多深的印象。读者阅读并理解文章信息的能力取决于他们的知识与阅读技巧。这些因素千差万别，例如医生和青少年的阅读能力就截然不同。无论你的读者是哪些人，你都要使文章不仅高度准确而且易理解。为此，要做到措辞精确，架构清晰，按逻辑编排观点。

在前面各章中，大家学习了如何设计研究，收集、分析数据，但直到向他人展示你的研究结果后，研究才完成。向别人说明你开展研究的方式及研究结果，是研究阶段中的一个关键步骤。这一步通常采用书面报告形式。本章你将学到如何撰写一份研究报告。

Stephan Hoeck/Stock 4B/Getty Images

研究示例专栏 11.5：文章风格取决于作者

哈特利、彭尼贝克和福克斯（Hartley, Pennebaker, Fox, 2003）考察了研究报告的易读性。他们发现过去的研究指出男性和女性的写作方式不同，单独撰写与多人合作撰写的文章也不同。为了判定研究报告是否也有这种情况，他们分析了《教育心理学杂志》（*Journal of Educational Psychology*）1997年至2001年的研究报告。他们发现由男性作者或女性作者独自撰写的文章各有21篇，两名男性作者或两名女性作者的文章各有19篇。他们考察了每篇文章的摘要，以及引言和讨论的大部分内容，并且运用两种可以判定写作风格的电脑程序来考察文章的易读性。结果他们未发现男女作者的文章易读性存在差异，也未发现单独撰写与多人合作撰写的文章有差异。不过，他们确实发现文章中两个引用他人研究的部分存在差异：引言部分比讨论部分更难理解。此外，引言部分比讨论部分更多地具体引用其他作者的原文。

为什么要写研究报告

在完成一项研究或一个大项目的某个重大阶段后，你都须要通过研究报告来展示你的发现。阅读大量文献或学习科学性和技术性写作的课程可以让你在如何撰写研究报告上学到很多。**研究报告**（research report）的结构很特别，与新闻、个人自传和创造性小说的写法都不一样。研究报告采用一种直接并且严谨的方式来展示其研究方法和结果。它比一篇小结包含更多，是对整个研究过程的全面、完整而详细的记录。

不要等所有研究活动都完成了，才开始考虑怎样写研究报告。相反，在研究过程的早期你就须要提前考虑。要写研究报告也是我们在研究时仔细进行记录的理由之一。除了展示成果，研究报告还须说明启动研究的原因，描述研究过程，展示证据并讨论这些证据与研究问题有何关联。报告的参考文献部分列出你在报告中引用的文献。这些参考文献为你的研究问题提供了背景，并且说明了你的研究怎样与以往研究整合。

研究报告的用途是告诉人们你做了什么，是怎么做的，得到了什么结果。人们撰写研究报告的原因有很多：完成课程、学位或工作任务；对资助研究的组织履行一项责任；就某一问题的某些具体方面来说服一个专业团队；或向公众展示研究发现。告知大众你找到了什么只是传播研究结果的第二阶段。第一阶段是和熟知本研究主题和研究过程的人进行交流。他们能对我们报告的研究进行认真评估，他们也最容易理解我们在研究中做了什么，以及为什么而做。

请假设将要读报告的读者是具备科学素养的人。赫德（Hurd, 1998）认为，一个具备科学素养的人能够：

- 清楚辨别专业人士与一无所知者、理论与教条、数据与臆断、实证证据与虚假宣传、事实与虚构、知识与看法；
- 认识到研究本身就是一个积累、试验与怀疑的过程，认识到科学探索和因果解释的局限性，知道要支持或拒绝一条观点须要收集足够的证据，也知道社会对研究的影响；

- 对收集到的数据进行分析和处理，知道很多问题被认可的答案不止一个，知道很多问题是包含政治、司法、伦理及道德维度的交叉学科问题。

研究报告的撰写过程

有许多高品质著作介绍如何撰写一篇研究报告。我最喜欢的一本是霍华德 •S• 贝克尔（Howard S. Becker）撰写的《社会科学学术写作规范与技巧：如何撰写论文和著作》（*Writing for Social Scientists: How to Start and Finish Your Thesis, Book, or Article*, University of Chicago Press，2007）。与其他许多书侧重写作如何逐步操作不同，这本书在提供了很多写作技巧和窍门同时，还介绍了写作、社会关系以及做研究的基本原理。在本部分，我们将讨论研究报告撰写方面的一些共识。

活学活用：为读者量身定做报告

- 写给导师。导师布置研究报告的目的各不同，对我们准备报告的要求也不同。一般来说，导师希望看到报告有好文笔，结构反映出清晰、富有逻辑的思路，能够展示你对根本性和方法性概念的扎实掌握。他们希望你只在合适时才直接使用专业术语，不要过多或错误使用。导师通常看重的是研究报告如何展示你的思路、研究步骤的具体细节以及正确的写作格式，而较少关注你的研究结果。
- 写给其他学生。你须要定义所有的专业术语，并为各个部分清楚地标上标题。讨论部分须要逻辑清楚，逐步推进。在报告中，你要给出大量的具体范例。在阐述怎样及为何进行研究项目的各个步骤时，语言不要过于正式。撰写的策略之一是先提出研究问题，然后以回答问题的方式来组织其余内容。
- 写给顶级专业人士和学者。你不必定义专业术语或解释使用标准研究程序（例如随机抽样）的原因。专业人士感兴趣的是你的研究是如何与理论或与文献中的已有研究联系在一起的。对研究过程，他们希望你的描述简练但具体。他们特别关注你如何测量变量和收集数据。他们希望数据分析部分语言精练、结构紧密但内容全面，对结果的讨论精准、注重细节。
- 写给从业者、管理者和政策制定者。先简短总结你的研究是如何进行的，再使用一些简单、易看、易懂的图表来展示主要研究结果。从业者希望看到研究结果提示的其他可选行动方式，及每种方式的应用效果。他们关心的是你的主要发现，不过你可能须提醒他们不要仅从一项研究的结果就作出过度概括。在给从业者的报告中，你可以将研究设计的细节和研究结果的详实版本安排在附录部分。
- 写给普通公众。你须要使用简单的语言，提供实际的例子，重点说明研究发现对具体议题或难题产生的实用性启示。你不必详述研究设计和研究结果。须要注意的是你在向公众写报告时不能提出没有证据支持的论点，否则公众容易误读研究结果。向公众提供信息是一项重要工作，这有助于非专业人士对公众议题进行更好的判断。

了解你的读者

职业作家告诉我们，永远要记住你是在为谁而写，因为根据具体受众修正交流方式可使交流最有效。你的研究报告的写法应根据主要读者而不同——导师、学生、专业的社会科学家、从业人员或普通公众。对任何读者，文字都应清晰、准确、有条理。为此，须刻苦写作并专门练习。

选择合适的风格和语气

写作研究报告，风格种类不多，但须有独特语气。任何风格和语气的主要目的都是清楚展示你的研究方法和结果。

风格指词类、句子长度、句式以及段落结构的模式。在报告中，切忌采用诗歌式的或堆砌华丽形容词与空话的花哨风格，或政府公文中常见的浮夸、过于正式、信息庞杂的风格[1]。这些公文大多使用被动语气，充满冗长复杂的句子和不必要的专业行话（具体参见本章后面活学活用：文章修改建议）。研究报告采用正式而简明的风格（用少量文字表述大量内容）。

语气是作者对主题事物表达的看法和态度。例如，一种非正式的聊天式风格（例如口语词汇、方言、古旧用语或不完整语句）结合个人化的语气（如，这些是我个人的感受），适合写给好朋友的信或电子邮件。你可以使用诙谐或戏谑的语气来表达幽默，但这不宜用在研究报告中。研究报告中的语气应该表示我们和研究主题之间保持着一定的距离。这种语气是专业、严肃的，一定程度上排除个人感情。实地研究人员有时使用非正式风格和更个人化的语气，但这是特例。此外，研究报告中还切忌说教及对某一具体观点“布道”。你的目的是传递信息，而非倡导某种观点或娱乐大众。你须通过展示系统的实证证据和使用被认可的研究方法来说服读者。

研究报告内容要求准确明了。你必须反复核对细节（例如引用的参考文献所在的页码），全面详述开展文中研究计划的方法。读者如果在你的研究报告中发现了大意之处，他们便可能质疑研究本身。研究的细节可能复杂，可能导致困惑。有鉴于此，清晰的思考和平实的写作便是关键。为了做到这两点，你须要反复思考你的研究问题以及研究设计，明确界定主要术语，使用简短的陈述句，并且只展示有充分实证证据支持的结论。

组织思路

写作是一项严肃、费时的工作。它不会奇迹般地闪现，也不会只要你把笔尖放在纸

1 图 12.3 中的招标意向书以典型的政府公文风格写成——译者注。

上（或把手指放在键盘上）就自动奔涌而出。把写作当成一个过程看待。你要完成它包含的一系列步骤和活动才能得到最终作品。研究报告的写作与其他写作类型并无重大区别。研究报告可能有不同的写作步骤和更高的复杂度，但是一个好作者写一封长信、一首诗、一套说明书或一篇短故事时的做法同样适用于研究报告的撰写。

回到图书馆

很少有研究者会在研究完成之前就完全停止进行文献综述。你固然应该在开展研究之前就熟悉相关文献，但也要准备在完成数据收集和分析之后继续查阅文献。这样做的原因有以下三条：

- 在研究开始至完成这段时间内，可能有新的研究成果被发表。

活学活用：写作的准备工作

1. *有要写的东西*。在研究报告中，这些“东西”包括研究主题，研究问题，研究设计和测量标准，数据收集方法，结果及意义。
2. *做好组织*。当你要写的部分很多时，组织就是关键了。组织写作结构的最基本方法是写大纲。大纲可以帮助你确保所有的要点都包含在文中，并且它们之间关系清晰。构成大纲的可以是主题（单词或短语）或句子。大多数人都熟悉大纲的基本格式（参见聪明贴士：大纲和图 12.1）
3. *避免拖延和写作瓶颈*。有些人一坐下来写文章，就会受困于一种奇怪的小病：大脑一片空白、手指僵硬，或开始恐慌。当拖延成为写作的阻碍时，**写作瓶颈**(writer's block)也就随之出现。在多次延迟后，你无法将写作进程推进，你陷在原处，没有写作灵感或动力。不少人会一拖再拖，到最后快没时间时才逼迫自己在巨大的压力或恐慌之中开始动笔。这对于专业写作来说不是一种成功的策略。截止日期带来的压力可能会成为你的写作动力，但是匆忙中的快速写作方式只适用于写作前准备活动（稍后讨论），而并不适用于完成稿。从初学者到写作专家都可能遇到写作瓶颈。如果你遇到这种情况，就先冷静下来再努力克服它。克服写作瓶颈的技巧有很多，例如散步、揉背、整理文件或削铅笔。一种常用的方法是挑出任务中较容易的部分，然后先完成它们。为自己完成这些部分制订一个合理的计划表。每完成一部分，就给自己一点小奖励（例如吃特制甜品）。避免写作瓶颈的最佳方式就是不断写，至少写一点。每天专门安排时间来写作。如果你一直都在写东西，即使最后没用上，遇到写作瓶颈的几率也会小很多。

Somos Images/Corbis Royalty Free

4. *写作前准备活动*。写作是一个持久过程，不是一次完成的事件。有时写作有助于提升动力。写作的第一步就是写作前准备——制定一个自我指定的截止日期和一张计划表，整理笔记，准备观点列表，草拟粗略的大纲，确保参考文献信息完整，检查数据分析工作。当然，有一种风险是你被这些准备活动分心，转而专注于它们。写作过程中关键的是自我约束。

- 在完成整项研究后，你会更好地了解什么是该研究的核心要素以及什么不是，在重新阅读相关文献时也可能会提出新的问题。
- 在撰写研究报告时，你可能会发现你的笔记不够完整，或者遗漏了引用的参考文献中的某条细节。虽然数据收集完毕后再去图书馆查阅相关文献比研究开始之前的文献查阅缩小了范围，更有选择性或重点更突出，但补充遗漏的细节仍是必要的。

你撰写研究报告时，很可能放弃某些之前所做的笔记或收集的文献，但这并不表示你之前的文献搜索和综述纯粹浪费了时间和精力。研究者估计随着研究工作更加集中在重点上，之前的笔记会有一部分（例如 25% 到 30%）变得无用。在研究报告中不要写入与研究不再有关的笔记或文献，因为它们会干扰读者顺畅地阅读一系列观点，降低研究报告的清晰度。

回图书馆不仅是为了核实并补全参考文献，还可以帮助你避免剽窃（见第 3 章）。

聪明贴士：列大纲

大纲可以帮助写作者，但如果使用不当，也会成为阻碍。大纲是帮助你组织观点的工具。凭借大纲，你可以做三件事：

1. 安排各个观点的先后顺序（例如，先说哪个，其次说哪个，第三说哪个）；
2. 将有关联的观点排在一起（例如，某些观点彼此相似、但不同于其他观点）；
3. 将更有概括性的或说层级较高的观点和较具体的观点区分开来，同时将较具体的观点与十分具体的细节区分开来。

有些学生感到必须有一份完整的大纲才能动笔，并且一旦制订了大纲，写作就无法偏离它。很少有专业作者开始时就有一份完整详细的大纲并且死死依照大纲来写。最初的大纲可以很粗略，因为只有在写完所有要写的东西后，你才可以排好所有观点的顺序，对观点分组以及区分概括性的和具体的观点。对大多数写作者来说，新观点会在写作过程本身之中出现或变得更清晰。

初始大纲与最后的大纲的区别可能不仅在于完整程度。写作过程不仅展示和澄清观点，也激发新的观点，让作者发现观点之间的新联系以及概括性观点和具体观点两部分之间的新关系，或调整各部分的顺序。此外，写作过程还可能促使你重新分析或检查研究发现或参考文献。这并不意味着你必须从头重做一遍，而是指你要在写作过程中对新见解保持一种开放的心态，以及坦诚地报告你如何完成该项研究。

图 12.1　大纲格式

I. 第一个主题	最重要
A. I 的分主题	第二重要
1. A 的分主题	第三重要
a. 1 的分主题	第四重要
b. 1 的分主题	/
(1) b 的分主题	第五重要
(2) b 的分主题	/
(a) (2) 的分主题	第六重要
(b) (2) 的分主题	/
i. (b) 的分主题	第七重要
ii. (b) 的分主题	/
2. A 的分主题	第三重要
B. I 的分主题	第二重要
II. 第二个主题	最重要

剽窃是一种严重的欺骗行为。你应该认真做笔记，确定语句和观点的确切来源，避免出现无意剽窃。无论直接引用还是间接复述他人的观点，都应列出文献来源。对于直接引用，每次都应以页码说明引语的具体出处。任何时候，引用别人的话而不注明其贡献都是一种明显错误的行为。**复述**（paraphrasing）是指用自己的语言重新阐述他人的观点，而非用原文。研究者频繁复述别人的观点同时注明来源。为了复述，你要对复述的内容有扎实的了解。复述要做的比用同义词替换原文更多；你应该将原文提炼为核心观点，同时注明出处。

写作前准备活动

很多人觉得开始做事有困难。写作初学者往往会跳到写作的第二个步骤,从它开始。这样多导致写出低质量文章。**写作前准备**（prewriting）指你要凭一个文件夹开始写作，里面装满笔记、大纲及列表。你利用思考时间考虑报告的格式和读者的类型。作者通常在写作过程的主体开始前短时间内多次思考。

很多作者都以**自由写作**（freewriting）的方式开始写作。自由写作把脑中源源不断的观点与提笔写作结合为一体。在你进行自由写作时，不要停下来读已写的东西，也不必思考最合适的词，不必为语法、拼写或标点操心，只要尽可能快地在稿纸（或屏幕）上写出你的观点，让创造的泉水或说观点不断喷涌。校对写下的内容可以以后再做。

写作与思考是交织在一起的，不可能看出其中一项什么时候结束，另一项什么时候开始。如果你打算呆坐着盯着墙壁、计算机输出结果、天空或其他任何东西，直到有了完整、清晰的思想后才动笔，那么你很可能写不出任何东西。写作本身就能够点亮思考过程，后者反过来推动写作进一步深入。

修改报告

也许一百万个作者中只有一个有创造力的天才能够在第一稿中就令人惊叹地将问题说得准确、明了。对绝大多数的人而言，只要写作，修改、再修改就必不可少。一个报道的例子是，欧内斯特•海明威将《永别了，武器》（*A Farewell to Arms*）的结尾修改了 39 次。专业研究人员对一篇研究报告的修改也可能多达十几次。如果修改听起来让你生畏，不必泄气。实际上，修改可以缓解你的压力，因为这意味着你只管开始写作，就写出粗略的初稿便可，事后再润色。计划好至少修改三到四次。草稿应是一篇从始至终的完整的报告，而不是几条粗略笔记或一份大纲。

修改可以使你的报告变得更清晰、流畅、准确和简洁。修改时，主要关注表达的清晰。不要用不必要的华丽词藻和复杂语言。你须要慢慢查找文章中不恰当的表述。为此，有些人还会大声读出来。请他人读你写的文章任何时候都是明智的。专业作者会让他人

活学活用：文章修改建议

1. 技术性细节。每次修改时，你都须要检查语法、拼写、标点符号、主谓一致、动词时态，以及句子中动词与主语间隔的长度是否合理。你必须牢记，每次在原文中添加信息后，新的错误都可能悄然进入。很多错误容易分散读者的注意力，而且会削弱读者对你表达的观点的信赖。
2. 用法。重新检查术语运用是否正确，特别是关键术语。在修改过程中，须要检查使用的词语是否能够最好地表达你的本意。若非必要，不要用专业术语或长词。使用最能清晰表达意义的平实词语即可。你可以找一本同义词词典来用。同义词词典与词典一样，是一种关键的参考工具。它列出了意义相近的词语，方便你从中挑选出能准确传递你想表达的意思的词语。精确的思考和表达需要用精确的语言体现。如果你想表达的是“平均值”（mean），就不要使用“趋中数值”（average）；如果你想说的是“人”（people）或“警察”（police officers），用词就不能暗示“男人”（mankind）或“男警官”（policeman）（也就是写作中尽量保持性别中立），具体可参见皮特(Pitt, 1994)的“性别中立语言实用指南”，或登录网址 http://www.jeanweber.com/newsite/?page_id=55 看关于性别中立写作的建议。不要将“principle”误写为“principal”、将“their”误写为“there”，也不要把“then”误写为“than”。另外，避免使用不必要的不确定性词语，例如“好像”或“貌似”。
3. 语态。有些研究者在研究报告中，在应该使用主动语态的时候误用了被动语态。被动语态看似更庄重，但不能明确说明执行者即动作的主语。比较以下两个例子。被动语态：“在校成绩与更明确的职业规划之间的关系得到了这些数据的证实。”主动语态：“这些数据证实了在校成绩与明确职业规划之间的关系。”被动语态：“受访者对人工流产的态度由一名访谈员记录。”主动语态：“一名访谈员记录了受访者对人工流产的态度。”
4. 连贯性。确保观点排序在逻辑上的紧密性。观点之间要加入过渡。试着把全文分成每次一段来读。每段都表达了一个统一的观点吗？本段有主题句吗？各主题及各段之间加入了过渡吗？
5. 重复。删除重复的论点和冗余单词，以及不必要的短语。陈述论点要一次到位，而不要模糊不清地重复。在修改过程中，删除无用的词（即对文意无任何贡献的词语）、繁琐的表达（一个准确的词语就可以，却用了多个词语来表达）。一语中的比繁冗的用语可取。请看下面这个例子。冗长的表达：“综上所述，根据数据显示，我们的结论是 x 对于 y 的发生有着强度可观的正效应，尽管事实上 y 只在很少情况下发生。”简洁的表达：“总之，x 在 y 上有强的正效应，但该效应不常发生。”
6. 文章结构。确保研究报告的结构明了易懂。必要时，调整各个部分的顺序以适合文章结构。明智的做法是使用标题和副标题。你应让读者十分容易地把握报告的逻辑结构。
7. 抽象观点。一份好的研究报告结合抽象的观点和具体实例。如果文章仅有一长串抽象论点而缺乏具体细节，将很难读懂。同样，如果文章只有一大堆具体细节，而缺乏总结性的句子来概括要点，也将失去读者。
8. 比喻。很多作者用比喻来表达他们的观点。他们会使用诸如“前沿”、“底线”和“直击人心”等词语。如果你适量、谨慎地使用比喻，它可以是一种有效的表达方式。在文中前后一致地使用一些精心挑选的新颖比喻可以快速、有效地传达观点；但过多地使用，特别是泛滥的比喻（例如“底线”），则是一种缺乏想象力而又草率的表达方式。

阅读并评判自己的作品。写作新手很快就会发现友好的、富有建设性的意见很有价值。把文章给他人看一开始可能勉为其难。这意味着把自己的思想写出来表露给别人，引发批评意见。然而，这些批评是为了使文章更加清晰。忠言逆耳利于行。

修改包括两个过程：修订和校订。**修订**（revising）指添加新观点和论据，删除或调整观点，对句子顺序进行调整以使表达更清晰，或加强观点之间的过渡与联系。**校订**（editing）指校对技术性细节要素，例如拼写、语法、用法、动词时态、句子长度以及段落结构等。在修改过程中，你应该先通读一遍原稿，然后大刀阔斧进行修改以提高文章质量。完稿后隔一段时间再来修改会更容易进行。文稿中的一些措辞原来看着满意，但可能一星期后你就会觉得它们表意不清或与文章的整体风格不大协调。

即使你不会用键盘打字，定稿前录入并打印至少一个版本也是好做法。因为在整洁的机打版本上，你更容易发现错误或结构缺陷。你在电子文件里可以自由地进行剪切和粘贴，删除不想要的单词，调换短语的位置。严谨的职业作家发现，他们在学习键盘打字和文字处理软件上花的时间后来给他们带来了巨大的收益。文字处理软件使编辑过程轻松了许多。这些软件本身还可以检查拼写和语法错误，给出同义词供我们选择。我们不能任何事情都依赖电脑程序，因为电脑可能忽视错误（例如你把“there”误写成“their”时），但它确实使写作更方便了。

最后一条建议：在完成报告的草稿后，再添加引言和标题，这样做保证它们能准确反映你写的内容。各标题都要简短，具有描述性。它们应表达出文章的主题和主要变量。你可用标题说明研究的类型（如“对……的实验”），但不要用不必要的单词或短语（如“深入……的探究”）。下面是附录 C 中两例研究的标题：“有种族偏见的治安：公民知觉的决定因素”和“白人意味着你永远不必说你有种族特征：白人青年和‘无文化特色’身份的建构”。第一个标题告诉了我们主题是“种族偏见”，研究问题是“哪些因素影响了公民对警方种族偏见的知觉”，但没有说明数据和研究方法。第二个标题则说明了研究的是种族—族群关系、身份和青年。

要点回顾：写作三步骤

学习写作的方式就是动手写作。虽然写作是一项费时费力的工作，但可以通过练习来提高。写作没有唯一正确的方法，不过其中有一些较好的。写作过程包括以下三步：

1. 写作前准备。准备活动包括整理文献阅读笔记，列出各观点，列大纲，写好引文条目以及整理对数据分析的评论等。
2. 写作。以自由写作的方式，把自己的想法写下来成为第一稿。粗略地写出参考文献列表和脚注，准备数据以便展示，写出引言和结论的草稿。
3. 修改。评价和润色报告。做法是加强连贯性，修改技术性细节方面的错误，检查文献引用是否完整正确，检查语态和用法等。

展示因果关系

在很多研究中，你希望揭示因果关系。你希望查明某个或某些因素、条件或变量是否影响了另外一个因素或变量。之前在第 2、4、9 章中已经讨论过这点，一条简单假设中有一个自变量（因）与一个因变量（果）。虽然因果关系在定量研究中最常见，但可能存在于所有类型的研究中。如果你想展示在研究中发现的因果关系，那么就必须考虑如何在研究报告中写明这点并向读者进行解释。

实验法最能清楚证明因果关系，你在第 7 章中已读到这点。实验法要证明因果关系必须满足三大条件：时间上的先后顺序，变量之间存在联系，以及对替代原因的控制。实验研究者中的中坚人物认为，只有实验研究才能证明变量之间的因果关系，由此而质疑其他类型研究中的因果关系。在实验中，你证明因果关系的方法是在特定时刻引入自变量，观察其与因变量测量值变化之间的联系，接着设计实验以控制其他可能影响结果的因素（内部效度）。当然，实验法也有其局限性，例如缺少随机样本，难以推广（外部效度），一次只能考察一个变量，强调微观层面的关系等。如果你开展一项实验研究，那么通过在报告的结果部分中展示自变量和因变量之间的密切联系，在实验设计部分中展示高内部效度，你就可以论述因果关系。

采用调查法或现有统计数据法的研究人员同样也想阐述因果关系。在证明因果关系的三大条件中，他们最易证明变量之间存在联系。但你已学过，仅有联系或相关不足以证明因果关系。要揭示调查或现有统计数据中变量之间的先后顺序需要额外手段。例如，某受访者把全部调查问题在某时刻一次回答完。如果有些问题询问的是过去的事件（例如，你上高中时做了什么？你父母的文化程度如何？），而其他询问的是当前的事件或态度，那么你就可以仔细观察调查问题中的变量或其他调查变量发生的时间来建立时间顺序。这也是那些应用调查法或现有统计数据法的研究者声称其研究中也存在时间顺序的理由。他们也会进行控制，以排除替代解释，但他们无法像实验研究者那样通过实验设计施加物理控制。作为补偿，他们会对任何可能构成替代解释的变量进行测量，这些就是控制变量（控制变量参见第 9 章）。高级统计方法使研究人员能在主要因果变量之外将控制变量考虑进来，以便他们判断控制了其他变量后，主要变量之间是否仍然存在关系。如果你进行的是调查或现有统计数据研究，那么你论述因果关系就可以通过阐明变量之间存在密切关系，说明变量之间的先后顺序，以及使用控制变量从而排除替代解释来进行。通过使用控制变量并在逻辑上论证替代解释存在的可能性不大，你就可以声称变量之间的联系并非虚假，表明存在因果关系的可能性。

很多实地研究者和历史比较研究者也希望证明因果关系。他们观察的事件发生在不同时间，因此时间顺序这一条件通常容易满足。但说明变量之间存在联系较难。为此，他们会密切关注质性研究资料中同时发生的事件。例如，一名考察小型工作情境的实地研究者观察到，一年中有数次，雇员变得烦躁，持续一两个星期对工作环境和上级牢骚满腹。研究者记录了这种不满意什么时候发生，员工的不满意达到峰值时以及之前和之后发生了什么事情。结果显示，牢骚的峰值都出现在节日或休假过后不久。雇员在节假日前几个星期看上去愉快、满意，然而假后一两个星期他们会抱怨。通过留意雇员的日常聊天，研究者发现他们通常与从事其他工作的成年朋友、家人和邻居度假。假日后，雇员们便会闲聊他们的朋友、家人或邻居的工作多么舒适，薪水多么高。研究者发现以下二者之间存在关系：(1) 雇员不满情绪的表达与 (2) 他们与他人比较工作环境的机会。

排除替代解释的要求是最难满足的。研究人员通过对整个研究情境了如指掌，对细节和具体情境的特征进行深入的描述来做到这一点。他们在实施研究时便会考虑替代解释，并且努力为可能的替代解释寻找论据。例如，增加不满情绪的原因会不会是暂离工作去休假或过节本身，而不是与朋友、家人或邻居攀比工作？如果你做的是实地研究或历史比较研究，就可通过展示事件的先后顺序，记述同时或早前发生的事件，来在研究报告中论述因果关系。为排除替代解释，你要熟悉关于该主题的文献，留意他人是否提出了替代解释或已经找到了替代解释的证据。你也可以提出潜在的替代解释并附上发现的任何证据，并判断它们是否可能有影响。

定量研究报告的撰写

如何写好文章的基本原则适用于所有类型的报告，但是质性研究和定量研究报告的各部分却有不同。任何时候，明智的做法都是看多篇本类型的研究报告，学习模板和观点。下面我们先介绍定量研究报告的撰写，报告各部分的撰写顺序与研究项目的实施顺序大体一致。

撰写摘要或内容提要

定量研究报告的开头都是一段简短的总结或摘要（本书第 2 章中已有研究报告的摘要实例）。摘要长短不一，可以少至 80 个字（本段有 133 个字），也可多至一整页。大多数学术期刊文章的第一页都有摘要。摘要说明了研究主题、研究的具体问题、基本发现，以及特殊的研究设计或特殊的数据收集方法。

在写给从业者的应用性研究报告中，都会用一段较长的概要来代替摘要，即**内容提要**（executive summary）。内容提要比文章的摘要更详细、更长（一般有三到五页）。它包括主要的研究结果、研究结果的意义以及主要建议等。内容提要的信息较多是因为很多从业者和决策者只看内容提要，而对整篇报告的其余部分只粗略浏览。

摘要和内容提要告知读者研究报告中的主要内容。读者可以通过阅读摘要来获得特定信息，从而判断很多篇报告的价值和决定读哪几篇全文。打算深究全文的读者也可以借摘要对全文有个快速的整体了解。摘要可以让读者读报告更轻松、更快捷。虽然摘要或内容提要是读者首先阅读的，但你却应在最后才去写它们，因为写完研究报告的其余部分后，你写摘要或提要时就已经了解了整篇报告的内容。

说明研究问题

研究报告的第一部分非常重要，因为你须在其中向读者说明你的核心主题、研究问题，展示报告的整体语气。你的目的是阐述研究问题，定义主要的概念并开始引导读者读完整篇报告。引言部分的标题可以选几种，例如“导言”、“问题界定”、“文献综述”、“假设”或“背景假设”等。虽然标题不同，但其内容都是对研究问题以及研究的重要性进行说明。在引言中，你说明研究问题的重要性，并提供问题的背景。在解释研究重要性的时候，你可以说明对此问题，不同的解决方式带来的应用做法或理论结论有何不同。你在引言中还要对研究主题的相关文献进行综述，说明你研究的具体问题与以往研究的关系，界定相关关键概念，并以与这些概念有关的一般术语陈述主要研究假设。

描述研究方法

研究报告的第二部分描述你的研究设计以及数据收集方法。本部分可选几种标题（例如“研究方法”、“研究设计”或“数据”），并且可能再细分为数部分（如“测量”、“抽样”或“变量操控”）。这部分也是专家评价研究方法学质量的最重要凭据。本部分向读者回答以下问题：

1. 你的研究是什么类型（例如，实验法，调查法）？
2. 你具体是如何收集数据的（例如，研究设计，调查类型，收集数据的时间、地点，实验设计类型）？
3. 你是如何测量/引入各个变量的？这些测量的信度、效度如何？
4. 你抽样了吗？有多少人参与了研究？你是如何选择参与者的？他们的基本特征是什么（例如年龄、性别、种族—族群属性等）？
5. 研究是否涉及伦理问题？研究设计上是否有要考虑的特别之处？如果有，你是怎么处理的？

研究结果和表格

在介绍完抽样、数据收集和变量测量方法之后，你展示研究结果。本部分中，你只展现结果，而不对此进行讨论、分析或解释。虽然研究者常常将“研究结果”与随后的“讨论”或“研究发现”部分合在一起，但也有不少人会分开叙述。你可以选择数种展示数据的方式。之前你分析数据时，为了建立对数据的总体印象，你看过了数十张单变量、双变量或多变量的表格和许多统计量，但不要将它们都包括在报告最终稿中，而应该在保证充分向读者展示信息的前提下，选用尽量少的图表和表格。图表或表格应该是对数据的概括，并列出任何对假设的检验结果（例如频数分布，表格中的平均值与标准差，相关系数以及其他统计量）。你的目的是让读者完整了解你的结果，信息不能多得让他们不知所措，做法就是不要提供过多的细节或呈现无关的结果。读者检视了结果后会做出自己的解释。具体的统计量和高度专业化的解释应放在附录中。

讨论

在讨论部分中，你应对研究结果的意义进行简明、清晰的阐释。讨论时要全面，也不应该有倾向性。你应坦诚地对研究结果部分中的内容进行讨论。把结果部分与讨论部分分开来写是为了便于读者对研究结果做出自己的解释。讨论应写得有条理以便读者理解。为此，一种做法是先重复研究假设，再说明你的研究结果具体如何支持、修正或拒绝了各条假设。你应让读者在看完讨论后，能够对你的研究发现有清晰的了解。

结论

在文章的结论或总结部分，你要重申你的研究问题并概述主要的研究发现。本部分让你说明研究的局限性，指出对未来研究可能具有的意义。在结论之后只有注释、参考文献和附录（如有）。在参考文献部分，文中引用了哪些文献，就列出哪些。如果还有附录，你可以在其中列出数据收集方法的详细信息（例如调查问卷措辞），以及结果中的专业性信息。用脚注或尾注扩展或详述文中的信息，但不要随意用。将次要的信息（这些信息用以澄清正文中的陈述）放在注释中，以免干扰读者流畅地阅读正文。

活学活用：撰写定量研究报告的讨论部分

很多做研究的新手都觉得讨论部分很难组织。阅读大量研究报告可助你学会怎样做到这点。写好讨论的方法之一是按照研究假设来组织。你可以论述研究结果和每条假设有何关系，此外还应讨论意外而又有趣的研究发现。你还应给出对研究结果的替代解释。你也可说明研究的缺陷与局限性。很多新手觉得指出自己研究的局限性是不合群的做法，但你要明白，研究过程的主要原则之一就是要有开放、坦诚的态度，而不能掩藏或袒护某种特定结果。坦然揭示研究的不足还会让读者觉得你的研究报告更可信。

活学活用：对一篇已发表的定量数据研究报告的结构分析

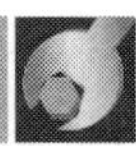

看附录 C 中韦策和塔奇（Weitzer, Tuch, 2005）发表的定量数据研究报告。从摘要部分，读者可以获取以下五点信息：

1. 研究的主题是警方的种族偏见，具体说是发生在美国的种族定性。
2. 该项研究具有重大的意义，因为我们对警方的种族偏见程度以及公众对此的知觉了解不多。
3. 研究数据来源于美国的一次全国性调查，是美国民众对警方种族偏见的看法以及经历。
4. 研究发现有三个因素影响了美国民众对警方种族歧视的看法：种族、先前遭遇警方种族歧视的经历，以及民众对此类新闻报道的接触程度。
5. 研究结果支持了种族关系中的群体—地位理论（group-position theory）。

作者将引言部分划分为三个部分：首先用一小段概述了主题和研究问题，然后对以往研究文献进行综述，最后提出要验证的假设。作者提出了三条假设，其中每条又含有两个部分。同时，作者也概述了他们考虑到的替代解释与理论。接下来的研究方法和结果部分分为：抽样，固定样本代表性（panel representation）（对同一样本进行重复测量），自变量，因变量和控制变量。在研究方法部分中，作者用一张表格向读者列出基本的描述性统计量。结果部分包含了讨论，作者用了许多数值表格来展示统计结果，并根研究假设逐条进行讨论。结论部分有 3 页之长，作者阐述了研究的重要性，重述了他们的主要研究发现，并提出了未来的研究方向。结论之后是注释和参考文献。

质性研究报告的撰写

很多人都觉得写质性研究报告比写定量研究报告更难，因为前者规则较少，结构性也较弱。不过，所有的研究报告都有相同的目的：说明你怎样做的研究，收集了什么数据，以及彻底审视数据后有什么发现。

在定量研究报告中，你提出研究假设，展示证据，报告风格精练并有紧密的逻辑关系。相对而言，质性研究报告的篇幅较长，结构较松散。实际上，质性研究报告常像书一样长。这类报告较长的原因有以下几点：

- 难以压缩语言、图片或句子形式的资料。
- 展示证据常常意味着你要提供给读者具体的引文和较长的实例。
- 为了让读者产生切身的移情感并理解真实人物、事件和背景，你就需要更多的篇幅来深入描述背景和场景的细节。
- 在质性研究中，人们收集数据，创建分析类别和组织论据的方法较少受标准的限制。你可能针对特定背景发明全新的方法。这就意味着你不能一句话说自己用的是某种知名的标准方法，而必须深入说明你在研究中具体做了什么以及为什么要做。
- 有许多质性研究会构建新的概念或理论。和运用已有的概念相比，阐述新概念及说明其间关系要用更多的篇幅。因为理论脱胎于证据，你就须要向读者说明新概念与证据之间有何关系。

- 在撰写质性研究报告的时候，许多作者使用五花八门的写作风格。这些自由的写作方式并不精确、标准，大多会增加报告的篇幅。你还可以运用修辞手法来描述一种情况或记叙一个精彩的故事。

实地研究报告的撰写

实地研究报告很少遵循各个标准部分组成的固定格式。语气可以稍主观或随意一些。在实地研究报告中，你可以使用第一人称（即“我”）来叙述，因为你作为一个独立的个体直接卷入到了研究的情境中，也与研究对象发生了面对面的互动。你的决定或犹豫、感受、反应、个人体验都理所当然是实地研究过程的一部分。

在实地研究报告中，你不是把理论观点与研究资料分开写成独立的部分，而是将实证资料与理论概括交织在一起论述，这就须要不断地引用具体资料来描述细节。你必须平衡好资料展示与分析。避免提供了太多的资料而分析不足，或做了太多的分析而支持性证据不足。

实地研究中的一项主要工作是资料精简。实地研究资料是以大量的实地研究笔记形式存在的，例如观察和谈话记录，但是你只能从中精选出一小部分展示给读者。

实地研究报告的结构编排方法有很多，常用的两种分别是按历史自然前进的时间顺序和按主题顺序。采用时间顺序结构时，你根据资料获取或观点产生的时间先后顺序来展示它们。使用主题结构时，你先展示一个研究主题，然后提供相应的资料来说明或支持它。你可选择两种主题：一种是抽象的、分析性的主题，这种主题可以来自学术文献，也可来自于你的个人思考；另一种是研究对象使用的主题。这两种主题各有其优势。第一种主题可以较容易地将你的研究与其他已有研究或抽象水平更高的理论衔接在一起。第二种主题可以向读者栩栩如生地描绘你的研究场景，展示你的研究对象的语言、概念、信念，列出研究对象中的不同社会类属。你也可以将这两种主题混合使用。

实地研究报告中，你仍要讨论用到的研究方法，但形式和在文章中的位置不固定。一种写法是在讨论与分析研究资料的时候，穿插描述研究情境，进入研究场所的手段，研究者角色及与研究对象的关系。时间顺序结构和主题结构都方便你把数据收集方法放在文章的开头或结尾。如果研究报告的篇幅很长，大多数作者都喜欢在文末单独的附录中对方法问题进行讨论。

实地研究报告中可给出图表以说明分析类别，可包含录音的文字整理以及地图、照片。它们是对讨论的补充，因此常放在其补充的讨论附近。除了以通常的文字形式记述取自实地笔记的例证外，质性的实地研究报告还可以使用与此不同的新颖形式。照片可让读者直观看到文中描述的研究场景，并显示其对研究对象的意义。例如，实地研究报告有完全以照片展示的，也有剧本或纪录片等形式的。

在实地研究中，研究者会直接亲身卷入某种社会情境中的具体私人事务，这要更重

以史为鉴：《白大褂男孩》

《白大褂男孩》（*Boys in White*）（Becker et al. 1961）一书描述了霍华德•贝克（Howard Becker）和同事们的开创性工作：研究医学生如何成长为医生。这是一项经典的民族志研究，详细描述了美国堪萨斯大学男大学生的日常生活：他们的时间表，为满足教授要求而付出的努力，"隐形文化"以及吸取医者价值观的过程。这个研究还描述了这些学生是如何通过医院或诊所中各种复杂情况的考验，以及形成对自己未来的看法的。此外，该研究清晰、周密的研究方法以及对此方法进行记述的意义并不低于研究发现。作者做了长达 5 000 页、单倍行距的实地笔记，尽管报告长达一本书，他们只从笔记中选了不到 5% 直接引用在报告中。其余的 95% 也没有浪费，因为其中包含了十分丰富的实证证据，作者正是凭此写出了报告。撰写这类报告时，你应该慎重挑选直接引用的笔记，并将其他研究结果间接地展示给读者。

活学活用：实地研究报告的结构

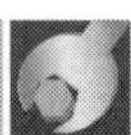

1. 引言
   a. 研究情境的大多数整体特征
   b. 整体情境的主要轮廓
   c. 材料收集方法
   d. 研究情境的细节
   e. 研究报告的结构
2. 研究情境
   a. 分析类别
   b. 该情境与其他情境的对比
   c. 情境随时间的变化情况
3. 研究策略
4. 总结与研究意义

视道德问题。研究报告的写法要能保护研究对象的隐私，因此通常要改动研究对象和具体地点的名称。研究人员切身融入了实地研究中，所以他们往往会在报告中添加一段简短的自传。例如，威廉•福特•怀特（William Foote Whyte，1955）撰写的《街角社会》（*Street Corner Society*）一书附录中，作者就详细描述了他父亲和祖父的职业，他的兴趣和爱好，他做过的工作，他最终怎样读上了研究生以及他的婚姻又对他的研究产生了什么影响等。

历史比较研究报告的撰写

历史比较研究报告的撰写没有惟一最好的方式。研究人员最常用的是"讲一个故事"，描述各个一般分析类别中的细节。他们会在描述的基础上进行有限的概括。因此，此类报告的一个主要特点就是将抽象概念和具体的实证细节联系在一起。

历史比较研究者很少在报告中描述研究方法的任何细节。研究方法可能包括获取文件或去多家专业图书馆查文献，但除了资料来源，其他详细信息不必列出。所以，你很少看到这类报告中有单独的一部分或附录明确描述研究方法。个别时候，较长的历史比

活学活用：对一篇已发表的质性数据研究报告的结构分析

从附录 C 中佩里（Perry，2001）所发表的质性研究报告的摘要里面，读者可以获取以下五点信息：

1. 研究主题是人们构建白人种族身份的过程。
2. 研究对象是两所高中的白人学生，其中一所学校的学生大多是白人，另一所学校的学生属多种族。
3. 作者采用了民族志方法和深度访谈法。
4. 研究的主要观点为种族优越感的基础是白人没有文化特色，因为他们的文化就是标准。
5. 该研究对“批判式白人研究”（critical white studies）、研究教育的社会学以及种族身份形成过程具有意义。

报告的开头是佩里向一名参与者提的一个开放式问题以及对参与者回答的直接引用。在引言中，作者描述了实地研究地点（两所高中）和组织全文的主要概念——白人文化、自然化、对文化中立的声称、合理化。下一部分是文献综述。作者在评述完以往研究和详述自己的研究主题后，向读者展示的是研究方法以及个人对此的思考部分。在这部分中，作者说明了她如何通过现有统计数据以及其他信息源获得了研究环境和研究主题的背景信息，深入描述了两处实地研究地点的情况，具体说明了她的研究过程，例如作者花了两年半的时间进行观察和访谈，以及她在实地研究地点的具体活动。作者还透露了自己的年龄、衣着以及她与实地调查对象建立友好关系的方法。同时，她还说明了访谈对象的类型、访谈的具体地点和时间长度（约 2 个小时）。她并未把研究结果写成“结果”部分，而是先后写两个研究地点的结果，交织在概念类别（conceptual categories）中。作者在结果部分的描述和分析中穿插引用了许多实地笔记和访谈记录。在结论部分，作者总结了研究的主要发现和主要概念并概述了研究的意义。最后是注释和参考文献。

较研究报告会有一篇书目论述以讨论其引用的主要来源，不过通常使用详尽脚注或尾注的方式来进行说明。例如，一篇 20 页的定量研究或实地研究报告通常会有 5 到 15 条注释或资料来源，但相同篇幅的历史比较研究报告却可能有超过 60 条注释或资料来源。

历史比较研究报告常常有照片、地图、示意图、图表以及统计结果表格，它们在全文各部分都有，这些部分讨论的是和它们相关的证据。此类研究中的图表、表格等并不像定量研究中的同类元素那样是“证实或推翻”的决定性证据，而只是逐渐积累的大量、多样的证据的组成部分。借助它们，读者就可以对研究发生的场景和研究对象有更完整的了解和更清晰的感受。这些资料是与其他证据结合使用的，整体目的是把要表达的多条意思连成网络，并加以大量描述性细节。为了向读者传达你的解释及概括，组织大量质性论据的技巧本身就是一种方式。

组织历史比较研究报告的主要方式有两种：主题法和时间顺序法，大多数作者会同时采用这两种方法。例如，你可以在各个主题内以时间顺序法编排信息，也可以在各个时间段中以主题法编排。完全以比较为目的的报告还可以有其他的编排方式，例如在各主题内部进行比较。某些历史比较研究者会效仿定量研究报告的方式，使用定量研究方法，因此他们的报告也就遵循定量研究报告的模式。

许多研究者采用叙事型风格来写报告，作者在其中“讲一个故事”。如果你采用叙事型风格，就按照时间顺序来展示证据，旨在围绕具体的人物和事件来“讲一个故事”。

研究计划书

在第 2 章中，你已经了解了研究计划书。你须要写一份在指导下开展研究的计划书给导师审阅，这是为了完成获得学位（例如，荣誉学士学位、硕士学位或博士学位）的部分要求，或寻求研究资助。研究计划书的目的是为了让评委相信你作为研究人员能够成功实施此项计划的研究。如果计划书文笔出色、结构清晰、计划周密，那么评委就会相信你能顺利完成。研究计划书与研究报告相似，只是计划书须要在研究实施之前撰写。在研究计划书中，你须要描述研究的问题以及研究的重要性，详细说明你将要采用的研究方法，以及这些方法为什么适用。研究计划示例可参见附录 A。

研究基金申请书的撰写

研究基金旨在为那些有价值的研究项目提供必需的资源。如果研究人员的首要目的是获得私利或个人声望，逃避其他活动，或建立一个“私人王国”，那么并不能算成功。从本质上说，撰写研究计划与“赢得”基金的策略属于两种不同的技能。

资助研究计划的资金有很多来源。例如，大学、私人基金会、政府机构都有给研究人员提供研究支持的基金资助计划（参见图 12.2）。你可以使用获得的资金购买研究设备和耗材，支付工资，作为收集数据的差旅费用，或请人协助发表研究结果。申请不同来源的基金，面临的竞争程度千差万别。某些基金项目的申请通过率高达四分之三，也有些通过率不到 5%。

你须要了解各种资金来源，并将研究计划书提交给最有可能资助该项研究的一方。

聪明贴士：定量与质性研究计划书

定量研究计划书包括研究报告的大多数部分：标题、摘要、对问题的陈述、文献综述、研究方法或研究设计部分，以及参考文献。它不含研究结果、讨论和研究结论部分。研究计划书是一份对数据收集与分析（如采取何种统计方法）的计划，常常列出计划实施的各步骤的时间进程，估计每一步需要的时间。

质性研究计划书较难写。因为质性研究结构较松散，较少做事先规划。你要做的是说明研究问题，进行文献综述，提供参考文献。你可以通过以下两种方式展示你有能力完成研究计划：

1. 高质量地完成计划书，在其中对研究领域的文献进行深入讨论，说明研究的意义和文献来源。这让评委觉得你熟悉质性研究，并用了合适的方法来考察想要研究的问题。
2. 在计划书中描述质性预研究。这让评委觉得你有动机，熟悉研究方法，有能力报告一项结构松散的研究。

图 12.2　资助研究公告范例

斯宾塞基金（Spencer Foundation）

申请资格：主要研究者必须是在学区、学院或大学、研究机构或文化机构就职的人员。由组织或来自于美国或国外的研究者提交的计划书都可能被基金会接受。此外，研究者必须拥有某一学科领域或专业领域的正式博士学位，或有与教育相关的领域的充足经验。

预算限制：如项目的直接支出不超过 5 万美元，则间接支出不可从预算中支取。如果计划所需的直接支出总额超过 50 万美元，则须经过严格审核，且申请者在提交申请书之前一般应向斯宾塞基金会人员详细咨询。

确定你的项目是否符合基金会当前的一个或多个兴趣领域：

- 教育与社会机会之间的关系；
- 学校、学校系统或高等教育机构中的组织学习；
- 教学、学习和教学资源；以及
- 教育目的和教育价值观。

除了以上列出的研究领域外，斯宾塞基金会将仍然接受其他研究领域的申请书。

截止日期：初步计划书的提交无期限，任何时候都欢迎提交。基金会每年四次对重大研究基金项目中受邀制订的完整计划书进行审核。

蓝十字基金会（Blue Cross Foundation）对美国明尼苏达州研究项目的咨询函截止日期公告

明尼苏达州的非营利性或政府机构可以获得最高 15 万美元的资助，用于开展研究移民或儿童的健康或幸福的项目……

截止日期：根据具体情况而定。

科门治疗组织（Komen for the Cure，乳癌防治基金会）征集华盛顿地区的社区基金申请

华盛顿特区及其周边七个郡致力于减少乳癌生存率不平衡的非营利性组织、政府机构、教育机构可获得最高 70 万美元的资助……

截止日期：2007 年 8 月 20 日

问自己以下问题：

- 哪些类型的研究项目容易获得资助——应用研究或基础研究？涉及哪些特定主题或研究方法的项目？
- 计划书的截止日期是什么时候？格式要求是什么（页长、字体大小）？
- 计划书要写成什么类型（如，简短的信函或详细的计划）？
- 该基金以往的资助金额一般是多少？
- 哪些方面可以获得资助（如，设备购买费用、人员薪水、收集数据的差旅费用）？哪些方面无法资助？

你可以从很多渠道去获取基金资助信息。大学里面负责研究资金的图书馆员或职员都是获取信息的理想人选。

许多基金管理组织会定期发布**招标意向书**（requests for proposals，RFPs），以征求针对特定选题的研究计划书（见图 12.3）。评审计划书时，基金管理机构会重点考察申

图 12.3 招标意向书实例

青少年司法暨犯罪预防可申请的资金、培训与技术支持的公告

（请保留此公告，作为申请表填写的参考）

A：**发布方**。本公告公布可申请的联邦基金、培训与技术支持，由科罗拉多州的公共安全部和刑事司法处为该州发布，配合已修正的 1974 年《青少年司法与犯罪预防法案》。刑事司法处为关于此公告的惟一联系方，所有通信必须通过刑事司法处进行。

B：**申请流程与相关事宜**。通过信件、电子邮件或传真提交“申请意向书”表格（见附件）后，可获得申请表与申请说明。邮寄地址、传真号码及电子邮件地址在该表格上列出。

C：**申请资格**。

总体要求：合乎要求的申请者应为州级或当地的公共或私人机构，包括地方执法机构、法院、缓刑管理处、地方检察官办公室、学校、学区、合作教育服务处（BOCES），以及依托社区的非营利性组织。申请方可计划转包部分或全部必需的任务，但不做硬性要求。承担转包的单位可以是符合联邦税法 501（c）(3）项定义的其他州级或当地公共机构或非营利性私营机构。申请方必须确保全部参与机构在项目的设计中已进行过协作，并且确保指定的领导机构能够胜任。

具体要求：对**第一类项目：关注青少年的社区警务项目**，有资格申请的机构必须是地方执法机构，或与执法部门有协作的、依托社区的地方公共或私立机构。申请书中必须包括由全体参与方联名签署的谅解备忘录，该备忘录详细介绍社区合作方在该项目的支持与实施中将承担的任务。申请方必须确保全部参与机构在项目的设计中已进行过协作，并且确保指定的领导机构能够胜任。如果申请方不是执法机构，那么申请方必须提供当地主要执法机构对该计划书的许可，并说明该项目与社区警务项目 / 理念之间的关系。同样，执法机构提交的申请必须提供协助致力解决问题的社区组织的许可。

对**青少年犯罪综合预防计划的培训和技术指导**，申请方必须是地方政府单位，包括执法和社会服务等部门，以及与地方政府有合作的顾问组织。

D：**基金背景与可获资助额度**：该联邦资金来源于青少年司法与犯罪预防法案的第二类项目及挑战基金项目。科罗拉多州青少年司法与犯罪预防委员会负责对基金项目进行监管，优先资助以下四个领域并已做预算：

1. 推广关注青少年责任的项目中体现出的恢复性司法理念，推广关注青少年的社区警务项目。（15 万美元）；
2. 实行干预，以解决青少年司法系统中少数族裔青少年矫治对象比例大于其总人口比例的问题。（20 万美元）
3. 在青少年司法系统中，提供针对女性的高质量措施。（15 万美元）
4. 在试点地，对青少年获得咨询的方便程度及咨询质量进行深入考察。（7 万美元）

下文条款 E 描述为每一领域确立的目的和原则。资助将择优发放，从 2001 年 10 月 1 日开始，为期 12 个月（除非有特别说明）。单项资助金额（最低为 5 千美元）取决于合乎要求的申请方的数量与资质，以及可用于资助的资金数额。这些资金不能用于替代已从其他渠道获取的资金，但可用于完善或扩展正在进行的研究项目。

科罗拉多州青少年司法与犯罪预防委员会将按照本则公告中列出的评价标准，对收到的申请书进行评审。申请人遗漏通知或申请表格中要求的任何信息，都可能导致申请无效。申请人自行负责。科罗拉多州青少年司法与犯罪预防委员会计划在可用资金额度内，资助那些最符合本公告中要求细则的申请。

E：**受资助项目的目的、申请原则及申请指南**。青少年司法与犯罪预防委员会和刑事司法处的意向是，允许申请方根据当地需求设计项目。但是，在问题陈述、项目描述、目标和目的以及评估计划中，都必须体现若干基本原则。以下分项目领域列出要求。

1. 关注青少年的社区警务和恢复性司法。（15 万美元）。

关注青少年的社区警务项目。资金计划用于以下几类项目：利用社区警务原则改善警务部门和社区的关系，与社区协同探索加强青少年犯罪预防与控制，或整合社区资源与其他资源考察社区成员的与青少年犯罪有关的最紧迫的需求。

资料来源：Logo Courtesy of the Colorado Department of Public Safety

图 12.3　续

青少年司法与犯罪预防办公室把社区警务定义为"一种警务理念。通过解决问题的手段以及警方与社区的合作，这种理念能够推动与支持组织策略，探明犯罪和社会秩序混乱的原因以及降低对它们的恐惧。"社区警务模式应当使执法机关和社区有能力针对以青少年为焦点的问题的潜在原因，实施专门的问题解决策略。

在社区警务模式中，居民被要求对公共安全承担更多的责任，做出个人及集体的贡献。借助社区内已有的专业技能和资源，警方可以更有效地行使其职责，还将促使社区大环境中的居民在解决问题过程中发挥关键作用。

项目资金必须专门用于开发、改进、实施与评价依托街区的，关注青少年的社区警务项目。必须清晰标定街区或社区的地理边界。确定问题的过程必须记载：社区如何确认现在有什么问题，哪些人正受到影响，问题何时发生，问题在什么地点发生，以及对社区有怎样的影响？另外必须提供谅解备忘录，说明执法部门和社区居民各自承担的角色与职责。

* 申请书请勿装订。

社区警务问题解决方案范例：

问题陈述 / 识别：反复接到对社区内青少年游手好闲行为的报警。大量 12~14 岁的孩子没有娱乐活动。街区的孩子需要娱乐。现有的娱乐场所很早就关门或者在该街区以外。

行动方案：在当地的棒球场组织娱乐活动，在小学开设艺术课程，以及棒球、篮球和排球等团队体育活动。

强调的风险 / 保护性因子：提供资源以及支持性网络，与社区之间建立社会纽带。

预期结果：与青少年有关的报警电话减少；居民更多地参与青少年活动，更多地参与居民联合会。

评价标准：在按计划实施活动时，该区域对青少年游手好闲的报警次数是否减少？计划完成后，参与过该计划的青少年是否会寻找其他活动替代？

请方过去的成就。**主要研究者**（principal investigator，PI），或称项目主持人，是负责研究项目的人。研究计划书通常包括主要研究者的个人履历或学术简历，其他研究者的推荐信，以及成果档案。评委认为有科研经历的申请者会比新手更可能领导完成申请的项目。在你作为项目负责人申请基金项目前，可通过开展一些小的研究项目或协助资深研究者工作来使自己具有项目工作经历。

评委首先要确定申请项目是否符合资助方的目的。例如，资助基础研究的项目应以促进知识进步为目标，而资助应用研究的项目则常以改善实际提供的服务为目标。你应严格遵循申请说明，如页面长度、份数及截止日期等。

研究计划书应干净整洁，外表专业。申请说明可能要求计划书列出时间、服务和人力的详细使用计划。应清楚陈述这些项目，并且确保可行。对开销估计过高或过低，不必要的附加开销以及遗漏某些重要开销项都会降低评委对申请书的评价。为计划的研究项目生成预算可能是一项复杂的工作并需要技术支持。这涉及法定工资标准、附加福利额度等问题。你最好先咨询基金管理人员或熟悉计划书写作的人。此外，管理机构的许可或批准（例如伦理审查委员会的批准）是必需的。计划书中还应包括传播研究结果的计划（例如作为文章发表，向专业团体展示），以及对项目是否达到预期目标的评定计划。

研究计划书是一类研究人员与资助方之间签署的合同。出资机构常需要一份总结报告，详述资金是如何使用的，研究结果以及评定项目是否达到预期目标。未能正确使用资金，或没能按照申请书中的描述完成研究，或没有撰写总结报告，会导致严重的后果。

活学活用：一份成功的基金申请书

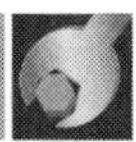

你在提交基金申请书之前，要先确定资助机构正在征集你的课题或问题上的研究计划。如果不确定，先询问资助机构的负责人。在你把计划书提交给对口的资助方的前提下，如满足以下条件，评委更有可能给你的计划评高分：

1. 基础研究类：你的申请书说明了要研究一个重要的问题，清晰地建立在以往研究的基础上，代表了知识的重大进步。
   应用研究类：你的申请书清楚陈述了一个重大的社会问题，说明你想到了所有的备选方法，并提供了解决方案。
2. 你的申请书符合基金资助的申请要求细节。
3. 你的申请书在截止日期内提交。基金资助机构会自动拒绝迟交的申请。
4. 你的申请书文笔清晰，有容易理解的目标。很多申请书中提供了图表或示意图，便于评委把握申请书的全部细节。
5. 你在申请书中完整描述了研究程序，对研究方法采用了高标准。你计划的研究方法最适合你研究的特定问题。
6. 你对研究结果的传播方式以及如何评估研究目标的实现情况有具体的计划。
7. 你的研究设计反映出严谨的规划，有可行的预算以及日程安排。
8. 你有成功完成研究必需的经验或背景，并且/或有具备专业背景或经历的其他研究人员担任顾问。
9. 你提交了博学人士或相关机构的推荐信。

活学活用：关于本科生研究的资源精选

本科生研究委员会
（Council on Undergraduate Research）
地址：Council on Undergraduate Research
734 15th St. N.W. Suite 550 Washington, DC 20005
电话：(202) 783-4810
网址：http://www.cur.org/

全美本科生研究大会
（National Conference on Undergraduate Research）
网址：http://www.ncur.org/

美国国家科学基金会：为本科生提供研究经验
（National Science Foundation: Research Experiences for Undergraduates）
网址：http://128.150.4.107/pubs/2005/nsf05592/nsf05592.htm

人文科学本科生研究团体
（Undergraduate Research Community for the Human Sciences）
网址：http://www.kon.org/urc/undergrad_research.html

出资机构可能提起诉讼以索回资金，或研究者可能被剥夺将来申请基金的资格。资金使用严重不当可能导致研究人员被判罚款、监禁，或提供研究场所的机构（学校、医院或研究所）受到处罚。

提交计划书后的评审过程可能用几个星期，也可能接近一年。大多数情况下，评委会将大量的计划书排行，只有排名高的计划能够得到资助。大多数政府机构或研究中心会运用同行评审流程，而私人基金会可能请作为外行人的非研究人员和专业研究者共同评审。基金申请说明会指出你的计划书是写给专家还是受过教育的普通读者的。与写研究报告相同，在提交计划书之前，最好请他人读，给你评论，然后进行必要的修改。

如果你的计划得到了资助，可以庆祝，但不要兴奋太久。如果被拒绝了，不要太过沮丧。因为竞争非常激烈，大多数计划在首次或第二次提交的时候都会被资助方拒绝。很多资助方会给你书面的评审意见。如果对方可提供，那么你每次都应请求他们反馈给你评审意见。有时与资助方人员进行一次客气的电话交谈，也会查明被拒绝的原因。根据评审意见，你应改进计划，然后再次提交。大多数资助机构都会接受数次修改后提交的计划书。在前次评审意见基础上修改的计划书在随后的竞争中一般有优势。

本科生的研究

有很多人从事社会研究——从高中生、本科生、硕士或博士研究生到各领域的专业人士。长期以来，学会做研究都是获得高级学位的必要条件。通常，学生读本科时就开始学习研究技能了。本科生研究委员会（Council on Undergraduate Research，CUR）成立于 1978 年，旨在推动全体本科生的科学研究。CUR 成长至今，成员已经有了 900 多所学院和大学。CUR 主办本科生研究大会，办有一份学术期刊，还为大学教员和学生开设专门的研习班讨论本科生研究。除了 CUR 外，其他全国性组织以及许多学院和大学也积极推动本科生从事研究，以此作为学习和职业成长的一种方式，它高效、吸引力强。它们提供小额基金项目或暑期研究岗位以帮助本科生进行研究。

Simon Battens by/Photographer's Choice/Getty Images

本章回顾

本章中，你了解了什么是研究报告及撰写一份研究报告的过程。你已经明白了研究的特征，例如质性数据相对定量数据，会影响研究报告的结构和内容。你还学习了准备一份研究计划书及寻找研究所需资金的过程，了解到为本科生研究设立的项目迅速增加，对本科生研究的支持越来越广泛。

向别人清晰地展示自己的研究成果是研究过程中至关重要的一环，同样重要的是社会研究中的伦理和政治问题。我强烈建议你，不论你是在利用社会科学研究的结果，还是作为一名社会研究的初学者,都要了解自己。要明白研究在社会中所处的地位，以及何种社会背景可让研究兴旺发展。社会科学研究者把一种独特的视角传给整个社会。

学以致用

实践活动 1

练习拟一篇研究报告的大纲。首先，在学术期刊上找出 5 篇研究主题和研究类型都相同的文献，概括出每篇报告的大纲，对比各篇大纲的异同之处。拟订每篇文献的大纲并完成比较后，分两步拟订自己的大纲。第一步，将大纲分为数个总的部分，用主标题及不多于一个层次的下级标题标记。主标题应有四至五条，每条主标题下的下级标题应有二至三条。第二步，细化大纲，增加两个层次的下级标题，体现更多的细节。如此，你的大纲就有了主标题、一级标题、二级标题及更深一层的小标题。每级都应有至少二个条目。

实践活动 2

针对你感兴趣的主题，找 5 篇基金招标意向书。你通过普通网络搜索可以找到一些，但很多只能在专业出版物或数据库中找到。一个很好的资料源是美国政府的《联邦公报》(*Federal Register*)。它可以在大多数的大学图书馆里以及网络上找到，里面有汗牛充栋的信息。更容易的方法是指定查找某些全国、州、市私人基金会或政府机构。例如，“大哥大姐会”(Big Brothers Big Sisters)等特定组织会发布征求应用研究的招标意向书，州教育部门也会发布招标意向书以征求能对双语教学进行评估的研究计划。你找到的招标意向书可能仍有效，也可能已经过了截止日期。你找到了五篇招标意向书后，对每篇回答以下六个问题：

1. 该基金的名称是什么?
2. 资助方从谁那里征集申请书，或谁有资格申请资助?
3. 该资助方希望研究计划考察哪些问题或主题?
4. 资助的总金额是多少，或对单份申请的最大资助额度是多少?
5. 申请书提交的截止日期是什么时候，对申请书的提交方式是否有特殊要求?
6. 是否对申请书的格式有特殊要求（例如，页面长度，规定要包括的部分）?

练习活动 3

在 Google 搜索引擎中以“Undergraduate Research”(本科生研究)为关键词进行搜索，然后将搜索结果做成三份清单。在清单 1 中，记录设立了本科生研究项目的学院和大学；清单 2，记录会给本科生的研究提供资助的政府和私人机构；清单 3，记录给本科生开展研究提供资助的奖学金、暑期研习班、研究基金，并且标明资助是针对某个具体领域（例如化学），还是对所有领域都开放。

参考文献

Becker, Howard S. et al. 1961. *Boys in White: Student Culture in Medical School*. Chicago: University of Chicago Press.

Hartley, James, James Pennebaker, and Claire Fox. 2003. "Using New Technology to Assess the Academic Writing Styles of Male and Female Pairs and Individuals." *Journal of Technical Writing and Communication* 33(3):243–261.

Hurd, P. D. 1998. "Scientific Literacy: New Minds for a Changing World." *Science Education* 82:407–416.

Perry, Pamela. 2001. "White Means Never Having to Say You' re Ethnic: White Youth and the Construction of 'Cultureless' Identities." *Journal of Contemporary Ethnography* 30(1):56–91.

Pitt, M. J. 1994. "A Practical Guide to Gender Neutral Language" *Management Decision* 32(6):41–44.

Weitzer, Ronald and Steven Tuch. 2005. "Racially Biased Policing Determinants of Citizen Perceptions." *Social Forces* 83(3):1009–1030.

Whyte, William Foote. 1955. *Street Corner Society: The Social Structure of an Italian Slum*. Chicago: University of Chicago Press.

附录A：研究计划示例

研究计划案例：
美国国内日本动画迷的探索性质性研究

导言与研究主题

动漫电影即产于日本的动画在一些青少年和年轻成人之中已变得广为流行。狂热者每天都会观看若干小时的动画片，收藏动画电影，阅读介绍卡通人物和电影的杂志，参加卡通迷集会，建立动漫网站，甚至装扮成自己喜欢的动漫角色。虽然公众也会熟悉一些票房收入高的成功动画片，例如《千与千寻》或者某些儿童卡通，但在 10 来岁至 20 多岁的人群中另有一个痴迷动漫的庞大粉丝王国自成一体。

虽然有人研究了动漫电影、日本的动漫工业及动漫向日本流行文化产品的蔓延，但研究美国动漫迷亚文化的报告几乎没有。看来，动漫迷 1990 年代开始增加，并在 2000 年代早期剧增。非系统观察发现动漫迷在不同性别和所有种族群体中同样普遍。它吸引的年轻人主要集中在青少年早期（11~15 岁）至成年早期（25~28 岁）。看来，初次接触日本风格的卡通是在儿童期，也有些儿童喜欢更复杂的动漫以及衍生的视频游戏。

学术期刊上为数不多对动漫迷的评述表明，许多动漫迷都被人视为“社会另类”或者“怪人”。他们不会制造麻烦或者触犯法律，但却与主流的同辈并不一致。许多美国的动漫迷以日语的“御宅族”（即日语“otaku”，指无法自拔的动漫迷，具有贬义）自称，并以此为荣。有些动漫迷的学习成绩优异，但很少有人热爱体育运动或其他同龄人普遍参与的社交活动。有人推测，这些年轻人很聪明，但被动漫吸引到了虚幻的世界，这个世界能让他们享受快节奏的逃脱、探险、道德故事和阴谋诡计。他们一定程度上脱离了社会上的同龄人，看上去只寻找具有同样兴趣的同伴。虽然大多数动漫迷看来能适应社会，应对日常生活也不存在严重的障碍，但仍有一些人逃避社会，把更多世界消耗在动漫的虚幻世界中。与这些年轻人打交道的人（教师、图书管理员）及其父母对此的反应仍未知。

动漫有许多形式。最常见的类型都以探险和奇幻为主题，但也有些会提供精心制作的另一个世界，还有非常暴力和绘声绘色表现色情的动漫。虽然鲜有成人和机构的正规赞助，但动漫迷仍会彼此帮助，努力在学校、图书馆或者社区中心成立俱乐部，在此观看和讨论他们喜欢的故事和人物。他们会组织全州至全国范围的动漫大会。动漫制造和零售业在其中发挥的作用未知。在动漫大会上，他们会讨论和分析动漫故事，还会参加动漫真人秀或称化妆表演（日语称“cosplay”）。可看见许多年轻人装扮成喜爱的动漫角色，欣赏彼此的化妆，并模仿卡通人物互动。销售给动漫迷的商品很多（海报、衣物、饰物等），但对制造商和销售商仍知之甚少。

研究目标和程序

1. 研究目标

这是一项探索性的质性研究，我们要描述动漫迷的文化。我们的目标是收集基本的信息，以备将来的研究之用。

2. 研究参与者

研究者和经过训练的助手会到俱乐部、动漫大会上或通过动漫迷推荐寻找动漫迷。参与者的准确人数并不清楚，因为这是一项探索性研究，针对的是未知的领域。采用目的抽样和雪球式（推荐式）抽样，我们可以找到额外的动漫迷。我们希望至少能找到 30 名动漫迷进行访谈。参与者的年龄、种族、性别构成都是未知的，但很可能男女各半，包括所有的种族群体，年龄在 13~30 岁之间。13 岁以下的人将排除在研究之外。

3. 研究程序

研究者和经过训练的成年大学生助手会运用参与性观察技术亲自在公开场合观察粉丝的行为，进行非正式的闲聊谈话，并与参与者预约访谈。在实地场合我们会记一些简短的笔记（例如姓名、住址和电话），但在观察之后我们会详细记录俱乐部的活动和大会上的事件。

在会议和大会现场，我们会收集动漫迷的姓名以备将来访谈，或在俱乐部会议结束之后或动漫大会期间进行访谈。访谈是开放式的，并且进行录音。请看附录中的问题或话题。在访谈和录音之前，我们会向参与者解释本研究的目的，告诉他们可以自己决定是否参与研究。我们会记录参与者的姓名，但会保密。我们会公开参与者的个人特征（年龄、性别等），但会避免这些信息泄露参与者的身份。因为某些动漫迷不到 18 岁，在访谈前我们会征得他们父母的同意。

我们预计访谈持续的时间不等（10分钟~1小时），分为数段在半隐秘的场合（如房间的角落、饭店的餐桌上或包间里）进行。要提的问题并不在访谈之前就定下来，但会从总的话题单里(参见下文)选取。根据参与者初始反应的不同,我们会提不同的问题。我们会听录音，做笔记，但不会把对话内容全部誊写下来。在征得同意时，我们可能会对大会和参与者拍照，收集物品（如请柬、大会手册等）。我们会记录大会上销售给粉丝的商品的类型（T恤衫，海报等），以寻找动漫商品的模式和趋势。

4. 结果预测

作为一项对相对未知的领域的探索性研究，我们只能推测可能的结果。我们会描述动漫迷的活动（俱乐部、集会等等）和所访谈粉丝的特征。我们会寻找俱乐部或大会中重复出现的主题和模式，考察动漫迷对话中以及有关粉丝的社交活动的主题。我们将利用该研究结果开展对动漫亚文化更为系统的研究。

5. 计划与预算

计　划

第1~2月　寻找粉丝俱乐部和获知动漫大会的日期和地点，浏览互联网站点。
第3~4月　走访俱乐部和大会，访谈粉丝。
第5~6月　汇集和整理收集到的材料和实地笔记进行分析。

预　算

设备费
　笔记本
　录音机和电池
交通费
　前往俱乐部和大会

附录

访谈中的问题包含以下话题：

- 你多大年龄？如果在读大学，专业是什么？ GPA多高？

- 你有兼职吗，做什么？
- 你的职业目标是什么？对未来有什么志向？
- 你喜欢的动漫电影或人物是什么？这么多年发生过变化吗？
- 你第一次对动漫产生兴趣时多大？请详述。
- 动漫吸引你的原因是什么？
- 你的兴趣或最喜欢的事发生过变化吗？
- 你一周观看几个小时的动漫？
- 你私人收藏有几部动画片？
- 你通常多久与朋友一起讨论一次动漫？
- 你认为的好友有几个是动漫迷？
- 你会参加动漫真人秀或其他动漫迷的社交活动吗？
- 除了动漫你还有其他兴趣或爱好吗？
- 如果你有社交活动，针对动漫的占多大比例？
- 每个月你在动漫上花多少钱？
- 除了动漫之外，你还对日本的其他方面感兴趣吗？
- 你有曾经对动漫感兴趣但后来放弃的朋友吗？
- 你和动漫迷朋友会谈论什么话题？
- 你对动漫什么内容感兴趣，它带给你什么感受？
- 观看动漫时你曾经感觉非常愤怒或不安？
- 你喜欢哪类，讨厌哪类动漫？
- 最令你兴奋和厌倦的动漫类型是什么？
- 你对不喜欢动漫的人有什么看法？
- 你会看或玩与动漫有关的电视游戏吗？
- 总体上，你是什么样的学生？
- 动漫与你的学校功课如果有关的话，有何种关联？
- 在对动漫的兴趣上，你还衍生了其他兴趣和爱好吗？
- 你认为你会一直热爱动漫吗？为什么会或不会？
- 你会鼓动比你小的人了解动漫吗？
- 你会怎样形容你与父母的关系？
- 动漫是否与你的性方面的事情或对性的兴趣有任何方式的关系？

只适合成年参与者（18 岁及以上）的话题

- 目前你观看动漫时，是否曾饮酒或使用毒品？

- 你以前（18岁以下）观看动漫时，是否会饮酒或使用毒品？
- 在你的性伴侣之中，是否很多人也对动漫感兴趣？
- 观看动漫时你是否有性唤起？

研究计划案例：美国国内日本动画狂热者的定量研究

导言与理论

我们都会“消费”许多流行文化商品，例如媒体形态的商品（如视频或音乐）、餐饮、电子产品等。大部分商品都是面向普通大众的，但有些是面向特定用户的。专业产品会吸引成为狂热者的极少数人。有时，狂热者彼此会建立社交关系，交流信息，讨论产品细节。他们不仅是休闲的消费者，而且还有兴趣研究、收集产品并成为本方面专家。通过互动和沟通，他们可能建立围绕此种产品的独特亚文化。如果文化产品非常独特或者难以理解，需要专业知识，或者在某个地域或特定年龄的群体中拥有狂热的信徒，就很可能形成该文化产品的亚文化。

在亚文化形成的早期，狂热者可能会会面交流信息，制作出版物或建立俱乐部。粉丝们会将他们自己与对此种商品不熟悉或缺乏兴趣的“圈外人”隔离开来。他们对商品专业知识的了解和操作技能的掌握，能帮助他们提高自尊，赢得具有相同喜好的同道中人的尊敬。媒体形态的商品比其他任何文化产品都能更快地改变“时尚”。年轻人往往对20世纪晚期和21世纪早期出现的新媒体更感兴趣。年轻人的家庭负担和工作职责相对较少，有一定的消费能力，因此他们是流行媒介商品最主要的消费者，很可能成为跟随特定商品、艺术家、音乐人或某种流派形式左右的“粉丝”。随着全球化的进程，有些文化商品，尤其是新媒体商品，已经跨越了国界的限制，成为许多国家的热销商品。文化商品也成为发展中的国际青年文化的组成部分。

研究问题

本研究要考察痴迷日本动漫这种文化媒体商品的美国粉丝。日本的艺术家、作家和出品商创造了动漫。与大部分美国制造的动画媒体相比，日本动漫带有“不同的”外国特色或说异域风格。与传统的美国动画相比，日本动漫更多样，具有更复杂的情节和更饱满的人物，吸引了年龄范围更广的人。动漫主题大多采自日本，以美国人多数不了解的日本场景或背景为基础。本研究要探索动漫的以下几个问题：

1. 具有“异国风情”特点的动漫能否吸引感到自己身处美国文化主流之外的美国人？
2. 动漫中某些内容或主题与最近出现的性别议题有关，那么吸引男女两性的是各自不同的内容或主题吗？
3. 久而久之，动漫迷是否会对动漫的起源国（日本）或其文化感兴趣？

每个研究问题都有深远的意义。随着全球化的进程，人们会接触到更多的异国商品。主流文化是有些同质化的，不属于它的人可能觉得外国商品更有吸引力，是一种表达他们相异感或个性的方法。外国文化商品的一个特点是，它们可以为人们提供一系列替代的社会关系或者文化观点，即使把它们付诸实践并不现实或者很难实行。如果源于外国的文化商品能纳入该国或其文化的某些元素，该商品狂热的消费者可能会对这个国家及其文化感兴趣，这是消费者对该文化商品的兴趣和忠诚带来的附加效果。

文献综述

已有数项对动漫商品的研究考察了动漫的主题和情境中借取自日本文化的故事、人物和情境（见参考文献）者。动漫电影可以分为几大类（奇幻、探险等等），并且某程度上依观众年龄和性别而分。男性和女性人物通常都具有超能力，若干动漫系列的主角的性别能变化或者非常模糊（见参考文献）。其他关于动漫工业的研究则强调其快速发展，以及与其他媒体、日本风格的漫画和视频游戏的关联（见参考文献）。有些理论家强调，动漫已成为跨越国界的青年文化的一部分（见参考文献）。

只有两项研究（见参考文献）考察了动漫迷。一项未发表的研究发现，大学生动漫迷一开始被动漫吸引时，对日本知之甚少，也无丝毫兴趣。另一项研究是一篇博士论文，发现虽然许多动漫迷看起来符合“怪人”或者“呆子”的刻板印象，但不是所有的动漫迷都这样。所有动漫迷确实都对媒体（电影）和相关的媒体商品（视频游戏）有着浓厚的兴趣，并且大部分人在小时候就表现出对动漫的兴趣。

假　设

假设 1：“主流”爱好或兴趣越少、“主流”好友越少的人可能成为越狂热的动漫迷。

假设 2：女动漫迷比男动漫迷更会认同双性化或性别模糊的主角。

假设 3：狂热和忠诚的动漫迷最有可能希望了解日本文化，学习日语以及参观日本。

方　法

1. 样本

总体是13~26岁，自认为是动漫迷的人。我们对动漫迷的定义是这样一类人：参加动漫主题的俱乐部会议或大会，或者描述自己的主要爱好是观看动漫电影，衣着和举止像动漫人物一样，或者经常与其他动漫狂热者谈论动漫电影。

我们从大学、中学、当地社区动漫俱乐部及动漫大会中分层随机抽取了200位粉丝的样本。首先，我们要选出10个动漫俱乐部或大会，并多次参加他们的会议，以获取与会者或成员的名单列表。其次，我们要构建抽样框架，包括俱乐部成员、参会者和在俱乐部与大会上自我描述为粉丝之人的姓名、年龄、住址、电话号码和电邮地址。再次，我们要把抽样框架分成两个年龄组：（1）13~18岁的粉丝，（2）19~26岁者。最后，我们要从每个年龄组随机抽取100个人名作为样本。

我们会与每个抽取的人联系，预约访谈。对于18岁以下的人，我们会采用两个阶段的研究。首先，我们会联系该名被抽取的动漫迷，要求提供父母一方或一位法定监护人的姓名、住址和电话号码。在约定访谈时间之前，我们会给该家长或法定监护人邮寄一封知情同意书，详细解释本研究，并请求他们允许我们访谈这名法律上未成年的被监护人，随信附寄一张贴好邮票的回信信封。在7天之内没给我们回应的父母，我们会打电话提出口头要求，并再次邮寄知情同意书。

如果我们利用电话、邮寄信件或电子邮件尝试6次之后，仍无法联系样本中的人，或者未得到访谈许可，我们将从同一个按年龄分层的抽样框架中随机抽取替代受访者，直到有200个人同意接受访谈为止。

2. 数据收集程序

对每一个受访者我们都将进行面对面或电话访谈。我们估计面对面访谈和电话访谈各占一半左右，这取决于工作安排和后勤保障。我们会请求受访者同意对所有的电话访谈录音。在受访者同意录音之后，正式访谈之前我们将宣读知情同意书。对于面对面访谈，我们会请求每位受访者签署知情同意书。对于18岁以下的人，既要获得其本人的知情同意，又要获得一位家长或监护人的知情同意。

我们会在任何可利用的公共场所（学校操场、大型购物中心或饭店）进行面对面的访谈，但不会让其他人参与或者监听。调查问卷完成后，我们会答应给受访者邮寄一份研究报告的副本，如果受访者还有其他疑问，我们会给他们联系方式。我们将给问卷编号并储存。在最先的20份问卷填写完成之后，我们将开始把每份问卷上的数据输入计算机统计程序。

我们预计平均对每次访谈需要花 10 分钟选定受访者和安排访谈，访谈本身要持续 15 分钟左右。我们估计每次面对面的访谈动身前往现场与受访者碰面需花 20 分钟左右，而把每份电话访谈记录誊写下来需要 20 分钟。要完成所有的 200 次访谈将需要 33 个小时来选定受访者和安排访谈，50 个小时的实际访谈，67 个小时的交通和誊写时间。

3. 变量测量

把多个调查问题组合起来我们可以从总体上测量三方面:（1）成为“呆子”或“怪人”或说游离在美国主流文化之外，（2）在累年观看动漫、与动漫迷和其他粉丝消磨时光和表达对动漫强烈兴趣的基础之上，成为忠诚的动漫粉丝，（3）有兴趣了解日本及其文化。我们预计问卷包括 40 个项目。一些将出现在最后问卷上的问题初稿示例如下：

变量名称	问卷项目
1. 性别	你是____男性____女性____男同、女同、双性恋或变性人
2. 年龄	你多大了？____
3. 就学	你现在在上学吗？如果没有请回答下一道题。如果上学，哪类学校 / 年级____
4. 起点	你在什么年纪开始经常观看动漫？____
5. 游戏	你玩视频游戏吗？不玩跳转 #8，如果玩，有多频繁？____每天____一周 2~3 次____每周____不经常
6. 游戏 1	你最喜欢的 2 个游戏是（1）____________________
7. 游戏 2	（2）______________
8. 收藏	你私人拥有多少张动漫 DVD 影碟？
9. 频度	你观看动漫有多频繁？____每天____一周 3~5 次____大约一周一次____一个月若干次____一个月看不了一次
10. 地点	你经常在哪里观看动漫电影？__________
11. 朋友	你最好的 5 个朋友之中，动漫迷有几个？____
12. 独自	回想最近 10 次你观看动画电影的情形。10 次之中有几次你独自一人观看？____
13. 喜好 1	说出你有生以来最喜好的四部动漫电影，（1）____________
14. 喜好 2	（2）____________
15. 喜好 3	（3）____________
16. 喜好 4	（4）____________
17. 人物 1	说出你有生以来最喜好的两个动漫人物，（1）____________
18. 人物 2	（2）____________
19. 商品	你是否拥有任一与动漫有关的商品，例如海报、衣物、填充动物等等？如果没有跳到 #21，

20. 类型	如果拥有，是何种商品，类型是什么和数量有多少？________________
21. 真人秀	你是否曾经穿上化装用的服装，扮成动漫人物？____是____否
22. 日本 1	你是否读过关于日本历史或社会的书籍？
23. 日本 2	你是否去过日本旅游？如果去过，跳到 #25，
24. 日本 3	你对去日本旅游有多感兴趣？____极其____非常____有些____一点____根本不
25. 俱乐部	你是动漫俱乐部会员吗，____不____是
26. 大会 1	你是否参加过动漫大会？如没有跳到 #28，
27. 大会 2	过去三年之内你参加过多少次动漫大会？____
28. 朋友的性别	你最好的 5 个朋友之中，有几个与你同性别？____
29. 网络	你浏览与动漫有关的网站有多频繁？____从不____一月一次____一月几次____一周一次____一天一次或多次
30. 杂志	你订阅了动漫杂志吗？____是____否

时间安排

第 1 个月	获取伦理审查委员会（IRB）的许可，继续进行文献综述，准备完整问卷的草稿，列出动漫俱乐部和大会的列表。
第 2~3 个月	拜访动漫俱乐部和大会，收集人名，构建抽样框架，使用预测验问卷。
第 4 个月	抽取人名的随机样本，取得 18 岁以下动漫迷父母的同意，修订问卷，开始安排访谈。
第 5~7 个月	联系和安排所有的访谈，开始访谈。
第 8 个月	完成最后的访谈，开始对数据编码，输入计算机程序。
第 9 个月	完成编码，利用统计程序分析数据。
第 10 个月	把结果写成研究报告，并展示研究发现。

预算估计

设备和服务费
- 打印和邮费
- 录音机和电池
- 电话

交通费
- 前往动漫俱乐部和大会
- 前往访谈
- 前往学术会议做最终的报告

劳务费
- 文案杂务费
- 访谈员费
- 录音誊写费
- 数据录入费
- 统计分析费

附录 B：数据和文献研究

线上统计资源库

研究要有最新信息的支持，这一点很重要。许多线上的数据库都能提供研究者感兴趣的各种最新统计资料。举例如下：

Albany.edu/sourcebook：刑事司法统计资源库有 600 多张表格，涵盖美国刑事司法的各个方面。

CDC.gov：美国疾病控制与预防中心可以提供健康统计信息，是美国出生和死亡数据最好来源。

Census.gov：美国人口普查局可以提供非常多的人口统计数据，包括《统计摘要》（Statistical Abstract）的在线入口。

Fedstats.gov：该网站能提供来自 100 多个美国联邦政府机构的数据和信息，还能链接到许多其他有用的数据源。

Gallup.com：盖勒普民意调查是关于公众意见统计的优秀数据源。这类信息有些可以在线上免费获得，有些则需要付费订阅。

ICPSR.umich.edu：政治和社会研究的校际联盟是世界上社会科学统计数据规模最大的档案库。该网站拥有的数据集可以用统计软件进行分析，不过也提供基于收集的数据的出版物。

NCES.edu.gov：全美教育统计中心能分析和提供来自美国学校的数据。

Thearda.com：美国宗教数据档案库有美国的人口统计学、教会成员和宗教活动的数据。

搜索文献的数据库

能以电子版获得的专业期刊和研究论文看似无穷无尽，而文献数据库能帮助你浏览它们。许多大学院校的图书馆都订阅了一些数据库，很多情况下可以让学生下载论文全文。文献数据库示例如下：

EBSCO：美国的大学图书馆都能免费连接 *EBSCOhost*，该文献数据库能让用户搜索海

量的大众和学术出版物。

ERIC：通过网络能免费访问，*ERIC* 数据库可以提供关于教育研究与实践的一百万份以上未出版文档和已出版的论文。

Ingentaconnect：Ingenta 数据库能让用户搜索大部分主要期刊出版商的海量摘要。该数据库是根据学科浏览期刊的优秀数据源。

JSTOR：JSTOR 数字化地储存了成百上千的学术期刊，包括历史档案。通过该数据库，研究者能搜索过刊文章，涵盖 40 多门学科。

MEDLINE：MEDLINE 有超过 1000 万条的生命科学和生物医学信息的可搜索条目。

PsycARTICLES：*PsycARTICLES* 是拥有美国心理学会出版的 50 多种期刊全文的数据库。

根据学科排列的同行评审的期刊精选

人类学与考古学

American Anthropologist

American Antiquity

American Ethnologist

American Journal of Archaeology

Annual Review of Anthropology

Ethos

Folklore

Man

犯罪学与司法研究

Aggressive and Violent Behavior

Crime and Delinquency

Criminal Justice and Behavior

Criminology

Journal of Criminal Justice

Journal of Criminal Law and Criminology

Journal of Interpersnal Violence

Journal of Quantitaive Criminology

Journal of Research in Crime and Delinquency

Justice Quartely

Law and Society Review

Victimology

教　育

American Educational Research Journal

Computers and Education

Contmporary Educational Psychology

Early Childhood Research Quarterly

Educational Leadership

Educational Psychology

Educational Researcher

International Journal of Educational Research

Journal of Education Policy

Journal of Special Education

Learning and Instruction

Literacy

Review of Educational Research

Review of Research in Education

Teaching and Teacher Education

Teaching Exceptional Children

普通商务与消费者行为

Administrative Science Quarterly

Advances in Consumer Research

Business and Society Review

Consumption, Markets and Culture

Harvard Business Review

Journal of Consumer Behavior

Journal of Consumer Culture

Journal of Consumer Marketing

Journal of Consumer Research

Journal of Marketing

人类发展、家庭研究与老年学

Child Development

Developmental Psychology

Families in Society

Family Relations

The Gerontologist

Human Development

Infant Behavior and Development

Journal of Adolescence

Journal of Gerontology

Journal of Human Development

Journal of Marriage and Family

The Journal of Sex Research

人力资源管理

Academy of Management Journal

Academy of Management Review

Human Resource Management

Industrial and Labor Relations Review

International Journal of Human Resource Management

Journal of Human Resources

Journal of Organizational Behavior

Organizational Behavior and Human Decision Processes

Personnel Psychology

Work and Occupations

政治科学

American Journal of Political Science

The American Political Science Review

Comparative Politics

International Studies Quarterly

The Journal of Conflict Resolution

The Journal of Politics

Political Behavior

Political Science Quarterly

Politics and Society

The Public Opinion Quarterly

Social Science Quarterly

World Politics

心理学

American Journal of Psychology

American Psychologist

Journal of Abnormal Psychology

Journal of Applied Social Psychology

Journal of Personality and Social Psychology

Psychological Bulletin

Psychological Methods

Psychological Review

Psychological Science

Social Psychology Quarterly

社会学

American Journal of Sociology

American Sociological Review

Annual Review of Sociology

Comparative Studies in Society and History

Current Sociology

Demography

Gender and Society

Journal of Health and Human Behavior

Journal of Marriage and the Family

Social Forces

Social Problems

Sociological Quarterly

社会工作

Affilia: Journal of Women and Social Work

Child Abuse and Neglect

Child Welfare

Health and Social Work

Journal of Social Service Research

Journal of Social Work Education

Research on Social Work Practice

Social Service Review

Social Work

Social Work Research

附录 C：不同研究方法的论文示例

下面三篇论文都是发表在专业期刊上的研究文章。到研究能进入这类期刊的时候，研究者通常已在自己的项目上做了数年的工作，用了许多本文介绍过的方法。这些特别挑出的、产生于研究的论文使用了以下研究方法：（1）实地研究，（2）调查研究和（3）实验研究。这里呈现的示例论文为了叙述方便，都为全文的精简版。要看全文请登录 www.myresearchkit.com/。

白人意味着你永远不必说你有种族特征：白人青年和“无文化特色”身份的建构

摘要：本研究考察了 2 所高中白人青年表现为“无文化特色”的白人身份的建构过程：一所高中以白种人学生为主，另一所是多种族学校。作者提出白人通过宣称他们没有文化特色，来维护他们的种族优越感。这是因为无文化特色的状态意味着某人要么是“规范”（据以判断其他人的标准），要么是“明事理的”（所谓少年老成）。利用民族志研究和深度访谈，作者主张在白人为主的学校，白人学生针对感到“正常”的事物和文化缺失感都会运用自然化（naturalization）的手段。（Pamela Perry, *Journal of Contemporary Ethnography*, February 2001, Vol. 30（1），pp. 56-91）

Valley Groves 高中是一所以白人为主的城市郊区公立学校，坐落在北加州的太平洋岸区。我问该校一位中产阶级家境的白人高四生劳里：“你会怎样描述白人美国文化？”她愣住了，一脸的困惑，似乎不理解我的问题，脑袋一片空白。我尴尬地重复道：“大概，你知道的，你认为白人美国文化类似什么？”“我无法告诉你，我不知道。”她再次停顿，紧张地笑了。“你思考它的时候，就像——（长久地停顿）我不知道！”距离 Valley Groves 中学 30 多公里就是后工业化城市 Clavey。Clavey 中学的突出特点就是其来自不同人种和族群的学生，大约有 12% 的白人学生。在与一位白人犹太血统、中产阶级家境的高四学生默里的访谈中，他与我谈论了很多美国的种族影响和白人特权问题。当我试探性地问他认为自己是白人还是犹太人时，他说，（文化自豪感）对我没有任何意义。对于我这不是个问题。我的意思是，我的多少代祖先或者他的整个一辈是什么人能对现在造成什么差别。那些不会影响我的人生……我现在仍然生活在这里。我必须确定在将来什么对我是最好的。我不能纠结于过去能带给我什么。

劳里和默里表达了种族类别“白人”对于各自的意义。虽然他们的回答迥异，但有一些基本的共同点：他们都认为白人的种族特点是没有文化特色。对于劳里，白人身份并非文化上的定义。她生活在其中却无法言明。它完全被当成理所应当之事。对于默里，文化意味着对传统和历史有着情感上的依恋。他在这一点上避开文化，活在当下，指向未来。

这些摘录都选自 1994~1997 年间我在 Valley Groves（一所白人为主的郊区高中）和 Clavey（一所多种族的城市高中）所做的质性研究。本研究侧重于两类在人口统计学方面迥异的背景对白人青年建构白人身份所造成的差异（如有）。我发现的确存在巨大的差异：Valley Groves 的白人学生反思白人身份或定义白人身份为文化及社会定位的程度，远不及 Clavey 的白人青年。而且，Clavey 的白人身份倾向于更加多样和彼此矛盾。

接下来，我要展示和解释人种志和访谈数据，以证明在 Valley Groves 中学，年轻人明确地把他们自己以及其他白人定义为没有文化的人，乃源于自然化的过程——被视为想当然和看来很“正常”、很自然的文化实践。本研究生动地说明了白人身份和校园文化的社会建构过程，从而促进了种族—族群身份形成理论的发展。（文献综述部分此处从略。）

方法与反思

在选择研究地点时，我要寻找两所学校：一所白人为主的学校并且位于白人为主的小镇或城市；另一所多种族、白人占少数的学校并且位于白人占少数的小镇或城市。我还需顾及这两所学校要位于相同的地理区域、具有类似的规模和教学水平，以及大部分学生要具有类似的社会经济背景，从而让这些因素尽可能保持“恒定”。我研究了美国不同城镇和城市的人口普查资料和学校统计数据，最终确定选择 Valley Groves（83% 的人口是白人）和 Clavey（12% 的人口是白人）。虽然 Clavey 位于城市而 Valley Groves 位于郊区，但 Clavey 在所有方面都与 Valley Groves 非常相似，除了种族组成。Clavey 的白人学生基本上都是中产阶级，这能让我集中研究两所学校的中产阶级白人学生。

我花了两年半在校园做参与性观察和深度访谈。日常活动包括与学生一起坐在教室里，在休息时间和午餐期间与他们一起活动，参加学校俱乐部的聚会，参与学生管理员咨询委员会等；我还观察与协助他们的课后项目和活动，例如校园剧、重大集会、体育活动、各年级的舞会。为了熟悉学生热衷的音乐和休闲活动，我结束工作后要听当地的说唱、节奏布鲁斯（R & B）、朋克、另类以及经典摇滚电台；购买了最流行的音乐艺人的 CD；前往地下朋克和另类音乐会演奏现场；阅读爱好者杂志和其他青年杂志；观看 MTV；研究学生为我录制的音乐；参加 Clavey 学生组织的一次大型通宵舞会。

虽然我看起来比实际年龄小（该研究开始时，我 38 岁），但我仍然努力缩小年龄差距给学生对待我的方式可能造成的影响。在校园里面，我不与其他成年人联系。我保证自己自在的同时又尽量穿得随意，这凑巧与学生喜欢穿的衣服类似：蓝色牛仔裤、凉鞋或运动鞋，T 恤衫或汗衫，除了四枚小耳环外没有其他珠宝饰物（其中一枚在一只耳朵上，另外一只耳朵上挂了三枚）。我让学生直接喊我的名字，不用高高在上的语气和他们说话，不评价他们，也不让自己看起来一副威严的样子。相反，我将学生视作权威，他们貌似也很喜欢这种尊重。这些努力，再加上我对学生一些流行文化风格的把握，使我与一些学生建立起了非常密切的关系，也方便了我大范围接触校园中不同的青少年群体以及小圈子。他们就在我四周去隐秘地点，玩食物大战游戏，打打闹闹，骂骂咧咧，疯疯癫癫，装聋作哑，我可以说在大多数情况下，我对学生的行为几乎没有任何影响。

我个人其他主要的外显特质（种族、性别和中产阶级或说知识分子的外貌）兼有积极与消极的影响。我更乐于也更容易与女孩联系。不过，在 Clavey 中学，我的确与一些男生建立了紧密的关系，以平衡我在该校的研究结果。同样地，我的社会阶级背景有时使我和某些参与者很难跨越阶级差异，尤其对工薪阶层出身的男生。但是，由于我的研究重点是中产阶级的白人学生，我自己中产阶级白人的背景似乎多数情况下有助工作。至于有色人种的学生，我也访谈了不少人，但我的种族对我与他们成群结队地在学校闲逛造成了不便。因为我研究的重点是白人学生，我不认为这一局限会削弱我的论点，但如果深入考察了有色人种学生的视角，肯定能进一步完善它。我在这两所中学正式访谈的学生超过 60 名。具体包括：Valley Groves 中学的 14 名白人学生，1 名菲律宾裔女性和 10 名黑人学生；Clavey 中学的 21 名白人学生，10 名黑人学生，2 名华裔学生，1 名菲律宾裔学生和 2 名拉丁裔学生。女性略多于一半。大多数学生都来自中产阶级，但有 6 名学生来自工薪阶层。我并没有随机地抽取访谈样本，因为我对谈话对象有特别的要求：自由派和保守派；白人，黑人，亚裔和拉丁裔；朋克族，嬉皮士，死党，另类，说唱歌手等；成绩好和成绩差的人；男孩和女孩；中产阶级和工薪阶层。

我努力通过多种方法找到受访者。多数情况下，我直接接近我在教室或者他们的小团体里看到的学生。我还去俱乐部集会上征人自愿参加访谈，实在难找时，也会请求学生推荐和介绍。访谈都在校园、咖啡店和学生住处进行，一般持续 2 个小时。学生及其家长都要签署知情同意书，这份文件解释了我要在两个人口统计学特点迥异的学校考察种族身份和种族关系。在访谈中，我会探察学生在学校的经历，他们对种族差异的体验，在种族上他们怎么看待自己，他们怎样看待其他种族的人，他们文化上的兴趣和其他明显的身份特点，以及他们赋予自己的兴趣和身份以何种意义。访谈和闲聊也是我与年轻人讨论我如何理解学校教育做法、青年文化以及其他校园周边事件的时间。学生都会坦率而开放地与我交谈；他们似乎都很渴望与能仔细倾听并尊重他们的成人交谈。

访谈都要进行录音并誊写。访谈内容和我的实地笔记都随研究过程进行人工编码和分析，以阐明表明我需要更深入研究或者改变研究重点的过程、实践、术语和概念。在分析的过程中，我广泛地阅读，查找有助于我分析观察结果的已有研究和理论。我最终的编码和分析都在没有软件辅助的情况下进行——只用了颜色记号笔、施乐复印机和许多报事贴。

Valley Groves 中学

白人的种族特点充满了 Valley Groves 的校园生活，不仅体现在人口统计学上，而且表现在文化上。Valley Groves 中学的主导文化引领着学生的社会组织和预期行为，与校园外的主导文化（即欧洲裔美国白人文化）紧密相连。这里所谓的“欧洲裔美国白人文化”是指美国的主导文化，由居住在美国的各人群的不同文化所构成，而主导文化的核心特征则起源于欧洲。这些特征包括来源于欧洲启蒙运动、英国新教和西方殖民主义的价值观和做法，例如理性主义、个人主义、个人责任、强烈的职业道德、自谦和征服自然。我还纳入物质文化，例如汉堡包、意大利面、纸杯蛋糕、游行和队列舞。由于在人数和政治上居于主导，白人一般具有某些共同的性情、世界观和身份。对种族保持中立或“忽视肤色”的世界观以及把自我视为常态的感觉，都是这种主导文化的表现。在 Valley Groves 中学，学生小团体和社会类别都围绕着“正常”相对于“另类”的二分法。“正常”意味着他们遵照主导文化和赋予他们的期望，而“另类”则反之。例如，当我问比利，他会怎样描述自己那群朋友，他答道：“很正常，我们不吸烟，不酗酒，不做坏事，（我们）只穿我们认为正常的服装。”“什么服装正常呢？”我问道。“不像轮滑小子那样穿得尺寸过大松垮，而且显然，我们不会穿戴牛仔帽或者牛仔靴。”

比利所指的正常衣服是在主流的百货商店，例如“The Gap”，都能找到的那种款式：宽松而不至于松垮的蓝色牛仔裤；棉 T 恤和女衬衫；背心裙；卡其短裤。参照那些着装或行动不正常的孩子，即可划出正常与否的分界线。例如，穿着过于松垮的裤子和肮脏上衣的轮滑者；头戴宽沿牛仔帽，脚穿手工皮靴，身穿紧身牛仔裤，上面还有黄铜大纽扣的“乡巴佬”；明目张胆地贩毒和吸毒的瘾君子。（“明目张胆”是这里的关键词，因为正如一位时髦的女孩告诉我的，“潮男都沾毒。他们只不过不想让任何人知道罢了。”）一名白人女孩卡莉认为自己是“嬉皮士”，而将非主流的孩子称为“叛逆者”。她说：“我称他们为叛逆者是因为他们认为这个社会糟糕。”

这种标准与另类的二分法没有与种族相关的评价标准。玛丽亚是名时髦的高四生，母亲是墨西哥后裔，她告诉我“第一批开始尝试新鲜事物的学生就是时髦的人”，这样的人也与学校的其他小团体合群。任何人无论其种族归属，都能成为时髦的人：轮滑者、瘾君子——甚至“死党”，根据 Valley Groves 中学的群体组成情形，这是白人比例最小的。加入群体的条件很简单，只要遵从该群体的行事方式和风格。因此，黑人孩子成了轮滑者后并不是“黑人轮滑者”，白人孩子成为死党之后也不会变成“白人死党”；他们分别只是“轮滑者”和“死党”。我访谈的一名白人轮滑者指着一群人中的一位黑人说：“这没关系，我们都喜欢在一起轮滑，一起闲逛。”当我问黑人学生白人死党是否会被人视为“相当黑人的人”时，他们平静地看着我说：“不会。”罗恩自己就是位死党，他说：“经常与我一起出去闲逛的一个哥们就是白人。他不是种族主义者，我们彼此认识好几年了。”几乎每次我与学校管理人员、教师和操场监督员谈话时，他们都会对我说：“这些孩子都是好孩子。”

在全校集会和活动上，美国白人标准的集体共识、强化和认可来自更多类型的个体：学校中成年人、其他学生以及校外的社区。这类事件表明存在一种是非、真假和白人文化的共识，但都是间接地表明，从不会说出口，从而不可明言。例如，返校节（庆祝学校橄榄球队的中学传统）是振奋校风的时间。但对于我却是绝佳的时机，可以观察学生的共同假设和规范期望，观察针对不同行为的奖惩情况。在返校周的一天，在校体育馆召集了全体学生的集会。听到震天的重金属音乐，白人学生像潮水涌向体育馆，并在不同区域的观众席上就坐。就在正式仪式开始之前，两名魁梧、强壮的白人男性（看似高四生）把一名小男孩（看似新生）拖进礼堂的中心，小男孩的脚和腿上都绑着银色的强力胶带。人群大笑并鼓掌。这两位强壮的家伙在空中挥舞着拳头，鼓舞人群，随后将小男孩拖下了中央舞台。在短暂的致意之后，学生领导委员会的成员开始介绍校橄榄球队和预备队成员。球员鱼贯而出，在体育馆的中央排成一溜。男孩们都是白人，除了后备队的 3 名黑人球员和校队的 2 名有拉丁裔姓的球员。每个球员在叫到名字时，都要出列向欢呼的观众致意。大部分球员致意时都显得有点害羞或谦卑，低头耸肩，脸颊通红。两名胆大的球员高视阔步地走了出来，试图鼓动人群喊得更响，但徒劳无功。随后，啦啦队蹦上了中央舞台，欢快地迈着步伐，之后排成队开始精心安排的表演。女孩们都有苗条的身材，有些到了骨感程度，穿着统一的紧身女上衣，尽显小巧。但她们却有与体格不符的力量。她们常规的动作都是强有力的体操动作，跟随重金属曲调的密集节拍，有着许多侧手翻、空翻和叠罗汉。造型完成后，顶端的女孩会默契地跳下，让同伴接住。长长的如丝绸般的金发在每一次动作特技时如降落伞般打开。整个表演过程中观众都屏息静气，专心观看，偶尔为姑娘们精湛的运动才能惊叹，直到表演结束。此时，啦啦队接受观众的鼓掌欢呼。

集会后的第二天是返校游行。游行从篮球场出发蜿蜒行进到住宅区的一条街。4 名成年男子跨上腾跃的马匹，披着彩色毛织披肩，戴着墨西哥宽边帽，引领着游行队伍前行。其中 2 名男子看似墨西哥裔美国人。前排的 2 人分别举着加州的州旗和美国的国旗。紧跟骑手的是两辆敞篷汽车，其中一辆是白色的雪佛兰巡洋舰，上面坐着（白人）市长，他郑重地向两旁人行道上的旁观者挥手致意。紧随市长身后的是游行乐队，高亢的音乐声沿途宣告着游行队伍的到来。由 8 名白人和 1 名黑人组成的女子舞蹈队在前面引领乐队，她们与乐队打击的节奏同步摆动挥舞着彩色的旗子。乐队的 50 位艺人大多数都是白人，除了 5、6 位属有色人种。他们以密集的方阵严整地行进，娴熟地演奏着各自的乐器。乐队之后是一排美国制造的敞篷小型载货卡车，前面载着校队和后备队的球员，之后是舞会上最夺目的“王室成员”——高四的“国王”和“王后”以及以下各年级的“王子”和“公主”——最后是满载毕业班的敞篷卡车，到处是尖叫声和欢呼声，好像今天是他们毕业日。

游行队伍在返回主干道之前要蜿蜒通过住宅区，然后缓慢地返回学校。自豪的家长们站在人行道上，拿着照相机。游行队伍经过社区居民的家时，他们都站在门前台阶上挥手欢呼。也有人手中抱着猫，身后跟着狗，透过大窗户的玻璃向外张望。这次返校集会和游行承载着许多预设观点、价值观、行为和典故，都凸显了欧洲裔美国白人的文化视角。返校游行展示了美国国旗和州旗、美国汽车、游行乐队、学校舞会明星，这些都是白人种族性、美国特性、公民性和性别行为准则共同作用下的让人惊异的产物。其中甚至有典故讲美国白人夺取墨西哥领土的胜利。并且，根据谁参与了游行，谁没有，白人的征服、统治、建国和工业等主题显得天衣无缝。游行并没有体现学校和社区里的其他文化，没出现菲律宾舞者、亚洲武师或黑人说唱歌手。庆典是由白人为白人表演的。总之，在 Valley Groves 中学，白人占主导，欧洲裔美国文化充满了整个校园生活。

考虑到这种社会文化环境，当我要求白人青少年描述白人文化时，他们无言以对；他们找不到语言来形容这种自然而然的文化。本文开头提及的劳里，曾绞尽脑汁描述白人文化，最终认输说：“我不知道！”时髦的白人高四生比利也有相似的回答。我问比利他认为白人美国文化在文化上有什么特异。在长久的停顿之后他只说：“嗯，”又问：“就是说，什么是美国文化？”我回答道:“啊哈，没错。”“嗯，（再次长久的停顿）——我真的不知道，因为它就（停顿）——像（停顿）——我不确定！我不知道！”不过，Valley Groves 中学的白人学生对于白人身份并不总是无言以对。如果我的问题涉及年轻人的社会经历和作为白人的身份，而非他们的文化，他们就能想出一些内容。并不令我吃惊的是，大部分告诉我作为白人意味着你没有文化纽带。与我谈话的学生会解释，他们有着复杂的欧洲血统根源，这种血统对于他们已经没有意义；因此他们“只是白人”而已。

Clavey 中学：白人特征不再是标准

Clavey 中学就像堡垒一样俯视一片稠密的城市天际线。学校的水平使全城学生慕名而来，招收了来自不同种族和族群的混合生源。白人占 Clavey 中学 2 000 名学生的 12%。黑人学生占多数，达到 54%。其次是亚裔学生（23%），拉丁裔学生（8%），菲律宾裔学生（2%）和一些太平洋岛民及美洲土著学生。在午餐的任何一刻，游览校园都能听到学生说标准的英语、黑人英语（ebonics）、厄立特里亚语、粤语、普通话、韩语、西班牙语、西班牙式英语、塔加拉族语、萨摩亚语、俄语和越南语等等。Clavey 中学教职员工的种族构成同样非常多样。校长是一位白人男性，但其他高级行政人员（两名副校长和一名教务长）都是黑人。所有的行政人员中，50% 是黑人，25% 是亚裔，25% 是白人。教师有 53% 的白人，30% 的黑人，8% 的亚裔，6% 的拉丁裔和 3% 的太平洋岛民。

Clavey 中学的校园生活迥异于 Valley Groves 中学。Clavey 中学的白人青少年每天都会近距离接触与白人特征显著不同的种族和文化要素。在学校的社会组织中种族是区分人们身份和确定个体从属团体的主要手段。Clavey 中学的分班轨道也体现了种族分离，尖子班中白人和亚裔学生比例高于全校，而差生班中黑人和拉丁裔比例高于全校。同样地，校园的某些区域是"白人孩子闲逛的地方"；另一些区域是"黑人（或亚裔、拉丁裔）孩子闲逛的地方"。学生的小集团和亚文化都有种族色彩，这样"正派人"（类似于 Valley Groves 中学的"正常的"孩子）、另类、嬉皮士和朋克族都属于"白人群体"；说唱歌手、运动员、小混混和时尚一族都属于"黑人群体"；电子舞蹈乐迷、移民后代、新移民和武师都属于"亚洲人群体"等。这意味着标志着认同某一小集团或亚文化的风格、俚语、方言和举止，同时也是推断识别种族的线索。简言之，朋辈群体的活动使年轻人变得种族化。

在谈到这一事实以及跨越界限尝试带有其他种族印记的风格或休闲活动要付出的代价时，来自萨尔瓦多共和国的移民学生格洛里亚对我说："对于我的种族，如果你开始穿戴许多黄金饰品，你就企图变成黑人。如果你试图编发辫，就有人指责你想变成黑人。我很害怕做这些事情，因为有人可能会说'黑人才那么做！'或者如果你是拉丁裔，你听，你知道的，绿日乐队——这类音乐（另类摇滚）。如果你听这种音乐，那么你就想成为白人……'天啊，为什么你听这种音乐？'他们会这样说……你对你现在的身份不自豪吗？"与 Valley Groves 中学不同的还有校园的主导文化。在整个 Clavey 中学，黑人青少年占据大多数开放的公共场所，黑人流行文化的形式和做法影响着学校的文化标准。这里"黑人流行文化"指源自黑人社区的音乐、风格和其他有意义的做法。Valley Groves 中学的着装规范与成年白人主流风格偏离不会太远，而 Clavey 中学则不同，黑人嘻哈（hip-hop）风格的基本元素已经推广为所有年轻人的标准风格。一位受访者称其为"一刀切"风格，因为它让所有人的穿着都"一样"。这类着装的基本风格包括：整洁、尺寸过大、松垮的牛仔裤或宽松长运动裤；长而大、无褶皱的开衫 T 恤或带头罩的运动衫；大而笨重的风雪大衣；光洁的运动鞋。这身装束对于男孩特别多见，但女孩的着装风格也会受其影响。只有在学生想突出与众不同的风格和 / 或种族认同时，他们才会对这一基本的、松垂的着装主题加以装饰。邓肯是一名中产阶级出身的白人孩子、轮滑者和"锐舞"爱好者（经常参加锐舞聚会），他对我说："我们全都穿着袋形裤，对吗？父母们都是这样想的！但你会发现跳锐舞的人都截断了他们（松垮的）牛仔裤的裤腿，他们穿着垂在裤子外的大号 T 恤，不论去哪里都背着装满杂物的包裹。”

邓肯特别指出的“锐舞者”的风格被其他学生称为“白人”风格，尤其是底部截断的大裤子。白人孩子风格的其他标志有范斯鞋，而非耐克或斐乐牌子（这两个品牌是黑人标志），以及带流苏花边的或银制的项链。校园正式和非正式的活动也都受到黑人流行文化的影响。在课间或者午餐时间，周围喧嚣的闲谈声中有黑人英语的发音、词汇和屈折变化，以及最近兴起的“街头”俚语。午餐时光、学校集会和舞会都伴有活跃气氛的音乐，主要为说唱和节奏布鲁斯，偶尔有雷鬼乐或者特别要求的电子乐和另类歌曲。学生们常在自助餐厅前的台阶上表演说唱，或者应观众要求表演一曲自由发挥的嘻哈舞。

Clavey 中学的返校周与 Valley Groves 中学一样，都是团结全体同学，鼓舞集体精神的时间。学生领袖尝试了利用学校中多样的兴趣与文化，举办的“时装秀”有传统服装又有民族服装，还有让学生打成一片的各种游戏。午餐时，他们会演奏多种音乐，从节奏布鲁斯到电子音乐和另类摇滚，但非裔美国人和加勒比黑人艺术家唱的歌最多。重大活动（集会和比赛）的参与者和主要表演对象是黑人占大多数的观众。在“大比赛”当天的午餐期间召开集会。学生们（绝大部分是黑人）踩着说唱歌曲的节拍拥入礼堂。学生会主席致辞后集会正式开始，接着由 3 名黑人学生演唱无伴奏的灵魂歌曲。随后啦啦队，包括 1 名白人和 10 名黑人女孩，跃到了体育馆的地板上。她们精心编排的动作流畅、合拍，就像舞蹈一样，有取自传统和当代非洲和美国黑人舞蹈的动作。依着欢快的节奏布鲁斯富有感染力的节拍，姑娘们欢快地向欣赏的观众们抛着媚眼，摆手示意，眉目传情。好几个男孩没抑制住与她们对舞的冲动，跳到地板上加入了女孩们的队伍。其他人，男孩和女孩都一样，站起来摆动身体，或者就地起舞，直到表演结束。之后，校橄榄球队点名集合，在礼堂的中央排成直线。球员除了两名白人男孩和一名拉丁裔男孩都是黑人。叫到每个球员的名字时，该球员要上前数步，笑纳人群的欢呼。每个人都很自豪，享受成为众人焦点的快乐时光，在空中挥着拳或者可能跳一小段舞，让观众的狂呼高涨。

Clavey 中学的返校游行并没有走入社区。在比赛时，一小队车辆载着刚选出的学校“皇帝”和“皇后”环绕球场。也没有游行乐队，但备受赞誉的校福音合唱团在中场唱了几首欢快的歌曲。简言之，Clavey 中学的校园生活充斥着象征多数派黑人学生的身份和文化的风格、音乐和活动。这对于白人学生的经历和身份有着一些重要的影响。首先，白人不论在人数还是文化上都不再是常态。巴里是一名中产阶级的“正常”白人男孩，他告诉我：“学校对于我就像外国。我来到这儿，来到这片外国的土地，回到家后一切才变得正常。”当我问白人学生为什么他们不参加集会和跳舞，他们都说出类似的话：“我不喜欢这儿的人。”“他们不演奏我喜欢的音乐类型。”“我不会跟着那样的音乐跳舞。”总而言之，透露出的信息就是他们无法与主导的学校文化共鸣。在 Clavey 中学，与我谈话的所有白人学生多少都能谈点白人文化。所有人在一定程度上都反思了这一问题，即使只是深思对它下定义有多难。有些孩子针对白人文化能说出很多内容。一名中产阶级的白人女高四生杰西全面地阐述了她注意到的白人、菲律宾人和华裔美国人朋友在食品消费上的态度差异，她还评论了在加州之外的地方白人文化对于她有多明显。她说："明尼苏达，丹佛……这类地方。似乎……你知道的，一切都在正常运转——啤酒面包、波尔卡舞、游行、苹果派，诸如此类。" Clavey 中学的白人学生最让我震惊的并不是他们明确说出的白人文化，而是他们意指的内容。在我们讨论他们喜欢的音乐类型及原因时，白人学生告诉我，他们喜欢摇滚或朋克或另类音乐，不喜欢说唱和节奏布鲁斯，因为"他们的"音乐更多地表达了他们作为白人的"兴趣"或经历。例如，克尔斯汀和辛蒂是好朋友。她们都来自中产阶级家庭，当时都还是高一生，喜欢另类摇滚。克尔斯汀是欧洲裔美国白人，辛蒂是白人与华人混血，虽然她无可否认地"看起来像白人"，只与其他白人青少年闲逛。我问她们为什么她们认为学生们在校园里容易自我隔离。辛蒂说："我认为存在……让有些人感到他们与其他种族的人没有太多共同点的因素，一定程度上是这样的。因为你们偏好，比如，不同的音乐格调、不同的着装风格。而且，朋友们所想的也不同。"克尔斯汀说："或者周末喜欢做的事不同。"辛蒂说道："是啊，所以我想这就是分离种族的事物。"克里斯汀说："有点意思，因为我的音乐兴趣变过……似乎（在初中）每个人，不管是黑人、白人还是亚裔……都收听（当地的说唱和节奏布鲁斯电台）。但现在我认为当你还是小孩时你不见得……有什么自我身份。随着你越来越大，越来越成熟，你，呃，发现你的'真我'是什么。所以人们的音乐品味就发生变化。（后来的谈话中。）我认为朋克更像'与父母相处不好'的音乐，而说唱更像'一起去杀人'的音乐。"辛蒂说："朋克……表达了一种很单纯的愤怒。就好像'哦，我与女友分手了'……就像这样的心情。说唱通常更多地与杀戮和黑帮有关——与我没啥关系的东西。"

这上述讨论中，克尔斯汀和辛蒂依据兴趣和休闲文化品位定义了白人身份和文化。所有学生都选用这种方式来说清楚种族和族群差异。在其背后是这样一种观念：不同的人生经验是造成不同品位的原因。有时，白人青年举出可明说的经验，认为这是白人的共同点或定义。克尔斯汀和辛蒂根据个体周边的群体类型所表达的与各类人相处的经验，经常为其他年轻人援引。有时，白人青年所说乃根据无形的感觉，但它很可能基于种族，或是情感、审美和道德方面的。举例说，他们听朋克或另类音乐时感受到这种感觉，但听说唱时则没有。

分　析

讽刺的是，即使 Clavey 中学的白人学生通过他们的流行—文化品位和休闲活动，界定了白人文化和身份，他们也把白人种族性想象为没有文化特色的、后文化的。这一点当然不如 Valley Groves 中学明显。当白人学生把有色人种视为具有"种族性"或"族群性"的人时，就可以看到苗头了，似乎白人这两者皆无。蒂娜是一名工薪阶层的高一生，在上学生涯中一直属于种族上的少数派，有许多亲密的黑人和拉丁裔朋友，告诉我"(她的）家庭有各种族群的人……拉丁裔、韩裔。我们都相处融洽。"她这样说的意思是白人亲戚已经通过婚姻走出了白人民族性、与其他文化、族群特征交融。两所中学的共同点还有对白人外显和内隐的定义都包含空洞、没有意义、平淡和没有传统。埃里克谈到了所有这些："我认为对于美国人（要定义白人文化）更困难，因为美国文化简直完全是消费。在美国，我们要购物，这就是我们文化的基础。如果你问想来美国的人？——他们要东西。电视是美国的特色。我们没有悠久的传统。……我们失去了很多，因为美国是个神奇的大熔炉。我听过一个色拉盘的妙喻——美国就是这样，带着调料，并把一切调成了某种口味。所有的蔬菜都打上了美国白人的印记。"还请注意，埃里克把"白人"等同于"美国人"，直到最后一句话特别指出"美国白人"。这是白人经常犯的错误，因为白人的主导建构表现为不加族裔前缀的"美国人标准"。最后，几名 Clavey 中学的白人学生告诉我，他们不喜欢把自己视为"白人"，更愿意视为"人类"。这些学生表达了白人属性的外显理性主义的建构。它否定了过去取向的意义，颂扬个人主义的、以当前或未来为导向的自我建构。中产阶级白人男孩最直白地表达了这一点，鉴于他们是由种族、阶级和性别三重建构的最为理性那类人，他们的表现属意料之中。

结　论

研究种族和白人属性的学者已经明白，白人文化作为一种无形标准的建构在后民权运动时代是白人属性建构的最主要形式之一。但是，很少有人考察日常社交过程，白人正是由此开始视他们自己是标准和文化虚无的。我的研究表明，在 Valley Groves 中学，一所白人主导的学校，白人身份看起来没有文化特色，因为白人文化的做法被视为理所当然、自然化的过程，因此，学生不会反思，也不好定义。在 Clavey 中学，一所多种族的学校，白人文化并没有被视为理所当然，白人青年一定程度上反思过，并对它下定义，特别是通过他们在流行文化上的品位。然而，白人学生对其社会文化定位的反思部分地借助欧裔美国人的法理权威有色眼镜，并且学校结构和教育做法协助建构和巩固了此种权威。白人属性看来好、受控、理性和没有文化特色。其他种族看来则坏、失控、无理和有文化特色。这一论断在许多领域具有意义，包括种族—族群身份形成的理论。该论断提出文化的概念表示的不仅仅是围绕着数套有象征意义的做法而组织的生活方式。它还意味着"有"文化特色的一类人（因而非理性、低下）与声称没有文化特色的一类人（因而理性、优越）之间的权力关系。对后文化的白人属性在日常实践活动中的反复灌输方法，以及白人否定他们拥有文化特色所能获得的利益尚需进一步研究和思考。

全文请访问 www.myresearchkit.com。

有种族偏见的治安：公民知觉的决定因素

作者：Ronald Weitzer，Steven A. Tuch

摘要：美国警方有根据执法对象的种族选择措施的做法，即种族定性。目前围绕该做法的争议使警方的种族偏见问题备受关注。然而对警方种族偏见的严重程度我们仍知之甚少，对公众在此问题上的看法了解更少。本文分析了全美调查数据，考察了公民对不同形式的警方种族偏见的看法以及个人报告的与此相关的亲历。我们发现，对这些偏见的普遍性和可接受性的态度主要受到以下因素的影响：公民自己的种族、对警方歧视的个人体验以及接触对警方不端行为的媒体报道的频率。本研究结果支持了种族关系的群体—地位（group-position）理论。（© The University of North Carolina Press *Social Forces*, March 2005,83(3):1009-1030 ）

种族是预测人们对警方态度最可靠的变量之一。美国黑人比白人更可能对警方持有负面的看法，但对于拉丁裔的观点却知之极少。拉丁裔是与黑人类似，倾向于采取“少数群体”的观点；是在白人—拉丁裔—黑人的“种族层级”模式中采取中间立场；还是他们的观点与白人更为一致？现有文献不足以探讨这一问题。学界更缺乏关注公民与警方关系之中种族差异的实证研究文献。我们主张，部分解释存在于群体—地位理论之中，这是冲突理论的一种变式。群体—地位理论侧重于各方在物质奖励、地位和权力之上的群际竞争。种族态度反映了一种集体的“群体地位感”，随种族群体而不同，随种族群体而不同，包括（1）感知到的威胁：主导群体的成员害怕他们的群体会被竞争的种族群体夺去特权或资源，（2）感知到的利益：少数群体的成员相信，只要他们挑战现行的种族秩序，他们的群体利益就会得到提升。如果主导群体认为自己有资格拥有宝贵的资源，该群体自然会对服务于他们利益的机构有好感。刑事司法系统就是这类机构。主导的种族群体往往视警方为盟友，尤其在分化的社会，警方当前或过去是社会制度的支柱，主导的种族或族群更视警方为压制从属种族的工具。我们对群体—地位理论进行了引申，预测白人对于警方不端行为的指控往往会心存疑虑或者不屑一顾。相反，黑人和拉丁裔应当更倾向于认为警方经常凌辱少数族裔，是“多数人统治的明显标记”。群体—地位的观点强调感知到的（未必是真实的）对主导群体之利益的威胁。

我们的数据的确能让我们检验群体—地位理论的核心预测——具体即，白人会为警方辩护，反击种族歧视的指控；少数族裔则认为警方偏见是一个非常严重的问题。我们要检验以下假设：

假设 1：黑人和拉丁裔比白人更相信存在带有种族偏见的治安措施。而且，种族差异即使排除了经验、媒体和控制变量的影响也持续存在。

假设 2：接触媒体对警方不端行为的报道在所有种族群体中都会增强对警方偏见的知觉；

这种接触对黑人和拉丁裔的影响比对白人的影响更大。

假设 3：关于警方偏见的个人体验会在所有种族群体中增强对偏见的知觉；不过，这种体验对黑人和拉丁裔的影响比对白人的影响更大。

数据与方法

数据来自 2002 年对美国至少有 10 万人口的大都市区的成人抽样调查，样本共 1 792 人，包括白人、黑人和拉丁裔。样本能代表居住在城区和郊区家庭有电话的成人。我们委托了一家基于网络的调查公司 Knowledge Network 进行这项调查；它把概率抽样与互联网结合在一起，以获得有代表性的样本。该公司在全部有电话者总体组成的抽样框架基础上，使用列表辅助的随机数字拨号抽样技术。

自变量

种族 “种族”广义上包括基于自我认同的种族和族群。

警方歧视的体验 我们利用下列问题测量了人们对歧视性的治安行为的直接和间接体验：“你是否曾经感到自己仅仅因为自己的种族而在家附近或城里受到警方的不公正对待？”“你是否曾经感到只是因为你的种族或族群背景就被警方叫停？”平行问题指向间接经验，询问类似的经历是否曾发生在受访者家里的任何其他人身上。我们把所有的回答整合成一个指数，表示个体报告的对警方偏见的体验。

媒体接触 下列问题测量个体对媒体报道的警方不端行为的接触情况：“你（在广播、电视或报纸上）听到或读到美国国内警方不端行为（例如警方过度使用暴力、辱骂和腐败）的报道有多频繁？”回答的选项有 4 点量表上的“从未”“很少”“有时”及“经常”，分数越高表明接触越频繁。

控制变量

年龄（以年计）；性别；居住地点（城区与郊区）；地区（南方与其他地方）；教育（在 9 点量表上测量）；家庭收入（在 17 等级的量表上测量）。有 3 个项目测量受访者对街坊犯罪状况的评价：“整体来看，你（在白天或晚上）独自待在外面的街坊感觉有多安全——非常安全、有点安全、有点不安全或者非常不安全？”“你居住的街坊犯罪问题又多严重——非常严重、有点严重、不严重或者根本不是问题？”受访者对这些问题的答案都要被转换为编码，分数越高反映越不安全，感知到街坊更多的犯罪。

因变量

我们用4组问题衡量警方的种族偏见，每组问题结合在一起构成量表：（1）针对个体的种族偏见：“你认为在你居住的城市或街坊的警察是平等地对待白人和黑人，是对待白人比黑人更恶劣，还是对待黑人比白人更恶劣？”平行的问题要求受访者比较白人和拉丁裔。（2）针对街坊的种族歧视：“从美国整体来看，你认为对白人街坊的治安服务与对黑人街坊的相比更好，更差还是基本一样呢？”平行的问题要求比较白人和拉丁裔的街坊。（3）警方偏见：“你认为警员之中的种族或族群偏见有多普遍（在整个美国/在你居住的城市/在你居住的街坊）？”（4）种族定性：“许多司机都会发生小的交通违规，例如超速，有时很难说清楚为什么有些司机被警察叫停，而另一些司机却不会。你认为黑人司机因为同样的违规行为比白人更可能被警察叫停吗？”平行的问题要求比较拉丁裔和白人司机。测量对种族定性的支持，我们重复了1999年盖勒普民意调查的问题：“有报道说有些警员叫停某些种族群体的司机，因为他们认为这些群体的人更可能犯罪。这就是所谓的‘种族定性’。你支持还是反对这种做法？”

结　果

结果和统计部分的讨论此处由于篇幅有限从略。

结　论

种族建构了公民对警方种族偏见的观点，就如其建构治安的其他方面一样。在所有4个方面，黑人和拉丁裔比白人更可能认为警方偏见是个问题。不过，黑人比拉丁裔更可能知觉到这种偏见。本研究的结果探讨了文献尚未回答的警方与少数族裔关系问题——是黑人和拉丁裔有着共同的少数族群观点，或是种族知觉表现出白人—拉丁裔—黑人的种族层级。研究结果与种族—层级模式一致，黑人和拉丁裔存在显著差异。在某些问题上，拉丁裔比黑人感知到偏见的可能性要小很多。黑人比拉丁裔自己更可能感知到警方对拉丁裔的歧视。黑人比拉丁裔更容易被警方要求停车，因为他们的肤色使他们更容易被警方看到。但尚需进一步的研究来更全面地解释黑人及拉丁裔与警方关系差异的成因。

美国人普遍在原则上反对带有种族偏见的执法，但对公平司法原则的支持并不必然意味着个体认定司法系统正表现出不平等。我们的数据表明许多白人认为这一系统在公平地运作。超过四分之三的白人认为警方对待黑人和拉丁裔个体与白人一样；而绝大多数白人对于少数族裔和白人的街坊持有相同的观点。只有三分之一的白人认为警方对少数族裔的司机进行了种族定性——警方因为相同的交通违规比对白人更频繁地叫停他们。许多白人对警方歧视的存在持怀疑态度，或者认为它只是孤立的事件。黑人和拉丁裔比白人更可能报告他们本人或者家庭成员受到警方歧视。

对带有种族偏见治安的直接和间接体验影响着对警方偏见的知觉，即使已排除其他因素。反复接触媒体对警方滥用职权（即过度使用警力、辱骂和腐败）的报道是对以下信念有很强预测力的变量：存在警方偏见，并且非常普遍，不可接受。媒体对所有三个种族群体都有影响。经常听到或读到媒体传播的警方不端行为事件的人，更倾向于得出以下结论：警方有种族定性行为，存在偏见和对少数族裔的个体和街坊进行歧视。虽然研究公众对警方知觉者通常会忽略大众媒体，但它看来是影响这种知觉的重要因素。

我们对群体—定位理论进行引申进一步证明，公众对社会制度的看法受到群体利益和感知到的威胁影响。主导群体应当把警方视为维护己方利益的一种机构，而少数族裔应当更倾向于把警方视为导致己方从属地位的原因。这些预测总体上得到我们研究结果的支持。白人往往会淡化或忽视种族化的治安措施的存在，可能会把对警方种族主义的指责视为对一个受敬畏的机构的冒犯。黑人倾向于认为警方偏见很普遍，许多拉丁裔也有这种看法。

成为美国人：加勒比黑人移民群体中的刻板威胁效应

作者：Kay Deaux, Nida Bikmen, Alwyn Gilkes, Ana Ventuneac, Yvanne Joseph, Yasser A. Payne 和 Claude M. Steele

摘要：教育和就业的数据表明，第二代的西印度群岛移民所取得的成就并不如相对应的第一代移民，第一代通常能超越非裔美国人的比较组。我们考察了刻板威胁的社会心理过程，因为它影响了第一代和第二代西印度群岛学生的成绩。最初对 270 名西印度群岛学生的问卷研究记录了感知到的非裔和西印度人刻板的受欢迎程度、族群认同和对歧视的知觉。对刻板威胁的实验研究表明，代际和刻板威胁条件存在显著的交互作用：第一代和第二代的西印度学生在中性条件下表现相当，但在出现刻板威胁时存在显著差异。虽然第一代学生在威胁条件下表现提升，但第二代学生出现了本为非裔美国人学生特有的表现下降。（*Social Psychology Quarterly*, 2007, vol.70, no.4, pp. 384-404）

从 1965 年之后的各项移民政策变动开始，涌入美国的黑人移民明显增加。截至 2000 年的人口统计，外国出生的黑人占美国所有第一代移民的 12%，约占美国黑人总人口的 6%。虽然有些移民来自非洲，然而美国黑人移民的主要来源是加勒比诸国。在加勒比黑人移民中，社会科学家特别感兴趣的是西印度人（指来自那些最初为英国殖民地的国家者），因为存在两个竞争因素。一方面，这一移民群体的母语是英语，因而他们比其他移民有优势，因为后者有资格在美国求学或工作之前，必须学习新的语言。另一方面，因为这部分的移民大多数都是黑人，他们进入的国家肤色本身就成为歧视性待遇的依据。如果第一个因素（英语熟练度）占主导，我们会预测西印度移民在教育和就业方面表现出色，比来自母语非英语国家的移民取得更快速的进步。另一方面，就西印度移民受到基于肤色的歧视的影响来说，他们与白人移民相比会受到阻碍。的确，我们可以预见由于受到美国本土出生的非裔面临的同样歧视环境的影响，西印度移民可能会与这些群体一样面临许多心理问题。这里我们特别感兴趣的是西印度移民易受刻板威胁效应影响的程度，这一效应已表现为非裔意识到关于自己能力的负面群体刻板印象，该意识导致该群体成员表现的下降。

背景和理论

西印度移民的就业和教育结果 尽管有受到负面对待的隐患，西印度移民从传统的教育和就业指标来看都取得了成功。这些评价通常都是在与美国本土出生的非裔比较得出的。虽然对于西印度移民是否比美国本土出生的非裔具有收入上的优势，一直存在争论，但第一代西印度移民在就业和职业上的优势是确凿的。虽然第一代西印度移民全面胜过了美国本土出生的非裔，但他们的优势在第二代身上并不如此明显。的确，对第一代至第二代移民状况变迁的分析（通常称为分段同化模型）表明下行同化是一种可能的结果，那些最易受社会歧视影响的群体最可能经历下行同化。

刻板威胁可能的作用 刻板威胁的研究表明，当关于族群能力和潜能的负面刻板在“流传”时，就会妨碍该族群成员的表现。如果有关某个人的刻板据信很中肯，它就会带来威胁，他人会根据刻板来判断和对待此人。与本文工作特别有关的是考察黑人学生表现的研究。资料显示如果突显黑人智力的负面刻板，非裔学生在成就任务上的成绩就比白人更差。相形之下，如果族群性不突出，两组的表现就相当（在根据 SAT 分数修正后）。这些实验数据很重要，可以反驳主要依赖假设的文化倾向差异的解释。非裔和白人在学业上会有差异，但他们是否在某项特定的任务上有差异则取决于情境的特征，而非他们在能力上的天生差异或者框定他们生活的文化背景和社会结构。

文化中的特定刻板一般并不能保证西印度移民自己都意识到这些刻板。然而，资料显示关于美国黑人的刻板却为西印度移民知悉并赞同。就西印度移民认为他们的族群与美国黑人族群整体间存在有意义的区别而言，我们可能还会预测他们在刻板威胁的情况下表现会提升。这一刻板提升效应是指表现的上升。这一效应已为许多别人眼中没有形成自己负面刻板但却认识到与比较群体有关的负面刻板的群体（如白人、男性）证实。

在本研究中，如果西印度移民想当然地认为他们的族群比非裔美国人更有优势，想把他们自己与非裔美国人族群区分开来，那么就很可能出现刻板提升效应。

西印度人的族群认同 以前的研究者多认为个体的族群认同等同于类别定义，也就是说，如果生你的是意大利父母，那么你的族群认同就是做一个意大利人。最近社会心理学家认识到族群认同也是一种主观状态。这一点比客观描述特征更为重要。就像其他社会认同现象，必须考虑人们对自己的称谓。族群认同从以下两方面说是个人的选择；个体宣称的是何种族群身份，以及究竟是否根据族群特点描述自身。

假 设

我们假设第一代和第二代西印度移民之间的差别与对刻板威胁效应的不同易感性有关。具体地，我们预测第一代西印度移民对刻板威胁不敏感或免受其影响，因而当刻板突出时不会表现出成绩的下降。相反，我们预测第二代西印度移民会表现出与非裔美国人受试者相同的刻板威胁效应，也就是说，当声称测试为诊断性与非诊断性相比时成绩会下降。因此，我们预测刻板威胁条件和代际之间存在显著的交互作用。实验研究的目的是要检验此假设：第二代西印度移民与第一代相比更易受到刻板威胁的影响。此外，我们还要考虑可能的调节变量（例如族群认同）在多大程度上影响对假设提出的刻板威胁的反应。

问卷研究

本研究一共有 270 名西印度学生完成了最初的问卷调查。他们都在纽约城市大学各学院就读 4 年制本科。通过大学档案我们确定了属西印度血统的学生，并通过信件联系。此外，研究者还与 3 所学院的学生进行了直接接触，这些学院西印度学生占的录取比例都很高。所有同意完成问卷的学生都得到 10 美元的报酬。

问卷。问卷的目的是要评价许多与本研究假设有关的概念，以及有关的参与者背景材料。就理论框架而言，我们使用的关键概念是刻板知识和族亲认同。我们为探索可能的组间差异而收集的附加测量内容包括：对基于种族的排斥的敏感性和人口统计学的材料，含移民史。

实验研究

方法：为评价刻板威胁对西印度移民成绩的影响，我们进行了一项实验研究：一代和二代移民学生随机分配到激活和不激活刻板威胁的条件之中。实验目标是确定在这一特定的样本中，成绩是否会作为具体的实验条件的函数而改变。本实验使用了 2×2×2 的设计，包括的变量有学生代际（一代与二代），考试的诊断性（测量能力与不测量能力）和实验者的种族（黑人与白人）。

参与者：在完成问卷的学生样本中，选取 75 名学生（41 名女性和 34 名男性）参加刻板威胁的实验研究。参与实验的第一代和第二代学生人数大体相当（分别为 41 和 34 人）。因为自我划归的族群认同与代际存在相关，还因为族群认同分数的分布严重偏向于认同自己为西印度人，故而不可能根据他们的认同选择参与者，而不考虑代际状况。不过，我们的确试图尽可能多地从把自己更多地认同为非裔美国人，或者对西印度人和非裔美国人认同度相当的群体中招募学生。认同为西印度人的参与者总人数更多，这样做使两类参与者平衡。

步骤：参与者在校园的小房间里进行测试，每组人数从 1~6 不等。一次测试通常有两名实验者，保持团队肤色一致，从而能让我们系统性地考察可能存在的实验者效应。实验者团队的种族在各实验条件间进行随机分配。在一次典型的实验期里，第一代和第二代移民学生都混杂在一起，实验者也意识不到实验期里参与者的代际状况。

刻板威胁的操控：一位实验者向参与者朗读指导语，参与者可以跟读同样的文本，文字就印在他们小册子上的首页。刻板威胁的操控就包含在这些指导语之中，使用过去已证明能有效引起不同水平刻板威胁的任务描述。在诊断（刻板威胁）条件下，指导语强调本测验要评价学生的言语能力和缺陷。在非诊断条件下，把测验描述为改进测验的练习，用于评价测验本身而非个体的能力。

然后给参与者 25 分钟，要求尽可能多地回答问题。测试共 27 道题，选自 GRE 备考样题，对于研究的学生样本具有一定的难度。满分 27 分下的平均成绩是 9.8 分，这证明了本测试预期的难度。在分配的考试时间结束后，实验者要收集考卷，并给参与者须填写的实验后问卷，评价他们对本次测验、自己的成绩和考试环境的看法。随后向参与者进行事后解释，详细全面地解释指导语对成绩的影响方式和测验对常模的难度。实验者还要求参与者不要与学院里其他人讨论研究结果，直到本学期结束。

结　果

检验我们假设的主要方法是方差分析，这适合我们的使用的实验设计，也与其他刻板威胁的研究一致。3 个二分的类别是代际（一代与二代）、诊断条件（威胁与没有威胁）

和实验者的种族（黑人与白人），而测试成绩是因变量。

代际假设的检验

方差分析的结果显示，以答对问题的百分数为测量标准，并不存在诊断条件、代际和实验者种族的主效应。预测的代际和诊断条件在成绩上的双向交互作用是显著的，如图 1 所示。每种诊断条件下的简单效应检验表明，如果参与者认为测验没有诊断性，两代参与者之间的差异就不显著。这种差异的缺失具有重要的理论意义，因为它反驳了两代移民在动机、能力或文化特点上具有内在差异的观点，排除了这些可能造成结果差异的原因。我们反而发现如果测试条件在心理上处于中性，在困难的学业测验上实际上并不存在能力差异。相形之下，如果指导语强调测验的诊断性，两代学生的成绩就存在显著的差异。

为进一步探索代际与诊断条件之间的显著交互作用,我们做了许多统计分析。首先，考虑了居住在美国的时长可能产生的影响，将其作为一个因素。因为第二代学生在美国待的时间更长，他们可能有更多的机会接触美国的规范和文化，包括关于非裔美国人的负面刻板。然而，待在美国的时长对研究结果的影响相对较小。我们还考察了待在美国的时长和第一代的各种成绩测量标准之间的相关（分别计算诊断和非诊断条件）。结果没有发现显著的关系，这表明待在美国的时长虽然是一项常用的人口统计学指数，但并不是测量心理过程的可靠指标。此外，对性别差异的考察表明男女两性在诊断和非诊断条件下的成绩同样好。因此，两种实验条件下的代际差异看来十分可靠。

图 1 诊断和非诊断条件下第一代和第二代学生的成绩（正确百分数）

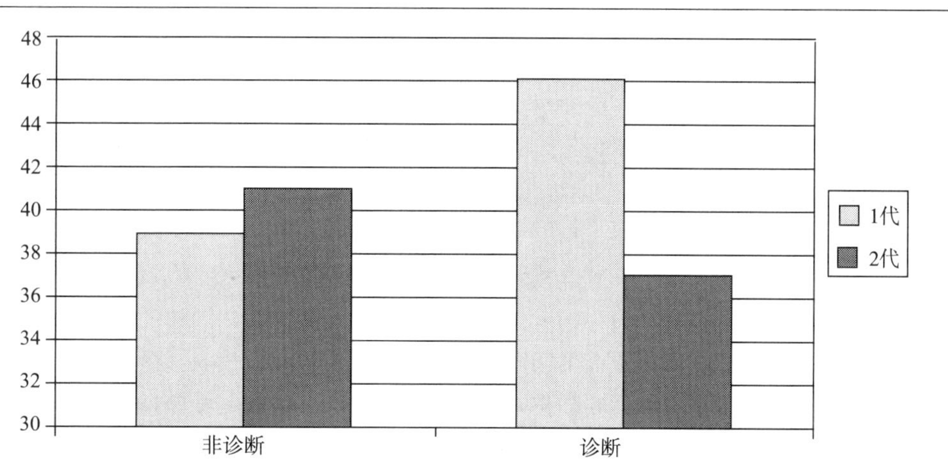

讨　论

第一代和第二代西印度移民之间宏观层面（如教育和就业成就）的差异在心理层面上有着对应的表现。虽然第一代和第二代学生在美国待的时间差别只有 11.5 年，但他们在刻板威胁下的成绩却有着显著的差异。两组人都会受到指导语的影响,但方向相反。第二代学生的表现与早先报告的非裔美国人类似。具体而言，刻板威胁出现时他们的成绩与第一代的比较组相比会下降，与非诊断条件下的成绩相比也会下降。如果实验条件未使刻板威胁明显，第一代和第二代学生的成绩就相同。

非诊断条件下第一代和第二代学生的相同表现，排除了其他的解释，例如假定两组能力或基本应试水平存在差异。两组的差异并不在于他们完成测试的能力（即他们的知识贮备和完成动机），而在于导致要承受其他影响因素的特定测试情境。而且，虽然这里我们不能检验，但研究结果使我们有理由质疑某些解释的正确性，这些解释把西印度人和非裔美国人的差异归结于素质因素，诸如移民选择性和能力或动机的差异。第一代移民对刻板威胁条件表现出一种很独特的反应。与非威胁条件相比，他们不仅没有表现出下降，而且实际上他们的成绩提高了。第一代西印度移民表面上不受刻板威胁效应的影响，既不能用他们意识不到盛行的非裔美国人形象，也不能用缺乏被人种族歧视的经验来解释。的确，尽管第一代移民居住在美国的时间相对较短，他们在任何方面与美国出生的第二代同龄人都并没有太大的差异。两代人同样可能面临歧视，在多样化的社交情境中产生焦虑。

两代人都看到了美国社会中非裔相对于西印度人的形象差异。两代人之间的差异可以部分地由他们所持的西印度人元刻板（meta-stereotype）的正面性来解释。第一代学生对西印度人的评价更为积极，比第二代学生更相信其他人会友好地看待他们。因此，第一代学生在面临诊断压力时看来能求助于他们群体的积极形象，并把他们自己更为有效地与伴随美国黑人成绩的负面刻板隔开。不过，这一隔离策略对于第二代学生的作用似乎有限，因为他们更能意识到美国社会持续存在的对黑人歧视性的观点，并浸染其中。面临可能的威胁条件下第一代成绩提高的模式还暗示着刻板提升效应。其结果就是与非威胁的控制条件相比成绩显著提高。

族群认同　与成绩的代际效应平行的是族群认同的差异。第二代西印度移民认同为西印度人的可能性显著小。不过，要注意的重要一点是，即使该样本中的第二代学生也更愿意自我认同为西印度人而非裔美国人。这使得有力地检验种族认同和刻板威胁假设更为困难，因为那些强烈认同为非裔美国人的人在样本中未被充分代表。尽管如此，在族群认同差异相对较弱的情况下，我们仍发现与预测方向一致的清晰差异趋势这一事实，表明认同的影响是真实的现象。

本研究是用纽约城市大学的本科生来完成的，该校背景所独有的特点必须牢记。因此，我们不能把结果概况到整个西印度移民总体。同时，紧临参与者的大学环境和更大范围内社区的整体构成也颇有影响力。刻板提升效应可能更为普遍，例如，存在能自持的西印度人社区，个体可以认同它。虽然我们总以比较的口吻来讨论，这便于实验设计，也就是说，认同为西印度人还是非裔美国人的对比，但显然移民社区的族群认同是不宜进行这种简单的二分法的。对询问族群认同问题的开放式回答常给出许多术语，包括指种族和族群的。称谓本身和与类别相伴的意义在第一代和第二代加勒比黑人移民中都存在差异。

实验者效应

我们曾预计在把实验者的种族纳入分析时，可能有三向的交互作用，表现为预测的代际和诊断条件之间的双向交互作用在白人做实验者时更可能发生，而在黑人实验者出现时，不太可能甚至不会发生。此种三向交互作用并没有出现。不过，实验者的种族显然会影响参与者的成绩，正如两种显著的双向交互作用所示，即实验者分别与诊断条件和代际的交互。当测验是诊断的，当参与者是第一代，白人实验者在场时成绩更好；当测验是非诊断的，当参与者是第二代，黑人实验者在场时成绩更好。第二代学生在黑人实验者在场时做得更好的研究结果与其他的研究一致：少数族裔教员百分比更大的环境对黑人和拉丁裔学生更为有利。如果我们考虑两代学生相异的元刻板，那么第一代和第二代学生在这些不同的实验者条件下的差异可能更容易理解。第一代移民认为社会总体上对他们的群体有着更正面的看法，我们可以假定这主要是按照占大多数的白人的定义。因此，白人实验者可能担任代理人的角色，代表着更大的参照群体，使参与者希望达到这一感知到的标准，并把他们自己与他们认为显著更不受欢迎的非裔美国人形象区分开来。相形之下，第二代学生对西印度的元刻板观点已削弱，同时更可能认为他们自己乃由非裔美国人的刻板所定义。

未来方向

未来研究的一个重要问题涉及代际成绩关系的潜在调节变量。虽然认同显然与代际及刻板威胁有关，但它本身不能解释两代受访者的差异。刻板威胁研究的总情况也是这样，对调节机制的研究仍在继续。一种可能是动机状态或自我调节焦点的差异可能与代际模式有关。可能的情形是，第一代西印度移民更明显的特征是上进的焦点，成就的重点在于达成期望的目标。相形之下，第二代西印度移民由于在美国有了更多的种族歧视经验，可能更易受到防备策略的激励，把成就视为对可能的负面事件的逃避。

此处报告的研究结果进一步完善了迅速增加的刻板威胁效应文献。某些类别的人在威胁条件下可能遭遇成绩下降，本研究将有移民身份者加入了这些类别。然而，更为重要的是，结果提及了个体与环境的动态关系。西印度移民并不会因为他们是黑人就自动受制于刻板威胁；相反他们习得去体验刻板威胁，这是他们社会化为美国社会一部分的结果，在美国被归类为黑人具有负面的意义。因为这些关系的联接都是习得的，我们须考虑在适当的干预下也能克服它们的可能性。

这些研究结果对于其他移民群体的普遍适用性也是相当部分兴趣所在。例如墨西哥移民常常也为智力方面的负面刻板所累。他们也可能受到如我们在西印度人身上观察到的同类刻板威胁效应的影响。不过，考虑到负面刻板常常既是墨西哥国民又是墨西哥移民的特征，对于墨西哥人并未确定第一代移民是否会不受刻板威胁效应的影响。因此，第一代墨西哥移民可能较移民后代表现出同等甚或更大的刻板威胁效应。对比之下，我们可以想想诸如亚裔移民的群体，对于他们高表现的“模范少数族裔”刻板经常得以援引。如果群体刻板变得突出，在这一群体中刻板提升效应是否会更为明显？这些问题都指出了移民经历的复杂性以及务必慎重考虑特定的刻板与环境。

这些结果还提到理解移民经历内在的社会心理过程的重要性。社会学家和人口统计学家已经收集了移民生活兴衰和适应社会的丰富数据，包括职业状况、教育结果、跨种族婚姻模式。在这些群体水平分析之下的就是众多的心理过程，需要条分缕析，清晰阐明。这里我们提出刻板威胁可能是起作用的心理过程的一种。我们当然认识到我们的数据只是基于大学生，考虑刻板威胁影响某种学业成绩的方式。在更为复杂的背景下是否还能观察到这一过程尚待进一步研究。移民不仅单纯代表进入某个国家的人口数量，它还是人们与其社会和文化环境相互作用的动态过程。进一步的心理过程的分析能让我们确定哪些因素会促进或妨碍移民融入他们的新文化。

术语表

摘要（abstract）：即简短的总结，通常位于学术期刊上文章的首页。

匿名性（anonymity）：指不把参与者的名字或者用于识别的细节与研究中收集的有关他或她的信息联系在一起。

假装感兴趣（appearance of interest）：是一种在实地调查点中建立或维持关系的微观策略，研究者即使感到厌烦或无兴趣时，也仍然表现得感兴趣。

应用研究（applied research）：解答特定的实际问题并且提供短期内可应用的解决办法的研究。

文献搜索工具（article search tool）：是提供索引、摘要列表或数据库的在线服务或出版物。利用它，你可以根据文章标题、主题、作者或专业领域，在众多的学术期刊中快速地搜索文章。

陌生人心态（attitude of strangeness）：指一种视角，实地研究者以一个陌生人的眼光来观察普通事件，从而能够追问和留意普通的细节。

基础研究（basic research）：通过构造或检验理论，扩展我们对世界的基本理解和基础知识的研究。

因果解释（causal explanation）：是研究解释的一种，你要为某种结果找到一个或多个原因，并把原因和效应置于更大的框架中。

引文（citation）：以标准化的格式记录信息来源。

经典实验设计（classical experimental design）：具有能增强实验内部效度的所有关键部分的实验设计：随机分配、控制组和实验组、前测和后测。

封闭的问题设计（closed-ended question format）：受访者必须在几个固定的备选项中进行选择的调查问题。

群集抽样（cluster Sampling）：是一种多阶段抽样的方法，随机地抽取群集，然后从抽取的群集里再选取个体的随机样本。

码本（codebook）：记载编码程序和各变量的数据位置的，呈计算机可读格式的文档。

职业道德（code of ethics）：指一套书面的、正式的职业标准，在实践中出现道德问题时提供指导。

编码系统（coding system）：在内容分析里，指一组指令或规则，说明如何对文本进行系统的测量和转换为变量。

计算机辅助的电话访谈（computer-assisted telephone interviewing）：把电话访谈与用计算机显示问卷及录入数据结合在一起的电话调查技术。

概念式定义（conceptual definition）：借助假设和提及其他概念，以理论术语对某个变量或概念所下的定义。

概念等值（conceptual equivalence）：指能将同一概念应用于不同的文化或历史时期。

概念假设（conceptual hypothesis）：变量以抽象概念的形式出现的假设。

概念化（conceptualization）：通过给出非常清晰、明确的定义，来提炼某个观念的过程。

同伙（confederates）：为主试工作并假装为其他参与者或不相干的旁观者，以误导参与者的人。

置信区间（confidence interval）：样本估计量上下的一个范围，总体参数很可能在该范围内。

保密性（confidentiality）：指将信息保密，即不公之于众。

内容分析（content analysis）：一种研究沟通信息的无反应性的方法。

情境等值（contextual equivalence）：指在不同的文化或历史时期中观察同一事件。

关联性问题（contingency question）：用第一个问题筛选出回答第二个问题的人的双问题组合。

列联表（contingency table）：有两个以交叉制表法放置的变量的表格。

连续变量（continuous variable）：可用能细分为更小增量的数字来测量的变量。

控制组（control group）：使用多个组的实验中，不接受自变量或接受其极低水平的一组参与者。

控制变量（control variables）：在非实验研究中测量的、代表对因果关系的替代解释的变量。调查研究除了要测量自变量和因变量之外，通常还要用问题测量控制变量。

方便抽样（convenience sampling）：使用非系统性的选择方法得到的非随机样本，通常和总体差别很大。

相关研究（correlational research）：研究者考察数据中的相关，且因果关系以间接形式显示的任何非实验研究。

协变（covariation）：指两个变量一同变化或彼此关联的情况。

批判性思维（critical thinking）：一种高度警觉的视角，它在质疑简单的解决办法时力图避免谬误，发现预先假设，接纳多种观点，并保持开放的心态。

交叉制表（cross-tabulation）：将两个变量同时置于一个表格中，能让人观察到在一个变量上有取值的个案怎样对应同一些个案的第二个变量上的取值而分布。

数据编码（data coding）：将原始的定量信息转换成计算机可读的格式的过程。

数据记录（data records）：关于个体、单元、个案或分析单元的，呈计算机可读格式的信息。

事后解说（debrief）：实验结束后与参与者的访谈或对话，在使用了欺骗的情况下说明这点，并力图了解参与者如何理解实验情境。

因变量（dependent variable）：是指受到其他变量影响并作为其结果而发生变化的变量。

描述性研究（descriptive research）：为展现某起事件、某项活动或某个团体的定量或质性全景的研究。

演绎式（deductive）：研究指如下一种研究：研究者始于一般的观点或理论，并寻找特定的观察结果来加以检验。

设计标记法（design notation）：用X、O和R等来表示实验设计各组成部分的符号系统。

离散变量（discrete variable）：用数量有限的固定类别来测量的变量。

一题多问（double-barreled question）：包含两条或更多的观点而让人混淆的调查问题。

双盲实验（double-blind experiment）：研究者与参与者没有直接接触的、用于控制实验者期望的实验设计。所有的接触都通过助手来进行，并且研究者对助手隐瞒了某些细节。

生态错误（ecological fallacy）：你使用较高级或较大的分析单元的数据来考察较低级或较小的分析单元之间的关系而得出的错误解释。

校订（editing）：是文章修改过程的一部分。在校订时，你重点完善技术性细节，例如拼写或句子结构等。

实证证据（empirical evidence）：是直接或间接观察到的发生在外部世界的真实事件的证据。

实证假设（empirical hypothesis）：以对变量的具体测量方法阐述的假设。

民族中心主义（ethnocenticism）：在比较研究中，指一种谬误，以自身文化的视点狭隘地审视其他文化中人们的行为、习俗和做法。

民族志（ethnography）：指对自然情境中的活态文化的文化知识和隐藏含义的一种详细描述。

内容提要（executive summary）：是研究报告的一种概述，比摘要长一些，是在应用型研究中为从业者而写的。

穷尽（exhaustive）：每个个体都属于变量下的某类别。

实验设计（experimental design）：实验的各部分如何安排，通常采用标准程序的一种。

实验组（experimental group）：使用多个组的实验中，接受自变量或其较高水平的一组参与者。

解释性研究（explanatory research）：一类研究，它试图检验理论或者对活动、事件或者关系以特定形式发生的原因提出新的解释。

探索性研究（exploratory research）：对新问题进行的研究，目的是全面地了解该问题并修正将来研究使用的观点。

外部考证（external criticism）：指评估第一手资料的真实性。

外部效度（external validity）：能把实验结果概括到实验情境本身以外的真实事件或情境的程度。

评价性研究（evaluation research）：指旨在考察某个方案、某种产品或某项政策是否具有声称的效果的应用研究。

因素设计（factorial design）：考察两个或多个自变量的条件组合之影响的实验设计。

具体性错置错误（fallacy of misplaced concreteness）：发生在报告统计信息的方式使人对它的精确度造成错误的印象时。

实地实验（field experiments）：在自然情境下进行的，并且实验者对其控制有限的实验。

实地调查点（field site）：指进行实地研究的任何一个或一系列地点。这类地点通常有一种同质的文化和持续的社会互动。

焦点小组（focus group）：指一种质性研究方法，它用到关于某个话题的非正式群体访谈。

自由写作（freewriting）：一种开始正式写作的方式。自由写作时，你尽快写下闪现在你脑海中的所有内容，而不考虑语法或拼写是否准确。

频次分布（frequency distribution）：展示变量的每个类别中各有多少个或多少百分比的个案的简表。

完全过滤问题（full-filter question）：是一种关联性的调查问题，首先询问受访者是否了解某个问题，然后只询问那些对该问题有所了解的人。

高尔顿难题（Galton's problem）：在对分析单元中的变量或特征进行比较时一种可能出现的错误，两个分析单元中的变量或特性之间有关联是因为两个单元实际上从属于同一个更大的单元。

守门人（gatekeeper）：指对进入实地调查点拥有正式的或实质的管控权的人。

综合社会调查（General Social Survey，GSS）：对取自全美成人的大样本进行的一项大规模调查，包括许多调查问题，几乎每年都会进行。研究者能低价地或者免费获得该调查的数据。

土著化（going native）：指实地研究者放下自己的专业研究者身份，完全消除疏离，作为调查点中的一员而全身心卷入。

扎根理论（grounded theory）：在数据观察的基础上提出的观点或主题。

霍桑效应（Hawthorne effect）：是一种实验反应性，表现为参与者因为意识到自己正在参加研究并受到研究者的注意而改变行为。

隐藏总体（hidden population）：非常难找到并可能不希望被人找到的人群，所以很难抽样。

假设（hypothesis）：是对待经实证数据检验的两个（或更多）变量之间关系的陈述。

独立组设计（independent group design）：使用两个或更多组，并且每个组接受自变量的一个不同水平的实验设计。

自变量（independent variable）：指的是因素、外力或条件的变量，作用于另一个变量以在后者上产生效应或使其发生改变。

指数（index）：把各个不同的指标结合为单一分数的综合测量标准。

归纳式（inductive）：研究指如下一种研究：研究者从多次特定的观察结果开始，得出一般的观点或理论以解释观察揭示了什么。

线人（informant）：指的是实地调查点的成员，研究者与他们建立关系，他们为研究者讲述有关调查点中生活的大量细节。

知情同意书（informed consent）：参与者声明愿意加入某项研究，且已了解该研究程序将涉及的内容的协议书。

伦理审查委员会（institutional review board，IRB）：是由研究者和业内人士组成的委员会，负责监督、检视和审查研究程序对人类参与者的影响。

交互作用（interaction effects）：两个或多个自变量组合对因变量产生的效应，它不同于每个自变量单独产生的效应或产生于后者之外。

编码者信度（intercoder reliability）：有多个编码者时，对内容分析过程中测量一致性的度量。

内部考证（internal criticism）：指评估第一手资料中信息的可信度。

内部效度（internal validity）：指能证明自变量是引起因变量变化的唯一确定原因的程度。

中介变量（intervening variable）：是在因果关系中处在自变量和因变量之间的变量。

访谈表（interview schedule）：为访谈员特别设计的向受访者提问的问卷。

速记笔记（jotted note）：指自行决定是否记的、字数很少的极简笔记，在实地调查点中不显眼地写下，仅用于事后引导回忆。

隐性编码（latent coding）：寻找文本内容里潜在、隐含意义的内容分析编码。

诱导性问题（leading question）：以某种措辞向受访者施压，使其作出特定回答或采取特定立场的调查问题。

分析水平（level of analysis）：解释涉及的现实层次，从微观到宏观。

测量等级（level of measurement）：测量标准精确或得到完善的程度。

统计显著性水平（level of statistical significance）：表示一种关系的统计显著性的简化方法。

词汇等值（lexicon equivalence）：指能用不同文化或历史时期中的各种语言或方言表达具有相同意义的同一事物。

线性路径（linear path）：具有单一前行方向的相对固定步骤序列，很少有重复，直接得出结论。

文献综述（literature review）：是对同一个主题或研究问题上先前进行的研究的总结。

主效应（main effects）：单一自变量对某个因变量产生的效应。

显性编码（manifest coding）：一种内容分析编码，记录有关文本中可见的表面内容的信息。

平均数（mean）：作为集中趋势度量的算术均值。

测量等值（measurement equivalence）：指在不同的文化或历史时期中使用高度不同的测量方法。测量方法可能影响结果。

测量效度（measurement validity）：概念和测量方式之间的适合程度。

集中趋势度量（measure of central tendency）：总结一系列数字的中心或主要趋势的一个数字。

中数（median）：作为集中趋势度量的中点，高于和低于它的个案各占一半。

众数（mode）：作为集中趋势度量的、最普遍的数字。

多重指标（multiple indicators）：用数种不同的具体测量标准来表示同一概念。

互斥（mutually exclusive）：每个单元都属于且仅属于变量下的一个类别。

自然实验（natural experiments）：指一类事件，最初并未将它们设计为实验研究，却能加以可采用实验逻辑的测量和比较。

自然主义（naturalism）：指如下原则：获悉信息的最好方式是在自然情境中，而不是在设计出或研究者所创造出的环境中观察日常事件。

负向关系（negative relationship）：两个变量之间的一种关系，有该关系时，一个变量增加，另一个减少，反之亦然。

非线性路径（nonlinear path）：没有固定步骤序列的推进方式，常常需要不断地重复先前的步骤，间接地得出结论。

无反应性的研究（nonreactive research）：参与研究的人并未意识到有人在收集信息或把它用于研究目的的一类研究方法。

通俗化（normalize）：指实地研究者如何帮助那些认为社会研究陌生、有潜在威胁的调查点成员转而将之看成平常、令人惬意和熟悉的。

虚无假设（null hypothesis）：是两个变量之间没有关系，它们不会相互影响的假设。

开放的问题设计（open-ended question format）：允许受访者给出任何回答的调查问题。

操作定义（operational definition）：把概念定义为你能实施的特定操作或行动，你实施它们以测量该概念。

操作化（operationalization）：把概念式定义和具体的测量标准联系起来的过程。

口述历史（oral history）：就某人过去的生活和经历对他/她进行的访谈。

顺序效应（order effects）：指调查问题的顺序会影响受访者的回答的情况。

重复测量设计（repeated measures design）：使单一参与组接受自变量不同水平的实验设计。

复述（paraphrasing）：用自己的语言重新阐述并同时提炼他人的观点。

同行评议（peer reviewed）：文章是一种学术文章，数位学识渊博的专业研究者独立评价了它的质量和价值并认为值得接受。

百分位数（percentile）：处于一系列数字中某特定位置的分值，该值使一定百分比的数字低于该位置。

安慰剂（placebo）：用于误导参与者的虚假或无效的自变量。

剽窃（plagiarism）：指用他人的话语或思想却不给予他们应有的荣誉，反而把它们据为已有。

总体（population）：包含许多个体的大型集体，从中可以抽取样本。

总体参数（population parameter）：从样本估计出来的整个总体的任何特征。

正向关系（positive relationship）：两个变量之间的一种关系，有该关系时，一个变量增加，另一个亦增加，反之亦然。

后测（posttest）：在一项实验中，引入自变量之后对因变量的测量。

前实验设计（pre-experimental designs）：缺少经典实验设计一个或多个部分的实验设计。

当代主义（presentism）：以当代的视点审视过去的事件，而未能根据当时高度不同的背景做修正的谬误。

前测（pretest）：在一项实验中，引入自变量之前对因变量的测量。

写作准备（prewriting）：使自己对正式写作过程做好准备的活动。

第一手资料（primary sources）：指过去创建并留存至今的资料。

主要研究者（principal investigator, PI）：开展已获得基金资助的研究项目的首要研究人员。

自愿同意原则（principle of voluntary consent）：永不强迫任何人参与科学研究，参与者应当明确地、自愿地表示同意参与研究。

探测问询（probe）：由访谈员做出的中性要求，以澄清模棱两可的回答，补全不完整的回答，或者获取有意义的回答。

目的取样（purposive sampling）：采用多种不同的方法来选取具有非常独特的特点的个

体，而形成的非随机样本。

质性数据（qualitative data）：以视觉图像、词语或声音形式表现的证据。

定量数据（quantitative data）：以数字形式表现的证据。

准实验设计（quasi-experimental designs）：具有类似经典实验设计的优点，但并不包含其所有部分的实验设计。

准过滤问题（quasi-filter question）：为没有看法或不了解该问题的受访者提供了选项的封闭的调查问题。

问卷（questionnaire）：社会调查中受访者要回答的一组固定的问题。

配额抽样（quota sampling）：先确定能代表总体特征的各个类别，然后使用任意方法选取各类别中的个体，而形成的非随机样本。

随机分配（random assignment）：按照数学上的随机过程把研究参与者分成两组或更多的组。

随机数字拨号（random-digit dialing）：使用计算机对电话号码随机抽样。

随机样本（random sample）：用随机的方法从总体抽取个体而形成的样本。

全距（range）：一系列数字最高值和最低值之间的差距。

反应性（reactivity）：对外部效度的一种威胁，源于参与者意识到自己置身于研究之中而改变其行为。

回忆录（recollections）：指某人在有了某些经历一段时间后，关于这些经历的话或文字。

信度（reliability）：测量方法的一项特征——即测量方法可靠，前后一致。

招标意向书（requests for proposals, RFPs）：资助方征集要资助的研究计划的公告。

研究欺诈（research fraud）：是编造、篡改或歪曲研究数据或者不实描述进行研究的过程。

研究方案（research proposal）：是针对特定的研究问题进行研究的详细计划，包括文献综述和要使用的特定研究方法。

研究报告（research report）：是一份总结研究方法、研究主要发现以及报告完整研究过程的书面报告。

修订（revising）：是文章修改过程的一部分。在修订时，你调整陈述观点的顺序，增加或删除某些观点或论据。

连续性记录（running records）：指学校、企业、医院、政府机构等组织长期保存的不间断文件或统计记录。

样本（sample）：从较大集体中抽取的包含若干个体的小集体。

抽样分布（sampling distribution）：描绘许多随机样本的图形，底部横坐标标示样本的一项特征，侧面纵坐标标示样本的个数。

抽样个体（sampling element）：总体中能用来选入样本的个案或分析单元。

抽样误差（sampling error）：样本偏离总体的程度。

抽样框架（sampling frame）：总体中各个抽样个体的一份特定列表。

抽样间隔（sampling interval）：抽样框架相对于样本大小的倍数，用于系统抽样中挑选个体。

抽样比率（sampling ratio）：样本大小相对于目标总体大小的比率。

量表（scale）：在顺序等级的测量上来描述概念的强度、方向或水平的测量标准。

散点图（scattergram）：指以每个个案或每次观察的值作成的一种图。图的每条轴代表一个变量的取值，散点图可揭示双变量关系。

学术不端行为（scientific misconduct）：是违反基本的和普遍认可的科学研究诚信标准，例如研究欺诈和剽窃。

第二手资料（secondary sources）：由专业历史学家进行的专门研究，他们可能用多年研究一个小范围的主题。其他研究者用这些第二手资料作为信息源。

偏态分布（skewed distribution）：不呈钟形或正态，而有许多个案在某变量上取一侧极端值（非常高或非常低）的个案分布。

雪球式抽样（snowball sampling）：根据现有网络中的联系来选取的非随机样本。

社会赞许性偏差（social desirability bias）：受访者以一种遵照社会期望或为使自己形象良好的方法作答，而非如实作答的倾向。

社会指数（social indicators）：社会状况或幸福感的、能用于政策决策的任何度量。

特殊人群（special populations）：指不具备签署真正知情同意书的认知能力或完全自由的人群。

虚假关系（spuriousness）：当两个变量表面上存在因果关联，但实际上并不存在因果关系，因为未发现的第三个因素才是真正的原因。

标准差（standard deviation）：一种常用的变量变异度测量值，它表示个案与平均数之间的平均距离。

标准格式的问题（standard-format question）：不设“不知道”或“无看法”选项的封闭的调查问题。

标准化（standardization）：用测量值除以一个基数来修正测量值，从而使不同的测量值之间具有可比性。

统计独立性（statistical independence）：指两个变量之间关联或协变的缺失。

统计显著性（statistical significance）：确定样本结果由随机过程产生的可能性有多大的一种方法。

分层抽样（stratified Sampling）：随机抽样的一种，从多个抽样框架中各抽取一个随机样本，每个抽样框架代表总体的不同部分。

系统抽样（systematic sampling）：对随机取样的一种近似法，在一定数量的抽样个体（具体数量由抽样间隔决定）中抽取一个个体。

目标总体（target population）：用非常具体的术语指定的总体。

文本（text）：内容分析里的文本指沟通媒介里的任何书面、视觉或口头材料。

I类错误（Type I error）：不正确地拒绝虚无假设的错误。

II类错误（Type II error）：不正确地接受虚无假设的错误。

一维性（unidimensionality）：量表或指数的所有项目测量的是同一个概念，即具有共同的维度。

分析单元（unit of analysis）：你测量变量或其他特征的个案或单元。

范围（universe）：研究发现适用的多个一类的个案或单元。

无干扰测量（unobtrusive measures）：大部分的无反应性研究测量措施不会侵扰或打搅被研究者，所以他们意识不到测量措施的存在。

效度（validity）：测量方法的一项特征——要研究的概念与用来测量它的方法严密切合。

变量（variable）：是个案或单元的特征，有着多种类别、取值或水平。

揭发（whistle-blowing）：当研究者发现不道德的行为，在试图说服上级阻止此行为失败后，向公众披露实情。

写作瓶颈（writer's block）：有些人须完成一项写作任务时体验到的暂时无法写作的情况。

Z分数（Z-score）：一种标准化测量值，使平均值与标准差各不相同的群体能相互比较。

译者后记

2010年10月译者在翻译完《亲密关系》第5版之后，我的老朋友、新曲线公司的编辑常玉轩先生带着纽曼教授的这本关于社会科学研究方法的图书找到了我。试读了本书部分章节之后，我发现文字明晰，结构紧凑，逻辑严密，案例丰富，图文并茂，的确是社会科学研究入门的好书，欣然应允翻译此书。

相比于国内研究方法类的图书，这本书几乎涉及社会科学中所有的行为学科，全面而系统；尤其注重批判性思维的培养，列举了社会生活的丰富案例和研究报告，即使是没有系统受过研究方法训练的普通读者也能读懂本书，理解科学研究的过程，学会批判性思考技能。

在我国的高等教育中，科学方法论及社会科学具体学科研究方法的训练一直未得到应有的重视。北京师范大学辛涛教授认为，我国大学教育中研究方法训练的系统性和前瞻性还存在明显的不足，社会科学研究方法学的发展与更新一直比较滞后。北京大学心理学系教授周晓林也认为，我国心理学发展落后于发达国家的一个重要原因，就是广大青年教师与学生对研究方法的掌握与运用上存在明显不足。有鉴于此，教育部高等学校心理学教学指导委员会、中国心理学会教学工作委员会联合天津师范大学心理与行为研究院于2015年1月12~16日举办了第一届全国心理学专业《实验心理学》任课教师培训班，特邀精通研究方法的专家、教授为广大青年教师答疑解惑，传授研究方法的教学经验，这无疑有益于科学研究方法的普及和推广。

研究方法上的薄弱必然会导致批判性思维和创新性精神的缺乏。为什么美国的学生从小学到高中简直“一直在玩耍”，而中国的学生此阶段学习课程的难度和深度是他们的数倍甚至数十倍，一个个本应快乐成长、培养天性的孩童变成了守纪律、重分数的“好学生”，中国学生掌握的知识量、考试分数、智力商数好像都远超美国的同龄人。但到了大学或研究所阶段，美国学生的研究水平和学术成就在许多领域都远超我们？不得不说，批判性思维和创新性精神的缺乏是其中一个重要的原因。

批判性思维之父、美国教育家杜威认为，批判性思维即反思性思维（reflective thinking），指对任何信念或认定的知识形式，根据其支持理由以及推导出的结论，予以能动、持续和细致的思考。美国学者格拉泽（Edward Glaser）认为，批判性思维是态度、知识和技能的综合体，能批判性思维的人必须有质疑的态度、逻辑推理知识以及分析、综合和评价的认知技能。美国批判性思维权威人士恩尼斯（Robert Ennis）认为，批判性思维就是指在确信或者行动时所进行的合理而成熟的思考。美国批判性思维研究中心主任保罗（Richard Paul）指出，批判性思维是积极地、熟练地、灵巧地应用、分析、综合或评估由观察、实验、推理所获得的信息，并用其指导信念和行动。1990年

46 位美国和加拿大专家共同发表了一份声明，阐述了批判性思维的核心内容：解释、分析、评价、推论、说明和自我调节。由此可见，美国教育界对批判性思维的重视程度。《理解社会研究》指出了批判性思维的 4 种特征：它能帮助我们避免常见的逻辑谬误，以免仓促地得出呆板、绝对和僵化的答案；保持开放的心态并审视问题的所有方面；不要执着于单一的观点而不能自拔；考察隐含的假设，弄清楚你的假设以及可能带来的结果。

20 世纪 80 年代以来，美国把批判性思维作为高等教育的目标之一。1991 年《美国教育目标报告》要求各类学校“应培养大量的具有较高批判性思维能力、能有效交流、会解决问题的学生”，并将培养学生对学术领域和现实生活问题的批判性思考能力作为教育的重要目标。哈佛大学第 28 任校长（也是第一任女校长）福斯特（Drew Faust）在该校毕业典礼曾公开而明确地指出了美国教育的精髓和目标：培养学生的批判性思维和创新性精神。然而，我国的中小学乃至大学更多强调的是对知识的灌输和技能的传授，对批判性思维和创新性精神没有给予应有的重视。而美国的 SAT 考试和名校申请试卷却有很多让我们中国学生和家长无比困惑和惊奇的批判性和创新性的问题，比如：即使现代科技能方便我们的生活，避免使用现代科技也对我们有益吗？（2008 年 SAT 考题。）成功也可能导致灾难性后果吗？（2009 年 SAT 考题。）如果你现在可以从机器人、恐龙、外星人里面选择谁来养育你，你会选择谁？为什么？（2010 年布兰迪斯大学申请题。）如果你希望和过去的三位人交谈，你会选择哪三位？（2012 年普度大学申请题。）

真正的教育并不是流水线式地重复训练和培养获得一堆证书的“优秀”学生，而是培养学生的批判思维和批判精神，让每个学生都具备鉴别与鉴赏能力、自我认知和自我选择能力，对于任何一个或大或小的问题都可以从不同角度批判性地进行思考，并拥有独立而完整的人格。孔子教育我们：学以成人。美国的核心教育就是所谓的文理教育、人文教育，这在中国上世纪初称之为“博雅教育”。

《理解社会研究》是社会学、心理学、政治学、传播学、教育学、管理学等所有行为科学专业的学生理解并开展研究的入门图书，也是社会学研究方法的教师及社会科学领域的工作者的参考用书，更能帮助普通读者了解科研、培养科学精神、学会批判性思维并改善人生决策的重要工具书。因此，《理解社会研究》对于大、中学生和普通读者培养批判性思维和创新性精神无疑具有重大意义，也是理解和进行科学研究的重要工具书。

2012 年 3 月我进入新曲线工作，由于编辑工作繁忙，一直未能如期翻译完本书。最终邀请了我的北大同窗、武汉大学心理学副教授胡军生一起完成翻译工作。王伟平翻译了本书 1~7 章及附录，胡军生翻译了本书 8~12 章。由于译者水平有限，难免会有错漏之处，恳请读者批评指正。

王伟平
2015 年 2 月于北京天溪园